KB211852

신약
읽기

NEW TESTAMENT HISTORY AND LITERATURE
by Dale B. Martin

Copyright © 2012 by Yale University.
Originally published by Yale University Press.
All rights reserved.

Korean translation copyright © 2019 by MUNHAKDONGNE Publishing Corp.
Korean edition is published by arrangement with the Yale University Press through Duran Kim Agency.

openyalecourses
http://oyc.yale.edu

이 책의 한국어판 저작권은 듀란 킴 에이전시를 통해 저작권자와 독점 계약한 (주)문학동네에 있습니다. 저작권법에 의해 한국 내에서 보호를 받는 저작물이므로 무단 전재 및 무단 복제를 금합니다.

이 도서의 국립중앙도서관 출판예정도서목록(CIP)은
서지정보유통지원시스템 홈페이지(http://seoji.nl.go.kr)와
국가자료공동목록시스템(http://www.nl.go.kr/kolisnet)에서 이용하실 수 있습니다.
(CIP제어번호: CIP2019002453)

오픈예일코스
openyalecourses

신약 읽기

역사와 문헌

데일 마틴
권루시안 옮김

New Testament History and Literature

문학동네

지난 25년 동안 가르치는 영광을 누리게 해준

로즈 칼리지, 듀크 대학교, 예일 대학교의 학생 모두에게

일러두기

1. 이 책은 Dale B. Martin, *New Testament History and Literature* (Yale University Press, 2012)를 옮긴 것이다.
2. 한국어판 성서에서는 외국어 표기가 일반적 표기와는 다른 경우가 많은데, 이 책에서는 대한성서공회에서 펴낸 공동번역 성서(1999년 개정판)의 표기법을 따랐다. 예컨대 'Jews'와 'Judaism'은 일반적으로 '유대인'과 '유대교'로 표기하지만, 이 책에서는 공동번역 성서를 따라 각각 '유다인', '유다교'로 표기했다. 다만 '셀레우코스'는 공동번역 성서의 '셀류코스'라는 표기를 따르지 않았다. 그 밖의 외국어 표기는 원칙적으로 국립국어원의 표기법을 따르되, 일부는 널리 쓰이는 표기법을 따랐다.
3. 저자는 영어판 성서 중 주로 NRSV(New Revised Standard Version, 표준신개정판)를 인용하는데, 인용되는 구절을 한국어로 옮길 때는 원칙적으로 공동번역 성서에서 가져왔다. 그러나 필요한 경우 옮긴이가 직접 번역하고, 각주로 공동번역 성서에는 어떻게 되어 있는지를 밝혔다.
4. 공동번역 성서에서 가져온 인용문은 예컨대 '하늘 나라'라 되어있는 것을 '하늘나라'로 붙이는 등 편집 과정에서 더 읽기 편하도록 띄어쓰기를 조정했다.
5. 성서의 각 책 이름 역시 공동번역 성서를 따랐고, 본문 이해를 돕기 위해 짧게 줄인 이름을 함께 사용했다. 일반적으로 쓰이는 약어가 있지만, 성서를 늘 접하는 사람이 아니라면 알기 어려운 것도 많아 이 책에서는 쓰지 않았다. 이 책에서 신약의 각 책을 가리키는 짧은 이름과 원래의 긴 이름은 다음과 같다.

마태오복음	마태오의 복음서
마르코복음	마르코의 복음서
루가복음	루가의 복음서
요한복음	요한의 복음서
사도행전	사도행전
로마서	로마인들에게 보낸 편지
고린토1서	고린토인들에게 보낸 첫째 편지
고린토2서	고린토인들에게 보낸 둘째 편지
갈라디아서	갈라디아인들에게 보낸 편지
에페소서	에페소인들에게 보낸 편지
필립비서	필립비인들에게 보낸 편지
골로사이서	골로사이인들에게 보낸 편지
데살로니카1서	데살로니카인들에게 보낸 첫째 편지
데살로니카2서	데살로니카인들에게 보낸 둘째 편지

디모테오1서	디모테오에게 보낸 첫째 편지
디모테오2서	디모테오에게 보낸 둘째 편지
디도서	디도에게 보낸 편지
필레몬서	필레몬에게 보낸 편지
히브리서	히브리인들에게 보낸 편지
야고보서	야고보의 편지
베드로1서	베드로의 첫째 편지
베드로2서	베드로의 둘째 편지
요한1서	요한의 첫째 편지
요한2서	요한의 둘째 편지
요한3서	요한의 셋째 편지
유다서	유다의 편지
요한묵시록	요한의 묵시록

6. 본문에서 예컨대 '루가복음 1:27~35'와 같이 표시된 것은 성서의 책 이름(루가의 복음서)과 장(1장), 절(27~35절)을 나타낸다. 하나의 장밖에 없는 책은 절 표시만을 넣었다. 예컨대 '유다서 9'는 '유다의 편지 9절'을 가리킨다. 절을 표시하는 숫자 뒤에 붙은 a와 b는 각기 해당 절의 전반부, 후반부를 가리킨다. 예컨대 '로마서 13:3a'는 '로마인들에게 보낸 편지 13장 3절의 전반부'를 말한다.
7. 본문의 각주는 59쪽을 제외하고 모두 옮긴이의 것이다. 원주는 원문과 마찬가지로 후주로 넣었다.

차례

바울로와 바울로 사상

여성과 집안

성서 해석

묵시사상과 정치관

발달

머리말과 감사의 말씀

예일 대학교 출판부의 편집자들이 나에게 내 '신약 개론' 강의를 책으로 내자고 했을 때 그들은 내가 가진 강의록을 편집만 하면 되겠거니 생각했을 것이 분명하다. 내가 그랬으니까. 그러나 일단 작업을 시작하고 보니 내가 학생들에게 한 강의를 단순히 편집만 해서는 많이 부족하다는 점을 금방 깨달았다. 어쩌면 그대로 출판이 가능할 정도로 완성된 글을 가지고 강의하는 강사도 있겠지만 나는 그런 사람이 아니다. 나는 강의할 때 완성된 문장이 아니라 메모와 개요를 바탕으로 하는데, 그러다보면 주제에서 벗어나는 때도 많고, 문장이 완성되지 않는 때도 있으며, 어떤 것을 다루려다가 그러자면 다른 것을 다시 다루어야 한다는 사실을 깨닫는 식으로 진행된다. 알고 보니 나는 강의 동안 잡담도 많이 하는 편이었다. 내가 말하는 방식은 제대로 된 산문 양식이 아니다. 따라서 나는 말로 하는 나의 강의를 기본으로 삼았지만, 결국에는 거꾸로 이 책의 각 장을 새로 쓰게 됐다. 이 책의 각 장은 강의의 기본 내용은 따라가지만 강의에서 실제로 사용한 언어는 따라가지 않는다. 집필하는 동안 강의 내용에다 최신 정보를 충분히 반영하고(강의는 2009년에 녹음됐다), 실수를 바로잡으며, 원래 강의 때에는 이따금 본의 아니게 빠트렸던 자료를 채워넣을 수 있었다.

여러 해 동안 의견과 제안을 들려주신 수많은 분들에게 고마움을 전하고 싶으나, 너무나 많기 때문에 일일이 거명하기가 불가능하다. 가장 고마운 분은 소냐 앤더슨으로, 예일 대학교에서 신약을 연구하는 박사과정 학생이다. 소냐는 원고를 샅샅이 읽고 수없이 많은 제안을 내놓았다. 실수를 바로잡고, 더 적절한 표현을 제안했으며, 내용 보충이 필요한 부분을 지적해주었다. 원고에서 부적절하던 부분이 그녀의 뛰어난 편집 솜씨 덕분에 제 모양을 갖춘 곳이 많다. 그리고 참고문헌과 주석도 대부분 소냐가 작성해주었다. 게다가 이 모든 것을 여름 한철 동안 격정적인 속도로 해냈다. '그녀 없이는 해낼 수 없었을 것이다'라는 표현이 전적으로 정확하면서 더없이 적절한 경우일 것이다.

같은 전공의 또다른 박사과정 학생인 매슈 크로스먼은 이 책의 모든 도표와 그림을 멋지게 그려주었다. 지도를 그려준 빌 넬슨에게도 감사를 표한다. 매슈는 원고를 읽고 더 완성된 모양을 갖추도록 제안까지 해주어 더욱 감사한다. 그 밖에도 충선 청과 나의 누이 페린 마틴이 원고를 읽고 의견을 들려주었다. 이들에게 마음 깊이 우러나는 감사를 표한다.

나는 일생 '신약 개론'에 해당하는 내용을 대학생들에게 가르쳐왔다. 강좌의 구체적 내용은 당연히 여러 번 바뀌었고, 또 지금도 가르칠 때마다 더 나은 강의를 위해 내용을 고쳐나가고 있다. 로즈 칼리지에서 전임강사로 가르치기 시작했던 1987년으로부터 25년이 지난 때에 이 책이 나오는 것도 기분 좋은 우연의 일치다. 처음 그곳에서, 다음 듀크 대학교에서, 그리고 지금 예일 대학교에서 나의 강좌를 듣고 있는 저 뛰어나고 열정적인 학생들 모두에게 깊이 감사한다. 고마움과 애정 어린 기억을 담아 그 모든 학생들에게 이 책을 바친다.

도표 1. 고대 동방의 지중해 지역 (지도: 빌 넬슨)

흑해
비티니아와
본도
아시아
갈라디아
아디라
사르디스
안티오키아
가빠도기아
필라델피아
이고니온
라오디게이아
리스트라
골로사이
리키아
데르베
베르게
다르소
아딸리아
길리기아
밤필리아
바다라
셀류기아
안티오키아
미라
로도스
살라미스
키프로스
바포
시리아
시돈
다마스쿠스
갈릴래아
띠로
가파르나움
가이사리아
갈릴래아 호수
나자렛
데카폴리스
게라사
사마리아
요르단 강
요빠
예루살렘
쿰란
사해
알렉산드리아
유다
나일 강
아라비아
홍해

1
서론: 왜 신약을 연구하는가

개요: 이 책에서는 신약을 경전이나 권위적이고 성스러운 글이 아니라 역사 문서로 접근한다. 따라서 신약에 대한 선입견을 버리고 이제까지 신약에 대해 한번도 들어본 적이 없는 사람처럼 읽기를 독자에게 권한다. 그러자면 신약의 역사적 맥락을 이해하고, 그것이 고대인에게 어떻게 비쳤을지 상상할 수 있어야 한다.

신약을 연구하는 이유

신약 공부를 시작하는 사람이 스스로 가장 먼저 생각해봐야 하는 질문은 신약을 왜 공부하고자 하는가이다. 신약은 무엇이고 또 왜 공부해야 하는가? 사람들이 가장 먼저 떠올리는 대답은, 그리고 많은 사람에게 가장 빤한 대답은 '나는 그리스도교인이니까'이다. 또는 어쩌면 '나는 신약이 경전이라고 믿으니까'일 것이다.

이 대답의 문제점은, 적어도 신약을 다루는 이 책과 관련해서는, 신약이 누구에게나 '경전'인 것은 아니라는 사실이다. 신약을 '경전'이라 말할 때 우리는 신약이 누구에게 경전인지를 밝혀야 한다. 하나의 문서를 '경전'이라 부른다는 것은 무슨 뜻일까? 그리스도교에서 사람들이 성서를 경전이라 부른다는 것은 교회에서 읽든 집에서 혼자 읽든 '하느님의 말씀'을 적은 글에 귀를 기울이겠다는 뜻이다. 그리스도교인은 성서라는 문서를 통해 성령이나 하느님이 그들과 그들의 교회에게, 또는 좀더 광범위한 공동체에게 전하려는 내용이 있을 것으로 기대하고는 한다.

그러나 성서의 글은 그 자체로는 경전이 아니다. 그것을 경전으로 받아들이는 사람들의 공동체에서만 경전이다. 어떤 글이든 글 자체는 거룩한 것이 아니다. 원래 경전(스크립처scripture)이라는 낱말은 라틴어(스크립투라scriptura)로 그저 '적힌 것'이라는 뜻이었지만, 지금은 이 낱말을 거룩한 글, 성스러운 글이라는 뜻으로 받아들인다. 그러나 글은 그 자체로는 거룩하지 않다. 거룩하다고 받아들이는 사람들에게만 거룩한 것이다.

나는 이 책에서 신약을 거룩하거나 성스러운 글로 취급하지 않을 것이다. 사실 오늘날 성서에 관한 학문에서 추구하는 목표의 많은 부분은 적어도 일시적으로나마 또 세속적 학문이라는 목적을 위해서라도 성서를 거룩한 글로 받아들이지 않는 데에 있다. 그런 만큼 나는 예일 대학에서 가르칠 때 강좌의 목적상 신약에 포함된 여러 문서를 고대 지중해 지역의 여느 문서와 다름없이 취급할 것이라고 설명한다. 일부 전통이나 장식을 보면 그렇게 보이지 않을 수도 있겠지만, 예일 대학은 종교 공동체가 아니다. 우리는 종교학 강좌를 듣는 학생들이 꼭 종교인이지는 않을 것이라고 간주해야 한다. 불교에 관해 공부하려는 사람이라도 불교 신자가 아닐 수 있다. 실제로 이슬람교라든가 아시아의 여러 종교에 관한 강좌를 듣는 사람은 대부분 자신이 공부하는 종교를 신봉하는 사람이 아니다. 따라서 우리는 유다교와 그리스도교, 히브리어 성서, 신약을 비롯한 여러 강좌를 의도적으로 신앙고백적이지 않은 세속적 관점에서 가르친다. 이것은 신약을 '경전'이 아니라 나중에 그리스도교가 된 운동에서 만들어진 고대 문서로만 대한다는 뜻이다.

또 어떤 사람들은 신약을 서구문명의 '근본이 되는 문서'라고 믿기 때문에 공부하고자 한다. 그렇지만 마찬가지로, 이것은 무슨 뜻일까? 성서에 대해 어느 정도 알지 못하면 서구문명 속에서 제대로 살아갈 수 없다는 뜻일까? 그렇지만 '살아가기' 위해서라면 신약을 아는 것보다 더 중요한 일이 많이 있다고 볼 수 있다. 예를 들면 자기 자동차를 수리하는 법이라든가 컴퓨터 사용법, 다른 언어로 말하는 법, 심지어는 성행위에 관련된 어떤 기술 같은 것이 더 중요할 수 있다. 조금 더 생각하다보면 '살아가기 위해 알아야 하는 것들'의 우선순위에서 신약은 훨씬 더 아래로 내려간다는 결론을 내릴 수도 있다.

그러면 신약이 역사적으로 또는 문화적으로 중요한 자리를 차지해왔기 때문이라는 이유는 어떨까? 신약과 관련하여 문화적으로 가장 중요한 것들은 역사적으로 연구된 신약에 실제로 나오는 것이 아니라 사람들이 신약에 나온다고 믿고 있는 것일 때가 많다. 이 사실은 간단한 퀴즈를 통해 쉽게 증명된다. 다음은 신약에 나오거나 나오지 않는 말 또는 관념을 나열한 것이다. 풀어볼 사람들을 위해 먼저 문제부터 나열하고 해답은 그뒤에 적는다. 신약에 나온다, 나오지 않는다는 표시를 해보자.

1. 원죄 없는 잉태.
2. "사랑은 모든 것을 덮어주고 모든 것을 믿고 모든 것을 바라고 모든 것을 견디어냅니다."
3. 예수가 태어날 때 세 사람의 박사 또는 왕이 아기 예수를 찾아갔다.
4. "각자 능력에 따라로부터 각자 필요에 따라로."
5. 삼위일체 교리.
6. "너는 베드로이다. 내가 이 반석 위에 내 교회를 세울 터이다."
7. 베드로는 로마에서 교회를 세웠다.
8. 예수는 죽었다가 예루살렘에서 열한 명의 제자에게 나타났지만 갈릴래아에서는 나타나지 않았다.
9. 예수는 죽었다가 갈릴래아에서 열한 명의 제자에게 나타났지만 예루살렘에서는 나타나지 않았다.
10. 베드로는 십자가에 거꾸로 매달려 순교했다.
11. 예수는 사람들이 그의 제자가 되고 싶다면 부모와 아내를 비롯하여 가족을 미워해야 한다고 가르쳤다.
12. 사탄과 그를 따르는 마귀들은 하느님에게 반역한 타락한 천

사들이었다.

13. 예수는 하느님은 어떤 이유에서도 이혼을 금하고 있다고 가르쳤다.

이제 해답을 살펴보자.

1. 원죄 없는 잉태는 사실 성서에는 나오지 않는다. 성서에 나온다고 생각하는 사람이 많은데(특히 개신교인), 이것이 마태오와 루가의 복음서에서 들려주는 예수의 처녀 탄생을 가리킨다고 생각하기 때문이다. 그러나 원죄 없는 잉태는 예수의 어머니인 마리아가 태어날 때 원죄 없이 잉태되었다는 것을 말한다. 이것은 로마 천주교회에서 중요한 교리이지만 성서에는 나오지 않으며, 개신교회에서는 이를 받아들이지 않는다.[1] '예수를 잉태한 기적'은 신약에 나오지만(마태오복음 1:18~25, 루가복음 1:27~35) 원죄 없는 잉태는 나오지 않는다.
2. 나온다. 고린토1서 13:7을 인용한 것이다.
3. 나오지 않는다. 성서에는 예수가 태어난 뒤 세 명의 박사 또는 왕이 예수를 찾아갔다는 말이 없다. 세 사람이 찾아갔다는 내용은 전승에서만 가르치고 있을 뿐인데, 이는 분명 마태오복음에 황금, 유향, 몰약 등 세 가지 선물을 가져왔다고 되어 있기 때문일 것이다(마태오복음 2:1~12). 읽는 이들이 이 세 가지 선물을 보고 세 명의 사람이 있었다는 '사실'을 만들어

냈다.

4. 사람들은 흔히 이 구절이 성서에서 나왔다고 받아들인다. 보다 더 좋았던 시절의 그리스도교를 반영하는 정서를 표현한다고 주장할 사람이 많겠지만, 희한하게도 이것은 카를 마르크스가 한 말이다.[2]
5. 성서를 역사적 맥락에서 해석하면 삼위일체 교리는 나오지 않는다. 물론 신약에서는 아버지, 아들, 성령이라는 말이 나오고 마태오복음 28:19에서는 셋이 한 묶음으로 언급되기까지 한다. 그러나 실제 교리, 즉 셋은 서로 다른 '인격'이며 각기 완전한 신성이라는 하나의 '본질'을 공유한다는 교리는 여러 세기에 걸쳐 발생, 전개, 옹호된 끝에 그리스도교의 신조로 확립되었다. 그리스도교 신학자가 이 교리가 신약에 적어도 '암시'되어 있으며 나중의 교회가 성서를 '받아들여' 이 교리를 가르친 것이 옳은 일이라고 말한다면 맞는 말일 것이다. 그러나 이는 신학적 입장이지 엄밀하게 역사적인 것은 아니다.
6. 마태오복음 16:18을 인용한 것이다.
7. 베드로가 로마에서 교회를 세웠다는 것은 그리스도교의 전설에 속하며 또 로마 천주교회로서는 아마도 중요한 전승이겠지만, 신약에서는 이에 대해 언급하지 않는다.
8. 이 항목과 다음 항목은 약간 애매하다. 루가복음과 사도행전의 저자에 따르면 예수는 예루살렘과 그 부근에서 제자들에게 나타난 것이 맞다(루가복음 24:33~36, 사도행전 1:4). 나아

가 같은 저자에 따르면 예수는 예루살렘과 그 부근에서만 제자들에게 나타났을 뿐 갈릴래아에서는 나타나지 않았다.

9. 그러나 마태오복음에 따르면 예수는 예루살렘이 아니라 나중에 갈릴래아에서만 열한 명의 남자 제자들 앞에 나타났다(마태오복음 28:16~18). 이 수수께끼는 이 책의 다른 부분에서 다룬다.
10. 베드로가 십자가에 거꾸로 매달려 순교했다는 이야기는 전승과 그리스도교 미술에서 중요하게 다루어져왔지만, 베드로의 죽음은 성서에 묘사되어 있지 않고 또 역사학자들은 실제로 이에 관한 믿을 만한 증거를 전혀 가지고 있지 않다.[3]
11. 나온다. 그리스도교가 '가족을 중시'한다고 널리 과시하고 있는 것과는 달리, 예수는 루가복음 14:26에서 자신의 제자는 자기 부모와 아내를 포함하여 자기 가족을 '미워해야' 한다고 가르쳤다.
12. 사탄은 하느님에게 반역한 타락한 천사로서 타락한 다른 천사들과 한편이 되었는데 이들은 신약에서 '마귀' 또는 '악령'이라 부르는 것들과 같은 존재라는 관념은 실제로는 신약에 나오지 않는다. 이 관념은 서기 2세기에 그리스도교인들이 만들어낸 것으로, 그리스도교의 신화와 전승에서 중요한 위치를 차지하게 되었다.[4]
13. 나온다. 오늘날 거의 모든 그리스도교회의 가르침이나 관습과는 달리, 마르코복음 10:2~12에서 예수는 어떤 이유로도

이혼해서는 안 된다고 했다.[5]

퀴즈는 여기까지. 이와 같은 간단한 시험을 통해 내가 하려는 말은, 한편으로는 사람들이 성서에 나온다고 생각하고 있지만 사실은 그렇지 않은 것들이 많고, 또 한편으로는 어떤 말이나 행위가 확실하게 성서에 나온다는 사실을 알게 될 때 몹시 놀라는(예수가 제자들에게 자기 부모를 미워하라고 했다고?) 것들이 많다는 것이다. 이런 관념 중 많은 것들, 예컨대 원죄 없는 잉태라든가 구유를 둘러싼 세 명의 박사의 이미지 같은 것들은 서구문명에서, 예술사에서, 사람들의 상상에서 중요하다. 그러므로 예컨대 베드로가 십자가에 거꾸로 매달렸다는 전설을 아는 것은 중요할 것이다. 그렇지만 신약에는 그런 내용이 나오지 않는다. 그리고 고대 그리스도교 전승의 많은 부분이 실제로는 성서에는 나오지 않는다는 사실 때문에 신약 연구에서 한 가지 문제가 생겨난다. 즉 신약을 연구할 때 이 책에서 주로 추구하는 방법대로 고대사적 맥락에서 신약이 지니는 의미에 관해 질문하는 방식으로 연구한다면, 성서의 가장 중요한 역사적 '의미들', 즉 성서의 본문이 문화사와 해석에서 지니게 된 의미를 소홀히 하게 된다는 것이다.

성서를 '역사비평적'으로 접근하는 방식은 이 책에서 적용하고 있는 방법이자 이 책 전체에 걸쳐 설명하고 예증하는 방법으로, 고대의 맥락을 바탕으로 본문의 '의미'를 끌어낸다. 즉 원래의 저자가 '의도한' 의미 또는 원래의 독자가 '이해했을' 의미를 찾아가는 것이다. 그러나 여타 책에서 저자들이 주장하고 있고 나도 마찬가지인데, 역사적으로 신약이 어떤 영향을 주고 어떻게 해석되었는지, 즉 '원래의 의미'와는 상관없이 그 이후의 역사와 문화에서 어떤 의미를 띠는 것으로 받아들여졌는지를 알아내는 것도 그에 못지않게 중요하다.[6]

이것은 중요한 신념에 해당하는 문제를 비롯하여 몇 가지 문제에 대해 신약에 실제로 나와 있는 내용과 대부분의 사람들이 신약에 틀림없이 나와 있다고 여기는 내용을 서로 비교해봐도 알 수 있다. 사람들은 죽고 나면 어떻게 된다고 생각할까? 어떤 사람은 "죽으면 그걸로 끝이다"라고 말할 것이다. 어떤 사람은 "하늘나라에 간다"고 말한다. 독실한 그리스도교인이라면 이렇게 믿을 것이다 할 만한 내용은 무엇일까? 돌아가신 고모님은 장례식 동안 어디에 계실까? 사람들이 실제로 그렇게 믿든 아니든, 널리 퍼져 있는 생각은 이렇다. '고모님은 하늘나라에 잘 계신다. 예수의 품에 계신다. 몸은 관 안에 있어도 영혼은 저 위 하늘나라에 계신다.' 많은 사람들은 그리스도교에서는 영혼이 영원불멸하다고 가르친다고 생각한다.

그러나 이것 역시 성서에서 실제로 가르치는 내용이 아니며, 사도신경이나 니케아 신경 같은 것에 포함되어 있는 '공식적인 그리스도교의 정설', 즉 육체나 육신이 부활하여 사후의 존재를 경험한다고 하는 교리를 가장 잘 해석한 것조차 아니다. 일반적 견해나 그리스도교에서 널리 퍼져 있는 견해와는 달리, 신약에서는 영혼의 영원불멸보다는 부활의 형태를 가르치는 때가 더 많다(예컨대 고린토1서 15장 참조).

그러면 영혼의 영원불멸이라는 아주 익숙한 관념은 어디에서 오는가? 아마도 신약보다는 플라톤주의일 가능성이 훨씬 높다.[7] 따라서 서

구문명의 핵심적 측면의 기원을 알아내는 데 흥미가 있는 사람이라면 신약보다는 플라톤을 공부하는 쪽이 더 합리적일 수도 있다.

역사가 적힌 글로서 보는 성서

내 요지는 이 책에서는 신약을 경전으로 접근하지 않는다는 것과, 신약이 중세나 근대 초기의 문학에서 지닌 중요성을 분석하지도 않을 것이라는 점이다. 이 책에서는 주로 1세기와 2세기 초에 신약이 어떤 의미를 지녔는지를 들여다볼 것이다. 실제로 나는 신약을 '밖으로부터' 접근하고자 하는데, 서양문화에 속한 사람은 자라면서 '그리스도교는 무엇인가'와 '성서는 무엇인가'에 관한 문화적 지식을 얼마간 지니게 되기 때문에 이런 식으로 접근하기가 늘 쉽지는 않다.

미국에서 우리는 대부분 그리스도교 이후 문화 속에서 살고 있는데, 이 용어가 지니는 두 측면이 모두 중요하다. 미국에서는 그리스도교에 어느 정도 노출되지 않으면서 살기가 어렵고 또 사회, 정치, 문화, 예술에 미치는 영향을 보지 않기가 어렵다는 점에서 그리스도교 이후에 해당한다. 또 우리는 특히 다민족적, 다원적 환경에서 살아가는 만큼, 우리가 만나는 사람을 모두 그리스도교인으로 간주할 수 없게 되었다는 점에서도 그리스도교 이후에 해당한다. 어떤 면에서 우리는 그리스도교가 남긴 '여파' 같은 것이 있는 사회에서, 그러나 사람들이 그리스도교에 관해 비판적이고도 교육받은 방식으로 잘 안다고는 할 수 없는 사회에서 살고 있다.

따라서 우리가 신약에 대해 안다고 생각하는 것을 머릿속으로부터 싹 비워내버리고, 뭔가 새롭고 낯선 것으로서 밖으로부터 접근하도록 노력해보자. 신약 맨 처음에 마태오의 복음서가 나오는데 다음과 같이 시작한다. "아브라함의 후손이요 다윗의 자손인 예수 그리스도의 기원의 책.* 아브라함은 이사악을 낳았고 이사악은 야곱을, 야곱은 유다와 그의 형제를 낳았으며 유다는 다말에게서 베레스와 제라를 낳았다"(마태오복음 1:1~3). (여기서 '기원'에 해당하는 그리스어 낱말은 게네시스 genesis이다.) 이들은 히브리어 성서에서 중요하게 다뤄지는 '자손'들이자 마태오복음의 첫머리에 나오는 인물들이다. 본문은 이런 식으로 여러 문장에 걸쳐 더 이어진다. 현대인으로서 우리는 '이것은 무엇일까? 왜 이렇게 시작할까?' 하는 의문이 들 것이다. 그런 다음 마태오복음은 탄생 서사, 즉 아기 예수의 이야기로 이어진다. 만일 우리가 이 복음서가 쓰인 시기에 살았더라면 이 부분은 꽤나 익숙했을 것이다. 위대한 인물이 탄생할 때 그 징조로 별이 나타났다는 다른 이야기들을 사람들이 알고 있었기 때문이다. 사실 이것은 고대 세계의 선전 문화에 속한다. 마태오는 유명한 인물의 탄생 이야기를 시작하듯 복음서를 시작하는데, 그 시대를 사는 사람이라면 어떤 장르인지 알아볼 것이다.

그러나 계속해서 읽어나가면 이야기는 어떤 사람이 여행을 다니며 연설하고 사람들과 대화하고 가르친다는 내용으로 전개된다. 그는 또 마귀를 쫓아내고 사람들을 치료하고 몇 가지 기적을 행한다. 이런 종교적 서사를 접해본 적이 없는 현대인이라면 이 이야기는 이상하게 들

* 공동번역 성서에는 이 인용문의 첫 문장인 1:1이 다음과 같이 나와 있다. "아브라함의 후손이요, 다윗의 자손인 예수 그리스도의 족보는 다음과 같다." 나머지는 위의 본문과 같다.

릴 것이다. 그렇지만 고대 세계에서는 병자를 치료하고 기적을 행하는 스승들에 관한 여러 이야기를 사람들이 알고 있기 때문에 익숙했을 것이다. 위인이라 간주되는 사람들을 이런 식으로 말하는 일은 드물지 않았다. 물론 이 사람은 결국 십자가에서 끔찍한 죽음을 맞이하는데, 십자가형은 로마에서 주로 노예나 반역자, 하류계층의 골칫덩이를 고문하고 처형할 때 사용하는 형벌이었다. 그렇지만 일부 '철학자'라든가 도덕을 가르치는 스승들도 '숭고한 죽음'을 맞이하여 순교했다고 알려져 있었다.

다음에는 마르코의 복음서가 나온다. 이 복음서는 마태오의 이야기와 똑같은 이야기처럼 보인다. 마태오보다 짧고 가르침도 적다. 그런데 같은 책(신약) 안에 '둘째 장'(마르코복음)이, 그것도 기본적으로 첫째 장을 축약한 듯한 부분이 왜 있는 걸까? 루가의 복음서 역시 똑같은 내용을 보여준다. 그렇지만 요한의 복음서에서는 다른 내용이 보인다. 앞서 읽은 세 복음서와 비교했을 때 요한은 달라 보이고 문체도 다르다. 그러나 전체적으로는 여전히 같은 사람에 관한 비슷한 이야기이다. 이런 점은 이상해 보일 것이다.

그다음 '장'은 사도행전, 즉 사도들의 행적을 적은 글이다. 이제 우리는 다시 좀더 익숙한 내용으로 돌아온다. 심지어 사도행전은 루가복음의 끝부분을 되풀이하는 문장으로 시작하는데, 연속극을 시작할 때 전회의 줄거리를 다시 보여주는 것과 비슷하다. 그런 다음 사도행전은 그리스 소설 같은 느낌으로 시작한다. 그리스 소설은 대개 젊고 부유하며 아름다운 남자와 여자를 다루었는데, 두 사람이 서로 만나 미칠

듯이 사랑에 빠지면서 격정적으로 서로를 원한다는 내용이었다.[8] 대개 곧장 결혼하지도 않고 '사랑을 완성'하지도 않는다. 그와는 달리, 둘 중 하나가 해적에게 납치되거나 전쟁터에 나가야 하는 상황이 되고, 여주인공은 사로잡혀 노예로 팔려나가게 된다. 그렇지만 두 사람이 어찌어찌 서로를 찾아 지중해를 돌아다니는 이야기가 장에서 장으로 이어진다. 소설에는 난파라든가 전투, 기적, 참견하는 신들이 꼬리에 꼬리를 물고 나오기도 한다.

바로 이것이 사도행전이 띠고 있는 겉모습이다. 즉 고대 그리스 소설처럼 보인다는 말이다. 그러나 여기에는 그리스 소설이 저마다 가진 한 가지가 빠져 있다. 섹스와 열애다. 고대의 독자들은 이 때문에 실망했을지도 모른다. 그러나 사도행전에는 소설에는 없는 것들이 있다. 예컨대 '성령'(무슨 뜻일까?)은 책의 거의 전체에 걸쳐 주인공 역할을 한다. 사도행전은 성서의 글이나 고대 소설에 익숙하지 않은 사람이 볼 때 이상해 보일 것이 분명하다. 그리고 고대의 독자에게는 익숙하면서도 약간 이상해 보일 것이다.

그리고 이쯤 읽다보면 우리는 사도행전의 제목이 잘못 붙었다는 생각이 들지도 모른다. 모든 사도의 활동을 묘사하는 게 아니라, 대부분 바울로의 활동을 묘사하고 있다. 게다가 사도행전을 쓴 사람이 누구든 간에 그는 바울로를 진정한 사도로 보지 않는다. 저자는 '사도'는 예수가 살아 있는 동안 그를 따라다닌 사람(사도행전 1:21~26 참조)이라는 전제를 바탕으로 이야기를 풀어나가는데, 바울로는 그 기준에 맞지 않았다. 그러나 제목 문제는 신약에 관한 또하나의 사실로 이어진다. 즉 오늘날의 성서 안에 있는 이런 여러 책의 제목은 해당 책의 저자가 아니라 나중에 그리스도교의 필경사들이 붙인 것이라는 사실이다. 이것은 신약의 대부분에 있어 중요한 사실로 드러나게 된다.

신약을 계속 훑어가면 그다음에 나오는 것은 바울로가 쓴 편지들이다. 신약 문서의 대부분이 편지라는 것이 이상한가? 이 편지들은 물론 오늘날의 편지와는 다르지만 고대의 편지와는 매우 비슷하다. 적어도 철학 유파에서 사람들이 돌려가며 읽던 편지와는 닮았다. 바울로의 편지는 사람들 집단을 대상으로 하는 때가 많고, 철학적으로 보이는 문제와 윤리를 다루고 있다. 그리고 집단이 처한 문제에 관해 조언한다.

그다음에는 히브리인들에게 보내는 서간, 또는 그보다 격식을 덜 갖춰 번역한 제목으로는 '유다인들에게 보내는 편지'가 나온다.* 그렇지만 이상한 것은 이것이 사실은 편지가 아니라는 점이다. 실제로 이 문서의 본문에서는 이것이 편지가 아니라 "권고의 말", 즉 설교라고 주장한다.(히브리서 13:22)** 또 좀더 자세히 살펴보면, 이 편지는 유다인들에게 보내는 것이 아니라, 그리스도교를 믿는 이방인들을 향해 예수가 그들을 위해 유다인의 전례典禮보다 더 높은 전례를 전해주고 있다고 설득하고 있다. 이것은 편지가 아니고, 또 유다인들에게 보낸 것도 아닐 수 있다. 그러나 이로 미루어 지금 우리는 또 한 가지 사실을 깨

---

* 일반적으로 '히브리인'은 셈어를 쓰는 이스라엘 민족, 특히 유목생활 시대의 이스라엘 민족을 가리킨다.

** 저자가 인용하는 NRSV 성서에는 이 부분에 "권고의 말"이라는 표현만 나오지만, 공동번역 성서에는 다음과 같이 두 표현 다 같은 절에 나온다. "형제 여러분, 이 편지는 비록 간단한 것이지만, 내가 권고한 말만은 부디 명심해주십시오."

달을 수 있다. 즉 이 편지들은 사람들이 모인 곳에서 낭독하게끔 쓴 것으로 보인다는 사실이다. 그러면 이 편지를 집이나 도서관에서 혼자 읽는 것이 아니라 한 공동체를 앞에 두고 낭독하게끔 썼다는 것은 무엇을 뜻할까?

베드로의 첫째 편지를 보자. 이 편지는 특정 장소를 대상으로 쓴 것이 아니다. 그보다는 돌려보는 편지로 쓴 것이다. 더 뒤로 가면 요한의 둘째, 셋째 편지가 나오는데, 그중 하나는 "선택받은 귀부인과 그 자녀들"(요한2서 1:1)에게 쓴다고 되어 있다. 이것은 무슨 뜻일까?

신약의 마지막에는 요한의 묵시록, 즉 계시록이 있다. '계시revelation'라는 낱말은 그리스어 낱말 아포칼립시스apokalypsis가 라틴어화했다가 다시 영어화한 것으로, 그리스어로는 '(가린 것을) 벗기다'라는 뜻이다. 이 문서는 정말로 기괴해 보인다. 우리 현대인이 볼 때에는 확실히 그러하며, 고대의 독자가 보기에도 많은 경우 아마 그랬을 것이다. 이 묵시록은 신약에 수록된 다른 어떤 문서와도 닮지 않았다. 요한묵시록은 하나의 환상에 관한 서사로 시작한다(요한묵시록 1:1~20). 요한이라는 사람이 대략 이런 이야기를 한다. "나는 파트모스라는 섬에 있었습니다. 나는 주님의 날에 성령의 감동을 받았습니다. 나는 이 환상을 보기 시작했는데, 한 천사가 나에게 나타났고 이 모든 일이 일어났습니다." 그런 다음 우리는 일곱 곳의 교회에게 보내는 일곱 편의 매우 짤막한 편지를 보게 된다(2:1~3:22). 그다음에는 화려한 액션 영화처럼 바뀌면서 요한이 하늘을 여행하는 서사가 펼쳐진다. 그는 하늘로 올라간다. 그리고 하느님의 옥좌를 본다. 피를 뒤집어쓴 뿔 달린 어린 양과 같은 괴상하게 생긴 짐승들을 본다. 끔찍한 재앙이 일어난다. 최후에는 선한 세력과 악한 세력 간에 우주 전쟁이 일어난다. 마치 〈스타워즈〉 여러 편을 합쳐놓은 것 같다. 그리고 마침내 새로운 세계와 새로운 하느님의 도성이 세워지는 것으로 끝난다.

이것이 신약의 끝이다. 마태오복음에서 아기 예수와 여러 왕들의 이야기로 시작한 것과는 딴판이다. 신약에는 여러 가지 문헌이 포함되어 있다. 모두 스물일곱 권으로서, 서기 50년 무렵부터 150년까지 약 1백 년 사이에 쓰였을 것이다. 신약에 수록된 책들은 관점과 상황이 다르고 신학이 다르며 장르가 다르다. 이들은 헷갈리는 자기만의 특수한 언어를 쓰고 있는데, 이에 대해서는 이 책을 처음부터 끝까지 읽어가는 동안 지속적으로 마주치게 될 것이다.

고대인의 관점을 상상하다

또 한 가지 실험을 하자면, 이들 문서를 밖으로부터 바라보기만 하는 게 아니라 초기 그리스도교회를 외부에서 접한 고대인이라면 어떻게 생각했을까도 상상해보는 것이다. 여러분이 서기 56년에 그리스의 고린토에 있는 옷가게에서 재봉사로 일하는 사람이라고 생각해보자. 옆집에서 살면서 근처의 가죽공방에서 일하는 유디코라는 청년이 있는데, 이 청년이 얼마 전 새로운 단체에 가입한 뒤 여러분에게 그 단체에 대해 말한다. 첫째, 이들은 낮에 모이지 않고 아침 일찍 해가 뜨기 전 또는 어두워진 다음에 모인다. 이들의 수는 웬만한 크기의 식당을 채울 정도밖에 되지 않는데도 스스로 '민회'*라 부른다. 모임에서 무엇을 하는지는 잘 알 수 없다. 눈에 보이는 어떤 신을 섬기고 있는 것 같지는 않다. '신'이라는 용어를 이따금 쓰지만 이 신에게는 이름이 없는데, 이 점이 여러분에게는 이상해 보일 것이다. 기억해야 할 점은 여러분이 56년에 고린토에서 산다고 상상하고 있다는 점이다. 여러분이 볼 때 이들은 신을 믿는 것 같지 않다. 무신론자들 같아 보인다.

이 새로운 단체의 사람들은 시리아의 어느 곳에서 일종의 게릴라전을 이끌다가 오래전에 처형된 어떤 유다인 범죄자를 대단히 존경한다. 그렇지만 유디코는 이 유다인이 어디선가 아직 살아 있다고 한다. 실제로 유디코는 자기를 이 유다인이 '샀다'고 하지만, 여러분은 유디코가 노예였다는 말은 들어본 적이 없다. 실제로 여러분은 그가 노예가 아니었다고 확신한다. 그러면 이 사람이 유디코를 샀다는 것은 무슨 뜻일까? 이들은 이런 민회에 나가면 식사를 하는데, 여러분의 사회에서는 대부분의 단체에서 식사를 하기 때문에 그것은 이상하지 않지만, 이들은 그것을 '주인의 만찬' 또는 이따금 '감사'라고 부른다. 어떤 사람은 이들이 이런 만찬에서 사람의 살을 먹는다고 하지만, 왜인지는 몰라도 이들이 채식주의자처럼 보이기 때문에 그 말은 믿기지 않는다. 채식주의자가 과연 사람의 살을 먹을까 싶다. 유디코는 이 단체에 가입할 때 이들이 가입자의 옷을 모두 벗기고 '물에 잠근다'면서, 그러고 나면 '건강해진다'고 말한다. 일단 가입하고 나면 이들은 여러분을 '동무'라고 부르고, 여러분은 단체의 누구와도 성관계를 갖는데, 자신이

* 공동번역 성서에는 '집회'로 나와 있다.

남자든 여자든 더이상 상관이 없기 때문이다. 실제로 이들은 자신을 남자도 여자도 아니거나, 아니면 둘 다라고 생각한다.

이 희한한 그림은 신약을 비롯하여 그 밖의 초기 그리스도교, 그리스, 로마의 문헌에서 실제로 뽑아낸 자료를 바탕으로 그려낸 것이다. 실제로 이것은 적어도 아주 많은 고대인들이 초기 그리스도교 집단을 바라본 모습이다. 예를 들면 나중에 어느 로마인 총독은 황제에게 그가 아는 그리스도교 집단은 아침 일찍 또는 어두워진 뒤에 모인다고 보고한다.[9] 이제 되풀이하여 보게 되겠지만, 초기 그리스도교 집단은 '가정교회'였으며 비교적 인원이 적었을 것이 분명하다. 우리가 '교회'로 번역하는 그리스어 용어(에클레시아ekklēsia) 역시 고대 그리스어에서는 도시에서 모이는 시민의 공개 모임을 가리키는 것이 더 일반적이었다. 우리는 '신god'은 하느님God의 이름이 아니며, 고대의 맥락에서 이 용어는 어떤 신이든 신을 가리키는 일반적인 범주로 쓰였을 것이라는 점을 기억해야 한다. 각각의 신에게는 자신을 가리키는 고유한 이름이 있었다.[10] 그리스도교의 '신'은 그렇지 않았다. 그리고 우리는 사람들이 그리스도교인들을 무신론자로 보았다는 사실을 수많은 자료를 통해 알고 있다.[11]

그리스 사람들은 대부분 갈릴래아에 관해 아는 바가 전혀 없었을 것이고, 그저 그보다 훨씬 잘 알려져 있던 시리아의 한 지역이겠거니 생각했을 것이다. 예수가 자기를 '샀다'고 말할 때 유디코는 그리스어 낱말 아고라제인agorazein을 썼을 텐데, 이 낱말은 좀더 '종교적'인 옛말로 옮기면 '속량하다'이다. 이들이 늘 먹는 식사는 친교의 식탁, 즉 '주의 만찬'이었을 텐데, 그리스도교 운동 초기에 이것은 완전한 만찬과 함께 진행되었다. 만찬은 각기 음식을 준비해와 모두와 나누어먹는 방식이었다(고린토1서 11:17~34에서 바울로가 이에 대해 언급하는 부분 참조. 나중에 다시 살펴보겠지만 이 부분을 보면 이것은 식사였음이 분명하다). 성찬례를 나타내는 일반적인 용어인 '주의 만찬'은 실제로 그리스어를 좀더 '격식을 갖춰' 번역한 것으로, 원래의 그리스어는 그보다 덜 격식을 갖춘 '주인의 만찬'이라는 말로 옮길 수 있다. 키리오스kyrios는 '군주' 또는 그저 어떤 사람의 주인이나 고용주를 나타낸다. 그런데 이런 식사를 가리키는 또하나의 고대 용어인 '에우카리스트Eucharist(성찬례)'라는 말을 외부인이 들었다면 그리스어 낱말 에우카리스티아eucharistia, 즉 그 일반적이고 일상적인 뜻인 '감사'로 받아들였을 가능성이 높다.

이런 것들을 우리는 사람의 살을 먹는다는 비난에 대한 그리스도교인들의 반박을 통해 알고 있다.[12] 따지고 보면 이들은 실제로 예수라는 사람의 살과 피를 먹는다는 말을 한다(요한복음 6:53~56, 고린토1서 10:16). 우리는 또 그리스도교인들이 어떤 시기의 어떤 곳에서는 고기를 먹지 않는다는 평을 듣게 되었다는 사실을 알고 있는데, 고기는 아마도 신에게 희생제물*로 바쳤던 것일 가능성이 있기 때문에 먹지 않고자 했기 때문일 것이다. 대부분의 그리스도교인은 그런 고기를 먹지 않으려고 세심하게 신경을 썼다.[13] 앞에서 가입할 때 물에 '잠근다'

* 희생제물은 주로 고대에 신에게 짐승을 바치는 것을 가리켰다. 이때 짐승을 죽이기 때문에 '희생'이라는 말을 쓴다.

고 했는데, '세례'라는 뜻의 그리스어는 그저 '(물에) 잠근다'는 뜻이었다. 나중의 그리스도교 자료를 통해 우리는 이것이 종종 사적인 장소에서 이루어졌으며, 세례를 받는 사람은 옷을 모두 벗고 있었다는 것을 알고 있다.[14] 그리스도교인들이 이를 '건강해지는 것'으로 불렀다고 한 것은, 우리가 대개 '구원'이라고 번역하는 그리스어 낱말(소테리아 sōtēria)은 더 세속적이고 일상적으로 '건강'이라는 뜻으로 쓰였기 때문이다.

그리스도교인은 실제로 서로 '형제'나 '자매'로 불렀으며, 이런 용어가 나중에 그리스도교에서 신학적으로 어떤 의미를 지니게 되었는지를 모르는 그리스인이라면 이것을 마치 냉전시기에 미국인들이 '동무'라는 말을 들었을 때처럼 그저 그들만의 특수한 용어로 받아들였을 가능성이 높다. 바울로는 성에 대해 또 남성도 여성도 아니라는 부분에 대해 설명하면서 그리스도 안에서는 남성이나 여성이나 아무런 차이가 없다고 말한다(갈라디아서 3:28). 게다가 그리스도교인들이 더이상 남성과 여성 사이에 아무런 차이가 없는데도 형제자매 간의 사랑에 대해 그렇게나 많이 말하는 것을 외부인으로서 들다보면 우리로서는 외부인이 아무렇게나 상상한 끝에 어떤 식으로 추잡한 소문까지 돌았을지 상상이 가며, 실제로도 그런 경우가 이따금 있었다.[15]

자기들만 알아듣는 특수한 용어에다 희한해 보이는 관습도 있고 때로는 밤중에 비공개로 모이던 초기 그리스도교 가정교회가 고린토의 일반 주민에게 이상하게 보였을 것과 마찬가지로, 성서 역시 우리의 일반적인 선입견으로 접근하거나, 우리가 외부에서 그것에 대해 모르는 상태에서 접근하면 이상한 세계로 보인다. 성서는 여러 시기와 여러 장소에서 유래된 고대 문서 모음으로서, 훨씬 나중에 취합하여 신약이 된 책이다.

다음 장에서는 저마다 다른 특색을 지니고 있는 이 스물일곱 권의 책이 신약에 포함되는 과정을 다룬다. 이것은 정전의 역사다. 많은 것들이 그렇듯, 초기 그리스도교의 역사는 여러 사람이, 모두가 자기는 예수라는 사람에게 충성한다고 생각하지만 관습이나 믿음, 민족, 계층, 지리적 위치는 제각기 다른 사람들이 모인 다양한 집단이 마침내 적어도 믿음과 관습에서 약간이나마 통일성을 갖춘 하나의 역사적 운동 및 제도로 어느 정도 일치되며 들어가는 과정을 담고 있다.

이 책은 사실 다양성으로부터 통일성을 만들어내려 하는 저 역사적 경향과는 반대로 나아간다. 이 책은 신약뿐 아니라 심지어 신약 안에 있는 책까지 하나하나 뜯어놓는다. 실제로 이 책의 주요한 주제 한 가지는 초기 그리스도교의 다양성, 다시 말해 초기의 여러 가지 그리스도교들이 띠던 다양성이다. 예수는 신이다, 인간이다, 또는 둘 모두가 결합된 어떤 성격의 인물이다 하고 생각했던 여러 관점을 들여다볼 것이다. 이 운동 자체는 유다교에서 나왔지만 얼마 가지 않아 이방인이 주류를 이루었는데, 초기에 예수운동을 따르던 사람들이 그 현실에 대처한 여러 방식을 집중적으로 살펴볼 것이다. 여러 그리스도교 공동체들이 여성 및 교회 안에서 여성이 맡는 역할을 어떻게 다루었는지, 집안의 노예라든가 하인을 어떻게 다루었는지, 그들 주위를 둘러싸고 있는 정치를 어떻게 이해하고 있었는지, 그리고 막강한 로마 제국에 대해 어떻게 반응했는지를 짚어볼 것이다. 이 책에서는 신약의 여러 문서뿐 아니라 초기 그리스도교의 몇 가지 문헌도 살펴본다. 이제는 하나의 본문으로 통합된 신약에서 출발하여, 이 책에서는 그 통일성을 분해하여 초기 그리스도교 운동의 다양한 면모와 그들이 남긴 글을 분석한다.

신약 연구를 위한
고대의 맥락과 학술적 맥락

2
정전의 발달

개요: 그리스도교 신앙은 거룩한 경전이라 여겨지는 글 묶음인 정전을 바탕으로 한다. 이 정전은 어떻게 생겨났을까? 서로 경쟁관계에 있는 교리 집단이라든가 여론의 형성, 코덱스의 발명 등과 같은 여러 요인 덕분에 신약의 정전이 형성되었다. 어떤 글이 이 정전에 포함되거나 배제된 이유에는 사도의 권위, 전반적으로 받아들여진 정도, '원시 정통' 그리스도교에 신학적으로 어울리는지 여부 등이 있었다.

정전 대 경전

경전은 무엇일까, 또 정전은 무엇일까? 이 둘이 꼭 같지는 않다. 이 두 낱말은 서로 같은 뜻으로 쓰이는 때가 많지만 구별해두면 도움이 된다. 경전은 사람이 거룩하고 권위가 있다고 받아들이는 모든 글, 그 자체로 거룩하거나 뭔가 거룩한 내용을 전하는 모든 글을 가리킨다. 어떤 종교에는 우리가 일반적으로 이슬람교나 유다교, 그리스도교 등의 종교에서 가지고 있다고 생각하는 경전과 같은 것이 없다. 어떤 종교에는 '거룩한 글'이 매우 많지만, 여타의 글과 구별하여 특별히 '경전'이라 부르는 글 묶음이 마련되어 있지 않다. 그러므로 우리는 그런 종교에는 경전이 많이 있지만 '성서'는 없다고 볼 수 있다. 어떤 경우든 어떤 글이 경전이 되는 것은 그것을 특정 공동체에서 권위가 있고 거룩하다고 받아들이기 때문이다.

'정전'은 그보다는 더 한정적이고 명확한 것이다. 그리스어 낱말 카논kanōn은 원래 예컨대 자같이 무엇이든 측정 기준이 되는 것을 가리켰다. 따라서 하나의 목록을 가리킬 수도 있었다. 예컨대 책의 목록도 자와 같이 기준이 될 수 있었다. 하나의 책은 그 목록에 있거나 없거나 둘 중 하나였다. 그리스도교 역사에서 '정전'은 이런 뜻이다. 즉 어떤 그리스도교 문서는 거기 포함되고 그 밖의 그리스도교 문서는 포함되지 않는 거룩한 글의 목록이다. 이슬람교나 유다교, 그리스도교에는 정전이 있다. 이슬람교에서는 쿠란이 정전이다. 유다교에서는 히브리어 성서가 정전이다. 그리스도교에서는 유다교의 경전(히브리어 성서를 말하며, 그리스도교에서는 구약이라 부른다)에 신약을 더한 것이 정전이다.

우리가 어떤 것을 '정전'이라 부를 때 그것은 경계가 정해진 하나의 글 묶음을 말한다. 그러므로 정전 목록이라는 것은 포함하는 동시에 배제한다. '그 밖에도 어떤 의미에서 특별하거나 거룩하다고 생각되는 글이 있다 하더라도, 이 목록에 수록된 글이 특별한 의미에서 특별하다'라는 뜻인 것이다. 정전은 '결정이 끝난' 것이다. 사실 셰익스피어의 정전이라든가 서양의 위대한 문학 정전 등을 말할 수도 있지만, 이럴 때는 실제로 이 용어를 확장된 뜻이나 비유적 뜻에서 쓰고 있는 것이다. 즉 서양 문학에 실제로 권위적인 글을 모은 정전이 있어서 더이상 어떤 글을 거기 넣거나 빼지 않는다고 본다는 뜻은 아니라는 말이다.

그리스도교의 교회가 정전 목록을 만들어내기 이전에도 교회에는 '경전'이 있었다. 실제로 그리스도교인들에게 최초의 경전은 유다교의 경전이었으며, 교인들은 이를 자기네의 경전으로 받아들였다. 예컨대 사도 바울로가 '성서 말씀'이라고 말할 때 그가 가리킨 것은 신약이 아니다. 유다교의 경전을 가리켰고, 그가 알고 있던 것은 그리스어 번역본이었다. 나중에 신약이라는 이름으로 묶인 문서를 쓴 사람들은 자신이 신약을 쓰고 있다는 사실을 알지 못했다. 이들은 설교나 편지, 또는 예수의 삶에 관한 이야기를 쓰고 있었다. 따라서 이들이 말하는 '경전'은 적어도 그리스도교 최초 시기에는 이들이 자신의 것으로 받아들인 유다교의 경전이었다. 이 장에서는 신약이라는 정전에 포함된 저 스물일곱 권의 책이 어떻게 거기 포함되었는지를 논한다. 어떻게 선택되었을까? 누가? 언제 그렇게 결정했을까? 어떤 기준으로? 어떤 책은 넣고 어떤 책은 넣지 않은 까닭은 무엇일까?

전승과 글

그리스도교에서 현재 남아 있는 가장 오래된 문서 자료는 바울로가 쓴 편지들이다. 신약에서 가장 먼저 나오는 게 복음서이기 때문에 뜻밖이라 생각하는 사람도 있을 것이다. 복음서는 예수에 관한 책이고, 따라서 대부분의 사람들은 복음서가 '가장 오래된 것들'을 담고 있으리라 간주한다. 그러나 복음서는 모두 바울로의 편지들보다도 20년이나 30년, 40년 뒤에 쓰였다. 대부분의 학자들은 가장 오래된 바울로의 편지는 데살로니카1서라고 믿는다. 이 편지는 서기 50년 무렵으로 거슬러올라간다. 그렇지만 오래지 않아, 어쩌면 바울로의 생전에, 교회들이—아마 바울로 자신이 설립한 교회들이겠지만—바울로의 편지 사본을 서로 돌려보기 시작했다. 우리는 당시 인쇄소가 없었다는 점을 기억해야 한다. 한곳의 교회에서 바울로의 편지를 한 편 받을 때마다 필경사나, 또 노예를 필경사로 훈련시키는 일이 많았으므로 노예를 시켜 그 편지의 사본을 만들었다. 그 교회는 자기가 받은 원본은 보관하고 새로 만든 사본을 다른 사람에게 보냈다. 여러 공동체와 사람들 사이에서 편지와 책이 사본으로 만들어져 전달되었다.[1]

나중에 나는 골로사이서는 실제로는 바울로가 쓴 것이 아니라 그가 죽은 뒤 제자 가운데 한 사람이 썼다는 점을 논할 것이다. 어떻든 골로사이서의 저자는 이렇게 말한다. "여러분이 이 편지를 읽고 나서는 라오디게이아 교회도 읽게 해주시고, 또 라오디게이아 교회를 거쳐서 가는 내 편지도 꼭 읽어주십시오"(골로사이서 4:16). 저자가 바울로의 이름으로 편지를 쓰고 있고, 또 바울로가 라오디게이아 교회로도 편지를 한 통 보냈다고 말하고 있음을 눈여겨보기 바란다. 그는 두 교회가 각기 받은 편지의 사본을 만들어 서로에게 보낼 것을 권하고 있다. 바울로의 이름으로 되어 있는 편지에서조차 우리는 이런 식으로 편지를 교환하고 수집하는 관습을 볼 수 있다.

나중에 나는 에페소서 또한 바울로가 쓴 것이 아니라는 점을 논하겠지만, 그럼에도 에페소서는 초기 그리스도교에 편지를 널리 퍼트리는 관습이 있었음을 보여주는 좋은 사례이다. 고대 그리스의 여러 필사본을 면밀히 살펴볼 때 에페소서는 하나의 교회에만 보내지지는 않은 것으로 보인다. 일부 학자들은 이것이 여러 교회 사이에서 돌려보는 편지로 쓰였으며, 각 교회에서 사본을 만들면서 전달됐을 것으로 본다. 일부 고대 필사본에는 '에페소 성도들에게'라는 수신인 표시가 없으며, 또 어떤 필사본에는 이 편지가 다른 도시에게 보내는 것으로 되어 있던 것으로 보인다.[2] 어쩌면 원래 필자가 일부 사본에서는 이 부분을 빈칸으로 남겨두어, 사본을 만드는 사람이 적어넣도록 했는지도 모른다. "가만, 우리는 라오디게이아에 있으니 라오디게이아라고 적어넣자. 그러면 바울로가 이 편지를 우리에게 보낸 것처럼 할 수 있잖아!"

바울로의 편지들은 남아 있는 가장 오래된 것들이지만(아마 실제로 가장 먼저 쓰인 그리스도교의 편지는 아니겠지만), 이내 다른 사람들도 교회에 편지를 보내는 바울로의 방식을 모방하기 시작했다. 앞에서 나는 골로사이서나 에페소서를 바울로가 쓴 것으로 생각하지 않는다고 했다. 더욱 흥미로운 것은 에페소서의 필자는 편지를 쓰면서 골로사이서를 견본으로 삼았다는 점이다(이 책의 17장 참조). 그는 골로사이서의 주제와 이미지와 언어를 많이 빌려와 사용하는데, 골로사이서를 바울로가 직접 썼다고 믿었을 가능성이 매우 높다. 그러므로 바울로의 제자 한 사람이 바울로의 이름으로 편지를 위조하면서, 역시 바울로의 이름으로 위조된 다른 편지를 견본으로 삼고 있는 것이다. 즉 모방자가 바울로를 모방하는 다른 모방자를 모방하고 있다.

따라서 바울로의 편지들은 돌려가며 읽었고 또 새로운 편지가 바울로의 이름으로 작성되면 돌려읽는 편지에 추가됐는데, 그 모든 편지들이 복제되고 다시 복제되면서 널리 퍼졌다. 결국 바울로의 편지들은 너무나 유명해지고 높이 평가된 나머지, 적어도 그리스도교의 어떤 집단에서는 그 자체로 '경전'으로 불리게 되었다. 실제로 신약에서 유다교 경전이 아니라 그리스도교 경전을 가리켜 '경전'이라는 말이 사용된 것으로 보이는 예는 하나뿐으로, 바울로의 편지들을 가리키고 있다. 베드로2서를—이것 역시 정말로 베드로가 쓴 게 아니라 다른 사람이 그의 이름을 빌려 쓴 편지인데—쓴 사람은 바울로의 편지들에 대해 이렇게 말한다. "그중에는 이해하기 어려운 대목이 더러 있어서 무식하고 마음이 들떠 있는 사람들이 경전*의 다른 부분들을 곡해하듯이 그것을 곡해함으로써 스스로 파멸을 불러들이고 있습니다"(베드로2서 3:16, 강조는 내가 넣었다). 나는 베드로2서가 쓰인 시기를 바울로가 죽고 수많은 세월이 흐른 뒤라고 생각하는데, 이 무렵에 이르러 적어도 일부 그리스도교인은 바울로의 편지들을 경전으로 간주하고 있었다. 어쩌면 오래전에 받아들인 유다교의 경전과 동등한 수준으로 놓고 있었을 것이다. 바울로의 편지들이 그와 같은 지위를 얻은 것은 적어도 부분적으로는 너무나도 많이 복제되고 널리 퍼졌기 때문이다.

* 공동번역 성서에는 '경전'이 아니라 '성서'라고 되어 있다.

우리는 편지를 비롯한 여러 글이 널리 퍼지기 전부터 이미 구비전승이—예수의 말, 이야기, 윤리적 가르침, 부활 후 사람들에게 나타난 것을 목격한 사람들의 이름 등—초기 교회 사이에서 널리 퍼지고 있었음을 볼 수 있다. 사람들은 자기네 교회에서 예수에 관한 이야기를 들려주곤 했다. 예를 들면 로마서 12:14에서 바울로는 이렇게 말한다. "여러분을 박해하는 사람들을 축복하십시오. 저주하지 말고 복을 빌어주십시오." 바울로는 이것이 예수의 말을 인용한 것이라고 말하지는 않지만, 마태오복음 5:44 같은 곳에서 찾을 수 있는 구절과 매우 비슷하게 들린다.[3] 고린토1서 11:23~26에서 바울로는 예수가 친교의 식탁이라는 그리스도교 관습을 세울 때의 지시사항을 들려주는데, 여기서 그는 다음처럼 구비전승을 전달하고 있음을 명확히 말한다. "내가 여러분에게 전해준 것은 주님께로부터 받은 것입니다. 곧 주 예수께서 잡히시던 날 밤에 빵을 손에 드시고 감사의 기도를 드리신 다음, 빵을 떼시고 '이것은 너희들을 위하여 주는 내 몸이니 나를 기억하여 이 예를 행하여라' 하고 말씀하셨습니다. 또 식후에 잔을 드시고 감사의 기도를 드리신 다음, '이것은 내 피로 맺는 새로운 계약의 잔이니 마실 때마다 나를 기억하여 이 예를 행하여라' 하고 말씀하셨습니다. 그러므로 여러분은 이 빵을 먹고 이 잔을 마실 때마다 주님의 죽음을 선포하고, 이것을 주님께서 다시 오실 때까지 하십시오."

우리는 바울로가 이 말을 복음서에서 읽었을 수는 없다는 점을 기억해야 한다. 우리가 아는 한 이때는 아직 어떤 복음서도 쓰이기 전이었기 때문이다. 그리고 바울로는 예수가 활동하던 당시 예수에게서 들었던 것도 아니다. 바울로는 예수가 죽고 몇 년이 지난 뒤에야 예수의 추종자가 되었기 때문이다. 바울로는 환상에서 말고는 예수를 '본' 적이 없다(갈라디아서 1:16, 또 사도행전에서 이 사건을 상상하는 대목은 사도행전 9:3~9, 22:6~21, 26:12~18 참조). 바울로는 '주님께로부터' 이 말을 '받은' 것이라고 말하는데, 여기서 '주님'은 예수를 가리킨다는 점에는 의심의 여지가 없다. 바울로는 이를 환상 같은 것을 통해 예수로부터 직접 받았거나, 아니면 그저 자기보다 먼저 예수의 추종자가 된 사람들에게서 배웠지만 그 근원은 궁극적으로 예수로 거슬러올라간다는 점을 이런 식으로 인정하고 있는 것이다. 후자의 설명이 더 그럴듯하다.

어떤 경우든 이것은 그리스어에서 전통을 전달할 때 전통적으로 쓰는 어법이다. 그러므로 바울로는 자신이 최초기 그리스도교의 구비전승을 전달하고 있음을 의식하고 있다. 또다른 예는 고린토1서 9:14에서 볼 수 있다. 바울로는 이렇게 말한다. "이와 같이 복음을 전하는 사람들도 그 일로 먹고살 수 있도록 주님께서 제정해주셨습니다." 루가복음 10:7[4]과 비슷하게 들리기는 하지만, 복음서에는 예수가 실제로 이렇게 말하는 구절이 없다. 바울로는 이것을 예수가 한 말이라고 하지만 우리의 복음서에서는 이 말을 찾을 수 없다. 또 여기서 바울로는 교회는 전도자와 선교자를 재정적으로 뒷받침해야 한다는 것을 예수 자신이 가르쳤다고, 즉 예수가 내린 명령이라고 말하고 있다는 점도 주목할 만하다. 그러나 바울로는 바로 고린토1서 9장에서 자신은 그 명령을 따르지 않을 것이라고 단언한다. 바로 그다음 장에서 바울로는

자신의 교회에서 돈을 받지 않을 것임을 명확히 한다.[5]

예수의 말을 모아 그의 활동과 죽음에 관한 서사로 엮은 복음서 가운데 현재 남아 있는 최초의 것은 서기 70년 무렵에 쓰인 마르코의 복음서이다. 이후의 몇 장에서 나는 마르코복음이 쓰인 시기를 판정하고자 할 때 어떤 방법을 쓰는지를 보여줄 것이다. 마르코 뒤에 마태오와 루가의 복음서가 등장했는데, 둘 모두 마르코복음을 원천자료로 활용한다. 우리는 초기 그리스도교가 문서 자료를 포함하여 '원천자료'를 활용하고 있다는 또다른 암시를 다음처럼 루가복음의 머리말에서 볼 수 있다.

> 존경하는 데오필로 님, 우리들 사이에서 일어난 그 일들을 글로 엮는 데 손을 댄 사람들이 여럿 있었습니다. 그들이 쓴 것은 처음부터 직접 눈으로 보고 말씀을 전파한 사람들이 우리에게 전해준 사실 그대로입니다. 저 역시 이 모든 일들을 처음부터 자세히 조사해둔 바 있으므로 그것을 순서대로 정리하여 각하께 써서 보내드리는 것이 좋겠다고 생각하였습니다. 그러하오니 이 글을 보시고 이미 듣고 배우신 것들이 틀림없는 사실이라는 것을 알아주시기 바랍니다. (루가복음 1:1~4)

바울로의 동료인 '루가'가 있었지만(필레몬서 24, 골로사이서 4:14, 디모테오2서 4:11 참조) 오늘날 대부분의 학자들은 그가 루가복음과 사도행전의 실제 저자였을 것으로는 보지 않는다. 앞으로 복음서를 다루는 부분에서 설명하겠지만, 우리는 네 권의 복음서 모두 원래는 익명으로 출간됐으며, 지금 붙어 있는 이름은 네 권의 책을 예수의 제자들이나 그들과 가까운 제자들과 연결짓기 위해 나중에 붙인 것이라고 본다. 그러나 루가복음의 저자가 누구든 우리는 그가 어느 정도 연구를 거쳤다고 인정하고 있다. 그는 예수의 말을 모았고, 글로 된 다른 이야기들을 읽었으며, 그런 여러 구전 및 문서 자료를 바탕으로 자신의 복음서를 편찬했다.

이것은 곧 복음서에 수록된 예수에 관한 이야기들은 사람들 사이에서 전달되던 구비전승 즉 예수에 관한 여러 말이나 이야기에서 시작됐다는 뜻이다. 예수가 죽은 지 40년 정도가 지난 뒤, 즉 서기 70년 무렵에 마르코의 복음서가 쓰였다. 따라서 예수의 죽음과 우리가 가지고 있는 최초의 복음서가 등장하기까지는 40년 정도의 차이가 있다. 다만 그사이에 그 밖의 여러 문서 자료가 퍼지고 있었던 것으로 보이고 또 구비전승이 많이 전달되고 있었음은 확실하다.

현대인으로서 우리는 적힌 글이 '전하는 말'보다 더 나은 설명이라고 생각하는 경향이 있다. 우리는 종종 글이 소문이나 풍문, 구비전승보다 더 믿을 만하다고 간주한다. 일부 고대 사람들은 그렇게 생각하지 않았던 것으로 보인다. 적어도 확고히 주장한 사례 중 플라톤이 글로 적힌 정보보다 글로 적히지 않은, 즉 구두 정보를 더 우위에 두었던 것은 유명하다.[6] 고대의 그리스도교인 중 적어도 일부는 이와 비슷한 감정을 표출했다. 그리스도교 지도자였던 파피아스는 130년 또는 140년 무렵에 이 문제에 관해 글을 썼다. 그는 그리스도교의 기원에 관한 자신의 연구방법을 두고 다음과 같이 몇 가지를 주장한다.

나는 또 여러분을 위해 이런 설명과 아울러, 장로들이 신중하게 기억해내고 꼼꼼하게 알아낸 모든 내용을 잘 정돈하여 주저 없이 적어나갈 것입니다. 그것이 사실임을 제가 입증했기 때문입니다. 대부분의 사람들과는 달리 저는 할 말이 많은 사람들의 말을 들을 때 즐거움을 느끼지 않았습니다. 그보다는 오로지 진리를 가르치는 사람들의 말, 낯선 자들에게서 들은 명령을 기억해내는 사람들이 아니라 주님으로부터 정확하게 전해받은 명령과 진리 자체에서 생겨나는 명령을 기억해내는 사람들의 말을 듣는 데서 기쁨을 느꼈습니다. 그렇지만 장로들의 동료였던 사람이 도착할 때마다 나는 그들의 말에 대해, 안드레아나 베드로가 한 말에 대해, 또는 필립보나 토마가 한 말, 또는 야고보나 요한이나 마태오 또는 주님의 여타 제자들, 그리고 주님의 제자들인 아리스티온이나 장로 요한이 들려준 말에 대해 신중하게 질문하곤 했습니다. 책에서 나오는 것이 살아서 변치 않는 목소리에서 나오는 것보다 나에게 더 유익하리라고는 생각하지 않았기 때문입니다.[7]

실제 제자들은 이미 오래전에 죽어 직접 만나볼 수 없었기에, 파피아스는 초기의 제자들을 알았을 법한 노인들을 찾아냈다. 이 인용문은 흥미로운데, 적어도 예수로부터 2세기까지 이어지는 전승에 대한 이상적인 설명이 되기 때문이다(이렇게 이어진 전승이 역사적으로 얼마나 정확한지 또는 사실인지는 다른 문제이다). 그리고 적어도 일부 그리스도교인들은 전승이라는 글로 적힌 문서보다는 '살아 있는 목소리'를 더 믿었음을 보여준다.

순교자 유스티누스는 2세기 중엽에 살았는데, 150년 무렵 믿음을 위해 순교했기 때문에 순교자라는 호칭이 붙었다. 그는 네 권의 복음서를 명시적으로 언급하지는 않으며, 그보다는 '사도들의 회고록'에 대해 말한다.[8] 비록 유스티누스가 복음서를 명시적으로 거론하지는 않지만, 이 무렵에 이르러 글로 적힌 복음서가 몇 가지 생겨나 있었다. 나중에 신약에 포함된 네 권의 복음서—마태오, 마르코, 루가, 요한—말고도 많은 복음서가 알려져 있었고 그중 가장 유명한 것 중 하나로 『토마의 복음서』가 있었지만, 마리아, 베드로, 또 심지어 최근 발견되어 유명해진, 유다의 이름으로 쓰인 복음서도 있었다.[9] 이런 갖가지 복음서들이 있었는데, 어떻게 네 권만 정전으로 남게 됐을까?

정전 목록의 형성

교회 지도자들 중 자신을 따르는 사람들에게 '이 복음서'와 '이 편지들'은 중요하며 특별하게 다뤄야 한다는 점을 알리기 위한 목록, 다시 말해 공인된 그리스도교 글의 '정전' 목록에 가장 가까운 것을 내놓은 최초의 인물은 소아시아(오늘날의 터키) 출신으로 2세기 전반기에 로마에 간 마르키온이었다.[10] 마르키온은 성공한 사업가였던 것으로 보이는데 아마도 조선업자였을 것이다. 그는 로마 교회에 큰돈을 주었고 처음에는 환대와 존중을 받았으며, 160년 무렵에 죽었다.[11]

그런데 마르키온은 하느님과 유다교 경전에 대해 수많은 교회의 의견과는 다른 교리를 가르치기 시작했다.[12] 창조자로 묘사된 하느님과 구약에 나오는 이스라엘의 하느님은 예수가 아버지 하느님이라고 부른 대상과는 다른 존재라고 했다(아직 '신약'이 없었으므로 그리스도교인들은 아직 유다교 경전을 '구약'이라 부르지 않았다는 점을 기억하기 바란다. 이 책에서는 편의상 '구약'이라 부르기로 한다). 구약의 하느님, 창조자 하느님이 존재하기는 하지만, 실수를 곧잘 저지르고 율법주의적이며 심지어는 물리적 육체까지 있는 신이라는 것이다. 예수가 말하는 하느님은 은총과 사랑과 정의와 자비의 하느님이다.[13]

마르키온은 나중에 구약에 포함되게 된 글을 활용하기는 했지만, 거기 그려진 신은 예수가 묘사한 하느님과 동일한 존재일 수 없다는 것을 보여주는 증거로만 이용했다. 따라서 마르키온은 구약의 문서를 예수 그리스도의 아버지를 보여주는 용도로나 복음의 진리를 가르치는 용도로 사용하는 것을 거부했다. 그는 유다교의 경전을 '상징적'으로나 '비유적'으로 해석하여 예수 그리스도의 아버지를 구별해낼 수 있다고 하는 사람들은 성서를 정당하지 않게 해석하는 사람들이라고 가르쳤다. 거기 수록된 글은 '문자 그대로' 읽어야 하며, 만일 그리스도교인이 그렇게 읽으면 그 속에서 노한 복수의 신을 찾게 될 뿐 예수 그리스도의 아버지는 찾을 수 없으리라는 것이다.

마르키온은 유다인의 '경전'을 거부하면서 그 대신 한 편의 복음서, 즉 루가의 복음서를 택했다.[14] 왜 루가일까? 마르키온이 가장 좋아한 사도는 바울로였던 것이 명백해 보인다. 실제로 그는 다른 사도들은 예수가 가르친 복음에 '유다교화 성향'을 들여옴으로써 원래의 복음이 지닌 순수성을 훼손했다고 가르친 것 같다. 바울로는 '율법 없는', 즉 유다인의 규칙과 글이 없는 진정한 복음을 유지했다. 앞으로 살펴보겠지만, 바울로는 이방인은 유다인의 율법을 따를 필요가 없다고 가르쳤을 뿐 아니라 유다인의 율법을 따르려고 해서는 안 된다고 가르쳤다(갈라디아서 5:2~4 참조).[15] 마르키온은 올바르게 이해한 사도는 바울로뿐이라고 믿었다. 앞에서 루가가 바울로의 동료로 알려져 있었다는 사실에 대해 언급했는데, 이 무렵에 이르러 루가의 이름은 세번째 복음서와 결부돼 있었다. 마르키온이 루가의 복음서를 택한 그럴 법한 이유는 무수히 많겠지만, 바울로와 결부돼 있다고 하는 이유에서일 가능성이 크다.

마르키온은 이 복음서 말고도 바울로가 보낸 편지 열 편을 추가했다.[16] 오늘날의 성서에는 열세 편의 편지를 바울로가 쓴 것으로 나와 있다.[17] 마르키온은 우리가 '목회서신'이라 부르는 디모테오1, 2서와 디도서는 포함시키지 않았다. 확실한 이유는 알 수 없지만, 나는 단순히 마르키온이 이 편지들에 대해 알지 못했기 때문이라고 본다. 앞으로 살펴보겠지만 이 편지들은 바울로가 직접 쓴 것이 아니며, 2세기가 되고서도 한참이 지나서야 널리 퍼지기 시작했을 것이다. 사실 마르키온이 이 편지들에 대해 알지 못한 것으로 보인다는 점 자체가 이 편지들이 2세기 중반 어느 시점에 이르기 전까지는 쓰이지 않았을 것이라는 약간의 증거가 된다. 어떻든 이들은 마르키온의 '정전' 목록에는 포함되지 않았다.

여러분은 루가복음과 바울로의 편지들에서조차 구약의 글을 '경전'으로서 인용하고 있고, 또 유다교의 경전에 그려진 이스라엘의 하느님이 루가복음과 바울로의 편지들에서도 역할을 맡고 있다는 사실을 알아챘을 것이다. 마르키온은 '유다교화'하는 사도들의 사악한 참견 때문에 이런 구절이 들어갔다고 본 것 같다. 마르키온이 받아들인 '좋은' 글조차 훼손한 것이다. 나중에 마르키온의 비평가들은 그가 루가복음과 바울로의 편지들에 나오는 그런 구절이 자신의 교리와는 상충되기 때문에 삭제하여 없애버렸다고 주장했다. 마르키온은 루가복음과 바울로의 편지들을 편집했고, 그렇게 편집한 것을 올바른 그리스도교 경전, 즉 마르키온이 인정하는 권위 있는 글의 목록이라고 판정했다.[18]

이는 그리스도교의 역사에서 누군가가 "이것은 받아들일 수 있는 책을 나열한 권위 있는 목록이며, 여기 나열된 책들이 그리스도교의 경전으로 선정되어야 마땅하다" 하고 말하려 한 최초의 사례이다.[19] 나중에 '정통'으로 판정되게 되는 그리스도교인들은 마르키온을 이단으로 보게 되었다. 로마의 교회는 그를 쫓아내고 그가 낸 기부금을 돌려주었다.[20] 물론 우리는 이 책에서 거듭 강조하듯 그 시대에는 여러 종류의 그리스도교가 있었다는 점을 염두에 두어야 한다. 2세기에는 '정통'과 '이단' 사이에 합의된 경계선이 없었다. 따라서 어떤 면에서 마르키온을 '이단적'이라고 말하는 것과 그의 가르침을 거부한(그리고 유다교의 경전과 네 권의 복음서를 받아들인) 사람들을 '정통적'이라고 말하는 것조차 시대착오이다. 그래서 나는 4세기와 5세기에 정통으로서 '살아남는' 그리스도교의 교리와 우연하게도 어느 정도 일치되는 종류의 그리스도교를 이 책에서 때때로 '원시 정통'이라는 용어로써 대략적으로 가리키고 있다.[21] 그러나 그리스도교 경전을 구별하는 권위 있는 목록을 내놓은 최초의 그리스도교인이 나중에 이단자로서—주로 이스라엘의 하느님과 유다교의 경전을 거부했다는 이유로—거부됐다는 점은 흥미롭다.

20세기에 학자들은 오랫동안 마르키온의 '정전' 목록에 크게 자극을 받은 다른 그리스도교인들이 그리스도교 경전을 구별하는 나름의 정전 목록을 내놓게 됐다고 생각했다.[22] 마르키온의 정전 목록을 받아들이지 않는 교인이라면 어떤 대안을 내놓아야 할까? 교회는 알려진 여러 복음서 중 가장 마음에 드는 것으로 하나 골라야 할까? 교회에서 무엇을 읽어야 할까? 2세기의 일부 그리스도교 저자들은 교회는 진짜 사도들과 진정으로 연결되어 있다고 믿는 네 권의 복음서, 즉 마태오, 마르코, 루가, 요한을 받아들여야 한다고 주장하기 시작했다. 마르키온이 루가만 선정한 데 대한 반작용이었을까?

지난 몇십 년 동안 일부 학자들은 마르키온과 그가 만든 목록이 실제로 그리스도교 정전의 형성에 도대체 얼마나 영향을 줬을까 생각했다.[23] 그렇지만 마르키온의 활동과 그가 만든 목록이 우리가 아는 한 특정 작품을 유다교의 경전과는 다른 '그리스도교의 경전'으로 선정하여 구별한, 그리고 그 나머지는 거부한 최초의 시도라는 점에는 논란의 여지가 거의 없다. 적어도 그가 내놓은 '해법'으로 미루어 2세기에 네 가지 복음서를, 그것도 다른 것이 아닌 이 네 가지 특정 복음서를 선정하기까지 논쟁과 반박이 요구됐음을 알 수 있다.

이 문제에 대처하는 다른 방법도 여러 가지가 있었다. 타티아누스는 순교자 유스티누스의 제자였다. 그는 네 권의 복음서를 가지고 네 권 모두를 하나로 엮은 책을 만들어냈다. 그 결과물은 네 권의 복음서로부터 각기 필요한 모든 것을 담았다고 내세울 만한 한 권의 편리한 복음서였다. 이 책은 『디아테사론』이라는 이름으로 알려졌는데, 그리스어로 '넷을 통하여'라는 뜻이다.[24] 그 밖의 사람들은 네 권의 복음서 중 하나를 선호한 것으로 보인다. 파피아스는 마르코가 베드로를 따라 로마로 갔으며 베드로가 전한 복음을 받아적었다고 믿었다.[25] 그러므로 마르코의 복음서는 예수와 가장 가까웠던 사도인 베드로에 가장 가깝다고 봤다. 다른 사람들은 마태오를 선호했는데, 어쨌든 그는 열두 사도의 하나였고 또 제1복음서*에서 세리(세금 징수원)로 언급된다(마태오복음 9:9, 이 세리는 마르코복음 2:14과 루가복음 5:27에 레위라는 이름으로 언급된다). 요한복음의 저자 역시 예수의 제자이던 사람으로 여겨졌으며,[26] 요한복음은 2세기에 다른 그리스도교인들이 가장 좋아한 복음서였던 것으로 보인다.

이 모든 것의 문제는 오늘날의 관점에서 볼 때 파피아스를 비롯한 초기 그리스도교인들이 자신이 말하는 대상에 대해 제대로 알지 못했다는 것이다. 예컨대 파피아스는 마태오복음은 원래 히브리어로 쓰였으며 나중에 와서야 그리스어로 번역됐다고 생각했다.[27] 이것은 틀렸다. 오늘날의 학자가 볼 때 마태오복음은 그리스어로 쓰였음이 명백하다. 히브리어의 번역본임을 보여주는 어떠한 흔적도 없으며, 어떤 부분에서는 요점을 전달할 때 히브리어 번역일 수 없는 그리스어 낱말을 사용한다.[28] 파피아스가 확인할 수 있는 '사실'에 대해 그렇게나 틀렸

* 오늘날의 신약성서에는 네 복음서가 가장 먼저 나오는데 마태오, 마르코, 루가, 요한 순으로 이어진다. 이 순서대로 각각 제1, 제2, 제3, 제4복음서라고도 부른다.

다면, 다른 증거가 남아 있지 않는 '사실'에 대해서도 그를 믿지 않아야 할 것이다. 따라서 오늘날의 학자들은 이러한 모든 고대의 전승, 즉 마르코는 베드로의 제자로서 베드로가 전한 복음을 썼고, 마태오복음은 실제 제자인 마태오가 썼으며, 루가복음은 바울로의 제자가 썼고, 요한복음은 제베대오의 아들 요한이 썼다는 전승에 대해 회의적이다. 저자에 관한 이런 고대의 전승은 아무것도 받아들여지지 않는다.

네 권의 복음서는 익명으로 출간됐다. 가짜 이름 즉 차명으로 펴낸 것이 아니라는 점에 주목하기 바란다. 어떠한 이름도 명시하지 않은 채 쓰인 것으로 보인다. 우리는 네 권의 복음서에 이런 이름이 언제 어떻게 붙었는지 모른다. 이것은 역사 속으로 사라진 부분이다. 이 네 권은 살아남은 가장 오래된 복음서로, 모두 아마 1세기로 거슬러올라간다. 반면 남아 있는 '비정전' 복음서는 대부분 2세기나 그 이후로 거슬러올라갈 것이다. 이 네 권의 복음서는 1세기에 예수에 관해 널리 퍼진 구비 및 문자 전승의 결정체이다.

이후의 정전 목록

중요한 정전 목록 중 하나는 무라토리 정전 목록이라는 이름으로 알려져 있다(도표 2 참조). 이 정전 목록에는 목록에 포함된 여러 책에 관한 약간의 설명도 첨부되어 있었는데, 루도비코 안토니오 무라토리가 발견하여 1740년에 발표했다(따라서 학자들은 이 문서에 그의 이름을 붙였다). 이것은 사실 정전 목록의 일부분으로, 첫 부분이 없고 갑자기 끝난다. 그리스어 원본을 라틴어로 조야하게 번역한 형태로 살아남

무라토리 문서 조각	첼트넘 정전	시나이 사본	클라로몬타누스 정전 목록
(복음서)[주1]	마태오복음	마태오복음	마태오복음
(복음서)[주1]	마르코복음	마르코복음	요한복음
루가복음	요한복음	루가복음	마르코복음
요한복음	루가복음	요한복음	루가복음
사도행전	13편의 바울로 서신	로마서	로마서
고린토1서	사도행전	고린토1서	고린토1서
갈라디아서	요한묵시록	고린토2서	고린토2서
로마서	요한1서	갈라디아서	갈라디아서
에페소서	〔요한2서〕[주2]	에페소서	에페소서
필립비서	〔요한3서〕	필립비서	디모테오1서
골로사이서	베드로1서	골로사이서	디모테오2서
데살로니카1서	〔베드로2서〕	데살로니카1서	디도서
고린토2서		데살로니카2서	골로사이서
데살로니카2서		히브리서	필레몬서
필레몬서		디모테오1서	베드로1서
디도서		디모테오2서	베드로2서
디모테오1서		디도서	야고보서
디모테오2서		필레몬서	요한1서
유다서		사도행전	요한2서
요한1서		야고보서	요한3서
요한2서		베드로1서	유다서
지혜서		베드로2서	요한묵시록
요한묵시록		요한1서	사도행전
베드로의 묵시록		요한2서	헤르마스의 목자
		요한3서	바울로행전
		유다서	베드로의 묵시록
		요한묵시록	
		바르나바의 편지	
		헤르마스의 목자	

도표 2. 네 가지 고대 정전 목록

(주1) 무라토리 문서 조각은 시작 부분이 없으며, 루가복음을 '세번째' 복음서로 묘사하면서 시작한다.

(주2) 첼트넘 정전은 요한과 베드로의 서신에 관해 의견이 두 갈래였던 것 같다. 원래의 목록에는 모두 포함되어 있지만, 나중에 나온 판본에서는 각기 '하나만'을 고집했다.

았다. 오랫동안 학자들은 이것이 서기 200년이나 그 이전으로 거슬러 올라가는 가장 오래된 정전 목록이라고 생각했다. 더 근래의 연구에서는 이것이 4세기의 것이며 어쩌면 서기 400년 무렵에 와서야 만들어졌다는 주장이 있다.[29] 이 책에서 다루려는 내용에서는 이 문서가 만들어진 시기보다는 무엇이 포함되고 무엇이 제외됐는지가 더 중요하다.

무라토리 정전 목록의 작성자는 그리스도교인이 경전으로 사용해야 한다고 생각하는 책의 이름을 나열했을 뿐 아니라 경전으로 생각하지 말아야 하는 책의 이름도 수록했다. 이따금 그는 어떤 문서를 자신의 정전 목록에서 제외하는데, 그가 나쁜 책이라고 생각해서가 아니라 그저 정전으로 봐서는 안 된다는 이유만으로 제외한다. 그의 목록에는 오늘날의 성서에는 포함되어 있지 않은 책도 있음을 눈여겨보기 바란다. 『베드로의 묵시록』은 오늘날 전해오고 있지만 성서에는 포함되어 있지 않다. 그리고 솔로몬의 지혜서도 있지만, 이것은 외경이라 불리는 것 중 하나로 로마 천주교회와 성공회에서 사용하는 성서에는 포함되어 있으나 개신교회의 성서에는 들어 있지 않다.

이 저자는 여러 책을 거명하며 제외하는데 그중 두 가지가 오늘날의 신약에 포함되어 있다. 바로 히브리서와 요한의 편지 한 편이다. 그는 『헤르마스의 목자』에 대해 알고 있으면서도 자신의 정전 목록에서는 제외한다. 이것은 2세기의 문서로서, 오늘날에는 '사도 교부'라 부르는 초기 그리스도교 글로 분류한다.[30] 그는 또 나머지 책들은 '영지주의적' 책이라 부르면서 제외한다. (초기 그리스도교의 영지주의 문제와 '영지주의자'들이 쓴 것으로 알려진 글에 관해서는 이 책 8장에서 다룬다.) 만일 무라토리 정전 목록의 역사가 2세기 말로 거슬러올라간다면 오늘날의 정전 목록과 놀라우리만치 일치하는 매우 오래된 정전 목록이라는 점에서 주목할 만하다. 이 목록은 아마 마태오와 마르코로 시작했을 것이고, 그래서 다른 목록과는 달리 네 가지 정전 복음서가 모두 포함되어 있다는 점을 눈여겨봐야 한다. 그리고 만일 이 목록이 만들어진 시기가 4세기 또는 서기 400년으로 거슬러올라간다면, 나중에 일반적으로 신약의 정전 목록으로 받아들여진 것과 다르다는 점에서 주목할 만하다.

오늘날의 성서와 일치하는 신약 정전 목록을 수록한 최초의 문서는 현재 성서와 마찬가지로 27권의 책을 수록하고 있으며, 서기 367년으로 거슬러올라간다. 알렉산드리아의 주교 아타나시우스가 쓴 부활절 편지이다. 당시의 주교, 특히 대도시의 주교들은 이따금 부활절 편지를 써서 돌려보게 했는데, 이런 편지에서 이들은 자기 교구 안의 교회를 위해 교리나 관습에 관한 가르침을 전달하곤 했다. 367년에 쓴 바로 그 같은 어느 편지에서 아타나시우스는 다음과 같이 말한다.

> 신약(의 책들)에 관한 이야기 역시 따분한 이야기가 아닙니다. 이들은 네 권의 복음서인 마태오, 마르코, 루가, 요한의 복음서를 말합니다. 그다음에는 사도행전과 서신들로(공동서신이라고 합니다), 여기에는 일곱 편이 있습니다. 즉 야고보가 한 편, 베드로가 두 편, 요한이 세 편 있고 그뒤에 유다가 한 편 있습니다. 그리고 바울로의 서신 열세 편이 있는데 다음과 같은 순서로 쓰였습니다. 첫째는 로마인들에게 보낸 것이고, 그다음에는

고린토인들에게 보낸 두 편이 있습니다. 그다음에는 갈라디아인들에게, 그다음에는 에페소인들에게, 그다음에는 필립비인들에게, 그다음에는 골로사이인들에게, 그다음에는 데살로니카인들에게 보낸 두 편, 다음에는 히브리인들에게, 그런 다음에는 디모테오에게 보낸 두 편이 있고, 디도에게 보낸 한 편, 그리고 끝으로는 필레몬에게 보낸 편지입니다. 그리고 그 말고도 요한의 묵시록이 있습니다.[31]

비록 이것은 현재 전해지는 정전 목록 중 오늘날의 성서에 포함된 책만 수록하고 있는 최초의 목록이지만, 그럼에도 아타나시우스가 바울로의 편지를 오늘날의 성서와는 달리 '공동서신'이라 부르는 편지들 앞에 두는 것이 아니라 뒤에 두었다는 점에서 흥미롭다. (공동서신이라 부른 것은 특정 교회에게 쓴 것이 아니라 광범위하게 일반적, 보편적 청중을 대상으로 썼기 때문이다.)

아타나시우스의 편지는 이따금 정전이 결정되는 과정의 '정점'이라 묘사되는데, 이렇게 표현하면 마치 이 편지가 발표되면서 이미 367년에 교회가 신약의 정전에 대해 일종의 합의에 이르렀던 것처럼 들린다. 이것은 진실과는 너무나 거리가 멀다. 한 가지로, 아타나시우스의 편지는 알렉산드리아라는 자신의 교구에서만 권위를 지녔다는 점을 기억해야 한다. 그의 교구 밖에서는 아무도 이에 대해 신경쓰지 않았다. 그리고 그의 편지를 정전이 발달하는 역사적 과정의 '종착점'으로 그린다면 그가 쓴 이 편지 이후로 오랫동안 이 문제에 관해 진정하게 범교회적 합의가 있었다는 증거를 도무지 찾아낼 수가 없다는 사실을 무시하는 것이다. 앞으로 살펴보게 되겠지만 정전은 3, 4세기, 심지어는 5, 6세기에 들어서고 한참 뒤까지도 그 구성에서 진정한 일관성이 나타나지 않았다.[32]

코덱스의 발명

정전에 관해 합의가 있어야 할 필요성에 영향을 준 역사적 요인 중 하나는 코덱스의 발달이었다.[33] 초기의 책자는 적어도 그리스, 로마와 그리스·로마시대 지중해 주변 전반의 경우에는 두루마리 형태였다. 마태오복음 전체를 담자면 꽤나 굵은 두루마리가 필요했다. 마태오복음에서 특정 구절을, 예컨대 책의 중간 부분의 한 구절을 살펴보려면 두루마리를 상당히 많이 푼 다음 찾아보고 다시 말아놓아야 했다. 만일 독자가 여러 책에서 두 부분 내지 여러 부분을 놓고 이곳저곳을 대조하며 읽고자 한다면, 다루기가 쉽지 않은 여러 권의 두루마리를 풀고 다시 말아놓는 과정을 거쳐야 했다. 따라서 도서관에는 두루마리를 담은 상자나 선반을 갖추고 있었다. 유다인의 회당에는 유다교 경전의 율법서와 예언서를 비롯하여 여러 가지 글이 기록된 두루마리를 담는 광주리나 상자 또는 정리장이 있었다. 성서 중 몇몇 책은 두루마리가 둘 이상 필요했고, 그래서 때로는 한 편의 책인데도 앞부분에서 뒷부분으로 옮겨갈 때 (예컨대 이사야서는 내용이 길다) 하나의 두루마리를 말아놓고 다른 두루마리를 풀어야 했다.

더 짧거나 더 '평범한' 글들을 묶을 때 쓰인 이전 시대의 기술에 대해 사람들이 알았던 것으로 보이기는 하지만, 그리스도교가 시작될 무렵 사람들은 두루마리를 하나하나의 낱장으로 잘라 함께 꿰매 묶어 '코덱스'라는 것을 만들기 시작했다. 코덱스란 오늘날 사람들이 '책'이라고 할 때 다들 떠올리는 바로 그것을 가리키는 전문용어이다. 즉 낱장의 가장자리 부분을 풀로 한데 붙이거나, 꿰매거나, 아니면 낱장을 접어 가운데를 함께 꿰매 책 전체를 앞뒤로 뒤적이며 읽을 수 있도록 만든 것을 말한다.

코덱스 기술은 그리스도교 이전에도 알려져 있었지만, 2세기나 3세기에조차 단연 일반적인 책의 양식은 두루마리였다. 그리스도교가 성장하던 시기, 즉 2세기부터 4세기까지 코덱스는 책의 양식으로서 점점 더 인기를 얻었다. 현대에는 코덱스의 인기가 점점 높아진 한 원동력은 그리스도교인들이 아니었을까 상상한—직접적 증거가 없기 때문에 상상할 수밖에 없으므로—사람들이 있었는데 그 이유를 짐작할 수 있다. 그리스도교인들은 논쟁을 좋아하는 무리였던 것 같으며, 그리스도교와 유다교의 글을 제대로 해석하는 문제를 놓고 자기들끼리 또 유다인들과 논쟁을 벌였을 것이다. 이것은 추측에 지나지 않지만(그리고 일부 학자들이 이의를 제기하기는 했지만), 상자 하나에 가득 담긴 두루마리보다는 코덱스가 여러 글을 동시에 오가며 읽기에는 더 유연한 기술이었다는 점은 쉽게 알 수 있다.[34]

어떻든 코덱스가 발명되어 인기를 끌면서, 이를테면 컴퓨터의 발명만큼 혁명적이지는 않았겠지만 책의 제작 기술과 학문에 영향을 주었던 것은 사실이다. 4세기에 이미 구약을 포함하여 성서 전체가 한 권짜리 책으로 제작됐다. 크고 두껍고 무거운 책들이었다. 오늘날에도 몇

권이 남아 있는데, 바티칸의 도서관에 있는 바티칸 사본이라든가 지금은 영국도서관에 있는 시나이 사본 같은 것이다. 시나이 사본은 시나이산에 있는 성 카타리나 수도원에서 발견됐기 때문에 그렇게 이름이 붙었다. 이런 코덱스들은 크고 무거웠지만, 두루마리를 가득 담은 상자나 수납장보다는 훨씬 더 옮기기가 쉬웠을 것이다. 두루마리로부터 코덱스로 옮겨간 것은 물론 여러 세기에 걸쳐 일어난 변화이지만, 중요한 기술혁신이었다.

또 이 때문에 '넣을' 것과 '뺄' 것을 더 확고하게 결정할 필요가 생겨났다. 두루마리 상자나 수납장의 경우, 지역의 교회나 주교가 어떤 두루마리를 더이상 교회에서 경전으로 읽지 않겠다고 결정할 경우 그 두루마리를 빼버리기만 하면 됐다. 그러나 일단 문서가 책으로 제본되고 나면 이런 결정이 있을 때 그처럼 쉽게 실행에 옮길 수가 없다. 일단 정전이 한 권의 책으로 간행되기 시작하자, 정전에 포함시키고 제외시키는 결정은 더 영구적인 결정이 됐다. 그리스도교에서 두루마리를 이용하다가 성서 내지 성서의 일부분을 코덱스 형태로 출간하는 쪽으로 점점 더 옮겨가고 있었다는 사실 자체가 교회가 정전의 범위를 어느 정도 일정하게 유지하려는 유인이 됐을지도 모른다.[35] 그래서 3, 4, 5세기에 성서를 수록하는 여러 가지 코덱스가 생겨나자, 그와 함께 그 내용물의 목록, 즉 그에 따른 정전 목록, 그에 따른 성서가 생겨났다.

첼트넘 정전 또는 첼트넘 목록이라 불리는 것은 아마 350년 무렵으로 거슬러올라갈 것이다.[36] 여기에는 네 권의 복음서가 들어가 있지만 순서는 마태오, 마르코, 요한, 루가이다. 히브리인들에게 보내는 편지와 야고보, 유다의 편지가 빠져 있다. 흥미롭게도 이 정전 목록에서는 신약의 권수가 정확히 24권이어야 한다고 주장하는데, 요한묵시록 4:10에 따르면 하늘의 옥좌가 있는 대전에서 24명의 원로들이 하느님을 에워싸고 있기 때문이라고 한다. 시나이 사본 역시 350년 무렵으로 거슬러올라가며, 따라서 우리에게 남아 있는 가장 오래된 정전 목록에 속한다. 여기에는 『바르나바의 편지』와 『헤르마스의 목자』가 포함되어 있는데, 오늘날 우리는 둘 모두 성서에 넣지 않고 앞에서 말한 사도 교부 선집에 넣는다.

클라로몬타누스 사본은 6세기로 거슬러올라간다. 이 코덱스 자체에는 바울로의 편지만 들어가 있지만, 히브리서와 필레몬서 사이에 라틴어로 된 4세기의 정전 목록이 삽입되어 있다. 목록은 마태오, 요한, 마르코, 루가의 순서로 되어 있고, 또 『바르나바의 편지』, 『헤르마스의 목자』, 『바울로행전』(사도행전 말고도), 그리고 『베드로의 계시록』(즉 '묵시록')도 포함되어 있다. 그렇지만 이 목록에서는 바울로가 필립비 인들에게 보낸 편지, 데살로니카1, 2서, 히브리서를 제외시키고 있다.

천천히 수렴되는 (불완전한) 합의

그리스도교의 정전이 아타나시우스가 부활절 편지를 발표한 367년에 확립됐다고 보는 시각과는 달리, 그리스도교 정전이 발달하기까지 여러 세기가 걸렸다는 것을 기억해야 한다.[37] 우리는 오랫동안 여러 정전 목록 사이에 차이가 나타나는 것을 보게 된다. 그렇지만 이 점을 염두에 두고도 점차 의견이 좁혀지고 있었다는 사실이 눈에 띈다. 대도시의 여러 주교들과 몇몇 교회 협의회가 결정을 시도하고 교령을 발표했다. 더욱 주목할 만한 점은 이들은 결국 정전의 정확한 범위에 관해 모든 곳의 그리스도교인 누구나 동의하는 하나의 결론에는 다다르지 못했다는 사실이다. 대부분의 사람에게는 이 점이 뜻밖으로 여겨지겠지만, '성서'라고 생각되는 것에 대해 전 세계의 그리스도교인들은 지금까지도 합의를 보지 못했다.[38]

일반적으로 오늘날 스물일곱 권이 들어가 있는 신약의 정전을 모든 그리스도교회에서 받아들이고 있고, 다만 예외적으로 요한의 묵시록은 동방정교회의 전례에서 제외된다.[39] 그렇지만 신약만이 아니라 경전 전체를 볼 때는 훨씬 더 들쭉날쭉하다. 예컨대 서방 로마 천주교회 정전과 그리스어·슬라브어 성서에는 토비트, 유딧, 솔로몬의 지혜서, 집회서, 바룩, 예레미야의 편지, 마카베오상·하가 들어간다. 또 다니엘의 내용이 더 길고 에스델도 더 길다. 그리스어 · 슬라브어 성서는 또 에스드라1서, 므나쎄의 기도, 시편 제151편—다른 성서의 시편은 150편인데 비해 1편이 더 많다—그리고 세번째 마카베오인 마카베오3서를 받아들이고 있다. 슬라브어 성서와 라틴어 불가타도 시편 제151편과 마카베오3서를 포함한다. 그리고 그리스어 정전은 또 마카베오4서를 받아들이고 있다.

이런 여러 차이가 있는데 개신교회의 정전은 어쩌다 지금과 같이 됐을까? 1500년대의 종교개혁 때 로마 천주교회는 오늘날과 같은 스물일곱 권의 신약에다 오늘날 개신교회가 구약으로서 받아들이고 있는 책들을 정전으로 받아들였을 뿐 아니라, 그 밖에도 유딧, 토비트, 마카베오상·하 등 오늘날 외경이라 부르는 책들을 받아들이고 있었다. 이들을 비롯한 여러 책은 원래 히브리어로 쓰였으나 고대에 그리스어로 번역되었다. 그리스어를 쓰는 수많은 유다인들은 이런 책을 유다교의 경전으로 받아들였다(다만 당시에는 유다교 경전 역시 확고하게 결정되지 않았다는 점을 기억해야 한다). 고대 그리스도교인들은 그리스어 성서에 살아남은 이런 유다교의 글을 구약의 일부로서 받아들이는 경향이 있었다. 초기 그리스도교인들은 히브리어 성서가 아니라 그리스어 번역본을 사용했다. 히브리어로 살아남은 경전에는 포함되지 않고 고대 그리스도교인들이 받아들인 그리스어 구약에는 포함되어 있던 이런 책들을 나중에 로마 천주교회는 '제2경전'이라 불렀다. 즉 정전이기는 하지만 구약의 나머지 책들과 비교했을 때 2차적인 지위에 해당된다는 뜻이다.

종교개혁 시기 동안 마르틴 루터, 장 칼뱅, 필리프 멜란히톤 등 주축이 된 개혁자들은 르네상스의 영향을 받았는데, 당시 학자들의 관심은 원래 언어로 된 원래 글로 돌아가는 것이었다. 라틴어로 된 번역문을 읽기보다는 고전 그리스어 글에 사용된 그리스어로 돌아가는 사례가 점점 늘어났다. '원천으로', 즉 '기원으로' 돌아가는 것이 학문의 목표였다. 그래서 이 종교개혁자들은 구약 경전의 원래 히브리어로 돌아가고자 했다. 이들은 그리스어 구약에 포함된 몇몇 책이 히브리어로는 남아 있지 않음을 알아차렸다. 따라서 이들은 이런 책을 정식 구약에 포함시키지 않기로 결정했다. 이들은 자신의 개신교회 성서에 구약 중 히브리어로부터 직접 번역할 수 있는 책만 포함시켰다.

'외경apocrypha'이라는 것은 '숨어 있는 것들'이라는 뜻이며, 개신교회에서 더이상 정식 구약이나 신약에 포함된다고 생각하지 않는 책들과 관련되게 된 낱말이었다. 즉 고대 세계에서 내려온 유다교의 글로서, 히브리어로 쓰이기는 했겠지만 유다인이 쓰는 히브리어 성서에는 남아 있지 않고 그리스도교의 그리스어 성서에 살아남은 책들을 말한다. 로마 천주교회는 전통적으로 사용해온 성서를 유지했고 지금도 이런 책들을 포함하고 있다. 따라서 로마 천주교회의 성서는 개신교회의 성서보다 두껍다. 로마 천주교회의 정전은 고대 그리스도교의 그리스어 정전을 바탕으로 하고 있고, 개신교회의 정전은 전통적 유다교의 마소라 본문*이라는 히브리어 성서만을 바탕으로 하고 있기 때문이다.[40]

신약에서 예수를 포함하여 일부 사람들이 '랍비'라 불리기 때문에 랍비 유다교**가 그리스도교보다 먼저 시작됐다고 잘못 알고 있는 사람이 많다. 그러나 '랍비'라는 용어는 단순히 '스승'이라는 뜻일 수도 있고, 또 이 낱말이 성서에 나온다고 해서 미슈나와 탈무드(팔레스타인 탈무드와 바빌론 탈무드)***에 집중하는 랍비 유다교가 예수시대에 존재했다는 뜻은 아니다. 그와는 달리 오늘날 우리가 랍비 유다교라고 보

* 히브리어와 아람어로 된 유다교 경전. 주로 마소라인이라 불리는 유다인 집단이 7~10세기 사이에 편찬하여 널리 퍼졌다. 현존하는 가장 오래된 필사본은 9세기 무렵의 것이다.

** 랍비 유다교는 유다교의 한 유파로, 3~5세기 사이에 바빌론 탈무드가 성문화된 뒤 6세기 무렵부터 유다교의 주류로 자리잡았다.

*** 미슈나는 유다교의 구전 토라를 담은 글 묶음을 말하며, 서기 200년 무렵에 편찬됐다. 최초의 주요 랍비 문학이기도 하다. 탈무드는 미슈나와 그것을 확장하고 해석한 게마라를 합쳐 부르는 이름이다. 팔레스타인 탈무드를 예루살렘 탈무드라고 부르기도 한다.

는 유파는 아마도 2세기부터겠지만 고대 후기 동안 성장했다. 결국 랍비들은 히브리어로 (또는 몇 가지 경우 아람어로) 살아남은 책만 자신의 성서에 포함시켰다.[41] 오늘날 유다인들은 자신의 경전을 타나크라 부르는데, 이것은 히브리어 낱말 토라torah(모세오경, 즉 성서의 첫 다섯 권을 가리키며, 때로는 율법서라고도 불린다), 네비임nevi'im(예언서), 그리고 케투빔ketuvim(글, 즉 시편이나 잠언을 비롯하여 예언서에도 토라에도 속하지 않는 나머지 책)의 머리글자를 딴 이름이다.

유다인들은 따라서 고대 히브리어 본문을 바탕으로 하는 하나의 성서를 가지고 있다. 개신교회는 어떤 면에서 랍비를 따라 히브리어 성서를 구약으로 받아들였다. 로마 천주교회는 고대 그리스도교의 관습대로, 원래는 히브리어로 쓰였으나 그리스어로 남아 있는 그 밖의 유다교 글을 구약의 일부분으로 받아들였다. 개신교회와 로마 천주교회와 유다교가 각기 나름의 글 묶음을 가지고 있는 것이다.[42]

그렇지만 천주교회의 정전에 관해 최초로 결정을 내린 사람들은 누구일까? 그리고 왜 그랬을까? 앞에서 말했듯 이것은 길고 복잡한 과정이었으며, 투표나 확고한 결단으로 단번에 담판을 짓듯 이루어졌다기보다는 의견이 수렴되는 쪽에 더 가까웠다. 몇 차례의 공의회에서 정전에 관해 선언한 것은 사실이지만,[43] 일부 학자들은 이런 공의회에서는 교회 전반에서 이미 보편화되어 관행으로 자리잡은 것을 확인해주기만 했을 뿐이라고 말한다.[44]

정전에 포함되거나 제외된 사유

어떤 글은 신약에 포함되고 어떤 것은 포함되지 않은 이유는 무엇일까? 수많은 그리스도교인들의 머릿속에 한 가지 이유가 떠오를 텐데 그것은 정확한 이유가 아니다. 어떤 글이 성서에 있는 이유는 '거룩한 영감을 받았기 때문'이라고 답할 사람이 많을 것이다. 고대 그리스도교인들은 그런 이유를 대지 않을 것이다. 그들은 많은 글이 영감을 받았으며('하느님이 숨을 불어넣었다'는 뜻), 또 영감에는 여러 등급 내지 수준이 있다고 믿었다.[45] 고대 그리스도교인들로서는 하나의 글이 그저 영감을 받았다거나 하느님이 알려주는 대로 쓰였다는 이유만으로는 정전에 넣을 수 없었다.

그들이 정말로 중요하다고 생각한 것은 저자와 사도의 연결이었다. 예를 들면 복음서를 사도가 직접 썼다고 믿지 않는다 해도 저자를 사도와 직접 연결시키는 것이 중요했다. 파피아스가 마르코를 베드로로, 루가를 바울로로 연결시키는 것이 바로 그런 경우다. 나와 같은 오늘날의 학자들은 신약에 포함된 문서 대부분을 사도가 썼다고는 받아들이지 않지만, 고대의 그리스도교인들에게는 그 점이 매우 중요한 요인이었던 것으로 보인다. 따라서 어떤 이유에서건 경전에 포함하고 싶지 않은 책이 있다면—예컨대 그 책에 담긴 신학에 동의하지 않는다거나—그들은 그 책을 실제로 사도가 쓰지 않았다는 점을 증명해 보이려 할 것이다.

엄밀하지는 않지만, 고대의 저자들이 신약에 포함시킬 때 가장 중요하게 여긴 것으로 보이는 기준은 다음과 같다.[46]

1. 쓰인 시기와 예수와의 근접성. 가장 일찍 쓰였고 가장 예수와 근접하다고 믿어지는 글이 정전에 포함되었다. 해당 문서를 사도가 쓰지 않았다고 해도 고대 그리스도교인들은 시기와 근접성으로 볼 때 사도와 매우 가깝다는 주장을 내놓았다.
2. 전반적 활용도와 지리. 넓은 지역에서 가장 널리 쓰이는 글이 결국 정전으로 받아들여지는 경향이 있었다. 수많은 곳의 수많은 그리스도교인들이 어떤 문서를 귀중하게 여기며 자기 교회에서 사용하고 있다면, 전례에서 경전으로 사용하지 못하도록 부정하기가 쉽지 않을 것이다. 지역에 따라 서로 다른 복음서가 널리 쓰인 것으로 보인다. 『토마의 복음서』나 『토마 행전』 등 토마에 관한 문헌은 시리아라든가 동방지역에서 특히 인기가 있었던 것으로 보인다. 그러나 시간이 가면서 그리스도교 지도자들은 비교적 더 전반적으로 받아들여진 복음서와 문서를 정전으로서 기리고자 한 것으로 보인다.
3. 교리와 신학. 어쩌면 가장 중요한 기준은 신학적으로 받아들일 수 있는가 하는 부분이었을 것이다. 정전의 발달은 '정통'으로 받아들여지는 것과 '이단'으로 배제되는 것 등 그리스도교의 교리와 신학이 발달하는 과정에 속해 있었다. 우리는 따라서 그리스도교인들이 신학적 오류로 생각되는 점을 지적하면서 문서를 배제시키는 모습을 보게 된다. 이들은 신학적으로 반대쪽에 있는 사람들을 '이단자'라고 규정하면서 그들이 가장 좋아하는 책들을 제외시켰다. 예를 들면 베드로의 둘

> 째 편지는 신약에 포함된 대부분의 문서보다 더 나중의 것인데다 사도 베드로가 쓰지 않은 것이 확실한데도 결국 신약에 포함됐는데, 오로지 그것이 바울로의 '정통적' 해석을 지지하고 바울로를 '이단적'으로 해석하는 일을 반대하며, 또 예수의 재림에 관한 교리를 옹호하기 때문일 가능성이 충분히 있다. 일부 사람들이 히브리인들에게 보낸 편지를 정전에 포함시키는 데 반대한 한 가지 이유는 이 편지가 담고 있는 윤리가 너무 느슨하다는 것이었다. 히브리서는 세례 이후에 저지른 중대한 죄라도 회개하는 사람은 용서받을 수 있다고 가르쳤는데, 도덕적으로 더 엄격한 그리스도교인들은 이 가르침을 받아들이지 않았다. 베드로2서를 정전에 넣고 히브리서를 빼려고 한 것은 모두 정전의 발달에서 교리와 신학이 핵심적 위치를 차지했음을 보여준다.

그리스도교인들이 신학적으로 적합하다고 본 문서들을 포함시켰다고 말한다면 냉소적으로 비칠지도 모른다. 이렇게 주장하고 나면 "누가 볼 때 적합한가?" 하는 질문을 묻지 않을 수 없다. 물론 그러면 그리스도교의 정전이 확립된 과정은 "'정통'이라는 호칭을 두고 벌어진 신학적·정치적 싸움에서 누가 이겼는가" 하는 문제에 해당된다는 역사적 가설을 제기하게 된다. 2세기에는 확립된 정통과 배척된 이단 사이에 명확한 경계선이 없었다. 초기 그리스도교의 다양성은 정통에 관한 이후의 어떤 합의보다도 시기적으로 앞서고, 따라서 불변하는 어

떠한 '정전'보다도 시기적으로 앞선다.[47]

나중에 정통 그리스도교가 된 것에 가까운 형태의 신앙을—니케아 공의회나 칼케돈 공의회 등 중요한 신경을 작성한 공의회에서 내놓은 그리스도교의 교리와 신학을—지녔던 2세기와 3세기의 그리스도교인들은 성서라 부르는 책과 그렇지 않은 것들에 가장 큰 영향을 끼친 사람들이었다. 따지고 보면 정전은 정통 그리스도교를 정의하는 역사적 논쟁에서 승자가 된 책들의 목록이다.

3
그리스·로마 세계

개요: 역사적 맥락을 아는 것이 신약 이해에 결정적으로 중요하다. 알렉산드로스 대왕은 정복을 통해 그리스 문화를 지중해 세계 전역에 퍼트렸다. 이로써 김나시온gymnasion이라든가 보울레boulē 등 그리스의 특징적 제도를 갖춘 도시국가 구조가 형성됐다. 이로써 또 종교적 혼합주의, 즉 여러 종교가 혼합됐다. 로마인들이 세력을 얻으면서 로마의 집안household이라는 사회적 구조가 적용되는 한편 그리스적 이상의 보편화와 종교적 관용이라는 풍조가 계속 이어졌다. 팍스 로마나와 로마 제국의 하부구조 덕분에 그리스도교가 급속하게 퍼지게 된다.

알렉산드로스 대왕과 헬레니즘화

종교는 사회, 정치, 역사적 맥락과 문제로부터 떼려야 뗄 수 없는 관계에 있다. 오늘날 우리는 신약과 구약 즉 유다인의 용어로는 히브리어 성서 또는 타나크가 같은 책에 있는 것을 보게 된다. 따라서 초기 그리스도교는 고대 유다교라는 맥락에서 공부해야 하는 것이 당연하며, 이 주제에 대해서는 다음 장에서 다루기로 한다. 그러나 예수와 바울로의 시대, 그리고 그리스도교가 발달한 가장 초기의 유다교를 이해하려면 우리는 또 유다교를 더 넓은 고대 지중해 세계라는 맥락에서도 볼 필요가 있다. 당시 이 지역은 적어도 도시지역에서는 그리스와 로마 양쪽 모두의 문화적 제도의 지배를 받았다.

일부 고전학자들은 '그리스·로마'라는 용어에 반대할 것이다. 이들은 고대 그리스와 로마를 각기 나름의 언어와 사회제도, 문화가 있는 별개의 독립체로 연구하기 때문에 때로는 다른 학자들이(특히 종교를 연구하는 우리 같은 사람들이) '그리스·로마'라는 용어를 쓰는 것을 보면 싫어한다. 이들은 우리가 그리스와 로마 사이의 중요한 차이점을 얼버무리거나 최소화한다고 느낄 것이다. 그러나 고대 지중해 지역의 그리스도교와 유다교를 연구하는 사람에게 이 용어는 너무나 유용하기 때문에 가까운 장래에 포기하게 될 것 같지는 않다.

1세기와 2세기에 이르렀을 때 로마는 지중해 동부를 지배했다. 우리는 동방의 모든 주요 도시에서 로마의 정부기관을 보게 된다. 오늘날 터키를 여행하다보면 (서부 터키는 로마 제국의 소아시아였다) 로마 황제에게 바치는 신전뿐 아니라 로마와 그 국민을 인격화한 여신인 로마에게 바치는 커다란 신전이 여기저기서 보인다. 황족이라든가 그 밖에 로마의 중요한 인물을 기리는 조각상도 보인다. 그러나 또한 동방의 도시들이 종종 더 이전의 그리스 도시에 있었던 여러 특정 기관을 중심으로 조직되었다는 점도 눈에 띈다. 상류층과 지식인, 나아가 이들 말고도 상인이나 사업가 등 수많은 사람이 사용한 지배적 언어는 그리스어였다. 여기저기서 라틴어나 라틴어 및 그리스어라는 2개 언어로 새긴 글이 보이기는 하지만, 가장 눈에 많이 띄는 것은 그리스어로 새긴 글이다. 동방의 로마 지역을 다스린 로마인들이 그리스어를 쓰는 것은 대체로 당연한 일이었다. 1~2세기(이 책이 기본적으로 다루는 시대) 지중해 동부의 도시 문화를 충분한 수식어 없이 '로마'나 '그리스' 중 어느 하나로 한정짓는다면 오해를 불러일으킬 것이다. 도시문화는 옛 그리스의 요소와 더 근래에 등장한 로마의 요소가 혼합된 것이었다. 유다교는 '로마의 종교'도 '그리스의 종교'도 아니었으며, '그리스·로마의 종교'라 부르는 것이 전적으로 합당하다.

그리스도교 초기 몇 세기 동안의 유다교를 '그리스·로마'의 종교라 부른다는 것은 유다교가 이집트인, 리디아인, 게르만인, 스키타이인 등 서로 구별되는 수많은 소수민족 중 하나와 관련되어 있었음을 나타내는 것이다. 오늘날 사람들은 종종 그리스도교의 출현을 목격한 저 세계에는 아마도 그리스, 로마, 유다라는 세 가지 문화가(또는 더욱 잘못된 분류인 그리스도교, 유다교, 이교라는 세 가지 종교가) 있었을 것이라는 잘못된 관념을 지니고 있다.

그러나 이것은 사실이 아니며, 게다가 이렇게 하면 유다교를 예외적으로 하나의 에스노스ethnos(나름의 문화와 언어가 있는 '사람들'이라는 뜻의 그리스어 낱말)로 격상하여 로마나 그리스와 동등한 수준에 놓게 된다. 지배적 '민족' 또는 문화는 로마인과 그리스인이었음이 명백하지만 그 밖에도 많은 민족 또는 문화가 있었음을 누구나 인정했으며, 하나하나의 민족 집단에는 각기 나름의 신이라든가 악마, 천사, 영웅, 영靈 등 초인간적 존재를 대하는 나름의 방식이 있다고 봤다. 즉 각 민족 집단에는 나름의 종교가 있어서, 그들이 신을 대하는 기술을 뭉뚱그려 가리키는 용도로 우리가(그들이 아니라) 사용할 법한 낱말이 마땅히 있을 거라는 뜻이다.[1]

그 경우 유다교는 희생제물을 바친다든가 기도하는 등 신을 대하는 갖가지 방식을 비롯하여 나름의 문화적 전통을 지닌 나름의 민족성으로 취급됐다. 그렇지만 이들이 신을 대하는 방식은 처음에는 그리스인에게서 또 나중에는 어느 정도 로마인에게서 영향을 받았다. 따라서 우리가 다루는 시기의 유다교는 예컨대 이집트인의 관습·문화처럼 '그리스·로마' 종교의 하나라고 부를 수 있는 것이다. 그러므로 이 시기 특유의 유다교를 하나의 민족, 문화, 심지어 시대착오라 할 수 있는 두루뭉술한 용어인 '종교'로 올바르게 이해하려면 그것을 그리스·로마라는 맥락에 두어야 한다. 이 때문에 이 장이 필요한 것이다.

그렇다고 해서 고대 그리스 시대로, 즉 서기전 6~5세기의 아테네까지 완전히 거슬러올라갈 필요는 없고, 동방의 '헬레니즘화' 과정까지만 거슬러올라가면 된다. 편의상 알렉산드로스 대왕까지라고 할 수 있다. '헬레네'라는 낱말은 그저 '그리스인'이라는 뜻이다('그리스인'이라는 낱말은 그리스인을 가리키는 라틴어에서 왔다. 그리스인은 물론 자신을 가리켜 말할 때 '헬레네'라 했다). '헬레니즘화'는 '그리스화'라는 뜻이며, 알렉산드로스의 동방 정복과 함께 가속된 지중해 동부의 '그리스화'를 말한다.[2]

알렉산드로스 대왕의 아버지는 마케도니아의 왕 필리포스 2세였다. 필리포스는 그리스의 여러 도시국가를 정복하고 마침내는 서기전 338년에 카이로네아 전투에서 아테네와 그 동맹군에게 승리했다. 알렉산드로스는 서기전 356년에 태어났다.[3] 서기전 342년부터 아리스토텔레스에게서 교육을 받았고, 서기전 336년에 아버지가 암살된 뒤 왕위에 올랐다. 알렉산드로스는 아버지 필리포스의 영토 확장 정책을 유지했다. 당시 이 지역에서는 페르시아가 거대 제국으로서, 그리스의 이웃지역부터 동쪽으로 소아시아를 포함하는 지중해 동부의 광활한 지역을 지배했다.

페르시아는 언제나 그리스 전체를 침략하려고 위협했다. 알렉산드로스는 서기전 334년 소아시아의 그라니코스 전투에서 페르시아 군대에게 승리했고, 이로써 알렉산드로스와 마케도니아 군대가 마케도니아, 그리스, 소아시아를 전부 지배하게 됐다. 페르시아의 '대왕' 다리우스 3세가 죽자 알렉산드로스는 그 호칭을 스스로 이어받았다. 페르시아와 여러 번의 전투를 더 치른 뒤 알렉산드로스의 군대는 인도의 서쪽 경계라 할 수 있는 인더스 강까지 다다랐다. 그는 더 나아가 갠지스 강까지 가고 싶었으나 군대의 반발로 돌아섰다. 서기전 323년 바빌론(오늘날의 이라크)에서 열병으로 죽었을 때 알렉산드로스는 아직 32살도 채 되지 않은 나이였다.

알렉산드로스가 죽자 휘하에 있던 장군들이 그의 제국을 분할했는데, 이들은 어느 지역을 누가 지배할지를 놓고 여러 차례 전쟁을 치렀다. 수많은 싸움과 모략과 협상 끝에 알렉산드로스 제국은 알렉산드로스와 그의 왕조를 따르던 장군들이 다스리는 작은 왕국과 제국으로 분열됐다. 우리는 이 지배자들을 디아도코이diadochoi('계승자'라는 뜻의 그리스어 낱말)라 부른다. 이런 왕국이 여럿 있었는데, 그 경계와 구성과 지배자는 꾸준히 바뀌었다. 그렇지만 이제 살펴보려는 내용에서는 이 '헬레니즘 왕국들' 중 둘만 중요한데, 그리스도 이전 몇 세기 동안 팔레스타인과 유다 지방의 역사에서 중요한 위치를 차지하기 때문이다.

시리아를 주요 거점으로 삼은 왕국은 셀레우코스와 그 후손이 지배했다. 이집트에서는 알렉산드로스의 장군이던 프톨레마이오스가 왕국을 세웠으며 여러 세기 동안 그의 후계자들이 다스렸다. 우리는 이런 왕국이 실제로는 '그리스' 왕국이었다는 점을 염두에 두어야 하는데, 헬레니즘적 사회·문화 구조를 확립하고 또 지배자와 지배계층이 그리스어를 썼으며 자녀를 그리스식으로 교육했기 때문이다. 이처럼 셀레우코스 왕조의 '시리아-그리스' 왕국은 팔레스타인 바로 북쪽에, 바로 남쪽에는 프톨레마이오스 왕조의 '이집트-그리스' 왕국이 있었다. 이 시기 유다 역사에서 유다가 끊임없이 전쟁과 음모를 벌이는 두 왕조 사이에 끼여 있었다는 사실은 매우 중요하다. 북쪽으로는 시리아의 셀레우코스 왕조, 남쪽으로는 이집트의 프톨레마이오스 왕조와 국경을 마주하고 있었기 때문이다.

알렉산드로스가 정복한 다양한 민족은 물론 제각기 나름의 언어와 나름의 문화를 지니고 있었다. 알렉산드로스 역시 지중해 동부 여기저기에 도시를 세웠으며, 종종 정복지 여러 곳에서 노병들에게 땅을 주어 가족과 함께 정착하게 했다. 그런데 이런 도시는 모두 옛 그리스 도시를 본떠 세워졌다. 나중에 알렉산드로스의 후계자들 역시 이런 방식을 따르면서, 지중해 동부지역에 적어도 겉으로는 눈에 띄게 헬레니즘화한 도시와 소도시가 점점이 놓이게 됐다. 지배계층이 그리스어를 쓸 수 있음은 당연했고, 또 자신의 아들, 때로는 딸까지 그리스 방식대로 교육했다.

그 아래 계층들은 계속 시골이나 마을에서 살면서 자신의 민족어를 쓰고 자기 지역의 풍습을 유지했다. 그러나 상류층이 되려는 사람과 도시에서 사는 사람은 알렉산드로스와 그 후예의 헬레니즘화 정책에 적응해야 했다. 따라서 알렉산드로스와 후예들이 세운 저런 도시는 어느 지역에 있든 결국 확실하게 '그리스' 도시가 되었고, 또 옛 도시들마저도 점차 적어도 지배층 주민의 관점에서는 '그리스' 도시가 됐다. 이것이 알렉산드로스가 의도한 정책으로서 의식적으로 내린 결정이었든 그저 역사적 우연이었든, 헬레니즘시대에는 그리스의 고전적 제도인 폴리스polis 즉 도시를 기본으로 하는 일종의 통일된 문화세계가 발달했다.

이것은 모두가, 또는 적어도 상류층의 모든 사람, '중요한' 모든 사람이 하나의 언어, 문화, 교육체제를 공유하는 거대한 제국, 즉 단일한 세계를 만들고자 하는 사상 최초의 시도였을 것이다. 적어도 지중해와 그 주변지역에서는 그랬을 것이다. 그 이전의 정복자, 예컨대 아시리아인, 이집트인, 바빌론인, 페르시아인은 다른 민족들을 쳐부수고 세금이나 식품, 돈 등 조공을 받는 것으로 만족했던 것으로 보인다. 이들은 정복지 사람들을 자기네와 같은 아시리아인이나 이집트인, 페르시아인으로 바꾸는 데에는 신경쓰지 않았던 것 같다. 알렉산드로스와 그 후예들이 헬레니즘화한 도시 세계를 만들었다는 것은 그가 정복한 지역들이 공통의 언어와 문화를 많이 공유했다는 뜻이다.

앞서 언급한 대로 이런 새 도시나 '헬레니즘화'한 옛 도시에서는 그리스어를 썼지만, 이 그리스어는 고대 아테네나 이오니아에서 쓰던 방언과는 약간 달랐다. 그리스어의 '공통' 형태가 발달했는데, 이렇게 변형되어 보급된 그리스어를 학자들은 코이네koinē('공통' 또는 '공유'라는 뜻의 그리스어 낱말) 그리스어라 부른다. 따라서 바울로가 쓴 형태의 그리스어는 그가 태어나고 자란 그리스 도시(아마도 오늘날 터키와 시리아의 남동부 해안에 있었던 길리기아일 것이다)에서 배운 코이네 그리스어였다. 따라서 신약은 서기 1세기와 2세기에 지중해 동부 도시지역에서 쓰이던 '공통 언어', 즉 국제공통어인 코이네 그리스어로 쓰였다.

그리스의 도시국가

그리스의 폴리스에는 나중에 유다교와 초기 그리스도교에서 중요해진 여러 제도가 있었다.[4] 이런 폴리스들을 오늘날의 거대한 도시나 당시의 로마 도시처럼 생각할 수는 없다. 그리스의 폴리스는 시민이 1천 명밖에 안 될 수도 있고 5천 명이 될 수도 있었다. 종종 1세기의 로마 시에는 주민이 1백만 명이 있었다고 추정한다. 고대 그리스 도시 중에는 그렇게 큰 도시가 없었다. 그리스의 도시는 규모가 제각각이었지만 그 내용물, 구조, 제도에서는 서로 비슷한 경향이 있었다. 소도시(폴리스는 우리에게는 소도시 같아 보이는 때가 더 많다)의 중심에는 소도시를 다스리고 일상생활을 뒷받침하는 데 필요한 여러 가지 건물이 있었다. 그러나 소도시는 또 지리적으로 농지, 촌락, 그리고 그 지역 주민의 대다수를 포함하는 훨씬 더 넓은 영역인 '지구'(코라chōra)의 중심이기도 했다. 이와 같은 식으로 아테네는 아티케 지역 전체의 폴리스였다. 폴리스와 주변지역 사이에는 서로 의존하는 관계가 있었다. 도시에서 사는 사람은 시골의 생산력이 필요했고, 시골에서 사는 사람은 폴리스에서 제공하는 시장, 문화, 정부가 필요했다.

그리스가 자녀(그중에서도 주로 남성)를 교육하는 방법은 물론 시대와 장소를 통틀어 통일되어 있지는 않았지만, 지중해 동부지역 대부분이 헬레니즘화된 무렵에 이르렀을 때 지리적으로 도시의 위치가 달라도 서로 상당히 비슷해져 있었다.[5] '교육'이라는 뜻의 그리스어는 파이데이아paideia인데, 기계적 반복이나 암기, 문자를 깨우치는 정도를 넘어서는 수준이었다. 파이데이아는 완전한 교육을 가리키는 말로서, 읽고 쓰기는 물론 음악, 수학, 체육, 격투 등을 포함하여 남자아이가 그리스 폴리스의 제대로 된 시민이 되도록 '형성'한다는 뜻이었다. 여자아이는 이따금 얼마간의 교육을 받을 수 있었지만 이는 대개 가족 안에서 이루어졌다. 국가는 여성의 교육에는 관여하지 않았다. 그러므로 파이데이아는 어린 남성을 정신적, 군사적, 문화적으로 훈련시키는 것을 가리켰다.

교육은 주로 김나시온에서 이루어졌다.[6] 이 낱말은 건물 자체를 가리키거나 그저 체육활동만 이루어지는 장소를 가리키는 것이 아니었다. 이 낱말은 '벌거벗다'는 뜻의 그리스어 김노스gymnos에서 왔는데,

이런 곳을 '벌거벗은 장소'라 부른 이유는 그리스 소년들은 체육이나 운동경기, 신체단련을 할 때 아무것도 입지 않았기 때문이다. 그렇지만 김나시온은 또한 온갖 종류의 배움이 이루어지는 장소이기도 했다. 예컨대 유소년에게는 정규적으로 수사, 읽기, 쓰기, 암기, 연습, 연설을 가르쳤고, 교육은 김나시온 강당에서 이루어졌다. 김나시온은 또 도시 내 남자들의 사교 장소이기도 했다. 이들은 이곳에서 모여, 남자아이들과 청년 남자들이 체육이나 운동경기를 하고, 친구들을 만나기도 하고, 나중을 위해 저녁식사 계획을 세우기도 하고, 그냥 하루를 한가하게 보내기도 하는 것을 지켜보곤 했다. 남자들은 또 김나시온에서 양의 발가락뼈 같은 것을 가지고 보드게임 같은 놀이를 하기도 했다. 오늘날 그리스를 비롯한 나라들을 여행하다보면 고고학 발굴지의 신전이라든가 건물 판석에 보드게임을 위한 정사각형이나 원, 상자 모양 등이 새겨진 것을 볼 수 있다.

남자아이들은 처음에 주로 호메로스를 가지고 읽고 쓰기를 배웠고 또 얼마간의 산수를 배웠는데 오늘날로 치면 '초등'학교로 볼 법하다. 나중에 사춘기에 이르면 수사를 가르쳤다. 열여섯에서 열여덟 살쯤이 되면 시민생활과 군복무를 위한 마지막 준비단계에 해당하는 사회조직인 '에페베이아ephēbeia'에 입단하여 '에페보스ephēbos'가 되었다. 에페보스는 함께 행진에 참가하고, 운동경기와 군사작전에서 함께 훈련받으며, 서로 강한 우정과 동지 의식을 갖게 됐다. 에페베이아는 청소년 남자라면 누구나 자기 도시의 시민이 되기 위해 거치는 기관이었다. (그리스의 도시에서 여자는 '외국인', 즉 조상의 출신지역이 다른 곳인 사람으로서 시민이 아니었다.)

그리스의 도시에는 또 일정한 정치기관이 있었다. 가장 기본적인 것은 데모스dēmos였는데, 가장 단순히는 '민중'이라는 뜻이지만 정확히는 모든 남성 시민을 가리켰다. 데모스는 서기전 6세기(클레이스테네스의 개혁이 있은 서기전 508~507년으로까지도 거슬러올라갈 수 있다)에 아테네에서 민주주의(데모스에 의한 지배)가 발명되면서 가장 중요해졌다.[7] 대부분의 외지인(조상이 외지인인 사람들도 포함된다)과 노예, 여자가 제외되기는 했지만, 모든 성인 남성 시민은 공식적인 데모스의 일원으로서 투표권이 있었다. 아테네를 비롯하여 그 밖의 그리스 도시에서 행해진 고대의 민주주의는 나중에 무너졌다. 필리포스도 알렉산드로스도 민주주의를 장려하지 않았지만, 데모스가 나름의 특권이 있는 정치체라는 관념은 유지됐다. 이처럼 헬레니즘시대의 그리스 도시에서는 비록 시민이 완전한 자치를 행하지는 않았지만, 한곳에서(대개는 극장에서) 모여 토론하고 자기 지역의 일을 결정한 것은 사실이다.

데모스 중 더 적은 수를 뽑아 구성한 보울레boulē라는 평의회가 있었다. 규모는 도시에 따라 들쭉날쭉했다. 50명 또는 그보다 많거나 적을 수도 있었다. 이 평의회는 대개 새로운 사업이나 특정 안건을 심의하는 일을 맡았고, 아마도 자체 표결을 거친 다음, 최종 결정을 위해 전체 시민 앞에 내놓았다. 이렇게 전체 시민이 공식적으로 모인 데모스는 에클레시아ekklēsia라 불렀다. 이 낱말은 뜻이 매우 풍부하여 고대 내내 여러 의미를 띠었다. 문자 그대로의 뜻은 '소집'에 가깝다. 폴리스의 경우 이 낱말은 평의회가 내놓은 안건을 가지고 활발하게 토론한다음 표결에 들어가는 시민 총회를 가리켰다. 이 낱말은 오늘날의 신약에 여러 번 등장하는데, '교회'로 번역되는 때가 가장 많다.

전형적인 그리스 도시의 구조에는 극장이 포함되어 있었다.[8] 극장은 물론 공연을 위한 장소이다. 그리스도교가 발달하기 시작한 1세기에 이르렀을 때 극장은 더이상 교양인을 위해 소포클레스나 에우리피데스 같은 사람들의 대작 비극을 공연하는 곳이 아니었다. 사람들은 자기 지역의 극장에서 익살극이나 꽤 멍청한 희극을 보는 일이 더 많았다. 로마인은 극장의 핵심부인 카베아cavea에 물을 채우기를 좋아했고, 여기서 해전이나 공들여 만든 군사 작품을 공연했다. 그래서 사람들은 극장에서 온갖 종류의 대중오락을 즐길 수 있었다. 극장은 또 에클레시아가 모임을 갖는 장소로서, 남자들이 모두 한꺼번에 발언을 쏟아내고, 고함을 지르며 서로를 깎아내리고, 또 지역 유지가 연설을 질질 끌 때 야유를 보내는 곳이기도 했다. 극장은 그리스 도시에서 중심이 되는 공간으로, 오락뿐 아니라 정치적 의사결정체인 에클레시아가 모임을 갖는 장소이기도 했다.

예나 지금이나 그리스인은 운동경기로 유명했다.[9] 김나시온은 달리기나 높이뛰기 실력을 겨룰 뿐 아니라 도박 실력을 겨루는 곳이기도 했다. 그러나 더 큰 행사가 있을 때에는 히포드롬(대경기장)에서 열었는데, 이 낱말은 '말'과 '달리기'를 가리키는 그리스어 낱말에서 온 것이다. 이곳은 커다란 경주로로서, 오늘날의 축구경기장보다 폭은 좁지만 거대한 관중석을 갖춘 경우가 많았다. 나중에 로마인은 이 히포드롬을 받아들여 '키르쿠스circus'라는 라틴어 이름으로 바꿔 전차경주에 사용했는데, 이 경주는 로마인뿐 아니라 그리스도교인 중에도 수많은 사람이 (사제나 주교의 반대에도 불구하고) 너무나 좋아한 나머지 어마어마하게 인기를 끌었다.

후기의 로마인은 공중목욕탕을 가장 열렬히 지지한 사람들이었으나, 그리스 도시에서도 이런 목욕탕이 알려져 있었고 또 사회적으로 귀중하고 중요한 편의시설로 꼽혔다. 이따금 일부 목욕탕은 '공용'으로서 남자와 여자가 동시에 사용하기도 했지만, 대부분은 남자만 이용하거나 정해진 날 정해진 시간에 여자가 이용했다. 김나시온과 마찬가지로 이런 목욕탕은 인맥 관리에서 중요했다. 목욕탕에는 공중화장실도 설치되어 있었다. 오늘날 그리스나 로마의 도시를 돌아다니다보면 변소와 마주치지 않기가 거의 불가능하다. 1세기와 2세기 말에 이르면 목욕탕에는 옷을 입고 벗는 방, 냉탕이 있는 방, 미지근한 탕이 있는 방, 뜨거운 열탕이 있는 방 등 목적에 따라 여러 방이 갖춰져 있었다. 남자들은 특히 편히 쉬면서 사업 거래를 하고 친구들을 만나고 잡담하고 새로운 사람들을 만나고 또 어쩌면 섹스를 하려는 목적으로 목욕탕을 찾았다. 목욕탕 안에서는 온갖 일이 벌어졌다.[10]

이와 같은 기본구조가 고대 그리스 도시에서 살아가는 많은 사람의 일상을 뒷받침했다. 알렉산드로스와 후예들은 그리스인으로부터 이런 기본제도를 가져와 지중해 동부, 이집트, 시리아, 소아시아, 그리고 물론 팔레스타인 전역에 이식해놓았다. 바로 이것이 오늘날 시리아, 이스라엘, 요르단, 이집트, 터키, 그 밖의 여러 현대국가를 여행하는 사람들이 서로 놀라우리만치 비슷해 보이는 고대도시들의 발굴 현장을 보게 되는 이유다. 극장, 작은 평의회 강당, 목욕탕, 공공건물, 신전 등을 갖춘 그리스의 폴리스를 본떠 만들었기 때문이다. 지중해의 주요 도시는 모두 원래의 토착어 및 문화와 아울러 일정한 공통점, 즉 그리스어로 '덧바르다'라는 뜻인 코이네koinē를 지니게 됐다.

종교적 혼합주의

영어 낱말 '혼합주의syncretism'는 '혼합물' 또는 '함께 섞기'라는 뜻의 그리스어 낱말(시그크레시스sygkrēsis 또는 시그크라시스sygkrasis)에서 왔다. 여러 가능한 예 중 하나를 들자면, 이집트에 다다랐을 때 알렉산드로스는 거기서 여신 이시스와 마주쳤을 것이다. 이 여신은 이집트에서 중요한 신으로서 문학이나 예술에서 잘 묘사되어 있다. 알렉산드로스는 이 여신을 이집트의 중요한 여신인 이시스로서 섬기는 데 아무런 거리낌도 느끼지 않았을 것이다. 고대 세계에서 사람들은 어딘가에 가면 그곳 신을 섬겨야 한다고 생각하는 경향이 있었다. 손해볼 게 없는데다 도움이 될지도 모르고, 적어도 제대로 경의를 표하지 않고 소홀히 대했다는 이유로 그곳의 신으로부터 해를 입지는 않을 거라는 생각에서였다. 고대에는 한 신을 섬긴다고 해서 다른 신을 거부한다거나 하는 경우는 드물었다. 사람들은 기꺼이 또는 두려움 때문에 장소와 능력 수준이 저마다 다른 여러 신을 섬겼다.

그러나 고대인은 늘 다른 지역의 신을 더 익숙한 자기 지역의 신과 동등하게 놓음으로써 서로 다른 문화의 신을 결합시켰다. 종종 철학자나 신화 작가 같은 지식인이 앞장서서 이렇게 했다. 따라서 알렉산드로스는 이시스를 이시스로서 섬겼을 수도 있지만, 이집트에서 이시스에게 경의를 표하면서 동시에 그리스와 다른 곳에서 다른 이름으로 알려진 동일한 여신에게, 예컨대 사냥의 여신 아르테미스 같은 여신에게 경의를 표하고 있다고 믿었을 수도 있다. 오늘날 그리스와 로마 신화를 잘 아는 고등학생이라면 누구나 알듯, 고대인은 종종 아프로디테는 라틴어로는 베누스라 불리는 같은 신의 그리스어 이름이라고 생각했다. 갈수록 더 '국제적'이 되어가는 고대 세계의 사람들이 자신의 토착어로 된 이름과 그리스인이나 로마인이 쓰는 더 지배적인 언어로 된 이름 등 두 가지 이상의 이름을 가지고 있었을 것과 마찬가지로, 적어도 어떤 시기 동안에는 신의 여러 이름을 같은 신을 가리키는 다른 문화의 이름이라고 해석했다. 나아가 이들은 신에 대해 문화마다 지니고 있는 서로 다른 이야기와 지역마다 다른 신의 형상과 속성을 한데 섞었다. 학자들은 이처럼 기원이 다른 종교적 요소와 신을 섞는 것을 '종교적 혼합주의'라 부른다.[11] 알렉산드로스는 이를 장려한 것으로 보이는데, 어쩌면 하나의 선전기법이자 통일된 이념으로서 의식적으로 그랬는지도 모른다.[12]

알렉산드로스는 심지어 스스로 신의 지위를 주장했다. 그는 자신의 어머니가 아폴로 신으로부터 임신했다는 소문이 퍼지도록 두었다. 아폴로가 뱀이 되어 어머니의 잠자리에 들었다는 내용이었다. 알렉산드로스가 신의 지위를 얻는 데에 관심이 있었던 것은 고대 세계의 특정 지역 지배자 사이에서는 새로운 일이 아니었다. 일부 문화에서는 오랫동안 자기네 왕을 신으로 여겼다.[13] 우리로서는 알렉산드로스의 머릿

속에 무엇이 있었는지 알 길이 없지만, 알렉산드로스가 정말로 자신은 신성하다고 믿었다는 것을 의심할 이유 또한 없다. 오늘날 널리 퍼진 가설과는 달리, 고대 세계에서는 하나의 인격 안에 인간성과 신성이 결합되는 것이 완전히 불가능하다고 생각하지 않았으며, 심지어는 그다지 드물지도 않았다. 앞서의 소문에 따르면 알렉산드로스의 아버지는 신이고 어머니는 인간이었다. 알렉산드로스 본인은 대단히 성공한 지배자이자 전사이고 실질적으로 전 세계를 정복했다. 당연히 그는 신이었다.

여러 민족의 신과 관습을 '섞는' 또다른 방법은 기존의 것에 새로운 것을 추가하는 것이다. 사람들은 새로운 신을 추가하는 데 별다른 거리낌이 없었다. 많을수록 더 좋거나 더 안전하다고 생각했다. 그래서 이따금 그리스인을 비롯하여 사람들은 이집트에서 여신 이시스를 발견하면 그냥 자기네 판테온에 추가하곤 했다. 로마인은 로마에서 새로운 종교나 새로운 신이 등장할 때 신중히 대했다는 평이 생겨나기는 했지만, 이들의 실제 역사를 보면 처음에는 조심하거나 반대하다가 결국에는 새로운 신을 로마로 받아들이는 사례가 종종 나타난다. 치유의 신 아스클레피오스도 이런 식으로 가장 대중적인 신의 하나가 되었다. 그는 배를 타고 로마로 갔다가 테베레 강 중간에 있는 섬에서 뱀의 형태로 기어나와 섬으로 올랐다. 그 밖에도 이런 신이 많이 있다.

고대의 신앙은 배타적이지 않았다. 사람이 하나의 신에 특별히 이끌린다고 해서 다른 신을 섬기며 희생제물을 바쳐서는 안 된다는 뜻은 아니었다. 이는 고대 세계 거의 모든 곳에서 공통적이었다. 알렉산드로스 이후 헬레니즘화가 진행된 것 역시 종교적 혼합주의를 촉진한 것으로 보인다.[14] 다음 장에서 살펴보겠지만 이것은 나중에 유다인에게 문제가 된다. 일부 유다인은 그때까지 '외국'에 속하던 신들을 환영한 것 같아 보이지만, 그 밖의 사람들은 이에 저항했다. 유다인이 그리스어와 일부 사회제도, 시민권, 그 밖의 관습을 기꺼이 받아들였다고 해도, 그들 중 많은 사람이 결국 종교적 혼합주의로 나아가는 경향에 저항하게 됐다.[15]

로마의 집안과 사회적 구조

로마인은 점점 더 강해지면서 동방에서 군사적, 정치적으로 점점 더 큰 영향을 끼쳤다. 이들은 이집트나 시리아 등 알렉산드로스의 계승자들의 후손인 헬레니스트 왕들의 지배를 받던 그리스 국가들을 정복했다. 서기전 146년에 로마인은 고린토를 파괴했다. 서기전 63년에는 로마의 장군 폼페이우스가 예루살렘에서 사제직과 정치적 권력을 두고 벌어진 내전에 개입했다. 그뒤로 로마인은 서기전 63년부터 유다 지방을 지배했는데, 다만 유다를 지배하기 위해 사용한 정부의 형태는 주기적으로 바뀌었다. 로마인은 동방에서 점점 더 강해지는 동안 동방을 '로마화'하거나 '라틴화'하는 일은 거의 하지 않았다. 그와는 달리, 지중해 동부로 이동해 들어가면서 그저 그리스의 체제, 즉 '그리스 세계'를 받아들일 뿐 그곳을 비그리스화하려 하지 않았다. 동방에서 그리스도교인 황제 콘스탄티누스가 지배할 때까지 또 그 이후까지 로마가 지배하는 내내 그리스어, 그리스 문화, 종교적 관습, 교육, 그리고 폴리스의 구조가 모두 그대로 남아 있었다.

로마인이 자신의 법제도와 문화에서 그리스보다 더욱 핵심적이게 만든 한 가지는 후견인-피후견인 체제이다.[16] '후견인patron'과 '피후견인client'이라는 용어는 라틴어에서 왔으며, 로마법에 명시된 '공식적' 후견인-피후견인 체제는 주변 문화에서보다 더 발달하고 더 중심적이었다. 이 이유로 일부 사람들은 '후견인-피후견인'이라는 용어를 로마의 체제를 논할 때로만 한정하자고까지 제안한다. 그러나 인류학자들은 '후견인-피후견인'이라는 용어와 모형을 사용하여 수많은 다른 민족들의 구조와 관습을 묘사해왔고, 따라서 인류학자들이 '후견인-피후견인 체제'라는 꼬리표를 붙인 것의 기본적 양상이 지중해 전역에 존재하면서 거의 모든 사람의 일상적 활동에 어느 정도 영향을 미쳤다는 점은 인정해야 한다.

앞으로 살펴보겠지만 후견인이 피후견인에게서, 또 피후견인이 후견인에게서 무엇을 기대했는지를 이해하면 신약과 초기 그리스도교에서 나타나는 일치와 갈등에 관련된 많은 문제를 이해하는 데 도움이 될 것이다. 그리스도교 초기에는 그런 기대사항이 로마 사회에서와는 달리 법률로 새겨져 있지 않았는데도 그렇다. 그리고 후견인-피후견인 체제를 이해하려면 고대의 집안을 들여다보아야 한다.[17]

나는 여기서 '가족family'이라는 용어보다는 '집안household'이라는 용어를 쓰는데 여기에는 충분히 그럴 만한 이유가 있다. 오늘날 '가족'이라고 하면 보통 생물학적 가족, 즉 아버지, 어머니, 아이들을 말한다. 용어의 뜻을 넓혀 조부모와 손자녀, 그 밖의 사람들까지 포함하는 '확장된 가족'도 생각할 수 있다.[18] 그러나 가족 하면 대개 핵가족을 떠올리며, 간혹 이것이 약간 확장된 형태를 생각하는 정도일 것이다. 희한하게도 이 영어 낱말은 라틴어 파밀리아familia에서 왔는데, 파밀리아는 아버지와 어머니와 아이들을 가리키는 뜻으로 쓰이지 않았다. 이 용어는 원래, 또 대체로 언제나 한 집안의 노예들을 가리키는 뜻으로 쓰였으며, 때로는 해방된 노예('해방노예')도 포함했다. 따라서 법적으로 진정으로 파밀리아에 속한 사람들은 노예였으며, 집안의 자유인 구성원은 여기에 속하지 않았다. 따라서 고대의 가족보다는 집안이라고 말하는 것이 조금은 오해의 소지가 덜하다.

나아가 집안에는 그 밖에도 오늘날이라면 가족에 포함시키지 않을 사람들이 포함되어 있었다. 로마의 집안은 피라미드 구조였다(도표 3 참조. 비록 도표는 주로 로마의 집안을 나타내지만, 고대 지중해 지역의 다른 곳에서도 어느 정도 이와 같았다). 꼭대기에는 집안의 파테르파밀리아스paterfamilias('파밀리아'의 '아버지'), 즉 최고 연장자 남자인 아버지(또는 아직 살아 있다면 할아버지)가 있었다. 그 아래에는 그의 아들딸이 있었다. 집안 피라미드의 가장 밑에는 노예들이 있었다. 노예와 파테르파밀리아스의 자식들 사이에 해방노예들이 있었는데, 이들은 노예였다가 자유를 얻었지만 여전히 그 집안에 속한다고 간주됐으며, 로마법에서는 법적으로 여전히 그 집안에 속하면서 여전히 집안의 주인에 대한 의무가 있었다. 로마법에서 '피후견인'을 나타내는 라틴어 낱말(클리엔스cliens)은 파테르파밀리아스의 해방된 노예를 가리킨다. 대부분의 집안에는 또 적어도 몇 명의 자유인이 있었는데, 이들은 비공식적으로 파테르파밀리아스와 연결되어 있었으며 따라서 실질적으로 그 집안에 속했다. 다만 법적으로는 그 집안에 속하지 않았다. 이들은 비공식적으로 해방노예보다는 위, 자유로운 자식들보다는 아래의 지위를 차지할 수 있었다.

아직 아내와 어머니는 언급하지 않았다는 점에 주목하기 바란다.[19] 법적으로 로마 시민의 자유인 아내는 대부분 자기 남편 집안의 구성원이 아니었다(그리고 로마에서는 여자 또한 시민이 될 수 있었으나 남자가 누리는 여러 권리와 이점은 갖지 못했다). 이들은 자기 아버지의 집안에 계속 소속됐다. 법적으로 자기 아버지, 이따금은 오빠나 남동생, 또는 심지어 할아버지가 아직 살아 있으면 할아버지의 통제와 보호를 받게

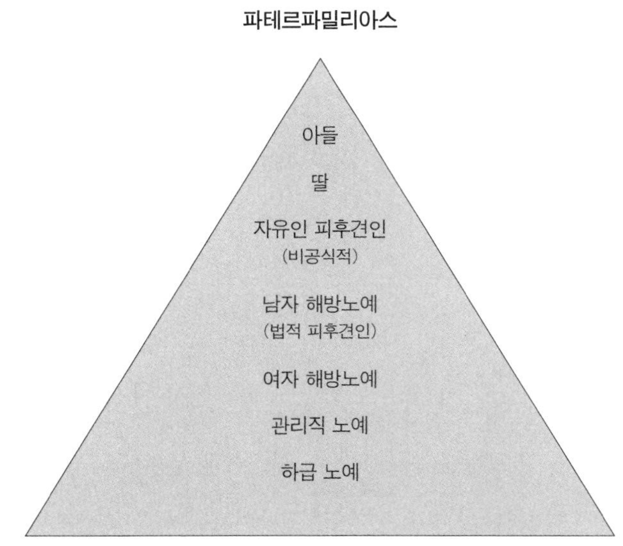

도표 3. 그리스·로마의 가부장적 집안의 구조

되어 있었다. 그러나 고대 세계의 기대수명은 오늘날에 비해 많이 짧았기 때문에 여러 세대가 동시에 하나의 집안에 속하는 일은 많지 않았다. 사람들이 오래지 않아 죽었기 때문이다.

그리스인이나 당시의 다른 나라 사람들과는 달리 로마인은 아내를 남편 집안의 구성원으로 허용하지 않았다는 점은 흥미로우면서도 중요하다. 나아가 아내는 자기 아버지의 집안으로부터 받은 재정 자원을 자신이 가졌다. 남편과 아내 사이에 오가는 선물을 제한하는 법률까지 있었는데, 한 집안에서 다른 집안으로 재산이 너무 많이 이동하지 못하도록 막기 위해서였다.

로마인이 이렇게 해둔 데에는 그럴 만한 이유가 있었다. 공화국시대로부터 제국시대에 이르기까지 로마의 지배층은 다수의 유력한 집안들로 이루어져 있었다. 로마 상류층은 여자를 남자를 우두머리로 하는 원래 집안에 속하게 둠으로써 집안들의 규모와 중요도가 서로 어느 정도 균형을 이루는 상태를 유지하고자 했다. 지배계층은 훨씬 더 수가 많은 하류계층의 집안들이 어떻게 하고 있는지는 거의 상관하지 않았다. 이들이 신경쓴 것은 세력이 큰 지배층 가족들 사이에 균형을 유지하는 것이었다. 이들은 왕이라든가 지도자들이 뭉친 도당이 등장하는 것조차도 원치 않았다. 로마의 유력 집안들, 로마의 '큰' 가족들 사이에 권력 균형이 유지되기를 원했다.

노예는 당연히 파테르파밀리아스에 속했다. 대다수 노예들이 일평생 노예로 지내고 해방은 어렵고도 비교적 드물었던 미국의 노예제도와는 달리, 로마의 노예는 충분히 오래 산다면 죽기 전에 해방되리라고 기대할 수 있는 경우가 많았다. 그렇지만 남자 노예는 일단 해방되고 나면 '자유로운' 사람이 되는 게 아니라 로마에서 법적·공식적으로 '해방노예'라 부르는 지위를 얻었다. 이들은 여전히 자신의 파테르 파밀리아스에게 일정한 의무를 지니고 있었다. 예를 들면 로마인 남자는 노예에게 작은 사업체를 맡겨 알아서 운영하게 하기도 했다. 또는 노예를 비서나 의사, 또는 소유주가 통제하는 사업의 관리자로 고용하는 수도 있었다. 이따금은 다른 사람들에게 노예를 노동자로 임대하기도 했다. 노예는 물론 급료를 자기 주인에게 주었지만, 대개는 그중 얼마간을 자기 몫으로 가질 수 있도록 허용해줬다. 따라서 일부 노예, 특히 기업을 운영하면서 이익을 내는 노예는 재정적으로 독립할 수도 있었고, 돈을 충분히 모으면 스스로 자유를 살 수도 있었다. 법적으로 이런 돈은 노예의 것이 아니며, 노예와 노예가 벌어들이는 모든 것이 법적으로는 주인 소유였다. 그러나 실질적으로 또 일정한 법적 맥락에서 볼 때 노예들은 적어도 돈과 재산 일부에 대해 커다란 지배권을 가졌는데, 이런 재산을 페쿨리움peculium이라 불렀다.

노예는 법적으로 재산을 소유하거나 계약서에 서명할 수 없기 때문에, 소유주가 그런 일을 시키기 위해 특정 노예를 해방하는 쪽이 합리적일 때도 있었다. 소유주는 자신의 사업 경영자로 일해온 노예를 해방하여 더 큰 책임을 맡길 수 있었다. 예컨대 계약서에 서명하거나, 돈을 빌리고 빌려주거나, 또다른 도시에서 다른 사업을 운영하게 할 수도 있었다. 로마에서 살지만 오스티아의 항구에 수출입사업체를 보유한 소유주라면 합법적으로 그곳 사업을 믿고 맡길 만한 사람을 원할 것이다. 이런 활동은 노예로서는 해내기가 어렵지만, 해방노예에게는 그런 법적 제약이 없었다. 따라서 부유한 로마인은 노예를 해방하는 경우가 많았는데, 이타주의에서가 아니라 소유주의 재정적 이득을 위해서였다.

노예 해방의 또다른 측면에서 로마는 아주 독특했다는 사실을 인식하는 것도 중요하다. 로마 시민이 노예를 해방할 때(적어도 노예 해방이 법으로 정해진 일정한 과정에 따라 진행될 때) 그 노예는(남자든 여자든) 그냥 해방노예가 되는 게 아니라 로마의 시민권을 얻었다. 해방되어 시민이 된 노예에게 태어나는 자식은 '자유인으로' 태어날 뿐 아니라(아버지가 지닌 '해방노예'라는 낮은 신분의 제약을 받지 않았다) 로마 시민권까지 있었다. 오늘날의 사람들 눈에는 이상하게 보이겠지만, 노예제도는 로마의 엄격한 계층사회 속에서 상류층으로 이동할 수 있는 매우 드문 수단이 되어주었다.[20]

자녀는 아버지가 살아 있는 한 법적으로 여전히 아버지의 집안에 속했지만, 이들이 실제로 같은 집에서 살았을 것으로 상상할 필요는 없다. 이들은 얼마든지 자신의 집안을 만들고 혼인하며 자신의 아이들과 노예와 해방노예를 가질 수 있었다. 따라서 실질적으로는 아들딸들은 자유를 누리고 재산을 마음대로 처분할 수 있었다. 그렇지만 법적으로는 그들이 가진 모든 것이 파테르파밀리아스의 소유였다. 아내의 경우도 매우 비슷했다. 남편의 재산에 대한 법적 소유권을 공유하지는 못했지만, 이들이 남편과 집안을 위해 일상적으로 '일을 처리하는' 사례를 보게 된다. 따라서 법적으로 아내와 남편이 각기 재산을 소유하도록 규정되어 있었지만, 일상생활에서는 경계가 그보다 모호했다.

이런 집안과 후견인-피후견인 체제의 중요성은 이것이 로마의 일상과 정치에서 얼마나 많은 부분에 영향을 주었는지에서 드러난다. 앞서 말한 대로 로마 사회는 엄격하고 엄중한 계층사회였다. 민주적 구조나 평등에 대한 환상은 없었다. 즉 계층이나 지위의 경계를 넘는 일이 없었다는 말이다. 사회적 권력은 적나라하게 부와 지위에 연결되어 있었다. 로마의 법제도는 그보다도 더욱 노골적으로 부자와 상류층에게 편파적이었다.[21] 대부분의 경우 판사가 서로 견주어 가난한 사람보다 부유한 사람 편을 드는 것이 당연했다. 이들은 우리 눈에는 이상해 보이는 일정한 이념을 받아들이고 있었던 것 같다. 부유한 사람은 부유하므로 가진 게 별로 없는 가난한 사람을 속일 동기가 그만큼 적겠지만, 가난한 사람에게는 아무것도 없으므로 부유한 사람을 속여 돈을 뜯어낼 동기가 있다는 것이다. 더 부유한 쪽은 아울러 더 정직한 사람일 가능성이 높다는 전제가 이따금 법률에까지 명확하게 표현되어 있기도 했다. 그러므로 판사가 자기 계층에 속한 구성원들에게 편파적인 것이 당연시되었다.

물론 노예에게는 법정에서 자신이나 다른 사람을 변호할 법적 지위가 없었지만 해방노예는 그렇게 할 수 있었다. 그렇지만 해방노예는 자신의 후견인이나 후견인이 고용하는 법률가에게 변호를 맡기는 쪽이 훨씬 더 합리적이었다. 그의 후견인은 오로지 경제적, 사회적 지위가 더 높다는 이유만으로 권력과 명예를 누렸다. 개인은 자신의 후견인 노릇을 해줄 더 높은 지위의 사람이 필요했다. 법정에서는 물론이고 그 밖의 수많은 맥락에서도 그랬다. 사회나 정치에서 그렇듯이 법정에서도 강력한 후견인이 있으면 유리했다. 실제로 자신이 사회계층의 최상위에 가까이 있지 않은 한 강력한 후견인을 업고 있을 필요가 있었다.

그러나 후견인 또한 피후견인이 필요했다. 어느 후견인이 공직에 출마하고 싶다면 자기 피후견인들의 표와 아울러 유세활동이 필요했다. 필요한 것이 그저 더 많은 특권뿐이라 해도 그는 대규모 수행원을 거느리고 다녀야 했는데, 대개 자기 집안, 자신의 피후견인, 그리고 자신의 '친구들'(라틴어로 이 용어는 종종 '피후견인'이라 부르기가 곤란할 때 완곡한 표현으로 쓰였다)로 구성됐다. 피후견인은 아침에 자기 후견인의 집 앞에 가서 그에게 인사하고(살루타티오salutatio), 그런 다음에는 그가 하루 동안 시내를 돌아다니며 정치적 거래를 하는 데 따라다니기도 했다. 그 보답으로 후견인은 자신의 피후견인에게 선물을 줬는데 현금 형태로 주는 때가 많았다. 로마의 후견인-피후견인 체제에서는 명예가 사회계층의 아래에서 위로 전해지는 대가로 돈이 위에서 아래로 전해졌다. 앞으로 살펴보겠지만, 이것은 초기 그리스도교회와 그들의 몇 가지 갈등을 이해하는 데 핵심이 된다.

율리우스 카이사르와 옥타비아누스의 권력 장악

로마인 대다수는 자유인인 시민조차도 가난했다. 대부분 이들에게는 도시를 움직이는 강력한 집안과의 연줄이 전혀 내지 거의 없었다. 강력한 후견인과의 연줄이 전혀 내지 거의 없었다는 말이다. 이것이 율리우스 카이사르가 직접 공급하고자 나선 '수요'였다.

후기 공화정 때(서기전 1세기를 포함하여) 로마의 정치는 두 정치 파벌이 지배했다. 하나는 '최고'라는 뜻의 옵티마테스optimates로서, 이들은 부유한 원로원 의원들과 소수의 가장 부유한 가족들의 이익을 뒷받침하는 성향을 보였다. 또하나는 '민중의'라는 뜻의 포퓰라레스populares인데, 이들은 상대적으로 하류층에게 더 유익한 정책을 추진함으로써 정치권력을 얻고자 했다. 율리우스 카이사르는 귀족 출신이었다. 이는 즉 상류층 가족 출신일 뿐 아니라 오랜 역사의 귀족 가문을 자랑한다는 뜻이었다. 그러니 비록 가족이 로마에서 가장 부유한 축에 들지는 않는다 하더라도 그가 옵티마테스 편을 드는 것이 당연해 보였다. 그러나 원로원의 파벌 정치에서 카이사르는 민중파 편을 들기 시작했다. 그는 최고의 가문 출신 자격을 갖췄고, 거기에다 인구 대다수를 차지하는 가난한 민중의 인기를 얻음으로써 정치권력을 더하고자 했다.[22]

로마에서 정치가로 진정으로 성공하려면 어느 시점에서든 장군으로 복무하는 것이 거의 필수적이었다. 율리우스 카이사르는 당시 승리로 끝난 갈리아(오늘날의 프랑스) 전투에서 자기가 맡았던 장군의 역할을 십분 활용했다. 장군은 휘하 군인들에게 급료를 지불하거나 적어도 급료가 지불되도록 챙기는 책임을 맡는 때가 많았다. 카이사르는 휘하 군인들에게 급료를 후하게 주는 것으로 평이 나 있었다. 그 과정에서 그는 스스로 어떤 의미로 자기 군대와 휘하 군인들의 '후견인' 역을(물론 비공식적으로) 맡았다. 카이사르의 인기와 권력이 커가는 데에 불안을 느낀 원로원은 실제로 어느 시점에 그의 군대로부터 일부 군단을 빼내 시리아로 이동하라고 명령했다. 이야기에 따르면 카이사르는 떠나가는 부하 각자에게—자기 자신의 주머니를 털어(그 주머니에는 전쟁 동안 약탈한 전리품으로 가득했다는 점을 기억해야 하지만)—1년치 급료를 주었다고 한다. 떠나가는 부하들로부터 미래의 충성까지 사들인 셈이다. 그는 후견인으로서 그들을 자신의 피후견인으로 대한 것이다.

로마로 돌아온 뒤 카이사르는 더 큰 권력을 쥐고 하류계층에게 적당히 도움이 되는 정책을 추진했다. 그는 실제로 부채를 말소시키지는 않았지만(빈곤층은 언제나 빚을 없애달라고 소리 높여 요구했고 부유층은 그렇게 될까봐 언제나 두려워했다) 부채 문제를 완화시켰다. 그 밖에도 로마와 그 주위의 빈곤층에게 가해지는 부담을 어느 정도 완화하는 정책을 주장했다. 원로원의 보수세력은 그가 스스로 독재자로 자리잡지 않을까 두려워했는데 실제로도 의심의 여지가 없는 일이었다. 그래서 서기전 44년의 저 유명한 3월 보름에 그는 브루투스와 카시우스가 이끄는 원로원 의원 무리의 칼에 찔렸다.

카이사르의 양자 옥타비아누스는 카이사르의 친구인 마르쿠스 안토니우스, 그리고 그보다 덜 알려진 인물인 레피두스와 동맹을 맺었다. 이 세 사람은 처음에는 원로원의 반대세력에 맞서싸우는 데 성공했다. 그렇지만 결국 마르쿠스 안토니우스와 옥타비아누스는 내전을 벌였다. 이 내전에서 옥타비아누스는 안토니우스를 쳐부수었고, 당시 안토니우스의 연인이자 그와 함께 낳은 두 아이의 어머니였던 클레오파트라는 자살했다. 옥타비아누스는 서기전 27년에 로마와 속주의 유일한 지배자가 됐다.[23]

옥타비아누스는 (앞서 카이사르와 마찬가지로) '왕'이라는 호칭을 거부하고 전통적인 공화정의 칭호를 택했다. 그를 칭송하며 어떤 사람은 이렇게 말했다. "공화국 본연의 모습이 옛 모습 그대로 되살아났다."[24] 이제 아우구스투스라는 칭호이자 이름을 받아들인 옥타비아누스는 이렇게 말했다. "나는 나의 권력 안에 있던 공화국을 원로원과 로마 인민에게 넘겨 그들의 지배를 받게 했다."[25] 다시 말해 자신은 왕이 아니며, 동등한 의원들이 모인 원로원에서 '첫째'(프린켑스princeps)일지언정 그저 한 사람의 원로원 의원일 뿐이라고 주장한 것이다. 물론 이것은 모두 거짓말이다. 아우구스투스가 원로원을 재편한 것은 사실이다. 그러나 황제가 된 아우구스투스가 원로원을 재편했다는 것은 그가 궁극의 권력과 권위를 휘두르는 자가 됐다는 뜻이다. 그의 주장은 말할 것도 없지만 실제로도 적어도 어느 정도는 그가 정말로 카이사르처럼 '모든 민중의 후견인', '후견인이 없는 사람들의 후견인'이 됐다고도 주장할 수 있다. 도중에 멈춰버린 카이사르의 길을 따라간 아우구스투스가 가져온 근본적 변화는 원로원의 암투와 경쟁을 통해 소수의 부유한 가족들이 독재를 행사하던 방식에서 한 사람과 그의 집안이 지배하는 방식으로 바뀐 것이다. 아우구스투스는 로마 제국 전체의 파테르파밀리아스가 된 것이다.(도표 4 참조)

팍스 로마나

아우구스투스가 통치하면서 역사학자들이 그 이전의 로마 공화국과 구별하여 로마 제국이라 부르는 시대의 막이 올랐다. 또 2백 년 동

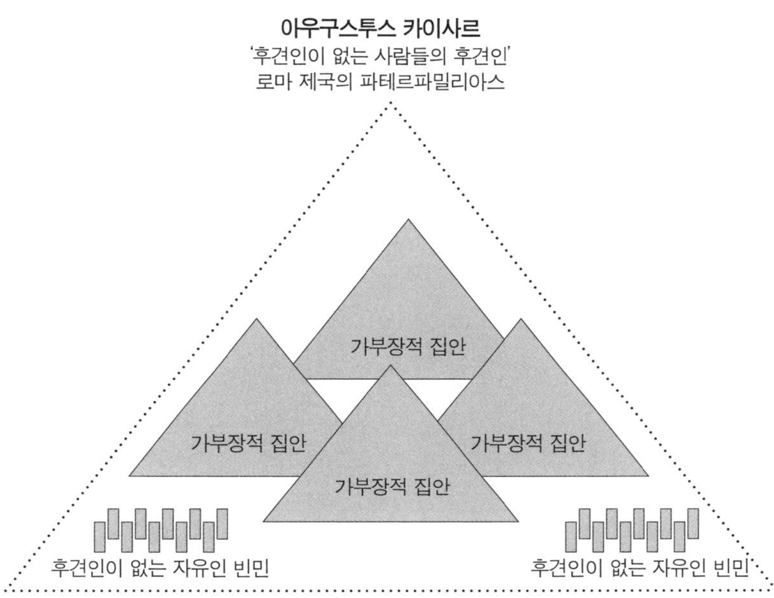

도표 4. 로마 제국의 파테르파밀리아스인 아우구스투스

안의 팍스 로마나, 즉 '로마의 평화'가 시작됐다. 로마는 그 이전 수백 년 동안 내전을 비롯한 여러 분쟁 때문에 파괴되어 있었는데, 비록 전쟁이나 비교적 작은 규모의 분쟁이 제국의 국경에서는 계속됐지만 중심부에서는 뚜렷한 평화의 시기가 있었다.[26]

역사학자들은 대체로 이 시기를 세계의 고대사에서 좋았던 시기로 봤고 특히 서기 2세기를 로마가 지배한 '황금기'라 불렀다. 그렇지만 모두에게 좋았는지에 대해서는 논의의 여지가 있다. 로마인이 아닌 사람과 가난한 사람은 팍스 로마나를 기껍게 받아들이기보다는 억압적으로 여겼을 수 있다. 따지고 보면 우리 시대에도 소비에트연방이 붕

괴된 뒤 십여 년의 기간을 팍스 아메리카나라 부른 전문가들이 많았다. 그러나 대부분의 미국인이나 세계 도처의 보수파들은 인류에게 좋은 일로 봤겠지만, 그 밖의 사람들 눈에는 그저 거대한 미국 또는 다국적기업이 자기 이익을 위해 선동하는 터보자본주의의 승리에 지나지 않았으며, 하류계층은 자신의 희생을 발판으로 극부유층의 부가 하늘 높이 치솟을 때 자신의 복지는 곤두박질치는 것을 경험했다. 그리고 소위 팍스 아메리카나에는 테러리스트의 공격과 그에 뒤따라 미국이 선택한 전쟁이 21세기 초에 이어졌고, 값비싼 전쟁이 10년 이상 끊임없이 계속되고 있다. 마찬가지로, 비록 로마 제국의 하류계층이 로마의 지배에 어떻게 반응했는지 판단할 수 있을 만한 기록을 직접 남기지는 않았지만, 많은 역사학자가 우기는 것만큼 우호적이지는 않았을 것이라고 봐야 한다.

우선 로마인은 지역의 풍습이나 종교적 관습, 생활방식 등에 있어 대체로 지역민에게 관여하지 않음으로써 약간의 평화를 유지했다. 그럴 필요가 있다는 생각이 들면 공동체를 파괴하고 인구를 강제이주시킴으로써 평화를 유지했다. 그렇지만 로마인은 절대적 통제권을 유지하는 데 필요하다고 생각할 때에만 그렇게 하려고 했다.

로마 자체는 세금으로 번영을 누렸다. 로마인은 루가복음 2:1~3에서 주장하는 것처럼 포괄적인 조사는 아니었지만 호구조사를 벌였다. 이는 세금을 높게 매기고 완전히 납부하도록 하기 위해서였다.[27] 로마인은 대부분의 속주에서 세금을 직접 걷지 않았다. 그보다는 현지의 상류계층 유지들에게 그 일을 맡겼다. 이미 사회에서 가장 높은 계층에 속한 속주 사람들이 자기 지역의 세금을 걷을 권리를 얻기 위해 입찰했고, 물론 로마인은 가장 좋은 조건을 제시하는 입찰자에게 권리를 주는 경향이 있었다. 이 현지 유지들은 세금 징수를 맡아 아랫사람들을 동원하여 로마에 보낼 만큼 충분한 세금을 걷었지만, 자기 몫으로도 상당량을 챙겼다. 따라서 이런 징세제도는 철저한 부패로 이어지기 마련이었는데, 징세자에게는 될 수 있는 한 세금을 많이 걷을 동기가 있었고 로마에게는 이런 행위를 단속할 동기가 거의 없었기 때문이다.

복음서에서 '세리稅吏'라는 호칭이 '죄인'과 결부되는 것은 이 때문이다. 세금징수권을 사들인 사람을 포함하여 현지의 부자들은 '로마의 평화' 덕분에 이익을 봤을 것이다. 그러나 대다수 주민, 농촌 빈민 대다수와 도시 빈민은 모두 이런 세금제도 때문에 고통받았을 것이고, 따라서 자신의 이익과 로마의 이익을 위해 동포를 배반했다고 그들을 비난했다. 세금징수원은 지역 부자들을 위해 일하기 때문에 평이 나빴는데, 지역 부자들이 로마인을 위해 일하면서 대개는 빈민을 가난하게 만들었기 때문이다. 로마인은 크게 보아 가난한 자를 가난하게 만드는 방식을 통해 자신의 권력을 유지했다. 팍스 로마나는 로마인과 또 그들 편을 드는 성향의 지역 유지들에게는 아마 매우 좋은 말로 여겨졌을 것이다. 그 나머지 지역민에게는 아마 절반의 축복이었을 것이다.

그렇지만 로마인들 덕분에 좋은 점도 생겨났다. 그중 가장 눈에 띄는 것 하나는 여행이었다.[28] 폼페이우스는 지중해에서 해적을 소탕했는데, 이것은 오늘날 여러 나라 정부들도 해내지 못하는 일 같아 보인다.[29] 이들은 도로를 건설하고 어느 정도 통신을 유지했다. 로마인은 비록 정부 전용의 공식 용도이기는 했지만 우편제도를 가지고 있었다. 어떻든 이는 로마와 제국 전역에 있는 관리들이 고대 기준으로는 상당히 빠르게 편지를 전달할 수 있었다는 뜻이다. 이들은 심지어 하루에 1백 킬로미터를 달릴 수 있는 역마까지 갖추었다. 군인들은 완전군장을 갖춘 상태로 하루에 30킬로미터를 이동했다. 이것이 가능했던 것은 로마인이 군대를 동원하여 건설한 간선도로를 유지하고 있었기 때문이다. 물론 이런 도로는 주민 편의를 위해서만 건설한 것이 아니다. 미국의 주간 고속도로망은 원래 혹시 큰 전쟁이 있을 때(냉전시대에 건설이 시작됐다) 미 육군이 빠르게 이동할 수 있게 하기 위해 설계, 건설됐는데, 마찬가지로 로마인 역시 일차적으로 자기네 군대를 위해 도로망을 건설했다.

그러나 물론 다른 사람들도 이런 도로를 이용할 수 있었다. 여객과 화물을 위한 도로와 항로 덕분에 고대 지중해와 그 둘레의 육지는 여행자들에게 훨씬 더 다니기 쉬운 곳이 됐다. 이것은 확실히 그리스도교가 그렇게 쉽게 퍼진 한 이유이며, 그 예로 바울로가 지중해 동부를 여러 차례 두루 다니면서 시리아에서 예루살렘으로, 소아시아와 그리스로, 다시 유다로, 마침내는 로마로 여행한 것을 들 수 있다. 고대의 여느 여행자나 마찬가지로 바울로는 아직 육로보다 훨씬 빨랐던 뱃길을 선호했겠지만, 필요한 때에는 로마인이 건설하고 유지하는 도로를 따라서도 여행할 수 있었다.

나는 앞에서 로마인은 로마의 종교적 관습이나 신을 정복지 주민에게 강요하려 하지 않았다는 사실을 언급한 바 있다. 로마인이 다른 종교나 또 어쩌면 그리스도교인만 억압했다는 관념이 할리우드에서는 인기를 얻었지만, 정확한 사실이 아니다.[30] 로마인은 사실 지역의 종교를 묵인했다. 사람들이 무슨 신을 섬기는지에 그다지 신경쓰지 않았다. 실제로 로마인은 어디를 가든 그곳 신에게 희생제물과 공물을 바쳐야 한다고 믿는다는 점에서 대단히 경건한 사람들이라는 평이 나 있었으며, 그들 스스로도 서로 그렇게 하도록 권했다. 지역마다 주민이 고유의 신을 이용하고 보살필 수 있도록 허용했고 실제로 권장하기까지 했다.

적어도 율리우스 카이사르 때부터 유다인은 일정한 특권을 누렸다. 이들은 안식일을 지킬 수 있었다. 군복무의 의무가 없었다. 황제에게도, 여신 로마에게도, 그 밖의 어떤 신에게도 희생제물을 바치도록 요구받지 않았다. 로마인은 할례를 야만적이라고 봤지만, 유다인은 자신의 남자아이들에게 할례를 행할 수 있었다. 아마 스스로 할례를 행한 이집트인을 제외한 대부분의 사람들 역시 로마인과 마찬가지로 야만적이라고 생각했을 것이다.[31]

그렇지만 로마인은 종교적이든 아니든 반란이나 분쟁으로 이어질 수도 있다고 판단되는 행위는 용납하지 않았다. 이들은 종교집단, 단체, 자발적 조직 등 어떤 집단이라도 반역의 기미는 용납하지 않았다. 로마인은 예컨대 지역의 자원소방대를 꾸준히 금지했는데, 그러지 않을 경우 지역 주민, 특히 빈민이 함께 모여 로마의 영주들을 성가시게 만들 방법을 수군거릴 기회가 될지도 모른다는 두려움 때문이었다. 로마인은 종교적 활동의 경우 정치적으로 문제가 될지도 모른다고 여겨

질 때에만 관심을 가졌다. 종교적 믿음에는 전혀 상관하지 않았다.[32]

다음 장에서 더 자세히 살펴보겠지만, 유다인은 체제 안에서 여러 가지 방식으로 자리잡고 있었다. 때로는 로마인의 피후견인으로서 비교적 만족했다. 때로는 로마의 질서에 대항하는 파괴적인 적이었다. 앞서 말한 대로 이들은 공식적으로 로마인의 인정을 받았지만, 이런 인정도 때로는 그들에게 문젯거리가 됐다. 예를 들면 알렉산드리아에서는 유다인이 인구 중 가장 수가 많은 소수집단이었다. 대단히 '그리스적' 도시인 알렉산드리아는 저마다 나름의 특권을 인정받고 있는 여러 인구 집단으로 나뉘어 있었다. 가장 높은 지위를 누린 집단은 '그리스인'이었는데, 꼭 민족적으로 조상이 그리스인인 사람들이 아니라, 원래의 선조가 어디 출신이든 그리스어를 쓰고 그리스인처럼 살고 그것으로 알렉산드리아 시민권을 얻은 사람들을 말한다. 가장 밑에는 이집트 원주민이 있었고, 유다인은 그 중간이었다.

유다인은 '시민'이 아니었지만(일부는 '그리스인'으로서 시민권을 누렸지만), 적어도 법적으로나 비공식적 지위로 보나 이집트 현지인보다는 높았다. 이집트인은 따라서 유다인의 특별한 지위를 특권 민족이라며 못마땅해했다. 이 때문에 분쟁이라든가 심지어는 학살까지도 드물지 않게 일어났다. 이따금 로마인의 지지를 등에 업은 지역 유지들이 개입하여, 상황이나 정치적 향배에 따라 유다인 편을 들기도 하고 그들의 적 편을 들기도 했다.

결론: 로마인이 원래 알렉산드로스가 만든 '사해동포적' 제국을 그리스적 겉모습과 함께 이어받아 어느 정도 유연하게, 그러나 철권을

함께 발휘하며 다스린 덕분에 지중해 전체를 아우르는 연합 문화 같은 것이 몇 세기에 걸쳐 이어질 수 있었다. 서방은 라틴으로 남았고 동방은 그리스로 남았다(이 역시 지역적으로는 차이가 있지만 겉보기로는 그렇다는 말이다). 그리고 로마인은 이 균형을 몇 세기 동안 유지할 수 있었다. 이것은 의심의 여지 없이 그리스도교가 유다 지방의 이름 없는 유다인 예언자를 따르던 작디작은 운동으로부터 로마뿐 아니라 그들이 '땅끝'이라 상상한 곳까지 퍼질 수 있었던 한 가지 커다란 이유였다.

4

고대 유다교

개요: 알렉산드로스가 죽은 뒤 그의 제국에서 일어난 왕국 중 셀레우코스 왕조와 프톨레마이오스 왕조의 왕국이 신약 이해와 가장 관련이 깊다. 특히 중요한 사람은 안티오쿠스 4세 에피파네스로, 그는 예루살렘에서 성전을 모독하며 헬레니즘을 강요한 사람이다. 유다인은 헬레니즘에 여러 방식으로 대응했다. 그 한 가지로, 마따디아와 그 아들들이 앞장서는 가운데 반란이 일어났다. 이들은 하스모네아 왕조를 이루어 유다를 지배하게 된다. 로마의 세력이 점점 커지면서 유다는 피후견인 왕들과 그들이 파견한 지방관의 지배를 받았고, 그러던 끝에 유다 전쟁이 벌어져 서기 70년에 성전이 파괴됐다. 반란은 유다인이 외세의 지배에 대항하는 여러 방식 중 하나에 지나지 않았다. 또 한 가지는 묵시사상으로, 다니엘서에서 그 예를 볼 수 있고 또 예수의 가르침과 초기 그리스도교 운동에서도 볼 수 있다.

알렉산드로스 이후: 셀레우코스 왕조와 프톨레마이오스 왕조

구약의 연대적 끝은 대체로 서기전 6세기, 즉 서기전 500년대이다.[1] 여기서 '연대적 끝'이라 표현한 것은 이스라엘 역사에 관한 서사가 끝나는 시기가 그때이기 때문이다. 그러나 실제로 구약이 기록된 마지막 시기는 아니다. 앞으로 살펴보겠지만, 다니엘서는 서기전 2세기에 작성됐고 그 최종 형태는 서기전 164년 무렵에 와서야 쓰였다. 그러나 다니엘서는 연대적으로 그보다 몇 세기나 전에 자리를 잡으려 한다. 서기전 586년에 예루살렘이 함락되고 수많은 유다인이 바빌론으로 끌려간 뒤인 서기전 500년대에 바빌론에서 포로 생활을 하던 어떤 지혜로운 유다인이 쓴 것이라고 주장하고 있기 때문이다. 따라서 히브리어 성서에서 가장 마지막에 쓰인 것은 다니엘서이지만, 책 내용에서는 서기전 6세기에 쓰인 것으로 주장하고 있는 것이다.

앞 장에서 살펴보았듯 알렉산드로스가 죽은 다음 그의 제국은 그가 지휘하던 장군들과 그 후손이 다스리는 왕국으로 분열됐다.[2] 그중 가장 중요한 두 왕국은 셀레우코스 왕조의 그리스-시리아 왕국과 프톨레마이오스 왕조의 그리스-이집트 왕국이다. 고대사 전반을 이해하고자 할 때에는 안티고노스 2세 고나타스가 과거의 그리스와 마케도니아 지역을 지배했다는 사실도 중요한데, 이들 지역은 서기전 2세기에 로마인에게 패할 때까지 독립을 유지했다. 유다교 역사를 이해하려 할 때에는 셀레우코스와 프톨레마이오스 왕조의 왕국들이 더 관련이 깊다.

팔레스타인은 이 두 왕국을 가르는 경계에 놓여 있었으며 따라서 끊임없이 쟁탈의 대상이 됐고, 그래서 셀레우코스의 지배를 받다가도 프톨레마이오스의 지배를 받는 식으로 운명이 변했다. 전쟁은 수십 년 동안 지속됐다.[3] 서기전 175년에 안티오쿠스 4세 에피파네스가 셀레우코스 왕국의 왕위에 올랐고, 따라서 서기전 198년부터 셀레우코스 왕국의 지배를 받던 유다 지방 역시 그의 지배를 받게 됐다. 셀레우코스 왕조의 왕들은 셀레우코스나 안티오쿠스라는 이름을 받아들이는 경향이 있었고, 그래서 오늘날 학자들은 이들에게 번호를 붙이거나 때로는 별명이나 칭호로 구별한다. '에피파네스'는 그리스어로 '나타나다'라는 뜻인데, 이것으로 미루어보면 안티오쿠스가 이 칭호를 택한 것은 아마 신의 영광을 주장하는 뜻에서였을 것이다. 그는 따라서 자신을 '나타난 신'이라고 선전하곤 했다. 앞서 살펴본 것처럼 지중해 동부지역의 왕들 사이에서는 이것이 드문 일이 아니었다. 알렉산드로스가 이미 스스로 신성을 주장한 바 있었고, 그 이전에 페르시아의 지배자들 역시 그렇게 했다.

이 시기에 예루살렘과 유다 지방의 최고 지도자는 대사제였다. 헬레니즘화가 진행된 뒤 세월이 많이 지난 뒤라 예루살렘, 또는 적어도 이 도시의 지배층들은 이미 상당히 헬레니즘화해 있었다. 대사제는 야손이었는데(그리스식 이름이라는 점에 주목하자), 그는 안티오쿠스에게 큰돈을 바치고 왕이 임명하는 직위인 사제직과 아울러 예루살렘을 안티오키아라는(안티오쿠스라는 이름의 지배자들을 기리는 뜻에서) 이름의 그리스 폴리스로 삼는 '특권'을 샀다.[4] 우리는 이 시점에 이르러 유다교와 헬레니즘 사이에 문화충돌이 있었다는 증거는 거의 없다는 점을 눈여겨봐야 한다. 예루살렘 주민들이 이미 오랫동안 그리스 문화에 익숙해져 있었다는 뜻이다.

문제는 메넬라오스라는 사람이 야손과 그 일당을 몰아내고 대사제 자리를 매수하려 하면서 벌어졌다. 여기서도 대사제직을 원하는 유다인이 확연하게 그리스식 이름을 지니고 있고 따라서 예루살렘에서 이미 일어난 헬레니즘화의 영향을 보여준다는 사실을 눈여겨봐야 한다. 메넬라오스의 문제는 그 직위를 손에 넣기 위해 안티오쿠스에게 더 많은 돈을 약속했다는 것이었다. 그는 예루살렘의 성전에서 약탈한 금그릇으로 안티오쿠스에게 돈을 지불하려 한 것으로 보인다.[5]

대사제직, 즉 유다 지방의 지배자 자리를 누가 차지할 것인가를 두고 야손의 세력과 메넬라오스의 세력 사이에 폭력 충돌이 벌어졌다. 물론 안티오쿠스의 허가에 따른 일이었다. 그는 이 혼란을 이용하여 예루살렘을 더 직접적으로 장악하고자 했다. 그는 서기전 168~167년 무렵에 시리아군대를 보내 예루살렘을 점령하고 또 성전을 약탈한 것으로 보인다. 시리아군은 예루살렘에 주둔했다. 성전의 제사의식은 시리아군을 고려하여 어느 정도 조정됐고, 필시 시리아의 신 바알 샤멤과 동일한 신이라고 생각되던 제우스 올림피우스에게 바치는 제사의식이 예루살렘에 자리를 잡았을 것이다.

유다인, 헬레니즘화, 그리고 마카베오의 반란

이따금 사람들은 고대의 유다인은 모두 전통적 관습과 믿음을 유지하려고 열심히 노력했으며, 외부인이 이질적인 관습과 믿음을 '강요'할 때 항거했다고 상상한다. 이제 살펴보겠지만, 지중해 주위에서 살아가는 사람들로서는 헬레니즘을 완전히 피하기가 불가능한데도 거기에 저항한 유다인도 있었다는 데에는 의심의 여지가 없다. 그러나 그리스 풍습을 장려했다고 보이는 유다인도 있었다.

그 이유는 상상하기가 어렵지 않다. 다른 나라에서 미국 대중문화에 관심을 기울이고 영어를 배우고 아이들을 미국의 대학교에 보내 교육시키고자 하는 사람이 많은 것과 마찬가지로, 누구나 헬레니즘화의 영향을 어느 정도는 받았던 고대 세계의 지중해 지역 도시문화에서도 상류층 가족은 그리스의 풍습을 받아들여 자신의 지위를 높이고자 했다. 문화가 각기 다른 오늘날의 사람들도 영어를 어느 정도는 알 필요가 있다고 생각하는 것과 마찬가지로, 고대 세계의 온갖 민족 사람들 역시 그리스어를 배워 사업에 이용하고 또 가능하면 자기 자식들에게도 그리스어와 문학을 광범위하게 가르쳤다.[6]

따라서 앞에서 살펴본 것처럼 서기전 170년 무렵 대사제직을 놓고 경쟁한 두 유다인은 야손과 메넬라오스라는 확연하게 그리스식인 이름을 가지고 있었다. 안티오쿠스와 그의 군대뿐 아니라 유다인 지도자들 역시 그리스어와 문화를, 어쩌면 종교적 관습까지 장려했음이 분명하다. 야손은 예루살렘을 그리스의 폴리스로 삼기 위해 안티오쿠스에게 돈을 바쳤을 뿐 아니라, 이미 서기전 175년에 유다인 남자아이들의 교육을 위해 그리스식 김나시온을 설치했다. 그는 또 '에페베이아'를 설치했는데, 이것은 유다인 남자아이들이 예루살렘 시민이 되려면 그리스식 교육을 받고 에페보스 단계를 거쳐야 한다는 뜻이었다.[7]

메넬라오스는 대사제가 되자 유다의 전통적 관습을 억압할 정도

로까지 그리스 문화를 장려했다. 반유다교법을 누가 만들었는지에 대해서는 불확실한 부분이 얼마쯤 있지만, 서기전 167년 이후 서기전 164년 이전에 시행되기 시작한 것 같다.[8] 할례는 금지됐고, 안식일을 지키지 못하게 했으며, 또 성전의 지성소에서 유다인들에게 불쾌감을 주는 일이 벌어졌다. 어쩌면 우상이 세워졌거나 아니면 돼지를 희생제물로 바치기까지 했을 것이다. 그리고 앞서 언급한 것처럼 성전은 제우스 올림피우스에게 헌정됐다.[9]

그렇지만 일부 유다인들은 이런 변화를 거의 또는 전혀 반대 없이 받아들였다는 사실이 중요하다. 실제로 일부 유다인 지도자들은 동료 유다인들에게 헬레니즘을 강요했다.[10] 이들의 관점에서 상황을 바라보는 것은 어렵지 않다. 이들은 헬레니즘화와 혼합주의에 대해 다른 민족들이 대처하는 것과 같은 방식으로 조정하고 있을 뿐이었다. 아마 자신이 이스라엘의 하느님에게 반역하고 있다고는 보지 않았을 것이다. 이들은 이스라엘이 섬기는 바로 그 하느님을 그리스인 역시 그저 제우스라는 이름으로 섬길 뿐이라고 말했을 것이다. 그래서 일부 유다인들은 헬레니즘화와 혼합주의를 수용하면서, 주위에서 일어나고 있는 문화적 변화에 스스로 적응하는 방식으로 거기에 대응했다.

그러나 이 시기에 유다인들이 거기에 대응한 방식이 한 가지만 있지는 않았다. 사해문서는 1947년 또는 그 이전에 처음 발견됐지만 그 뒤로도 여러 해 동안 계속 발견됐다.[11] 이 문서는 대부분 히브리어와 아람어로 되어 있다. 이 문서는 유다인의 집단들 간에 있었던 여러 논란을 조명하지만, 또 헬레니즘의 영향에 힘이 닿는 대로 저항하는 유다교의 모습을 보여주기도 한다. 이들은 다른 유다인(예컨대 바리사이파)뿐 아니라 그리스인이나 로마인 같은 '외부인'들에 대해 적어도 어느 정도는 '종파적'으로 대응하고 있는 것으로 나타난다. 또 이들 자료에서 하시딤이라는 유다인 집단에 대해서도 알게 되는데, 이들은 헬레니즘에 저항하면서 토라를 엄격한 방식으로 준수할 것을 부르짖은 유다인들이다.[12] (이 고대의 하시딤을 오늘날 같은 이름의 운동과 혼동해서는 안 된다. 오늘날의 집단은 중세기와 근대 초기에 동유럽에서 뻗어나온 집단으로, 고대 문서에 같은 이름으로 등장하는 집단과는 직접적 연관성이 없다.)

그리고 또 마따디아와 아들들의 대응 방식이 있었는데, 이들은 '마카베오'라는 이름으로 알려지게 됐다(마카베오상 2장 참조). 마따디아는 예루살렘 출신의 사제로서 유다 지방의 산간지역에 있는 모데인이라는 마을에 정착해서 살고 있었다. 이야기에 따르면 왕이 보낸 관리가 마을에 도착하여 유다인들에게 희생제물을 바치도록 한다(마카베오상 2:1~18, 본문에는 명확하게 나와 있지 않지만 아마도 제우스 올림피우스에게 바치라고 했을 것이다). 다 자란 아들이 여럿 있는 마을 지도자로서 마따디아는 희생제물을 바치도록 가장 먼저 초대받았다. 그는 거절했다. 그리고 다른 유다인이 제물을 바치러 제단으로 나왔을 때 그 사람을 그 자리에서 죽여버렸다. 그리고 왕의 사신도 죽이고 아들들과 함께 산으로 피신했다.

마따디아와 아들들은 안티오쿠스를 비롯하여 그의 편을 드는 모든 유다인에 맞서 오늘날이라면 아마 게릴라전이라 부를 만한 방식으로 저항했다. 이들은 시골지방 여기저기에 세워진 제단을 헐고, 할례를 받지 않은 남자들에게 강제로 할례를 받게 하며, 유다인의 전통관습을 되살리기 위해 할 수 있는 것들을 했다. 그렇지만 오래지 않아 마따디아가 죽고 아들 유다가 그의 뒤를 이었다(마카베오상 3:1). 그는 '망치'라는 뜻의 '마카베오'라는 별명을 얻었는데, 이것이 이 전쟁과 그의 가족을 가리키는 '마카베오 가족'과 '마카베오 전쟁'이라는 이름으로 남았다.

근본적으로 게릴라 전사들로 이루어진 이들 보잘것없는 무리는 안티오쿠스 4세 에피파네스의 훨씬 우세한 군대에 맞서는 불리한 상황에서 예루살렘을 탈환하고 유다 지방에 대한 지배력을 확보했다.[13] 이들은 서기전 164년에 예루살렘에서 성전을 다시 봉헌했다. 유다인들은 지금도 이 일을 기리는데 그것이 바로 하누카 축일이다(마카베오하 10:1~8).

유다 마카베오는 이 시점에 공식적으로 왕이라 불리지는 않았지만 유다 지방을 지배했고, 그뒤로도 그리스-시리아 왕조에 대항하는 싸움은 오랫동안 계속됐다. 유다가 죽은 뒤 그의 여러 형제들이 그뒤를 이어받았고, 그중 몇몇은 결국 '왕'이라는 칭호를 받았다. 이 왕조는 가족의 성인 하스모네우스에서 이름을 따 역사적으로 하스모네아 왕조라는 이름으로 알려졌으며, 서기전 165년부터 서기전 60년까지 유다 지방을 지배했다.[14]

앞에서 보듯, 일부 유다인들이 헬레니즘화에 대응한 방식은 열성의 정도는 달라도 그것을 받아들이는 것이었다. 마카베오의 봉기는 그와는 다른 방식의 대응이며, 반란이자 수복을 위한 시도였다. 그러나 다른 유다인들은 무장봉기와 전쟁이 올바른 대응 방법이라고 믿지 않았다. 이들은 이스라엘의 하느님과 토라에 최대한 충성해야 하지만, 고개를 숙인 채 하느님이 개입하기를 기다려야 한다고 믿었다. 이들은 어떤 식으로든 하느님이 하늘로부터 기적적으로 내려오거나 천사나 구세주를 보내, 안티오쿠스와 그의 왕조에 맞서싸워 이스라엘의 압제자를 쳐부수고 새로운 이스라엘 왕국이자 하느님의 나라를 땅 위에 세울 것이라고 믿었다. 다니엘서는 이런 종류의 유다인들에게서 생겨났다.

다니엘서는 기본적으로 두 부분으로 나뉜다. 전반부인 1~6장은 다니엘이 유다 지방 상류층 청년 세 사람과 함께 포로가 되어 바빌론으로 잡혀간 일을 이야기한다. 어떤 부분은 이 청년들의 지혜와 재능에 관한 재미있는 이야기에 지나지 않지만, 또 어떤 부분은 이역에 있거나 이방의 문화에 직면했을 때조차도 자신의 하느님과 전통에 충성하도록 유다인들을 가르치려는 목적을 띤다. 그렇지만 여기서 우리가 주목할 부분은 후반부인 7~12장으로서, 다니엘이 경험했다는 일련의 환상과 예언에 관한 부분이다. 환상은 미래의 지배자들이 여러 동물이나 인물로 표현되는 등 암호로 되어 있는데, 헬레니즘시대의 중요한 정치적, 군사적 사건들을 예언한다.

여러 환상은 순환이 반복되는 것처럼 구성되어 있다. 7장에서 12장까지 여러 세기에 관한 서사를 일직선으로 풀어나가는 게 아니라, 여러 환상에서 종종 다양한 상징을 통해 똑같은 역사적 사건을 두 번 이상 들려준다. 헬레니즘화한 동부 지중해를 연구하는 역사학자라면 어떤 짐승, 어떤 상징이 어떤 지배자, 어떤 장군, 또는 그들의 어떤 가족을 가리키는지 알 수 있다. 저자는 또 이따금 자신이 말하는 상징이 어떤 제국이나 어떤 왕을 가리키는지를 명확하게 알려주기도 한다. 다니엘서에서 들려주는 서사의 배경(실제로 쓰인 시대의 배경이 아니라)에서는 다니엘이 바빌론에 포로로 잡혀가 있다. 바빌론 제국(메대)은 결국 키루스와 그의 페르시아 제국에게 압도당한다. 그래서 다니엘서의 저자는 자신이 환상에서 본 숫염소가 역사적으로 무슨 뜻인지를 간편하게 알려준다. 한 천사가 그에게 이렇게 설명한다. "네가 본 숫양의 두 뿔은 메대와 페르시아의 임금들이다"(다니엘 8:20). 숫염소는 그리스의 임금을 나타낸다(8:21). "그 뿔이 부러지고, 그 자리에 네 뿔이 돋은 것은 그 백성이 네 나라로 갈린다는 뜻이다. 그런데 그 힘은 첫 임금만 못할 것이다"(8:22). 이것은 의심할 바 없이 알렉산드로스와 그의 죽음, 그리고 제국이 분열되며 생겨나는 왕국들을 가리킨다. 다니엘서 후반부의 각 장에서는 여러 상징과 이미지를 통해 이 지역의 정치적 역사를 들려준다.

11장은 페르시아가 그리스에게 어떻게 패하는지를 들려주는 또다른 예언으로 시작한다. "〔페르시아의〕 넷째 임금은 어느 임금보다도 훨씬 부요해질 것이다. 이렇게 부요해지고 힘이 강해지면 그는 모든 사람을 동원하여 그리스를 칠 것이다"(11:2). 이는 소아시아를 휩쓸고 그리스를 점령하려 한 페르시아의 황제 다리우스를 가리킨다. "그렇지만 그리스에는 용감한 왕이 일어나 큰 나라를 이루어 다스리며 만사를 마음대로 할 것이다"(11:3). 저자는 계속해서 알렉산드로스의 지배와 죽음, 그리고 뒤이은 제국 분열을 묘사한다. "천하는 네 나라로 갈라져 그의 후손 아닌 다른 사람들의 손에 넘어갈 것이다"(11:4). 앞서 살펴보았듯 알렉산드로스에게는 아들이 하나 있었지만, 그의 제국은 아들에게 넘어가지 않고 '네 나라로' 갈라졌다.

그뒤의 몇 절에서는 '북국 왕'이라 불리는 셀레우코스 왕조와 '남국 왕'인 프톨레마이오스 왕조 사이의 분쟁사를 다룬다. 저자는 나중에 셀레우코스와 프톨레마이오스 왕조의 여러 인물에 대해 이야기하기는 하지만, 대개는 이 두 왕조를 북국과 남국이라는 이름으로 언급한다. 좋은 역사책이 있으면—또는 주석이 잘 붙은 괜찮은 연구용 성서가 있으면—여러 차례의 정략결혼을 포함하여 알렉산드로스 대왕으로부터 안티오쿠스 4세까지 이 시기 정치사를 더듬어볼 수 있다. 예를 들면 다니엘 11:6은 다음과 같다. "몇 해가 지나면 그들은 서로 우호 조약을 맺고 남쪽 나라 공주가 북쪽 나라 왕비로 들어와 서로 가까워질 것이다. 그러나 그 왕비는 세력을 유지하지 못하고 그의 친자식도 그 자리를 지키지 못할 것이다." 좋은 연구용 성서에는 종종 이것은 아마도 서기전 252년에 있었던 프톨레마이오스 2세 필라델포스의 딸 베레니케와 안티오쿠스 2세의 혼인을 가리킬 것이라는 주석이 달려 있다. 베레니케와 아들은 살해당했다.

이제 중간은 건너뛰고 직접 관심사인 시대로 가보자. 뒷부분에서 저자는 안티오쿠스 4세 에피파네스를 두고 이렇게 말한다. "때가 되면 그[북국 왕]는 다시 남쪽을 치겠지만, 이번에는 전과는 다를 것이다. 키팀의 배들이 쳐들어오는 바람에 그가 낙심하며 되돌아서겠기 때문이다"(11:29~30).* '키팀'은 이 시기에 쓰인 유다교의 묵시문학에서 외세의 위협을 나타내는 용도로 많이 쓰인 암호인데 주로 그리스인과 로마인을 가리킨다. 여기서는 로마를 가리키며, 여기서 묘사하는 사건은 안티오쿠스 4세가 이집트를 장악하려고 시도한 일이다. 로마인들은 동부전선에서 더 강력한 적이 생겨나 싸우게 되는 상황을 피하기 위해 셀레우코스와 프톨레마이오스 왕조 간에 일종의 힘의 균형을 유지하고자 했다. 그래서 그들은 서기전 168년에 안티오쿠스의 야심에 개입하여, 그가 이집트에서 퇴각하여 자신의 본거지로 돌아올 수밖에 없게 만들었다.

안티오쿠스가 성전을 공격하기 시작한 것은 돌아가는 길에 팔레스타인을 지날 때였는데, 이집트 원정이 성공을 거두지 못했기 때문에 자금과 전리품을 확보하기 위해서였을 것이다. 이 일은 그다음 몇 절에 묘사되어 있다. "그는 되돌아서서 거룩한 계약을 저버린 사람들에게 주의를 기울일 것이다. 그가 보낸 군대가 성전과 요새를 점령하고 더럽힐 것이다. 그들은 정기적인 번제를 폐지하고 황폐하게 하는 역

* 공동번역 성서에는 이 부분이 다음과 같이 나와 있다(29절과 30절 전반부). "때가 되면 북국 왕은 다시 남쪽을 치러 가겠지만 먼젓번만큼 성공하지는 못할 것이다. 키프로스 쪽에서 해군이 쳐들어오는 바람에 겁이 나 되돌아서서 분풀이로 거룩한 계약을 때려부술 것이다."

겨운 것을 세울 것이다"(11:30~31).* 때로 '황폐의 상징인 흉측한 우상'으로 번역되는 이 용어는 다니엘서에서 세 번 등장하며, 나중에 그리스도교의 묵시문학에서도 이를 그대로 받아들인다(예컨대 마르코복음 13:14과 마태오복음 24:15, 그리고 이 책의 6장 참조). 따라서 이것은 서기전 168년에 성전이 더럽혀진 사건을 가리키는 말이다. "그는 계약을 모독한 사람들을 감언이설로 유혹할 것이다"(11:32)**라는 구절은 안티오쿠스와 헬레니즘화 정책 편을 든 유다인을 가리킨다.

"〔그러나〕 하느님께 충성을 바치는 사람들은 용감하게 나설 것이다. 민중 가운데 지혜로운 사람들***은 민중을 깨우쳐주려다가 한때는 칼에 맞아 죽기도 하고 불에 타 죽거나 귀양가거나 재산을 몰수당하게도 될 것이다"(11:32b~33). 지혜로운 사람들은 누구일까? 다니엘서의 저자는 분명 거기 속한다. 첫 몇 장에서는 낯선 관습을 받아들여야 하는 상황에 내몰릴 때 '지혜로운' 유다인이 어떻게 살아야 하는지에 관한 이야기를 들려줬다. 저자는 자신을 드러내놓고 헬레니즘화 세력에 맞서싸우지는 않지만 견뎌내면서 다른 유다인에게 저항하도록 가르치는 '지혜로운 사람들'의 한 사람으로 보고 있다.

일부 학자들은 여기에 마카베오 가족의 저항을 가리키는 약간의

---

* 공동번역 성서에는 다음과 같이 나와 있다. "이미 거룩한 계약을 저버렸던 사람들은 다시 그의 환심을 사려고 할 것이다. 그는 군대를 보내어 성소와 요새를 짓밟고 정기 제사를 폐지시키고 파괴자의 우상을 세울 것이다."

** 공동번역 성서에는 "계약을 배반하는 자들은 그의 감언이설에 넘어가겠지만"이라고 나와 있다.

*** 공동번역 성서에는 "민중의 지도자들"이라고 나와 있다.

암시가 있을 수도 있다고 본다. "그들이 이렇게 거꾸러져도 도우려는 사람은 별로 없고 걸어 넘어뜨리려는 자들만이 득시글거릴 것이다"(11:34). '도우려는 사람은 별로 없고' 부분은 유다 마카베오와 그의 세력을 가리키고 있을 수도 있다. 그러나 이것이 사실이라면 이 저자가 유다의 노력에 그다지 기대를 걸고 있지 않다는 점을 눈여겨볼 만하다. 그는 안티오쿠스가 무장한 인간의 힘으로만이 아니라 하느님에 의해 무너질 것이라고 믿는다.

저자는 그렇지만 계속해서 안티오쿠스의 향후 활동에 관해 예언한다. 그는 안티오쿠스가 스스로 신의 영광을 가로채고 또 실제로 자기 자신을 신들 중 가장 높은 지위에 올려놓을 것이라고 예언한다(11:36~38). 그러나 그는 '남국 왕'에게서 공격받을 것이며, 이에 맞서 반격을 시작할 것이라고 말한다. 그는 다시 유다 지방을 공격해 들어간다. 그는 "영광스러운 나라"(11:41)에 쳐들어가고 그 주위 민족을 모두 휩쓸 것이며, 나아가 이집트와 리비아, 에티오피아까지도 손에 넣을 것이다(11:43). 그렇지만 동쪽과 북쪽에 위협이 있다는 소문을 들은 그는 동쪽으로 되돌아갈 것이다. "그는 영광스러운 거룩한 산과 지중해 사이에 왕이 머무를 천막을 쳤다가 거기에서 마지막 날을 맞이할 터인데 그를 도와줄 사람은 하나도 없을 것이다"(11:45). 저자의 예언은 즉 안티오쿠스는 '지중해'와 또 시온과 예루살렘 산을 가리키는 '거룩한 산' 사이에서 야영할 것이며, 거기서 죽을 것이라는 뜻이다.

우리의 '예언자'는 이 이야기에서 실제로 거의 마지막 부분까지 놀라울 정도로 제대로 역사를 알려준다. 그는 수많은 전투와 혼인, 왕조의 변천, 수많은 죽음까지 정확하게 '예언'했다. 안티오쿠스 4세가 이집트 점령을 시도했다가 로마인 때문에 되돌아서게 되리라고 정확하게 내다봤다. 또 안티오쿠스와 변절한 유다인들이 예루살렘의 성전을 더럽히리라고 정확하게 내다봤다. 그러나 그다음 안티오쿠스는 이집트에게서 공격받지도 않았고, 반격하면서 유다 지방을 경유하지도 않았으며, 이집트를 쳐부수지도, 리비아인과 에티오피아인을 정복하지도 않았다. 그런 다음 팔레스타인에 와서 예루살렘과 바다 사이에 군영을 설치하지도 않았다. 그리고 그곳에서 죽지도 않았다. 실제로 안티오쿠스는 서기전 164년에 페르시아에서 병으로 죽었다.

오늘날 학자들이 고대의 묵시문학적 글이 작성된 때를 알아내는 방법은 이렇다. 우리는 '예언'이 어긋나는 시점을 찾아본다. 고대 세계에서 쓰인 많은 묵시록이 쓰는 '속임수'는 먼 과거의 유명한 사람이 썼다고 주장하는 것이다.[15] 이들은 사건들을 '내다본다'고 주장하지만 사실은 글을 쓰는 시점에 이미 일어났던 사건들이다. 저자는 종종 그런 다음 자신이 만든 문서가 여러 세기가 지난 뒤 가장 필요한 때에 발견되어 공개되도록 봉인하여 숨겨두었다고 주장한다. 물론 공개되는 시점이 쓰인 시점이지만, 이런 예언은 이미 일어났음을 독자들이 아는 온갖 사건을 정확하게 '예언'함으로써 신뢰를 산다. 다니엘서의 경우 저자는 서기전 6세기에 쓴 글이라고 주장하지만, 실제로는 서기전 168년과 서기전 164년 사이에 쓰인 것이 분명하다. 그는 성전을 약탈하고 더럽힌 일에 이르기까지 안티오쿠스의 착취에 대해 많이 알고 있다. 그러나 유다 마카베오가 그리스-시리아인을 쳐부수고 또 서기전 164년에 유다인 연맹이 예루살렘을 탈환하고 정화했다는 사실은 모르는 것으로 보인다. 그리고 그뒤 같은 해에 안티오쿠스가 어떻게 죽었는지도 모른다. 따라서 아마도 그는 서기전 164년이 되기 직전에 다니엘서를 썼을 것이다.

그리고 저자가 '역사적' 서사를 다 들려준 뒤 예언하는 커다란 사건을 눈여겨보기 바란다. 그는 이스라엘 민족의 '수호신'인 천사 미가엘이 나서서 악의 세력을 쳐부수고 정의를 세울 것이라고 예언한다. 죽은 사람이 살아나는데, 그중 일부는 영원한 생명을 얻고 나머지는 "영원한 모욕과 수치"를 받을 것이다(다니엘 12:1~2). 다시 말해 묵시적 예언자들이 약속하는 '종말'이라는 절정은 서기전 164년 또는 그 직후, 안티오쿠스가 죽은 바로 뒤에 일어나기로 되어 있다. 이 책 전체에 걸쳐 보게 되겠지만, 다니엘의 묵시사상은 예수, 바울로, 또 초기 그리스도교 전체의 세계관과 기대에 어느 정도 반영되게 된다. 이것은 유다인이 헬레니즘화와 뒤이은 로마화 때문에 변화한 세계에 대응하는 여러 방식 중 하나였다.[16]

유다 전쟁과 성전의 파괴

서기전 63년, 성전 정화가 있은 뒤 약 100년 뒤에 로마의 장군 폼페이우스가 예루살렘으로 쳐들어가 점령했다. 안티오쿠스처럼 폼페이우스 역시 유다 지방의 지배권을 두고 싸우는 두 사람과 그 파벌 사이의 분쟁을 이용했다. 폼페이우스가 예루살렘에 입성하면서 로마는 유다 지방을 직접 통치하기 시작했다. 나중에 같은 세기에 로마 원로원은 헤로데에게 왕이라는 칭호를 내렸다. 그는 서기전 37년부터 서기전 4년까지 다스렸다. 헤로데가 죽은 뒤 그의 왕국은 세 아들이 나눠가졌지만, 유다 지방은 결국 서기 6년에 다시 로마의 직접 통치를 받게 됐다. 그로부터 총독도 여러 번 바뀌었다. 예수가 로마인에게 십자가형을 당할 때는 빌라도가 총독으로 유다 지방을 다스리고 있었다.[17]

서기 1세기 동안 산발적으로 유다인의 봉기가 있었는데, 일부는 묵시 이념을 내세웠고 그 나머지는 도적단에 더 가까웠다. 66~74년에 있은 유다 전쟁 당시 갈릴래아에서 유다인 군대를 직접 지휘한 유다인 역사학자 요세푸스는 민중을 요르단으로 인도하거나 예루살렘이나 로마인 압제자들의 파멸을 예언한 종말론적 예언자들을 여럿 묘사한다.[18] 이들 중 일부는 자신을 구세주로, 세상의 종말에 하느님의 나라를 세우리라 여겨진 '기름 부은 자'*로 자처한 것 같다.[19] 물론 로마 제국에서는 누구든 원로원에서 호칭을 부여하지 않은 자가 자신을 왕이라고 부르는 행위는 반역이자 반란으로 간주됐으므로 로마인은 그런 운동을 모두 가혹하게 진압했다.

이 시기에 유다 민중이 벌인 가장 중요한 반란은 서기 66년에 시작됐다.[20] 유다 지방과 갈릴래아 지방의 유다인이 모두 로마에 저항하여 반란을 일으켰다. 이들은 로마군대를 예루살렘 밖으로 몰아냈다. 로마인은 기나긴 포위 끝에 결국 70년에 예루살렘을 다시 차지했다. 이들

---

* '하느님이 기름을 부어 선택한 사람'이라는 뜻으로, 머리나 전신에 향유를 바르는 예식을 통해 성별聖別된 사람을 가리킨다. 유다교와 그리스도교에서는 종종 왕이나 예언자, 구세주를 가리킨다.

은 성전을 파괴했다. 따라서 70년은 유다인뿐 아니라 그리스도교인 사이에서도 여러 사건의 시기를 말할 때 매우 중요한 기준이 되는 해가 됐다. 수많은 유다인의 생각에 하느님에게 희생제물을 바치기에 합당한 유일한 장소이던 성전이 파괴됐다는 것은 크게 보아 유다인의 제사제도가 종말을 맞이했다는 뜻이었다. 비록 오랜 기간에 걸쳐 점진적 변화가 일어나기는 했지만, 그뒤로 유다인들은 토라를 공부하거나 기도하거나 회당에서 모이는 등 동물을 희생제물로 바치는 행위를 대체하는 다른 형태의 신앙행위를 실천했다. 유다 전쟁은 몇 년 뒤 로마가 헤로데의 마사다 요새를 점령하면서 끝났다. 이 요새는 오늘날 이스라엘의 성지이자 관광지이다.

고대 유다인의 봉기 중 마지막은 132~135년에 일어났는데, 이 봉기를 이끈 사람의 이름을 따 바르 코크바 반란이라 부른다. 일부는 그가 바로 구세주라고 생각했다. 그의 이름 시몬 바르 코크바는 '별의 아들' 시몬이라는 뜻이기 때문이다. 로마인은 이 봉기 역시 진압했고, 그런 뒤 예루살렘을 파괴한 다음 확연하게 로마식인 아엘리아 카피톨리나라는 이름으로 재건했다. 그뒤로 오랫동안 유다인은 예루살렘에 들어갈 수 없었다. 그뒤 몇 세기 동안 유다인은 사제가 예루살렘 성전에서 희생제물을 바치던 옛 제도에서 벗어나, 토라를 학구적으로 연구하고 해석하는 문화를 발전시켜 오늘날 랍비 유다교라는 이름으로 불리는 유파로 변화했다.[21]

이렇게 역사를 전체적으로 살펴봄으로써 얻을 수 있는 중요한 교훈은 다음과 같다. 첫째, 헬레니즘화는 그리스도교의 탄생과 성장에서 무엇보다도 중요한데, 그것은 지중해 동부세계를 그 이전까지와는 다른 방식으로 통일시켰기 때문이다. 예수시대에 이르렀을 때는 팔레스타인 전역이 정도만 다를 뿐 어느 정도는 헬레니즘화한 상태였다. 인구 대다수는 시골이나 촌락에서 살았는데, 이런 곳의 유다인은 아람어를 썼을 것이고 특정 상황에서는 더 옛날의 더 전통적인 히브리어를 썼을 것이다. 그러나 도시의 상류층에 속하는 사람이라면 당연히 그리스어를 쓸 것이고 그리스 문화에 어느 정도 노출되어 있었다. 혼합주의 또한 중요했다. 사람들은 여러 곳과 여러 문화의 신이라든가 종교적 관습, 믿음, 전제 같은 것들이 뒤섞이는 것을 당연하게 받아들였다.

둘째, 유다교는 민족적, 종교적으로 대단히 다양한 양상을 띠었다. 나중에 '표준적' 유다교가 된 랍비 유다교는 1세기에는 지금과 같은 방식으로 존재하지 않았다. 대다수 유다인은 유다 지방 밖에서, 심지어는 팔레스타인 바깥 지역에서 살면서 그리스어를 썼다. 당시에는 '유다인이 되는' 방식이 여러 가지가 있었다. 실제로 일부 학자들은 서기 70년 이전에는 유다인들이 서로 다른 것을 믿었고 조상 대대로 내려오는 전통을 서로 다른 방식으로 실천하거나 전혀 실천하지 않았다는 점을 강조하기 위해 복수형인 '유다교들'이라는 용어를 쓰기도 한다. 그리스도교는 처음에 그저 '유다인이 되는' 또하나의 방식으로 발전했으며, 그렇게 될 수 있었던 것은 바로 다양한 종류의 유다교가 이미 존재했기 때문이다.

셋째, 우리는 유다 지방과 예루살렘이 고대 세계에서 중요했을 것으로 믿는 경향이 있는데, 실제로는 그 정도가 아니었다는 사실을 염두에 두어야 한다. 이 지역이 그리스도교와 유다교의 요람이었기 때문에 우리는 고대 사람들에게도 중요했으리라 상상하는 경향이 있다. 그러나 고대 지중해 지역에서 살던 대다수 주민이 볼 때 유다 지방은 지리적, 문화적으로 벽지였다. 유다인은 또 크게 보아 정치적으로 썩 중요하지는 않았다. 유다인은 헬레니즘과 로마 시대 동안 진정으로 독립하지도, 정치적 자주권을 행사하지도 못했다. 이들은 언제나 이집트, 시리아, 로마 등 더 강한 세력에게 직접 굴복하거나 그 존재를 조심스레 의식하고 있을 수밖에 없었다.

넷째, 정치적 강국이 아니었는데도 불구하고 유다인은 황제의 권위를 주장할 만한 이념을 가지고 있었다. 예를 들면 로마 군인에게 얻어맞고 화가 나는데도 그들의 짐을 지고 가야 하는 유다인 소년이 시편의 다음 구절을 듣는 것을 상상할 수 있다. "어찌하여 나라들이 술렁대는가? 어찌하여 민족들이 헛일을 꾸미는가? 야훼를 거슬러, 그 기름 부은 자를 거슬러…… 하늘 옥좌에 앉으신 야훼, 가소로워 웃으시다가…… 나의 거룩한 시온 산 위에 나의 왕을 내 손으로 세웠노라"(시편 2:1~6, 발췌). 소년에게는 유다인 왕이 로마인을 타도하고 다윗과 솔로몬의 부강한 왕국을 다시 세울 것이라고 약속하는 시편의 이 예언이 있었다. 유다인들이나 유다인의 경전을 이런 식으로 읽는 경향이 있는 사람들에게는 자신의 경전에 제국이라는 이념과 세상을 지배한다는 이념이 있었지만, 이들의 사회적, 정치적 상황은 그 반대였다. 예수가 태어난 것은 이처럼 유다인의 이념과 현실이 부대껴 잠재적으로 큰 혼란이 일어날 수 있는 상황에서였다.

5
사료로 보는 신약: 사도행전과 바울로의 편지 비교

개요: 사도행전과 갈라디아인들에게 보낸 편지에 나타난 바울로의 여행 이야기는 여러 가지 점에서 상충되는 것으로 보인다. 예루살렘에서 열린 어느 모임의 경우 사도행전에서는 커다란 협의회였다고 설명하지만, 갈라디아서에서는 그와는 아주 다르게 비공식적인 작은 모임이었다고 말한다. 이런 차이를 어떻게 받아들여야 할까? 이런 이야기를 역사비평적으로 읽으면 이 두 가지 본문을 잘 조화된 하나의 내용으로 읽거나 액면 그대로 받아들이거나 하지 않는다. 그와는 달리, 비평적으로 읽는다는 것은 본문의 세밀한 부분을 주의깊게 따져가며 그중 어느 쪽이 역사적으로 정확할 가능성이 더 높은지를 묻는 것이다.

신앙과 역사

물론 신약을 신앙을 위해 읽는 것은 정당하다. 이 책 1장에서 논한 대로 누군가가 신약을 경전으로 받아들인다면 그것을 신학적으로 읽는 행위는 전적으로 합당하다. 나아가 그런 사람은 그렇게 읽을 필요가 있다. 그러나 이 신약 입문서에서는 신약을 그리스도교 신학에 따라 해석하고자 하지 않는다. 그와는 달리 이 책에서 우리는 신약의 본문을 현대의 역사비평이라는 눈을 통해 읽으면서 예수, 초기 그리스도교회, 초기 그리스도교의 믿음과 예식에 대해 무엇을 말할 수 있을지를 알아내기 위한 자료로 활용한다.

그러나 신약의 여러 문서에 수록된 서사나 주장을 무비판적으로 '역사'로서 받아들일 수는 없다. 신약은 초기 그리스도교의 믿음과 관습을 알 수 있는 꽤 믿을 만한 자료이겠지만, '실제로 일어난 일'에 대해 알려주는 역사적으로 믿을 만한 이야기는 아니다. 즉 신약 본문은 예수의 말과 행위나 초기 제자들의 말과 행위를 적은 '역사적 설명'이 절대로 아니라는 말이다. 이런 본문이 사람을 속이기 위해서라거나 그저 '틀렸기' 때문이어서가 아니라 오늘날과 같은 역사학이 발명되기 오래전에 쓰였기 때문이며, 여기서 '역사적'(예컨대 역사적 예수 혹은 바울로의 여행에 관한 역사적 설명에 관해 말할 때)이라는 말은 현대 역사학의 '규칙을 따르는' 설명을 말한다. 그것은 이런 본문들에서 언제 어디서 누구에게 '실제로 일어났다'고 주장하는 내용을 회의적인 태도로 접근한다는 뜻이다.

신약의 여러 문서는 실제로 우리가 역사적 예수나 역사적 바울로를 포함한 초기 그리스도교를 재구성하는 역사학적 작업을 할 때 많은 부분에서 가장 좋은 자료가 된다. 앞으로 몇 장 뒤에 다루게 될 『토마의 복음서』를 제외하면 예수의 삶과 가르침에 대한 역사적 설명을 구성할 때 가장 좋은 자료는 네 권의 정전 복음서이다. 고대 세계에 쓰인 복음서 중 오늘날 남아 있는 것이 그 밖에도 많이 있지만, 대부분의 학자는 그중 정전 복음서와 『토마의 복음서』에 나오는 자료 이외에 더 보완하거나 보탬이 되는 자료는 없다고 확신한다. 그리고 바울로와 관련하여 신약에 포함된 자료 말고도 고대 세계에 쓰인 다른 이야기나 그 밖에 심지어 바울로가 썼다고 하는 편지들도 있지만, 바울로와 그의 목회활동에 관한 역사적 이야기를 구성해내는 데 가장 좋은 역사적 자료는 신약에 포함된 그의 자료나 그에 관한 자료다. 그러므로 예수와 바울로 모두에 관한, 또 그 밖에도 최초기 그리스도교에 관한 가장 좋은 자료는 신약의 여러 문서들이다.

이런 본문에서 우리가 구분해내거나 구분해낼 수 없는 역사 몇 가지를 예로 들기 위해, 또 제대로 된 역사적 회의주의가 어떤 식으로 진행되어야 하는지를 보여주기 위해, 나는 여기서 사도행전과 바울로가 직접 쓴 갈라디아서에 나온 내용을 바탕으로 바울로의 여정을 꼼꼼히 비교하여 그가 언제 어디로 왜 갔는지를 살펴보기로 한다. 신약은 독실한 그리스도교인들이 나중에 날조해낸 것에 지나지 않는다고 말할 정도로 회의적으로 대할 필요는 없지만, 거기 나오는 서사를 그 무엇도 액면 그대로 받아들이지는 않을 만큼은 회의적인 태도를 유지해야 한다.

사도행전에 나타난 바울로의 여행

우리는 스데파노가 돌에 맞아 죽는 장면에서 처음으로 바울로를 보게 되는데, 이 부분에서 그는 '유다식' 이름인 사울로 나온다(사도행전 7:58). 이 사건은 예루살렘에서 일어나며, 여기서 우리에게 드는 생각은 그가 최근에 예루살렘에 온 게 아니라 오랫동안 그곳에서 살고 있었다는 것이다. 사도행전의 저자는 다른 부분에서 바울로의 고향이 길리기아의 다르소(오늘날 터키와 시리아의 해안지방)이지만 어릴 때부터 예루살렘에서 살며 교육받았다고 말한다(22:3). 처음 등장하는 장면에서 그는 스데파노를 돌로 치는 사람들의 겉옷을 맡는다. 그런 다음 예루살렘에 있는 예수의 추종자들을 박해하는 것으로 잠시 묘사된다(8:3).

바울로는 예루살렘에서 시리아의 다마스쿠스로 여행을 떠나는데, 그곳의 그리스도교인들을 박해하고 체포하기 위해서이다(9:2). 도중에 그는 저 유명한 '다마스쿠스 길'의 환상에서 예수를 만나는 경험을 한다. 그는 길을 계속하여 다마스쿠스로 들어가 예수의 다음 지시를 기다렸으며, 앞이 보이지 않는 상태로 사흘을 지낸다(9:9). 다마스쿠스에서 개종하고 세례를 받은 다음 바울로는 그곳에서 "며칠 동안" 머무르며 다른 유다인들과 논쟁을 벌인다(9:19). 그러고 "여러 날이 지나" 당국과의 마찰로 곤란에 처했을 때 사람들의 도움을 받아 다마스쿠스로부터 탈출한다(9:23~25).[1]

그는 예루살렘으로 돌아가지만, 그곳 제자들은 이미 그가 누구인지 알고 이전에 그들을 박해했음을 알기에 그를 받아들이려 하지 않는다.

그러나 바르나바가 바울로의 개종을 증언하면서 그를 받아들이도록 교회를 설득한다. 그뒤 바울로는 예루살렘에서 얼마간을(얼마나 오래인지는 나와 있지 않다) 지내면서 이번에도 다른 유다인들과 토론을 벌인다(9:27~29). 결국 그는 예루살렘을 떠나 바닷가에 있는 가이사리아에 갔다가 거기서 그의 고향인 다르소로 간다(9:30).

얼마 뒤, 이제 시리아의 안티오키아에 있는 교회를 이끌고 있는 바르나바가 다르소에 있는 바울로를 안티오키아로 데려오고, 바울로는 안티오키아의 교회에서 바르나바와 함께 일한다(11:19~30). 그렇지만 얼마 뒤 바르나바와 바울로는 예루살렘 교회의 기근 구제를 위한 기금을 가지고 안티오키아를 떠나 예루살렘으로 간다(11:30). 이 여행에서 이들이 예루살렘에서 얼마나 오래 머물렀는지는 나오지 않지만, 나중에 예루살렘으로부터 안티오키아로 돌아왔다고는 나와 있다(12:25).[2] 바울로의 그다음 움직임은 흔히 그의 '제1차 선교 여행'이라 불린다. 바울로는 바르나바와 함께(이제까지는 그의 이름이 바르나바 다음에 나왔지만 여기서부터는 바울로가 먼저 나오기 시작한다) 지금의 남부 터키에 해당하는 지역(안티오키아, 키프로스, 아딸리아, 베르게, 데르베를 비롯한 곳)을 두루 여행한 다음 안티오키아로 돌아온다(13장). 안티오키아로 돌아온 뒤 이들은 "짧지 않은 기간 동안"(14:24~28, 그리스어를 문자 그대로 옮긴 것이며, 흔히는 '얼마간'이라는 뜻으로 번역된다)* 그곳에서 머무른 것으로 나타나 있다.

* 공동번역 성서에는 "오랫동안"이라고 되어 있다(14:28).

안티오키아에서 할례를 두고 논란이 벌어진 뒤 안티오키아 교회는 바울로와 바르나바를 '지명'하여 예루살렘으로 올라가 그곳 지도자들의 의견을 듣도록 한다(15:2). 소위 예루살렘 공의회가 바르나바와 바울로가 참여한 가운데 열린다. 공의회에서 합의와 결론이 나온(이에 관한 내용은 나중에 더 자세히 다루기로 한다) 뒤 바울로와 바르나바는 안티오키아로 돌아온다(15:30~35). 바울로와 바르나바는 헤어지기로 한다(이 이야기가 역사적으로 확실한지 여부 역시 나중에 다루기로 한다). 바울로는 이번에는 실라와 함께 안티오키아로부터 아시아, 마케도니아, 그리스의 각지를 돌며 바울로의 '제2차 선교 여행'을 떠난다.

갈라디아서에 나타난 바울로의 여행

갈라디아인들에게 보낸 편지에 나온 바울로의 지리적 역사를 다루는 데에는 시간이 훨씬 덜 걸리는데, 사도행전에 나온 것보다 훨씬 더 간단하기 때문이다. 바울로는 자신이 환상을 보고 사도로 부름을 받기 전에는 교회를 박해한 사람이었다고 인정하지만, 예루살렘에서든 유다 지방에서든 그리스도교인들을 박해한 부분에 관해서는 아무 말도 하지 않는다(1:13). '부름'을 경험했을 때 그가 어디에 있었는지는 명확하게 나와 있지 않지만, 그 사건이 있던 무렵 예루살렘에 간 일은 없다고 주장한다. 그는 실제로 먼저 '아라비아'로 갔다고 하는데, 아마도 요르단 강 동쪽 사막에 있는 시리아의 남동부지역을 가리킬 것이다. 그런 다음 "다마스쿠스로 돌아갔다"고 한다(갈라디아서 1:17). 이 모든 내용으로 보면 마치 바울로는 당시 그냥 다마스쿠스에서 살고 있었던 것 같다(예루살렘에서 그곳으로 여행을 떠난 것이 아니라). 그가 예수의 추종자들을 박해한 곳은 그곳과 또 어쩌면 시리아의 다른 지역이었을 것으로 보인다.

바울로는 3년 뒤에야 예루살렘으로 여행을 떠났다고 한다(그가 '부름'을 받은 때로부터 3년 뒤인지 아니면 다마스쿠스로 돌아온 지 3년 뒤인지는 알 수 없다). 그는 게파(베드로)와 함께 15일간 지냈다(1:18). 바울로는 당시 예수의 동생인 야고보 말고는 다른 사도를 만나지 않았다고 주장한다. 심지어 자신이 여기서 진실을 말하고 있고 아무것도 감추지 않는다고 맹세까지 한다(1:19~21). 실제로 그는 유다에 있는 교회 사람들 중 누구도 자신을 대면한 적이 없고 오직 소문만 듣고 있었다고 주장한다(1:22). 그뒤 시리아와 길리기아로 갔다고 적는다(1:21).

바울로에 따르면 그는 안티오키아의 교회가 '지명'한 때문에 예루살렘으로 여행한 것이 아니라 자신이 받은 계시에 따라 간 것이다. 그는 바르나바와 함께 여행했다는 부분은 확언해준다(그리고 디도와 함께, 2:1~2). 바울로는 이 일이 14년 '뒤'의 일이라고 말하는데, 내 생각에는 처음에 예루살렘에 가서 보름 동안 머물렀던 때로부터 14년 뒤라는 뜻일 것이다. 안티오키아에서 온 세 사람은 예루살렘 교회의 지도자들과 '따로', 즉 비공개로 만났는데, 이 지도자들 중에 야고보(예수의 동생), 베드로, 요한(제베대오의 아들)은 분명히 포함되어 있었고, 어쩌면 그 밖에도 몇 사람이 더 있었을 수도 있다. 바울로가 예루살렘에서 얼마나 머물렀는지는 나와 있지 않지만, 예루살렘 교회 지도자들을 만난 뒤 그와 바르나바와 디도가 안티오키아로 돌아갔다는 점은 암시되어 있다.

서사는 얼마 뒤 게파가 안티오키아를 방문한 뒤 다시 이어진다(2:11). 식탁에서 나누는 식사를 두고 논란이 벌어지는데, 여기서 바르나바와 베드로가 한쪽 편이 되고 바울로는 그 반대편이 된다(2:11~14). 이것은 사도행전 15:36~40에 묘사된 사건을 바울로의 시각에서 묘사한 것으로 보이는데, 바울로가 바르나바와 헤어져 안티오키아로 간 것은 이 시점임이 분명하다. 다만 바울로는 그런 여러 사건에 대해 들려주지 않는데, 나중에 다시 언급하겠지만 거기에는 그럴 만한 좋은 이유가 있는 것으로 보인다.

그리스도교인들은 '바울로가 언제 어디서 무엇을' 했는지에 관해 서로 다른 이 두 이야기를 조화롭게 해명하려 시도하기는—편향된 학술발표를 통해 명시적으로, 또는 그저 마음속으로—했지만, 이 두 이야기가 서로 매우 달라 양립할 수 없다는 것은 분명하다. 사도행전에서 바울로는 유다 지방 전체, 특히 예루살렘에서 잘 알려져 있다. 바울로 자신은 그 반대라고 주장한다. 사도행전에서 바울로는 다마스쿠스로 가기 오래전에 예루살렘에서 많은 시간을 보낸다. 갈라디아서에서 바울로는 그것이 사실이 아니라고 주장하며, 그냥 이미 다마스쿠스에 있었다고 암시한다. 바울로에 따르면 그가 '예루살렘 공의회'(바울로의 서사에서는 이것이 '공의회'와는 거리가 먼, '따로' 만나는 자리였다) 이전에 예루살렘에 간 적은 한 번뿐이다. 그때의 방문은 보름을 넘기지 않았고, 교회 지도자 중 그가 만난 사람은 베드로와 야고보뿐이었다.

사도행전에 따르면 바울로는 그리스도교인이 되기 전에 처음부터 예루살렘에 있었다(사도행전 7~8장). '개종'한 뒤 예루살렘을 방문하여 그곳의 교회에 받아들여지기를 원했다(9:26). 두번째로 예루살렘을 방문한 것은 바르나바와 함께 기근 구제기금을 전달하기 위해서였다(11:20). 세번째는 공의회에 참석하기 위해서였다.(15:2)

또 바울로의 계산으로는 그가 환상을 본 때로부터 예루살렘에서 베드로와 야고보 이외의 사람들을 만나기까지 17년이 걸렸다는 점도 눈여겨보기 바란다(갈라디아서 1:18의 "삼 년"과 2:1의 "십사 년"을 합한 것인데, 이것이 가장 좋은 해석이라고 생각한다). 이것은 사도행전에서 바울로가 예루살렘에 여러 번 나타나고, 그곳에서 교회를 박해하고, 다른 유다인들과 논쟁을 벌이고, 또 그 밖에도 안티오키아로부터 예루살렘으로 두 번 여행했다는 내용과는 도저히 양립할 수 없다. 이 두 가지 이야기는 서로 모순된다. 사실 바울로의 설명은 사도행전에 나오는 서사를 의식적으로 부정하는 것같이 들린다. 다만 그가 갈라디아서를 썼던 시기에는 사도행전이 아직 쓰이지 않았기 때문에 그것은 사실이 아니다.

예루살렘에서 열린 회의와 안티오키아에서 있었던 충돌

어쩌면 지리적, 연대적 모순보다도 더 중요한 것은 커다란 논란에서 실제로 무슨 일이 일어났는지에 대해 설명이 서로 다르다는 점일 것이다. 우리는 바울로가 갈라디아서를 쓴 때는 루가복음과 사도행전이 쓰인 때보다 많이 이르다는 점을 기억해야 한다. 바울로가 이 편지를 쓴 시기를 정확히는 모르지만, 대부분의 학자들은 서기 50년 전후

몇 년 사이일 것으로 보고 있다. 루가복음과 사도행전은 70년에 유다인의 성전이 파괴된 뒤 여러 해가 지나도록 쓰이지 않았음이 확실하며, 학자들은 둘 모두 80년대일 것으로 보는 편이다. 바울로는 따라서 사도행전의 설명을 알지 못했다. 사도행전의 저자가 바울로의 편지에 대해 알았는지는 논의의 여지가 있다. 어쨌거나 한번도 언급하지 않는다.

바울로에 따르면 환상과 예수의 부름을 경험한 지 17년쯤 뒤 그와 바르나바는 디도를 데리고 예루살렘으로 가서 그곳 교회의 지도자들, 특히 야고보, 요한, 게파('바위')를 만나 의논한다. 이 야고보는 예수의 동생임이 확실하며, 예루살렘의 교회 지도자 중 한 사람으로 인정받고 있었다. 바울로는 그것이 지도자 몇 사람과 따로 만난 자리라고 주장하며, 다만 몇몇 "가짜 신도"들이 "몰래 들어왔다"는 점은 인정한다(갈라디아서 2:4). 마침내 주요인물 모두가 바울로와 바르나바가 처음부터 가르치고 있던 내용에 합의한다. 즉 교회에 가입할 때 이방인은 할례를 받을 필요가 없다는 것이다. 이들은 베드로의 임무는 이제부터 '할례받은 사람들' 사이에서 활동하는 것이며 바울로는 '할례받지 않은 사람들' 사이에서 활동하는 것이라는 데 합의한다. 이들이 강조한 유일한 조건은 바울로와 바르나바가 이방인 사이에서 선교활동을 하면서 유다 지방의 더 가난한 제자들을 기억하자는 것이었는데(이들 중 많은 사람이 갈릴래아 지방의 가난한 농부 출신이어서 예루살렘에서 살길이 막막한 사람들이었음을 기억해야 한다), 즉 비교적 잘사는 이방인 교회들로부터 유다 지방의 가난한 그리스도교인들에게 기금을 보내야 한다는 뜻이었다(2:9~10). 이 회의는 '예루살렘 공의회'라는 호칭이 붙을 자격이 거의 없다.

서로 같은 사건일 수밖에 없는 이 일에 대한 사도행전의 설명은 눈에 띄게 다르다. 그것은 "사도들과 원로들"(사도행전 15:6)이 참석한 대규모 공개 협의회였다. 베드로가 일어서서, 이미 결정된 대로 할례를 요구하지 않는다는 정책을 되풀이하는 내용으로 연설한다(11:1~18 참조). "온 회중"은 바르나바와 바울로가 이방인 가운데서 성공적으로 활동했다는 이야기에 귀를 기울인다. 토론에서 종종 상대적으로 '보수적' 성향을 대표하는 듯 보이는 야고보가(갈라디아서 2:12 참조) 연설하면서 바르나바와 바울로에게 동조하는 결정을 내렸음을 말한다(사도행전 15:19). 이어 이 결정은 "사도들과 원로들"과 "교회의 모든 신도들"로부터 재가를 받는다(15:22). 이 부분의 서사에서는 '사도들과 원로들'보다도 더 커다란 모임에 관해 묘사한다. 이들은 이 결정을 발표하기 위해 안티오키아에 있는 교회에 공식서한을 보낸다(15:22~29). 이방인 개종자들에게 몇 가지 새로운 요구조건을 덧붙이는데, 우상에게 희생제물로 바쳤던 음식을 먹지 말고, 피나 목 졸라 죽인 짐승도 먹지 말며, 또 포르네이아porneia를 하지 말라는 것들이다(15:29). 포르네이아는 대개 '음행'으로 번역되지만, 당시 유다인이 사용한 그리스어로는 죄에 해당된다고 보는 모든 성적 활동을 가리킬 수 있는 낱말이다. 이들 조건은 유다인의 전통적 관념, 하느님이 이미 노아 시대에 유다인뿐 아니라 보편적으로 누구든 따라야 하는 규칙 몇 가지를 내렸다는 관념을 반영하는 것으로 보인다(창세기 9:4~6, 레위기 17~18장 참조).

두 서사는 차이가 뚜렷하다. 누가 참석했을까, 회의를 주도한 사람은 누구일까(사도행전에 따르면 바울로가 아니라 주로 야고보), 또 무엇이 결정됐을까? 두 설명 모두 일치하는 유일한 점은 이방인은 할례를 요구받아서는 안 된다는 부분이다. 그러나 바울로는 이방인에게 요구한 나머지 네 가지 규칙에 대해서는 전혀 모르는 것 같다. 그리고 앞으로 고린토1서와 로마서에서 살펴보겠지만, 바울로는 이방인 모두에게 '우상 고기'를 먹어서는 안 된다고 말하지 않는다.

바울로와 바르나바 사이의 의견 차이에 관한 설명은 더욱 뚜렷하게 다르다. 사도행전에 따르면 바울로와 바르나바 사이에는 제2차 여행에 데려갈 '사람'에 관해 약간의 의견 차이가 있다. 바르나바는 요한 마르코를 다시 데려가고 싶어하지만, 바울로는 그가 첫번째 여행 도중에 떠났다는 이유로 반대한다(사도행전 15:38, 그리고 13:13 참조). 이 의견 차이를 사도행전의 저자는 "심한 언쟁 끝에"라고 표현하지만 바울로와 바르나바는 비교적 우호적인 상태로 헤어지는 것 같고, 또 바울로는 안티오키아의 교회로부터 마음에서 우러나는 인사를 받으며 따로 여행을 떠난다(15:40).

사도행전에서 제2차 여행에 데리고 갈 사람에 관한 의견 차이라고 그린 부분을 바울로는 바르나바뿐 아니라 베드로라든가 또 '야고보가 보낸' 몇몇 참견꾼까지 포함하여 안티오키아의 교회 전체가 관련된 커다란 분쟁이었던 것으로 그린다. 바울로가 볼 때 중요한 것은 유다인 교인이 이방인 교인과 친교의 식탁을 계속 나눌 것인가 하는 문제이며, 이것은 베드로가 한 위선적인, 또는 적어도 망설이는 행동에서 불거졌다. '게파'는 안티오키아를 방문했을 때 이방인 그리스도교인들과 식사를 하고 있었다. '야고보가 보낸 사람들'이 비판하자 그는 식사를 멈추었다. 바울로가 '할례를 주장하는 그 사람들'이라 부르는 쪽이 이겼다. 바울로의 주장으로는 바르나바마저 "그들과 함께 휩쓸려서 가식적인 행동을 했다"(갈라디아서 2:13). 바울로는 공개적으로 베드로를 비난할 뿐 아니라 바르나바가 베드로의 편을 든 일까지 비난하며, 그러고는 바울로가 패배한 것으로 나타난다.

바르나바와 베드로의 편에서 문제를 바라보는 것은 어렵지 않다. 이들은 이방인과 함께 식사하는 행동이 상대적으로 보수적인 유다인 교인의 기분에 그렇게나 거슬린다면 그저 그들이 없을 때에만 그렇게 하면 된다고 생각했을 것이다. 다른 사람들이 찾아올 때는 교회의 일치를 유지하기 위해 얼마간 융통성을 발휘하면 된다. 바울로는 그러나 그런 융통성이 이미 교회의 일치를 망쳐놓았다고 믿었던 것이 분명하다. 고대 세계에서 식사를 나눈다는 것은 오늘날에도 그런 경우가 많듯 공동체의 일원으로 받아들인다는 주요한 표시였다. 사회학적으로 말하자면 종교집단에서 음식을 제한하는 것은 바로 이 때문일 때가 많다. 자기의 종교 공동체를 위해 사회적으로 눈에 보이는 경계를 유지하기 위해서이다. 바울로는 베드로의 행동을 교회의 일치를 이미 망가뜨리고 있는 것으로, 주로 이방인 교인들에게 해를 끼치고 있는 것으로 받아들였다.

바울로는 이 일이 어떻게 끝났는지는 말하지 않는데, 이것은 그가 분명 이 싸움에서 졌기 때문으로 생각된다. 바울로의 편지에서, 그리고 그의 이름으로 다른 사람들이 쓴 편지에서 그가 활동하면서 연관됐던 사람들의 이름을 많이 보게 되지만, 바르나바의 이름은 결국 한번도 보이지 않는다. 그리고 이 사건 이후로 바울로는 안티오키아 교회와는 두 번 다시 연관되지 않는다. 그는 에페소나 고린토라든가 그 밖의 장소를 근거지로 활동하지만 두 번 다시 안티오키아를 근거지로 활동하지는 않는다. 바울로와 바르나바가 헤어진 일은 사도행전에서 들려주는 것만큼 우호적이지도 시원스럽지도 않았음이 명백하다.

어느 이야기가 역사적으로 더 정확한가

현대의 역사학자가 '실제로 일어난 일'에 관한 역사학적 설명을 쓴다면 어느 쪽 자료를 더 믿어야 할까? 사도행전일까, 바울로의 편지일까? 바울로는 일생 초반기와 목회 초반기의 대부분을 예루살렘과 그 주위에서 정말로 그렇게나 활발하게 활동하며 보냈을까? 아니면 유다 지방보다 더 북쪽과 더 동쪽에 있는 시리아라든가 그 밖의 지방에서만 활동했을까? 할례에 관한 초기의 결정은 소수의 인원이 비교적 사적으로 모인 자리에서 이루어졌을까, 아니면 사도와 원로와 예루살렘 교회의 대부분이 모인 공의회에서였을까? 이방인은 우상에게 희생제물로 바쳤던 그 어떤 것도 먹어서는 안 된다는 규칙에 모든 사람이, 그것도 시기적으로 그렇게나 이른 때에 동의했을까, 아니면 이것은 수십 년 동안 계속해서 교회를 괴롭힌 논란거리였을까?

사람들은 사도행전의 묘사가 역사적으로 더 정확하다고 받아들이는 경향이 있다. 어쨌거나 조금은 더 역사적으로 보이는 책에서 읽은 것이기 때문이다. 저자는 자신에게 자료가 있다고 말하고 또 그 자료에는 구전자료와 기록자료가 모두 포함되어 있는 것 같다(루가복음 1:1~4). 더욱이 바울로의 설명은 자신의 목적을 달성하기 위한 것임이 명백하다. 그는 특히 자신의 복음은 예수로부터 직접 받은 것이며, 또 자신의 사도직과 권위는 예루살렘의 지도자나 교회와는 완전히 별개임을 증명하고자 한다. 진실을 말하고 있다는 바울로의 절박한 주장(갈라디아서 1:20, "이 말이 거짓말이 아니라는 것은 하느님께서 알고 계십니다")에서 그가 나름의 목적을 지니고 있다는 점은 명백해진다. 사도행전은 단연 더 역사적으로 들리며, 바울로는 나름의 은밀한 목적이 있는 듯이 들린다.

그러나 어쨌거나 갈라디아서는 당사자가 직접 들려주는 이야기다. 사도행전의 저자는 자신이 묘사하는 사건현장에 있지 않았고, 또 그뒤 수십 년이 지나서 썼다. 바울로는 그 자리에 있었고, 또 사건이 있은 지 얼마 지나지 않은 때에 썼을 가능성도 아주 높다. 우리는 시간을 거슬러올라가야 하는데, 만일 바울로가 '부름'을 서기 34년 무렵에 받았다면(학자들은 예수가 죽고 몇 년 지나지 않은 때라는 의견에 동의하며, 예수가 죽은 시기는 서기 30년 무렵으로 보고 있다), 그리고 그뒤로 14년 내지 17년이 지났다고 본다면, 그가 예루살렘에서 원로들과 만난 것은 서기 47년에서 52년 사이일 것이 분명하다. 설사 그가 갈라디아서를 많은 학자들이 생각하는 것보다 더 나중에, 예컨대 55년쯤이나 그뒤에 썼다 하더라도 그가 설명하는 사건이 있은 지 몇 년밖에 지나지 않은 셈이다. 사건이 있은 지 몇 년밖에 지나지 않은 때에 그 자리에 있던 사람이 직접 들려주는 설명이 그 자리에 없던 사람이 수십 년이 지난 뒤에 쓴 것보다 역사적으로 더 낫다.

그리고 루가복음과 사도행전을 살펴볼 때 알아보겠지만, 이 두 책의 저자 역시 나름의 은밀한 목적을 가지고 있다. 그는 의도적으로 초기 교회를 내분이 거의 또는 전혀 없었던 것으로 그린다. 또 교회의 모든 선교활동과 정책이 예루살렘에서 생겨나 그곳을 중심으로 바깥으로 퍼져나가는 것으로(이 책의 9장과 10장에서 살펴보기로 한다) 그리고자 한다. 그리고 바울로를 교회 안에서 열두 제자와 야고보보다 공식적으로 낮은 '지위'의 사람으로 보이고자 한다. 학자들도 인정하듯, 사도행전의 저자에게는 이야기를 그런 식으로 풀어나가는 이유가 있었다. 그는 예루살렘과 유다 지방에서 바울로의 존재를 과장하며, 바울로가 예루살렘과 교회에 의존하는 정도를 과장한다. 또 다툼을 최소화하며, 이 때문에 안티오키아의 논쟁을 더 '화기애애했던' 것으로 그리고 있다.

역사비평

어떤 역사학자든 좋은 연구 자세 한 가지는 '모든 것을 의심하는de omnibus dubitandum' 것이다. 그렇다고 해서 역사학자들이 결국에는 원천자료에 있는 모든 설명을 거부한다는 뜻이 아니라, 회의적인 태도에서 출발하여 우리가 가진 원천자료가 어떤 식으로든 편향되어 있는지, 원천자료의 정보는 어디에서 왔는지, 원천자료를 쓴 목적은 무엇이었는지를 묻는 등 원천자료를 검증해야 한다는 뜻이다. 이는 신약을 대할 때 경전으로서 믿음을 가지고 읽는 것과는 다르다. 그리고 신약을 경전으로서 믿음을 가지고 읽어서는 안 된다는 말이 아니라, 단지 역사 비평자는 그렇게 읽지 말아야 한다는 뜻이다.[3] 고대의 모든 문서와 마찬가지로 신약은 우리에게 단순히 '실제로 일어난 일'을 제시해주지 않는다.

이 장의 과제는 신약의 다른 논점에도 그대로 적용할 수 있다. 마태오복음과 루가복음에서 전하는 출생 서사를 꼼꼼하게 비교해보면 두 이야기를 역사학적으로 어떻게든 인정받을 수 있을 정도로 일치시키기란 거의 불가능하다는 것을 알게 된다. 예수의 가족은 오로지 호구조사 때문에 나자렛을 떠나 베들레헴에 간 것일까(루가복음), 아니면 그의 가족은 원래 베들레헴 출신인데 이집트에서 한동안 머문 뒤에야 나자렛으로 간 것일까(마태오복음)? 이들은 유다 지방에서 한 달 남짓만 머물렀다가 바로 나자렛으로 돌아갔을까(루가복음), 아니면 베들레헴에서 2년 가까이 지낸 다음 이집트에서 얼마간 머물렀다가 나자렛에 정착했을까(마태오복음)? 이들을 찾아간 박사들이 있었을까(마태오복음), 아니면 천사와 목자들이 있었을까(루가복음)?

여러 복음서에서 예수가 부활하여 사람들에게 나타난 이야기를 비교해보면 이와 비슷한 차이점이 눈에 띈다. 예수는 예루살렘과 그 주변에서만 제자들에게 나타났을까(루가복음), 아니면 나중에 갈릴래아에서만 열한 명의 제자에게 나타났을까(마태오복음)? 예수는 한 달 남짓한 동안만 나타났을까(루가복음), 아니면 먼저 유다 지방에서, 그리고 어느 정도 시간이 지난 뒤 갈릴래아에서 나타났을까(요한복음)? 오늘날의 올바른 역사학자로서는 이렇게 서로 다른 설명을 조화시킬 마땅한 방법이 없다. 신약을 역사서로 생각할 필요는 없기 때문에 그래도 문제는 없다. 그러나 초기 그리스도교에 관한 역사적 설명을 구성하기 위한 원천자료로 활용하자면 신약을 고지식하게 읽어서는 안 되며 비판적으로 읽어야 한다.

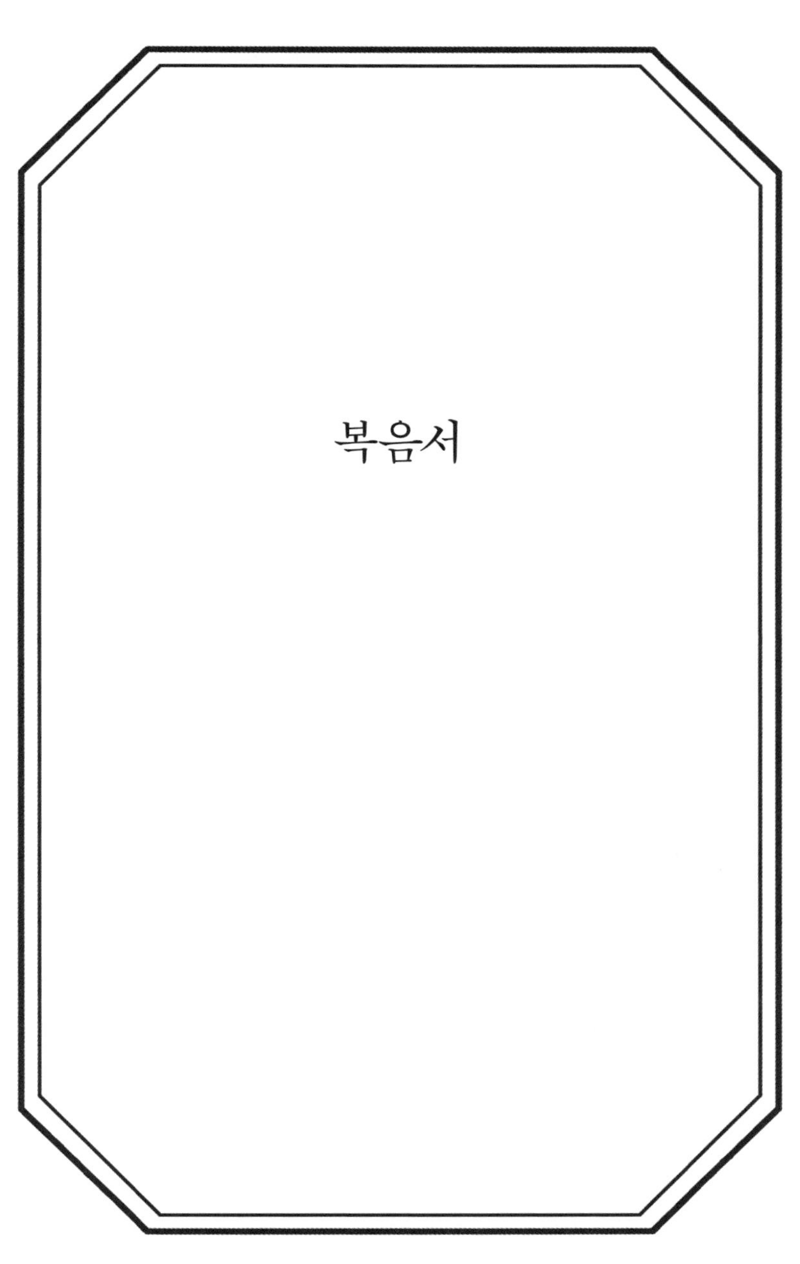
복음서

6
마르코의 복음서

개요: 신약의 복음서는 전기가 아니다. 복음서에는 오늘날 우리가 전기를 집어들 때 생각하는 것과 같은 관심사가 없다. 이 장에서는 고대의 복음서는 무엇인지, 그것을 역사비평이라는 안경을 통해 해석하는 방법은 무엇인지를 개괄적으로 살펴본다. 이것은 복음서에서 들려주는 여러 사건을 그대로 역사로 받아들이지는 않는다는 뜻이다. 마르코의 복음서는 복음서의 저자가 어떤 식으로 서사를 능숙하게 주물러 메시지를 전달하는지를 보여준다. 이것은 고난받는 구세주, 그리고 영광을 받기 전에 고난을 받을 필요가 있다는 점을 강조하는 메시지이다. 이 복음서의 묵시적 부분에서는 유다인의 성전에 재앙이 닥칠 것을 예언하며, 이 예언을 엮어넣어 장차 사람의 아들이 올 것이라는 이해로 풀어나간다.

복음서와 전기

일반적으로는 복음서를 예수의 전기라고 생각하겠지만 복음서는 전기가 아니다. 적어도 오늘날의 전기와는 전혀 다르다. 복음서에서는 예수라는 인간의 초상을 볼 수 없다. 거기에서는 시간 흐름에 따라 그가 어떻게 변화되어가는지를 읽을 수 없다. 그가 십대 청소년으로부터 묵시적 예언자로 바뀐 경위에 대해 전혀 알 수 없다. 부모나 형제자매와 예수와의 관계에 대해서는 거의 아무것도 알려주지 않는다. 오늘날 전기에서 가장 중요한 측면 한 가지는 시간이 가면서 인격과 인품이 어떻게 발달하는지를 더듬어가는 것이다. 주인공의 심리는 중요하다. 복음서에서는 이런 것이 전혀 나오지 않는다. 복음서는 전기가 아닌 것이다.

오래전에 어느 독일인 학자는 마르코의 복음서를 "도입부가 긴 수난 서사"로 규정지었다.[1] 이 지칭은 적절하다. '수난 서사'란 예수의 체포, 재판, 십자가형에 관한 서사이며, 때로는 부활 이야기도 포함된다. '수난passion'은 라틴어 파시오passio에서 왔는데, 이 라틴어 낱말은 오늘날 '격정'이라는 낱말과도 연관되지만 '수난'이라는 뜻도 지닌다. 실제로 고대인이 볼 때는 격정과 욕망, 심지어 사랑까지도 그로 인해 감정적, 심리적으로뿐 아니라 육체적으로도 '고통받는' 상태를 가리켰다. 예수의 수난 이야기는 마르코복음에서 커다란 부분을 차지한다.

마르코는 성서에서 가장 짧은 복음서로서 16개의 장밖에 없다. 그 중 3분의 1이 예수의 생애 중 마지막 한 주 동안 벌어지는 일을 들려주는 서사이다. 마르코복음이 가진 흐름 또는 '윤곽'에서 이미 그 내용을 미루어 짐작할 수 있다. 첫째 부분은 고대의 독자라면 "예수 그리스도에 관한 복음의 시작"(마르코복음 1:1)이라는 제목을 붙일 것이다. 여기서 '복음'이라고 옮긴 낱말은 에우안겔리온euangelion인데, '좋은 소식'이라고도 옮긴다. 고대의 독자에게는 '마르코의 복음서'라는 제목이 없었기 때문에 이 첫 줄이 제목 역할을 했을 것이다. 1:2부터 1:13까지는 예수에 관한 매우 짧은 소개이다. 그뒤 1:14부터 9:50까지 아홉 개의 장에서는 치료하고, 마귀를 쫓아내고, 기적을 행하고, 그의 출신 지역인 갈릴래아를 두루 여행하는 등 예수의 갈릴래아 활동 전체를 다룬다. 11장부터 15장까지는 예루살렘에서 보내는 마지막 한 주에 관해서만 들려준다. 16:1~8에서는 예수가 부활했다는 소문을 전한다.

이것은 '소문'이며 아직은 서술이 아니다. 오늘날 마르코복음은 대부분 16:8에서 끝난다. 여성 제자들이 텅 빈 무덤과 어느 '젊은이'를 보는 장면이다. 젊은이는 예수는 다시 살아났으며, 제자들은 갈릴래아로 가면 예수를 볼 수 있다면서 거기로 가야 한다고 말한다. 마지막 구절에는 여자들이 "너무도 무서워서" 아무에게도 말을 못 하였다고만 되어 있다. 어떤 책이든 이런 식으로 끝을 맺는다는 것은 이상하지만, 그리스도교의 복음이 이렇게 끝나는 것은 더욱 이상하다. 그리스어 원본에서도 똑같이 이상하고도 갑작스럽게 끝난다.

그래서 성서의 여러 판본 중에는 아랫주로나 16:8의 바로 다음에 '마르코의 복음서의 짧은 끝맺음'이라는 제목으로 다음과 같은 짤막한 문단이 있는 것이 많다. "그 여자들은 베드로와 그의 동료들에게 가서 그들이 들은 모든 것을 간추려 이야기해주었다. 그뒤 예수께서는 친히 제자들을 해가 뜨는 곳에서 해가 지는 곳까지 보내시어 영원한 구원을 선포하는 거룩한 불멸의 말씀을 전하게 하셨다."* 어떤 성서에서는 그뒤에 또 내용을 덧붙이는데, 여기서 마르코의 고대 필사본에는 여러 가지 다른 끝맺음이 있었다는 사실을 알 수 있다. 그리고 '긴 끝맺음'이 있다. 이것은 킹 제임스 성경을 비롯하여 여러 옛 성서에 포함되어 있기 때문에** 우리에게 더 익숙하다. 그렇지만 더 자세히 들여다보면 '긴 끝맺음'은 사실 마르코의 복음서가 좀더 '만족스럽게' 끝을 맺게 하기 위해 나중에 예수가 부활하여 사람들 앞에 나타난 이야기를 다른 복음서에서 가져와 엮어넣은 것임이 분명해진다. 오늘날의 학자들은 이런 모든 긴 끝맺음은 나중에 필경사들이 만들어넣은 것으로 인식하며, 마르코의 복음서는 그냥 16:8에서 끝났을 것으로 여긴다.

그러나 그렇다면 우리는 저자가 자신이 쓴 복음서를 그런 식으로 끝맺으려 한 이유를 설명해봐야 한다(마르코복음을 실제로 쓴 사람이 누구인지 모르고 또 요한 마르코는 아니라는 것은 꽤 확실하지만, 나는 편의상 저자를 '마르코'라 부르기로 한다). 앞 장에서 살펴본 대로 성서의 역사비평에서는 이따금 '실제로 일어난 일'을 따진다. 그러나 그것 말고도 어느 저자가 어떤 글을 왜 그런 식으로 썼는지에 대해서도 설명을 시도한다(그리고 많은 경우 성서에 포함된 문서의 저자가 누구인지 모르기는 하지만 남성이라는 점은 거의 확신할 수 있다). 저자가 전달하려

* 공동번역 성서의 마르코복음에서는 '긴 끝맺음'이 나오고, 그다음에 이 두 문장이 이어진다(16:21~22).

** 한글판 성서는 대부분 이 '긴 끝맺음'으로 끝난다(16:9~20).

는 요점은 무엇일까, 또 어떤 독자를 대상으로 썼을까? 첫 독자였을 가능성이 가장 높은 사람들은 누구이며, 그들은 그 문서를 어떻게 이해했을까? 이 경우 우리는 그 글에서 들려주는 과거 사건을 알아내기 위해 읽지 않는다. 그보다는 특정 사회·역사적 상황에서 메시지를 전달하기 위해 쓰인 의도적 통신문으로 읽는다.

우리는 따라서 복음서를 고대의 문학 저작물로 읽으면서 등장인물과 구성, 구조를 살펴볼 것이다. 그럴 경우 비평자는 마르코복음을 그 자체로, 별개의 문학 단위로 읽고자 할 것이다. 이것은 마르코를 마태오나 루가, 요한의 복음서에서 발견하는 예수라는 안경을 통해서 읽는 것이 아니라 마르코만의 '예수'를 찾아 읽는다는 뜻이다. 오늘날 성서의 역사비평에서 가장 근본적 규칙 하나는 서로 다른 여러 문서를 조화시키려는 시도를 피한다는 것이다. 우리는 각각의 복음서를 나름의 주장과 나름의 목적을 가진 별개의 것으로 받아들인다. 나아가 우리는 시대착오를 피하고자 한다. 고대의 맥락에서 믿을 만하다고 입증할 수 없는 의미를 글에 부여하지 않아야 한다는 것이다. 우리는 글이 쓰였던 시기로서는 대단히 가능성이 낮은 동기나 의도를 그 저자와 결부시키는 일을 피하고자 한다. 따라서 이런 종류의 해석에 접근하는 한 가지 길은 상상하는 것이다. 마르코의 끝맺음을 예로 들어보자. 고대의 청중이라면 마르코의 끝맺음을 어떻게 '들을'까? 듣고 어떻게 받아들였을까?

구세주 비밀의 문제

마르코의 끝맺음 문제에 대한 답을 찾아보기 전에, 나는 마르코의 서사와 관련하여 독자들이 오랫동안 품어온 또하나의 해묵은 문제를 들여다보기로 한다. 마르코에서는 예수가 어떤 사람을 치료하거나 어떤 기적을 행한 다음 거기에 대해 아무에게도 말하지 말라고 하는 이야기가 거듭 되풀이하여 나온다. 예수가 누군가의 입을 막으려 한 최초의 일은 마르코복음 1:25로서, 여기서 예수는 어떤 사람에게 들린 '더러운 악령'을 꾸짖는다. 이 악령은 이렇게 소리친다. "나자렛 예수님, 어찌하여 우리를 간섭하시려는 것입니까? 우리를 없애려고 오셨습니까? 나는 당신이 누구신지 압니다. 당신은 하느님께서 보내신 거룩한 분이십니다." 예수는 악령에게 입을 다물게 한 다음 그 사람을 치료한다. 같은 장에서 약간 뒷부분으로 가면 이런 내용이 나온다. "예수께서는 온갖 병자들을 고쳐주시고 많은 마귀를 쫓아내시며 자기 일을 입밖에 내지 말라고 당부하셨다. 마귀들은 예수가 누구신지를 알고 있었기 때문이다"(1:34). 이것은 흥미롭다. 예수는 그들이 예수에 대해 거짓을 말하기 때문에 입을 다물게 하는 것이 아니다. 그 반대이다. '마귀들은 예수가 누구신지를 알고 있었기 때문'에 그렇게 한 것이다.

어느 나병 환자를 치료한 뒤 예수는 그에게도 비밀로 하라고 시킨다. "예수께서 곧 그를 보내시면서 '아무에게도 말하지 말고 다만 사제에게 가서 네 몸을 보이고 모세가 명한 대로 예물을 드려 네가 깨끗해진 것을 그들에게 증명하여라' 하고 엄하게 이르셨다"(1:43~44). 마르코복음에서는 이런 식의 이야기가 자꾸 반복되면서 하나의 정형화된 양상을 이룬다. 예수가 누군가를 치료하거나 악령을 몰아내는 등 놀라운 일을 한다. 사람들이 놀라지만 예수는 악령뿐 아니라 사람들에게까지 모두 거기에 대해 누구에게도 말하지 말라고 한다. 그렇지만 당사자들은 대개 그 비밀을 지키지 못하고, 그래서 예수와 그의 놀라운 능력에 관한 소문이 퍼진다(예컨대 1:45). 이런 양식은 다른 복음서에서도 볼 수 있지만 마르코복음에서 훨씬 더 두드러진다. 또 우리는 마태오와 루가가 모두 마르코복음을 원천자료의 하나로 활용했다고 확신하는데, 이런 양식 역시 마르코복음에서 가져왔을 가능성이 높다. 그렇지만 마르코복음의 경우 이런 양식이 눈에 띄게 되풀이된다.

예전의 어느 가설에서는 이것이 예수의 생애에서 실제로 있은 사건을 반영하는 것이 아니라 마르코의 저자 자신이 만들어낸 문학적 장치였을 것으로 봤다.[2] 이 이론을 내놓은 학자에 따르면 저자는 예수가 살아 있는 동안 자신이 구세주라고 공개적으로 선언하지는 않았다는 것을 알고 있었다. 예수를 따른 사람들이 그를 구세주라고 믿은 것은 그의 죽음이 가까워졌을 때나 나아가 그가 죽은 뒤의 일이다. 마르코는 예수가 생전에는 그리스도로 '알려지지' 않았다는 사실을 알았고 또 그럼에도 그 자신은 예수가 그리스도라고 믿었기 때문에, 예수가 활동하는 동안 자신의 정체를 비밀로 한다는 문학적 장치를 만들어냈다는 것이다.

이 복음서를 꼼꼼하게 읽어보면 알아차릴 수 있듯, 이 이론의 문제점은 예수가 사람들에게 비밀을 지키라고 시키는데도 사람들은 널리 알린다는 데 있다. 마르코복음에는 그가 대단한 일을 했다는 소식이 퍼지면서 유명해졌다는 이야기가 꾸준히 나온다. 따라서 이 이론에서는 마르코복음에서 나오는 구세주 비밀이라는 주제와 그 기능이 제대로 앞뒤가 맞지 않는다. 이 이론의 또다른 문제점은 예수가 적어도 한 번은 치료된 사람에게 소식을 전하라고 명한다는 사실이다. '군대'라는 마귀가 들린 사람을 치료했을 때의 일이다(마르코복음 5:19~20). 구세주 비밀이라는 수수께끼에 대한 설명은 우리의 해석에서 해결해보고자 하는 다른 여러 문제를 살펴본 다음 시도하기로 한다.

오해 문제

마르코는 악령들은 예수의 정체를 정확하게 알고 있는데도 이야기에 나오는 사람들은 대부분 그의 가르침뿐 아니라 그가 누구인지까지 모두 오해하는 것으로 보인다는 점을 강조한다. 그의 가장 가까운 제자들조차 거듭 이해하지 못하고 혼란스러워하는 것으로 보이며, 결국 예수는 이해가 부족하다며 그들을 꾸짖는다. 예수가 갈릴래아 호수의 폭풍을 가라앉힌 뒤 제자들은 스스로 이렇게 묻는다. "도대체 이분이 누구인데 바람과 바다까지 복종할까?"(마르코복음 4:41) 음식이 불어나는 기적과 또 앞의 기적과 비슷하게 예수가 물 위를 걷고 이어 바람을 잠재우는 기적이 있은 뒤 저자는 이렇게 말한다. "제자들은 너무나 놀라 어찌할 바를 몰랐다. 그들은 마음이 무디어서 군중에게 빵을 먹이신 기적도 아직 깨닫지 못하였던 것이다"(6:51b~52).

어느 시점에 예수는 제자들이 우둔하게도 이해하지 못하는 일이 되풀이되자 완전히 실망하는 듯 보인다. 그는 "바리사이파 사람들의 누룩과 헤로데의 누룩을 조심하여라"라는 말로 적들의 음모를 경고했다(8:15). 제자들은 이것을 빵을 가져오지 않았음을 넌지시 나무라는 것으로 받아들였다. 마르코는 다음과 같이 이야기를 계속한다.

> 예수께서 그 눈치를 알아채시고 이렇게 말씀하셨다. "빵이 없다고 걱정들을 하다니, 아직도 알지 못하고 깨닫지 못했느냐? 그렇게도 생각이 둔하냐? 너희는 눈이 있으면서도 알아보지 못하고 귀가 있으면서도 알아듣지 못하느냐? 벌써 다 잊어버렸느냐? 빵 다섯 개를 오천 명에게 나누어 먹였을 때에 남아서 거두어들인 빵 조각이 몇 광주리나 되었느냐?" 그들은 "열두 광주리였습니다" 하고 대답하였다. 또 "빵 일곱 개를 사천 명에게 나누어 먹였을 때에는 남은 조각을 몇 바구니나 거두어들였느냐?" 하고 물으시자 그들이 "일곱 바구니였습니다" 하고 대답했다. 예수께서는 "그래도 아직 모르겠느냐?" 하고 말씀하셨다. (8:17~21)[3]

이 주제는 이 복음서가 끝날 때까지, 예수가 십자가형을 받는 때까지 이어진다. 마르코는 예수가 죽어갈 때 아람어로 이렇게 소리쳤다고 말한다. "엘로이, 엘로이, 레마 사박타니?" 이어 마르코는 이 말을 번역한다. "나의 하느님, 나의 하느님, 어찌하여 나를 버리셨나이까?" 이것은 시편 22:1을 인용한 것이다(다만 마르코는 이것이 시편에 나온다는 사실을 언급하지 않는다). 그렇지만 마르코는 그곳에 둘러서 있던 사람들은 어쩌면 이 인용문을 알아들었어야 마땅한데도, 예수를 완전히 오해하며 그가 엘리야를 부른다고 생각했다고 지적한다(마르코복음

15:34~36).

지금 우리 독자에게 예수가 누구인지는 수수께끼가 아니다. 복음서의 첫머리에 그가 "하느님의 아들"이라는 내용이 나온다(1:1). 그러나 예수와 가장 가까운 제자들을 포함하여 대부분의 사람들은 그가 누구인지 '알아차리지' 못하는 것으로 보인다. 그의 정체를 이해하지도, 또는 그의 정체에 관해 그저 어렴풋한 느낌도 갖지 못하는 일이 자꾸만 되풀이되는 것이다. 예수를 제대로 알아보는 유일한 이들은 마귀와 더러운 악령, 그리고 마지막에 이르러 그를 십자가에 매단 로마의 백인 대장뿐인 것 같다. 예수가 막 죽을 때, 그리고 성전 휘장이 위에서 아래까지 찢어질 때 이 백인 대장은 이렇게 말한다. "이 사람이야말로 정말 하느님의 아들이었구나!"(15:39) 그러므로 이 복음서의 끝맺음에 이르러 여자들이 겁에 질려 덜덜 떨면서 무덤 밖으로 나와 도망칠 때 그렇게 뜻밖으로 여겨지지 않는 것이다. 그들은 예수를 너무나 이해하지 못한 나머지 무덤에서 '젊은이'가 그들에게 전한 메시지를 제자들에게 전달하지도 못한다. 복음서는 혼란한 침묵 속에 끝을 맺는다.

중대한 전환점

마르코의 복음서 안에 있는 이런 여러 '문제' 즉 구세주 비밀, 반복되는 오해, 헷갈리는 끝맺음 등을 이해하는 학문적 방법은 많지만 여기서는 한 가지를 소개한다. 이 설명은 내가 생각해낸 게 아니며, 이 복음서의 모든 것이 어떻게 '아귀가 맞아떨어지는지'를 논리적으로 정당하게 설명하는 유일한 가설도 아니다. 나는 신약의 여러 책은 여느 글과 마찬가지로 여러 해석이 가능하며, 그 가운데 '올바른' 해석은 하나밖에 없으리라 본다면 어리석을 뿐이라고 생각한다. 그러나 여기서 내놓는 마르코복음의 해석은 존중할 만하고 그럴듯하며, 저자가 이 복음서를 그런 식으로 쓴 까닭을 미루어 짐작하는 여러 개연성 높은 설명 중 하나다. 나의 해석은 이 복음서를 전체적으로 보아 전환점이라고 할 만한 부분, 즉 마르코복음 8:27에서 9:1까지에서 들려주는 사건들에 집중함으로써 제시해볼 수 있다.

해당 대목은 예수가 제자들에게 이렇게 묻는 것으로 시작된다. "사람들이 나를 누구라고 하더냐?"(8:27~30) 책 전체를 통틀어 예수의 정체는 반복되는 이야깃거리다. 마귀들은 아는 것 같고, 다른 사람들은 이렇게 묻는다. '도대체 이분이 누구인가?' 예수 자신의 제자들도 혼란스러워하는 것 같다. 그러므로 세심한 독자라면 예수의 질문에 주의를 기울일 수밖에 없다. 그러나 아직은 아주 드러내놓고 우리에게 답해주지는 않는다. 그래서 제자들은 대답한다. "세례자 요한이라고들 합니다. 그러나 엘리야라고 하는 사람들도 있고 예언자 중의 한 분이라고 하는 사람들도 있습니다." 예수는 다시 묻는다. "그러면 너희는 나를 누구라고 생각하느냐?" 이제 우리 독자는 귀를 쫑긋 세우게 된다. 제자들이 이번에는 제대로 대답할까? 베드로가 나서서 대답한다. "선생님은 그리스도이십니다." 아, 이제 이들은 제대로 이해한다. 그리고 물론 이제 예수는 베드로를 칭찬하며 드러내놓고 인정하겠구나. 그러나 그러지 않는다. "그러자 예수께서는 자기 이야기를 아무에게도 하지 말라고 단단히 당부하셨다." 구세주 비밀이 다시 등장하는 것이다. 왜 예수는 여기서 자신이 구세주임을 '밝히고' 베드로의 고백이 옳다고 인정할 수 있는 기회를 잡지 않았을까? 예수는 적어도 마르코복음에서는 썩 좋은 복음전도자가 아닌 듯싶다.

그러나 그다음 문장은 예수가 하는 행동을 설명하는 중요한 실마리를 제공한다. "그러고 예수께서는 그들에게 가르치기 시작하셨다."* 뭐? 예수가 이제야 가르치기 시작했다고? 아니다. 예수는 이 내용을 마르코의 첫 몇 장 내내 가르치고 있었다. 그러므로 이것은 예수의 가르침에서 또 이 복음서에서 모종의 전환점에 와 있음을 알려주기 위해 저자가 마련한 실마리임이 분명하다. "그때에 비로소 예수께서는 사람의 아들이 반드시 많은 고난을 받고 원로들과 대사제들과 율법학자들에게 버림을 받아 그들의 손에 죽었다가 사흘 만에 다시 살아나시게 될 것임을 제자들에게 가르쳐주셨다"(8:31).

그리스도교인, 나아가 그리스도교에 관해 기본적으로 조금이라도 알고 있는 사람이라면 이 부분에서 예수가 '그리스도'가 된다는 것은 그가 인간의 죄를 위해 고난을 받고 죽게 된다는 뜻이 포함되어 있다고 생각한다. 그러나 고대 세계에서 유다교의 '구세주'에는 고난을 받고 죽는다는 관념이 전혀 들어 있지 않았다. 구세주는 왕이나 어쩌면 사제, 또는 왕과 사제가 합쳐진 인물일 것으로 생각했다. 일부 사람들은 구세주가 인간일 것으로 기대한 듯하고, 다른 사람들은 예컨대 천사같이 일종의 초인일 것이라고 생각했다. 그러면서 사람들 사이에서

* 이 문단 끝에 온전히 인용되어 있듯, 공동번역 성서에는 "가르쳐주셨다"고 나와 있다.

두각을 드러내거나 하늘의 구름을 타고 하늘나라 군대를 지휘하며 정복자로서 나타나리라 기대했다. 고난을 당하고 죽을 것이라고는 누구도 생각하지 않았다. 혐오스럽고 천박한 형태의 처벌인 로마의 십자가형같이 치욕적이고 굴욕적인 방식으로 죽을 거라고는 더더구나 기대하지 않았다. 로마 시민을 십자가형에 처하는 것은 불법이었는데, 그런 방식의 처형이 너무나 치욕적이라고 생각됐기 때문이다. 로마 시민을 처형할 때는 자결을 강요하거나 또 때에 따라서는 참수하는 방식을 썼다. 십자가형은 최하층에게만 적용됐다. 그래서 유다인은 그런 일이 구세주에게 일어날 것이라고는 생각조차 한 적이 없었다. 어쨌거나 구세주messiah라는 낱말은 '〔하느님이〕 기름 부은 자'라는 뜻이다. '기름을 부어 세운 왕'이지, 노예나 막노동자나 죄수가 아니었다.

그리스도교인은 유다교 경전에서 고난받는 선택된 자라는 내용이 담긴 부분과(주로 민중을 대신하여 고난을 받는 예언자라는 형식으로 언급된다) 구세주를 가리키는 것으로 해석한 부분을 가져와 결합시켰다. 유다인은 구세주를 가리킨다고 생각하지 않았던 이사야의 '고난받는 종' 구절과 시편, 예언서, 또 그 밖의 책에서 구세주를 가리키는 것으로 생각한 구절을 이런 식으로 결합시켰다.[4] 또는 시편에서 의로운 사람이 부당하게 고문당하는 부분(예컨대 시편 22편)과 시편에서 장차 올 왕에 대한 내용으로 받아들여지는 부분(예컨대 시편 2편)을 연결지었다. 원래는 서로 다른 '예언들'을 예수에 관한 하나의 예언으로, 고난받는 구세주에 관한 예언으로 결합시킨 것은 예수가 어떻게 그리스도인 동시에 십자가형에 처해진 사람이 될 수 있는지를 이해하고자 한 그리스도교인들의 작품이다. 나아가 이렇게 결합시킨 예언은 혁신이기만 한 게 아니라, 유다인에게는 혐오스러운 동시에 로마인과 그리스인에게는 웃음거리였다. 바울로가 사회적, 문화적 실제 현실을 반영하여 말한 대로, "유다인들에게는 비위에 거슬리고 이방인들에게는 어리석게 보이는"(고린토1서 1:23) 것이었다. 예수시대의 어떤 유다인도 구세주가 십자가에 매달릴 것이라고는 예상하지 않았다. 구세주는 고난받지 않는다. 구세주는 매를 맞지 않는다. 구세주는 십자가에 매달리지 않는다. 마르코복음이 극복하려고 의도하는 대상은 바로 이 어리석음과 비위에 거슬림이다.

방금 인용한 구절 바로 다음 문장도 눈여겨보자. 예수는 마르코복음에서 처음으로 자신의 고난을 예언한다. "예수께서는 이 말씀을 명백하게 하셨던 것이다"(8:32). 마르코복음의 저자가 구사하는 그리스어 문체는 그다지 우아하지 않지만 그럼에도 결국 영리한 작가이다. 그는 짤막하고 함축적인 문장을 수시로 사용하면서 독자의 관심이 중요한 내용으로 쏠리게 만든다. 우리는 방금 마르코복음에서 처음 나오는 '수난 예고' 부분을 읽었다. 학자들은 '수난 예고'라는 용어를 복음서에 나오는 이런 부분을 가리키는 말로 쓰고 있는데, 복음서마다 예수가 자신이 고난받고 죽었다가 다시 살아날 것을 예언하는 부분이 있다. 마르코복음 8:31은 이 복음서의 첫 '수난 예고'이며, 나중에 다시 나온다(9:31, 10:33~34 참조). 따라서 저자는 예수의 말을 인용한 중요한 부분으로서 여기에 독자의 관심을 유도하기 위해 다음과 같은 설명을 붙인다. 독자 여러분, 이것은 명백한 가르침입니다! "이 말씀을 명백하게 하셨던 것이다."

그러나 여기서 결론은 예수에게 맡기지 않는다. 예수가 고난받고 죽을 거라고 말하는 바로 그 부분에서 베드로가 화를 내는데, 당시 유다인이 구세주에 대해 품고 있던 관념을 생각하면 당연한 일이다. 저자는 베드로가 '펄쩍 뛰면서' 예수에게 항의한 내용이 무엇인지 말해주지 않지만, 구세주는 고난받지도 죽지도 않기 때문에 예수가 착각한 게 틀림없다는 내용이었을 것이 분명하다. 구세주는 승리자요 정복자이며 해방자이다. 그러나 예수는 바로 돌아서서 베드로를 꾸짖는데 그것도 공개적으로 그렇게 한다. 여기서 베드로가 예수를 "따로 데려가"(8:32)* 은밀하게 항의했다는 점을 눈여겨보자. 그렇지만 예수는 베드로를 다른 제자들을 향하도록 돌려세우고 그들 앞에서 꾸짖으며 그를 '사탄'이라고까지 부른다. "사탄아, 물러가라. 하느님의 일은 생각하지 않고 사람의 일만 생각하는구나!"(8:33) 고난받는 구세주는 당시의 상식이 아니었다. 그것은 '인간의 일'이 아니었다. 그것은 '신의 일'이었으며, 하느님은 '상식'을 따르지 않는다는 것을 다시 한번 입증했다.

요점을 더욱 확실히 전달하기 위해 저자는 다음에는 예수가 군중을 앞에 두고 말하게 한다.

> 예수께서 군중과 제자들을 한자리에 불러놓고 이렇게 말씀하셨다. "나를 따르려는 사람은 누구든지 자기를 버리고 제 십자가를 지고 따라야 한

* 공동번역 성서에는 "붙들고"라고 나와 있다.

다. 제 목숨을 살리려는 사람은 잃을 것이며, 나 때문에 또 복음 때문에 제 목숨을 잃는 사람은 살릴 것이다. 사람이 온 세상을 얻는다 해도 제 목숨을 잃는다면 무슨 이익이 있겠느냐? 사람이 목숨을 무엇과 바꿀 수 있겠느냐? 절개 없고 죄 많은 이 세대에서 누구든지 나와 내 말을 부끄럽게 여기면 사람의 아들도 아버지의 영광에 싸여 거룩한 천사들을 거느리고 올 때에 그를 부끄럽게 여길 것이다." (8:34~38)

구세주에게 기대하는 것은 '영광에 싸여 거룩한 천사들을 거느리고 오는' 것이다. 그런 다음 마르코는 이 장면을 중요한 예언으로 맺는다. "예수께서 또 말씀하셨다. '나는 분명히 말한다. 여기 서 있는 사람들 중에는 죽기 전에 하느님 나라가 권능을 떨치며 오는 것을 볼 사람들도 있다'"(9:1).

이 구절에 이르러 마르코복음 전체뿐 아니라 여러 부분을 구성하는 양식이 고스란히 우리에게 드러난다. 즉 예수의 정체가 밝혀지고, 비밀을 유지하라고 당부하고, 고난의 필요성에 관한 오해를 바로잡고, 장차 종말이 올 때 영광과 보상이 있으리라고 약속하는 것이다. 실제로 저자는 9:1에서 예수가 장차의 영광을 약속하는 부분을 강조하기 위해 그 바로 뒤에 산 위에서 예수가 변모*한 이야기를 넣는다.

엿새 후에 예수께서 베드로와 야고보와 요한만을 따로 데리고 높은 산

* '변용變容'이라고도 한다.

으로 올라가셨다. 그때 예수의 모습이 그들 앞에서 변하고 그 옷은 세상의 어떤 마전장이도 그보다 더 희게 할 수 없을 만큼 새하얗고 눈부시게 빛났다. 그런데 그 자리에는 엘리야가 모세와 함께 나타나서 예수와 이야기하고 있었다. 그때 베드로가 나서서 "선생님, 저희가 여기서 지내면 얼마나 좋겠습니까! 여기에 초막 셋을 지어 하나는 선생님을 모시고 하나는 모세를, 하나는 엘리야를 모셨으면 합니다" 하고 예수께 말하였다. 베드로는 다른 제자들과 함께 겁에 질려서 무슨 말을 해야 좋을지 몰라 엉겁결에 그렇게 말했던 것이다. 바로 그때에 구름이 일며 그들을 덮더니 구름 속에서 "이는 내 사랑하는 아들이니 너희는 그의 말을 잘 들어라" 하는 소리가 들려왔다. 제자들은 곧 주위를 둘러보았으나 예수와 자기들밖에는 아무도 보이지 않았다. (9:2~8)

이 이야기는 고난받고 십자가형을 당하고 땅에 묻히는 과정을 겪고 난 뒤의 예수의 모습을 미리 보여주는 기능을 한다. 그는 부활하여 영광스러운 모습으로 바뀔 것이다. 그러나 이 일은 아직 일어나지 않았다. 따라서 그 바로 다음에 저자가 비밀이라는 주제를 강조하는 것은 완벽하게 앞뒤가 맞아떨어진다. "산에서 내려오시면서 예수께서는 제자들에게 '사람의 아들이 죽었다 다시 살아날 때까지는 지금 본 것을 아무에게도 말하지 마라' 하고 단단히 당부하셨다"(9:9). 초점은 다가올 예수의 죽음과 그때까지는 비밀을 지킬 필요가 있다는 점으로 다시 돌아왔다.

예수는 마치 구세주와 영광의 관계에 관해 전과는 다른 새로운 관념을 사람들에게 가르쳐야 하는 것 같다. 이들은 모두 구세주는 영광에 싸여 거룩한 천사들을 거느리고 와서 땅을 지배하게 될 것이라고 생각한다. 이들에게 예수가 가르쳐야 하는 것은 구세주는 먼저 고난과 죽음을 겪어야 하며 그런 다음에야 영광이라는 보상을 누릴 수 있다는 점이다. 예수는 구세주가 어떻게 되고 무엇을 할지에 관한 새로운 관념을 사람들에게 가르칠 수 있도록 그들에게 자신의 정체를 비밀로 지키라고 한다. 일단 고난과 죽음을 거치고 나면 비밀을 지킬 필요가 없어질 것이다. 결국에 가서는 고난받는 구세주가 가능하다는 사실을 알게 되겠기 때문이다.

마르코복음 속 묵시록

마르코는 묵시 문서이다. 이 복음서는 앞으로 올 구세주, 현재의 정치·사회 세계에 곧 닥칠 종말, 다가올 인간의 심판, 그리고 장차 세워질 하느님의 나라에 관심을 고정시키고 있다. 마르코의 문체조차도 이 세상의 종말로 이어지는 숨가쁜 발걸음을 암시한다. 마르코는 '곧'이라는 낱말을 너무나도 많이 쓰는데, 어떤 대학의 작문과정에서도 문체에 합격점을 주지 않을 정도이다. 또 그는 자신의 서사가 전개되는 속도를 높여 한 장면에서 재빠르게 다음 장면으로 옮겨간다. 고난을 강조하는 것 역시 고대 유다교의 묵시문학이 지닌 특징이다. 구세주는 고난받을 것으로 기대되지 않았지만, 의로운 인간은 경우가 달랐다. 실제로 묵시문학이라는 장르는 부당하게 박해와 고난을 경험하고 있는 사람들에게 심리적, 감정적 위안을 주기 위해 만들어졌는데, 이에 대해서는 묵시록에 관한 마지막 장에서 명확하게 다룰 것이다.

마르코의 복음서는 묵시문학 장르에 속하지 않지만(이에 대해서는 이 책의 23장에서 더 자세히 살펴보기로 한다) 그 나름의 묵시록이 13장에 포함되어 있는데, 학자들은 이것을 '작은 묵시록'이라 부른다. 대부분의 묵시록이 그렇듯 이것은 하나의 서사에서 시작하여 예언으로 이어진다. 마르코복음의 경우에는 예수가 예루살렘 성전의 파괴를 예언한다.

> 예수께서 성전을 떠나 나오실 때에 제자 한 사람이 "선생님, 저것 보십시오. 저 돌이며 건물이며 얼마나 웅장하고 볼만합니까?" 하고 말하였다. 예수께서는 "지금은 저 웅장한 건물들이 보이겠지만 그러나 저 돌들이 어느 하나도 제자리에 그대로 얹혀 있지 못하고 다 무너지고 말 것이다" 하고 말씀하셨다. 예수께서 성전 건너편 올리브 산에 앉아 성전을 바라보고 계실 때에 베드로와 야고보와 요한과 안드레아가 따로 찾아와서 "그런 일이 언제 일어나겠습니까? 그리고 그런 일이 다 이루어질 무렵에는 어떤 징조가 나타나겠습니까? 저희에게 말씀해주십시오" 하고 말하였다. 예수께서는 이렇게 말씀하셨다. "아무에게도 속지 않도록 조심하여라. 장차 많은 사람이 내 이름을 내세우며 나타나서 '내가 그리스도다!' 하고 떠들어대면서 많은 사람들을 속일 것이다. 또 여러 번 난리도 겪고 전쟁 소문도 듣게 될 것이다. 그러나 당황하지 마라. 그런 일은 반드시 일어날 터이지만 그것으로 끝나는 것은 아니다." (13:1~7)

묵시적 예언이 종종 그렇듯 전쟁, 전쟁에 관한 소문, 거짓 예언 등 파국적 사건들의 시간표가 제시된다. 이런 사건들은 그 자체로는 '종말'이 아니라 그 전조이자 경고이다. 예수는 계속한다. "한 민족이 일어나 딴 민족을 치고 한 나라가 일어나 딴 나라를 칠 것이며 또 곳곳에서 지진이 일어나고 흉년이 들 터인데 이런 일들은 다만 고통의 시작일 뿐이다. 정신을 바짝 차려라. 너희는 법정에 끌려갈 것이며 회당에서 매를 맞고 또 나 때문에 총독들과 임금들 앞에 서서 나를 증언하게 될 것이다"(13:8~9). 예수가 자신을 따르는 사람들 역시 고난을 당하리라고 예언한다는 점을 눈여겨보기 바란다. 그러므로 영광을 얻기 위해 고난을 견뎌야 하는 것은 예수만이 아니다. 그의 제자들 역시 그의 뒤를 따라 같은 과정을 거칠 것이다.

예수는 계속하여 종말이 오기 전에 자신이 전하는 복음이 온 세상에 전파될 것이라고 예언한다. 그러나 가족들은 충성하는 대상에 따라 분열될 것이다. 형제끼리 서로 배신하여 죽이기까지 하고, 아버지는 자식을, 자식은 아버지를 배신할 것이다. 그리고 예수의 제자들은 모든 사람으로부터 미움을 받을 것이다. "그러나 끝까지 참는 사람은 구원을 받을 것이다"(13:13). 예수는 '종말'의 실제 사건들에 대한 이야기를 들려주기 전에 이 말을 하면서 고난을 받을 때 견뎌내라고 주문한다.

그런 다음 예수는 종말 자체에 대해 들려준다. "황폐의 상징인 흉측한 우상이 있어서는 안 될 곳에 선 것을 보거든 (독자는 알아들어라) 유다에 있는 사람들은 산으로 도망가라"(13:14). 여기서도 저자는 곁가지를, '독자는 알아들어라'를 끼워넣어 '이것은 중요하다, 이것은 특히 주의를 기울여야 하는 부분이다' 하는 뜻으로 독자의 관심을 흔들어 깨운다. 그리고 그 부분은 바로 '황폐의 상징인 흉측한 우상'(옛 번역에서는 '황폐하게 하는 가증스러운 것')이 '있어서는 안 될 곳에' 서는 것이다. 저자는 다니엘서를 알고 있고 거기에 나오는 예언을 바탕으로 이런 내용을 적고 있다(다니엘 9:27, 11:31, 12:11 참조*). '황폐의 상징인 흉측한 우상'은 예루살렘에 있는 성전에 놓일 끔찍한 것임이 분명하며, 아마 이방 신이라든가 황제 본인 또는 다른 어떤 '그리스도의 적'의 우상일 것이다.

그렇지만 이 시점 이후로 '역사적' 사건에 대한 다른 예언은 나오지 않는다는 점에 주목하기 바란다. 그와는 달리 '종말' 자체의 여러 무시무시한 사건에 관한 묘사와 '불행하다'는 경고만 있을 뿐이다(13:17). 해와 달이 어두워지고 별들이 하늘에서 떨어지며 모든 하늘의 "권력자들"**이 흔들리는 등 그다음에 일어나는 여러 사건은 종말 자체의 사건들이다(13:24~25). 그다음은 파루시아parousia 자체로서, 사람의 아들이 구름을 타고 "권능을 떨치며 영광에 싸여" 온다. 그러고는 마지막 사건에 관한 예언을 들려준다. "그때에 사람의 아들은 천사들을 보내어 땅 끝에서 하늘 끝까지 사방으로부터 뽑힌 사람들을 모을 것이다"(13:27). 악한 자들은 말세의 파국 동안 소멸하고, 이전에 고난받던 의로운 자들은 구원받을 것이다.

이 일은 언제 일어나는가? 우리는 한 가지는 확실히 알고 있다. 저

* 다니엘서의 세 부분 모두 "파괴자의 우상"이라고 되어 있다.

** 공동번역 성서에는 "천체"라고 되어 있다.

자는 이 일이 예수가 예언했다고 하는 때로부터 한 세대 이내일 것으로 예상한다. "나는 분명히 말한다. 이 세대가 지나기 전에 이 모든 일들이 일어나고야 말 것이다"(13:30). 비록 뒤이어 그는 아버지 외에는 천사도, 심지어 아들조차도 그날과 그 시각을 알지 못한다(13:32)는 점을 인정하지만 몇 가지 실마리는 내놓았다. 가장 명확한, 그리고 말세의 최종적 파국과 사람의 아들이 오기 바로 직전임을 알 수 있는 실마리는 성전에 '황폐의 상징인 흉측한 우상'이 세워지는 것이다.

또 마르코가 말해주지 않는 부분도 눈여겨보자. 저자는 실제로 로마군대가 예루살렘을 포위하고, 성전이 파괴되고, 예루살렘 자체가 파괴되고, 또 수천 명의 유다인이 로마로 끌려가 노예가 됐다는 이야기를 어디에서도 들려주지 않는다. 우리는 이런 일이 서기 70년과 그 직후 실제로 일어났다는 사실을 알고 있다. 그러나 마르코복음의 저자는 이에 대해 전혀 언급하지 않는다. 이것은 루가복음에 나오는 '작은 묵시록'에서는 이런 사건들을 예언하고 있다는 바로 그 사실 때문에 눈여겨볼 만하다(루가복음 21장 참조). 이미 알고 있는 대로 루가의 저자는 마르코를 원천자료로 활용했으며 따라서 루가는 마르코가 쓰인 뒤에 쓰였다. 내가 볼 때 중요한 것은 루가는 서기 70년 이후에 일어난 사건들을 자세히 묘사하는 반면 마르코는 그러지 않는다는 점이다. 실제로 마르코의 묵시록에서는 성전에 '황폐의 상징인 흉측한 우상'이 세워지는 직후에 사람의 아들이 온다고 예언한다.

이 책 4장에서 우리는 묵시문학적 글은 거기에서 묘사하는 '예언'이 우리가 아는 '진짜 역사' 속 사건과 더이상 맞아떨어지지 않는 시기로 거슬러올라갈 수 있다는 것을 살펴봤다. 다니엘서는 셀레우코스 왕조와 프톨레마이오스 왕조 사이의 전쟁과 혼인과 조약에 관한 예언 중 많은 부분이 정확했다. 그렇지만 안티오쿠스 4세 에피파네스가 어떻게 죽는지에 관한 예언은 틀렸고, 또 유다 마카베오의 승리에 대해서도 아무것도 모르고 있었던 것으로 보인다. 따라서 우리는 다니엘서가 쓰인, 또는 적어도 그 후반부인 '묵시적' 부분이 쓰인 시기를 서기전 168년과 164년 사이로 거슬러올라가는 것이다. 같은 방법을 마르코에 적용한다면, 이 복음서가 쓰인 시기는 서기 70년 직전이거나 그 직후 성전과 예루살렘의 파괴가 아직 '스며들' 시간이 지나지 않았을 시점으로 거슬러올라가야 한다. 따지고 보면 저자는 예수가 성전의 파괴를 예언하는 것으로 묘사한다. 그러나 그 사건 자체나 그 이후의 어떤 사건에 대한 이야기도 들려주지 않는다. 많은 학자들은 이것이 마르코복음 역시 수많은 다른 묵시문학적 글과 마찬가지 방식, 즉 '역사'가 잘못 묘사되는 지점을 살펴봄으로써 쓰인 시기를 추정하는 방식의 좋은 증거로 본다.

이 복음서를 쓸 때의 상황을 알 수 있는 또하나의 실마리는 이상한 끝맺음과 그 부분에서 갈릴래아를 가리킨다는 점이다. 혹시 저자나 저자의 지역 교회가 갈릴래아에 있었거나 적어도 갈릴래아와 강한 연관이 있었다는 뜻은 아닐까? 우리는 '마르코'가 로마와 유다 지방 사이의 전쟁 직전 또는 전쟁 동안 갈릴래아에서 살았던 그리스도교인이었을 것으로 상상할—이것은 상상이다—수 있다. 팔레스타인의 유다인은 서기 66년에 로마에 항거하여 봉기했다. 로마군단은 이때부터 70년까지 갈릴래아로 쳐들어가 저항하는 도시와 촌락을 파괴하고 그들 편에 서는 소수의 도시와 소도시에게는 보상을 줬다. 이들은 이내 예루살렘을 포위한 채 여러 달 동안 공격했다. 이 복음서의 저자는 이 모두를 봤을 것이고, 어쩌면 그 자신이 전쟁의 초기를 겪었을 것이다. 만일 그가 이 시기에 복음서를 썼다고 상상한다면, 로마가 이기고 또 그들이 성전을 파괴하리라고 그가 예상한다 해도 이해가 간다. '황폐의 상징인 흉측한 우상'이란 로마의 군기나 황제의 조각상, 또는 어쩌면 구세주인 척하는 유다인일 것이라고 생각했을지도 모른다. 그러나 다니엘의 예언과 또 어쩌면 역사적 예수 자신의 예언에 따라 저자는 그 사건을 궁극의 종말을 나타내는 것으로, 그뒤에 머잖아 사람의 아들이 승리자로서 올 것으로 받아들였을 것이다.

이런 맥락에서 마르코는 다음과 같은 메시지를 담아 자신의 복음서를 쓴다. "사정은 훨씬 더 나빠지고 나서야 나아질 것이다. 예수의 경우에도 사정이 나빠졌다가 부활 때부터 좋아져 장차 다시 올 때 절정에 이르는 것처럼, 우리 역시 사정이 나빠진 다음에라야 좋아질 것이다. 그렇지만 좋아진다는 것은 분명하다. 여러분은 예수가 그랬듯이 견뎌내야 한다. 여러분은 예수가 그랬듯이 고난을 받아야 한다. 로마인이 이기고 우리는 모두 멸망하거나 노예가 될 거라고 생각한다면 여러분에게는 제대로 된 믿음이 없는 것이다." 저자는 자신의 복음서에서 묘사된 예수를 자신이 본받고 동료 그리스도교인들에게 촉구하려는 행동의 본보기로 받아들인다. 즉 고난 뒤에는 영광이 따르리라는 것이다. 그러나 그럼에도 불구하고 이 고난은 우리를 위해서나 예수를 위해서나 필요하다.

이렇게 보면 이 복음서에서 실제 예수가 부활하여 사람들 앞에 나타나는 장면이 없는 이상한 끝맺음 역시 이해가 갈 것이다. 예수가 부활한 뒤 사람들 앞에 나타났던 일을 빼놓은 것은 예수가 본격적으로 사람들 앞에 나타나는 일이 이내 일어날 것이며, 또 젊은이가 여자들에게 제자들에게 알리라고 말한 그대로 갈릴래아의 그리스도교인들은 갈릴래아에서 예수를 만나게 될 것이라고 믿었기 때문일 것이다. 어쩌면 이 메시지는 그들에게 즉시 전해지지는 않았겠지만, 이제 마르코의 복음서가 그것을 가지고 갈릴래아로 가고 있었다. 거기서 기다리면 부활하여 영광스러운 모습을 한 예수를 보게 될 것이다. 어떻게 보면 저자는 독자들에게 이렇게 말하고 있는 것이다. "우리는 그저 여기서 머무르면서 예수가 곧 우리를 찾아올 때까지 기다리기만 하면 된다."

물론 이것은 추측이다.[5] 전승에 따르면 마르코의 복음서는 로마에서 쓰였지만, 우리는 마르코를 로마와 베드로와 연결짓는 전승들은 의심스럽다는 점을 살펴봤다. 갈릴래아에서든 다른 데에서든, 적어도 마르코의 복음서는 거기 담긴 수수께끼와 문제점과 아울러 로마가 지배하는 세계가 끝날 때 구원과 영광이 있으리라는 약속을 통해 닥쳐온 고난을 견뎌내도록 가르치기 위해 쓰인 문서로 읽으면 이해될 것이다.

7
마태오의 복음서

개요: 마태오의 복음서는 그리스도교인과 교인이 아닌 사람 모두가 알고 있는 가장 유명한 구절 몇 가지를 담고 있다. 그러나 마태오는 역설적이게도 토라를 준수하는 그리스도교와 그리스도교의 이방인 선교 양쪽에서 전도하는 모습을 보여준다. 마태오에 나오는 예수의 인물상은 스승이자 교회의 설립자이며 또 사도들과 마태오 자신의 공동체를 위한 모범이다. 마태오는 힘든 시기에 믿음을 갖게 하는 격려가 필요한 교회 공동체를 위해 글을 쓰고 있다.

가장 유명한 복음서

2세기 이후로 마태오의 복음서는 가장 인기 있는 복음서가 됐는데, 아마도 그 때문에 오늘날의 성서에서 가장 먼저 나오게 됐을 것이다. 이 복음서는 그리스도교인과 교인이 아닌 사람들 모두에게 가장 잘 알려진 복음서이다. 마태오복음에 나오지만 마르코복음이나 루가복음에도 나오는 이야기나 말씀이 많이 있는데, 이런 부분을 사람들이 아는 경우 대개는 마태오복음에 나오는 대로 알고 있다. 그중 하나로 마태오복음의 예수 탄생 서사를 기억하는 사람이 많은데, 이 탄생 서사는 루가복음에 나오는 것과는 매우 다르다. 천사가 꿈에 요셉에게 나타나, 알 수 없는 이유로 임신한 약혼녀를 내쫓지 말고 혼인하라고 말한다. 동방에서 온 박사들이 새로운 별을 보고 그것을 따라 유다 지방으로 온다. 교활한 헤로데 왕은 예수가 태어난 장소와 시간을 짐작해내 두 살이 되지 않은 아기들을 모두 학살한다. 예수 가족은 이집트로 달아난다. 요셉은 다시 천사가 꿈에 나타나 가르쳐주는 대로 가족과 함께 돌아오지만, 헤로데 왕의 뒤를 이어 유다 지방을 다스리고 있는 아들이 노여움을 품고 있을까 두려워 결국 나자렛에 정착한다.

성서에 대해 아는 것이 거의 없는 사람들도 '참된 행복'은 알 것이고, 루가복음에 나오는 구절보다는 마태오복음에 나오는 구절대로 알고 있다. "마음이 가난한 사람은 행복하다. 하늘나라가 그들의 것이다. 슬퍼하는 사람은 행복하다. 그들은 위로를 받을 것이다. 온유한 사람은 행복하다. 그들은 땅을 차지할 것이다"(마태오복음 5:3~5). 이 가르침을 비롯하여 마태오복음에 나오는 여러 가르침은 하나로 묶어 '산상설교'라고 불린다(5~7장). 대부분의 사람들은 이 설교를 이 이름으로 알고 있고, 또 똑같은 가르침이 루가복음에도 많이 나오지만 루가복음에서는 예수가 산 위에서가 아니라 평지에서 설교한 것으로 나온다는 사실은 모를 것이다(루가복음 6:17~49).

마태오복음에서 바리사이파 사람들은 다른 어떤 복음서에서보다도 더 중요한 비중으로 되풀이하여 등장하며 또 언제나 '위선자'라 불린다. 따라서 거의 어떤 영어사전을 보아도 금방 알 수 있듯, 영어에서 '바리사이파 사람pharisee'이라는 낱말 자체가 '위선자'라는 뜻을 지니게 된 것은 우연이 아니다. 물론 이것은 그리스도교의 오래된 반유다인주의를 반영한다. 고대 세계에서 유다인은 바리사이파 사람들을 여느 인간보다 더한 위선자로 보지 않았다. 예수시대의 바리사이파 사람들은 사실 랍비의 전신이었다. 랍비 유다교에서 선대의 한 사람이자 의로운 랍비로 보는 가믈리엘은 사도행전에서 바리사이파를 이끄는 사람으로 등장한다(사도행전 5:34). 사도행전에 따르면 심지어 바울로가 그 아래에서 공부했다고 주장한다(22:3). 영어에서 '바리사이파 사람'이 '위선자'와 동의어가 된 것은 마태오복음의 영향이 크다.

마태오복음은 나중에 '위대한 사명'이라 불리게 된 내용으로 끝난다. 마태오의 설명에 따르면 예수는 부활한 다음 갈릴래아의 어느 산 위에서 남아 있는 열한 명의 제자들에게 나타난다(마태오의 설명에 따르면 가리옷 유다는 이미 자살한 뒤이다). 마태오복음은 예수가 제자들에게 세상에 나가 복음을 전하라고 시키는 말로 끝난다. "나는 하늘과 땅의 모든 권한을 받았다. 그러므로 너희는 가서 이 세상 모든 사람들을 내 제자로 삼아 아버지와 아들과 성령의 이름으로 그들에게 세례를 베풀고 내가 너희에게 명한 모든 것을 지키도록 가르쳐라. 내가 세상 끝날까지 항상 너희와 함께 있겠다"(마태오복음 28:18~20). 이 인용문은 그리스도교인들에게 익숙하지만 다른 사람들에게도 익숙한 경우가 많다.

마태오복음은 이런 갖가지 측면 덕분에 사람들에게 네 권의 복음서 중 가장 친숙한 복음서가 됐다. 그러나 꼼꼼하게 읽어보면 정전이 된 복음서 중 가장 '유다교적'이기도 하다. 그렇지만 고대 세계로부터 전해오는 모든 복음서 중 실제로 가장 유다교적인 것은 아니다. 더욱 유다교적인 형태의 초기 그리스도교를 가르치는 복음서에 관한 언급도 있고 또 일부는 지금도 전해지고 있기 때문이다. 그러나 정전에 들어가 있는 네 권의 복음서만 놓고 볼 때 꼼꼼하게 읽어보면 마태오복음은 유다교의 신앙과 관습을 강조하는 것으로 나타난다. 예를 들면 네 복음서에는 이방인과 대화하는 문제에 예수가 개방적이었다는 암시가 얼마간 나오고 또 그의 제자들도 때로는 이방인과 접촉하는 것으로 묘사된다. 그러나 마태오는 예수가 생전에 자신과 제자들의 활동 대상을 '이스라엘 집안'으로 제한했다고 본다는 것을 명확히 한다. 예컨대 요한의 복음서와는 달리(요한복음 4:7~42 참조), 예수는 마태오복음 10장에서 열두 제자를 내보낼 때 이방인뿐 아니라 심지어 사마리아인에게도 가지 말라고 이른다(마태오복음 10:5~6). 그 밖의 복음서에서는 이런 제한이 없다. 마태오는 '이방인'이라는 낱말을 '외부인'이라는 뜻으로만 쓰는데, 여기에는 교회 공동체의 일원이었다가 쫓겨난 유다인도 포함된다(18:17). 마태오가 이 복음서를 쓴 무렵 그의 교회에 이방인이 포함되어 있었던 것이 명확한데도 그렇다. 마태오에서 예수는 방금 인용한 위대한 사명의 '이 세상 모든 사람들'이라는 구절에서 이방인 선교로 '전환'함을 알린다.

마태오복음은 유다교 경전을 모방했음이 확연히 드러나는 부분으로 시작한다. "아브라함의 자손이요 다윗의 자손인 구세주 예수의 시작의 책"(1:1, 나의 번역이다).* 여기서 '시작(게네시스genesis)'이라는 낱말은 종종 '족보'로 번역되는데 이 낱말에 족보라는 의미가 있는 것은 확실하다. 그렇지만 나의 번역에서 '시작'은 그리스어로 마태오복음을 읽고 있고 유다교 경전을 아는 독자라면 마태오가 첫머리에서 유다교의 토라 중 제1권이자 히브리어 성서의 그리스어 번역본에서 창세기('시작')라는 이름이 붙은 책을 암시한다는 사실을 금방 알아차릴 것이라는 점을 강조한다. 히브리어 성서에서 창세기는 경전의 '시작'일 뿐 아니라 세계, 온 세상의 시작이자 역사의 시작을 의미한다. 마태오는 두 개의 그리스어 낱말 비블로스 게네세오스biblos geneseōs 즉 '시작의 책'을 매우 의식적으로 첫머리에서 쓰고 있는 것이 확실하다. 나아가 이 두 낱말이 결국 신약의 첫 구절이 된 것은 적절하다.

유다인 독자라면 또 마태오가 예수의 조상 중 다윗과 아브라함을 가장 중요하게 꼽았음을 알아차릴 것이다. 다윗은 이스라엘의 가장 중요한 왕이고 아브라함은 이스라엘 민족과 유다인 모두의 아버지이다. 그다음 마태오는 예수의 족보를(물론 역사적 사실은 아니다) 만들어내는데, 창세기에서 너무나 익숙해진 '낳다'를 명확하게 모방하여 "아브라함은 이사악을 낳았고 이사악은 야곱을 〔낳았고〕" 등으로 이어간다(1:2). 또 저자가 이름을 14대씩 셋으로 나누어 나열하는 것도 우연이 아니다. 아브라함으로부터 다윗까지 14대, 다윗으로부터 바빌론으로

* 공동번역 성서에는 다음처럼 나와 있다. "아브라함의 후손이요, 다윗의 자손인 예수 그리스도의 족보는 다음과 같다."

끌려간 때까지 14대, 바빌론으로부터 구세주까지가 또 14대이다(1:17). 이것은 물론 역사적 사실과는 아무런 관계가 없다. 그러나 3과 14(7의 두 배)라는 숫자는 유다교의 수비학數秘學을 비롯하여 고대 수비학에서 중요하다.

마태오는 또 모세에 관한 유다교의 하가다라고 할 만한 부분을 포함한다. 랍비 유다교에서는 자료를 구분할 때 어떻게 살 것인가에 관한 토라의 가르침 즉 '율법' 자료를 가리키는 할라카, 그리고 랍비의 전승에서 대개 도덕적 교훈이나 종교적 교훈을 담은 이야기를 가리키는 히브리어인 하가다로 나눈다. 하가다는 토라의 어떤 측면을 묘사하기 위해 들려주는 '이야기'나 '비유'이다. 마태오는 예수의 출생과 성장을 묘사하는데 약간은 유다교의 모세 이야기와 비슷해 보인다. 특별한 상황에서 아기가 태어난다. 사악한 왕이 일정 지역 내의 모든 갓난 남자아기를 학살하도록 명령하지만, 이 아기는 탈출하여 살아남고 결국에는 민중을 구원하는 사람이 된다(마태오복음 2장, 출애굽기 1~2장과 비교). 예수는 하느님의 명령에 따라 이집트로 피신하는데, 이로써 "내가 내 아들을 이집트에서 불러내었다"는 예언이 이루어지게 된다(마태오복음 2:15, 호세아 11:1 참조). 모세처럼 예수는 이집트에서 나와 민중을 구한다. 이 복음서 전체를 통해 예수는 모세 또는 이따금 요셉을 떠올리게 하는 방식으로 그려진다. 마태오는 예수가 모세의 율법인 토라를 새로이 해석한 내용을 산 위에서 설교하게 하는데, 이것은 모세가 자신의 율법을 산 위에서 전달했기 때문일 가능성도 충분히 있다(마태오복음 5~7장, 출애굽기 19:3, 24:12, 24:15 등).

마태오의 복음서가 띠는 구조에 관한 그 나머지 견해를 설명하기에 앞서, '공관복음서 문제'를 풀기 위한 오늘날의 이론을 잠시 소개해두고자 한다. '공관synoptic, 共觀'이란 '같은 관점'이라는 뜻이다. 이것은 그리스어에서 빌려온 전문용어로서, 복음서 중 첫 세 권인 마태오, 마르코, 루가가 모두 비슷하거나 똑같은 사건이나 말씀, 비유, 가르침을 담은 거의 같은 이야기를 때로는 똑같은 어법을 사용하여 들려주는 것으로 보인다는 점을 나타낼 때 쓰인다. 이 세 복음서는 어법뿐 아니라 기본 윤곽까지 비슷한 부분이 많다. 이 점을 왜 '공관복음서 문제'라 부를까? 여기에는 여러 이론이 있었다. 마태오복음이 먼저 쓰였고, 마르코복음은 마태오복음을 활용했지만 축약했으며, 루가복음은 마태오복음과 마르코복음을 활용했다는 이론도 있었다. 또는 어쩌면 마르코복음이 가장 먼저고, 마태오복음은 마르코복음을 활용하고 루가복음은 마태오복음과 마르코복음을 모두 활용했을 수 있다. 오늘날 대부분의 학자가 받아들이는 가설은—가설일 뿐이라는 점을 기억해야 하는데, 증거가 없기 때문이다—마태오복음과 루가복음이 마르코복음을 활용했지만 그 둘은 서로를 활용하지 않았다는 것이다.

그러나 마태오복음과 루가복음은 모두 마르코복음에서는 찾아낼 수 없는 다른 원천자료를 공유하고 똑같은 어법을 쓰는 때도 많다. 따라서 대부분의 학자는 또 오늘날 우리에게 전해지지 않는 또다른 문서자료, 주로 예수가 한 말로 이루어진 자료가 있었을 것으로 본다. 학자들은 이것을 가설의 문서 'Q'라고 부르는데, 독일어로 '원천'이라는 뜻의 낱말 퀠레Quelle에서 온 것이다(이 이론은 독일 학자들이 내놓았고, 영어권 학자들은 독일인들이 붙인 이름을 그대로 받아들였다). 많은 학자들은 마태오와 루가가 각기 이 Q자료와 마르코복음을 손에 넣었으며, 마태오와 루가가 각기 복음서를 쓸 때 모두 기본 윤곽과 여러 사건의 많은 부분을 마르코복음에서 가져오고 말씀의 많은 부분을 Q에서 가져왔다고 본다(도표 5 참조).

이 가설, 또는 이와 비슷한 가설을 통해 학자들은 마르코복음, 루가복음, 마태오복음에서 들려주는 말씀과 사건을 비교하여, 각 저자가 자신의 '원천'자료(마르코나 가설의 Q)를 어떻게 활용하여 자기만의 이야기를 구성하는지를 볼 수 있다. 즉 각 저자의 편집 활동을 관찰하여 저자 특유의 관심사와 성향이 무엇인지 볼 수 있는 것이다. 용어의 뜻을 엄밀하게 적용하지 않는다면 각 저자 특유의 '신학'이라고도 할

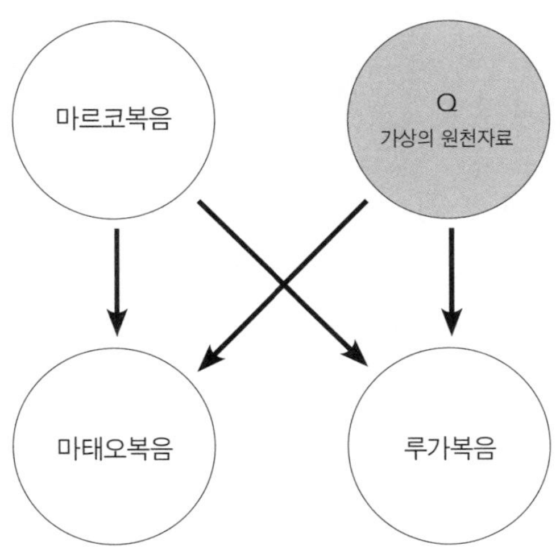

도표 5. 공관복음서 문제를 설명하는 이론

수 있다. 이렇게 함으로써 우리는 마태오가 예수의 여러 말씀을 가져와—일부는 마르코복음에서, 일부는 또다른 문서자료(예컨대 Q)에서, 또 일부는 오늘날 우리에게 전해지지 않는 구비전승이나 그 밖의 원천자료에서—예수가 들려준 하나하나의 말씀이나 '설교'로 정리했음을 볼 수 있다. 이런 식으로 루가복음에서는 여러 부분에(따라서 아마도 Q에) 나오는 말씀이 마태오복음에서는 하나로 묶여 산상 설교(마태오복음 5~7장)가 된 것이다. 마르코복음과 루가복음의 여러 부분에 나오는 비유들이 마태오복음에서는 비유들에 관한 하나의 설교이자 비유로 묶였다(13장).

일부 학자는 마태오복음의 저자가 예수의 설교나 말씀을 의도적으로 다섯 가지로 정리했으며, 이 다섯이라는 숫자는 창세기, 출애굽기, 레위기, 민수기, 신명기 등 '모세의 책 다섯 권', 즉 모세오경 내지 토라를 의미한다는 의견을 내놓았다. 모세가 이스라엘에게 토라의 책 다섯 권을 주었듯, 예수 역시 이스라엘에게 예수 자신의 모세오경이자 토라인 다섯 가지 설교를 줬다는 것이다.[1] 이중 가장 먼저 나오는 것이 산상 설교이다. 두번째는 10장으로, 예수가 제자들을 이스라엘로 파견하면서 들려주는 말이다. 세번째는 13장으로서 비유에 관한 설교이다. 네번째는 18장인데, 교회의 구성과 행동에 관한 가르침을 담은 설교로 보인다. '예수의 율법을 담은 책' 중 다섯번째는 23~25장으로 대단히 긴 말씀인데, 여기에는 많은 부분을 마르코복음 13장에서 가져온 마태오의 '묵시록'(24장)도 포함되지만, 예수가 율법학자와 바리사이파 사람들을 비난하는 내용(23장)과 준비된 상태를 유지하라는 가르침과 경고(25장)도 포함된다. 이 의견, 즉 마태오의 다섯 가지 주요 설교는 모세오경을 모방한 것이라는 의견을 모두가 받아들이지는 않지만 그 자체로 흥미로우며, 만일 이것이 맞는다면 저자가 예수를 또 한 사람의 모세 또는 그보다 더 뛰어난 사람으로 그리려 한 의도가 부각되는 것이다.

마태오의 복음서가 얼마나 '유다교적'인지를 보여주기 위해 한 가지만 더 설명하고자 한다. 저자는 예수나 다른 사람의 말이나 행동을 경전의 예언이 이루어진 것으로 해석하는 일이 아주 많은데, 다른 복음서에 비해 더 그렇다. 마태오는 예수의 탄생이 이사야 7:14의 예언이 이루어진 것으로 믿는다. 베들레헴에서 그가 태어난 것은 미가 5:1~2이 이루어진 것이다. 앞서 살펴본 대로, 그가 이집트에서 돌아온 것은 호세아 11:1이 이루어진 것이다. 헤로데 왕이 무고한 아기들을 학살한 것은 예레미야 31:15이 이루어진 것이라고 되어 있다. 그리고 가족이 나자렛에 정착한 일을 그는 "그를 나자렛 사람이라 부르리라" 한 예언이 이루어진 것이라고 말한다(마태오복음 2:23, 학자들은 이에 해당하는 경전 구절을 찾아내지 못하고 있다). 이 모든 내용이 이 복음서의 첫 두 장에서 나오지만, '이루어졌다'는 주제는 마태오의 전체를 통틀어 이어지면서 이 복음서를 이전의 유다교 경전과 단단히 묶어준다.

그렇지만 오늘날 학자들이 마태오가 얼마나 '유다교적'인지를 강조하는 현실은 매우 얄궂은데, 그것은 그리스도교 최악에 해당하는 반유다인주의를 뒷받침하는 한 근거로 마태오복음이 사용되어왔기 때문이다. 아마도 다른 어느 복음서보다도 더 그럴 것이다(어쩌면 요한복음보다는 덜할 것이다. 요한복음은 전통적으로 교회에서 성금요일에 낭독되는데, 거기에는 유다인을 매우 부정적으로 묘사하는 내용이 포함된다). 앞서 말한 대로 '율법학자와 바리사이파 사람'을 가장 큰 목소리로 가장 자주 비난하면서 늘 '위선자' 딱지를 붙이는 것은 마태오복음이다. 그리고 유다인을 비난하는 내용 중 가장 자주 듣게 되는 한 가지는 '그리스도를 살해한 사람들'이라는 것인데, 예수의 재판에서 군중이 소리치는 광경을 묘사하는 마태오복음의 다음 구절에서 나온 것이다. "그 사람의 피에 대한 책임은 우리와 우리 자손들이 지겠습니다"(27:25).

그리스도교의 반유다교주의와 같은 맥락으로, 모세의 율법에 관해 마태오가 전하는 예수의 말이 그리스도교에서는 모세의 율법을 거부한다는 뜻으로 받아들여졌다(앞으로 살펴보겠지만, 이것은 마태오를 완전히 잘못 읽은 것이다). 마태오의 예수는 유다인의 '나쁜' 율법을 그리스도교의 '좋은' 율법으로 대체하는 것으로 이해된다. 전통적으로 그리스도교인들은 유다교의 율법을 거부하는 것은 유다교의 '율법주의'를 거부하는 뜻에서라고 가르쳐왔다. 구약은 흔히 '분노의 하느님'을 그리고 있다고 간주하면서 신약의 '자비로운 하느님'과 대비시킨다. 신약의 하느님은 사랑하는 아버지로서 은총이 가득한 반면, 구약의 하느님은 심판의 하느님으로서 징벌이 가득하다. 이처럼 마태오복음에 나오는 예수의 말 "너희는 들었다, 그러나 나는 이렇게 말한다"(5:21~48)는 예수가 유다인의 율법주의를 거부하고 또 유다교의 율법을 그리스도교의 사랑의 율법으로 대체하는 것으로 해석되어왔다. 이런 이원론은 그리스도교 세계에 너무나 널리 퍼진 나머지—서양의

'상식'이 되어—지금도 성서에 관해 거의 아무것도 모르는 비종교적인 사람들조차 '구약에 나오는 율법과 심판의 하느님'과 '신약에 나오는 사랑의 하느님'이 대비되는 이미지를 떠올린다. 오늘날 학자들이 네 편의 복음서 중 가장 '유다교적'이라고 보는 복음서가 수많은 사람에게 반유다교적 이념과 행동의 원천 역할을 한다는 것은 대단히 얄궂다.

마태오복음 속 예수와 토라

대부분의 그리스도교인은 전통적으로 한번쯤은 그리스도교는 유다교의 억압을 의미한다고 배워왔다. 그리스도교인과 유다교인이 비슷한 점은 똑같은 하느님을 섬긴다는 부분이다. 둘의 차이점은 그리스도교인은 유다교의 율법을 따를 필요가 없다는 부분이다. 사람들은 이것이 마태오복음에서 율법을 대하는 태도가 전혀 아니라는 사실을 깨달을 때 뜻밖으로 받아들인다. 오늘날의 학자들이 그랬다.

실제로 마태오복음에서 예수는 자신이 율법을 거부한다거나 자신을 따르는 사람들에게 율법을 지키지 말라고 가르친다는 관념을 명확하게 비난하는 것으로 그려진다.

> 내가 율법이나 예언서의 말씀을 없애러 온 줄로 생각하지 마라. 없애러 온 것이 아니라 오히려 완성하러 왔다. 분명히 말해두는데, 천지가 없어지는 일이 있더라도 율법은 일 점 일 획도 없어지지 않고 다 이루어질 것이다. 그러므로 가장 작은 계명 중에 하나라도 스스로 어기거나, 어기도록 남을 가르치는 사람은 누구나 하늘나라에서 가장 작은 사람 대접을 받을 것

이다. 그러나 스스로 계명을 지키고, 남에게도 지키도록 가르치는 사람은 누구나 하늘나라에서 큰 사람 대접을 받을 것이다. 잘 들어라. 너희가 율법학자들이나 바리사이파 사람들보다 더 옳게 살지 못한다면 결코 하늘나라에 들어가지 못할 것이다. (마태오복음 5:17~20)

이보다 더 직접적일 수는 없어 보인다. 마태오는 자신의 공동체에 속한 사람 모두가 마땅히 모세의 율법을 엄격히 지켜야 한다고 예수가 단언한 것으로 믿는다. 그 무렵 마태오의 공동체에는 이방인 개종자까지 포함되어 있었을 것이 분명하다. 그리스도교인들은 첫 문장에서 언급된 '율법이나 예언서'의 '완성'은 예수 자신 안에서 최종적으로 완수된 일이라고 배워왔다. 모세의 율법은 예수가 그 율법을 지킴으로써 '완성'됐기 때문에 그리스도교인들은 따를 필요가 없다는 것이다. 그러나 이것은 마태오의 저자라면 틀림없이 격앙하여 거부할 해석이다. 마태오는 예수가 '천지가 없어지는 일이 있더라도' 율법은 계속 필요하다고 가르쳤다고 믿는다.

이것은 학자들이 마태오의 '반명제'라고 부르는 "너희는 들었다, 그러나 나는 이렇게 말한다"라는 구절을 더 꼼꼼히 들여다봄으로써 입증할 수 있다. 율법이 없어지지 않으리라는 위의 인용문 바로 뒤에 예수는 이렇게 말한다. "'살인하지 마라. 살인하는 자는 누구든지 재판을 받아야 한다' 하고 옛 사람들에게 하신 말씀을 너희는 들었다"(5:21). 그러나 예수는 이 구절을 경전에서 인용한 다음 이렇게 말하지 않는다. "그러나 나는 이렇게 말한다. 가서 살인하라. 너희는 은총에 싸일 것이고 하느님께서 너희를 용서하실 것이다." 오히려 살인이 잘못일 뿐 아니라 다른 사람에게 화를 내는 것조차도 나쁘다고 가르친다. 나아가 사람들에게 서로 "바보!"라고 욕하는 행위조차 금지한다(5:22). 예수는 간음하지 말라는 계명을 인용하지만(5:27), 뒤이어 "그렇지만 나는 너희에게 말하는데, 간음해도 좋다" 하고 말하지 않는다. 오히려 이렇게 말한다. "누구든지 여자를 보고 음란한 생각을 품는 사람은 벌써 마음으로 그 여자를 범했다"(5:28). 예수는 유다교 율법의 계명을 하나하나 인용한 다음 파기하는 게 아니라 더 강화한다. 더 어렵고 엄중한 태도를 요구하는 것이다. 예수는 모세의 계명을 없애버리지 않는다. 계명을 유지하며, 그러면서도 그런 계명을 완전히 내면화해야 한다고도 가르친다. 살인이 유혹에 해당한다면 화를 내는 일을 피하기는 얼마나 어려울까? 간음이 피하기 어렵다면 욕정은 얼마나 더 어려울까?

그리스도교인들은 또 "눈은 눈으로, 이는 이로"(출애굽기 21:24, 레위기 24:20)라는 계명을 완전히 오해했다. 이것은 어떤 가혹한 보복제도를 나타내는 게 아니라, 보응제도를 조절하여 더 큰 폭력의 악순환으로 빠져들지 않도록 하기 위한 것이었다. 이 율법은 원래 이런 뜻이었다. "보복해야 한다면 당한 만큼보다 더 보복해서는 안 된다." 이 율법은 한 부족의 사람이 자기 부족의 한 사람을 죽인 다른 부족 사람에게 그 보복으로 열 명을 죽여서는 안 된다고 가르쳤다. 따라서 히브리어 성서에 있는 원본에서조차 의도는 보복을 제한하는 것이지 보복하라고 시키는 것이 아니었다.

여기서도 예수는 이 계명을 더욱 어렵게 만든다. 비록 율법에서는 보복을 허용하지만, 그가 강화한 율법에 따르면 그를 따르는 사람들은 "오른뺨을 치거든 왼뺨마저 돌려 대고", 속옷을 빼앗기면 겉옷까지 주며, 법률에 군인의 짐을 대신 지고 오 리만 가면 된다고 나와 있어도 십 리를 가줘야 한다고 가르친다(마태오복음 5:38~41). 산상 설교 내내 예수는 많은 그리스도교인들이 생각하던 것과는 반대로 행동한다. 즉 유다교의 율법을 파기하는 게 아니라 더 '사랑'하거나 '자비'로운 것으로 바꾸고, 사람들에게 모세의 율법을 지키기만 하는 게 아니라 더 나아가 오 리를 더 가면서 율법의 의도를 내면화하고 율법을 지키면서 더 많은 것을 하도록 가르친다.

예수가 토라를 거스르는 것으로 보이는 구절이 몇 군데 있다. 그 하나에서는 바리사이파 사람과 율법학자가 예수에게 제자들이 음식을 먹기 전에 "전통을 어기고" 손을 씻지 않는 이유가 무엇인가 묻는다(15:1~20). 그러나 마태오가 이것을 계명이라고 하지 않고 전통이라고 말한다는 점에 주목해야 한다. 그리고 마태오가 이 이야기를 마르코복음에서 가져와 자기 나름으로 사건을 들려주면서 마르코복음의 글을 어떻게 바꿨는지를 알아차리는 것이 중요하다. 마르코에 따르면 예수는 먼저 바리사이파 사람들과 율법학자들의 위선을 비난하지만, 그런 다음 또 사람을 "더럽히는" 것은 입으로 들어가는 게 아니라 입에서 나오는 것이라고 가르친다(마르코복음 7:14~15). 나아가 요점을 다음처럼 되풀이하여 들려준다. "모두 뱃속에 들어갔다가 그대로 뒤로 나가버리지 않느냐? 그것들은 마음속으로 파고들지는 못한다"(7:19). 그렇지만 이 시점에서 마르코는 곧잘 그러듯 예수의 말을 인용하다가 자신의 설명을 덧붙인다. "모든 음식은 다 깨끗하다고 하셨다"(7:19).

그런데 마르코가 들려주는 대로의 이야기에서조차 예수가 음식에 관한 율법을 완전히 폐지하는 수준까지 가려 했는지는 분명하지 않다. 이것이 마르코가 이 장면을 해석하는 방법이다. 그렇지만 마태오는 그러지 않는다. 마태오는 이 이야기와 거기 나오는 실제 어법의 많은 부분을 마르코에게서 가져오지만, 마르코가 덧붙인 설명은 빼놓는다. 그와는 달리 예수는 그저 일찍이 이스라엘의 많은 예언자들이 했던 대로 행동한다. 즉 율법에서 요구하는 윤리적 측면이 희생제물이나 의례행위에 관한 계명보다 더 중요하다고 강조한 것이다. "그런데 입에서 나오는 것은 마음에서 나오는 것인데 바로 그것이 사람을 더럽힌다. 마음에서 나오는 것은 살인, 간음, 음란, 도둑질, 거짓 증언, 모독과 같은 여러 가지 악한 생각들이다"(마태오복음 15:18~19). 마태오는 여기서 예수의 가르침이 지니는 의미에 관해 마르코가 덧붙인 말을 빼놓는데, 그것은 예수가 '모든 음식은 다 깨끗하다고 하셨다'고 믿지 않기 때문이다. 그와는 반대로 마태오는 첫째로 손을 씻는 것은 전통이지 계명이 아니라는 점과, 둘째로 사람의 생각과 마음속에서 벌어지는 것이 겉으로 보이는 의례행위보다 중요하다는 점을 짚어둔다. 여기서는 율법을 어기는 부분도 없고 율법의 계명을 가볍게 여기는 가르침도 없다.

그리스도교인에게는 이상해 보일 수도 있겠지만, 마태오의 복음서는 율법 없이 예수에게 충성하는 방식은 생각하지 않는다. 예수나 저자는 마태오복음 어디에서도 예수를 따르는 사람은 본인의 선택에 따라 율법을 지켜도 되고 안 지켜도 된다고 가르치지 않는다. 비록 저자는 이 문제를 명확하게 다루지 않지만, 내가 볼 때 이방인 역시 그의 교회로 개종할 경우 이스라엘의 유다인과 마찬가지로 당연히 할례를 받고 음식에 관한 율법을 지키며 토라를 따를 것으로 기대했으리라는 점은 분명하다. 마태오복음에 나오는 예수는 유다교 율법의 폐지가 아니라 강화를 가르치고 있다. 그리고 이방인을 포함하여 공동체의 구성원 누구나 당연히 그럴 것이라고 생각한 것 같다.[2]

교회의 설립자인 예수

마태오복음은 다른 어떤 복음서보다도 예수를 교회의 설립자로 그린다. 실제로 마태오는 '교회'라는 낱말까지 사용하는 유일한 복음서이다. 이 낱말은 다른 복음서에서는 전혀 나오지 않는데, 거기에는 좋은 이유가 있다. 예수시대에는 교회가 존재하지 않았기 때문이다. 교회는 그가 죽은 뒤 그가 죽은 결과 또 그가 부활했다는 믿음의 결과로 생겨났다. 그러나 다른 복음서와는 달리 마태오는 예수가 이미 생전에 의식적으로 교회를 '세운' 것으로 그린다. 마태오는 교회의 설립, 나아가 교회 생활의 규칙에 관한 논의까지도 예수의 입에서 나온 것으로 묘사한다.

우리는 앞 장에서 베드로의 고백에 관한 마르코의 이야기를 살펴봤다(마르코복음 8:27~33). 마태오는 이 이야기를 가져오지만 내용을 바꿔 자신의 관심사와 생각을 드러낸다. 마르코복음에서 베드로는 예수가 구세주라고 고백하고, 이에 예수는 제자들에게 비밀을 지키도록 당부한다. 예수는 앞으로 자신이 고난을 당한다고 예언하고, 베드로는 예수가 그런 말을 한다고 타박한다. 그러자 예수는 베드로를 나무라는데 그를 '사탄'이라고 부르기까지 한다. 이 이야기는 마태오복음에서는 전혀 다르다. 베드로가 "선생님은 살아계신 하느님의 아들 그리스도이십니다" 하고 고백하자 예수는 베드로에게 이렇게 말한다. "시몬 바르요나, 너에게 그것을 알려주신 분은 사람이 아니라 하늘에 계신 내 아버지시니 너는 복이 있다"(마태오복음 16:17). 그런데 뒤이어 예수는 자신의 교회를 세우는 일에 관해 말한다. "잘 들어라. 너는 베드로이다. 내가 이 반석 위에 내 교회를 세울 터인즉 죽음의 힘도 감히 그것을 누르지 못할 것이다. 또 나는 너에게 하늘나라의 열쇠를 주겠다. 네가 무엇이든지 땅에서 매면 하늘에도 매여 있을 것이며 땅에서 풀면 하늘에도 풀려 있을 것이다"(16:18~19). 마태오에 따르면 예수 자신이, 그것도 지상에서 활동하는 동안 교회를 설립했다.

그다음 마태오복음 18장에서 앞서 살펴본 대로 교회가 어떻게 운영되어야 하는지에 관한 규칙이 나온다. 한 교인이 다른 교인에게 잘못을 저지르면 먼저 잘못한 그 사람을 타일러야 한다. 잘못한 사람이 화해하기를 원치 않으면 일단 공동체의 구성원 중 한두 사람을 더 데리고 간다. 그래도 소용이 없으면 교회에 알리고, 잘못을 저지른 사람이 교회 전체의 말도 듣지 않으면 공동체에서 완전히 쫓아낸다(18:15~17). 오로지 마태오복음만 예수가 이렇게 교회를 설립하고 이후 교회의 행동 규칙을 주었다는 이야기를 들려준다. 이런 이야기는 '역사적'이지 않은 것이 확실하다. 즉 역사적 예수는 교회에 관해 이런 말을 하지 않았음이 거의 확실하다는 말이다. 그렇지만 이런 이야기는 복음서의 저자가 지니고 있었던 관심사를 보여준다. 그가 자신의 공동체 즉 자기 교회의 생활과 행동에 대해 염려하고 있었음을 보여주는 것이다.

제자들의 모범인 예수

마르코는 예수가 가르침을 통해 사람들에게 깊은 인상을 남겼다고 말하지만(마르코복음 1:22), 예수의 가르침을 우리에게 그다지 많이 전해주지 않는다. 마태오는 그렇게 한다. 앞서 언급한 대로 마태오는 자신이 쓴 복음서 중 오늘날 13장이라는 번호가 붙은 부분에 예수의 많은 비유를 모아놓았다. 여러 비유를 들려준 뒤 마태오는 이 부분을 다음과 같은 예수의 말로 맺는다. "그러므로 하늘나라의 교육을 받은 율법학자는 마치 자기 곳간에서 새 것도 꺼내고 낡은 것도 꺼내는 집주인과 같다"(마태오복음 13:52). 마태오는 예수를 모세의 율법서와 예언서와 유다교 경전 전반으로부터 옛것을 꺼내면서 '새'것, 즉 그 자신의 해석과 가르침도 덧붙이는 그런 집주인처럼 그렸다. 나아가 마태오는 여기서 자신의 교회에도 똑같이 행동하는 교회 자신의 '율법학자'가 있어야 한다고 말한다. 마태오의 공동체에 속하는 구성원들은 예수를 모방해야 하는 것이다.

내가 볼 때 예수의 활동에는 그를 따르는 사람들이 처음에는 영문을 잘 알 수 없어도 모방하라는 뜻이 담긴 또다른 측면이 있다. 그것은 마태오복음에서 예수가 위험에 처했을 때 '물러나는' 경향이다. 이것은 마태오복음 특유의 주제로서 다른 곳에서는 대체로 찾아보기 힘들다. 예수는 반복적으로 어떤 힘의 위협을 받고, 그러면 그 힘에 맞서기보다는 물러난다.

예수가 이렇게 행동하는 첫 사례는 예수와 가족이 이집트로 피신한 때라고 볼 수 있지만(2:13~15), 당시 예수는 갓난아기에 지나지 않았기 때문에 독자가 볼 때 이 행동은 그보다는 요셉의 행위로 보일 것이다. 이 주제는 마태오복음 4:12에서 더 분명해진다. "이제 예수께서는 〔세례자〕 요한이 잡혔다는 말을 들으시고 갈릴래아로 물러나셨다."* 이 시점에 이르기까지 예수는 요한에게서 세례를 받기 위해 유다 지방에 있었다(3:13~17). 그런 다음 '광야'에 있으면서 악마의 유혹을 견뎌냈다(4:1~11). 그러나 요한이 체포됐다는 소식을 듣고는 사건이 벌어지는 현장으로부터 '물러나' 갈릴래아로 간다.[3] 사실 NRSV 성서에서 '물러난다'고 번역한 낱말(아나코레오$_{\text{anachōreō}}$)은 군대의 후퇴를 나타내는 낱말이기도 하다. 마태오는 이 낱말을 여러 차례 사용하면서 위협이 닥칠 때 예수가 먼저 취하는 행동을 묘사한다. 영웅에 대한 묘사에서 얼핏 이해가 가지 않는 방식이다. 백마 탄 구세주가 아니라 '물러나는' 신중한 사람으로 예수를 그렸다. 그리고 마태오는 이런 모습을 두 번 이상 반복하여 그린다.

마태오복음 12장에서 우리는 예수가 바리사이파 사람들을 꾸짖어 창피를 주고 또 그들이 비난하는데도 불구하고 안식일에 사람을 치료하는 이야기를 듣는다. 바리사이파 사람들은 물러가 예수를 파멸시키

---

* 공동번역 성서에는 다음과 같이 나와 있다. "요한이 잡혔다는 말을 들으시고 예수께서는 다시 갈릴래아로 가셨다."

기 위해 모의한다(12:14). 마태오는 계속한다. "예수께서는 그 일을 알아채시고 거기를 떠나셨다. 그런데 또 많은 사람들이 뒤따라왔으므로 예수께서는 모든 병자를 고쳐주시고 당신을 남에게 알리지 말아달라고 신신당부하셨다"(12:15). 여기서 '떠나셨다'고 번역한 낱말은 4:12에서 '물러나셨다'고 번역한 것과 같은 낱말이다. 마태오는 구세주 비밀이라는 주제를 마르코에게서 가져오지만, 그의 손에서는 다르게 들린다는 점에 주목하기 바란다. 여기서는 마치 예수가 자신을 죽이려는 음모를 알아차리고 바리사이파 사람들을 피해 달아나는 것처럼 들리며, 또 군중에게 자신의 활동에 대해 입을 다물도록 시키는데 아마도 잡히지 않으려고 그러는 것 같다.

14장에서 마태오는 헤로데 안티파스가 세례자 요한을 살해한 이야기를 들려준다. 요한의 제자들은 그의 시신을 묻은 다음 예수에게 알린다. 이번에도 예수는 물러난다. "예수께서 이 말을 들으시고 거기를 떠나 배를 타고 따로 한적한 곳으로 가셨다('물러났다'와 똑같은 낱말)"(14:13). 마태오의 이 주제는 신기하다. 위험에 처할 때마다 예수는 박해에 맞서 극복하는 영웅으로 조명되지 않고 그것으로부터 물러나는 것으로 그려진다. 이 주제와 함께 이 낱말 자체를 마태오가 좋아하는 것 같다. 이것은 마르코복음에서 한 번, 요한복음에서 한 번, 사도행전에서 두 번 나오지만 마태오복음에서는 열 번 나오며, 대개는 예수의 행동을 묘사하는 데 쓰인다. 이렇게 '물러나는 예수'를 어떻게 이해해야 할까?

그렇지만 이런 양상에는 그저 '물러나는' 이상의 것이 포함되어 있다. 이런 양상이 분명하게 드러나는 첫 부분인 마태오복음 4:12~17에서 예수는 위험 앞에서 물러나지만, 그냥 어딘가에 숨는 것이 아니다. 그는 전도한다. "이때부터 예수는 '회개하여라, 하늘나라가 다가왔다' 하고 선포하기 시작하셨다"(4:17).* 마태오복음에서 이것은 예수가 활동을 시작하는 시점이다. 예수는 위험에서 물러나는데, 그것은 자신의 메시지를 다른 곳에서 전하기 위해서이다. 마태오복음 12:15~23에서도 같은 일이 일어난다. 예수는 바리사이파 사람들이 그의 목숨을 노리자 물러나지만, 그런 다음 "모든 병자를 고쳐"준다. 그는 물러난 뒤 활동을 강화한다. 마태오복음 14:13~14에서 예수는 요한의 죽음을 전해들은 다음 물러나지만, 물러나 있으면서 병자들을 치료하고 군중에게 가르친다. 예수가 물러날 때는 언제나 활동이 끝나는 게 아니라 활동을 시작하거나 강화하는 쪽으로 이어진다. 전술적 내지 전략적으로 물러나는 것이다.

이렇게 함으로써 마태오는 이번에도 예수를 나중에 예수의 추종자들이 행동의 모범으로 삼도록 내세우고 있다. 마태오복음 10장에서 예수는 제자들에게 치료하고 선포하는 활동을 실행하는 방법을 자세하게 지시한다. 또 그들에게 박해에 처할 것이라고 예언한다. 그들은 법정에 끌려가고 위협을 받고 처벌을 받을 것이다. 그러나 예수는 그들에게 또 박해가 닥치거든 물러나라고도 말한다. (그렇지만 이때의 낱말은 다른 부분과는 달리 페우고$_{\text{pheugō}}$로서, 위협으로부터 '도망치다'라

---

* 공동번역 성서에는 다음과 같이 나와 있다. "이때부터 예수께서는 전도를 시작하시며 '회개하여라. 하늘나라가 다가왔다' 하고 말씀하셨다."

는 뜻이다.) 그리고 마태오는 예수가 제자들에게 자신을 본보기로 삼으라고 말하고 있음을 확실하게 알린다. "제자가 스승보다 더 높을 수 없고 종이 주인보다 더 높을 수 없다. 제자가 스승만해지고 종이 주인만해지면 그것으로 넉넉하다. 집주인을 가리켜 베엘제불이라고 부른 사람들이 그 집 식구들에게야 무슨 욕인들 못 하겠느냐?"(10:24~25) 마태오는 제자들은 예수의 화신이자 대리인임을 강조하는 것으로 예수의 말을 맺는다. "너희를 맞아들이는 사람은 나를 맞아들이는 사람이며 나를 맞아들이는 사람은 나를 보내신 분을 맞아들이는 사람이다" (10:40).

마태오는 자신의 공동체 구성원들에게 예수와 마찬가지로 '좋은 율법학자'가 되라고 말한다. 예수가 그랬던 것처럼 그들 역시 위협과 처벌과 박해에 처하게 될 것이다. 그들의 대응은 물론 고난을 견뎌내는 쪽이어야 한다. 그러나 더 나아가, 그들은 예수를 본보기(적어도 마태오가 묘사한 대로)로 삼아야 한다. 즉 위험 앞에서 물러나며, 물러나지만 다른 곳에서 활동을 계속해야 하는 것이다. '물러나는 예수'는 마태오에게 특별한 주제지만, 그가 생각하는 예수의 본보기를 바탕으로 그의 공동체를 이루어나가겠다는 목적에 비추어볼 때 이치에 닿는다.

마태오복음 속 폭풍을 가라앉히는 예수

앞서 언급한 것처럼 우리는 하나의 이야기를 그 저자가 사용한 원천자료와 비교해봄으로써 특정 저자가 글을 쓴 의도와 목적에 관해 많은 것을 알아낼 수 있다. 마태오가 들려주는 사건이나 말씀을 그가 자료로 삼았을 가능성이 높은 마르코복음과 비교하면 그가 복음서를 쓴 나름의 목적에 관해 중요한 실마리를 얻게 된다. 여기서 나는 이 방법을 구체적으로 보여주는 예로서 마르코복음과 마태오복음에서 묘사된 폭풍을 가라앉히는 일을 비교해보기로 하는데, 그중에서도 1948년에 귄터 보른캄이 내놓은 유명한 에세이에서 한 부분을 예시로 가져오겠다.[4]

마르코복음에서 이 이야기는 비교적 단순하다(마르코복음 6:45~52). 예수는 제자들을 배에 태워 갈릴래아 호수 건너편으로 보내고 자신은 남아 군중을 돌려보내고 기도한다. 제자들은 강한 맞바람에 노를 젓느라 애를 쓰다가 예수가 물 위로 걸어와 그들 곁을 지나치려는 것을 본다. 그들은 유령인 줄 알고 비명을 지르고, 이에 예수는 그들을 진정시키며 배에 오른다. 갑자기 바람이 멎는다.

마태오는 이 이야기에 여러 요소를 추가하여 자세히 들려준다(마태오복음 14:22~33). 마태오는 그저 맞바람이 강하게 불고 있었다고만 알리는 게 아니라, 배가 "육지에서 멀리 떨어져 있었고" 게다가 "풍랑에 시달리고 있었다"면서 마르코복음에서보다 더 위험한 장면으로 그린다(14:24). 그러고 마태오는 완전히 새로운 이야기를 추가한다. 제자들이 보고 있는 것이 유령이 아니라 예수라는 사실을 깨닫자 베드로는 예수에게 물 위로 다가가게 해달라고 청한다. 예수는 "오너라" 하고 말한다. 그러나 배 밖으로 나가자 베드로는 겁에 질려 물에 빠져들기 시작한다. 그는 소리친다. "주님, 살려주십시오!" 예수는 그를 건져주면서 타이른다. "왜 의심을 품었느냐? 그렇게도 믿음이 약하냐?" 둘은 모두 배에 오르고, 그러자 바람이 멎는다. 마태오는 이 이야기를 마르코처럼 제자들이 혼란과 오해에 빠진 장면으로 끝맺지 않고 전혀 다르게 맺는다. "배 안에 있던 사람들이 그 앞에 엎드려 절하며 '주님은 참으로 하느님의 아들이십니다' 하고 말하였다"(14:33).

보른캄의 해석에 따르면 마태오는 비교적 단순한 '자연을 다스린 기적'을 가져와 자기 시대의 교회를 위한 우화 같은 것으로 바꿔놓는다. 교회는 마태오가 이미 명확히 보여준 대로 박해와 반대를 경험해야 하는데, 이것은 배가 풍랑에 '시달리고' 있는 것으로 묘사된다. 그렇지만 그리스도교인은 베드로가 "주님, 살려주십시오!" 하고 청한 것처럼 예수에게 구원을 빌어야 한다. 여기서 베드로는 구원을 위해 예수를 필요로 하는 '모든 그리스도교인'을 나타낸다. 그러나 이들은 '믿음이 약한' 자신의 모습을 완전한 믿음을 지닌 모습으로 바꿔야 한다. 교회에는 '믿음이 약한' 사람이 많이 있다는 관념은 마태오복음에서 반복적으로 등장한다. 실제로 이 표현은 교회의 구성원 중 예수를 어느 정도 믿기는 하지만 충분히 믿지는 않는 사람을 묘사할 때 즐겨 쓰는 것으로 보인다.[5] 끝으로, 마태오는 마르코복음에서 가져온 끝맺음을 바꿔, 그가 자신의 교회 구성원에게서 기대하는 행동을 제자들이 하게 한다. 즉 혼란과 오해에 빠질 게 아니라 예수를 주님으로 섬기라는 것이다.

20세기 중반에 출간된 보른캄의 에세이는 학자들이 '편집비평redaction criticism'이라고 부르는 것의 초기 사례에 해당한다. 여기서 '리댁션redaction'은 '편집'이라는 뜻인데, 더 일상적인 낱말인 '에디토리얼

editorial'을 쓰지 않는 것은 단지 영어를 쓰는 학계에서 이 방법을 독일 학자들에게서 배웠기 때문이다. 독일어로 '편집'은 '레닥치온Redaktion'이다. 이 연구방법에서는 저자들이 다른 원천자료에서—이 경우에는 마르코복음에서—가져온 듯 보이는 이야기나 말씀을 어떻게 변형했는지(편집했는지) 살펴본다. 마태오나 루가가 Q에서 가져온 것을 어떻게 변형했을지 추정할 때도 똑같은 방법을 쓴다. 다른 사람에게서 가져온 자료를 어떻게 바꿨는지를 살펴봄으로써 복음서의 저자 자신의 의도를 더 잘 알 수 있는 것이다.

이 경우 우리는 마태오의 교회라든가 그가 복음서를 쓴 목적, 그의 의도 등 그의 배경을 상상하는 데 도움이 되는 해석을 찾아낼 수 있다. '마태오'(실제 저자의 이름은 알 수 없으며 다만 편의상 이 이름을 사용하고 있다는 점을 상기하자)는 이방인이 포함되어 있지만 적어도 그의 의견에서는 모세의 율법을 지킴으로써 이스라엘에 연계된 채로 남아야 하는 교회에서 복음서를 쓰고 있다. 그는 자기 교회의 구성원들이 음식에 관한 율법을 따르고, 안식일을 지키며(다만 일부 다른 유다인들보다는 덜 엄격한 방식으로), 교회의 남자들은 아마도 남자아이와 이방인 개종자 모두 할례를 계속할 것을 기대하는 것 같다. 그는 자신을 포함하여 그들을 예수의 가르침을 전하고 유다교의 경전을 올바르게 해석하는 스승과 율법학자의 공동체로 본다. 그들은 십자가형을 당한 이 구세주를 따르기 때문에, 또 어쩌면 율법을 나름의 다른 방식으로 해석하기 때문에 박해를 겪는다. 그러나 그들은 견디면서 예수를 따르고 섬기며, 할 수 있으면 박해를 피해 달아나고, 그러나 그렇게 물러날 때 그것을 복음을 더 널리 전하는 기회로 삼아야 한다.

이것은 오늘날 대부분의 사람들이 알고 있는 것과는 사뭇 다른 형태의 그리스도교이다. 우리로서는 예수를 구세주로 보고 이방인을 교회에 받아들이지만 모세의 율법을 계속 지킬 것을 고집하는 형태의 교회를 상상하기가 어렵다. 그러나 명백히 바로 이것이 마태오의 복음서에서 우리가 보는 모습이다. 분명 저자는 자신이 유다교와는 다른 '종교'를 내놓고 있다고는 믿지 않았을 것이다. 다른 종교를 내놓는 게 아니라 그는 스스로 '이스라엘 민족'이 되는 올바른 방법을 가르치고 있는 것으로 봤다. 이 복음서는 서기 70년 이후에 쓰인 것이 확실하며, 의심의 여지 없이 1세기가 끝나기 이전에 쓰였다. 대부분의 학자들은 서기 85년 무렵에 작성됐다고 보겠지만 그것은 추측일 뿐이다. 1세기의 끝 무렵으로 다가가는 이때 우리는 예수를 믿고 율법을 지키면서 자신을 '교회'라 부르는 유다교 종파를 보게 되는 것이다.

8
『토마의 복음서』

개요: 『토마의 복음서』가 있다는 사실은 고대의 저자들을 통해 알려져 있었지만, 그 실제 본문이 전해진 것은 나그함마디 문서가 발견된 뒤의 일이다. 『토마의 복음서』는 기본적으로 말씀을 모아놓은 것 즉 어록으로서, 때로는 정전 복음서에 나오는 것과 비슷해 보이기도 하는데 다만 그보다 더 원시적일 것이다. 그렇지만 이 문서의 말씀은 나중에 '영지주의자'라는 사람들이 띠게 되는 세계관과 비슷한 일종의 '플라톤주의적' 세계관을 반영하는 것으로 설명하면 더 이해가 쉬울 것이다. 이 세계관에서는 물질적 세상을 거부하고 세상에서 벗어나 신성한 존재로 되돌아가기 위해 영지gnosis, 靈知 즉 비밀스러운 지식을 추구한다.

나그함마디 문서와 토마 문헌

아마도 이 책에서 무엇보다도 꾸준히 반복되는 주제는 초기 그리스도교의 다양성일 것이다. 실제로 오늘날에는 초기에서부터 2세기에 이르기까지 그리스도교 운동이 얼마나 다양했는지를 강조하기 위해 학자들이 '초기 그리스도교들'이라는 복수형 표현을 쓰는 것을 이따금 들을 수 있다. 이 다양성을 알 수 있는 한 가지 좋은 방법은 정전에 들어가지 못한 그리스도교 문서들, 나중의 그리스도교인들이 '정통적'이라 생각하지 않았던 문서들, 그리고 따라서 오늘날의 사람들에게 비교적 알려지지 않은 문서들을 살펴보는 것이다. 『토마의 복음서』(이 제목은 필사본의 본문에서 나왔으며, 다만 책의 시작 부분이 아니라 끝부분에서 제목이 나온다)는 지금까지 비교적 덜 알려진 초기 그리스도교 문헌 중 가장 유명한 것이고, 신약에서 드러난 것과는 다른 종류의 그리스도교를 보여주는 좋은 예가 된다.

일부 고대의 전승과 『토마의 복음서』에 따르면 토마는 예수의 쌍둥이 형제였다. '토마'라는 낱말 자체가 아람어나 고대 시리아어로 '쌍둥이'라는 뜻이다. 토마는 또 요한의 복음서에서 '쌍둥이'로 나와 있으며(요한복음 20:24, 21:2), 다만 그 쌍둥이의 다른 한 명이 누구인지는 나오지 않는다. 쌍둥이를 나타내는 그리스어 낱말은 디디모스didymos이다. 따라서 『토마의 복음서』에서 그는 '디디무스 유다 토마'라고 밝혀져 있다(서언). 고대 세계에서 그는 더러 신약에 들어 있는 유다의 편지를 쓴 사람이라고 알려져 있기도 했다. 고대 동방 그리스도교(시리아, 메소포타미아, 나아가 인도까지)에서 퍼진 전승, 그리고 그의 행적이나 말과 연관된 그 밖의 일부 문서에서 그는 명확하게 예수의 쌍둥이 형제라고 언급된다.

토마와 연관된 여러 편의 문헌이 생겨났다. 이 장에서 분석할 콥트어로 쓰인 『토마의 복음서』 말고도 토마에 관한 글 중에는 마찬가지로 나그함마디 문서에 포함된 『토마서』, 그리고 금욕적이면서도 비교적 성애적인 이야기로서 고대 그리스도교인들에게 인기가 있던 『토마행전』이 있다. 이런 문헌은 시리아와 메소포타미아의 교회에서 특히 인기가 있었던 것으로 보이기 때문에 이런 지역, 예컨대 시리아의 에데사 같은 곳에 '성 토마 학파' 같은 것이 있었으리라는 의견이 종종 나온다.[1] 이따금 마르 토마('성 토마'라는 뜻)라 불리는 서부 인도의 그리스도교인들은 오늘날에도 자기 교회의 기원을 성 토마의 선교활동으로 거슬러올라간다.

인기가 있던 또다른 책은 『토마의 유년기 복음서』라는 이름으로 알려져 있다. 이것은 토마의 삶과 활동이 아니라 예수의 유년 시절 초기 몇 년간을 묘사한다. 이 책은 오늘날에 봐도 재미있는 읽을거리이다.[2] 이 책에서 예수는 약간은 자랑쟁이이자 괴롭힘쟁이라는 인상을 준다. 안식일에 흙으로 비둘기를 만든 일로 꾸지람을 듣자 그는 흙으로 만든 비둘기에게 손뼉을 쳐 날아가게 만든다. 또 학업으로 나무라는 스승을 때려죽인다. 길거리에서 다른 아이가 그에게 부딪치자 그는 그 아이를 때려죽인다. 다만 마지막에는 다른 사람의 권유를 받아들여, 그의 비위를 거스르는 실수를 저지른 모든 사람을 되살려낸다.

토마라는 이름과 관련된 이런 글이 모두 같은 종류의 그리스도교에서 나온 것은 아니다. 어떤 것은 신학적이기보다는 흥미 위주이다. 어떤 것은 초기 그리스도교에 있던 극단적 형태의 금욕주의를 가르친다. 그리고 어떤 것은 나중에 학자들이 영지주의와 연관됐다고 결론지은 특정 철학으로부터 받은 영향을 보여준다.[3] 이처럼 이런 문서의 종류가 다양하다는 사실로 미루어 2세기 동안 초기 그리스도교의 글이 풍부하게 등장했음을 알 수 있다. 신약에서 제외되기는 했지만, 이런 글은 나중에 '정통'과 '이단'이라는 것들 사이의 경계선이 명확하게 그어지고 제도적으로 시행되기 이전인 2세기와 3세기에 존재한 다양한 형태의 그리스도교를 증언한다. 우리는 오래전부터 이런 문헌에 대해 많이 알고 있었고 심지어 『토마의 복음서』가 있다는 것도 알았지만, 20세기 중반에 들어 이 『복음서』가 완전한 형태로 발견되기 전에는 글의 일부분만 몇 토막씩 알았을 뿐이다.

1945년에 이집트의 나일강가에 있는 나그함마디라는 소도시에서 흙을 파던 어느 이집트인이 커다란 책 즉 코덱스 열두 권과 일부분만 남은 책 한 권을 발견했다. 이들 문서는 로마시대에 고대 이집트였던 이 지역에서 일상적으로 쓰인 언어인 콥트어로 쓰여 있었지만 모두 그리스어 원본을 번역한 것 같아 보였다. 이들 문서가 작성된 시기는 문서마다 크게 다르며, 일부 학자는 『토마의 복음서』가 쓰인 때를 1세기로 본다. 그러나 나그함마디 문서의 글 중 많은 것이 2세기에 그리스어로 쓰인 것으로 보인다. 나그함마디의 코덱스 자체는 350년이 되기 직전에 만들어졌고 아마 그로부터 얼마 지나지 않아 항아리에 밀봉되어 묻혔을 것이다. 학자들은 더 '정통적' 그리스도교인들이 찾아내 없애버리지 못하도록 묻은 것이 아닐까 상상하지만, 그것은 그저 한 가지 가능성에 지나지 않는다. 우리에게는 이 코덱스들이 왜 묻혔는지, 왜 그곳에 묻혔는지, 묻히기 전에는 누가 가지고 있었는지를 알 수 있는 증거가 없다.

정전 복음서와는—또 그 밖의 많은 비정전 복음서와는—달리 『토마의 복음서』에는 수록된 말씀을 담고 맥락을 부여하는 서사구조가 없다. 예수가 제자들에게 말하는 것 말고는 그의 목회, 치료, 활동에 관한 이야기가 없다. 수난 서사도 없고 부활 이야기도 없다. 『토마의 복음서』는 예수가 한 말 114편을 모아놓은 어록일 뿐이다.

『토마의 복음서』가 2세기에 편찬, 집필됐다 해도 수록된 말씀 모두가 예수로 거슬러올라가지 않는다는 말은 아니다. 『토마』의 책에 담긴 말씀 중 많은 것이 공관복음서에 실린 비슷한 말씀과 매우 닮아 보이며, 때로는 『토마』의 책에 담긴 말씀이나 비유가 정전 복음서에 보존된 말씀이나 비유보다 더 '원시적'으로 보인다고 주장할 학자들이 많이 있다. 즉 『토마』에 수록된 말씀 중에는 우리의 성서에 나오는 같은 말씀보다 형태적으로 역사적 예수가 한 말에 더 가까운 말씀이 포함되어 있을 수도 있다. 그래서 '역사적 예수'에 관해 연구하는 학자들은 (이 책의 13장 참조) 역사적 예수가 '진짜로 한 말'을 알아내기 위해 『토마』를 네 권의 정전 복음서와 함께 연구에 활용한다. 『토마의 복음서』가 온전한 모양으로 발견된 것은 초기 그리스도교에 관한 연구와 역사적 예수를 찾기 위한 노력에 지대한 의미를 지닌다는 데에는 의심의 여지가 없다.

『토마의 복음서』에 실린 말씀

『토마의 복음서』는 '모호함'이 있을 거라는 암시로 시작한다. "아래는 살아 있는 예수께서 하신 모호한 말씀이며 그것을 디디무스 유다 토마가 적었다. 그리고 그분께서는 이렇게 말씀하셨다. '누구든 이 말들의 의미를 알아내는 사람은 죽음을 맛보지 않을 것이다'"(서언과 제1언). 여기서 '모호한'으로 번역된 낱말은 또 그저 '감춰진' 또는 '비밀스러운'이라는 뜻도 된다.[4] 이것은 지금 읽고 있는 글이 의도적으로 비전하게(감춰진, '내부자'만 알 수 있게) 쓰인 초기 그리스도교의 문헌임을 알려주는 실마리이다. 이로써 또 한 가지 의문이 제기된다. 만일 이 말씀을 이렇게 글로 적고 따라서 '발표'했다면 도대체 얼마나 '숨겨져' 있을 수 있다는 것일까?

그러나 이런 말씀 중 일부분이 적어도 우리에게는 '모호'하다는 점에는 의심의 여지가 없다. 심지어 이 첫 부분에서도 궁금해진다. 예수가 무엇 때문에 자기 제자들에게 모호하게 가르치고 있을까? 독자는 왜 여기 실린 말씀의 '뜻을 찾아내야' 하는 것일까? 사람들이 구원받기 위해 알아야 하는 것을 예수는 왜 숨김없이 알기 쉽게 가르칠 수 없을까? 그러므로 바로 시작부터 우리는 비전의 가르침에 의존하고, 조심스러운 해석이 필요하고, 또 해석에 필요한 제대로 된 열쇠가 없는 사람에게는 난해한 특이한 종류의 초기 그리스도교 문헌을 마주치게 되는 것이다.

앞서 말한 대로 『토마의 복음서』에는 제대로 된 서사도 없고 수난 이야기도, 매장도, 부활도 없다. 실제로 이 책에서 말하고 있는 예수는 이미 부활했다는 느낌을 받을 것이다. 실제로 『토마의 복음서』에 나오는 예수를 읽는 사람 중에는 그렇게 읽는 사람이 많다. 부활한 모습 즉 이미 '영적' 존재가 되어, 감춰진 지식을 전달하는 지혜로운 스승인 것이다.

그렇지만 이 복음서에 실린 몇 가지 말씀은 공관복음서에 실린 것과 그다지 달라 보이지 않는다.

> 예수께서 말씀하셨다. "들어라. 씨 뿌리는 사람이 나와 씨를 한 줌 쥐고 뿌렸다. 어떤 것들은 길에 떨어져 새들이 와서 쪼아먹었다. 어떤 것들은 바위에 떨어져 흙에 뿌리를 내리지 못하고 이삭이 패지 않았다. 어떤 것들은 가시덤불에 떨어져 씨는 가시에 숨이 막혔고 굼벵이들이 다 먹어버렸다. 또 어떤 것들은 좋은 땅에 떨어져 열매가 많이 달렸는데 육십 배가 되기도 하고 백이십 배가 되기도 했다." (9)

이 말씀은 우리의 성서에서 볼 수 있는 것과 매우 비슷하다(마태오복음 13:3~9, 마르코복음 4:3~9, 루가복음 8:5~8). 실제로 여기에 실린 이야기가 공관복음서에 실린 것보다 더 단순하고 더 직설적이다. 이에 따라 우리는 이것이 공관복음서에 실린 것보다 더 '원시적'이라고 생각하게 된다. 즉 『토마』판 이야기가 예수가 실제로 말한 것에 더 가까울 가능성이 높다는 말이다. 어쨌거나 공관복음서에서는 단순한 비유 뒤에 비교적 복잡한 해석이 나오는데, 수많은 사람이 오래전부터 이 해석이 비유와 아주 잘 맞아떨어지지는 않는다는 점을 알고 있었다.

이에 따라 일부 학자들은 역사적 예수는 그 비슷한 비유를 실제로 들려주었겠지만 나중의 그리스도교인들이—또는 복음서의 저자들 본인이—예수의 단순한 비유를 부연하고 해석하여 다듬고 싶은 마음을 억누르지 못한 것이라는 의견을 내놓았다. 이럴 경우 오늘날 『토마의 복음서』에서 보는 더 단순한 말씀이 오늘날의 성서에서 보는 더 복잡한 말씀보다 더 '앞선'(예수의 실제 말씀에 가까운) 것일 수도 있다. 어떤 경우든 이것은 『토마』에 실린 말씀이 공관복음서에 실린 말씀과 그리 다르지 않다는 한 가지 예다.

이 말씀 바로 앞에 비교해보고 싶은 또하나의 말씀이 있다.

> 사람들은 어느 총명한 어부와 닮았다. 그는 그물을 바다에 던졌다가 작은 물고기가 가득한 그물을 끌어올렸다. 이 총명한 어부는 그 가운데 크고 좋은 물고기를 찾아내자, 아무 어려움 없이 큰 물고기를 고르고는 작은 물고기를 모두 바다에 다시 던져버렸다. 누구든 들을 귀가 있는 사람은 알아들어라! (8)

이 경우 오늘날의 성서에서는 정확하게 이 비유와 일치하는 것을 찾아낼 수 없지만, 그 요지는 오늘날의 성서에 있는 다른 비유와 같아 보인다. 지혜로운 사람이 대단히 값진 진주를 갖고 그보다 덜 좋은 진주를 모두 버리는 이야기(마태오복음 13:45~46), 또는 잡은 물고기를 추려 "좋은" 물고기는 모두 광주리에 담고 "나쁜" 물고기는 내버리는 사람들 이야기(13:47~50)가 그렇다. 그러나 마태오에서는 좋고 나쁜 물고기는 좋고 나쁜 사람을 가리키며, '세상 끝날'에 분류되어 서로 다른 심판을 받는다는 요지인 것으로 보인다. 『토마』의 요지는 특정한 사람들만이 무엇이 가치가 뛰어난지를 알고 다른 무엇이 아닌 그것을 택할 '총명함'을 갖추었다는 뜻으로 보인다. 그러나 이 비유가 마태오복음에 있는 비유와는 다르기는 하지만, 우리의 정전 복음서에서 익숙해진 것과 똑같은 구절로 끝나는 것은 사실이다. "들을 귀가 있는 사람은 알아들어라"(예컨대 마태오복음 13:9과 43, 마르코복음 4:23, 루가복음 8:8 등 여러 곳 참조).

『토마』에는 좀더 이해하기 어렵고 또 때로는 적어도 나로서는 불가사의한 말씀도 있다. 예를 들면 이렇다. "예수께서 말씀하셨다. '거룩한 존재 셋이 있는 곳에서 그들은 거룩하다. 둘 또는 하나가 있는 곳에서는 나 자신이 그 사람과 함께 머무른다'"(30). 이 말씀의 끝부분은 어느 정도 마태오복음 18:20과 비슷하기는 하지만("단 두세 사람이라도 내 이름으로 모인 곳에는 나도 함께 있기 때문이다"), 뭔가 다른 뜻을 전하는 것이 분명하다. '셋'이라는 말은 삼위일체를 가리키는 것일까? 그렇다면 이 말은 그 나머지 부분과는 전혀 연결되지 않는 것 같다.

공관복음서의 말씀과 약간 비슷하게 들리는 말씀이 또하나 있다. "예수께서 말씀하셨다. '여우에게는 굴이 있고 새에게는 보금자리가 있다. 그러나 사람의 아들에게는 머리를 누이고 평안을 얻을 곳이 어디에도 없구나'"(86). 끝의 몇 마디가 나오기 전까지는 오늘날의 복음서에 나오는 익숙한 말씀과 닮았다(마태오복음 8:20, 루가복음 9:58). 그러나 '평안'이라는 부분에는 비교적 신비스러운 느낌이 있으며, 적어

도 뜻이 명료하지는 않다. 이 구절에는 감춰지거나 특별한 어떤 뜻이 있을지도 모른다.[5]

『토마』가 오늘날의 성서에 있는 복음서와 명확하게 달라 보이는 한 가지는 묵시사상 내지 심지어 장차 올 '하느님의 나라'에 관심조차 없다는 부분이다. 이것은 마지막 바로 앞의 말씀에서 입증되는데, 아마도 이 세상의 종말과 하느님의 나라가 오는 문제를 다루기 위해 책의 끝부분에 적절히 배치됐을 것이다. "제자들이 그에게 말했다. '이 나라는 언제 오겠습니까?' 〔예수께서 말씀하셨다.〕 '오게 될 것을 기다려 오는 것이 아니다. 이곳이다라거나 저곳이다 하고 말하지 않을 것이다. 그보다는 아버지의 나라는 이 땅 위를 온통 뒤덮고 있는데 사람들이 알아보지 못할 뿐이다'"(113).[6] 이 나라는 앞으로 다가오리라고 기대할 수 있는 것이 아니다(또 마태오복음에서처럼 '하늘'나라로 부르지도 않고 마르코나 요한, 바울로처럼 '하느님의' 나라로 부르지도 않는다는 점에도 주목하자). 이 나라는 이미 땅 위를 온통 뒤덮으며 존재하나, 다만 대부분의 사람은 알아보지 못하고 있다. 이것은 철저하게 비종말론적인 나라이다. 현존하는 나라인 것이다.

『토마의 복음서』가 특이한 또 한 가지는 토마에게 맡기는 특별한 역할이다. 토마는 예수가 누구이고 어떤 존재인지를 정확하게 이해하는 듯한 유일한 제자이다. 그는 예수가 베드로나 야고보, 요한을 비롯하여 다른 어떤 제자들에게도 알려주지 않은, 감춰져 있는 특별한 지식을 안다. 이것은 어느 부분까지는 공관복음서의 말씀과 매우 비슷하지만 뒷부분에서는 철저하게 달라지는 또다른 말씀으로 설명할 수 있다.

예수께서 제자들에게 말씀하셨다. "나를 누구와 비교한다면 누구와 닮았느냐?" 시몬 베드로가 말했다. "정의로운 천사와 닮았습니다." 마태오가 말했다. "총명한 철학자와 닮았습니다." 토마가 말했다. "스승님, 저의 입으로는 누구와 닮았는지 도저히 말할 수 없습니다." 예수께서 말씀하셨다. "나는 너의 스승이 아니다〔단수형인 '너의'에서 알 수 있듯 여기서는 토마에게만 말하고 있다〕. 너는 내가 직접 떠다준 샘솟는 물을 마시고 취해 있기 때문이다." 그리고 그는 그를 데리고 물러나 세 가지 말씀을 들려주셨다. 그런 다음 토마가 동료들에게 돌아오자 그들이 물었다. "예수께서 뭐라고 말씀하셨습니까?" 토마가 그들에게 말했다. "그분이 나에게 들려주신 말씀 중 하나를 여러분에게 들려주면 여러분은 돌을 들어 나를 때리려 할 것이고, 그 돌에서 불길이 나와 여러분을 태워버릴 것입니다." (13, 괄호는 내가 넣었다.)

토마의 마지막 말은 '묻는 말에 대답할 수도 있지만 그러고 나면 너를 죽여야 한다'라는 고대 표현에 해당한다.

이 인용문에는 몇 가지 흥미로운 점이 있다. 첫째는 베드로와 마태오가 예수의 질문에 한 대답이 좋기는 하지만 최상이지는 않은 것으로 설정한다는 점이다. 토마만 예수가 원하는 대답을 하는 것으로 보인다. 인용문에 괄호로 넣은 설명처럼, 콥트어에서는 예수가 토마에게 (나머지 제자들과는 달리) 그가 이미 예수의 지식을 마시고 취했기 때문에 자신은 그의 스승이 아니라고 말할 때 단수형 표현을 쓰고 있음을 알 수 있다. 그다음은 이 말씀에서는 예수가 토마에게 따로 들려준

세 가지 말씀에 대해 아무것도 알려주지 않는다는 점이다. 예수로부터 토마에게—그리고 아마도 토마로부터 몇몇 선별된 그리스도교인에게—구두로 전해진 내밀한 지식을 독자에게조차 알려주지 않는다. 다시 말해 이것은 거룩한 지식에 두 가지 계급이 있다는 증거가 된다. 즉 모든 그리스도교인에게 공개된 글로 적힌 지식과, 선별된 그리스도교인에게만 구두로 전해지는 지식이다.

『토마의 복음서』에는 이 밖에도 여러 가지 난해하고 신비로운 말씀이 많이 있는데, 나로서는 그중 일부는 설명할 수 있을 것 같고 또 일부는 도무지 엄두가 나지 않는다. 그러나 설명할 수 있겠다는 생각이 드는 것들을 어떻게 설명할 수 있는지를 보여주기 위해, 잠시 여기서 전통적으로 '영지주의'라는 이름으로 불리는 고대 후기의 지식운동을 개략적으로 살펴보기로 한다.

원시 정통과 영지주의

'지식'을 가리키는 그리스어 낱말 중 중요한 것 하나는 그노시스gnosis이다. 그노스티코스gnostikos는 누구든 '내막을 잘 아는' 사람, '아는' 사람을 가리키는 낱말이었는데, 다만 그리스어를 쓰는 사람들은 대부분 이런 용법을 봤을 때 이상하다는 생각이 들었을 것이다. 이 낱말은 일부 초기 그리스도교인들이 거룩한 것들에 대해 특히 아는 게 많은 사람들, 나아가 대부분의 사람들에게는 감춰져 있고 지식의 비전이나 계시를 통해서만 알 수 있는 것들까지 아는 사람들에게 적용함으로써 특별한 낱말이 됐다. 알렉산드리아의 클레멘스는 서기 200년 무렵에 활동한 그리스도교 저자였는데 그리스도교 전승에서는 대개 정통이라고 본다. 그는 자신을 '영지주의자' 그리스도교인이라 생각했다. 그는 모든 그리스도교인이 가질 수 있고 또 가져야만 하는 공개된 지식이 존재하며, 그렇지만 또한 더 철학적이고 지혜로우며 뛰어난 그리스도교인이라야 알 수 있는 비전의 지식이 존재한다고 봤다. 그러므로 '영지주의자'라는 용어는 2세기에 완전히 정통적인 그리스도교인조차 쓸 수 있는 말이었다.

앞서 지적한 대로 2세기, 나아가 3세기에조차 나중에 '정통적orthodox'과 '이단적heretical' 그리스도교인을 가르게 될 선은 아직 명확하게 그어지지도 적용되지도 않았다. 독사doxa는 그리스어로 '명성'이나 '의견'이나 그 밖의 여러 뜻이 될 수 있지만 여기서는 믿음과 지식이라는 뜻이다. 그리스어로 오르토ortho는 '곧다'라는 뜻도 있지만 여기서는 '옳다'는 뜻이다. 그리스도교 초기에는 무엇이 옳은 그리스도교 사상인지를 두고 아직 논의가 많이 일어나고 있었기 때문에 무엇이 정통적이고 무엇이 이단적인지 결론을 낼 수 없었다. 일부 학자들은 따라서 이 시기를 묘사할 때 '원시 정통'이라는 용어를 씀으로써 '정통'이라는 용어가 함축하는 시대착오를 피하고자 한다. '원시 정통'이라는 용어는 그저 경쟁에서 이겨 나중에 '정통 그리스도교', 즉 4세기와 5세기에 신경과 공의회에 반영된 부류의 그리스도교인들과 그리스도교를 가리키는 뜻으로 쓰인다.

'영지주의자'라는 용어는 나중에 일부 그리스도교인들이 자신을 가리키기 위해 가져다 쓴 것으로 보이는 꼬리표이지만, 그 밖의 그리스도교인들은 이단적이라고 생각되는 믿음을 가리키는 꼬리표로 썼다. 따라서 일부 교부들은 칭찬하려는 의도 없이 어떤 사람들을 '영지주의자'라 부른다. 지난 20년 동안 학계에서는 역사학자들이 과연 광범위한 부류의 갖가지 사람과 집단, 믿음을 가리켜 '영지주의자'라는 용어를 사용해야 하는가를 두고 활발한 토론이 있었다. 일부 학자들은 이 용어로써 그 윤곽을 합리적으로 구분할 수 있는 운동이 과연 있었는가 의문을 제기한다.[7] 예컨대 나그함마디 문서에 포함된 책이 모두 어떤 단일한 신학적 유형에 들어가지 않는 것은 분명하다. 또 고대 후기에 '영지주의자 교회'나 사회적으로 통일된 형태의 '영지주의'로 판단할 수 있는 '교회'가 없었다는 것은 지금 명확하다. 일부 학자들은 '영지주의'라는 폭넓은 범주는 적들이 만들어낸 것이며 사회적으로는 존재하지 않았다고 확신하면서, 이 용어를 완전히 버리고 자신들이 볼 때 그저 철학적으로 다양한 빛깔을 띠었을 뿐인 고대 후기 그리스도교를 가리킬 수 있는 다른 방법을 찾아내자고 주장한다.

그 밖의 학자들은—여기에는 나도 포함되는데—'영지주의자 교회'나 나아가 완전히 일관성을 띤 운동은 없었다는 점에는 동의하지만, 또한 이 용어가 실제로 신학적으로 공통점이 많은 수많은 전제와 믿음과 글을 유용하게 묶어 구별해준다고 믿는다. 더욱이 이 수많은 믿음 묶음이 그것을 믿은 그리스도교인들과 나중에 '정통' 신학을 대표하게 될 다른 그리스도교인들을 서로 구별해준다. 여기서 내가 묘사하려는 것은 이처럼 느슨하게 정의된 여러 가지 믿음의 묶음이다.

나는 초기 그리스도교인들 중 고대 후기 형태의 철학, 특히 플라톤주의와 신플라톤주의의 영향을 받았으나 성서의 신화적 이야기, 예컨대 아담과 하와의 창조 같은 이야기라든가 예수의 인격과 업적도 이런 철학적 사조로 해석하고 싶어한 사람들이 있었을 것으로 본다. 이들은 플라톤의 『티마이오스』라는 안경을 통해 창세기를 읽고 있었을 것이라고 상상할 수 있다. 이들은 예수에 관한 말씀과 글을 읽었지만 더 '세련된' 신성 및 인간성 관념에 들어맞도록 해석했다. 이들은 유다교 경전과 그리스도교 전승을 대부분의 교회에 있는 '일반' 그리스도교인들이 쓰는 '축어적' 방식보다 더 '영적' 내지 '철학적'이라고 생각되는 방법에 맞게 해석했다.

나아가 이들은—확장된 해석이기는 하지만—플라톤주의를 '원시 영지주의'로 생각했을 수도 있다. 플라톤의 글에서는 수많은 신이 있지만 궁극적으로 최고의 신은 하나뿐이라는 철학적 신학을 제안한다. 이 신은 인간이 이해하는 어떤 것도 초월하며, 이해하는 부분조차도 우리가 존재와 지식을 그 신과 공유하는 만큼만 이해한다. 플라톤주의에서는 신체와 영혼이라는 이원론과 물질세계의 위계를 가르쳤다. '물질'이라는 현실은 '관념' 또는 '형상'이라는 현실에 의존하지만 그보다 하위에 있으며, 이 관념 또는 형상은 진정으로 존재하지만 더 하위에 있는 '물질'이라는 조야한 것으로 구성되어 있지는 않다. 물질적 실체는 변화하며, 따라서 변화하지 않는 비물질적 존재, 예컨대 사상이나 신보다 하위에 있다. 플라톤주의에서는 이처럼 물질과 영혼, 육체와 정신이라는 위계가 우리가 우리 세계 안과 주위에서 보는 모든 것을 이룬다고 본다.

학자들이 전통적으로 말하는 영지주의는 이를 비롯하여 그 밖의 여러 플라톤적 관념을 받아들여 한 걸음 더 나아간다. 예컨대 플라톤의 경우 물질은 정신이나 영혼보다 하위에 있지만, 그렇다고 해서 물질적 실체가 그 자체로 악하다는 뜻은 아니었다. 그렇지만 일부 그리스도교인들은 나중에 물질은 본질적으로 하위에 있다는 관념을 물질은 악하다는 뜻으로 해석했다. 이들은 자신의 영혼이 육체라는 감옥을 벗어나게 하고 싶어했다. 그리고 구원은 본질적으로 육체가 아니라 정신 내지 영혼인 우리 인간이 물질과 형체에 구속된 상태에서 벗어나 정신과 영혼의 궁극적 원천, 즉 가장 상위에 있는 궁극의 신과 하나가 될 수 있는 지식을 소유하는 것으로 생각했다.

만일 하느님이 완전한 선이라면, 그리고 하느님이 모든 것의 원천이라면, 하느님에게서 나온 것 중 가장 순수한 우리 영혼 내지 정신이 어쩌다가 물질이라는 감옥에 갇히게 됐을까? 다시 말해, 만일 하느님이 선하고 전능하다면 악은 도대체 왜 존재할 수 있을까? '신의 정당화'라는 뜻의 '신정론'이라는 전문용어로 불리는 이 신학적 문제는 순수 선이자 세상의 원천인 유일신 하느님을 믿는 유다교인, 그리스도교인, 이슬람교인을 가리지 않고 수많은 인간을 괴롭혀왔다. 고대 영지주의자(또는 내가 여기서 이 전통적 용어로 지칭하고 있는 글의 저자)들은 악과 물질세계가 등장한 것을 설명하기 위해 정교한 신화를 내놓았다.

그보다 훨씬 뒤의 고대 후기 철학과 신학에서는 지고한 궁극의 신성한 존재는 순수 사고라고 본다. 그런데 이 사고는 생각하며, 그래서 순수 사고의 이런 생각은 '발산물'이 된다. 본질적으로 이 발산물은 의존적이지만 독립된 신이 된다. 이런 낮은 계층의 사고로부터 다른 생각이 발산하여 낮은 신이 되고, 이런 식으로 반복하다가 마침내 우주는 능력과 선의 수준이 서로 다른 신으로 가득차게 된다.

이런 신화 한 가지에 따르면 이런 신성한 존재는 마침내 남성과 여성이라는 쌍으로 발산하는데, 이 쌍은 또다른 신성한 발산물, 즉 새로운 신을 만들어내려면 서로를 필요로 한다. 그렇지만 어느 시점에서 소피아('지혜')라는 신성한 존재가 신성한 남성 상대 없이 새로운 존재를 발산하기로 한다. 즉 그녀는 남성 없이 출산하고자 한 것이다. 남성 없이 여성 혼자 출산이 가능할지도 모른다는 생각은 수많은 고대 작가들의 관심을 끌었고 수많은 남성의 반감을 불러일으켰다.[8] 일반적으로는 여성이 간혹 남성 없이 출산할 수는 있지만 그 결과는 '정상적' 자손이 아닌 일종의 괴물이 된다고 믿었다. 일부 글에서는 바로 이런 일이 소피아에게 일어났다고 한다. 신을 낳기는 했지만, 낳고 보니 무능하고 서투르며 도덕적으로 오락가락하는, 또는 악하기까지 한 괴물 신이었다.

나는 이 신을 나그함마디 문서 중 하나인 『요한의 비밀서』에서 붙인 이름대로 이알다바오스라 부르기로 하는데, 지금 소개한 창조신화는 바로 이 문서에 나오는 것이다.[9] 창세기에서 물질세계를 창조한 것으로 묘사된 신은 바로 저 무능하고 나아가 악하기까지 한 신이다. 우리가 아는 세계는 불완전한 신이 만들었기 때문에 너무나 불완전하다. 우리는 악과 고난을 겪는데 그것은 더 나은 실력을 발휘할 능력이 없

8 『토마의 복음서』

어 보이는 신이 이 물질세계를 창조했기 때문이다. 이 신은 또 여러 다른 존재를 창조하여 사람들이 천사, 신, 악마, 영 등으로 부르는 온갖 것으로 우주를 채웠다. 결국 이 신은 천상의 다른 존재의 도움을 받아 아담을 만들고, 자기 어머니의 영혼 일부를 아담의 육체에 불어넣어 생명을 주었다. 영지주의자가 볼 때 만일 인간이 안에 신성한 '불꽃'을 지니고 있다면 그것은 원래 궁극의 하느님에게서 온 선한 영혼 내지 불길의 작은 조각을 지니고 있기 때문이다.

여기서 여러 신화나 가르침을 열거하여 학자들이 영지주의자라 부른 믿음과 글이 얼마나 다양한지 보여줄 수 있지만, 『토마의 복음서』의 수수께끼를 해석한다는 나의 목적에 비추어볼 때 고대 영지주의자의 신화와 신학에 관해 개략적인 설명은 최소한만 하면 될 것이며, 그러기 위해서는 몇 가지 글만 인용하면 된다. 하나는 테오도투스라는 2세기의 저자가 쓴 것으로 알려진 시로서, 알렉산드리아의 클레멘스를 통해 우리에게 전해졌다. 이것은 이따금 '발렌티누스 학파'라 불리는 그리스도교인 집단의 신학과 신화학에서 핵심이 되는 측면을 암시하는 수수께끼 시로 해석되기도 한다.[10]

> 우리는 누구였는가, 누가 되었는가,
> 우리는 어디에 있었는가, 어디로 던져졌는가,
> 우리는 어디로 바삐 가고 있는가, 무엇으로부터 속량되고 있는가,
> 태어남은 무엇인가, 다시 태어남은 무엇인가.[11]

해석해보면 이 시는 인간성의 기원과 결말을 다루는 기본적인 신화를 개괄적으로 다루고 있다. 영지주의자들처럼, 육체라는 물질세계에 갇히기 이전의 우리는 신성한 불꽃 즉 모든 물질성과 한도를 넘은 순수한 하느님의 한 조각이었던 것으로 상상할 수 있다. 그렇지만 우리는 육체에 갇힌 불꽃이 되었고, 육체는 물질세계에 갇혀 있다. 우리는 최고의 신 곁에 있었고 나아가 그 신의 일부분이었다. 그러나 우리는 이 세상과 육체 안으로 '던져졌다'. 우리는 어디로 바삐 가고 있을까? 무엇보다도 하느님에게 돌아가고 있다. 우리는 무엇으로부터 속량*되고 있을까? 물질세계와 형체의 세계로부터, 이 세상으로부터 속량되고 있다. 그러므로 태어남은 무엇일까? 우리의 육체적 탄생은 생명의 시작이 아니라 죽음의 시작이었다. '탄생'은 사실 죽음이었다. 그리고 우리가 이 육체로부터 죽는 것이 다시 태어남이 될 것이다.

진정한 자아, 적어도 진정한 영지주의자가 된 인간의 진정한 자아는 거룩한 불길의 불꽃 한 조각이다. 이것이 육체의 탄생을 통해 물질세계에 갇혔다. 이 기원과 진정한 존재의 신비를 배우는 사람들이 있으면 그들은 우주의 여러 계층을 거슬러올라가 진정한 신의 더없이 완벽한 상태로 되돌아가게 해줄 비밀을 배울 수 있는 지자智者의 방식으로 살아갈 수 있다. 그렇지만 영지주의자들은 또 창조자 신(서투르거나 악한 하위의 신)이 만들어낸 악하거나 질투 많은 갖가지 신들은 인간이 원래의 낮은 위치에 그대로 머무르게 하려고 열중한다고도 믿었다. 그

---

* 그리스도교에서 '속량redeem'은 죄의 노예가 된 인간의 몸값을 그리스도가 대신 치르고 죄로부터 해방시키는 것을 가리킨다. '대속代贖' 또는 '구속救贖'이라고도 한다.

러므로 천상에는 악한 세력이 존재하면서 자기네 계층을 통과하려는 자가 있으면 통과하지 못하도록 맞서싸운다. 이들은 우리의 '불꽃'이 졸리거나 취하게 하여 진정한 기원을 잊게 만들려고 한다. 이들이 이렇게 하는 것은 인간이 갇혀 있는 상태를 유지하게 하기 위해서이다. 이들을 통과하거나 우회하여 참된 우리의 신성한 집으로 다시 돌아가는 방법을 알려면 비밀의 지식이 필요하다.

이 단순하고도 기본적인 서사는 「진주 찬가」에도 나와 있다.[12] 오늘날 『토마행전』에 끼워져 있는 이 짤막한 신화에 따르면, 동방의 어느 막강한 왕이 왕자를 이집트에 보내 흉맹한 용이 지키고 있는 귀중한 진주를 가져오게 한다. 왕자는 이집트인들에게서 독을 주입당하지만—어쩌면 '약물에' 취한다는 쪽이 더 정확한 번역이겠지만—왕이 전하는 말에 깨어난다. 그는 일어나 자기 아버지의 '이름'을 이용하여 용을 쳐부수고 진주를 가지고 동방으로 돌아간다. 그는 영지 즉 지식의 겉옷을 걸치고 왕의 궁궐로 올라가 평화의 세계로 들어가며, 그곳에서 내내 행복하게 산다. 이 이야기는 진정한 영지주의자 내지 현자에 관한 기본적 신화를 묘사하는 한 방식이다. 즉 영혼이 물질과 망각의 세계로 떨어진 일, 구원을 위해서는 특별한 지식이 필요하다는 점, 물질세계와 이 세상이라는 감옥의 탈출, 그리고 특별한 지식을 통해 우리의 신성한 근원으로 되돌아가는 것을 다루고 있다.

고대에 영지주의라는 것이 있었다 하더라도 『토마의 복음서』는 거기 해당되지 않는다고 주장할 사람이 많을 것이며, 여러 면에서 이런 주장은 확실히 옳다. 예컨대 나그함마디 문서에 포함된 '영지주의자'

문헌의 한 가지 중요한 측면은 여러 수많은 신이 있음을 강조하고 또 악하고 질투가 많은 신들이 아버지인 진정한 하느님과 맞서고 있다는 점을 강조하는 부분이 많다는 점이다. 『토마의 복음서』는 그런 어떤 신도 언급하지 않는다. (다만 이런 신이 여기저기서 상징적으로 묘사되어 있을 수는 있다. 다음에 인용한 『토마』 21 참조.) 또 서투른 하위 신이 창세기에 나오는 창조주 하느님이라고 규정하지도 않는다. 『토마의 복음서』에는 나그함마디 문서의 여러 본문에서 볼 수 있는 정교한 신화도 갖가지 이름도 신비스러운 용어도 없다. 나는 『토마의 복음서』가 영지주의자의 글이라는 점을 증명하려는 게 아니다. 그렇지만 독자가 이런 글과 신화를 알고 있다면 『토마』에 나오는 말씀 중 수수께끼나 심지어 불가해한 채로 남을 많은 부분을 이해할 수 있다고 믿는다.

예를 들어보자.

> 마리아가 예수에게 말했다. "당신의 제자들은 무엇을 닮았습니까?" 예수께서 말씀하셨다. "그들이 닮은 것은 자기 것이 아닌 땅뙈기에서 살고 있는 아이들이다. 땅 주인들이 오면 이렇게 말할 것이다. '우리 땅을 내놓아라.' 그들로서는 땅을 그들에게 돌려주기 위해 그들 앞에서 발가벗고, 그런 다음 그들의 땅을 돌려줄 것이다." (21)

이 말씀은 정전 복음서에서 땅이나 포도밭 주인이 소작인에게 땅이나 작물을 내놓도록 강요하는 몇몇 이야기와 어느 정도 닮았기는 하지만, 뒷부분에 가면 전혀 다르다.[13] 그러나 방금 살펴본 신화와 관념에 비추어보면 완벽하게 이해된다. 심지어 하나의 비유로도 읽을 수 있다. 땅 주인들은 누구일까? 세상을 지배하는 악한 세력들이다. 세상의 창조자들이기 때문이다. 아이들은 누구일까? 자신의 진정한 본성을 알아낸 예수의 진정한 제자들이다. 이들은 기꺼이 모든 것을 내놓고, 심지어 옷까지 벗어 세상의 저 신들에게 돌려주고 진정한 자신의 모습으로 진정한 자기 집으로 돌아간다.

영지주의적 글에서는 이따금 지혜로운 사람의 진정한 본질 즉 영혼 내지 정신을 불꽃이나 빛으로 그린다. 이것은 원래 높은 하느님에게서 받은 것이다. 그러므로 『토마』에 나오는 다음 말씀을 살펴보자. "그의 제자들이 말했다. '당신이 계신 곳을 보여주십시오. 그곳을 찾아가야겠습니다.' 그분께서는 그들에게 말씀하셨다. '귀가 있는 사람이라면 알아들어라! 빛의 사람 안에는 빛이 있다. 그래서 그 빛이 온 세상을 비춘다. 그 빛이 비추지 않으면 그 사람은 어둠이다'"(24). 빛이 모든 인간 속이 아니라 '빛의 사람' 안에만 존재할 수 있다는 점에 주목하기 바란다. '지식이 있는' 이런 고대의 그리스도교인 중에는 인간이 계층 안에서 존재한다고 믿은 사람이 많았다. 가장 지식이 많고 높은 계층의 사람은 영지주의자로서, 이들은 감춰져 있으나 진정한 지식을 지니고 있다. 이들은 신성한 존재에게서 발산하여 나온 신성한 빛의 불꽃이다. 그러나 모든 인간이 이런 불꽃을 지니고 있지는 않다. 대부분은 아니더라도 많은 사람이 하느님보다는 짐승에 더 가깝다. 이들은 어쩌면 교회의 평범한 계층 안에 있으면 궁극적으로 일종의 구원을 경험할 수 있을 것이다. 그러나 '영지주의자' 제자들은 다르다. 이들에게는 교회의 '보통' 가르침이 필요하지 않다. 이미 자신 안에 신성한 빛을 지니고 있기 때문이다.

다른 말씀에서 예수가 말한 그대로이다. "영혼을 위해 육체가 존재하게 된 것은 놀라운 일이다. 또 영혼이 육체를 위해 (존재하게 된다면) 더욱 놀라운 일이다. 그러나 나로서는 이처럼 크나큰 부가 이런 가난 속에서 살게 되었다는 것이 놀라울 따름이다"(29).[14] 영혼은 육체나 신체를 위해 존재하지 않는다. 그저 '가난' 속에서 사는 '크나큰 부'로서 육체 안에서 살고 있을 뿐이다. 실제로 『토마』의 예수는 제자들에게 육체를 '벗어버리도록' 재촉한다. "그의 제자들이 말했다. '언제 당신을 저희에게 보이시고 언제 저희가 당신을 바라보게 되겠습니까?' 예수께서 말씀하셨다. '너희들이 부끄러움 없이 발가벗고 또 어린아이들처럼 너희의 옷을 발치에 놓고 그것을 밟을 때이다. 그러면 너희는 산 자의 아이를 볼 것이다. 그러면 너희는 두렵지 않을 것이다'"(37). 여기서도 육체는 벗어놓고 짓밟으며 멸시할 수 있는 옷에 지나지 않는다. 진정한 지식은 '지식이 있는' 그리스도교인이 육체와 물질세계를 거부하고 신성한 불길의 불꽃이라는 자신의 진정한 본성을 알도록 이끌어준다.

이것은 영지 즉 지식을 통해서만 이루어진다. 우리의 진정한 기원과 본성을 아는 지식이 우리를 구원한다. "너희가 너희 자신과 익숙해지면 너희는 인식될 것이다. 그리고 너희는 살아계신 아버지의 아들이라는 자신의 본모습을 이해할 것이다. 그러나 너희가 자신과 익숙해지지 않는다면, 그러면 너희는 가난 속에 있으며 가난이 바로 너희이다"(3). 내가 인용하고 있는 말씀을 번역한 벤틀리 레이턴은 그가 번역한

다른 대부분의 말씀과 마찬가지로 여기서 '안다'는 말이 아니라 '익숙해진다'는 말을 쓴다. 여기서 찬양하는 '지식'이 단순히 책에서 얻는 지식이나 어떤 사실을 아는 지식이 아니라는 점을 강조하는 것이다. 그런 지식이 아니라 예수가 토마에게, 또 토마가 자신의 진정한 기원, 본성, 결말에 대한 특별한 지식을 부여받은 저 선별된 그리스도교인들에게 전하는 숨겨진 진리를 완전히 인식하는 것을 말한다. 예수가 다시 다음 말씀에서 말한 것과 같다. (『토마』는 요점을 반복하는 때가 많기 때문에 예가 많이 있다.) "누구든 세상에 익숙해진 사람은 시체를 찾아낼 것이며, 이 시체를 찾아낸 사람에게 이 세상은 어울리지 않는다"(56). 토마는 우리의 살아 있는 물질적 육체마저도 다만 시체에 지나지 않는다고 가르친다.

『토마의 복음서』는 오늘날의 성서에 있는 복음서와 비슷한 점이 많은데도 불구하고 중요한 부분에서 다르다. 신약의 복음서는 육체나 신체가 완전히 파괴된다고 믿지 않고 부활을 통해 완전해진다고 믿는다. 신약의 복음서는 자신의 진정한 기원과 본성을 알게 해주는 감춰진 지식을 전달받아 정확히 알아야 구원받는다고 보지 않는다. 정전 복음서의 관점에서 구원은 예수가 하느님이 보낸 구세주라고 믿음으로써 얻는 것이다. 신약의 복음서는 하느님의 나라를 개인의 인격 안에서 찾지 않으며, 사방에 있으나 보이지 않을 뿐이라고 보지 않는다. 정전 복음서는 그와는 달리 가까운 장래에 예수가 천사의 군대를 끌고 와 로마인과 모든 적을 쓸어버리고 세상의 종말에 하느님의 나라를 세울 그 때를 기다리라고 가르친다. 이들은 세상을 탈출하는 것이 아니라 예수가 세상을 속량한다고 믿는다.

『토마의 복음서』가 정말로 '영지주의적'인지, 나아가 '고대의 영지주의'라는 것이 고대에 '정말로 있었던 것'을 가리키는지에 관한 논의를 결말지을 필요는 없다. 그렇지만 나는 『토마』의 수수께끼를 풀어내기 위해서는 초기 그리스도교의 다양한 원천자료나 나그함마디의 코덱스에서 보게 되는 일종의 관념과 설화 덩어리가 필요하다고 주장한다. 그리고 그렇게 하고 나면 우리는 그 글에서—그리고 그보다 더 '영지주의적'인 다른 수많은 글에서—'정통'을 위한 싸움에서 이긴 것과는 사뭇 다른 형태의 그리스도교를 보게 된다. 오늘날의 성서에서는 볼 수 없지만 역사에서 중요한, 흥미로운 종류의 초기 그리스도교를 보게 되는 것이다.

그리스도교의 전파

9
루가의 복음서와 사도행전: 1. 구조와 주제

개요: 두 권으로 된 하나의 작품인 루가의 복음서와 사도행전의 저자는 예수의 활동과 복음이 이방인에게 전파된 경위를 매우 주도면밀한 구조를 통해 그려낸다. 루가복음은 유다교에 대한 예수의 신앙, 배척당한 예언자라는 예수의 역할, 그리고 세상 지위의 역전이라는 주제를 강조한다. 루가복음은 예루살렘에서 끝나며, 사도행전은 거기서 시작하여 운동이 사마리아와 이방인에게 전파되는 경위를 따라간다. 루가복음과 사도행전을 꼼꼼히 분석해보면 저자가 역사적 사실이나 시대적 순서에는 신경쓰지 않았음을 알게 된다. 그와는 달리 그는 '순서대로 정리하여' 쓴 이야기에서 복음을 유다인 대부분이 배척하고 그 결과 이방인에게 전파된 사연을 설명한다.

다른 복음서도 그렇듯 우리는 루가복음과 사도행전을 누가 썼는지 모른다. 다만 대부분의 학자들은 같은 저자가 하나의 작품을 두 권으로 썼다고 확신한다. 이 저자를 편의상 '루가'라 부르기로 한다. 다만 이 사람은 의사이자 바울로의 동반자였던 루가는 아닐 가능성이 높다는 점을 염두에 두어야 한다(필레몬서 24, 골로사이서 4:14, 디모테오2서 4:11 참조). 그렇지만 우리는 그의 글에서 그가 복음서를 쓴 동기와 관심사를 짐작하고 나아가 글을 쓸 때 그를 둘러싸고 있던 초기 그리스도교의 맥락을 상상해볼 수 있다. 이것은 앞서 살펴본 문서의 경우와 마찬가지로 본문 자체를 분석함으로써 가능하다. 이 두 권의 책에 있는 내용 말고는 저자나 그가 처한 맥락과 관련된 정보를 우리는 전혀 가지고 있지 않다.

저자는 자신이 들려주는 일을 직접 목격했다고 주장하지 않으며, 복음서에서는 목격하지 않았다고 확실히 밝힌다.[1] 실제로 그는 루가복음 첫머리에서 자신의 연구 내역을 다음과 같이 설명한다.

> 존경하는 데오필로 님, 우리들 사이에서 일어난 그 일들을 글로 엮는 데 손을 댄 사람들이 여럿 있었습니다. 그들이 쓴 것은 처음부터 직접 눈으로 보고 말씀을 전파한 사람들이 우리에게 전해준 사실 그대로입니다. 저 역시 이 모든 일들을 처음부터 자세히 조사해둔 바 있으므로 그것을 순서대로 정리하여 각하께 써서 보내드리는 것이 좋겠다고 생각하였습니다. 그러하오니 이 글을 보시고 이미 듣고 배우신 것들이 틀림없는 사실이라는

것을 알아주시기 바랍니다. (루가복음 1:1~4)

이 도입부는 루가복음을 다른 복음서와 구별해주는데, 고대의 지식인 독자가 책 첫머리에서 기대하는 대로 시작하기 때문이다.

먼저 저자는 데오필로라는 사람에게 이 책을 쓴다. 문학작품을 시작하는 가장 일반적인 방법은 헌사인데, 이것은 종종 상대방의 이름을 거명하는 형태를 띤다. 이렇게 거명한다고 해서 이 작품을 정말로 오로지 그 사람만 보라고 썼다는 뜻은 아니다. 그보다는 친구나 후견인을 문학적으로 기리는 형식이었다. 따라서 만일 내가 고대의 저자라면 내 책을 다음과 같은 문장으로 시작할 것이다. "친애하는 스너플무트 씨, 일전에 우리가 모리 식당에서 점심을 먹는 동안 당신이 제게 최근 제가 아프리카를 1년 동안 여행 다닌 이야기를 들려달라고 청하셨으니, 여기에 간단하나마 적습니다. 변변찮게 끼적거린 것에 지나지 않지만 재미있게 읽으시기를 바랍니다." 저자는 복음서를 그런 식으로 시작함으로써 자신이 의식적으로 문학작품을 쓰고 있음을 알린다. 고대의 독자들에게 사도행전은 역사서처럼 보였겠지만, 이 복음서는 비오스bios(오늘날과 같은 의미의 '전기'가 아닌 '생애')로 보였을 가능성이 높다.

이런 헌사가 문학적으로 흔했기 때문에 우리는 '데오필로'가 실존인물이 아닐지도 모른다는 의심을 품고 있다. 실존인물이라면 지위가 높은 사람이었을 것이다. 저자가 '존경하는'이라는 표현을 쓴 데서도 알 수 있지만 후견인으로 거명했다는 사실 자체로도 알 수 있다. 그러나 이 이름은 상징적이고 허구일 수 있다. 데오theo는 그리스어 낱말 '하느님'에서 온 것이고, 필로스philos는 '친구' 또는 '애호가'라는 그리스어 낱말이다. 루가는 이 이름을 '이상적 독자'를 나타내는 상징으로 쓰고 있을 수도 있다. '하느님을 사랑하는 사람' 또는 '하느님의 사랑을 받는 사람'인 것이다. '데오필로'가 실존인물인지 허구적 착상인지는 알 수 없지만, 도입부에 이 이름이 있다는 사실은 저자가 문학작품임을 주장하고 있음을 알 수 있는 또다른 실마리이다.

앞서 말한 대로 이 도입부에서 저자는 자신이 들려주는 사건들을 직접 목격하지는 않았다고 인정한다. 실제로 그는 '우리에게 전해준 사실 그대로'라는 구절에서 원천자료를 사용했음을 지적한다. 앞의 여러 장에서 설명했듯 우리는 루가의 저자가 마르코를 원천자료의 하나로 사용했다는 것을 알고 있다. 그는 또 Q자료를 사용했다(또는 Q 가설을 받아들이지 않는다면 마태오의 어떤 판본을 사용한 것이 틀림없다). 어떻든 우리는 그가 적어도 두 가지 문서 자료를 사용했다는 것을 알며, 나는 이 장과 다음 장에서 증명하고자 하는 대로 자료를 몇 가지 더 사용했다고 믿는다. 그는 또 초기 교회에서 전해진 구전 이야기와 말씀 등 전승도 사용했다. 어찌 됐든 그는 원천자료를 사용했다는 것을 거리낌없이 인정한다.

'순서대로 정리하여', 즉 시간순으로 쓰는 것을 목표로 한다고 진술함으로써 저자가 마르코라든가 여타 원천자료에 비해 자신의 글이 더 우월하다고 주장하는 것으로 볼 수 있다. 그러나 이 구절에 대한 그다지 좋은 해석이 아닐 것이다. 사실 우리는 루가가 실제로 자신의 주제와 신학적 목적을 위해 원천자료에 나오는 사건들의 순서를 바꿨다는 것을 알 수 있다. 즉 우리는 그가 시간적으로 올바르게 순서를 잡기 위해서가 아니라 다른 이유 때문에 자신의 서사 안에서 내용을 이리저리 옮긴다는 것을 알 수 있다. 따라서 그가 '순서대로 정리하여'라는 구절에서 말하는 것은 아마 자신의 서사가 복음을 가르친다는 목적에 맞춰 '정확하게' 구성됐다고 생각한다는 뜻일 것이다.

루가복음과 사도행전의 구조

루가복음과 사도행전의 해석을 위한 중요한 실마리는 두 권의 책을 한꺼번에 놓고 간단하게 윤곽을 그려봄으로써 얻을 수 있다(도표 6 참조). 이 복음서는 도입부와 헌사에 이어 세례자 요한과 예수의 출생에 관한 이야기와 예수의 어린 시절에 관한 이야기로 시작한다. 그런 다음 3장은 예수가 요한에게 세례를 받는 이야기, 요한의 가르침, 예수의 족보(마태오복음에 있는 것과는 사뭇 다르다), 그리고 예수가 사막에서

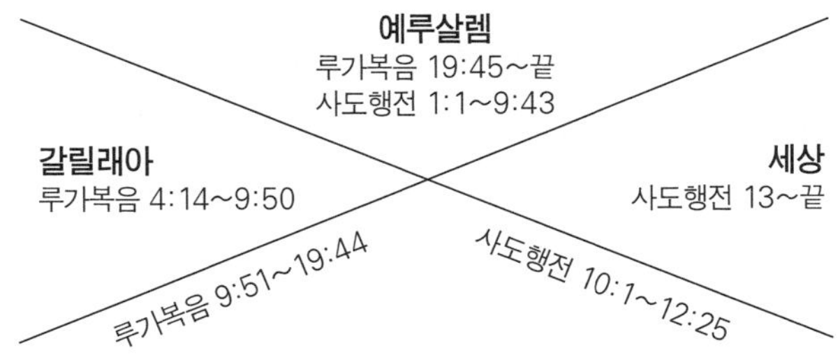

도표 6. 루가복음과 사도행전의 지리적 구조

악마의 유혹을 견뎌내는 서사를 들려주면서 전환점을 제공한다. 예수가 활동을 시작하기 전 일종의 준비, 시험, 입문 기간에 해당한다. 이런 모든 일은 갈릴래아와 유다 지방 여러 곳에서 일어나며, 예수의 갈릴래아 활동 이전의 사건들을 다룬 서사로 볼 수 있다.

예수의 갈릴래아 활동은 4:14에서 시작하여 9:50까지 이어진다. 루가복음에서는 이 모든 사건이 갈릴래아에서 일어난다는 점이 확실하다. 이 사실은 그에게 중요해 보인다. 9:51에서 루가는 서사의 변화를 알리는 중요한 표시를 넣고 심지어 시간적 표시까지 넣는다. 그것은 "예수께서 들려 올라갈 날이 가까워지자 예루살렘에 가시기로 마음을 정하시고"*라는 구절이다. '들려 올라갈'은 무슨 뜻일까? 예수의 십자가형을 말하는 걸까? 나중에 요한의 복음서에서 우리는 예수가 '높이 들린다'는 말은 십자가형을 가리킬 수도 있지만 부활이나 승천으로 높아진다는 뜻도 된다는 것을 살펴볼 것이다. 그러나 루가복음의 이 부분에서는 이 말의 뜻이 무엇인지 확실하게 알 수 없다. 루가복음 24:51과 사도행전 1:9에서 들려줄 예수의 승천을 가리키는 걸까? 알아내기란 불가능하다. 어쩌면 의도적으로 모호하게 두었는지도 모른다. 어떤 경우든, 곧 살펴보겠지만 루가는 구원의 역사라는 커다란 얼개에서 예수가 '예루살렘에서 보내는 하루'를 중요하게 취급한다. 이 절은 예루살렘에서 일어날 일을 미리 보여주는 동시에 인류의 구원사에서 전환점 역할을 한다. 그러나 또 루가복음의 서사에서 전환점이기도 한

* 공동번역 성서에는 "예수께서 하늘에 오르실 날이 가까워지자 예루살렘에 가시기로 마음을 정하시고"라고 나와 있다.

데, 루가가 복음서에서 예수의 본격적 '갈릴래아 활동' 부분을 끝내고 그다음 열 개의 장에서 다루게 될 '예루살렘을 향한 예수의 긴 여정'을 시작하는 부분이 바로 이곳이기 때문이다.

그렇지만 루가복음 9:51의 전환점 직전에 저자는 갈릴래아 활동과 예루살렘을 향한 여정 사이에 전환부를 넣은 것 같아 보인다. 9:1은 예수가 열두 제자들을 함께 불러 제자들이 그의 이름으로 따로 활동할 수 있도록 권세를 주고 지시하는 내용으로 시작한다. 사실 우리는 9:1~50을 제자의 직분이라는 주제에 초점을 맞추어, 독자의 관심을 예수의 직접적 활동으로부터 제자들이 행하는 활동으로 옮기는 부분으로 읽을 수 있다. 이처럼 9:1~50은 예수의 갈릴래아 활동과 예루살렘을 향한 여정 사이에 들어가 제자들의 직분에 관한 일련의 가르침을 전하고 있다.

그런 다음 9:51~19:44이라는 긴 부분은 예수가 갈릴래아로부터 예루살렘으로 여행하면서 하는 활동으로 이루어진다. 가지고 있는 원천자료 여기저기에 나오는 자료를 저자가 가져와 자신이 인위적으로 구성한 '예루살렘을 향한 여정' 부분에 넣어 편집했다는 것은 명백하다. 그리고 이 부분 전체에 걸쳐 루가는 다시 마치 우주적·역사적 최종시한과 약속이 예루살렘에서 예수를 기다리고 있다는 듯, 예수가 그곳으로 가는 길이라는 사실에 독자의 주의를 꾸준히 환기시킨다. 예컨대 10:1에서는 예수가 일흔두 명의 제자를 뽑아 앞으로 찾아갈 여러 곳으로 보냈다고 말한다. 10:38에서는 예수의 일행이 "여행하다가 어떤 마을에 들렀는데" 마르타와 마리아가 예수를 집으로 초대했다고 한다.

13:22에서 저자는 "예수께서 예루살렘으로 가시는 길에 여러 동네와 마을에 들러서 가르치셨다"라고 말한다. 13:33에서 예수는 예루살렘에서 기다리고 있는 자신의 운명에 대해 예언하며 이렇게 말한다. "예언자가 예루살렘 아닌 다른 곳에서야 죽을 수 있겠느냐?" 17:11에서 저자는 우리에게 예수가 "예루살렘으로 올라가시는 길"이라는 것을 일깨워주며, 지금은 사마리아와 갈릴래아 사이의 경계지역을 지나고 있다고 말한다.

복음서에는 저마다 '수난 예고' 즉 예수가 자신의 고난과 죽음을 예언하는 부분이 나오지만, 루가는 예수가 이런 사건이 예루살렘에서 일어나야 한다고 강조하고 있음을 분명하게 말한다. 그런 예언 가운데 하나는 '예루살렘을 향한 여정' 부분의 끝에 이르러 나온다. "예수께서 열두 제자를 가까이 부르시고 이렇게 말씀하셨다. '우리는 지금 예루살렘으로 올라가고 있다. 거기에서 사람의 아들에 대하여 예언자들이 기록한 모든 일이 이루어질 것이다. 사람의 아들이 이방인들의 손에 넘어가게 될 터인데 그들은 사람의 아들을 희롱하고 모욕하고 침 뱉고 채찍질하고 마침내 죽일 것이다. 그러나 사람의 아들은 사흘 만에 다시 살아날 것이다'"(18:31~33).

이어 저자는 몇 차례 더 예수가 예루살렘으로 여행하고 있다는 사실에 우리의 주의를 돌린다. 마침내 그는 19:41~44에서 예수가 예루살렘 가까이 이르러 이 도시의 운명을 두고 우는 장면으로 이 부분을 끝맺는다. 예수는 19:1에서 예리고에 들어간다. "예수께서 예루살렘에 가까이 오신 것을 보고"(19:11) 특별한 비유를 들려준다. 그런 다음 "예수께서 이 말씀을 마치시고 앞장서서 예루살렘을 향하여 길을 떠나셨다"(19:28). 예수는 19:29에서 예루살렘 교외에 있는 벳파게와 베다니아에 들어간다.

이 복음서의 저자는 자기 작품의 커다란 부분을 주도면밀하게 구성하여 예루살렘을 향한 예수의 여정을 강조한다. 마르코나 마태오와 비교해보면 이 복음서의 저자는 자료를—말씀, 치료를 비롯한 여러 이야기, 비유를—가져오면서, 자기 작품의 이 열 개의 장에서는 원천자료에서 본 시간적 맥락과는 다르게 넣었음을 알 수 있다. 그는 마치 예루살렘을 향한 예수의 여행을 확장하려 한 것 같고, 그러기 위해서 원천자료에서는 다른 곳에서 일어났다고 되어 있는 자료를 빌려와서 이 부분에 끼워넣음으로써 예루살렘을 향한 예수의 여정을 강조했다. 이런 편집 행위를 다른 복음서들과 비교해보면 이것이 저자에게 중요한 주제였음이 분명하며, 예루살렘을 향한 예수의 여정이 그에게는 특별한 의미가 있다는 것을 알 수 있다. 마침내 19:45에서 예수는 예루살렘에 들어가고, 이 지점부터 루가의 복음서 끝까지 예수의 활동은 모두 예루살렘과 그 근교에서 일어난다.

사도행전은 예수가 부활한 뒤 그와 모든 제자들이 예루살렘에 있는 것으로 시작한다. 마르코는 예수가 갈릴래아에서 제자들 앞에 나타날 것이라고 암시한 바 있다. 마태오는 자신의 관점에서 예수는 갈릴래아에서만 열한 명의 제자들에게 나타났다고 확실하게 이야기한다(마태오복음 28:7~10, 28:16). 요한의 복음서에 따르면 예수는 먼저 예루살렘과 그 주변에서 제자들에게 나타났고, 그 얼마 뒤 갈릴래아에서 나타났다(요한복음 20~21장). 루가는 분명히 이런 전승을 알았고 또 예수가 부활한 뒤 사람들 앞에 나타났다고 하는 그 밖의 전승도 아마 알았을 것이다. 그는 확실히 마르코의 복음서를 알았고 예수가 갈릴래아에서 나타났다고 하는 다른 전승도 알았을 가능성이 매우 높다. 그는 따라서 부활한 예수가 나타난 일을 의도적으로 예루살렘과 그 바로 주변지역으로 제한한 것이다. 실제로 사도행전에 따르면 예수는 부활한 지 50일쯤 뒤인 오순절에 "성령으로 세례를 받게" 되기 전에는 이 지역을 떠나지 말 것을 제자들에게 명확하게 명령한다(사도행전 1:4~5). 그러므로 루가는 다른 복음서 저자들이나 바울로와는 달리, 예수가 부활 후 나타나는 곳을 예루살렘과 그 주변 마을이라는 지역과 50일이라는 기간을 넘지 않는 시간대로 제한한다. 그는 복음서의 끝부분과 사도행전의 첫 부분 모두에서 독자의 주의를 예루살렘과 유다 지방에 고정시킨다.

사도행전은 크게 세 부분으로 나눌 수 있다. 사도행전 1:1~9:43에서는 '이방인 선교' 이전에 일어나는 사건들을 들려준다. 교회에는 모두 예수를 따르는 유다인 추종자들만 있는 것으로 되어 있고, 사건들은 먼저 예루살렘과 그 주위에서 일어난다. 8장을 시작으로 선교활동은 확장되어 사마리아까지 포함된다. 사마리아인은 유다인의 사촌 격으로 간주했는데, 이들 역시 모세에게 충성하고 나름대로 모세의 율법과 경전을 가지고 있었기 때문이다. 따라서 사마리아인을 대상으로 하는 그리스도교 선교는 전적으로 유다인에게만 하던 선교에서 한 걸음 더 밖으로 나간 것이다. 사마리아로 처음 진출한 뒤에는 필립보가 어느 에티오피아인 내시에게 전도하고 세례를 주는 이야기가 이어진다. 이 내시는 유다인 태생이거나 아니면 어떤 식으로든 유다교를 신봉하는 사람이다. 예루살렘에서 예배를 올리고 에티오피아로 돌아가는 길이기도 하거니와 필립보가 봤을 때 유다교 경전을 읽고 있었기 때문이다(사도행전 8:26~40).[2] 이 역시 유다 지방 내에서만 이루어지던 선교로부터 '밖으로 한 걸음 내디딘' 일에 해당된다. 사도행전의 세 부분 중 첫 부분은 그 결말부와 뒤이은 전환부에 다가가면서 적절하게도 바울로의 환상과 세례 이야기를 담는다(9:1~31). 적절하다 한 것은, 바울로 자신이 유다인이고 유다교에 대한 열정에서 교회를 박해하기까지 하지만, 사도행전에서 이방인을 향한 가장 중요한 선교사가 되기 때문이다.

10:1부터 12:25까지는 긴 전환부로서, 이 부분에서 그리스도교 운동은—사도행전의 저자는 이 운동을 종종 '도道'*라 부른다—순수하게 유다인의 운동이다가 이방인을 포함하는 운동으로 전개된다. 이 부분은 첫 이방인인 고르넬리오와 그의 집안이 베드로를 통해 개종하는 것으로 시작된다(10장).[3] 이 사건에 이어 이방인이 할례 없이 개종해도 되는가 하는 논의가 일어나 그래도 된다는 결론이 난다(11:1~18). 그런 다음 11:19~20은 선교가 진정으로 이방인을 향하는 뚜렷한 전환점이다. "스데파노의 일로 일어난 박해 때문에 흩어진 신도들이 페니키아와 키프로스와 안티오키아까지 가서 유다인들에게만 말씀을 전하였다. 그러나 그 신도들 중에는 키프로스 사람과 키레네 사람도 있었

* 공동번역 성서는 모두 '그리스도교'라고 옮겼으나, 다른 번역본 중에는 9:2, 19:9, 24:14 등 몇 군데에서 이렇게 옮긴 것이 있다.

는데 그들은 안티오키아로 가서 그리스인들에게도* 말씀을 전하고 주 예수의 복음을 선포하였다"(11:19~20). 그뒤 저자는 안티오키아에 교회가 세워진 이야기를 들려주는데, 사도행전에서 결국 이 교회는 유다인도 포함하지만 이방인이 주류를 이루는 중요한 교회가 된다.

나는 사도행전 11:20을 인용하면서 본문을 조금 바꾸었다. NRSV 성서에는 '그리스인들'이 아니라 '헬레니스트들'이라 되어 있는데, 아마도 번역자와 편집자가 이 낱말을 이방인이 아니라 그리스어를 쓰는 유다인을 가리키는 말로 받아들였다는 뜻일 것이다. 그렇지만 일부 고대 필사본에는 이 자리에 '그리스인들'이라는 낱말이 들어 있다.[4] 내 생각에는 이것이 분명 저자의 의도일 것이다. 저자의 의도가 그렇지 않았다면 다음 장에서 설명하겠지만 원천자료가 그렇게 되어 있었을 것이다. 다시 말해 만일 사도행전의 저자가 '헬레니스트들'이라 썼고 그것이 그리스어를 쓰는 유다인을 가리키는 말이라면, 저자는 아마도 원래는 '그리스인들'이라 되어 있는 원천자료를 사용했을 거라는 말이다. 이렇게 생각하는 이유는 오로지 유다인만 대상으로 하던 선교활동이 이제 이방인을 포함하는 선교활동으로 바뀌는 것을 이 부분의 서사에서 명확하게 묘사하고 있기 때문이다. 유다인 그리스도교인들이 그리스어를 쓰는 유다인들에게 전도하고 있었다면 전혀 새로울 게 없다. 과월절 사건 때부터뿐 아니라 나아가 루가복음에서도 그렇게 해오고 있었다. '헬레니스트들'은 처음부터 공동체의 일원이었다(6:1, 9:29 참

* 공동번역 성서에는 "그리스인들에게도"가 아니라 "이방인들에게도"라고 나와 있다.

조). 사도행전 6:1~6에서 선발된 부제들의 이름을 보면 이들이 그리스어를 쓰는 유다인이라는 것을 알 수 있다. 예수의 가장 가까운 제자였던 두 사람(안드레아와 필립보, 루가복음 6:14 참조)의 이름조차 이들이 처음 배운 언어가 그리스어였음을 암시한다. 다만 아람어도 썼을 것이 분명하다. 나는 사도행전 11:20에서 저자가—저자가 아니라면 원천자료에서—썼을 가능성이 더 높은 용어는 '그리스인들'이라고 생각한다. 어쨌거나 그는 사도행전 11장에서 독자들에게 뭔가 새로운 일이 일어나고 있음을 들려주는데, 이 새로운 일은 이방인 즉 '그리스인들'을 포함하는 방향으로 선교가 확장되고 있다는 일일 것이다.

사도행전 13:1은 사도행전을 크게 세 부분으로 나눌 때 마지막 부분의 시작에 해당하며 문서의 끝까지 이어진다. 이 지점부터 사도행전을 읽는 고대 독자가 볼 때 세상의 중심인 로마에 바울로가 들어가는 때까지는 이 두 권짜리 책 중에서 주로 교회의 이방인 선교, 즉 '이방인들의 등장 이후'라 부를 수 있는 시대이다.

루가복음과 사도행전의 저자는 자신의 작품을 용의주도하게 구성하여 예루살렘을 중심에 두었다. 루가복음의 전체적 서사는 독자들의 관심을 예수의 활동이 시작된 곳인 갈릴래아로부터 예루살렘을 향한 예수와 제자들의 긴 여정으로, 그리고 예수의 죽음과 부활이라는 절정으로 옮겨가는 형태를 이룬다. 사도행전은 이 서사의 흐름을 이어받아, 처음에는 예루살렘에 집중하다가 유다의 다른 여러 지방을 지나 사마리아로 이동한다. 그런 다음 바깥세상과 이방인 선교로 옮겨가 시리아의 안티오키아로, 소아시아로, 그리스와 유럽으로, 마침내는 이방인 세계의 중심인 로마로 이동한다. 다음 장에서 살펴보겠지만, 이것은 실제로 그리스도교가 전파된 경로가 아니다. 이것은 루가복음과 사도행전의 저자가 지닌 목적에 부합되도록 인위적으로 배치한 것이다. 이 배치가 어떤 작용을 했는지 보자면 이 두 권의 여러 커다란 주제를 분석해야 한다.

루가복음의 주제

루가복음은 자료의 많은 부분을 마르코복음에서 가져오는데, 여기에는 예컨대 갈릴래아에서 시작된 긴 활동이 예수의 생애 마지막 주가 되어서야 예루살렘에서 절정에 다다르는 과정을 상세하게 설명하는 기본적 시간구조도 포함된다. 그러나 루가는 또 예루살렘을 향한 여정을 다룬 정교한 구성에서 이미 살펴본 것처럼 마르코복음에서 들려주는 이야기의 순서를 이리저리 바꾼다. 이 성향과 아울러 루가가 중점적으로 다루는 주제 여러 가지를 잘 나타내주는 구절은 루가복음 4:16~30로서, 예수가 고향 나자렛에서 하는 설교 부분이다.

마르코복음에서 이 부분은 서사가 더 많이 진행된 다음인 6:1~6에서 나온다. 마르코복음에 따르면 예수는 갈릴래아로부터 요르단 강으로 요한을 찾아가 세례를 받는데, 이 일은 아마 유다 지방과 가까운 곳에서 일어났다고 이해해야 될 것이다(마르코복음 1:9). 사막에서 유혹을 받은 뒤(1:12~13) 예수는 갈릴래아로 돌아왔다고 되어 있다(1:14). 그는 갈릴래아 호수를 돌아 가파르나움으로 가서 치료하고 가르치면서 베드로와 안드레아의 집에서 머무르는 것으로 나타난다(1:29). 이어 “갈릴래아 지방을 두루” 여행하며 전도하고 마귀를 쫓아낸다(1:39). 그는 가파르나움으로 돌아와 여러 날을 지내는데, 여기서 우리는 그곳이 그의 “집”이 되었음을 알게 된다(2:1). 이 뒤의 서사는 예수가 여러 차례 여행을 떠나 갈릴래아를 다니다가 가끔씩 가파르나움의 “집”으로 돌아오는(예컨대 3:20) 것으로 이어진다. 나아가 그는 갈릴래아 지방 바깥인 갈릴래아 호수 반대편으로도 여행을 다닌다(5:1). 그는 가파르나움으로 옮겨가서 갈릴래아 안팎에서 더 활동한 다음에야 나자렛에 들른다. 거기서 그곳의 회당에 나가 약간의 가르침을 베풀지만 마을 사람들에게 배척당한다. 마르코는 우리에게 뜻밖에도 예수가 그곳에서 많은 기적을 행할 수 없었다고 말한다(6:1~6).

루가는 나자렛의 이 이야기를 완전히 다르게 처리한다. 우선 마르코복음에서는 이 사건이 예수의 갈릴래아 활동 도중에서 일어나지만, 루가는 이것을 예수의 활동 첫머리로 옮긴다. 루가에서 예수는 세례를 받고 유혹을 이겨낸 뒤 갈릴래아로 돌아오자마자 바로 나자렛으로 간다(루가복음 4:16). 루가는 원천자료를 통해 예수가 가파르나움에서 많은 기적을 행한 것으로 알고 있으며 이에 대해 4:23에서 흘린다. “가파르나움에서 했다는 일을 네 고장인 여기에서도 해보라고 하고 싶을 것이다.” 그러나 루가복음의 독자들은 예수가 가파르나움에서 무슨 일을 했는지 아직 보지 못했다. 루가복음에서 예수는 나자렛의 이 장면 이후에야 가파르나움으로 옮겨간다(4:31). 그러므로 루가는 나자렛 사건의 위치를 의도적으로 옮겨 예수의 활동이 시작되는 사건으로 만든다. 루가복음에서 이것은 예수의 취임사이다.

그리고 루가는 이 이야기를 상당히 보강하여, 루가복음과 사도행전의 여러 부분에서 더 자세히 풀어나갈 여러 주제를 미리 보여주는 용도로 활용한다. 그 첫째는 이 구절의 첫머리에서 등장한다. "예수께서는 자기가 자라난 나자렛에 가셔서 안식일이 되자 늘 하시던 대로 회당에 들어가셨다"(4:16). 루가의 주제 중 하나는 그리스도교 운동 초기의 유다인들은 좋은 유다인으로서 충성스러우며 경건한 자세를 유지한다는 점을 강조하는 것이다. 그는 또 나중에 사도행전에서 그리스도교 운동이 점점 더 이방인을 향하게 된 경위를 보여주고, 또 이방인은 유다교의 율법이나 풍습을 지킬 필요가 없다는 점을 강조한다. 그러나 루가복음과 사도행전 전체에 걸쳐 예수를 따르는 유다인은 여전히 선한 유다인이다. 심지어 이 서사에서 복음을 누구보다도 이방인에게 더 많이 전하는 바울로도 예루살렘에 있을 때는 성전에서 예배를 올리고, 유다인의 전통대로 맹세하며, 스스로 내내 좋은 유다인의 자세를 유지했다고 주장한다. 그는 히브리어를 썼고, 유명한 랍비인 가믈리엘 밑에서 공부했음을 강조하며, 그가 다른 유다인들과 벌인 논쟁은 유다교의 경전과 교리의 올바른 해석에 관해서일 뿐이다(사도행전 21:26, 22:2~3, 23:6 참조, 이 주제는 다른 부분에서도 여러 차례 되풀이된다).

정전 복음서 중 루가만 예수의 부모가 얼마나 열심히 율법을 지키고 경건한 생활을 하는지를 강조한다. 마리아는 즈가리야라는 사제의 친척인데(루가복음 1:36), 그는 아내 엘리사벳과 함께 구약의 성자를 떠올리게 하는 방식으로 그려진다. 루가는 마리아와 요셉이 예수가 태어난 지 8일 만에 할례를 받게 했으며, 한 달쯤 뒤 마리아는 "모세가 정한 법대로" 정결예식을 치르기 위해 예수와 함께 예루살렘으로 올라갔다는 점을 지적한다(2:21~22). 예수가 4:16에서 "늘 하시던 대로" 회당에 갔다는 말은 예수와 또 모든 유다인 등장인물을 '좋은 유다인'으로 보여주려는 의도에서 나온 또하나의 표현이다.

루가복음에서 예수가 읽었다고 묘사하는 경전 역시 루가가 강조하는 주제로 시작한다. "주님의 성령이 나에게 내리셨다"(4:18). 성령은—성령을 가리키든 그냥 '영'을 가리키든—사실 사도행전의 핵심 인물이며, 서사를 진행해나가는 동인 역할을 반복적으로 수행한다. 따라서 루가복음에서는 예수가 주인공인 반면 사도행전에서는 성령이 주역이다. 성령은 어느 면에서 예수의 자리를 대신한다. 성령은 오순절에 교회로 내려오고(사도행전 2:1~4) 첫 이방인 개종자에게 내려온다(10:44). 성령은 사람들이 거짓을 말하면 죽이고(5:3~11) '예루살렘 공의회'에 주요 권위자의 한 명으로 참가한다(15:28). 루가복음과 사도행전의 저자는 따라서 예수가 첫 설교를 시작할 때 성령을 불러오게 하기 위해 예언자 이사야로 거슬러올라간다(루가복음 4:18~29, 이사야 61:1~2, 58:6).

이사야서의 그 나머지 인용 부분도 루가복음에서는 주제와 관련하여 중요하다. 예수는 이렇게 읽는다. "주께서 나에게 기름을 부으시어 가난한 이들에게 복음을 전하게 하셨다. 주께서 나를 보내시어 묶인 사람들에게는 해방을 알려주고 눈먼 사람들은 보게 하고, 억눌린 사람들에게는 자유를 주며 주님의 은총의 해를 선포하게 하셨다"(루가복음 4:18~19). 가난한 이들의 구원이요 억눌린 사람들의 해방이라는 예수의 복음은 이미 앞부분에서 중요한 주제로 강조된 바 있다. 성모 찬가라는 이름으로 알려져 있는 마리아의 노래*에서이다. 사무엘상 2:1~10에 나오는 한나의 노래를 본뜬 이 노래는 마리아 자신의 낮은 지위를 낮고 천하며 억압받는 상태에서 벗어나게 될 모든 사람과 연관시킨다. 나아가 이 노래는 낮은 자가 높여지는 것뿐 아니라 높고 힘있는 자가 낮아지는 것까지 예언한다. "주님은 전능하신 팔을 펼치시어 마음이 교만한 자들을 흩으셨습니다. 권세 있는 자들을 그 자리에서 내치시고 보잘것없는 이들을 높이셨으며 배고픈 사람은 좋은 것으로 배불리시고 부요한 사람은 빈손으로 돌려보내셨습니다"(1:51~53).

부자는 가난해지고 가난한 자는 부자가 된다. 이것이 루가의 특별한 관심사임을 알 수 있는 구절 하나는 그의 입으로 들려주는 '참된 행복' 설교인데, 같은 내용이 마태오의 복음서에도 나온다. 마태오는 "마음이 가난한 사람은 행복하다"(마태오복음 5:3)라고 말하는 반면, 루가는 그저 "가난한 사람들아, 너희는 행복하다"(루가복음 6:20)라고만 말한다. 마태오의 예수는 "옳은 일에 주리고 목마른 사람은 행복하다"(마태오복음 5:6)라고 말하지만, 루가의 예수는 "지금 굶주린 사람들아, 너희는 행복하다. 너희가 배부르게 될 것이다"(루가복음 6:21)라고 말한다.

루가는 참된 행복 설교에 '불행'이라는 말을 넣는데 마리아의 노래에서 마리아가 하는 말과 같은 맥락에서다. 그러나 이 부분을 들려주는 마태오의 이야기에서는 '불행'이라는 낱말이 나오지 않는다. 그리

---

* 루가복음 1:46~55.

고 마태오는 예수를 받아들이지 않는 도시와 율법학자와 바리사이파 사람들에게 "불행"*이 있을 것이라고 했지만(마태오복음 23:13~36), 루가복음에서는 이 '불행'이 부자를 향한다. "그러나 부요한 사람들아, 너희는 불행하다…… 지금 배불리 먹고 지내는 사람들아, 너희는 불행하다"(루가복음 6:24~25). 루가가 Q나 다른 원천자료를 인용하는지는 우리로서는 알 수 없지만, 부자와 가난한 자, 힘센 자와 힘없는 자가 '뒤집히는' 것을 이렇게나 자주 되풀이하여 강조하는 것을 보면 이것이 바로 그의 주요 관심사일 가능성이 높다. 이런 여러 예는 아마 저자가 편집 작업을 한 흔적일 것이다. 그는 이 주제를 예수의 첫 설교에서도 내비친다.

루가복음에서 예수가 이사야를 인용하는 부분의 마지막 줄은 다음과 같다. "주님의 은총의 해를 선포하게 하셨다"(4:19). 킹 제임스 성경은 이것을 "주님의 흡족한 해"로 번역한다. 이것은 루가의 관심사인 또 다른 주제를 반영한다. 루가복음 뒷부분에 이르러 예수는 예루살렘에 다다랐을 때 예루살렘의 파괴에 대해 예언한다. 여기서 그는 이것이 예루살렘 사람들이 "하느님께서 구원하러 오신 때를 알지 못하였기 때문"(19:44)에 내리는 징벌이 될 것이라고 말한다. 루가가 말하는 '때'나 '흡족한 해'는 예수가 이곳 나자렛에서 배척당하듯이 예루살렘에 있지만 그곳에서 자기 백성으로부터 배척당하는 때이다. 이 '때'는 언제든 예수가 자기 백성에게 구원의 메시지를 전하지만 그들이 그를 배척하

* 공동번역 성서에는 이 부분이 '불행'이 아니라 "화"라고 나와 있다.

는 때이다. 그가 나중에 설교하면서 말하는 대로이다. "이 성서의 말씀이 오늘 너희가 들은 이 자리에서 이루어졌다"(4:21). 앞으로 더 자세히 알아보겠지만, 이것은 사실 루가가 복음서와 사도행전에서 예루살렘을 그렇게나 중점적으로 다루는 여러 이유 중 하나다. 과거와 미래의 모든 역사를 바꾼 핵심적 사건은 예수가 예루살렘을 '방문'했으나 배척당한 그'때' 내지 '주님의 흡족한 해'였다.

예수의 설교를 통해 알아볼 루가복음과 사도행전의 마지막 주제는 자기 백성에게 배척당하는 예언자인데, 이 때문에 이 예언자는 이스라엘 백성으로부터 외국인에게로 고개를 돌리게 되고 또 박해와 죽음까지 겪게 된다. 이것은 예수가 설교를 시작할 때 읽은 이사야서에 나오는 게 아니라, 히브리의 대예언자인 엘리야와 엘리사를 언급한 부분(4:25~27)에서 나온다. 그렇지만 먼저 예수가 설교를 시작했을 때 이 언급이 있기 전까지는 사람들이 긍정적으로 반응한다는 점에 주목하기 바란다. 이들은 그가 "이 성서의 말씀이 오늘 너희가 들은 이 자리에서 이루어졌다" 하고 말할 때 그를 배척하지 않는다. 오히려 "사람들은 모두 예수를 칭찬하였고 그가 하시는 은총의 말씀에 탄복했다"(4:22). 이들은 예수가 자신을 엘리야와 엘리사에 비교하자 그제야 반발했다.

그들이 격분한 것은 대예언자들과 비교했기 때문만은 아니다. 이들은 예수가 이스라엘에 기근이 들었을 때 엘리야가 다른 과부들은 돕지 않고 오직 어느 외국인 과부만 도왔다는 점을 지적했을 때 분노했다(4:25~26). 엘리사도 마찬가지로 이스라엘의 수많은 나병 환자들을 치료할 수 있었으나 그들을 다 두고 외국인인 시리아인 나아만을 치료했다(4:27). 군중의 분노를 산 것은 메시지를 이방인에게 가져가는 예언자들을 예수가 인용한 때문이다.

이 주제는 루가복음과 사도행전 모두에서 반복적으로 전개된다. 루가복음과 사도행전에서 예수는 구세주, 왕, 사람의 아들, 하느님의 아들 등 다양한 모습으로 소개된다. 그러나 예수를 소개하는 방식 중 다른 복음서에 비해 루가복음에서 더 강조하는 한 가지는 유다인에게 전도하고 그들에게 배척당해 죽으며 결국 그의 메시지가 이방인에게 전달되는 예언자의 원형이다. 루가복음에서 처음 나오는 예언자는 세례자 요한으로, 이때 그의 아버지는 아들을 두고 노래한다(1:76). 예수는 첫 설교에서 요한의 아버지가 부른 그 노래 구절을 자기 자신에게도 가져온다. "어떤 예언자도 자기 고향에서는 환영을 받지 못한다"(4:24). 유다인 스스로는 나중에 예수를 "위대한 예언자"라고 인정한다(7:16). 더 나중에 예수는 "예언자가 예루살렘 아닌 다른 곳에서야 죽을 수 있겠느냐?"(13:33) 하며 예루살렘으로 갈 것이라고 말한다. 이 주제는 반복적으로 나타난다.

이 주제는 사도행전에서도 계속된다. 최초의 그리스도교인 순교자는 스테파노인데, 그는 이스라엘이 예언자 모세를 배척했음을 상기시킨다(사도행전 7:35~43). 스테파노는 또 다음 말에서도 유다인이 자기를 죽이게끔 조롱하는 것처럼 보인다. "당신들의 조상들이 박해하지 않은 예언자가 한 사람이나 있었습니까? 그들은 의로운 분이 오시리라고 예언한 사람들을 죽였지만 이제 당신들은 바로 그분을 배반하고 죽였습니다"(7:52). 따라서 그들이 스데파노를 죽이리라는 것은 예상할 수 있는 일이다.

이런 양상은 사도행전에 묘사된 바울로의 활동에서 거듭 반복된다. 새 도시에 들어갈 때 바울로가 언제나 하는 행동은 먼저 회당에 가는 것이다(사도행전에서 묘사된 내용이 그렇다는 점을 기억하자. 바울로의 편지들에서는 그와 모순되는 듯 보인다). 가는 곳마다 바울로는 언제나 몇 명의 유다인을 설득하는 데 성공하지만, 대부분은 복음을 배척한다. 동족에게서 배척당한 다음 바울로는 회당을 나서서 이방인들에게 가며, 그곳에 가서야 드디어 그의 전도가 성공을 거둔다. 이것은 루가복음과 사도행전의 저자가 좋아하는 주제이다. 복음을 전하는 사람들은 자기 백성인 유다인들에게 배척당하는 예언자들이며, 이렇게 배척당하자 메시지를 이방인에게 가져가게 되고, 그리고 이방인을 대상으로 하는 선교는 메시지를 전하는 사람의 박해뿐 아니라 종종 죽음으로까지 이어진다는 주제이다.

루가복음과 사도행전을 통틀어 되풀이 보게 되는 이 모든 주제가 예수의 첫 설교에 압축되어 들어갔는데, 마르코복음에서는 이 설교가 서사의 나중 부분에 자리잡고 있지만 루가의 저자는 예수의 활동 제일 첫 부분으로 자리를 옮겨놓았다. 이것은 우선 저자가 '순서대로 정리하여' 이야기를 들려주겠다고 한 말은—단순히 정직하지 않다고 본다면 몰라도—아마도 이야기를 자기가 원천자료에서 본 그 순서대로 말하겠다는 뜻이 아닐 것이라는 말이다. 오히려 메시지가 최대한 효과적으로 전달되도록 하기 위해 의식적으로 가장 좋다고 생각되는 순서대로 이야기하고 있었을 것이다. 그는 신학적 메시지를 위해 역사적 전후관계를 희생했고, 그런 다음 순서가 바뀐 이야기에 자신이 좋아하는 여러 주제를 압축해 넣은 것이다.

10
루가의 복음서와 사도행전: 2. 그리스도교의 기원을 편집하다

개요: 루가복음과 사도행전의 저자가 복음서에서 한 것처럼 사도행전에서 원천자료를 어떤 식으로 편집하여 사건의 시간적 흐름을 바꿔놓았는지 분석해보면, 그의 신학적 관심사가 사건의 역사적 순서보다 더 우선적이었다는 것을 알 수 있다. 사도행전에서 그는 그리스도교 운동이 예루살렘으로부터 그 나머지 세계로 퍼진 사연을 더 직선적이고 더 도식적으로 제시하기 위해 사건의 순서를 바꿔놓는다. '최초의 그리스도교인 순교자'인 스데파노의 이야기를 어떻게 활용하는지를 살펴봄으로써 성전과 율법에 관한 초기 그리스도교의 관점 중 루가복음과 사도행전의 저자 자신과는 다른 관점을 얼마간 알아낼 수 있을 것이다. 그리고 그가 마르코복음에 있는 '작은 묵시록'을 어떻게 편집했는지를 알아봄으로써, 그가 예수의 묵시적 예언을 저자 자신의 시대까지 포함하도록 바꿔놓았음을 알게 된다.

그리스도교는 어떻게 퍼져나갔는가

십자가형을 당한 어느 갈릴래아 유다인 예언자를 따르던 시골뜨기 하층민 추종자 무리가 어떻게 로마 지배자들의 관심을 끄는 운동으로 성장했을까? 생전에는 바깥세계의 누구도 알아채지 못한 유다인 예수를 따르던 사람들이 어떻게 '가정교회'라는 작은 세포를 세우면서 고대 지중해 주위의 도시와 소도시에 자리잡게 됐을까? 전직 어부, 농부, 세리, 어쩌면 창녀까지 모인 이들 무리가 어떻게 세계의 수도인 로마에 대표자를 두게 됐을까?

이 질문에 대한 실제 역사적 대답은 찾아내기 어렵다. 즉 역사적으로 유용한 자료가 충분하지 않아 실질적으로 만족스러운 방법으로는 대답할 수 없다는 말이다. 이 책 끝부분에서 나는 이 질문으로 되돌아와 얼마간의 대답을 찾아볼 것이다. 그러나 이 질문에 답하려는 초기의, 어쩌면 최초의 시도 한 가지를 사도행전에서 볼 수 있다. 저자는 초기 예수운동이 어떻게 예루살렘으로부터 유다 지방으로, 사마리아로, 지중해 동부지역으로, 그리고 드디어는 로마까지 성장해나갔는지를 그려준다. 사실 저자는 사도행전 1:8에서 독자에게 일종의 윤곽 같은 것을 보여준다. 예수는 부활한 뒤 하늘로 올라가기 직전에 제자들을 모아놓고 당분간 예루살렘에서 기다리라고 한다. "그러나 성령이 너희에게 오시면 너희는 힘을 받아 예루살렘과 온 유다와 사마리아뿐만 아니라 땅 끝에 이르기까지 어디에서나 나의 증인이 될 것이다."

이것은 결국 저자가 사도행전의 서사를 일련의 동심원 형태로(도표 7 참조) 구성하는 방식이 된다. 제자들은 예루살렘에서 복음을 전하고

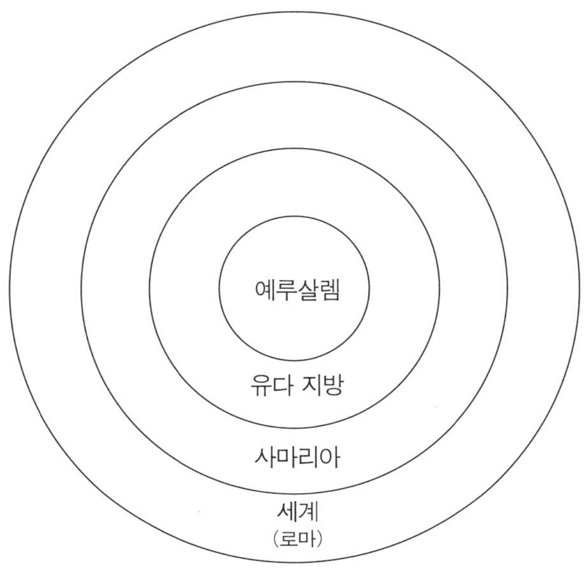

도표 7. 사도행전의 지리적 구조

기적을 행하면서 활동을 시작한다. 이들은 위험을 무릅쓰고 유다 지방의 나머지 지역으로 들어간다. 이들은 그런 다음에야 사마리아인에게(사도행전 8:1~25), 에티오피아인에게(8:26~29), 또 주로 이방인이 살고 있는 팔레스타인 해안지방으로(8:40) 선교 범위를 넓혀간다. 사도행전 10:1~11:18에서는 이방인에 대한 첫 선교를 볼 수 있다. 사도행전 13:1부터 사도행전 끝까지는 본격적인 이방인 선교로서 바울로가 주로 활동을 이끈다. 사도행전은 바울로가 로마에서 가택연금에 놓인 상태에서 끝난다. 로마는 '알려진 세계'의 중심으로 간주되며, 저자에게는 '땅 끝'에 해당한다.

이것이 적어도 사도행전의 저자가 우리에게 그리스도교가 전파된 경위라고 믿게 하려는 내용이다. 그렇지만 역사학자들은 천성적으로 의심이 많은지라 과연 그렇게 깔끔하고 직선적으로 일어났을까 의심하고 있다. 주목할 만한 부분은 사도행전의 저자 역시 자신이 쓴 본문에서 자신의 이야기는 실제 역사적으로 일어난 것보다는 더 도식적이라는 실마리를 남겨두고 있다는 점이다. 그가 쓴 본문을 꼼꼼하게 들여다보면서 그가 초기 그리스도교로부터 여타의 원천자료를 가져와 편집한 듯 보이는 부분을 살펴보면, 실제로 그리스도교가 전파된 이면의 과정은 그가 표면에서 도식적으로 그려내는 것보다 더 자연적이고 지리멸렬하다는 것을 알게 된다. 그럼으로써 또 초기 그리스도교 저자들이 자신이 입수한 문서 및 구전 자료를 어떻게 활용했는지에 대해서도 어느 정도 알 수 있다.

누가 먼저 이방인에게 복음을 전했을까

사도행전의 첫 일곱 장에서는 관심의 초점을 확고하게 예루살렘에 둔다. 사도들은 모두 예루살렘에 있다. 이들은 가진 것을 한데 내놓고 적어도 처음에는 공동생활을 하면서 집이나 성전에서 모였다. 교회의 지도자들은 전도하고, 기적을 행하고, 또 예루살렘의 당국자들로부터 어느 정도 박해를 받았다. 이 박해는 그리스어를 쓰는 젊은 유다인인 스데파노가 모세의 율법을 모독하고 나아가 성전 제도를 공격하는 듯한—이에 대해서는 나중에 다루기로 한다—설교를 함으로써 본격화되어 군중과 당국의 분노를 불러일으킨다. 그 결과 그는 돌에 맞아 죽는다.

스데파노가 살해되는 사건은 예수를 따르는 사람들 대부분이 예루살렘을 떠나는 촉매가 된다. "그날부터 예루살렘 교회는 심한 박해를 받기 시작하였다. 그래서 모든 신도들은 유다와 사마리아 여러 지방으로 뿔뿔이 흩어지고 사도들만 남게 되었다"(8:1). 몇 절 뒤 저자는 이 사람들이 그냥 딴 곳에 정착한 게 아니라, 두루 다니면서 예수의 메시지를 전했다는 이야기를 들려준다. "흩어져 간 신도들은 두루 돌아다니며 하느님의 말씀을 전하였다"(8:4). 그다음 몇 장에서는 여러 다른 사건이 이어지는데, 그리스도교가 사마리아 지방에 퍼지고 에티오피아의 내시가 개종하는 이야기, 다음에는 사울/바울로가 개종하는 이야기, 유다 지방과 팔레스타인에서 베드로가 활동하는 이야기, 고르넬리오와 그의 집안이 개종하여 이방인으로는 처음으로 그리스도교 운동에 참가하는 이야기, 그리고 예루살렘에 남아 있는 교회가 이방인을 받아들이는 이야기 등으로 전개된다(8:5~11:18).

그 바로 뒤에 11:19이 나오는데, 꼼꼼한 독자라면 이 절과 바로 뒤 절의 어법이 앞서 8:1~4에서 시작된 서사의 연속처럼 보인다는 점을 알아차릴 것이다. 8:5~11:18을 들어내고 11:19을 8:4 다음에 연결하면 결과물은 실제로 다음처럼 매끄럽게 이어진다.

> 그날부터 예루살렘 교회는 심한 박해를 받기 시작하였다. 그래서 모든 신도들은 유다와 사마리아 여러 지방으로 뿔뿔이 흩어지고 사도들만 남게 되었다(8:1). ……흩어져 간 신도들은 두루 돌아다니며 하느님의 말씀을

전하였다(8:4). ……스데파노의 일로 일어난 박해 때문에 흩어진 신도들이 페니키아와 키프로스와 안티오키아까지 가서 유다인들에게만 말씀을 전하였다. 그러나 그 신도들 중에는 키프로스 사람과 키레네 사람도 있었는데 그들은 안티오키아로 가서 〔그리스인들〕에게도 말씀을 전하고 주 예수의 복음을 선포하였다. 주께서 그들을 보살피셨으므로 많은 사람들이 믿고 주께로 돌아왔다(11:19~21).

앞 장에서 설명한 대로 여기서 나는 NRSV 성서의 번역을 바꾸어, 그들이 말씀을 '그리스인들', 즉 이방인들에게 전한 것으로 옮겼다. 영어 번역본 중에는 이 자리에 그리스어를 쓰는 유다인들을 가리키는 '헬레니스트들'이라는 낱말이 들어간 것이 많은데, 고대 그리스어 필사본 중에도 이 낱말이 들어간 것이 많다. 실제로 사도행전의 저자도 그렇게 썼을 수도 있다. 그러나 그랬다면 나는 그가 원천자료를 가져오면서 낱말을 바꿨다고 본다. 만일 그가 실제로 '그리스인들'이 아니라 '헬레니스트들'이라고 썼다면(그리스어로는 표기가 거의 비슷하다), 그것은 이방인 전반을 대상으로 하는 선교가 이전이 아니라 오로지 서사의 이 시점에서 일어나는 것으로 그리려는 욕구를 반영하기 위해 그랬을 것이다.

나는 저자가 사도행전을 쓸 때 앞서의 인용과 매우 비슷한 문서자료를 앞에 놓고 활용했다고 생각한다. 그는 그 원천자료를 말하자면 토막토막 잘라, 문단의 시작 부분(8:1~4)을 스데파노의 죽음 직후에 놓고 그 나머지는 남겨두었다가 나중에 11:19에 가서야 자신의 서사에

붙여넣었다. 8:4과 11:19 사이에 다른 여러 사건과 자료를 넣고, 그런 다음 11:19에서 이방인에게 복음을 전파한 이야기를 다시 이어나갔다. 즉 원래 그가 가지고 있던 자료의 이야기는 이방인에게 복음이 전파된 경위를 들려주는 단일한 서사였는데, 그 서사에다 현재 8:5~11:18에 해당하는 다양한 이야기를 끼워넣은 것이다. 왜 이렇게 했을까?

그 대답은 명백하다. 사도행전의 저자는 그리스도교의 전파를 도식적 방식(예루살렘, 유다, 사마리아, 그 나머지 세계)으로뿐 아니라, 유다교 중심지인 예루살렘에서 출발한 것으로 그리고 싶어한다. 그는 또 유다교에서 시작된 복음이 이방인 청중에게 옮겨간 것이 처음부터 하느님의 뜻이었다는 인상을 주고 싶어한다. 그는 이방인을 교회로 이끌어들일 때 유다교의 율법이나 할례를 강요하지 않겠다는 결정을 당연하면서도 신성한 것으로 그리고 싶어한다. 그는 유다교의 '도'와 이방인의 '도' 사이에 단절이 없었음을 강조하기 위해, 마치 원래의 열두 사도 중 핵심적 인물이자 가장 중요한 베드로가 이방인에게 전도하여 개종시키고 세례를 준 최초의 사도인 것처럼 이야기를 들려준다.

그러므로 8:4과 11:19 사이에 모아놓은 여러 이야기는 성령의 신성한 명령과 인도를 통해 유다인 선교로부터 이방인 선교로 진행하는 과정을 보여준다. 가장 먼저 필립보가 사마리아에서 한 선교가 나온다(8:5~25). 다음에는 필립보가 유다교를 따르는 어느 에티오피아인(8:26~39, 아마도 유다인으로 태어났지만 에티오피아의 노예가 됐거나, 완전한 개종자는 아니지만 유다교를 '신봉'하는 사람일 것이다)을 개종시킨 다음 해안지방을 따라 전도하며 가이사리아에 이른다는 이야기이다(8:40). 사울/바울로의 개종과 결국 그가 예루살렘의 교회에서 받아들여진다는 내용의 여러 이야기가 그뒤에 이어진다(9:1~31). 저자는 베드로가 최초로 이방인을 개종시키는 이야기를 들려주기 전에, 거기에 맞춰 베드로를 적절한 위치에 두게 될 여러 이야기를 먼저 들려준다(9:32~43). 베드로는 논란이 되는 그런 행보를 내딛기가 꺼려졌고, 따라서 삼중의 환상과 '주님'의 직접적 명령을 통해 그에게 거의 강요할 수밖에 없다(10:11~16). 그런 다음 성령이 개입하여 베드로에게 고르넬리오의 집으로 가도록 촉구한다(10:19~20).

성령이 이방인들에게 내리고 또 그들이 방언으로 말하는 것을 목격하는 일을 포함하여 베드로의 활동에 관한 이야기를 들려준 뒤 사건을 처음부터 끝까지 다시 한번 들려주는데, 이번에는 예루살렘의 교회에서 베드로의 입을 통해 들려준다. 이에 교회는 "하느님께서는 이방인들에게도 회개하고 생명에 이르는 길을 열어주셨다"(11:18)면서 만장일치로 승인한다. 그때까지는 오로지 유다인만의 교회였으나, 하느님의 개입에 따른 이런 갖가지 순간을 통해 유다인-이방인의 통합된 교회로 전환된 다음에야 저자는 안티오키아로, 바울로로, 또 이방인 세계를 향한 바울로의 더 본격적인 선교로 화제를 돌린다.

이렇게 8:5에서 11:18까지 들어간 여러 이야기가 없었다면 우리는 이방인에게 전도한 최초의 교인은 그저 그리스어를 쓰는 키프로스와 키레네의 이름 모를 유다인 교인들이었구나 하는 인상을 받을 것이다. "그러나 그 신도들 중에는 키프로스 사람과 키레네 사람도 있었는데 그들은 안티오키아로 가서 그리스인들에게도* 말씀을 전했다"(11:20). 지금과 같은 상태에서도 본문을 비평적으로 읽어보면 이것이 루가가 사용한 원천자료의 내용이었음을 알아볼 수 있다. 따지고 보면 여기서 그가 서술하는 여러 사건은 스데파노를 돌로 쳐죽인 직후에 일어난 것들이다. 그는 자신의 원천자료를 철저하게 편집하지 않았고, 그래서 익명의 그리스도교인들이 먼저 '그리스인들'에게 전도했다는 세세한 서사를 완전히 없애버리지 못했다. 그러나 그것을 8:4에서 떼어내 베드로가 이방인들에게 전도한 뒤에 붙임으로써 저자는 하느님의 개입과 강요에 따라 베드로가 가장 먼저 이방인에게 전도했다는 인상을 주는 것이다.

이방인들에게 전도한 최초의 예수 추종자는 누구였을까? 베드로일까, 아니면 세월이 지나면서 이름이 잊힌 사람일까? 이 두 가지 가능성 중 역사적으로 설명할 때는 명백하게 후자의 가능성이 더 크다. 그리스도교의 복음이라는 메시지는 대부분의 역사가 그렇듯 지리멸렬한 방식으로 전파된 것으로 보인다. 우리로서는 누구인지 알지 못하는 사람들, 그리스어를 쓰는 예수의 유다인 추종자들임이 분명한 사람들이 복음을 이방인에게 가장 먼저 전한 사람들이었다. 루가의 설명은 현대 역사학의 엄격한 기준을 통과하기 위해서가 아니라, 하느님의 섭리와 성령의 인도를 따라 이방인에게 선교하고 또 이방인은 모세의 율법을 따를 필요가 없다는 결정을 내리는 유다인-이방인의 통합된 교회를

* 앞의 각주에 적은 것처럼 공동번역 성서에는 '그리스인들에게도'가 아니라 "이방인들에게도"라고 나와 있다.

만들기 위해 쓰였다. 사도행전의 저자는 루가복음 4장에서 했던 것처럼 자신이 의도하는 이야기와 신학에 더 잘 맞도록 원천자료에 나오는 여러 사건을 여기저기로 옮겨 자리를 바꿔놓는다.

스데파노의 연설

사도행전에서 스데파노를 소개하고, 그가 체포되어 재판을 받고, 자신의 변호를 위해 연설하고—이 연설은 실질적으로 설교로 변한다—이어 돌에 맞아 처형되는 내용을 다룬 긴 부분은 저자가 자신의 원천자료를 어떤 방식으로 이용하는지를 볼 수 있는 또하나의 예가 된다(6:8~7:60). 루가복음과 사도행전의 저자가 이 부분의 자료 중 일부는 직접 작성했겠지만, 나는 그 안의 핵심뿐 아니라 스데파노가 한 연설의 대강은 그보다 앞서 만들어진 원천자료에서 가져온 것이 틀림없다고 본다. 그렇지만 그렇게 가져와 편집하면서 저자는 자신이 사용한 원천자료가 어떤 성격이었는지를 어느 정도 짐작할 수 있는 실마리 몇 가지를 편집본에 남겨놓았다. 첫째, 스데파노의 죄목은 예수가 성전을 무너뜨리고 모세가 전해준 "관습을 뜯어고칠" 것이라고 말했다는 것이라는 점을 눈여겨보아야 한다(6:14). 비록 이것이 "거짓 증인들"(6:13)의 고발이라고는 하지만, 스데파노가 이 죄목에 대해 무죄였는지는 전혀 분명하지 않다.

마르코의 복음서에서 예수는 "나는 사람의 손으로 지은 이 성전을 헐어버리고 사람의 손으로 짓지 않은 새 성전을 사흘 안에 세우겠다"라고 말했다고 고발당했다(마르코복음 14:55~58, 마태오도 마르코의 이 부분을 가져다 썼다. 마태오복음 26:59~61 참조). 루가는 마르코복음을 원천자료로 활용하지만, 자신이 쓴 예수의 재판 이야기에서는 이 고발 내용을 빠트리고 있다. 그렇지만 이 부분을 완전히 빼버리지는 않고 스데파노의 재판으로 가져간다. 또 마르코뿐 아니라 마태오와 루가에서도 이것이 '거짓' 증언이라고 되어 있지만, 실제로도 거짓이었는지는 분명하지 않다는 점도 눈여겨봐야 할 것이다. 어쨌든 마르코복음에서 예수는 성전의 파괴를 예언한 바 있는데(마르코복음 13:1~2), 루가는 마르코복음으로부터 이 예언을 가져와 더 확장하고 강조한다(루가복음 21:5~6, 21:20~24). (요한복음 2:19은 이 예언을 마르코복음, 마태오복음, 루가복음에서 말하는 '거짓' 증언과 거의 정확히 일치하는 형태로 보여주며, 또 예수가 자기 입으로 말한 것으로 되어 있다.) 예수시대의 팔레스타인에서는 예루살렘이나 성전의 파괴를 예언하기만 해도 반역죄가 될 수 있었다.[1] 따라서 예수가 성전의 파괴를 명확히 예언한 것은 성전에 대한 불경죄에 해당한다고 볼 사람이 많았을 것이다.

스데파노의 연설에서도 성전과 모세의 율법 모두에 반대한다는 증거가 나타난다. 연설은 하느님이 아브라함과 할례의 계약을 맺은 일을 비롯하여 이스라엘의 역사를 아브라함이 방랑하던 시절부터 되짚으며 시작한다(사도행전 7:2~8). 이어 긴 부분을 할애하여 이스라엘이 이집트에서 종살이를 하는 일, 모세가 구원자이자 지도자로 성장하는 일, 모세를 배척하는 일, 황금 송아지 사건, 그리고 신성한 지시에 따라 하느님과 모세가 만나는 장소로서 "증거의 장막"을 만든 일 등을 들려준다(7:9~45). 스데파노는 이 부분까지는 청중을 노골적으로 공격하지 않으며, 감정 개입이 거의 없이 유다교의 경전에서 전개되는 흐름을 따라 꽤 직선적으로 이야기를 들려준다.

그러나 스데파노는 그다음 몇 세기를 건너뛰고 다윗으로 넘어가, 다윗 이전에는 사람들과 하느님 양측 모두 하느님이 '사시는' 곳으로서 성막 즉 '증거의 장막'에 만족하던 것으로 보인다고 말한다. 다윗은 하느님을 위해 '집'을 짓고 싶어한 최초의 사람으로 지목됐다. 그러나 지을 수 없었다. 스데파노는 이렇게 계속한다. "그분을 위해 집을 지은 사람은 솔로몬이었습니다"(7:47).* 그리고 여기서 연설의 분위기는 역사 서술에서 열변으로, 그것도 대단히 격정적인 것으로 완전히 바뀐다. 스데파노는 먼저 이사야서 66:1~2을 인용하는데, 이 인용부에서 하느님은 하늘이 자신의 옥좌고 땅은 발판이기 때문에 집은 필요치도 않고 바라지도 않았다고 힘주어 말한다. 여기서 스데파노는 독설을 시작한다.

> 이교도의 마음과 귀를 가진 이 완고한 사람들이여, 당신들은 당신네 조상들처럼 언제나 성령을 거역하고 있습니다. 당신들의 조상들이 박해하지 않은 예언자가 한 사람이나 있었습니까? 그들은 의로운 분이 오시리라고 예언한 사람들을 죽였지만 이제 당신들은 바로 그분을 배반하고 죽였습니다. 당신들은 천사들에게서 하느님의 율법을 받고도 그 규례를 지키지 않았습니다. (7:51~53)

* 공동번역 성서에는 다음과 같이 나와 있다. "성전을 지은 사람은 솔로몬이었습니다."

자신을 위한 변론에서 이렇게 갑자기 어조와 내용을 바꿨으므로 사람들이 화가 나 스데파노에 대항하여 들고일어나는 것도 뜻밖의 일이 아니다.

스데파노의 연설이 실제로 성전과 거기 관련된 제도에 대한 공격에 해당한다는 점은 명확할 것이다. 히브리어 성서에는 예루살렘 성전 및 그곳의 제사의식과 관련된 긴장이 항상 존재하고 있었다. 이것은 다윗이나 솔로몬이 대성전을 짓고 싶어하지만 하느님이 거절하는 내용을 담은 여러 글에서 나타난다. 이런 긴장은 스데파노가 인용한 이사야서와 비슷하게 하느님은 '사람의 손으로 지은 집'에서는 살지 않는다고 주장하는 여러 예언서에서 나타난다.[2] 유다교에는 상충되는 두 가지 전통이 있었는데, 하나는 성전과 거기 관련된 제도와 사제들을 열정적으로 뒷받침하는 전통이고, 다른 하나는 그것을 모두 경멸하고 배척하는 정도까지는 아니더라도 미심쩍은 눈으로 바라보는 전통이다. 스데파노의 연설은 유다교 중에서도 유다인들이 유다교의 성전을 공격하는 후자의 전통에서 온 것이다.

우리는 또 율법을 '천사들에게서' 받았다고 말하는 이상한 구절을 눈여겨봐야 할 것이다. 대부분의 경전에는 율법을 시나이 산에서 하느님이 모세에게 직접 주었다고 나오지만, 어느 시점에 이르러 하느님이 모세에게 직접 율법을 준 게 아니라 오로지 천사의 중재를 통해 줬다는 믿음이 생겨났다. 이 책의 16장에서 살펴보겠지만 이 전승은 바울로에게서도 보게 된다.[3] 사실 고대의 일부 유다인들은 실제로 율법을 작성할 때 천사가 크게 관여했다고 믿은 것으로 보인다.[4] 여기서 스데파노가 하는 몇몇 말은 그의 연설이 고대 유다교 내지 그리스도교 종파 중 율법을 하느님과 직접 결부시키지 않고 천사와 결부시킴으로써 율법을 격하하는 종파에서 왔음을 보여준다.

따라서 스데파노의 연설은 우리가 아는바 고대의 유다인들과 그리스도교인들이 지닌 두 가지 정서를 표현하고 있는데, 이것은 예루살렘에서 더 지배적이던 신학 내지 이념과는 달랐다. 첫째는 성전 제사의식에 대한 비판 또는 어쩌면 완전한 거부였다. 둘째는 모세 율법의 지위를 낮춰 천사의 문서 정도로 격하하는 것이었다. 역사적 예수가 성전을 두고 이와 비슷한 관점을 가지고 있었을 가능성도 전혀 없지는 않다. 그가 성전을 '정화'한 것도 실제로 성전의 파괴를 예언하면서 거기에 찬성한다는 예언자적 행위였을 수도 있다. 스데파노의 연설은 이렇게 볼 때 오늘날 우리가 루가복음에서 보게 되는 주장보다 더 성전에 대한 예수의 가르침과 가까울 수도 있다.

나는 스데파노의 연설을 저자가 이전의 자료에서 가져왔다는 증거가 되는 부분은 바로 이곳이라고 본다. 스데파노의 연설은 성전에 대한 공격이며, 또 "모세가 전해준 관습"(사도행전 6:14의 비난에 나온 표현대로)에도 이의를 제기한다. 그러나 루가복음과 사도행전의 저자는 이런 두 가지 정서 중 어느 것도 공유하지 않았다. 다시 말해 그는 연설을 철저히 편집하지 않아, 그 자신이 실제로 동의하지 않는 신학적 관점을 완전히 제거해내지 못했다는 말이다.

성전에 관해 살펴보자면, 루가복음과 사도행전의 저자는 등장인물들이 성전에 대해 경의와 신앙을 나타내는 모습을 반복적으로 그린다.

성전은 서사에서 핵심적 위치를 차지하며 또 대개는 긍정적인 방식으로 그렇다. 루가복음만 성전에서 아기 예수를 바치는 장면을 보여주고, 또 예수를 바칠 때 시몬과 "안나라는 나이 많은 여자 예언자"가 유다교의 전통을 고스란히 지키며 기도하고 찬양하는데 이 둘은 모두 성전을 경건하게 대하고 또 성전은 이들에게 경건심을 더해준다(루가복음 2:22~38). 루가복음만 열두 살 예수가 성전에서 서성거리는 이야기를 전하며, 예수는 성전을 "내 아버지의 집"이라 부른다(2:41~51).

사도행전에서 갓 생겨난 교인 공동체의 활동은 많은 부분 성전과 그 주위에서 일어난다. 저자는 "날마다 열심히 성전에 모였다"고 말한다(사도행전 2:46). 베드로와 요한은 경건한 유다인이었던 만큼 정해진 시간에 성전에 가서 기도한다(3:1). 베드로는 성전 경내의 솔로몬 행각이라는 곳에서 사람들에게 전도하고(3:11), 점점 커져가는 이들 공동체는 이곳을 모임 장소로 계속 이용한다(5:12). 바울로 역시 이방인 선교의 주역이 된 지 오랜 뒤까지도 예루살렘에 돌아오면 경건한 마음으로 성전을 찾아간다. 그는 맹세한 사람 네 명의 삭발 비용을 대고, 그들과 아울러 자신도 정결예식을 치르며, 이어 그들과 함께 성전에 가서 7일이라는 정결의 기간 동안 기다린다. 그런 다음 희생제물을 바치면 정결예식이 끝난다(21:24~26). 나중에 바울로는 재판을 받을 때 자신이 성전에서 한 행동은 모두 전적으로 적절했으며, 유다교의 올바른 신앙에 따라 성전과 그곳의 제사의식을 대했다고 주장한다(24:17~18, 또 22:17, 24:18, 25:8도 참조).

루가복음과 사도행전의 저자에게 예루살렘 성전은 유다교 신앙의 당연한 중심이며, 예수의 가족과 예수 본인, 초기 제자들과 교회, 또 바울로가 숭배하는 곳이었다. 이중 어떤 것도 스데파노가 한 말과는 거리가 있다. 나는 이것이 사도행전의 저자가 이 연설을 이전의 원천자료에서 가져와 사도행전에서 자신의 서사 속에 넣고 '최초의 그리스도교인 순교자'를 묘사했지만, 더 이전의 반성전적 유다교와 초기 그리스도교의 정서를 제대로 지워버리지 못했다는 좋은 증거라고 본다.

루가와 율법

그러므로 스데파노는 모세의 율법이 하느님 자신이 아니라 천사들이 준 것이라고 주장함으로써 모세의 율법을 아주 약간 격하한 초기 그리스도교 종파를 나타낸다. 앞서 지적한 것처럼 이것은 당시 알려지지 않았던 관점은 아니다. 그러나 이것이 루가복음과 사도행전의 저자가 율법에 대해 가졌던 관점일까? 나는 그렇게 생각하지 않는다. 저자는 분명히 이방인은 율법에 구속되어서는 안 된다고 믿는다. 이들은 할례를 받을 필요가 없고, 또 이전의 계약에서 생겨난 '규칙들' 중 이들이 지켜야 할 유일한 것들은 하느님이 노아와 맺었다고 생각되는 계약의 규칙들이다(사도행전 15:20, 15:29, 21:25와 레위기 17:8~16, 창세기 9장 참조). 루가는 그것을 빼고 나면 모세의 율법은 유다인의 민족적 율법이자 관습에 해당된다고 믿는다. 유다인은 그것을 지키는 것이 좋겠지만—사실 어쩌면 경건한 유다인으로서 지켜야 되겠지만—이방인 개종자들에게는 이집트인이나 리디아인, 그리스인 등 다른 어떤 민족의 율법과 관습만큼이나 관계가 없다는 것이다.

그리스의 역사학, 지리학, '과학'에서는 내내 세계의 인구는 여러 민족, 여러 에스네ethnē(단수형은 에스노스ethnos)로 나뉘어 있다고 전제했다. 그리스인은 로마인, 이집트인, 스키타이인, 페르시아인, 그 밖의 여러 민족에게는 나름의 언어, 신, 가족구조, 또 삶의 모든 측면을 둘러싼 나름의 관습이 있다는 점을 인식했다. 오늘날의 성서에서는 대부분 '율법'이라고 번역되는 노모스nomos라는 낱말은 '관습'으로도 옮길 수 있는데, 꼭 실제 성문법이나 구전 '율법'을 가리키는 게 아니라 그저 각 민족이 받아들이는 나름의 관례나 풍습을 가리키기 때문이다. 고대 사람들은 여러 민족 집단에는 자기 나름의 율법과 관습이 있다는 것을 인식했다. 바로 이것이 루가가 모세의 율법과 그것이 그리스도교인에게 지니는 타당성을 묘사하는 관점이다. 즉 유다인은 교회에 있다 해도 그것을 계속 지킬 것이고 이방인은 그렇지 않다는 것이다.

그러나 그렇다 하더라도 유다교의 율법을 부정적으로 평가한다는 뜻은 아니다. 실제로 루가복음과 사도행전의 서사에 나오는 유다인들은 경건하면서도 율법을 잘 지키는 것으로 묘사된다. 루가는 예수의 부모가 율법에 정해진 그대로 생후 8일째 되는 날에 예수에게 할례를 받게 했다고 명확하게 지적하는 유일한 복음서 저자다(루가복음 2:21). 그는 요셉과 마리아가 그로부터 한 달쯤 뒤 아기를 성전에 봉헌할 때 산비둘기 또는 집비둘기 두 마리를 희생제물로 바치는 것을 포함하여 율법에서 요구하는 사항을 완수한 것으로 그린다(2:22~24). 예수의 가족은 해마다 과월절을 지키는데 심지어 과월절을 지키기 위해 먼길을 가기까지 한다(2:41). 예수와 가족은 처음부터 끝까지 율법을 따르는 경건한 유다인으로 그려진다.

성전을 향한 신앙에서와 마찬가지로 사도행전에 나오는 유다인 그리스도교인들은 명백하게 율법을 계속 지킨다. 유다인 그리스도교인들이 이방인 개종자들에게는 요구하지 않으면서도 자신은 모세의 율법을 계속 지키며 음식에 관한 율법을 따르고 있다고 보지 않을 만한 암시는 어디에도 없다. 유다인 교인은 관습대로 율법을 계속 지켜야 한다고 강조하는 용도로 저자에게 이용되는 사람은 바울로이다. '율법 없는 복음'을 옹호하는 사람으로 알려져 있는 만큼 어쩌면 뜻밖일 수도 있을 것이다. 바울로는 여행하는 내내 도시에 들어갈 때마다 언제나 먼저 회당을 찾아가고 또 '유다인들'은 거의 언제나 그의 메시지를 배척한다. 바울로는 그렇게 배척당할 때만 회당을 떠난다. 예루살렘에 돌아가면 바울로는 7일 동안 성전에 머무르고, 이 기간이 끝나는 날에는 희생제물을 바치고자 한다(사도행전 21:26, 그러나 체포되면서 제물을 바치지 못한다). 바울로는 "우리의 조상이 전해준 율법"에 따라 교육받았다고 주장한다(22:3). 이 표현은 아테네인에게 솔론의 법률이 지니는 의미와 마찬가지로 모세의 율법은 유다인의 전통적, 민족적 율법이라는 관념을 강조한다. 바울로는 대사제를 위선자라고 부른 때문에 맞을 때에도, 서사에 따르면 위선자임이 분명한데도 그 사람이 대사제인 줄 몰랐다면서 율법에서 그에게 욕하는 행위를 금하고 있다는 것을 인정한다(23:5, 출애굽기 22:28*을 인용한다). 그리고 바울로는 자신이

* 공동번역 성서에서는 출애굽기 22:27이다.

전적으로 경건한 유다인이며 나아가 바리사이파 사람이라고 밝힌다(23:6). 바울로가 자신이 바리사이파 사람이었다고 말하지 않고 바리사이파 사람이라며 현재형으로 말한다는 점에 주목하기 바란다. 사도행전에 따르면 바울로는 율법을 열광적으로 지키는 저 당파를 탈퇴한 적이 없다.

나중에 바울로가 가이사리아에서 보호를 위해 로마 총독에게 호송될 때 호민관은 총독에게 자기가 볼 때 바울로는 아무런 죄도 없으며 그저 "유다인들의 율법 문제"에 관한 의견 차이 때문일 뿐이라고 말한다(23:29). 여기서도 '유다인들의'라는 낱말을 보면 저자가 모세의 율법을 로마의 법률이나 그리스의 법률 즉 민족적 법률이자 관습으로 받아들인다는 것을 알 수 있다. 펠릭스 총독이 심문할 때 바울로는 자신이 여전히 율법과 예언서를 믿는 사람이라고 주장한다(24:14). 또다른 심문에서 바울로는 이렇게 주장한다. "나는 유다인의 율법이나 성전이나 카이사르에 대해서 아무 잘못도 한 일이 없습니다"(25:8). 이 진술에서 바울로가 '모세의 율법'이 아니라 '유다인의 율법'이라는 용어를 쓴다는 점에 주목하기 바란다. 끝으로, 바울로는 로마의 유다인들 앞에서 자신은 "우리 겨레에 대해서나 조상들이 전해 준 관습에 대해서 거스르는 일"을 한 적이 없다고 항변한다(28:17). 사도행전의 저자는 모세의 율법을 바로 유다 민족의 조상들이 전해준 관습으로 받아들이기 때문에 이 부분에서 '율법'이라고 했어도 될 것이다(여기서 에토스$_{ethos}$라고 되어 있는 낱말을 노모스$_{nomos}$라고 바꾸면 된다).

루가가 유다교의 율법과 전통과 관습을 존중한다는 또 한 가지 표시는 자신의 복음서를 '다시 쓰인 경전'처럼 보이도록 맞춰 쓰고 있다는 점이다. 그는 히브리어 성서의 그리스어 번역본의 내용과 문체를 모방한다. 저자는 그리스 역사서의 시작 부분의 문체를 의도적으로 모방한 도입부에 이어 다음과 같이 내용을 시작한다. "헤로데가 유다의 왕이었을 때에 아비야 조에 속하는 사제 한 사람이 있었는데 그 이름은 즈가리야였고 그의 아내는 사제 아론의 후예로서 이름은 엘리사벳이었다. 이 부부는 다 같이 주님의 모든 계명과 규율을 어김없이 지키며 하느님 앞에서 의롭게 살았다. 그런데 그들에게는 아이가 없었다. 엘리사벳은 원래 아기를 낳지 못하는 여자인데다가 이제는 내외가 다 나이가 많았다"(루가복음 1:5~7). 이것은 유다교 경전처럼 들릴 뿐 아니라, 아브라함의 아내 사라나 사무엘의 어머니 한나처럼 신앙심이 깊지만 아기를 낳지 못하는 여자들의 유명한 이야기들을 떠올리게 만드는 것이 명백하다.

앞 장에서 언급한 대로, 마리아의 노래(1:46~55)는 내용뿐 아니라 문체에서도 사무엘상 2:1~10에 나오는 한나의 노래를 모방한다. 그러나 이것은 전통적으로 베네딕투스라는 이름으로 알려진 즈가리야의 노래(1:68~79)와 함께 성서에 나오는 수많은 기도나 시편이나 감사기도와도 닮았다. 성전에 바치러 온 아기 예수를 봤을 때 시므온이 하는 예언은 구약의 예언들을 떠올리게 한다(2:29~32). 그리고 나이 많은 여자 예언자 안나가 등장하는데 이것은 성서에 나오는 나이 많고 신앙심 깊은 여자들을 떠올리게 한다(2:36~38). 이런 모든 세부적 내용과 양식을 보면 루가의 저자가 자신의 작품이 그리스어로 번역된 유다교 경전처럼 느껴지도록 의도적으로 모방하여 썼다는 것을 알 수 있다.

스데파노의 연설에서 이중 그 무엇과도 직접적으로 어긋나는 부분은 없다는 점을 우리는 인정해야 한다. 그러나 그가 연설에서 명백하게 성전을 비판하고 모세의 율법을 천사가 준 것으로 격하하는 것을 보면, 사도행전의 저자는 스데파노의 재판과 연설에 관한 이야기를 쓸 때 그는 가지고 있었으나 우리에게는 전해지지 않은 원천자료를 사용하고 있었다는 것을 알 수 있다. 그는 그것을 자기 나름의 목적을 위해 글에 넣는다. 다만 자신의 믿음과는 반대되는 반성전적 메시지를 미처 알아보지 못하고 도려내지 않는다. 그렇지만 우리에게는 이것이 다행인데, 덕분에 원천자료를 편집하는 그의 모습을 볼 수 있게 됐기 때문이다. 앞 장에서 다룬 나자렛에서 예수가 한 설교와 앞서 논의한 이방인들에게 최초로 전도한 사람에 관한 이야기의 경우와 마찬가지이다.

덕분에 우리는 또 초기 그리스도교인들이 유다교 율법을 대할 때의 또 한 가지 방식을 얼핏 볼 수 있다, 마르코는 그저 예수가 '모든 음식은 다 깨끗하다'고 가르쳤다고만 선언했다. 마르코가 다른 어떤 암시도 우리에게 주지 않는 것을 보면 그는 아마 율법은 자기 교회의 구성원들에게는 구속력이 없다고 믿었을 것이다. 그들은 안식일을 지킬 필요가 없고, 음식과 관련된 유다인의 율법을 따를 필요가 없다. 그리고 비록 그는 이방인 개종자의 할례 문제를 다루지는 않지만 아마 그들이 할례를 받을 필요는 없다고 믿었을 것이다. 마르코가 볼 때 율법은 과거의 유물이다.

마태오의 경우에는 그와는 정반대로, 유다인의 율법은 여전히 구속력이 있는 것으로 보인다. 유다인 교인에게는 확실히 그렇고, 이 책의 7장에서 살펴본 대로 이방인 역시 대체로 그럴 것이다. 나는 마태오가 이방인 개종자를 포함하여 자기 교회의 구성원들이 안식일을 지키고 음식에 관한 율법을 준수하며 할례를 받을 것으로 기대했다고 봐야 한다고 생각한다. 그렇지 않다는 내용이 전혀 없다.

루가의 경우는 유다인의 율법을 대하는 또다른 해석이다. 루가복음과 사도행전의 저자는 모세의 율법을 유다인의 법률과 관습을 담은 정당한 민족적 표현으로 본다. 유다인에게 율법은 파기된 것이 전혀 아니다. 신앙심이 깊은 유다인 교인, 예컨대 바울로 같은 사람은 계속해서 율법을 꼼꼼하게 지킬 것이다. 그러나 이방인 개종자에게는 구속력이 없는데 그들은 유다인이 아니기 때문이다. 교회에 들어온다고 해서 그들이 유다인이 되는 것은 아니며, 따라서 유다인의 율법과 관습은 그들에게 해당되지 않는다.

그러나 우리는 스테파노의 연설에서 초기 그리스도교가 율법을 대한 태도를 또 한 가지 볼 수 있는데, 저자의 편집 과정에서 완전히 지워지지는 않았다. 그것은 율법은 유다인에게조차 애초부터 그렇게 중요하진 않았다는 것이다. 물론 율법은 모세가 주었지만, 모세는 하느님이 아니라 천사에게서 받았다. 이 부분에는 아마도 대부분의 신앙심 깊은 유다인들이 이제껏 율법의 중요성을 지나치게 과장해왔다는 전제가 깔려 있었을 것이다. 일부 초기 그리스도교인들이 성전을 바라본 관점은 사도행전의 저자에 비해 더 부정적이었을 가능성이 아주 높다. 이들은 솔로몬이 성전을 지은 것이 애초에 실수였다고 강조하는 이스라엘 예언자들의 오랜 전통을 바탕으로 삼았다. 이스라엘의 진정한 하느님은 하늘과 땅 말고는 집이 필요하지 않으며, '사람의 손으로 지은 집'에서 살기를 거부했다는 것이다.

그러므로 아직 우리는 바울로의 편지들을 다루지 않았지만, 초기 그리스도교에서 성전과 율법을 대한 태도는 바울로를 계산에 넣지 않고서도 벌써 서너 가지가 된다. 초기 그리스도교 운동은 그 초기 단계에서조차 다양했다.

루가가 편집한 묵시록

앞서 살펴본 대로 루가는 마르코의 복음서를 알았고 또 직접 복음서를 쓰는 동안 한 권을 앞에 놓고 있었다. 이렇게 추측하는 것은 마르코와 정확하게 일치하는 어법이 너무나 많기 때문이다. 마르코에 있는 것을 루가에 있는 같은 내용이나 비슷한 말씀과 비교함으로써 우리는 루가만의 특정한 신학적 관심사가 무엇이었는지 그 윤곽을 그려낼 수 있다. 이를 위해 가장 좋은 방법은 '대조본 복음서' 같은 것을 이용하는 것인데, 이것은 정확하고 쉽게 비교할 수 있도록 여러 복음서를 다단으로 나란히 인쇄한 것이다.[5] 그러지 않으면 책장을 뒤적이며 두 복음서를 왔다갔다하면서 봐야 한다.

마르코복음 13장에 있는 마르코판 '작은 묵시록'을 루가복음 21장에 있는 루가판과 비교하면 몇 가지 흥미로운 차이를 발견하게 된다. 이 책 6장에서 본 것처럼, 마르코에서 종말의 때를 나타내는 일정표에는 전쟁이라든가 지진, 기근 등 일련의 재앙이 포함된다. 거기서 예수는 자신의 제자들이 박해받고 법정으로 끌려갈 것이라고 예언한다. 복음은 세계 전체에 전해질 것이다. 그러고 그런 여러 사건 뒤에 "황폐의 상징인 흉측한 우상"이 "있어서는 안 될 곳에" 세워질 것이다(마르코복음 13:14). 바로 이것이 종말이 정말로 다가왔다는 징조가 된다. 그때가 되면 '거짓 그리스도'에 관한 소문이 돌지만 그들에게 관심을 가져서는 안 된다. 그런 다음 예수는 해와 달이 빛을 잃고 별들이 떨어지는 등 우주적 사건이 연이어 일어나면 사람의 아들이 올 것이며, 그는 오자마자 믿는 자들에게 구원을 가져다줄 것이라고 말한다(13:24~27). 사람의 아들이 오기 직전에 일어나는 최후의 '역사적' 사건은 '황폐의 상징인 흉측한 우상'이 세워지는 것이다.

루가는 이런 여러 사건을 마르코가 '황폐의 상징인 흉측한 우상'이 세워진다고 하는 부분까지 따라간다(루가복음 21:1~19). 그러나 바로 이 지점에서 루가는 새로운 '역사적' 자료, 즉 실제로 일어났다는 사실을 우리가 아는 여러 사건을 덧붙인다. 그는 예루살렘이 군대에 포위될 것이고(21:20), 사람들이 "칼날에 쓰러질 것이며 포로가 되어 여러 나라에 잡혀갈 것이다"라고 말한다. 끝으로, "이방인의 시대가 끝날 때까지 예루살렘은 그들의 발 아래 짓밟힐 것이다"(21:24). 다시 말해 루가복음에 나오는 예수는 황폐의 상징인 흉측한 우상이 세워지는 일뿐 아니라 예루살렘이 군대에(이것은 의심의 여지 없이 로마군대를 말한다) 포위되는 사건, 완고한 유다인과 나아가 무고한 비전투원들이 죽는 일, 유다인이 노예가 되어 다른 나라로 끌려가는 일, 그리고 이방인이 예루살렘을 완전히 지배하는 일까지 예언한다. 이런 모든 일은 물론 유다인이 로마와 전쟁을 벌이는 동안 실제로 일어났다. 예루살렘은 파괴되어 로마인에게 점령당했고, 서기 74년에 이르러 유다 지방 전체가 정복당했다.

저자는 '이방인의 시대'라고 부르는 이 시기가 지난 다음에야 '종말' 자체에 다다른다. 여기서 그는 몇 가지 징조를 덧붙인다. 해와 달과 별뿐 아니라 바다에서도 징조가 나타난다(21:25). 그런 다음 사람의 아들이 "구름을 타고 권능을 떨치며 영광에 싸여"(21:27) 온다. 우리는 또한 마르코복음에서 비교적 모호하게 예언되었던 '황폐의 상징인 흉측한 우상'이 루가에서는 등장하지 않는다는 점에도 주목해야 한다. 마르코는 이것이 정확히 어디에 세워질지에 대해서는 분명하게 말하지 않는다. 다만 다니엘을 따라 성전에 세워질 것으로 생각했을 수는 있다. 그러나 마르코복음에서는 이 사건이 중요한 징조였는데도 루가는 자신의 이야기에서는 빼놓았다. 루가의 저자는 예루살렘과 성전이 파괴되고 몇 년이 지난 뒤에('이방인의 시대'에 들어서고 난 뒤) 복음서를 쓴 것이 명백한데, 이 이야기를 빼놓은 것은 로마인이 그런 행동을 했다는 말을 그가 들어본 적이 없었기 때문일지도 모른다. 그는 가짜 신이 세워질 사이도 없이 성전이 파괴됐을 것으로 생각했을지도 모른다. 어떻든 루가의 저자는 전쟁이 끝나고 충분히 오랜 뒤에 복음서를 쓰고 있었으므로 마르코의 이야기에다 자기 시대에 알려진 최신정보를 채워넣을 수 있었다. 사람의 아들은 마르코의 묵시적 예언에서는 전쟁 동안 오는 것으로 나타나지만, 루가의 예언에서는 전쟁이 끝나고 여러 해가 지난 뒤에야 온다. 여기서도 루가복음과 사도행전의 저자는 원천자료를—이 경우 마르코복음을—가져오면서 자신과 그리스도교에 중요하다고 생각하는 점을 강조하기 위해 내용을 바꿔 가져온다.

이로써 우리는 루가복음과 사도행전의 구성에서 예루살렘과 지리가 중요하다는 사실로 돌아온다. 저자는 이야기를 주도면밀하게 구성하며 자신이 들려주는 이야기에서 예루살렘을 중심에 놓는다. 그리스도교는 처음부터 예루살렘과 유다교에서 자라나 '땅 끝'까지 퍼진다. 예수는 하느님이 정한 때에 맞춰 예루살렘으로 '올라갔다.' 그의 동포들은 과거에 하느님이 보낸 모든 예언자들을 대했던 그대로 그를 대했다. 그러나 하느님은 죽은 자들 가운데서 부활시킴으로써 예수를 증명해주었다. 그런 다음 예수의 복음은 하느님의 섭리와 성령의 인도에 따라 예루살렘으로부터 유다 지방으로, 사마리아로, '땅 끝'인 로마로 퍼졌다. 저자는 자신의 원천자료를 지리적, 신학적으로 편집하는 방법으로, 또 자신이 만든 도식적 서사 속에 끼워넣는 방법으로 신학적 메시지를 구성해냈다.

11
요한의 복음서

개요: 요한의 복음서는 공관복음서와는 사뭇 다르다. 긴 대화가 가득하며, 마귀를 쫓아내거나 기적을 행하거나 하는 이야기보다는 '징조'에 대해 말한다. 서사 또한 공관복음서와 여러 면에서 다르다. 요한복음의 주제 역시 처음부터 끝까지 반복된다. 예컨대 올라감과 내려옴, 빛과 어둠, 보는 것과 아는 것 등이 이런 주제에 포함된다. 요한 문헌에서는 예수와 하느님을 동등하게 놓는 높은 그리스도론을 내놓는다. 이 복음서는 또 저자가 속해 있던 공동체 종파의 성격을 반영한다.[1]

다른 세계

"한처음, 천지가 창조되기 전부터 말씀이 계셨다. 말씀은 하느님과 함께 계셨고 하느님과 똑같은 분이셨다. 말씀은 한처음 천지가 창조되기 전부터 하느님과 함께 계셨다. 모든 것은 말씀을 통하여 존재*했고 이 말씀 없이 존재하는 것은 하나도 없다. 존재하는 모든 것이 그에게서 생명을 얻었으며 그 생명은 사람들의 빛이었다. 그 빛이 어둠 속에서 비치고 있다. 그러나 어둠이 빛을 이겨본 적이 없다"(요한복음 1:1~5). 요한의 복음서는 첫머리부터 우리가 다른 세계에 들어와 있다고 느끼게 만든다. 이 복음서는 공관복음서와 같은 느낌을 주지 않는다. 그리고 『토마의 복음서』가 세 권의 공관복음서와는 매우 달랐지만—서사도 없고 오로지 말씀만 있으며 매우 다른 신학과 세계관을 제시하는 등—『토마』는 적어도 공관복음서가 생각나게 하는 말씀이 많았다. 그러나 요한은 『토마』와도 다른 느낌을 준다.

실제로 이 첫머리는 철학 내지 진짜 신학 같은 느낌을 주며, '존재'를 강조한 부분은 거의 헤겔이라든가 그와 비슷한 독일 철학 같은 느낌을 준다. '한처음'은 명백하게 창세기의 첫머리를 생각나게 하지만, 뒤이어 나오는 것은 창세기처럼 신성한 사건들에 관한 서사가 아니라, 사물이 '말씀을 통하여'라는 비교적 추상적 방식으로 존재하게 된 데 대한 진술이다. 예컨대 플라톤의 『티마이오스』 같은 고대 그리스의 전통적 철학에서 '존재'에 관한 질문을 다뤘지만, 이제까지 우리가 살펴본 초기 그리스도교 글에서는 이와 비슷한 것을 본 적이 없다.

이 복음서를 조금 더 읽어나가면 이런 내용이 나온다. "말씀이 사람이 되셔서 우리와 함께 계셨는데 우리는 그분의 영광을 보았다. 그것은 외아들이 아버지에게서 받은 영광이었다. 그분에게는 은총과 진리가 충만하였다"(1:14). 이것은 노골적으로 신학적이며, 나머지 복음서

---

* 공동번역 성서에서는 이 부분의 '존재했고'와 '존재하는'이 모두 "생겨났고"와 "생겨난"으로 되어 있다.

에서 명확하게 진술되어 있다고 보이는 것보다 훨씬 더 명확하다. 이 부분은 거의 그리스도교 신조 같은 느낌을 준다. 이것은 마태오복음이나 마르코복음, 루가복음뿐 아니라 『토마』와도 다르다.

진술하는 내용 말고도 요한이 사용하는 문체 또한 매우 다르다. 그 한 가지는 반복이 많다는 것이다. 잘 쓰인 학부과정 논문에서라면 절대로 허용되지 않을 정도의 반복이 방금 인용한 몇 절에서도 나타난다. "한처음, 천지가 창조되기 전부터 말씀이 계셨다. 말씀은 하느님과 함께 계셨고 하느님과 똑같은 분이셨다." 그 바로 뒤에 '존재한다'는 구절이 세 번 반복된다. 이것은 이 복음서의 이 도입부에서만 나타나는 게 아니라 전체에 걸쳐 반복적으로 나타난다.

독자들은 또 요한복음에는 나머지 복음서보다 대화가 훨씬 더 많다는 것을 금방 알아차리게 된다. 마르코는 예수가 위대한 스승이었다고 말한다. 그러나 다른 복음서에 비하면 예수의 실제 가르침에 대해서는 놀라울 정도로 조금밖에 들려주지 않는다. 마태오와 루가는 긴 부분을 할애하여 예수의 가르침을 들려주지만, 요한에서처럼 설교나 대화 같은 것이 한 장에서 다음 장으로 이어지는 정도는 아니다. 거의 전부 가르침으로 이루어져 있고 서사는 거의 없는 『토마』조차도 요한복음에 나오는 설교나 대화 같은 것은 없다. 그러나 요한복음은 거의 어느 부분을 펼쳐도 비슷한 장면이 나온다. 예수가 어떤 가르침을 시작한다. 한 사람 또는 사람들 무리와 대화하는 도중일 때가 많다. 예수가 들려주는 몇 마디를 대화 상대방이 금방 알아듣지 못해 대립이 일어난다. 예수는 긴 설명에 들어간다. 불만을 품은 사람들의 말에 간간이 중단되기도 한다. 그리고 종종 혼란 또는 즉각적인 충돌이나 폭력을 행사하려는 시도가 일어나면서 장면이 끝난다. 반복, 철학적 느낌이 나는 논의와 진술, 대화가 실패하는 장면, 길게 이어지는 예수의 가르침 등 요한복음은 본문에 나오는 이런 모든 요소 때문에 나머지 복음서와 구별된다. 나름의 뚜렷한 신학과 문체가 있는 것이다.

서사의 차이

요한복음에서는 일어나는 사건과 때, 장소 또한 크게 다르다. 그 한 가지로, 요한에서 예수와 상호작용하는 등장인물은 다른 복음서의 인물보다는 조금 더 생생하다는 점이 종종 지적된다. 다른 복음서에 나오는 인물은 이야기에서 예수의 말이나 행동이 돋보이도록 하기 위해 대충 만들어 넣은 인물처럼 약간 밋밋해 보인다. 예수는 길게 말하지만 상대적으로 이들은 몇 줄 이상을 말하는 때가 거의 없다. 이들은 거의 '세리', '죄인', '바리사이파 사람', '젊은이' 등으로만 나온다. 이름이나 더 자세한 정체가 제시되는 때는 거의 없다. 이와는 달리 요한에서는 읽는 동안 이들 중 일부 등장인물을 알아간다는 느낌을 받는다. 예수가 니고데모와 대화하는 내용을 거의 한 장에 걸쳐 묘사하는 부분이 있다(요한복음 3:1~21, 독백으로 변해가기는 하지만, 적어도 처음에는 대화로 시작한다). 그런데 우리는 니고데모가 바리사이파 사람이고 유다인 지도자이며 "선생"(3:10)이라는 것을 알게 된다. 서사의 뒷부분에서는 예수를 매장하기 위해 시신을 염습하는 장면에서 등장한다(19:39). 그리고 그가 예수에게 하는 몇 가지 질문을 통해 우리는 그가 진짜 개성이 있는 인물이라는 생각이 든다. 그는 예수가 말하는 내용을 진정으로 알고 싶어하는 것으로 보인다.

이 장면에 이어 요한복음 4장에서는 예수가 어느 사마리아 여자와 주고받는 긴 대화가 나온다. 이 사람의 이름은 나오지 않지만, 우리는 그녀에게 다섯 명의 남편이 있었고 지금은 법적으로 혼인하지 않은 남자와 살고 있다는 사실을 알게 된다(4:18). 이야기를 들려주는 사람도 예수도 그녀를 상당히 동정적으로 대한다. 그녀는 자기 마을 사람들을 설득하여 예수를 반갑게 맞이하게 한다(4:39~42). 마을 사람들은 나아가 예수에게 자기들과 함께 묵을 것을 간청한다. 우리는 다른 복음서에 나오는 여느 등장인물보다 니고데모와 이 여자에 대해 더 많이 알게 되는 것이다. 이로써 우리는 나머지 복음서들에 비해 요한이 가지고 있는 서사의 커다란 차이 중 이미 두 가지를 보았다. 즉 복음서의 도입부가 매우 다르고, 묘사가 더 자세하기 때문에 등장인물의 존재가 두드러진다는 것이다.[2]

요한에는 또 신학적으로 본질적인 차이가 있다. 그 하나로, 도입부에서 보았듯 작가는 우리에게 예수가 전부터 존재(선재先在)했다고 말한다. 오늘날의 사람들은 이것이 생소하다는 점을 즉각적으로 알아차리지 못할 수도 있다. 예수나 하느님을 믿지 않는 사람이라도 예수는 신성하며 인간으로 태어나기 전부터 존재해왔다는 말을 들어 알고 있기 때문이다. 그러나 『토마』는 예외로 치고 나머지 복음서에서는 이런 관념을 찾아볼 수 없다. 나머지 복음서의 경우 예수는 그냥 태어난다. 그와는 달리 요한에서 예수는 그냥 태어나면서 '세상에 왔을' 뿐 언제나 신적 존재였다.

요한복음에는 그 밖에도 독특한 주제가 가득하다. 예를 들면 빛과 어둠의 강조가 일정하게 반복된다. 예수는 빛에서 어둠으로 왔지만 어둠이 그를 배척한다(1:4~5, 3:19). 어둠은 또 '세상'을 나타내지만, 이것은 우리가 생각하는 물리적 세계만은 아니다. 이것은 '우주'이며, 하느님과 예수, 그리고 궁극적으로 저자 자신의 공동체에 맞서 일어난 만유萬有이다. 우주는 예수가 진격해 들어가야 하는 어둠의 영역이다. 우주는 예수를 미워했고 예수의 진정한 제자들까지도 미워할 것이다. 그러나 진정하게 믿는 사람들은 다르다. 하느님과 성령으로부터 "나기" 때문이다(특히 3:3~7 참조). 이 영의 태어남은 "육"의 태어남과는 완전히 다르다(3:6). 또하나의 주제는 예수의 정체가 '아버지'와 밀접하다는 것이다. 이것은 나머지 복음서에서도 볼 수 있지만, 요한복음에서는 한층 높은 관심사로 다룬다.

나머지 복음서에서는 세례자 요한에 대한 소개가 어느 정도 있었다. 마르코복음에서는 소개가 적은 쪽이었고 루가복음에서는 훨씬 많았다. 그렇지만 요한복음에서는 이 세례자를 갑작스레 또 비교적 혼란스러운 방식으로 소개한다. 마치 우리가 그에 대해 이미 안다고 생각하는 것 같다. "하느님께서 보내신 사람이 있었는데 그의 이름은 요한이었다. 그는 그 빛을 증언하러 왔다. 모든 사람으로 하여금 자기 증언을 듣고 믿게 하려고 온 것이다. 그는 빛이 아니라 다만 그 빛을 증언하러 왔을 따름이다"(1:6~8). 그러나 그에 대한 소개가 갑작스럽고 제대로 정보를 담고 있지 않기는 하지만, 세례자 요한은 제4복음서에서 다른 복음서에 비해 더 큰 역할을 맡는다. 저자는 전혀 모호하지 않은 말로써 그가 예수보다 낮다고 말하지만(1:15), 그는 처음 소개된 뒤에도 자신의 활동을 계속해나간다. 실제로 이 복음서의 저자는 예수가 요한에게 세례를 받은 일을 둘러싼 여러 사건에 관한 서사를 알고 있다는 암시를 주고 또 요한이 "성령이 하늘에서 비둘기 모양으로 내려와 이분 위에 머무르는 것을 보았다"라고 언급하게 하지만(1:32), 자신의 복음서에서 이 세례 장면을 실제로 서술하지는 않는다.

더욱이 나머지 복음서와는 달리, 요한복음에서 예수는 세례자 요한이 아직 활동을 계속하고 있을 때 활동을 시작한다. 공관복음서에서—그리고 이 부분에서 마태오와 루가는 그저 마르코의 예를 따랐겠지만—예수는 세례자 요한이 체포되기 전에는 활동을 시작하지 않는다. 예수는 세례자 요한이 체포될 때까지 그의 제자였으며, 그가 체포된 때부터 치료하고 마귀를 쫓아내고 가르치는 활동을 시작했다는 생각까지 들 수도 있다(이에 대해서는 역사적 예수를 다룬 13장에서 약간 논의한다). 그러나 요한의 복음서는 완전히 다른 이야기를 들려준다. 세례자 요한은 예수가 "이 세상의 죄를 없애시는 하느님의 어린 양"이라고 공개적으로 증언한다(1:29, 1:36). 예수는 세례자 요한을 따르는 사람 몇몇을 자신의 제자로 받아들인다(1:37~42). 예수와 제자들은 나아가 요한이 유다 지방에서 세례 활동을 계속하고 있는 것과 같은 시기에 같은 지방에서 자기 나름의 '세례' 활동을 하기까지 한다(3:22~24). 그리고 요한의 제자들은 예수의 제자들과 정결예식을 두고 논쟁을 벌인다(3:25~30). 요한복음에서는 세례자와 예수의 활동이 겹치는데, 이것은 다른 어느 복음서에서도 볼 수 없는 부분이다.

사실 내가 말하는 내용은—예수와 요한의 세례 활동이 겹친다는—요한복음의 서사와 공관복음서의 또다른 커다란 차이점과 관계가 있다. 마태오, 마르코, 루가는 모두 예수가 갈릴래아에서 활동을 시작하여 생애의 거의 마지막에 이르러서야 유다 지방으로 간다는 이야기를 제시한다. 루가가 예수의 탄생과 또 소년 시절의 예루살렘 성전 방문 이야기에서 예수가 유다 지방에 있었던 것으로 말하고 또 예수가 유다 지방이나 그 근처에서 요한에게 세례를 받았다고 암시하고 있기는 하다. 그러나 예수의 활동은 먼저 오로지 갈릴래아에서 이루어진다. 예수가 예루살렘에 있는 것은 기본적으로 생애의 마지막 한 주뿐이다.

요한은 그와는 달리 예수와 제자들이 '유다 지방'에 있었다면서 그곳에서 제자들과 함께 사람들에게 세례를 베풀고 있었다고 말한다(3:22~23). 요한의 설명에 따르면 예수와 제자들은 그 서사에서 갈릴래아와 유다 지방을 여러 차례 오가는데 때로는 갑자기 그렇게 한다. 이들은 3장에서는 유다 지방에, 4장에서는 사마리아에, 또 4장 뒷부분에서는 갈릴래아에 있다. 요한복음 5장 첫머리에서는 어느 명절에 예루살렘에 가 있다. 혼란스럽게도 예수는 그곳으로부터 곧장 "갈릴래아 호수 곧 티베리아 호수 건너편"(6:1)으로 가는 것 같다. 그다음, 예수는 명절에 형제들과 예루살렘으로 가지 않겠다고 말하지만(7:6~9), 그렇게 말해놓고는 "남의 눈에 띄지 않게" 그곳으로 간다(7:10). 요한복음에서 예수는 몇 번이나 더 갈릴래아와 유다 지방을 오가는데, 이 때문에 일부 학자들은 저자가 원천자료의 내용을 가져와 섞을 때 의도한 것보다 더 혼란스러운 방식으로 구성했다는 의견을 내놓는다.

실제로 고대 때부터 독자들은 성전 정화 사건을 요한이 자신의 복음서 끝부분인 예수가 십자가형을 받기 한 주 전, 예루살렘에 막 도착한 직후에 넣지 않고 첫 부분에 넣은 까닭을 궁금해했다(요한복음 2:13. 이 부분을 마르코복음 11:15~19, 마태오복음 21:12~17, 루가복음 19:45~48과 비교해보라). 일부 보수적 학자들은 성서에는 역사적 사실과 모순되거나 잘못된 부분이 있을 수 없다며, 예수가 생전에 활동을 두 번 한 것이라는 의견을 내놓는다. 비판적 학자들은 요한의 저자가 자기 나름의 목적을 위해—그것이 무엇인지 우리로서는 이제 알아낼 수 없지만—이 사건을 이 자리에 넣은 것이 분명하다고 본다.

예수의 활동 기간도 마찬가지로 다르게 제시된다. 널리 퍼진 의견에 따르면 활동을 시작할 때 예수는 서른 살이었고, 활동은 3년간 이어졌으며, 따라서 십자가형을 당할 때는 약 서른세 살이었다. 그러나 비교적 전통적인 이 관념은 우리에게 남아 있는 어떠한 원천자료에서도 찾을 수 없다. 그리스도교인들이 이런 관념을 지니게 된 것은 예수가 활동을 시작했을 때의 나이를 루가복음 3:23에서 가져오고("예수께서는 서른 살가량 되어 전도하기 시작하셨는데") 이 활동이 3년 동안 지속됐다는 관념은 요한복음에서 가져오면서, 그것도 요한이 예수의 활동 동안 서로 다른 과월절을 세 번 언급하는 것으로 나타난다는 사실을 근거로 삼아서이다(요한복음 2:13, 6:4, 12:1). 만일 남아 있는 것이 공관복음서뿐이라면 우리는 아마도 예수는 오로지 한 해 동안만 활동했다고 간주할 것이다. 그렇지 않다는 암시가 없기 때문이다. 그리고 남은 것이 요한복음뿐이라면 우리는 예수의 활동이 3년 정도 계속됐다고 추측하겠지만, 반면에 나이는 마흔다섯 살 남짓으로 봤을 것이다(요한복음 8:57에서 사람들이 "쉰 살도 못 되었는데"라고 말하기 때문이다). 그리스도교인들이 전통적으로 생각하는 예수의 나이와 활동 기간은 종종 그렇듯 어떤 부분은 어떤 복음서에서 또 어떤 부분은 다른 복음서에서 가져와, 그것을 합쳐 복음서에도 역사적 개연성에도 부합되지 않는 설명을 이끌어낸 결과물이다.

또 예수의 가족은 원래 어디 출신일까? 루가복음에 따르면 예수의 부모는 갈릴래아의 나자렛 출신이며, '호구조사'를 위해 요셉의 조상이 살았다는 베들레헴으로 가서 한 달 남짓 머물렀다가, 나자렛에 있는 집으로 돌아왔다(루가복음 1:26~2:39). 마태오복음에 따르면 이들은 복음서의 첫 부분에서 베들레헴에 있는 집에 있는 것으로 나오며 유다 지방에서 살고 있다(마태오복음 2:1~11, 또 2:23도 참조). 적어도 2년 동안 이집트로 피신하여 지낸 다음(2:13~15 참조) 베들레헴의 '집'으로 돌아오려 하지만, 요셉은 꿈에 경고를 받고 가족을 데리고 갈릴래아의 나자렛으로 이사하기로 결정한다(2:19~23).

그렇지만 만일 우리가 가진 원천자료가 요한복음뿐이라면 우리는 예수의 가족이 그저 갈릴래아 출신이고 예수는 마리아와 요셉 두 사람의 아들이겠거니 생각할 것이다. 유다인들은 예수의 아버지가 요셉이라는 것을 알고 있고(요한복음 6:42) 또 예수는 갈릴래아 출신이며 따라서 구세주일 수가 없다고 말한다(7:41, 7:52). 저자는 일부 사람들이 구세주는 다윗의 마을인 베들레헴 출신이리라는 예언을 믿었다는 것을 알고 있음을 보여준다(7:42). 이 예언 이야기는 예수는 따지고 보면 베들레헴에서 태어났고 그의 가족은 원래 유다 지방 출신이라는 점을 언급할 좋은 기회였을 것이다. 그는 그렇게 하지 않는다. 그가 이 기회를 그냥 흘려보냈다고 생각하기보다, 그가 보기에 유다인들이 다만 틀렸고, 어떤 이유에서인지 예언을 틀리게 해석했거나 예수가 진실로 어디에서 왔는지를—즉 하늘로부터 또는 '아버지'에게서 왔다는 것을—이해하지 못했으며, 또 세상에서 예수가 태어난 장소는 상관이 없다고 믿었다는 암시로 받아들이는 것이 더 낫다. 어떻든 예수의 가족이 원래 어디에서 살았는가 하는 문제는 복음서들 사이에서 비교적 더 두드러지게 차이가 나는 점에 속한다.

신학적 관점에서 더 중요한 것은 요한복음에는 주의 만찬(오늘날에는 교파에 따라 미사, 성찬례, 친교의 식탁 등으로 부른다)을 제정하는 이야기가 없다는 사실이다. 요한복음 6:54~58에서 예수는 자신의 살을 먹고 피를 마시는 일에 대해 말하는데, 학자들은 여기에 주의 만찬을 가리키는 부분이 있는지를 두고 토론을 벌인다. 그러나 그것이 만일 주의 만찬을 가리키는 역할을 한다면, 예수가 자신의 마지막 과월절을 제자들과 함께 지키면서 이 예식을 확립하는 실제 장면을 저자가 서술하지 않는다는 사실은 주목할 만하다. 저자는 주의 만찬을 제정하는 이야기를 서술하지 않고 발을 씻어주는 행위가 포함된 다른 식사 이야기를 들려준다. 배신당하는 그날 밤 제자들과 마지막 만찬을 나누면서 예수는 노예처럼 제자들의 발을 씻어준다. 그리스도교인들은 오래전부터 이 예식을 부활절 직전 금요일인 성금요일 전 목요일의 성찬례에 추가해 넣었다. 이날을 영어로는 일부 교회에서 '세족례 목요일Maundy Thursday'이라 부르는데, 라틴어 만다툼mandatum('명령')의 중세기 영어 낱말에서 온 이름일 것이다. 만다툼은 "너희에게 새 계명을 주겠다"(13:34)로 번역되는 라틴어 문장의 첫 낱말이다. 따라서 요한복음에는 예수가 제자들과 보낸 마지막 밤에 성찬례가 있지 않고 세족례가 있다.

요한복음에서는 예수의 체포 또한 아주 다르게 서술된다. 예수는 빠르게 체포된 게 아니라 자신을 체포하러 파견된 군인들과 대화 같은 것을 나눈다. 군인들이 예수에게 나자렛 예수를 찾고 있다고 말하자 그는 "내가 그 사람이다" 하고 대답한다. 그러자 군인들은 모두 뒷걸음치다가 땅에 넘어진다. 그들이 일어나자 대화가 처음부터 되풀이되지만, 이번에는 예수가 대답할 때 그들은 넘어지지 않고 서 있을 수 있었던 것으로 보인다(18:1~12). 그렇지만 이 모든 장면은 약간 이상하다.

또 요한이 예수의 십자가형을 서술하는 방식에도 큰 차이가 있다. 예컨대 세 권의 공관복음서에 따르면 십자가형은 과월절 첫날에 일어난다. 공관복음서에 나오는 주의 만찬은 그 자체가 과월절 만찬이다. 유다교식으로 따질 때 하루의 시작은 우리가 그 전날이라고 생각하는 날의 해질 때이다. 그래서 예수는 우리라면 목요일이라고 생각할 날 해가 떨어진 뒤 과월절이 시작되는 시간에 과월절 식사를 했고, 그런 다음 과월절의 첫날인 금요일에 십자가형을 당했다. 요한은 완전히 다른 이야기를 내놓는다. 요한에서 최후의 만찬은 과월절 명절의 식사가 아니다. 예수는 과월절 당일이 아니라 그 전날인 "준비일"에 처형된다(19:14, 19:31, 19:42). 이날은 과월절 양을 잡아 먼저 제물로 바치는 날이며, 그렇게 준비한 과월절 양을 그날 만찬에서 먹는다. 이것은 저자가 이미 예수가 "이 세상의 죄를 없애시는 하느님의 어린 양"(1:29, 1:36)이라고 했기 때문에 그에게 상징적으로 중요할 수도 있다. 어떻든 공관복음서의 이야기와는 뚜렷하게 다르다.

그 밖에도 요한복음은 서사와 문체에서 다른 부분이 많이 있지만, 내가 마지막으로 언급하는 내용은 어쩌면 가장 주목할 만한 부분이 아닐까 한다. 요한복음에만 '예수의 사랑을 받던 제자' 이야기가 나오는데, 이 제자가 누구인지는 나오지 않지만 예수가 특히 사랑했다고 나온다. 이 사람이 처음 나오는 장면은 최후의 만찬으로, 예수 옆에서 비스듬히 기대고 앉아 있었다(13:23, 저자는 고대 지중해의 일부 문화, 특히 그리스인과 로마인의 풍습대로 예수와 제자들이 만찬에서 "비스듬히 기대고 앉아 있었다"고 묘사한다).* 그는 또 예수가 죽을 때 그 자리에 있었던 소수의 사람 중 한 명이며(19:26~27), 텅 빈 무덤을 가장 먼저 목격한 사람 중 하나라고 한다(20:2~9). 부활한 예수가 갈릴래아 호수에서 제자들에게 나타났을 때 다른 제자들과 함께 그 자리에 있었다(21:7, 요한복음에서는 이 호수를 "티베리아 호수"라 부른다. 6:1도 참조).

---

* 저자가 인용하는 NRSV 성서의 해당 절은 다음과 같다. "One of his disciples—the one whom Jesus loved—was reclining next to him.(제자 중 한 명이—예수가 사랑한 제자가—그의 곁에서 비스듬히 기대고 앉아 있었다.)" 당시는 왼팔로 상체를 받치고 비스듬히 누운 자세로 식사하는 것이 일반적이었다. 다리는 오른쪽에 앉은 사람의 뒤로 뻗고 머리는 왼쪽에 앉은 사람의 가슴께에 왔다.

그리고 그 제자가 이 복음서의 저자라고 한다(21:24).

그리스도교 전승에서는 이 사람은 제베대오의 아들이자 야고보의 형제인 요한이며 따라서 '요한의 복음서'를 쓴 저자라고 주장해왔다. 그리고 그리스도교 미술에서 요한은 주로 대단히 젊고 아름다우며 심지어 소녀 같은 외모를 지닌 것으로 묘사됐는데, 남성 화가들의 상상에 예수가 특히 사랑한 제자라면 그렇게 생겼으리라고 생각한 대로 그렸을 것이다. 따라서 전설에서는 그가 예수 생전에 아주 어렸고, 아주 오래 살았으며, 만년에 세 권의 공관복음서를 보완하려는 뜻으로 '자신의' 복음서를 지었다고 한다. 그러나 역사적으로는 이중 근거가 정당하다고 볼 만한 이유는 하나도 없다. 우리는 저자가 무슨 뜻으로 '예수의 사랑을 받던 제자'라고 했는지 도무지 알 수 없고, 그리고 순전히 저자 자신이나 그가 속해 있던 그리스도교 공동체가 꾸며낸 것일 수도 있다. 그렇지만 이것은 수수께끼투성이인 이 복음서에 들어 있는 유쾌한 수수께끼 중 하나다.

요한복음의 주요 주제

제4복음서의 주요 주제를 지목할 때 우리는 스스로 얼마간 제한을 두어야 한다. 이 복음서에는 너무나 많은 주제 요소가 너무나 풍부하게 들어 있고 또 이런 요소는 이 복음서 전체에 걸쳐 반복되는데다 요한의 편지에서도 되풀이하여 나타나는 때가 많다. 그렇기 때문에 여기서 바람직한 수준보다 더 세밀한 내용으로 휩쓸려 들어갈 수가 있다. 그러므로 여기서는 가장 눈에 띄는 주제 몇 가지만 나열한다.[3] 독자는 그저 성서 색인사전(성서나 신약에 나오는 모든 낱말을 수록한 책으로, 몇 장 몇 절에 나오는지를 알려준다)을 가지고 요한에서 반복적으로 나오는 낱말, 예컨대 '빛'이라든가 '보기', '알기' 등을 찾아보면 이런 주제에 대한 내용을 쉽게 보충할 수 있다. 어떻든 이런 주제는 마치 종소리가 울리고 또 울리듯이 이 복음서의 여러 부분에서 반복적으로 나타난다.

요한복음 전체에 걸쳐 위와 아래를 향한 움직임을 강조하는 것을 볼 수 있다. 실제로 예수는 내려왔다 올라가는 구세주이다. 예수는 제자들에게 "너희는 하늘이 열려 있는 것과 하느님의 천사들이 하늘과 사람의 아들 사이를 오르내리는 것을 보게 될 것이다" 하고 예언한다(요한복음 1:51). 그러나 예수는 또 다음과 같은 식으로 말하기도 한다. "하늘에서 내려온 사람의 아들 외에는 아무도 하늘에 올라간 일이 없다"(3:13). 이것은 다음처럼 하늘과 땅의 대비에 잘 맞는다. "위에서 오신 분은 모든 사람 위에 계신다. 세상에서 나온 사람은 세상에 속하여 세상 일을 말한다"(3:31). 예수는 하느님의 뜻을 이루기 위해 "하늘에서 내려왔다"(6:38). 그는 "하늘에서 내려온 빵이다"(6:41, 또 6:58도 참조). 그리고 부활한 뒤 예수는 아버지에게 다시 올라가야 한다(20:17).

이와 비슷한 주제로 '높이 들림'이 있다. "구리뱀이 광야에서 모세의 손에 높이 들렸던 것처럼 사람의 아들도 높이 들려야 한다"(3:14). 그렇지만 이것은 무엇을 가리키는 것일까? 예수가 아버지에게 다시 올라가는 것일까? 예수는 이 '높이 들림'은 다름 아닌 유다인들이 예수에게 하게 될 일이라고 말한다. "너희가 사람의 아들을 높이 들어올린 뒤에야 내가 누구라는 것을 알게 될 것이다"(8:28). 이 복음서의 나중 부분에서 좋은 실마리를 하나 발견한다. "지금은 이 세상이 심판을 받을 때이다. 이제는 이 세상의 통치자가 쫓겨나게 되었다. 내가 이 세상을 떠나 높이 들리게 될 때에는 모든 사람을 이끌어 나에게 오게 할 것이다"(12:31~32). 여기서 우리는 '내가 이 세상을 떠나 높이 들리게' 된다는 것이 정확하게 어떤 사건을 말하는지 여전히 갈피를 잡지 못할 수 있다. 다만 확실히 이것이 승천처럼 들리지는 않는다. 그러나 저자는 그다음에 이런 설명을 덧붙인다. "이것은 예수께서 당신이 어떻게 돌아가시리라는 것을 암시하신 말씀이었다"(12:33). 그러므로 이제 우리는 '높이 들림'이 적어도 때로는 십자가형, 즉 예수가 십자가에서 '높이 들림'을 가리킨다는 것을 알 수 있다. 그렇지만 많은 경우 이 주제의 의미를 너무 엄격하게 고정시키려고 하지 않는 것이 더 현명할 것이다. 그 밖의 많은 주제나 요소에서도 그렇듯 요한복음은 의미를 겹겹이 암시하고 있어서, 어떤 것은 동시에 분명하게 두 가지 이상의 의미를 지니기 때문에 여러 차원에서 신학적 해석을 시도하게 된다.

'보기'와 '알기' 역시 이 복음서의 처음부터 끝까지 반복되어 나타나지만, 둘 사이의 관계가 언제나 명확하지는 않다. 1:18에서는 이렇게 말한다. "일찍이 하느님을 본 사람은 없다. 그런데 아버지의 품 안에 계신 외아들로서 하느님과 똑같으신 그분이 하느님을 알려주셨다." 여기서는 보기와 알기가 하나로 결합되어 있다. 이따금 예수는 마치 진리를 찾기 위한 '경험적' 방법을 주장하는 것 같아 보인다. 세례자 요한은 자기 자신의 '보기'를 언급하며 예수에 관해 증언한다. "과연 나는 그 광경을 보았다. 그래서 나는 지금 이분이 하느님의 아드님이시라고 증언하는 것이다"(1:34).

예수는 자신에게 질문하는 사람들에게 "와서 보라"(1:39)며 부른다. 예수는 자신이 보았고 따라서 안다고 주장한다. "정말 잘 들어두어라. 우리는 우리가 알고 있는 것을 말하고, 우리의 눈으로 본 것을 증언하는 것이다"(3:11). 그러므로 우리는 '보기'는 예수에 관한 진정한 지식으로 다가갈 수 있는 방법으로서 전적으로 합당하며 나아가 필요하기까지 하다는 생각을 갖게 된다.

그러나 그와는 다르게 암시하는 듯한 진술 몇 가지가 여기저기서 나와 갈피를 잡기가 어렵다. 이따금 사람들에게 '보기' 그리고 따라서 '알기'를 권하는데도 불구하고 예수는 또 "세상은 그분을 보지도 못하고 알지도 못하기 때문에" 세상 즉 우주는 "진리의 성령"을 받아들일 수 없다고도 말한다(14:17). 다시 말해 '세상'은 '보고' '알고' 싶어도 그럴 능력이 없다는 뜻이다. 그리고 이 복음서의 끝부분에 다가가면서 예수는 '보지' 않고도 믿으면 더 낫다고 암시한다. '의심하는 토마'가 예수의 부활을 믿자—그는 예수를 보고서야 믿는데—예수는 그를 꾸짖는 것 같다. "너는 나를 보고야 믿느냐? 나를 보지 않고도 믿는 사람은 행복하다"(20:29).

내가 언급하려는 마지막 주제는 이 '보기'와 연관되어 있다. 요한에서 예수는 공관복음서에서만큼 많은 기적을 행하지는 않는다. 실제로 그는 한번도 마귀를 쫓아내지 않는데, 나머지 복음서에서 이것이 얼마나 눈에 띄는지를 볼 때 이 점은 주목할 만하다. 그러나 제4복음서에서 또 한 가지 궁금한 점은 예수가 행하는 기적을 저자가 '징조'*라 부른다는 점이다. 이런 기적 중 가장 유명한 것은 예수가 어느 혼인식에서 물을 포도주로 변하게 한 기적이다(2:1~11). 이 이야기의 끝부분에서 저자는 이것이 그의 "첫번째 징조"라고 말한다(2:11). 일부 학자들은 저자가 이런 징조 몇 개에 번호를 붙이는 것은 예수가 행한 기적을 서술하는 목록을 담은 '징조 원천자료'가 있었다는 뜻이라는 의견을 내놓았다. 만일 그렇다면 그는 번호를 매길 때 헷갈린 것인데, 뒷부분에서 사람을 치료한 것을 예수의 "두번째 징조"(4:54)라고 하지만 사실은 그사이에 예수가 다른 '징조들'을 행했다고 이야기하기 때문이다(2:23, 3:2 참조). 그러나 이것은 또 그냥 우리가 가진 복음서의 최종본이 어쩌면 두 번 이상 편집됐고 또 사건의 순서가 여기저기로 바뀐 때문일 수도 있다. 그러면 유다 지방과 갈릴래아를 그렇게 빨리 오간다는 점도 설명될 것이다.

대체로 '징조'는 예수에 대한 믿음으로 다가가는 완벽하게 정당한 방식으로 제시되는 것 같다(3:2, 6:14, 6:26, 6:30, 7:31, 9:16, 10:41, 11:47, 12:18, 12:37). 그러나 어느 정도 모호한 부분이 남는다. 한번은 예수가 '징조'가 있어야 믿는 것을 명확하게 비난하는 것으로 보인다(4:48). 그러나 요한복음에는 수수께끼와 다중적인 부분이 가득하며, '징조'의 의미와 가치 역시 그러한 경우에 해당할 것이다.

* 공동번역 성서에는 '기적'이라고 나와 있다. 이어지는 부분에서도 마찬가지이다.

요한 종파

내가 '종파'나 '종파적'이라는 용어를 쓸 때는 일반적으로 발언할 때 흔히 암시되는 경멸적 의미에서가 아니다. 나는 그저 종교사회학적 측면에서 이 용어를 가져다 쓰고 있을 뿐이다. '종파sect'는 자신을 둘러싼 문화와 자신 사이에 확고한 사회적 경계를 유지하는 집단이다. 종파는 자신을 주위 세계로부터 '따로 분리해'놓는다. 종파에는 강한 '내부자'와 '외부자' 관념이 있을 수 있다. 나아가 자기 종파의 구성원은 선택된 사람들 내지 '구원받은' 사람들이며, 바깥에 있는 다른 사람들은 '저주받은' 사람들 또는 단순히 종파의 이익으로부터 배제된 사람들이라고 믿을 수도 있다. 여러 세기를 내려오면서 스스로 '세상'뿐 아니라 다른 그리스도교인들로부터도 떨어져나간 그리스도교인 집단이 많이 있었다. 많은 그리스도교회는 자신을 '유일한 교회'가 아니라 하나의 '교파denomination'로 생각한다. 이것은 즉 예컨대 장로교회인 것으로 만족하며, 침례교인이나 감리교인, 로마 천주교인 등 그리스도교에 속하는 다른 수많은 단체의 구성원들을 부정하려 하지는 않는다는 뜻이다. 반면 '종파'는 다른 그리스도교인들은 모두 진정한 그리스도교인이 아니라고 부정할 가능성이 높다. 사회학적으로 말할 때 '종파'와 '교파'의 차이는 자기 집단을 다른 종교집단 또는 개인과 구분하는 정도의 차이이다. 자신과 다른 사람 내지 사람들 집단 사이의 경계선이 얼마나 확고한가 하는 데 달린 것이다.

학자들은 요한복음은 초기 그리스도교에 있던 한 가지 형태의 종파에서 생겨난 것으로 지금은 보고 있다. 이 종파는 유다교에서 생겨났지만, 적어도 다음 장에서 살펴볼 요한의 세 편지가 쓰인 무렵까지는 주위의 유다교뿐 아니라 다른 형태의 그리스도교로부터도 떨어져나왔다. 제4복음서에서 해석이 까다로운 수수께끼 몇 가지는 이 복음서와 요한의 편지에 나타난 공동체의 종파적 성격을 인식하면 이해가 가능하다.[4]

앞부분에서 언급한 주제 중 여러 가지가 이런 종파적 성격을 보여준다. 빛과 어둠이라는 명확한 구별, 어떤 사람들은 하느님의 자식이고 어떤 사람들은 마귀의 자식이라고 말하는 점, '영'과 '육'의 근본적 차이, 이 모두를 비롯한 여러 주제에서 공동체와 '세상'을 구별하는 확고한 경계 감각이 드러난다. 이 복음서의 저자가 속한 교회는 "이 세상에 있지만 세상에 속해 있지 않다."

요한복음에 나오는 여러 긴 장면들이 사람들과 예수의 논쟁으로 비화되는 예수의 긴 담론을 서술하면서 이런 분리와 종파적 관점을 보여준다. 사람들이 예수에게 질문한다. 그는 거기에 한번도 직접적인 대답을 들려주지 않는 듯 보인다. 오히려 주제를 벗어나 보이는 무언가를 말함으로써 대답한다. 사람들이 이의를 제기하면 예수는 그들을 위선자라거나 완고하다거나 죄가 있다는 식으로 비난한다. 그들은 결국 예수를 배척하고 죽이겠다고 위협한다. 이런 서사 양식은 너무나 여러 차례 반복되기 때문에(예컨대 요한복음 6장과 8장), 이것은 저자뿐 아니라 아마 그의 교회 역시 지니고 있는 종파적 세계관이 표출된 것이 분명하다.

이것이 특히 명백해지는 한 군데는 요한복음 9장에서 소경을 치료하는 긴 이야기이다. 이 서사가 본문에는 명확하게 제시되지 않은 내용을 어떻게 전달하고 있는지를 알아보기 위해 다른 내용보다 더 자세하게 살펴보겠다. 여기서 전하는 내용은 교회의 구성원이 되고 계속 남아 있으려면 세상으로부터, 심지어 자기 가족으로부터도 떨어져나와야 하며, 고통스럽기는 하겠지만 그럼에도 불구하고 필요하다는 것이다. 앞서 마태오에서 폭풍을 가라앉힌 이야기를 거의 마태오의 교회에 관한 우화로 읽을 수 있다는 것을 보여주었듯, 요한복음 9장에서 묘사된 소경의 치료와 그후의 이야기 역시 예수나 그 소경보다는 요한의 교회에 관한 이야기로 읽을 수 있다. 이제부터 이 이야기의 여러 세부적인 면을 상징적으로도 해석할 수 있다는 사실을 살펴보자.

이 치료 이야기는 비교적 단순한 방식으로 들려준다. 예수는 이 사람이 소경으로 태어난 것은 그나 그의 부모의 죄에 대한 벌이 아니라 예수 안에 있는 하느님의 영광을 드러내기 위한 것이라고 지적한다. 예수는 소경의 눈을 뜨게 해줄 '세상의 빛'이다. 예수는 침을 뱉어 흙을 갠 다음 그 사람의 눈에 문지른 다음 실로암의 연못으로 가서 씻으라고 한다. 여기서 저자는 이 실로암이 "파견된 자"라는 뜻이라고 말한다(9:1~7). 사람들이 어찌 된 일인지 묻자 그 사람은 그저 예수라는 사람이 그렇게 했다면서 사연을 들려준다. 그것 말고는 예수가 누구인지 어디에 있는지 아무것도 모른다고 말한다(9:8~12).

그러자 사람들은 그 사람을 바리사이파 사람들에게 데리고 간다. 왜 데려갔는지를 저자는 알려주지 않지만, 이야기가 진행되려면 자세한 내용이 필요하다. 여기에는 충돌이 있어야 하는데, 이 충돌을 알려주기 위해 저자는 이제야 예수가 소경을 치료한 때는 안식일이었다는 말을 들려준다(9:13~15). 바리사이파 사람들은 예수가 치료를 함으로써 안식일을 어겼으니 하느님이 보낸 사람일 수 없다고 말한다. 이 때문에 사람들 사이에서 논쟁이 일어나고, 소경이던 사람이 자기 생각에 예수는 "예언자"라고 고백하면서 장면의 이 부분이 마무리된다(9:16~17).

이 사람이 태어나면서부터 소경이었다는 사실을 확인하기 위해 '유다인들'은 그의 부모를 부르고, 부모는 그가 자기네 아들이며 태어날 때부터 눈이 멀었다고 확인해준다(요한복음에서 '유다인들'은 그 자체로 등장인물이 되어 예수와 제자들과 대립하는데, 예수와 제자들 역시 유다인들이라는 사실을 저자가 확실히 알고 있으면서도 그렇게 한다는 점에 주목하기 바란다). 그런 다음 우리는 이 이야기의 충돌 양상을 더 가중시키는 또다른 새로운 정보를 저자로부터 얻는다. 이제 이 부모가 '유다인들'을 무서워하는데 저자는 그 이유를 다음과 같이 들려준다. "유다인들은 예수를 그리스도라고 고백하는 사람은 누구나 다 회당에서 쫓아내기로 작정하였던 것이다"(9:18~23).

더 많은 논쟁이 벌어지면서 '유다인들'은 예수가 '죄인'이기 때문에 예언자일 수도 하느님의 사자일 수도 없다고 주장하고, 눈을 뜬 사람은 자신이 눈을 뜬 기적이 바로 예수가 "하느님께서 보내신 분"이라는 증거라고 거듭 지적한다(9:24~34). 결국 그가 회당 밖으로 쫓겨난 다음 예수가 다시 장면 안으로 끼어든다. 예수는 그에게 "사람의 아들"을 믿는지 묻고, 그가 사람의 아들이 누구인지 묻자 예수는 자기가 바로 그 사람이라고 대답한다. 그러자 그는 "주님, 믿습니다" 하는 그리스도 교인의 "고백"을 하고 예수 앞에 꿇어 엎드린다(9:35~38).

이야기는 예수와 바리사이파 사람들이 한번 더 충돌하면서 끝난다. 예수는 자신이 "이 세상에 온" 것은 못 보는 사람은 보게 하고 보는 사람은 "눈멀게 하기" 위해서라고 말한다. 바리사이파 사람들은 자기들이 "눈이 멀었단 말이오?" 하고 묻는데, 예수는 이번에도 요한복음에서 늘 하는 대로 질문에 대해 직선적으로 대답하지 않고 다음과 같이 말하면서 이 이야기 전체를 끝맺는다. "너희가 차라리 눈먼 사람이라면 오히려 죄가 없을 것이다. 그러나 너희는 지금 눈이 잘 보인다고 하니 너희의 죄는 그대로 남아 있다"(9:39~41).

학자들은 이 이야기가 예수의 생전에 일어난 사건을 정확하게 서술하고 있을 수 없다고 지적한다. 이 이야기는 많은 부분이 예수를 구세주라고 고백하는 사람은 누구든 '회당'에서 쫓아내기로 결정했고 나아가 그 결정을 공개했다는 주장에 달려 있다. 이것은 예수의 생전에 일어났을 수가 없는 일이다. 그 하나로, 모든 증거는 예수가 생전에 자신이 구세주라고는 선언하지 않았음을 암시한다. 대부분의 학자들은 이 믿음은 예수의 생애 마지막에 이르러 제자들 사이에 암암리에 생겨났거나 죽고 난 다음에야 생겨났다고 본다. 나아가 예수를 믿으면 회당에서 쫓겨난다고 믿을 만한 증거가 얼마간 있는 것이 사실이지만, 확실히 예수의 생전에는 아니다. 실제로 이런 일은 예수가 죽고 수십 년이 지난 다음에야 가능했다. 이야기 전체가 시대착오를 전제로 하는 것이다.

그렇기는 해도 이 일화를 수십 년 뒤, 어쩌면 서기 1세기 말의 어느 교회의 삶을 그려주는 상징적 이야기로 읽으면 아주 잘 이해된다. 그 하나로, 이야기 속 남자는 그저 소경을 나타내지는 않는다. 그는 그리스도를 알기 전 사람들의 '눈먼 상태'를 나타낸다. 그는 눈이 예수에 의해 뜨이자('보기'와 '알기'라는 이 복음서의 주제와 관련된 사건) 빛을 본다(빛과 그림자라는 주제). 그가 얼굴을 씻는 것은 아마 세례를 의미하거나, 아니면 적어도 그렇다고 받아들여도 전적으로 무방하다. 더 나은 설명은 그가 '파견된 자'라는 이름의 연못에서 '세례를 받았다'는 것으로, 그가 곧 파견되어 예수를 증언할 뿐 아니라 그 자신이 예수에 의해 구원받았다고 증언할 것이기 때문이다. '유다인들'과 바리사이파 사람들은 예수가 하느님이 파견한 구세주라는 그리스도교인들의 주장을 배척하는 유다인들을 가리킨다. 부모는 예수의 추종자가 되고 싶지만 자신이 속한 유다인 공동체로부터 축출당한다는 두려움 때문에 참고 있는 유다인들을 가리킨다. 그렇지만 자기 아들과 같이 예수는 '그저 한 명의 예언자'라고 믿다가 예수는 그리스도이며 사람의 아들임을 받아들이는 쪽으로 옮겨가는 것이 이들이 해야 할 제대로 된 행동일 것이다. 이들은 아들처럼 "주님, 믿습니다" 하며 제대로 된 그리스도교인의 고백을 하고 예수 앞에 무릎 꿇고 신성한 존재로 숭배해야 하는 것이다.

요한복음에 나오는 예수와 '유다인들' 사이의 다른 많은 대화와 마찬가지로 이 대화 역시 분열로 끝난다. 대부분의 사람들은 예수의 주장을 배척한다. 몇몇은 그를 받아들이고 숭배하며 추종자가 된다. 그러나 이들은 자신이 예수처럼 자기 동포로부터 심지어 때로는 자기 집안으로부터도 배척당할 필요가 있다. 이 이야기들은 확고한 경계가 있는 분열 내지 분리를 서술한다. 예수의 생전에 생긴 분열이 아니라, 1세기 말과 2세기 전체에 걸쳐 그리스도교인 유다인들과 이방인들이 경험한 분리이다. 요한복음에 있는 많은 다른 이야기와 마찬가지로 이 이야기는 예수에 대한 충성심 때문에 다른 유다인들과 다른 인간사회로부터 끊어져 나온 예수의 추종자들로 이루어진 종파 집단의 경험을 반영한다.

요한복음의 그리스도론

그러나 요한복음의 예수는 그냥 일반적인 '예수'가 아니다. 요한의 복음서에 나오는 예수는 대단히 '높은' 그리스도론의 예수로서, 나머지 정전 복음서들에 나오는 예수보다 더 그렇다. '그리스도론'은 예수의 본성에 관한 이론 내지 교의를 말한다. 예수에게 신성이 전혀 없었으며 그저 인간에 지나지 않았다고 믿는 사람에게도 '그리스도론'은 있다. 단지 대단히 '낮은' 그리스도론일 뿐이다. 이 책의 여러 부분에 걸쳐 살펴보겠지만, 초기 그리스도교에는 대단히 범위가 넓은 다양한 종류의 그리스도론이 있었다. 심지어는 신약 안에서조차 그렇다. 예수의 일부 추종자들은 의심할 바 없이 그를 위대한 인간이지만 그 이상은 아니라고 봤다. 또 일부는 그를 '하느님의 아들'로 받아들였지만, 예수 본인이 하느님이 신성하다는 것과 같은 의미에서 신성하다는 뜻으로는 받아들이지 않았다. 일부 초기 그리스도교인들은 예수가 신성하지만 아버지 하느님보다는 낮은 지위의 신성을 지닌다고 생각했다. 나중에 신학적 논쟁과 충돌을 많이 거친 끝에 가서야 그리스도교회는 '정통'이 되려면 예수가 완전히 신성하며 아버지 하느님과 동등한 신성한 지위가 있다고 믿어야 한다고 여기게 됐다. 요한복음은 신약의 나머지 문서와 비교할 때 유달리 '높은' 그리스도론을 지니고 있으며, 이것이 이 복음서와 나중의 편지 세 편에 반영된 충돌 대부분에서 초점이 된 것으로 보인다.

제4복음서에서는 다른 무엇보다도 예수 본인의 본성을 꾸준히 관심사로 다룬다. 그는 확실하게 예언자로, 스승으로, 치료자로, '사람의 아들'로 제시된다. 그러나 충돌이 종종 불거지고, 그의 주위에 있는 사람들이 분노하여 그를 죽이고자 하고, 그럴 때 그는 자신이 하느님과 동등하다고 주장한다. 5장에서 충돌은 역시 안식일에 병자를 치료하면서 시작되지만, 이때 예수가 하는 다음과 같은 말 때문에 충돌이 커진다. "내 아버지께서 언제나 일하고 계시니 나도 일하는 것이다"(요한복음 5:17). 여기서 예수가 자신이 아버지 하느님과 동등하다고 명확히 주장하는 것은 아니다. 물론 아들이 모두 자기 아버지와 동등하지는 않다. 그러나 화자는 이 경우 그다음 절에서 '유다인들' 스스로 이렇게 결론내렸다고 사실상 말함으로써 예수의 주장을 명확하게 한다. "이 때문에 유다인들은 예수를 죽이려는 마음을 더욱 굳혔다. 예수께서 안식일법을 어기셨을 뿐만 아니라 하느님을 자기 아버지라고 하시며 자기를 하느님과 같다고 하셨기 때문이다"(5:18). 마지막 구절이 그 앞의 주장에 당연하게 이어지지는 않는다는 점에 주목하기 바란다. 그러나 저자가 볼 때는 당연하게 이어지며, 이것이 저자 및 그의 공동체와 그 나머지 모든 사람 사이에서 일어나는 충돌의 핵심이다. 여기서 반대자들은 '유다인들'로 제시된다. 나중에 요한의 편지들을 보면 반대자들에는 저자와 정확하게 일치하는 그리스도론을 받아들이지 않는 다른 그리스도교인들이 포함된다는 것을 알 수 있다.

이 주장은 요한복음 8장에서 다시 나오는데, 다만 이 점을 분명히 파악하자면 행간을 약간 읽어야 한다. 요한복음 8:12은 여느 때나 마찬가지로 예수가 자신이 누구인지 가르치는 장면에서 시작한다. (요한에서 예수의 가르침은 대부분 나머지 복음서와는 달리, 사는 법이나 행동하는 법에 대해서가 아니고 나아가 '하느님의 나라'에 대해서도 아니다. 요한에서 가르침은 예수의 정체에 초점을 맞추는데, 다른 복음서에서는 거의 논쟁거리조차 되지 않는다.) 요한에서 대체로 그렇듯 예수는 모종의 불가사의한 주장을 내놓는다. 이 이야기에서는 다음과 같이 주장한다. "나는 간다. 그러면 너희는 나를 찾다가 자기 죄에서 헤어나지 못하고 죽을 터이다"(8:21). 사람들은 이해하지 못하고 심지어 예수에게 설명을 부탁한다. 예수는 더욱 불가사의한(어떻든 그들에게는) 말로 대답하고 이어 그들을 모욕한다(8:22~30).

그렇지만 이 장의 나머지 부분에서는 예수의 가르침이 사람들 사이에서 필연적으로 가져오는 분열을 더욱 뚜렷하게 묘사한다. 이제 저자는 예수가 "자기를 믿은 유다인들에게"(8:31)* 관심을 돌린다고 말한

* 공동번역 성서에는 "당신을 믿는 유다인들에게"라고 나와 있다.

다. 그렇지만 이번에도 논의는 뜨거운 논쟁으로 비화하여 양쪽이 욕설까지 주고받는다. 예수는 사람들이(이들은 예수를 따르는 사람들이라는 점을 기억하기 바란다) 자신을 죽이려 한다고 주장하며 그들을 사생아들이라고 넌지시 말하고(8:41), 끝내는 그들이 다름 아닌 악마의 자식들이라고 말한다. '유다인들'은 오는 말이 곱지 않자 예수를 "사마리아 사람"이라 부르면서 마귀 들린 사람이라고 말한다(8:48). 그렇지만 아직 저자는 충돌의 정점에 다다르지 않았다. 유다인들은 예수가 "아직 쉰 살도 못 되었는데" 아브라함을 봤을 리가 없다고 말하고, 이에 예수가 "아브라함이 태어나기 전부터 나는 곧 나다"* 하고 대꾸하면서 충돌이 절정에 이른다. 이들이 실제로 돌을 들어 예수를 죽이려고 하는 것은 오로지 이때에 이르러서이다(8:58~59). 그리고 기억해야 하는 것은 저자가 이들이 예수를 믿던 사람들이라고 말했다는 점이다.

이 장면의 절정은 따라서 예수가 '나는 곧 나'라는 말로 자신의 신성한 지위를 주장할 때이다. 저자가 이렇게 설명하는 것은 이것이 하느님이 불꽃이 이는 떨기에서 모세에게 말할 때 사용한 이름이라는 것을 알아차리라는 뜻이다(출애굽기 3:14~15). 하느님의 이름은 '나는 곧 나'이다. '나는 곧 나'라고 스스로를 칭함으로써 예수는 자신이 전부터 존재하고 있으며 이스라엘과 모세의 하느님과 동등하다고 주장한다. 사람들이 그의 메시지를 배척하고 그를 죽이려 하는 것은 이 때문이다. 요한복음이 지니는 높은 그리스도론은 '유다인들'과 그 밖의 모든

* 공동번역 성서에는 다음과 같이 나와 있다. "나는 아브라함이 태어나기 전부터 있었다."

사람들에 대한 이 복음서의 종파적 자세를 알 수 있는 열쇠다.

제4복음서에서는 예수에 관해 우리가 다른 복음서들에서 봤고 또 바울로의 여러 편지나 여타 많은 초기 그리스도교 문서에서 보게 될 것보다 더 급진적인 주장을 담고 있다. 이런 종류의 높은 그리스도론이 발달하기까지는 어느 정도 시간이—예수운동이 시작된 때부터 그리스도교회로 성장하기까지의—걸렸는데, 이것은 대부분의 학자들이 제4복음서가 쓰인 시기를 1세기 말이나 2세기 초로 거슬러올라가는 또하나의 이유이다. 그처럼 높은 그리스도론이 초기 그리스도교 공동체에 단단히 발판을 마련하는 것을 보기까지는 시간이 걸린다. 다음 장에서 알아보겠지만, 이 그리스도론은 요한 공동체의 후기에 이르러 더욱 발달했다. 그 발달 과정은 이 복음서를 요한 그리스도교 공동체의 나머지 문서인 요한의 세 편지와 비교함으로써 더듬어볼 수 있다.

12
요한의 세 편지와 그리스도교의 전파

개요: 요한복음의 초점은 그리스도론이다. 이 복음서에서 예수는 신성하다. 요한의 첫째 편지에서는 이 복음서의 주제 중 많은 부분이 되풀이 나타난다. 요한이 쓴 세 편의 편지는 요한 공동체에서 주고받은 편지일 가능성이 있다. 이들은 예수의 신성과 인간성을 주장하며, 가현론자들을 비롯하여 자신들과는 다른 형태의 초기 그리스도교와 대립적 관계에 있는 종파 집단이었다. 요한 문헌에서 보게 되는 종류의 그리스도론을 다른 문헌들에서 살펴본 것과 비교하면 다시금 초기 그리스도교가 얼마나 다양한 모습과 형태를 지니고 있었는지, 또 어떻게 전파됐는지가 드러난다.

여러 가지 그리스도론

초기 그리스도교의 여러 글에서 우리는 예수의 본성에 관한 어떤 가르침을, 다시 말해 어떤 '그리스도론'을 찾아낼 수 있을까? 마르코의 복음서에 따르면 예수는 확실히 하느님의 아들이다(마르코복음 15:39). 예수는 또 마르코복음에서 사람의 아들을 비롯하여 여러 다른 호칭으로도 불렸다. 나아가 마르코복음에서 예수는 특히 고난받는 하느님의 아들이며, 그의 죽음은 "많은 사람들을 위한 몸값"(10:45,* 마태오복음 20:28도 이것을 차용한다)으로 이해된다.

마태오는 마르코를 따라 예수의 죽음을 몸값을 갚기 위한 희생으로 받아들이는 반면 루가는 그러지 않는다. 루가는 마르코로부터 많은 부분을 가져왔지만 마르코복음 10:45은 베껴오지 않는다. 그러지 않는 이유는 그가 그 부분의 그리스도론에 동의하지 않기 때문이다. 루가는 예수의 죽음을 남의 죗값을 대신 갚는 희생으로 해석하지 않는다. 이 점은 여러 방향에서 알 수 있다. 루가가 마르코복음 10:45을 뺀 것도 그 한 예다. 또 한 가지는 루가가 마르코복음을 가져올 때 내용을 바꾸는 부분이다. 예를 들면 마르코가 그리는 예수는 죽기 전과 죽을 때 조용히 괴로워하고, 나아가 하느님에게 왜 자기를 버리는가 묻기까지 한다(15:34). 루가는 십자가형 장면에서 예수가 그렇게 말한 부분을 빼버린다. 루가복음에서 예수는 완전한 확신과 지식을 가지고 죽음을 맞이한다. 마르코는 십자가에서 비탄의 부르짖음이 예수의 입에서 나왔다고 묘사하지만, 루가는 같은 부분에서 예수가 평온하고도 자발적으로 자신의 영혼을 바치는 것으로 묘사한다. "아버지, 제 영혼을 아버지 손에 맡깁니다!"(루가복음 23:46) 마르코는 예수가 죽는 바로 그때 성

---

* 공동번역 성서에는 다음과 같이 나와 있다. "많은 사람들을 위하여 목숨을 바쳐 몸값을 치르러 온 것이다."

전 휘장이 찢어졌다고 묘사한다(마르코복음 15:38). 아마도 예수가 다른 사람들의 죄를 대신하여 죽음으로써 이제 인류는 거룩한 존재 중의 거룩한 존재, 즉 하느님에게 다가갈 수 있게 됐다는 의미일 것이다. 예수가 죽음으로써 '몸값'을 치른 덕택이다. 루가는 휘장이 찢어지는 사건을 예수의 죽음 이전으로 옮기는데, 그것은 그가 예수의 죽음을 죗값을 대신 갚는 희생으로 보지 않기 때문일 것이다. 그와는 달리, 앞의 여러 장에서 루가복음과 사도행전을 통해 살펴본 것처럼 예수의 죽음을 의로운 예언자의 순교로 보며, 이는 스데파노의 죽음과 또 바울로를 비롯한 그리스도교의 '증인들'의 고난에서 재현된다('순교martyr'라는 낱말은 다름 아닌 '증인'을 가리키는 그리스어 낱말에서 왔음을 기억하기 바란다). 이 모두는 두 가지 그리스도론을 반영한다. 죄를 대신 갚으며 희생하는 하느님의 아들이라는 마르코복음의 그리스도론과 모범적인 순교자-예언자라는 루가복음의 그리스도론이다.

또 앞서 살펴본 것처럼 『토마의 복음서』에는 예수의 죽음이 아예 없다. 『토마』의 작가에게 예수의 죽음은 아무 문제도 되지 않는 것으로 보인다. 오히려 예수는 비밀스러운 영지를 드러내, 구원받아 원래 있던 하느님의 곁으로 돌아갈 운명인 사람들 속에 있는 지식과 생명의 불꽃을 일깨워주는 신성한 존재이다. 『토마』에는 고통에 대한 관심이 전혀 없다. 단지 '아는' 자들이 자신의 진정한 본성을 앎으로써 고통의 영역으로부터 벗어나려는 차원의 관심뿐이다.

요한복음의 저자에게 예수는 아버지와 완전히 동등하다. 그는 완전한 하느님이다. 그는 떨기 속에서 모세에게 말한 '나는 곧 나'이다. 그는 또 하늘에서 내려와 하늘로 올라가는 속량자이고, 빛과 지식과 구원을 가져오는 존재다. 그러나 루가복음이나 『토마』와는 달리 요한복음은 확실하게 예수의 죽음을 '세상의 죄'를 없애는 희생으로 묘사한다. 예수는 준비일에 과월절 양을 잡는 바로 그 시간에 죽임을 당하는 하느님의 어린 양이다. 요한복음은 이제까지 우리가 살펴본 것 중 가장 높은 그리스도론을 담고 있다. (『토마의 복음서』 저자가 예수를 가장 높은 하느님과 완전히 동등하다고 봤는지는 약간 불분명하다. 아마도 그랬겠지만, 적어도 그렇다고 명백하게 진술하지는 않는다.) 마태오복음과 마르코복음, 루가복음은 모두 예수를 하느님의 아들로 제시하는 것으로 읽을 수 있지만, 아버지와 완전히 동등한 존재로 제시한다고는 볼 수 없다. 이 등식은 요한복음에서 명백하게 제시된다.

대부분의 교회가 정통으로 보는 그리스도론은 4세기 이전까지는 제대로 완전히 형성되지도 시행되지도 않았다. 콘스탄티누스 황제는 서로 언쟁을 벌이는 교회와 수도사와 주교들 사이에 일치를 가져오기 위해 서기 325년에 니케아에서 공의회를 소집했다. (실제로는 더 지루하고 복잡했던 역사를 단순화해 말하자면) 곡절 끝에 나온 결과물이 지금도 전 세계 교회에서 낭송하고 있는 니케아 신경이다.[1] 니케아 신경에 따르면 예수는 "하느님에게서 나신 하느님이시요, 빛에서 나신 빛이시오, 참 하느님에게서 나신 참 하느님"[2]이다. 예수는 하느님이 지어내지 않았다. '창조되지 않고 나시었다.' 그러나 이 낳음은 시간상에서 일어나지 않았는데, 그것은 예수가 언제나 있었기 때문이다. 예수는 '성부와 일체'다. 정통 그리스도론은 이후 451년에 칼케돈 공의회를 통

해 강화됐다(그리고 어느 정도 다듬어졌다).[3]

예수가 처형됐다고 보는 해인 30년에 그를 따르는 사람들이 지니고 있던 예수의 본성에 관한 이해로부터 '정통 그리스도교'의 이해로 이어지기까지는 기나긴 세월이 걸렸다. 그러나 나중에 정통으로 자리잡게 될 요소의 많은 부분을 정전 복음서 중 가장 '정통'적인 요한의 복음서에서 찾아볼 수 있다. 요한복음에 따르면 예수는 완전한 하느님이며 아버지와 동등하다. 세상의 삶을 살기 전에 이미 존재했다. 하늘에서 내려와 하늘로 올라가는 속량자이다. 사람들을 위해 희생된 하느님의 어린 양이다. 그는 세상에 대한 하느님의 사랑의 표현이며, 죽음과 희생으로써 세상의 죄를 없앤다. 사람들이 구원을 받으려면 그를 믿고 그의 본성에 관한 올바른 믿음을 지니고 있어야 한다. 훨씬 나중에 '정통'으로 정의되는 이런 모든 요소를 요한복음에서 찾아볼 수 있다. 그렇지만 초기 그리스도교의 다른 종파에서는 이런 요소를 찾아볼 수 있는 곳이 그리 많지 않았다.

요한의 첫째 편지

요한의 첫째 편지에 나오는 많은 주제가 요한복음에도 나온다. 심지어 복음서와 문체마저 비슷하게 느껴진다. 예컨대 첫 부분을 보면 복음서 도입부가 떠오른다. "우리는 한처음부터 있었던 것, 우리가 들은 것, 우리 눈으로 본 것, 우리가 목격하고 우리 손으로 만져본 것을 여러분에게 선포합니다. 바로 생명의 말씀에 관한 것입니다"(요한1서 1:1).* 우리는 여기서 '한처음'과 '보기'와 '알기'라는 주제를 언급하고 있다는 것을 보게 된다. '만져본'이라는 언급마저도 토마가 부활한 예수의 몸을 만져봐야 믿겠다고 고집하는 저 유명한 장면, 요한복음에서만 찾아볼 수 있는 장면(20:27)을 떠올리게 할 것이다.

"이 생명이 드러났으며, 우리는 그것을 보았고 그래서 그것을 증언합니다"(요한1서 1:2).** 우리는 요한복음에서 본 증언과 증거뿐 아니라 계시라는 주제도 떠올린다. "그리고 여러분에게 영원한 생명을 선포합니다." 영원한 생명 역시 복음서에서 반복적으로 나타나는 주제였다. "우리가 보고 들은 것을 여러분에게 선포하는 것은 여러분 역시 우리와 친교를 나누도록 하기 위해서입니다. 그리고 우리는 진정으로 아버지와 또 그의 아들 예수 그리스도와 친교를 나누고 있습니다"(1:3).*** 조금 더 뒤로 가면 빛과 어둠에 관한 언급이 나온다(1:5~6). 우리는 예수의 "피"가 세상의 죄를 씻어주는 것을 본다(1:7, 요한복음 19:34에서 십자가에 매달린 예수에게서 흐르는 피를 떠올리게 한다). 더 뒤에는 하느님으로부터 "난" 사람이라는 말이 있다(2:29, 하느님으로부터인지 예수로부터인지 분명하지 않다).**** 언어, 문체, 그리고 복음서에 이어 다시 등

---

* 공동번역 성서에는 다음과 같이 나와 있다. "우리는 생명의 말씀에 관해서 말하려고 합니다. 그 말씀은 천지가 창조되기 전부터 계셨습니다. 우리는 그 말씀을 듣고 눈으로 보고 실제로 목격하고 손으로 만져보았습니다."

** 공동번역 성서에는 다음과 같이 나와 있다. "그 생명이 나타났을 때에 우리는 그 생명을 보았기 때문에 그것을 증언합니다."

*** 동번역 성서에는 다음과 같이 나와 있다. "우리가 보고 들은 그것을 여러분에게 선포하는 목적은 우리가 아버지와 그리고 그분의 아들 예수 그리스도와 사귀는 친교를 여러분도 함께 나눌 수 있게 하려는 것입니다."

**** 공동번역 성서에는 "하느님께로부터 난 사람"이라고 나와 있다.

장하는 특정 용어와 주제 등이 모두 이 편지가 복음서와 마찬가지로 대체로 같은 공동체에서 나온 것임을 보여준다(다만 편지라기보다는 설교 같은 느낌을 준다. 서간체의 서두나 인사말이 없다는 점에 주목하기 바란다).

그렇지만 이 편지의 본문에는 여러 흥미로운 문제가 있고, 또 일부 진술은 복음서와는 모순되어 보인다. 예컨대 시작 부분으로 가면 우리는 모두 죄인이라는 말이 나온다. "만일 우리가 죄없는 사람이라고 말한다면 우리는 자신을 속이는 것이고 진리를 저버리는 것이 됩니다. 그러나 우리가 우리의 죄를 하느님께 고백하면 진실하시고 의로우신 하느님께서는 우리의 죄를 용서하시고 우리의 모든 불의를 깨끗이 씻어주실 것입니다. 만일 우리가 죄를 짓지 않았다고 말한다면 우리는 하느님을 거짓말쟁이로 만드는 것이며 그분의 말씀을 저버리는 것이 됩니다"(1:8~10). 이것은 '우리'는 죄인이지만 우리가 스스로 죄를 인정하면 용서받을 수 있다는 직선적인 주장처럼 보인다.

그렇지만 뒷부분에서 적어도 얼핏 읽기에는 이와 모순되는 내용을 보게 된다.

> 죄를 짓는 자는 누구나 하느님의 법을 어기는 자입니다. 법을 어기는 것이 곧 죄입니다. 여러분도 아시다시피 그리스도께서는 죄를 없애시려고 이 세상에 나타나셨던 것입니다. 그리스도는 죄가 없는 분이십니다. 언제나 그리스도와 함께 사는 사람은 죄를 짓지 않습니다. 언제나 죄를 짓는 사람은 그리스도를 보지도 못한 사람이고 알지도 못하는 사람입니다.

……죄를 짓는 자는 악마에게 속해 있습니다. 사실 죄는 처음부터 악마의 짓입니다. ……하느님께로부터 난 사람은 자기 안에 하느님의 본성을 지녔으므로 죄를 짓지 않습니다. 그는 하느님께로부터 난 사람이기 때문에 도대체 죄를 지을 수가 없습니다. (3:4~9)

이 부분은 우리가 첫 부분에서 읽은 내용을 부정하는 듯이 보인다. 명백히 이것은 대단히 종파적인 흑백논리를 내놓고 있다. 사람은 하느님의 자식이 아니면 악마의 자식이고, 악마의 사람은 죄를 짓고 하느님의 사람은 죄를 짓지 않는다. 작가는 앞서 '우리가 죄없는 사람'이라고 말한다면 우리는 자신을 '속이는' 것이라고 말했다. 여기서는 '우리'는 '죄를 짓지 않습니다' 하고 말한다. 저자에게 물으면 그는 여기에 어떻게 모순이 없는지를 설명할 수 있을지도 모른다. (어쩌면 앞서 한 말은 우리에게는 죄가 '있었지만' 지금은 '없다'는 뜻일 수도 있다.) 그러나 애석하게도 저자에게 물어볼 수가 없고, 확실히 본문에는 풀 수 없는 문제가 하나 남게 되는 듯싶다.

그 밖에도 문제가 되는 구절들이 있다. 복음서에서도 사랑에 대한 진술을 보았듯 요한1서 역시 확실히 사랑을 강조한다. 그러나 이 편지의 저자가 사랑에 대해 말할 때 복음서의 저자와 같은 것을 말하는 걸까? (편지와 복음서의 저자가 다를지도 모른다는 실마리가 몇 가지 있는데 이것이 그 첫번째이다.) 편지의 작가는 이렇게 말한다. "자기의 형제를 사랑하는 사람은 빛 속에서 살고 있는 사람입니다"(2:10).[4] 나중에는 이렇게 말한다. "여러분이 처음부터 들어온 계명의 말씀은 우리가 서로 사랑해야 한다는 것입니다"(3:11). 이 편지에는 이런 말이 많이 있다. "우리는 우리의 형제들을 사랑하기 때문에 이미 죽음을 벗어나서 생명의 나라에 들어와 있는 것이 분명합니다"(3:14). "우리가 명령받은 대로 하느님의 아들 예수 그리스도의 이름을 믿고 서로 사랑하라는 것이 하느님의 계명입니다"(3:23). "사랑하는 여러분에게 당부합니다. 우리는 서로 사랑합시다. 사랑은 하느님께로부터 오는 것입니다. 사랑하는 사람은 누구나 하느님께로부터 났으며 하느님을 압니다"(4:7). "사랑하는 여러분, 명심하십시오. 하느님께서 이렇게까지 우리를 사랑해 주셨으니 우리도 서로 사랑해야 합니다. 아직까지 하느님을 본 사람은 없습니다. 그러나 우리가 서로 사랑한다면 하느님께서는 우리 안에 계시고 또 하느님의 사랑이 우리 안에서 이미 완성되어 있는 것입니다"(4:11~12).

그런데 놀랍게도 이 모든 말은 '서로', 즉 같은 공동체의 구성원들끼리 사랑하는 것을 말한다. 요한복음은 세상에 대한 하느님의 사랑을 선포했다. 그것은 어쩌면 신약에서 가장 유명한 구절일 것이다. 수백만의 그리스도교인들은 이 구절을 킹 제임스 성경에 있는 그대로 외우고 있다. 그 내용은 이렇다. "하느님은 이 세상을 극진히 사랑하셔서 외아들을 보내주시어 그를 믿는 사람은 누구든지 멸망하지 않고 영원한 생명을 얻게 하여주셨다"(요한복음 3:16). 반면에 요한1서의 저자는 이렇게 말한다. "여러분은 세상이나 세상에 속한 것들을 사랑하지 마십시오. 세상을 사랑하는 사람에게는 그 마음속에 아버지를 향한 사랑이 없습니다"(요한1서 2:15). 우리는 요한복음에서도 종파주의를 봤고 또 '세상'과 예수 및 그 사도들 사이의 적개심을 강조하는 구절을 봤다(예컨대 요한복음 15:18~19 참조). 이 점은 요한1서에서도 드러나며 또 어쩌면 과장되어 있기까지 하다. "세상은 여러분을 미워합니다"(요한1서 3:13).* 그리고 요한복음 3:16에서는 하느님이 세상을 구하려는 동기가 있는 것으로 보이는 반면, 이 편지의 저자는 요한복음 3:16을 되풀이하는 듯(그러나 어느 정도로만) 보이는 절에서 이렇게 말한다. "하느님께서 당신의 외아들을 이 세상에 보내주셔서." 그러나 이 문장이 어떻게 끝나는지에 주목하기 바란다. 세상을 구하기 위해? 아니다. "우리는 그분을 통해서 생명을 얻게 되었습니다"(4:9, 강조는 내가 넣었다).

요한의 첫째 편지 어디에도 독자에게 세상이나 세상 '안'의 누군가를 사랑하라는 말이 없다. 사랑하라는 모든 계명은 '서로'이다. 이 편지에서 언급되는 모든 사랑은 교인의 공동체에만 집중하고 있다. 이것은 '내부의' 사랑이고 '형제의' 사랑이다. 저자는 독자에게 공동체 내에서 서로 사랑하라고 반복적으로 명령하며, 공동체의 바깥에 있는 사람들을 사랑하라는 말은 한번도 하지 않는다. 복음서의 종파주의가 이 편지에서 달라져 있다면 그것은 강화되는 쪽이다.

쪼개지는 교회

요한의 복음서와 마찬가지로 요한의 첫째 편지는 한 종파 집단을 반영하는데, 그 경계 즉 누가 그 안에 속하고 누가 그 밖에 속하는지를

* 공동번역 성서에는 다음과 같이 나와 있다. "형제 여러분, 세상이 여러분을 미워하더라도 이상히 여길 것 없습니다."

결정하는 경계는 여기서도 크게 그리스도론으로 결정된다. 심지어 이들의 '적'은 '그리스도의 적'이기까지 하다.

> 어린 자녀들이여, 마지막 때가 왔습니다. 여러분은 그리스도의 적이 오리라는 말을 들어왔는데 벌써 그리스도의 적들이 많이 나타났습니다. 그러니 마지막 때가 왔다는 것이 분명합니다. 이런 자들은 본래 우리의 사람들이 아니었기 때문에 우리에게서 떨어져나갔습니다. 만일 그들이 우리의 사람들이었다면 우리와 함께 그대로 남아 있었을 것입니다. 그러나 결국 그들은 우리에게서 떨어져나갔고 그것으로 그들이 우리의 사람이 아니라는 것이 분명히 드러났습니다. (요한1서 2:18~19)

이 공동체는 이미 심각한 분열을 경험했고, 저자가 비난하는 사람들은 저자 자신의 말에서 알 수 있듯이 그의 공동체에 속해 있던 사람들이었다. 저자의 종파적 세계관에 따르면 그 사람들은 자기 공동체의 진정한 구성원이 아니었던 것이 분명하다. 그렇지만 그 이유는 바로 그들이 지금은 떨어져나갔기 때문이다.

그런데 무엇 때문에 떨어져나갔을까? "누가 거짓말쟁이입니까? 예수께서 그리스도시라는 것을 부인하는 사람이 아니겠습니까? 이런 사람이 곧 그리스도의 적이며 아버지와 아들을 부인하는 자입니다. 누구든지 아들을 부인하는 사람은 아버지까지도 부인하며 그와 반대로 아들을 인정하는 사람은 아버지까지도 인정합니다"(2:22~23). 실제로 예수에게 구세주, 그리스도, 기름 부은 자라는 호칭을 붙이기를 거부하거나 예수가 하느님의 아들이라는 것을 완전히 부정하는 사람들이 요한복음을 펴내고 또 반갑게 받아들인 그 공동체에 속한다면 이상할 것이다. 따라서 내가 볼 때 저자가 어느 정도 과장하고 있을 가능성이 높다. 반대쪽 사람들은 그저 저자가 원하는 만큼 '높은' 그리스도론을 지지하지 않았을 뿐일 수도 있다. 아니면 예수의 본성에 관한 믿음이 어떤 다른 면에서 저자의 믿음과 일치하지 않았을지도 모른다. 어떻든 여기서 예수에 관한 믿음이 불화의 중심에 있는 것이 확실하다.

그렇지만 편지의 뒷부분에서 우리는 또다른 실마리를 보게 된다.

> 하느님의 성령을 알아보는 방법은 다음과 같습니다. 예수 그리스도께서 사람의 몸으로 오셨다는 것을 인정하는 사람은 모두 하느님께로부터 성령을 받은 사람이고 예수께서 그런 분이시라는 것을 인정하지 않는 사람은 모두 하느님께로부터 성령을 받지 않은 사람입니다. 그런 사람은 그리스도의 적대자로부터 악령을 받은 것입니다. 그자가 오리라는 말을 여러분이 전에 들은 일이 있는데 그자는 벌써 이 세상에 와 있습니다. (4:2~3)

이것은 어쩌면 공동체를 떠난 사람들이 예수가 '육체'였음을 부정했으리라는 점을 암시한다. 따지고 보면 '육체'는 요한복음에서 너무나 부정적 의미를 지니고 있기 때문에, 예수가 진정으로 신성하다면 실제로 '육체'가 됐을 수 없다고 믿는 쪽이 합리적일 것이다.

우리는 그리스도가 실제로 살과 피로 이루어졌다고 믿지 않은 초기 그리스도교인들이 있었다는 것을 알고 있다. 이들은 예수는 그저 육체를 지닌 인간의 모습으로 보였을 뿐 실제로는 영혼이었다고 주장했다. 따지고 보면 예수는 물 위를 걸을 수 있었는데, 영혼이라면 할 수 있는 일이지만 살과 피로 된 사람은 할 수 없는 일이다. 예수는 벽과 문을 통과했다(요한복음 20:19, 20:26 참조). 오늘날 학자들은 고대 '이단론자들'('이단자'라고 생각되는 그리스도교인들을 공격하는 글을 쓴 그리스도교인들)이 남긴 단서를 따라 이런 그리스도론을 '가현론'이라 부르고 또 그렇게 믿은 그리스도교인들을 '가현론자'라 부른다. 예수 그리스도의 몸이 실제 살과 피로 이루어졌음을 부정하고 그저 그렇게 '보였을' 뿐이라고 주장한 그리스도교인들을 가리키는 용어다('가현$_{\text{docetic}}$'이라는 낱말은 '보인다'나 '나타난다'는 뜻의 그리스어 낱말에서 왔다).

그런 교인들이 쓴 초기 그리스도교의 글이 오늘날 남아 있다. 예컨대 2세기의 『베드로의 복음서』는 가현론적 구절이 있다는 비난을 받았다. 다만 오늘날 남아 있는 이 복음서의 단편에는 실제로 명백하게 가현론적 가르침은 담겨 있지 않다.[5] 그렇지만 우리는 예수는 신성하지만 살과 피가 아니라고 믿은 그런 그리스도교인들이 있었다는 것을 알고 있으며, 여기서 요한1서의 저자로부터 공격받는 그리스도교인들에게서 그런 가르침의 초기 형태를 보고 있는지도 모른다. 이것이 저자가 다음과 같이 수수께끼 같은 진술을 내놓을 때 그 이면에 있던 사연일지도 모른다. "증언자가 셋 있습니다. 곧 성령과 물과 피인데 이 셋은 서로 일치합니다"(요한1서 5:7~8).

요한1서가 요한복음이 쓰인 지 얼마 뒤에 쓰인 것은 분명해 보인다. 복음서에서는 '유다인들'이 주된 적수로 묘사됐지만, 요한1서에서는 이들이 전혀 등장하지 않는다. 편지의 적수는 같은 공동체에 속한 구성원들, 즉 그리스도론이 다른 교인들이다. 이들은 예수가 완전히 신성한 지위를 지니고 있다고 인정하지 않았는지도 모른다. 예수에게 살과 피로 이루어진 육체가 있었음을 이들이 부정하는 것은 확실해 보인다. 요한1서의 저자가 복음서를 쓴 저자와는 다른 사람일 가능성도 있다.

그렇더라도 그 둘은 같은 공동체의 구성원이다. 실제로 그의 관점이 비록 요한복음의 관점과 정확히 일치하지는 않지만 비슷한 것은 분명하며, 나아가 글의 문체도 복음서의 문체와 비슷하다. 따라서 학자들은 종종 요한 '학파'라는 말을 쓰는데, 이들은 초기 그리스도교인들의 연합으로서 적어도 그 일부분은 상당히 교육을 많이 받았고, 함께 예배했으며, 함께 문학작품을 내놓았고, 자기네 '상표'의 그리스도교는 장려하고 다른 그리스도교는 애써 반대했다. 앞에서 살펴본 것처럼 이들은 시간이 가면서 성장을 경험하기도 했지만 변화 또한 확실히 거쳤다. 나아가 요한1서가 쓰인 무렵에 이르러 이들은 그리스도의 신성과 진짜 살과 피를 가진 인간성을 모두 강조하는 신학을 확고하게 내걸고 있었다.

요한의 둘째, 셋째 편지의 변화하는 공동체

우리는 요한 문헌의 마지막 편지 두 편을 쓴 사람이 첫째 편지를 쓴 사람과 같은지는 단정할 수 없지만, 이 두 편 역시 요한 학파 내지 동아리로 넣을 수 있다는 점은 확신한다. 요한2서를 쓴 저자 역시 이름을 밝히지 않는다(복음서와 요한1서 역시 이름을 밝히지 않는다는 점을 기억하기 바란다). 그는 자신을 '원로'라 부른다. 그리고 이 편지를 '선택받은 귀부인과 그 자녀들'에게 쓴다. 대부분의 학자들은 이 '선택받은 귀부인'이 실제 여자를 가리키는 게 아니라 교회를 나타내고 '그 자녀들'은 그 교회의 구성원들을 가리키는 것일 수 있다고 본다.

저자는 이 그리스도교인들의 신앙과 믿음을 칭찬한다. "당신의 자녀들 가운데 아버지께서 우리에게 명령하신 대로 진리를 좇아서 사는 사람들이 있다는 것을 알고 나는 매우 기뻤습니다"(요한2서 4). 그다음에는 요한1서에서 그렇게나 뚜렷하게 나온 사랑의 명령이 되풀이된다(5~6). 그러나 그다음에는 이 편지의 요지임이 분명한 내용으로 들어간다. 즉 "속이는 자들"과 "그리스도의 적", "예수 그리스도께서 사람의 몸으로 오셨다는 것을 인정하지 않는" 사람들에 대한 경고다(7). 따라서 우리는 이 저자가 맞서고 있는 적수는 요한1서에서 공격한 것과 똑같은 사람들임을 알 수 있다. 그리고 이 편지를 쓰는 주된 이유는 편지를 받는 교회에게 저자가 틀렸다고 판단하는 교리를 가르치는 어떠한 사람도 받아들이지 말라고 말하기 위해서이다. "만일 누가 여러분을 찾아가서 이 교훈과 다른 것을 전하거든 그를 집안으로 받아들이지도 말고 인사도 하지 마십시오. 그런 자에게 인사를 하면 그의 악한 사업에 참여하는 것이 됩니다"(10~11). 그는 자신이 직접 그들을 찾아가겠다고 말하고, 자신이 속해 있는 교회가 보내는 인사말로 편지를 맺는다. "선택을 받은 당신의 언니의 자녀들이 당신에게 문안합니다"(13).

여기서 벌어지는 일을 이해하고자 할 때 고대의 여행에 관해 약간 알면 도움이 된다. 일이든 다른 어떤 이유에서든 여행하는 사람들은 가는 길에 호텔이나 여관이 있을 거라고 생각할 수 없었다. 물론 주점이라든가 사람들이 머물 수 있는 곳이 있었지만 그런 곳은 대개 형편없고 비쌌으며, 또 그런 곳에는 창녀와 도둑이 자주 들락거렸기 때문에 평판이 나쁜 곳이 많았다. 그래서 사도행전과 바울로의 편지들에서 본 것처럼 실제로 여행을 아주 많이 했던 초기 그리스도교인들은 거의 언제나 다른 지역에서 머무를 때 교인들의 가정교회망에 의지했다. 또 지역 교회들이 여행하는 전도자들에게 자금이나 음식을 제공하는 것이 관례였다. 글에서 '길을 가도록' 누군가를 '보낸다'고 하면 바로 그 뜻일 때가 많다. 가는 도중에 쓰도록 돈을 대준다는 뜻인 것이다.

그러므로 이 '원로'는 편지로 상대방 교회에게 자신이 방문할 수 있으니 대비하게 하면서, 한편으로는 신학적으로 자신에게 반대하는 사람들에게는 문을 닫아걸라고 시키는 것이다. 그는 그 교회에게 예전에 같은 공동체에, 아마도 바로 그 자신의 공동체에 속해 있던 사람들이 이제 예수에 관한 잘못된 관점을 지지하고 있으며, 그들이 여행하면서 자기네 관점을 퍼트리고 있을지도 모른다고 경고한다. 혹시라도 그들이 나타나면 편지를 받은 교회는 그들을 환영해서는 안 되고 도움을 주어서도 안 된다는 것이다.

흥미로운 반전은 요한3서에서는 바로 그 반대 상황을 엿볼 수 있다는 점이다. 셋째 편지에서 '원로'는 교회가 아니라 가이우스*라는 개

* 한글판 성서에서는 대부분 '가이오'라고 표기한다.

인에게 편지를 쓴다. 가이우스는 흔한 라틴어 이름이며, 우리에게는 이 사람에 대해 더이상의 정보도 없고 이 사람이라고 볼 만한 고대 인물도 찾을 수 없다. 원로와 가이우스는 가까운 사이였던 것이 분명하며, 원로는 신물이 나도록 그를 칭찬한다. 그가 편지를 쓰는 이유 하나는 바로 여행하는 어떤 '형제들'을 받아들인 일로 고마운 마음을 전하기 위해서인 것으로 보인다. 나아가 실은 이 '형제들'이 '원로'와 그의 교회의 사자로 여행하고 있었을 수도 있다. 가이우스는 이들이 '모르는 사람들'이지만 그럼에도 반갑게 맞아들였는데, 아마 자기 집에서 머무르게 했을 것이다. 그런 다음 원로는 그에게 "그들이 하느님의 일꾼으로 부족함이 없도록 도와서 떠나보내는 것이" 좋겠다고 부탁한다(요한3서 6).

이 경우에는 명백히 실제적인 금전적 도움을 의미하고 있다. 이렇게 여행하는 그리스도교인들은 "믿지 않는 사람들로부터는 아무런 뒷받침도" 기대할 수 없으며(7, 그리스어는 '이교도들'이지만 단순히 '그리스도교인이 아닌 사람들'을 가리키는 것이 분명하다),* 따라서 "우리가 그런 사람들을 돌보아주어야" 한다(8). 이 편지를 쓴 한 가지 이유는 바로 도시에서 도시로, 교회에서 교회로 여행하는 그리스도교인들에게 필요한 지원망을 키우기 위해서이다. 그러나 이 편지를 쓴 이유는 또 하나 있다. 원로는 다음과 같이 계속한다.

---

* 공동번역 성서에는 다음과 같이 나와 있다. "이교도들에게서는 아무것도 받지 않습니다."

나는 그 교회에 편지를 한 장 써 보냈습니다. 그런데 디오드레페가 그 교회의 우두머리가 되려는 야심을 품고 우리의 권위를 인정하려 하지 않습니다. 그래서 내가 가면 그가 저지르는 나쁜 일들을 낱낱이 지적하겠습니다. 그는 나쁜 말로 우리를 헐뜯고 있습니다. 그것도 부족해서 우리가 보낸 형제들을 받아들이지 않을 뿐더러 그 형제들을 받아들이려는 사람들까지도 그렇게 못하도록 방해하고 심지어는 그런 사람들을 교회 밖으로 쫓아내고 있습니다. (9~10)

디오드레페가 실제로 누구인지 우리로서는 전혀 알 수 없지만, 그는 원로가 편지를 보냈던 어느 가정교회의 우두머리인 것이 분명하다. 디오드레페는 원로가 보낸 사자를 받아들이기를 거부했다. 그는 원로의 편지를 전체가 모인 앞에서 읽도록 허용하지 않았을 수도 있다. 나아가 자기 가정교회의 구성원 중 지시를 어기고 원로가 보낸 사람들을 맞아들인 사람들을 교회로부터 내쫓았을 수도 있다.

다시 말하자면 디오드레페는 원로가 상대방 교회에게 부탁한 바로 그대로, 즉 특정 그리스도교인 여행자와 사자를 환대하지 말라고 한 그대로 행동한 것이다. 그러나 디오드레페가 거절한 사람들은 원로의 적수('속이는 자들'과 '그리스도의 적')들이 아니라 원로 자신이 보낸 사자들이었다.

요한의 둘째 편지와 셋째 편지는 완전히 다른 상황에 관해 쓴 것일 가능성이 충분히 있다. 다른 때, 다른 도시, 다른 가정교회일 수도 있다. 그러나 비록 그저 추측에 지나지 않지만, 이 두 편지가 그보다 더 밀접하게 연결되어 있다고 상상해보면 흥미롭다. 우리는 이 원로가 먼저 두번째 편지를 써서 사자들, 즉 원로 자신과 신학적 관점이 같은 사람들에게 맡겨 다른 여러 교회나 어쩌면 그가 '선택받은 귀부인과 그 자녀들'이라 부른 특정 교회로 파견했다고 상상할 수 있다. 디오드레페가 그 교회의 주요 지도자라고 상상해보자. 그런데 그는 원로의 관점에 동의하지 않기 때문에 원로의 사자를 맞아들이지 않고 그들과 그들이 가지고 온 편지를 돌려보낸다.

그러자 원로는 그 교회 전체가 아니라 같은 지역이나 같은 도시에 있는 아는 개인에게 편지를 써서, 자신이 보내는 사자들을 맞아들이고 또다른 곳으로 떠날 때 뒷받침도 해주기를 부탁해야 한다. 원로는 자신이 내놓은 전술의 쓴맛을 디오드레페에게서 봤다. 그의 편지와 친구들이 그 교회의 지도자로부터 퇴짜를 당한 것이다. 요한3서는 같은 사람이 나중에 쓴 것일 수 있고 또 나아가 같은 도시로 보낸 것일 수도 있다. 그러나 이번에는 디오드레페나 그가 이끄는 가정교회보다 더 잘 의지할 수 있을 것으로 기대하는 개인에게 보낸다.

앞서 말한 대로 이것은 추측이다. 그러나 만일 실제로 일어난 일이라면, 우리는 네 개의 발달 단계에 있는 하나의 그리스도교 공동체 즉 요한 그리스도교 공동체와, 대체로 같은 공동체에서 나왔지만 역사적으로는 각기 다른 네 시기에 나온 네 가지 문헌을 보고 있는 것이다. 요한복음은 이 교회가 아직 유다교와의 관계로 고민하던 때에 쓰였다. 이 교회는 예수에게 '아버지'와 같은 완전한 신성을—그리고 동등한 지위를—부여하려 하지 않는 유다인들과 그리스도교인들에게 맞서 자신들의 높은 그리스도론을 장려하기 위해 애쓰고 있었다. 이 단계에 있던 공동체는 자신이 '회당'으로부터 쫓겨난 일 때문에 여전히 약간 부글부글 속을 끓이고 있었다.

요한1서는 같은 운동의 나중 시기에 나온다. 이제 교회는 분열을 경험했는데, 이번에도 그리스도론이라는 기본적 문제 때문이다. 그러나 이번에는 '유다인들'이나 유다교와의 갈등이 아니다. 분열이 일어난 것은 '요한 종파의' 일부 그리스도교인들이 예수의 완전한 인간성을 인정하고 싶어하지 않았기 때문이다. 이들은 여전히 예수가 신성하다고 믿었겠지만, 그렇다면 그들이 볼 때 논리적으로 예수는 '살과 피'가 될 수 없다는 뜻이었다. 이들은 요한1서의 저자가 속한 교회를 떠났다. 심지어 자발적으로 그랬을 수도 있다. 그리고 저자는 자기편의 논점이 더 잘 알려지고 더 강력해지게 하기 위해 요한1서를 썼다.

같은 저자 또는 그와 관점과 문체가 비슷한 다른 사람이 나중에 특정 교회에 편지를 써서 '분열분자'들에 대해 경고하고, 그들을 교회에서 받아들이지도 뒷받침하지도 말도록 부탁한다. 편지를 쓴 원로가 직접 그 교회를 찾아갈 수도 있으며, 그래서 그 교회에게 자신이 거기 도착할 때를 대비하게 하고 또 적수들에게는 문을 닫아걸게 한다.

그런데 그 교회의 지도자가 이 원로의 친구들을 거부하며 맞아들이지 않았고, 그래서 그는 다시 편지를 써야 했는데 이번에는 같은 지역에 있는 아는 개인에게 쓴다. 이 편지에서 그는 디오드레페를 공격하면서 가이우스에게 뒷받침을 부탁한다. 그와 동시에 가이우스를 자기편으로 끌어들이려 한다. 추측이기는 하지만 이 전개가 인정될 수 있다면 우리는 한 교회가 시간이 가면서 변화하고 발달해가는 흥미로운 광경을 보고 있는 것이다.

자랄 때 내가 살던 텍사스주에는 이런 희한한 말이 있었다. "침례교회처럼 되어 쪼개지자." 내가 살던 곳의 교회들은 교리 문제, 개인 문제를 비롯한 갖가지 문제로 끊임없이 갈라지고 있었다. 한 교회에서 일부 사람들이 떨어져나와 새 교회를 만드는 일은 꽤 쉬웠다. 실제로 일부 사람들은 이 방식으로 먹고살았다. 이런 일이 그리스도교 운동의 첫 몇십 년에도 일어나고 있었다. 차츰 발달해가던 '정통성' 역시 수많은 그리스도교인 집단이 생겨나고 또 헤쳐 모이는 원인이 됐다. 일종의 부산물인 셈이다. 사회적 분열은 '정통성'이 발달하는 과정에서 생겨난 자투리였다. 요한의 복음서와 세 편지는 이 일이 벌어지고 있는 것을 보여준다.

13
역사적 예수

개요: 신약의 어떤 서사들은 서로 모순되기 때문에 역사적으로 일관된 전체 그림 속에 맞춰넣을 수 없음이 명백하다. 그러면 학자들은 '역사적 예수'가 누구였는지 어떻게 구성해낼 수 있을까? 역사적 예수를 연구하는 사람들이 따르는 원칙이 몇 가지 있는데, 여기에는 (1) 복수의 증언이 있고 (2) 본문의 신학적 성향과는 상이한 자료는 역사적으로 더 정확할 가능성이 높다고 본다는 것이 포함된다. 오늘날의 역사 연구 방법을 사용하면 '역사적 예수'를 구성해내는 것이 가능하다.

신약에서 서로 모순되는 이야기들

신약에 초기 그리스도교의 다양한 부분에 관해 서로 모순되는 역사적 설명이 들어 있다는 사실은 이미 앞에서 살펴봤다. 바울로의 활동에 관해 사도행전에서 들려주는 지리적, 시간적 설명은 갈라디아인들에게 보낸 편지에서 바울로 자신이 서술하는 것과는 그다지 조화되지 않는다. 예수의 탄생과 가족의 출신에 관해 마태오의 복음서에서 설명하는 내용은 루가에 나오는 것과는 완전히 다르며, 둘을 어떻게든 조화시키려 해도 오늘날 역사학에서 요구되는 기준은 통과하지 못한다. 예수가 부활한 뒤 사람들 앞에 나타난 사건에 관한 서사는—제자들 중 누가 언제 어디서 그를 봤다고 주장했나 하는—마르코, 마태오, 루가, 요한, 그리고 바울로가 서로 모순된다. 신약은 액면 그대로 받아들이자면 예수나 초기 그리스도교의 역사를 알아내는 데 믿을 만한 원천자료가 되지 못한다.

이따금 이런 역사적 관찰 결과를 바탕으로 나자렛 예수는 애초부터 존재한 적이 없었으며 초기 그리스도교인들이 신앙심으로 상상해낸 인물에 지나지 않는다는 극단적 주장을 내놓은 사람들도 있었다. 내가 알기로 오늘날 명망 있는 학자 중에 그런 주장을 하는 사람은 없다. 역사적 예수에 대해 말할 수 있는 부분이 있는지에 대해서는 의견이 다양하고 또 어떤 학자들은 좀더 회의적이다. 그러나 학자들 대부분은 우리가 가지고 있는 원천자료를 꼼꼼하게 활용하면 오늘날의 역사학이라는 관점에서 옹호할 수 있는 수준에서 나자렛 예수에 관해 몇 가지를 진술할 수 있다고 본다. 이 장에서는 이 문제를 소개하고 그 해법으로 몇 가지를 제시하는 정도에서 그치고자 한다. 이 주제를 정말로 제대로 다루려면 그것만으로도 별도의 책이 필요할 것이다.[1]

예수의 재판

역사적 예수를 구성해내기가 얼마나 어려운지 알아보기 위해, 사실이 어떠했는지를 알면 아주 좋겠다고 생각할 법한 중요한 역사적 사건, 즉 예수의 재판을 살펴보기로 하자. 이렇게나 중요한 사건에 대해서도 우리에게는 신뢰할 만한 정보가 없다. 그런 정보를 담은 최초의 원천자료인 마르코의 복음서에 따르면 예수는 먼저 "대사제, 사제장들, 원로들, 율법학자들" 앞에서 재판을 받았다(마르코복음 14:53).* 몇몇 사람을 내세워 마르코가 '거짓 증언'이라 말하는 증언을 내놓았는데, 주로 예수가 성전의 파괴에 관해 한 말을 고발했다. 예수가 사람의 손으로 짓지 않은 새 성전을 사흘 안에 세울 수 있다고 주장했다는 내용이었다(14:58). 겉보기에 처벌할 만한 범죄 같아 보이지 않는 이것마저도 서로 말이 맞지 않는 거짓 증언으로 묘사된다. 대사제가 예수에게 그가 구세주인가 묻자 예수는 다니엘서를 떠올리게 하는 말로 이렇게만 대답한다. "그렇다. 너희는 사람의 아들이 전능하신 분의 오른편에 앉아 있는 것과 하늘의 구름을 타고 오는 것을 볼 것이다"(14:62, 다니엘 7:13 및 시편 110:1과도 비교).

마르코는 "사제장들"이 "원로들과 율법학자들을 비롯하여 온 의회"를 소집하여 의논한 끝에 예수를 빌라도에게 넘겼다고 주장한다. 마르코에 따르면 빌라도 앞에서 열린 "재판"은 빌라도가 예수에게 "네가 유다인의 왕인가?" 하고 묻고 예수는 "그것은 네 말이다"라는 수수께끼

---

* 공동번역 성서에는 이 절이 다음과 같이 나와 있다. "그들이 예수를 대사제에게 끌고 갔는데 다른 대사제들과 원로들과 율법학자들도 모두 모여들었다."

같은 말로 대답하는 것이 전부였다(15:1~2, 그리스어 성서를 봐도 무슨 뜻인지는 분명하지 않다). 그런 다음 마르코는 "사제장들"이 예수를 "여러 가지로 고발"했지만, 예수는 빌라도가 "너는 할 말이 하나도 없느냐?" 하고 물을 때에도 아무 말도 하지 않았다고 이야기한다(15:3~5). 그러므로 마르코의 복음서에 따르면 두 번의 재판에서 예수가 한 말은 대사제에게 '그렇다'고 한 진술과 빌라도에게 한 '그것은 네 말이다'뿐이다.

마태오와 루가의 복음서는 이 재판에 관한 나름의 이야기를 내놓으면서 마르코복음의 재판에다 다른 재료를 더한다. 그러나 마르코의 이야기와 가장 많이 다른 점은 요한의 복음서에서 찾을 수 있다. 마르코복음에서는 두 재판, 즉 유다인 지도자들 앞에서 한 재판과 빌라도 앞에서 한 재판 모두가 몇 절밖에 차지하지 않는 반면, 요한이 서술하는 장면은 훨씬 더 상세하여 두 장에 걸쳐 꽤 길게 나온다. 예수는 대사제 가야파의 장인이라는 안나스 앞에 출두하고(요한복음 18:13) 그 다음에는 가야파 본인 앞에 출두한다(18:24). 빌라도의 관저에서는 먼저 빌라도와 유다인 지도자들 사이에 대화가 있고(18:29~32), 그런 다음 빌라도와 예수 사이에 그보다 훨씬 더 긴 대화가 오가는데, 이 대화는 빌라도가 예수에게 묻는 저 유명한 질문 "진리가 무엇인가?"에서 절정에 다다른다(18:33~38). 이어 빌라도와 사람들 사이에 대화가 오가고(18:38~40), 예수를 고문하고, 사람들 앞에 내보이고, 다시 빌라도와 사람들 사이에 대화가 오간다(19:1~7). 그런 다음 다시금 빌라도와 예수 사이에 대화가 오가고(19:8~11), 빌라도와 사람들이 다시 대화하고(19:12), 그리고 마지막으로 예수를 사람들에게 내보이고, 또 약간의 대화가 오간 다음, 빌라도는 예수를 처형하도록 내준다(19:16).

마르코복음에서 예수는 거의 아무 말도 하지 않는다. 요한복음에서 그는 여러 절에 걸쳐 신학적, 철학적 대화를 빌라도와 이어간다. 루가복음에서는 헤로데(헤로데 대왕의 아들로 당시 갈릴래아의 지배자, 루가복음 23:6~12) 앞에서 또 한번 심문을 받는데, 여기에 나오는 그 어떤 내용도 다른 복음서에는 한마디도 나오지 않는다. 여기에 역사적인 부분이 있다면 이 모든 것 중 무엇일까?

아마 하나도 없을 것이다. 실제로 예수의 재판 자체가 없었을 가능성도 매우 높다. 예수는 십자가형을 받았는데, 이것은 로마인이 흔히 쓰던 고문과 처형 방법이었다. 유다인들이 대개 쓰던 처형 방식은 돌을 던지는 것이었다. 따라서 예수의 처형은 로마의 일이었으며, 어쩌면 예루살렘에 있는 유다인 지도자들의 협력이 있었을 것이다. 로마인들이 골치 아픈 유다인 시골뜨기를 죽이는 데는 재판이 필요하지 않았다. 그들은 이름 없는 하층민을 늘 고문하고 십자가형에 처했다. 성전에서 난동을 일으키고 과격하게 들리는 발언과 예언을 하며 왕이 되려는 뜻을 품고 있다는 소문이 돌던 예수를 제거하려면 로마인들은 그냥 그를 강제로 잡아가 그다음날 그들이 제거하려는 다른 몇 사람과 함께 십자가형에 처하기만 하면 됐을 것이다. 재판은 필요도 없고 두 번 남짓한 '정식 심문'은 더더구나 필요하지 않았다. 로마 총독으로서는 원하는 결과를 얻는 데 들어가는 수고가 더 많은 꼴이 됐을 것이다.

더욱이 설혹 예수에 대한 모종의 재판이 있었다 하더라도 그것에 관한 정보가 무사히 제자들에게 전달됐을 가능성은 없고, 따라서 제자들이 그 이야기를 전하여 마침내 우리의 복음서에 기록됐을 가능성도 없다. 대부분의 증거로 볼 때 예수의 제자들은 예수가 체포됐을 때 뿔뿔이 흩어져 있었다. 복음서에서 암시하는 것처럼 베드로가 따라가서 재판을 보려 했더라도, 하층민이고 갈릴래아 출신의 무식한 시골뜨기인데다 예루살렘 상류층과 이렇다 할 연줄도 없는 그로서는 실제 심문이 이루어지는 장소에 들어갈 방법이 없다. 그런 심문이 한 차례라도 있었다면 속기사도, 서기도, 또 나중에 제자들에게 그 안에서 있었던 일을 알려줄 사람도 없이 비공개였을 것이다. 로마인이 속주를 다스린 방식, 또 예수 및 가까운 제자들의 사회적 지위라는 현실로 볼 때 그런 재판에 관한 진짜 정보가 예수를 따르는 사람들에게 전해졌을 방법이 없다.

그런 재판에 관한 어떠한 서사도 순전히 나중에 그리스도교인들이 만들어낸 상상의 산물이다. 그들은 예수가 역사적으로 가장 중요한 사람이므로 처형되기 전에 큰 재판이 '분명히 있었을 것'이라고 생각했다. 사실은 어떤 가능성을 생각해봐도 재판이 아예 없었으며, 설혹 있었다 하더라도 그에 관한 역사적 기록은 전혀 없다. 나중에 우리는 예수가 처형된 죄목이 무엇인지는 아마도 확실히 알 수 있을 것이라는 점에 대해 살펴보겠지만, 그가 처형되기 전에 실제 심문이나 재판이 있었다는 믿을 만한 증거는 없다.

이처럼 우리에게는 뭔가 역사적인 부분을 알았으면 좋겠다 싶은 중대한 사건들에 대한 믿을 만한 자료가 없다. 우리에게는 예수의 탄생과 가족의 출신에 관한 서로 모순되는 설명이 있을 뿐이다. 부활하여 사람들 앞에 나타난 이야기도 서로 모순되고, 또 그가 재판을 받았는지, 받았다면 어떤 일이 있었는지에 관한 괜찮은 정보도 없다. 이런 문제에 관해 우리가 가진 자료 중 역사의 수준으로 올라설 수 있는 부분은 없다.

'역사'는 무엇인가, 그리고 꼭 중요한가

'역사적 예수'에 관해 무엇을 말할 수 있는지를 다루기 전에 이 주제와 관련된 몇 가지 이론적, 신학적 질문을 다뤄둘 필요가 있다. 첫째, 우리가 '역사적 예수'를 주장할 때 그것은 '과거에 실제로 존재했던 예수'와는 다르다는 점을 분명히 해둬야 한다. '과거'는 존재하지 않는다. 적어도 인간이 다가갈 수 있는 방식으로는 그렇다.[2] 역사학자들은 이따금 역사적 사건을 '재구성'하고 있다고 말하는데 이것은 혼란을 일으킨다. 그들은 그 사건을 '재구성'하고 있지 않다. 그저 과거에 있었던 어떤 일에 대한 역사학적 설명을 '구성'하고 있을 뿐이다. 그래서 오늘날 역사학자가 내놓는 어떠한 '역사적 예수'도 과거의 예수를 재구성한 것이 아니라 그 역사학자가 만들어낸 구성인 것이다.

앞에서 더 자세히 설명한 대로, 역사철학자는 이따금 '역사'와 '과거'를 서로 구분함으로써 이것을 설명한다.[3] '과거'는 실제로 일어난 일, 예컨대 남북전쟁을 가리킨다. 남북전쟁의 '역사'는 더 구체적으로 남북전쟁에 관한 어떤 설명을 가리킨다. 즉 '실제로 일어난 일'을 역사학자가 언어로 설명하면서 묘사하거나 서술하는 방식을 말한다. 마찬가지로 내가 여기서 '역사적 예수'를 말할 때는 '실제로 있었던 그대로의 나자렛 예수'라는 뜻이 아니다. 우리는 이 예수에게 어떤 식으로도 다가갈 수 없다. '역사적 예수'는 오늘날의 역사학에서 쓰는 일반적인 방법을 이용하여 구성한 예수에 관한 설명을 말한다. '역사적 예수'를 '실제 예수'나 '실제로 있었던 그대로의 예수'와 혼동해서는 안 된다.

또 그리스도교 신앙을 위해서는 역사적 예수가 전혀 필요하지 않다는 점을 분명히 해두어야 한다. 그리스도교 신앙은 나자렛 예수가 신학적으로 지니는 의미에 관한 믿음을 바탕으로 한다. 여기서 '그리스도교 신앙'은 논쟁의 여지가 있는 대상이지만, 이 책의 목적을 볼 때 특정 종류의 그리스도교로 한정지을 필요는 없다고 생각한다. 내가 말하는 그리스도교 신앙은 교인이라 자처하는 거의 모든 사람들이 지니고 있는 기본적이고도 일반적인 교리를 가리키며, 이것은 전통적 신조, 교회가 저마다 내놓는 출판물, 그리고 교인이 과거에 성서를 읽고 또 지금도 읽고 있는 공통된 방식 등에서 다양하게 정의된다. 여기서 나의 목적을 볼 때 그리스도교 신앙은 예수 그리스도가 인류를 구원하는 하느님의 아들이라는 믿음 이상이 될 필요가 없다.

그리스도교 신앙에서는 무엇보다도 "하느님께서는…… 그리스도를 내세워 인간과 화해하셨습니다"라고 말한다. 이것은 복음을 요약하는 바울로의 말을 인용한 것이다(고린토2서 5:19). 이런 진술은 오늘날의 역사학으로는 확증할 수도 부정할 수도 없다. 다시 말해 역사학자는 역사학의 통상적인 방법을 이용하여 예수라는 사람이 1세기에 살았고 죽었다는 개연성을 확증할 수 있다. 그러나 역사학자는 '하느님'

이 그 사실에 어떤 관계가 있었는지는 확증할—또는 부정할—수 없다. 하느님은 오늘날의 역사학적 분석 대상에 속하지 않는다. 신학적 예수는 역사적 예수와는 다르다. 신학적 예수, 즉 그리스도교의 믿음과 교리를 불러일으키고 그 바탕이 되는 완전한 그리스도는 신학자와 그리스도교인의 관심사에서 나온 결과물이다. 역사적 예수는 오늘날 역사학에서 적용하는 규칙에 따라 구성된 대상물이다.[4]

이런 것들은 예수에게만 해당되는 것이 아니다. 미국 대중의 신앙에서 조지 워싱턴이 누구인가를 두고도 말할 수 있다. 그 경우 미국인의 애국심을 불러일으키는 민간전승에서 중요한 '완전한' 조지 워싱턴을 묘사하자면, 그가 어릴 때 도끼로 벚나무를 찍어 쓰러뜨린 다음 자기가 한 일을 아버지에게 숨김없이 털어놓는 이야기를 빼놓을 수 없을 것이다. 그러나 이 이야기는 '역사적' 조지 워싱턴이라는 관점에서는 사실이 아니다. 거의 모든 역사학자들은 이것이 워싱턴의 전기 작가로 인기가 있었던 메이슨 윔스가 퍼트렸다는 데에 의견이 일치한다. 너무 좋은 이야기라 버릴 수 없었기 때문이다.[5] 그러나 이 일은 일어나지 않았다. 플라톤의 대화편에서 보는 '소크라테스'는 철학이나 서양문화사에서 어마어마하게 중요하지만, 이 '소크라테스'를 '실제로 살았던 그대로의 소크라테스'나 '역사적 소크라테스' 즉 오늘날의 역사학적 방법에 따라 구성된 소크라테스와는 혼동해서는 안 된다. 플라톤은 '역사적 소크라테스'가 아니라 소크라테스를 바라보는 자기 나름의 어느 정도 허구적인 그림을 그리고 있는 것이다. 그렇지만 그럼에도 그의 그림은 그후의 서양문화 속 '소크라테스'의 역사에서 아주 중요하다.

이런 부분이 어쩌면 이론적으로(또는 신학적으로) 헷갈리겠지만 그래도 염두에 두어야 한다. 역사적 예수는 오늘날의 역사학에서 요구하는 규칙에 따라 오늘날의 역사학자들이 구성한 예수에 관한 설명이다. 그리고 역사적 예수는 그리스도교 신앙이나 신학에서 그 기반으로든 구성요소로든 반드시 필요하지는 않다. 사실 그리스도교 신앙을 위해서는 절대적으로 역사적 예수를 받아들일 수 없다. 역사적 예수는 어떤 경우에도 신성할 수 없기 때문이다.

역사적 예수를 연구하는 방법

20세기에 학자들은 복음서에 있는 어떤 부분이 역사적 예수로 거슬러올라가고 어떤 부분이 거슬러올라갈 수 없는지를 판별하기 위해 몇 가지 방법을 개발해냈다. 학자들은 이런 방법으로 믿을 만한 결과를 얻어낼 수 있는지를 두고 논쟁을 계속하고 있는데, 나로서는 이 논쟁에 판결을 내리거나 결정적인 해법을 제안하는 일에는 관심이 없다. 그러나 자신의 방법을 명확하게 밝혀두면 우리 자신의 편견과 성향을 의식할 수 있다는 장점이 있다. 어떤 특정한 말씀이나 사건의 역사성을 옹호하거나 반대하는 주장을 위해 사용되는 기준을 나열해보면 그 자체로 유용하다.

첫째로 그런 방법론적 규칙 내지 지침 중 어쩌면 가장 중요한 것은 복수의 증언일 것이다. 어떤 사건이나 말씀을—또는 단순히 예수가 어떤 인물이었는지에 관한 가설을—독립적인 둘 이상의 증거에서 찾아볼 수 있다면 그것은 역사적 예수를 나타낼 가능성이 더 높다. 이 문장에서 '독립적인'이라는 말이 중요하다. 우리는 마태오복음과 루가복음이 모두 마르코복음을 원천자료로 활용했다는 것을 살펴봤다. 따라서 하나의 말씀이 마르코복음, 마태오복음, 루가복음에서 설령 구절구절 똑같이 나온다 해도 이것은 세 가지 증거자료로 치지 않고 하나로만 친다. 마르코가 전승을 제공하고 마태오와 루가가 그것을 가져다 쓰고 있기 때문이다. 그러나 한 형태의 비유가 마르코복음에 나오고 같은 비유의 다른 형태가 마태오복음과 루가복음에 함께 나온다면 이것은 두 가지 증거자료에 해당될 것이다. 마르코가 이 비유를 전달하고, 또 마태오와 루가는 Q자료로부터 다른 형태의 비유를 가져와 둘 모두 독자적으로 사용하고 있는 것이다. 또는 만일 일부 학자들이 고집하는 대로 Q 이론을 거부한다면 우리는 루가가 그 비유를 마태오복음으로부터 가져왔다고 추측할 수 있다. 그렇지만 여기서 나는 Q 가설이 공관복음서 문제를 해결할 수 있는 가장 그럴듯한 해법이라는 전제로 이야기를 풀어나갈 것이다.

학자들은 요한복음의 저자가 공관복음서를 하나라도 이용할 수 있었는지를 두고 논쟁한다. 그렇지만 역사적 예수 연구를 위해서는 대부분 요한복음을 독립된 원천자료로 간주해왔다. 우리에게는 따라서 예수에 관한 자료를 전해주는 여러 원천자료가 있는 것이다. 공관복음서, Q, 요한복음, 『토마의 복음서』(학자들 전부는 아니더라도, 이것을 독립적인 원천자료로 보는 학자들이 많다), 그리고 바울로의 편지들(예수의 말이 거의 없지만 몇 가지 있는 것은 사실이다) 등이 이에 해당한다.

두번째로 중요한 방법론적 규칙은 상이성 기준이라 불린다. 어떤 글 자체의 주제와 신학적 성향이 규명됐을 때, 그 성향을—또는 더 일반적으로 초기 그리스도교의 전반적 믿음이나 전제를—거스르는 것으로 보이는 말씀이나 사건은 역사적일 가능성이 더 높다. 이렇게 보는 논리는 비교적 평이하고 상식적이다. 우리는 저자들이 제각기 말과 글을 포함하여 손에 넣을 수 있었던 자료를 사용했다는 것을 알고 있다. 또 특히 루가복음과 사도행전을 다룬 장에서 우리는 저자들이 원천자료를 편집할 때 철저히 그들 자신의 관점만 반영하게 편집하지는 않았다는 것을 살펴봤다. 저자들이 원천자료의 내용을 가져오면서 그들 자신의 관점이나 성향과는 완전히 일치되지는 않는 세부사항이나 요소를 모두 지워버리지 않고 얼마간 남겨두는 일이 흔히 일어난다. 저자나 여타 초기 그리스도교인들과는 다른 관점을 반영하는 말씀이나 사건은 따라서 그보다 시기적으로 앞선 관점을 나타낸다. 만일 어느 말씀이 저자 자신의 목적을 거스른다면 그것은 저자가 그 글을 쓰기 전에 내려온 자료에 해당될 것이다. 나아가 원래 예수 자신에게서 나온 것일 수도 있다.

몇 가지 예를 들면서 이 두 기준을 모두 활용하는 방법을 설명하기로 한다. 정전 복음서 네 권 모두에 따르면 예수의 죄목, 즉 그가 처형되는 법적 사유는 명판에 적혀 그가 매달린 십자가에 붙여졌다. 거기 적힌 말은 서로 조금씩 다르다. 마르코에 따르면 그냥 "유다인의 왕"(마르코복음 15:26)이며, 루가는 아주 약간 바꿔 "이 사람은 유다인의 왕"(루가복음 23:38)이라고 하고, 마태오는 "유다인의 왕 예수"(마태오복음 27:37)로 바꾼다. 그렇지만 세 가지 모두를 하나의 원천자료로만

칠 수 있을 뿐이다. 마태오와 루가가 이 부분을 그저 마르코에게서 가져왔을 수 있기 때문이다. 요한복음은 좀더 세밀하여, 빌라도가 명판에 히브리어, 라틴어, 그리스어로 죄목을 적었고 또 '유다인들'과 빌라도 사이에 자구를 놓고 논쟁이 있었다고 한다. 그러나 결국 명판에 걸린 자구는 비슷하다. "유다인의 왕 나자렛 예수"(요한복음 19:19).

따라서 이것은 많은 학자들이 예수가 유다의 왕을 자처한 죄목으로 처형됐다는 '복수의 증언'으로 볼 만한 것에 해당된다. 왕을 자처하는 것은 로마인이 볼 때 사형에 해당하는 범죄였다. 이것을 두 가지 독립적 증거라고 생각할 수 있는 마르코복음과 요한복음에서 증언하고 있는 것이다.

세부 내용 역시 상이성 기준을 통과한다. 초기 그리스도교인들과 우리의 복음서를 쓴 저자들 모두가 예수에게 여러 호칭을 붙인다. '그리스도'도 물론 그 하나다. '주님', '사람의 아들', '하느님의 아들', '랍비', '이스라엘의 거룩하신 분', '예언자', 그 밖에도 많다. 그러나 초기 그리스도교인들은 예수를 숭배할 때 '유다인의 왕'이라는 호칭은 쓰지 않은 것으로 보인다. 즉 우리의 복음서에서도, 또는 초기 그리스도교 전반에서도 예수를 가리키는 보통의 그리스도론적 호칭이 아니라는 말이다. 따라서 이것은 초기 교인들이나 복음서의 저자들이 만들어낸 것이 아니라 로마인들이 예수에게 사형을 선고하고 처벌하기 위해 진짜로 사용한 죄목이었다는 주장이 나왔다. 예수 자신 또는 다른 어떤 사람이 그가 유다인의 왕이라고 주장했기 때문에 예수가 처형됐다는 것은 역사적으로 정확한 것으로 보인다.[6]

또 한 가지 예는 세례자 요한에게서 세례를 받았다는 이야기에서 볼 수 있다. 이 사건에는 복수의 증언이 있다. 공관복음서는 제각기 나름의 형태로 이 이야기를 들려준다. 요한복음은 이 사건 자체를 서술하지는 않지만, 저자가 이 전승에 대해 안다는 명백한 암시는 있다(예컨대 요한복음 1:29~34 참조). Q자료에도 '세례자' 전승이 있는 것으로 보이는데, 세례자 요한이 예수운동에서 지니는 중요성을 어느 정도 독립적으로 증언하기 때문이다. 이것은 루가와 마태오가 마르코에게서 가져오지는 않았지만 공유하는 부분이다(마태오복음 3:7~10=루가복음 3:7~9, 마태오복음 11:2~19=루가복음 7:18~28, 31~35; 16:16 참조). 따라서 요한이 예수에게 세례를 준 사건에는 복수의 증언이 있다고 말할 수 있다.

또 일찍부터 예수를 따른 사람들이 만들어내지 않았다는 것도 분명하다. 만일 예수가 요한에게 세례를 받았다면, 이것은 예수가 요한의 제자였고 그보다 지위가 낮았다는 뜻으로 받아들일 수 있다. 실제로 우리의 모든 원천자료는 이 점을 의식하고 있고, 그래서 별도로 주의를 기울여 여러 방법으로 예수가 요한에게서 세례를 받기는 했지만 지위가 더 낮지는 않았다는 것을 증명한다. 마르코복음에서 요한은 세례를 주기 전에 이미 예수가 자기보다 더 높다고 명확하게 선언한다(마르코복음 1:7~8). 마태오는 요한이 예수에게 세례를 주지 않으려 했다고 덧붙인다(마태오복음 3:14). 그리고 앞서 살펴본 대로 요한복음의 저자는 세례 자체를 서술하지 않으려 한다. 그렇지만 그 일에 대해 알고 있는 것은 확실하다. 이 모든 것은 예수가 요한에게서 세례를 받았다는 사실을 대수롭지 않은 것으로 보이게 만들기 위해서였다. 나중에 다시 언급하겠지만 역사학자들은 이 사실을 역사적인 것으로 받아들이며, 또 예수가 세례자 요한의 제자로 출발했음을 암시하는 것으로 받아들인다. 나중의 그리스도교인 작가들은 요한의 세례를 만들어낼 이유가 없었고, 또 이 사건에 특별히 신경을 써서 어느 정도 해명하고 넘어가려고 했다. 이 사건은 심지어 곤혹스러운 사건 내지 예수의 더 높은 지위를 훼손한 일로도 볼 수 있다. 그러므로 이 사건은 역사적인 것이 거의 확실하다. 이것은 복수의 증언이라는 기준과 상이성이라는 기준 모두를 통과한다.

이런 기준이 동작하는 방식을 알 수 있는 세번째 예는 이혼과 재혼에 관해 예수는 무엇을 가르쳤나 하는 질문과 관련이 있다. 이 주제에 관해 여러 언급이 있기 때문에 예수가 이에 관해 가르친 것이 있다는 부분은 분명해 보인다. 마르코복음 10:1~12과 마태오복음 19:1~12에는 예수와 '바리사이파 사람들' 사이의 대립에 관한 이야기가 나온다. 두 이야기의 어법은 서로 얼마간 다르지만, 둘 모두 예수가 "하느님께서 짝지어주신 것을 사람이 갈라놓아서는 안 된다" 하고 말함으로써 이혼을 금지하는 것으로 가르친다는 점에는 일치한다. 이와 비슷하게 금지하지만 형식이 다른 이야기가 마태오복음 5:32과 루가복음 16:18에 나온다(내 기준으로 보면 Q자료에서 가져온 말씀이다). 루가복음의 표현은 다음과 같다(마태오보다 약간 더 단순하다). "아내를 버리고 다른 여자와 결혼하는 사람은 간음을 행하는 것이며 버림받은 여자와 결혼하는 사람도 간음을 행하는 것이다." 따라서 예수가 이혼과 재혼을 금했다는 내용의 두 가지 독립적인 증언이(마르코와 Q) 있는 것이며, 이에 관한 두 가지 형태의 전승이 남아 있는 것이다.

그러나 바울로가 전한 것이 또하나 있다. 고린토인들에게 보낸 첫째 편지 7:10~11에서 바울로는 부부에게 이혼하지 말도록 강하게 권고하면서 예수의 명령을 전하는 것이라고 주장한다. "결혼한 사람들에게 명령합니다. 나의 명령이 아니라 주님의 명령입니다. 여자는 남편과 헤어져서는 안 되고(정말로 헤어진다면 재혼하지 말고 지내거나 남편과 화해하십시오), 남자는 자기 아내를 버려서는 안 됩니다"(나의 번역이다).* 이 부분의 어법은 바울로의 것이 명백하지만, 바울로는 우리의 복음서 중 어떤 것도 나오기 오래전에 이 편지를 썼다. 따라서 그는 이 전승에 대해 독립적이고도 시기적으로 훨씬 앞선 증언을 내놓은 것이다.

예수가 이혼을 금한 것은 복수의 증언 기준뿐 아니라(바울로, 마르코, Q라는 세 가지 원천자료에서) 상이성 기준도 통과한다. 당시 유다교에서 이혼을 완전히 금한다는 것은 거의 생각할 수 없는 일이었다. 이혼은 일반적으로 받아들여졌고 특정한 경우에는 당연하게 여겼다.[7] 이혼은 예수와 복음서의 저자들도 알고 있던 대로(이들은 신명기 24:1을 언급한다) 모세의 율법에서 허용되어 있었다. 그리고 위와 같은 예에

* 공동번역 성서에는 다음과 같이 나와 있다. "결혼한 사람들에게 말합니다. 이것은 내 말이 아니라 주님의 명령인데 아내는 남편과 헤어져서는 안 됩니다. 만일 헤어졌거든 재혼하지 말고 혼자 지내든지 그렇지 않으면 자기 남편과 다시 화해해야 합니다. 또 남편은 자기 아내를 버리면 안 됩니다."

서 예수가 말했다고 하는 이혼의 완전한 금지는 너무나 과격하기 때문에, 그 이야기를 전달하는 저자들마저도 예외를 거론하거나 비교적 더 관대한 입장을 내놓으려는 압박을 느낀 것으로 보인다. 마태오는 마르코복음에 나오는 직선적인 금지에다 몇 가지 '예외'를 덧붙인다(마태오복음 5:32, 19:9). 바울로 역시 약간의 예외를 만든다(고린토1서 7:10~16). 그리스도교의 역사를 통틀어 교회는 그리스도교인의 이혼과 재혼을 허용할 방안을 찾아내려고 씨름했다. 이혼의 절대적 금지는 너무나 과격하여 교인들은 제대로 지키고 살 수 없었다. 그런 만큼 더더욱 이 명령은 초기 교인들이 만들어낸 게 아니라 역사적 예수로 거슬러올라간다고 믿을 이유가 있다.

예수의 생애에 대해 초기 그리스도교인들이 만들어내지 않았을 것이 분명해 보이는 또다른 예는 그가 체포될 때 그의 가장 가까운 제자 한 명이나 두 명 또는 그 이상이 무장하고 있었다는 전승이다. 마르코복음 14:47에 따르면 이름이 밝혀지지 않은 예수의 동료 한 명이 칼을 뽑아 어느 대사제의 종의 귀를 잘라버린다. 이 이야기를 마태오와 루가가 가져갔는데, 잠시 뒤 살펴보겠지만 흥미로운 차이가 있다. 요한복음 18:10~11에서는 귀를 자른 사람은 베드로라고 말하고 또 귀가 잘린 종의 이름도 밝힌다.

이 역시 복수의 증언이 있는 이야기일 뿐 아니라(마르코와 요한), 예수운동은 평화적이었으며 무장저항이나 봉기를 일으키려는 의도는 전혀 없었다고 주장하고자 하는 복음서 저자들 모두의—그리고 초기 그리스도교인들 모두의—성향을 명백하게 거스른다. 저자들 역시 제각기 이 사건을 대수롭지 않은 것으로 묘사하거나 여기에 어떤 타당한 동기를 부여하려 한다. 마태오는 이 이야기의 기본을 마르코에게서 가져온 뒤, 예수가 그 제자를 꾸짖게 하고 심지어 대의를 위해 무장폭력은 거부한다는 말까지 덧붙이게 한다(마태오복음 26:52). 루가 또한 예수가 그 제자를 꾸짖게 하지만, 그런 다음 더 나아가 예수가 부상당한 그 종을 치료하게 한다(루가복음 22:50~51). 그리고 루가는 두 명의 제자만 무장하고 있었고 그것도 경전 말씀을 이루기 위해서라고 설명한다(루가복음 22:37~38, 덧붙여 설명하자면 경전에는 칼이나 무기에 관한 말씀이 전혀 없다. 이사야 53:12 참조). 요한도 예수가 그렇게 행동한 베드로를 꾸짖는 것으로 묘사한다(요한복음 18:10~11). 저자들이 모두 이 부분을 불편하게 여기는 것이 명확한데도 이들은 예수의 제자들이 무장하고 있었다는 '사실'을 전달한다. (통례상 한두 명만 무장하고 있었다고들 하지만 루가복음을 제외한 어떠한 원천자료에서도 이 부분에 대해 설명하지 않으며, 단순히 예수의 동반자 중 일부가 무장했다고만 암시하는 것으로 이해할 수 있다.) 이 '사실'은 예수와 그의 운동을 무해한 것으로 묘사하려는 저자들의 관심사와는 너무나 반대되기 때문에 이들이 이 부분을 만들어냈을 수가 없다.[8]

복수의 증언과 상이성이라는 기준의 활용 방법을 보여주기 위해 지금까지 내가 든 예는 모두 이 두 기준이 요구하는 조건을 충족한다. 그렇지만 내가 볼 때 상이성이라는 기준만 충족하지만 역사적 예수로 거슬러올라간다고 주장할 수 있는 좋은 예가 되는 부분이 하나 있다. 마르코복음 10:17~18에서 어떤 사람이 예수에게 이렇게 묻는다. "선하신 선생님, 제가 무엇을 해야 영원한 생명을 얻겠습니까?" 예수는 대답한다. "왜 나를 선하다고 하느냐? 선하신 분은 오직 하느님뿐이시다." 예수가 이어 그에게 대답을 들려주기는 하지만, 앞의 반응은 비교적 충격적이다. 예수가 선하다는 것을 부정하는 그리스도교 복음서? 게다가 자신이 하느님이 아니라고 암시한다? 이 말씀은 복수의 증언 기준을 충족하지 않지만(마태오와 루가는 이 부분에서 그저 마르코를 따라가는 것으로 보인다), 어떤 그리스도교 작가라도 예수는 선하다는 것과 예수는 하느님이라는 것을 모두 예수 본인이 부정하는 듯 보이는 말을 지어냈을 가능성은 매우 낮다고 본다. 그러므로 나는 예수가 분명 이 말 또는 이와 매우 비슷한 말을 했을 것이라고 보며, 또 나로서는 상이성이라는 기준 하나만을 근거로 그렇게 주장할 수 있다.

학자들은 이 두 기준 말고도 이따금 다른 기준도 내놓는다. 그 한 가지는 단순히 어떤 것이 1세기 전반기에 팔레스타인에서 살았던 예수의 사회적·역사적 삶의 맥락에서 우리가 아는 바와 들어맞지 않는다면 그것은 예수로 거슬러올라갈 수 없다는 주장이다. 이것은 사회·역사적 맥락 기준이라 불리기도 하지만, 실제로는 그저 시대착오를 피한다는 공통된 역사적 목표에 지나지 않는다. 예를 들면 마태오는 18:17에서 예수가 '교회'에 관해 말한다고 하는데, 우리는 역사적 예수는 이 말을 하지 않았다고 확신할 수 있다. 교회는 그의 생애 동안에는 존재하지 않았고, 또 내가 나중에 주장하겠지만 모든 증거로 볼 때 예수는 그리스도교회가 설립되는 것이 아니라 하느님의 나라가 올 것으로 기대했다. 우리는 앞 장에서 분석한 제4복음서에 나오는 '나는 곧

나'라는 식의 말을 하지 않았다고 확신할 수 있다. 예수시대에 신앙심이 깊은 유다인이라면 누구든 신성한 이름을 자기 자신에게 붙였을 가능성이 매우 낮다. 그리고 그리스도교인들조차 예수에 관해 그런 말을 할 수 있으려면 그리스도론이 발달해야 하는데, 그 정도로 발달하기까지는 오랜 세월이 걸렸다.

요한복음에서는 또 예수가 그리스어로만 가능한 방식으로 특정한 언어유희를 사용하는 것으로 묘사된다. 예수가 니고데모와 말하며 "새로" 또는 "위에서부터"(요한복음 3:3, 원래의 그리스어 낱말은 둘 중 어느 쪽으로도 옮길 수 있다) 난다고 할 때 이 언어유희는 그리스어로만 이해할 수 있다. 이 말씀은 따라서 아마도 그리스어가 아니라 아람어로 가르쳤을 역사적 예수로는 거슬러올라갈 수 없을 것이다. 이런 것들은 하나하나가 예수의 시대와 장소라는 한계만 고려해도 역사적 예수와는 결부시킬 수 없는 예들이다.

일부 학자들은 이제까지 언급한 것들 말고도 또다른 기준을 제시하는데, 일관성이라는 기준이다. 역사적 예수에 관한 어떤 전승이 더 엄격한 다른 기준을 근거로 확증될 수 있을 때, 그 전승의 나머지 부분에서 그 전승과 '일관성'을 지닌다고 보이는 부분이 있으면 그 부분 또한 역사적일 것이라는 뜻이다. 예컨대 만일 우리가 복수의 증언과 상이성 기준으로 예수가 음식에 관한 한 금욕주의자가 아니었다는—즉 마음껏 먹지 말라거나 포도주를 마시지 말라고 가르치지 않았다는—것을 확증할 수 있다면, 우리는 또 예수가 아마도 성에 관해서도 금욕주의자가 아니었을 것이라고 주장할 수 있다. 그의 시대에 유다교에서는 대체로 그 두 가지를 한데 나란히 놓았기 때문이다. 그렇지만 이것은 추측 위에 다시 추측을 쌓기 때문에 비교적 허술한 기준이다. 따지고 보면 그 나머지 기준들은 대체로 어림짐작이다. 이 어림짐작을 바탕으로 어떤 말씀이나 사건이 그것과 높은 '일관성'을 띤다는 논리만으로 추측을 쌓아올린다면 많은 역사학자들은 논리가 허술하다고 여길 것이다.

최근 이런 모든 기준이 역사적 예수를 구성할 때 썩 믿을 만하지 않으며, 그래서 우리는 그의 일생이나 활동 중 서로 다른 원천자료에서 증거를 많이 찾아낼 수 있는 부분을 탐구해야 한다는 주장이 있었다. 예컨대 우리가 역사적으로 예수 본인의 묵시적 발언이나 예수에 관한 어떤 묵시적 발언이 있었는지 의문을 제기한다 하더라도, 하느님의 나라와 그것이 곧 오리라는 가르침이 원천자료에 너무나 많기 때문에 역사적 예수는 그런 관점을 지니고 있었던 것이 분명하다는 것이다.[9] 그러므로 20세기에 개발된 공통적인 기준과는 달리, 더 근래의 의견에서는 그냥 우리가 가진 여러 원천자료 전체에 걸쳐 그의 일생과 활동 중 어떤 측면이 가장 완전하게 증언되어 있는지에 주목함으로써 역사적 예수의 전체적 초상을 그려내는 쪽이 더 나을 거라고 주장한다.

방법에 관해 마지막으로 한 가지 일러두자. 역사적 예수에 관한 학계 최고의 학자들도 그런 모든 구성이 잠정적이고 불완전하다는 점을 인정한다. 우리는 역사적 예수가 어떤 말 또는 행동을 했다는 것을 안다고는 절대로 말할 수 없다. 그보다는 그런 역사 연구의 결론이 확률이라는 척도의 한 지점에 떨어진다는 점을 생각해야 한다. 따라서 어떤 일이 '확실하게' 일어났다거나 일어나지 않았다는 결론을 내리기보다, (1) 거의 확실히 역사적이다, (2) 역사적일 가능성이 높다, (3) 역사적일 수도 아닐 수도 있다, (4) 역사적일 가능성이 낮다, (5) 거의 확실히 역사적이 아니다 하는 식의 척도를 활용해야 할 것이다.[10] 오늘날 학자들이 이따금 지나칠 정도로 확신에 찬 어조를 동원하지만, 그럼에도 불구하고 역사적 예수를 구성하는 일은 가설에 지나지 않는다. 오늘날 역사학에서 쓰는 불완전하고도 잠정적일 수밖에 없는 방법을 바탕으로, 역사적 예수가 어떤 말이나 행동을 하거나 하지 않았을 거라는 학자들의 생각을 묘사한 것이다.[11]

유다교의 묵시적 예언자로 본 예수

저런 갖가지 방법론적 단서를 염두에 두고, 나는 역사적 예수에 대해 우리가 말할 수 있는 부분에 관한 나 자신의 관점을 피력하는 짤막한 내용으로 이 장을 마무리하고자 한다. 다음 내용 중 일부는 논란 중에 있지만, 적어도 오늘날의 비판적 학자들 중 많은 사람이 상당히 많이 교감한다고 본다. 나는 역사적 예수를 주로 이스라엘의 기나긴 예언자들 전통에 포함되는 유다인 예언자의 한 사람이며, 그러나 적어도 서기전 2세기에 다니엘서가 쓰인 때부터 유다교 일각에서 생겨나 퍼져 있던 여러 형태의 유다교식 묵시사상과 묵시적 기대의 영향을 받은 예언자로 보는 것이 가장 좋다고 본다. 예수는 여행을 다니며 치료하고 마귀를 쫓아내며, 하늘에서 보낸 구세주 또는 '사람의 아들'이라는 형태의 대리자가 나타나 현재의 정치질서를 뒤엎고 하느님이 직접 지배하는 하느님의 나라가 곧 닥칠 것이라고 가르친 스승이었다.

예수가 종말론적 예언자였다는 생각은 매우 흔했는데, 특히 20세기의 대부분 동안 독일과 미국의 학계에서 그랬다. 20세기 말에 이르러 예수 세미나라는 이름으로 알려진 학자 집단이 여기에 반론을 내놓았다.[12] 이 학자들은 예수 본인은 묵시사상가가 아니었으며, 그리스도교의 묵시사상 계열은 그가 죽은 다음에야 나타나 오늘날 남아 있는 문헌의 많은 부분이 묵시적 성격을 띠게 됐다고 주장했다. 이런 학자들은 예컨대 종말이 곧 닥칠 거라는 마르코복음 13장의 내용은 예수 자신의 말과 행동에 덧붙여졌으며 역사적 예수의 실제 모습을 반영한 것은 아니라고 논한다. 나는 소수일 것으로 생각되는 성서학자들이 내놓은 이 반론은 실패했다고 본다. 나를 비롯하여 많은 비판적 학자들은 역사적 예수를 나타내는 최선의 구성은 유다교의 묵시적 예언자라는 주장을 이어가고 있다.[13]

고대 세계로부터 역사적 '사실'로 확고하게 입증된 두 가지 역사적 사실이 이 논제를 뒷받침할 수 있다. 첫째는 앞서 언급한 것처럼 예수는 처음에 세례자 요한의 추종자였다는 인식이다. 예수는 확실히 요한에게서 세례를 받았으며, 또 세례자가 체포되기 전에는 독자적인 활동을 시작하지 않은 것으로 보인다. 이것은 모두 그가 처음에는 세례자 요한의 제자였음을 암시한다. 세례자 요한에 관해 우리가 가진 모든 증거에서 그는 급박하고 임박한 어떤 묵시적 사건에, 아마도 '하느님의 통치'가 다가올 것에 대비해 유다인들을 준비시키려고 한 예언자로 나타난다. 그래서 예수는 묵시운동을 지지하는 사람으로서 시작한 것이다.

두번째 사실은 우리가 그리스도교라고 판별할 수 있는 가장 이른 형태의 그리스도교에 묵시사상이 명백하게 존재했다는 것이다. 예컨대 앞으로 살펴보겠지만 바울로의 편지들에는 묵시적 기대가 스며들어 있다. 학자들 대부분의 의견에 따르면 오늘날 남아 있는 가장 오래된 그리스도교 저작물은 바울로가 데살로니카인들에게 보낸 첫째 편지로, 대부분의 학자들은 서기 50년 무렵에 쓰인 것으로 보고 있다. 이것은 바울로가 예수의 재림(파루시아parousia, 즉 구세주가 영광에 싸여 '온다')이 매우 빨리 일어날 것으로 기대했다는 충분한 증거가 된다. 바울로는 이 사건이 일어나기 전에 죽으리라고는 기대하지 않은 것으로 보인다. 그리스도교 발달 단계의 가장 이른 시기에 생겨난 그 나머지 모든 증거들—마르코복음, 마태오복음, 루가복음, 그리고 그 원천자료들—역시 묵시적 기대를 보여준다.

더욱이 앞서 논한 대로 역사적으로 예수에 관해 우리가 말할 수 있는 가장 확실한 한 가지는 그가 정치선동이라는 죄목으로 로마인의 손에 처형당했다는 것이다. 그는 자신이 구세주, 유다인의 왕이라고 주장했거나 다른 사람들이 그를 두고 그렇게 주장했기 때문에 처형당했다. 우리는 예수가 생전에 자신에 관해 그런 주장을 했는지는 알 수 없다. 만일 그랬다면 공관복음서에서 그런 주장에 관한 증거를 더 많이 볼 수 없는 이유를 이해하기가 어렵다. 그러나 로마인들은 어떤 이유에선지 예수가 구세주적 인물 다시 말해 유다 지방의 왕위를 요구하는 사람이라고 믿었다. 이것은 로마에서 반역으로 보였을 것이고 마땅히 십자가형에 처해야 한다고 봤을 것이다. 그리고 예수가 구세주적 인물로 보였을 수도 있다는 바로 그 관념으로 인해 우리는 다시금 1세기 유다교 묵시사상이라는 세계로 들어가게 된다.

예수의 생애 막바지에 일어난 또 한 가지 사건 역시 이야기를 묵시사상의 테두리 안에 넣는다. 그것은 예수가 예루살렘 성전에서 한 예언자적 행동이다. 예수가 생애의 마지막 며칠 동안 성전에서 정확히 무슨 말을 하고 무슨 행동을 했는지에 관하여는 논쟁이 분분하다. 어떻든 나로서는 제자들이 이 이야기를 꾸며낼 이유가 없었다고 본다. 그들은 특별히 신경을 써서 그를 평화로운 사람으로, 그래서 폭력죄나 선동죄에 해당될 만한 어떤 죄도 저지르지 않은 것으로 그렸다. 그들로서는 그런 이야기를 지어낼 이유가 없었을 것이다. 사실 나는 다른 많은 학자들과 마찬가지로 그들이 이 사건을 성전의 '정화'로 그림으로써 어떤 식으로든 혁명과 관련되어 해석될 가능성을 차단하려 했다고 믿는다. 내가 볼 때 예수는 성전에서 단순히 그곳을 '정화'하기보다는 상징적으로 파괴하면서 전통적 예언자들이 하는 일종의 '길거리 정치'를 했을 가능성이 더 높다. 다른 학자들의 의견대로 나는 예수가 성전과 그곳의 제사의식이 파괴되리라는 상징적 예언을 행동으로 연출했다고 믿는다. 이 역시 예루살렘의 지도자들이 그를 체포하여 죽이려는 행동에 나서게 만들었을 것이다.[14] 그리고 이번에도 역시 당시 유다교에서 그런 예언자적 행동을 상상할 수 있는 타당한 맥락은 묵시적 심판과 기대였다.

그러므로 예수의 활동을 둘러싼 사건들, 그의 활동의 시작과 끝을 묶어주는 틀은 묵시다. 그는 한 묵시적 유다인 예언자의 제자로 시작하고, 묵시적 구세주라는 인물로서 처형되며, 나중에 그의 추종자들은 묵시적 기대가 주입된 공동체에서 존속한다. 내가 볼 때 만일 예수 자신이 묵시사상을 피했다면 그의 활동의 시작과 끝을 묵시로 이해하기가 불가능하다. 다른 것은 몰라도 그가 묵시적 유다인 예언자였던 것은 분명하다.

우리가 가진 원천자료에서 예수의 말씀은 무엇보다도 하느님의 나라(또는 마태오에서는 '하늘나라'인데, 물론 마태오 자신의 편집 활동이 반영된 것이다)를 다룬다. 예수는 자신의 인격이나 본성, 또는 나아가 '윤리'나 '도덕'에 대해서는 대부분의 사람들이 흔히 생각하는 것보다 훨씬 덜 말한다. 심지어 바울로는 하느님의 나라에 대해 많이 말하지 않는데(다른 용어를 선호한다), 그럼에도 불구하고 그 용어를 알고 받아들인다. 1세기의 유다교에서 그 용어의 가장 자연스러운 원천이자 본거지는 묵시사상이었고, 그 용어를 이해하는 가장 자연스러운 방식은 나중의 그리스도교가 취한 '영성화한' 의미가 아니라 당시 대부분의 유다인이 생각했을 대단히 '물리적'이고 '정치적'인 의미로 보는 것이다. 즉 예수는 전도하면서 하느님과 그 대리자들이 역사에 개입할 날이 임박했고, 그러면 로마인들과 그들이 내세운 유다인 상류층 앞잡이들의 지배가 타도되고, 하느님과 천사의 군대가 임명하고 보호하는 구세주가 왕이 되어 신성한 권위와 권세로 영원히 만천하를 다스리는 나라가 세워질 것이라고 가르쳤다. 미래 세상의 정부는 바로 이것, 즉 만국을 다스리는 유다인의 제국이 될 것이었다.

이 전체적인 그림 말고 역사적 예수에 관해 몇 가지를 더 말할 수 있는데, 그 대부분은 따로 책 한 권이 필요한 수준이라 여기서는 다룰 수가 없다. 예수는 시골뜨기 하류계층 유다인으로서 갈릴래아에 있는 작은 마을 나자렛 출신이었다. 그가 베들레헴에서 태어났다고 하는 나중의 전설을 믿을 이유는 없다. 그는 아마도 노동자 가족에서 자라났을 것이다. 형제가 있었고 또 아마 누이동생들도 있었을 것이다. 어머니의 이름은 마리아였고 아버지는 요셉이었다. 우리는 예수가 어른이 된 뒤 요셉이 어떤 활동을 했는지는 아무것도 듣고 있지 못하므로 예수가 전도를 시작한 무렵은 그가 이미 사망한 뒤였을 가능성이 높다. 그렇지만 그의 어머니, 그리고 적어도 나중에 그의 동생 야고보는 예수가 죽은 뒤의 운동에 가담한 인물들이며, 야고보는 결국 예루살렘에 있는 유다인 교회의 주요 지도자가 되었다. 예수는 아람어를 모어로 사용한 것이 확실하다. 그가 그리스어도 사용했다면 2개 언어를 써야 하는 상황에서 그럭저럭 대처할 수 있을 정도에 지나지 않았다. 아마도 글을 쓸 줄 몰랐을 것이고, 그리고 만일 읽을 줄 알았다면 최소한도였을 것이다.

예수는 추종자들을 주변에 모아들였는데, 그중에는 확실히 핵심적 위치에 있는 여성들도 있었다. 마리아 막달라는 의심의 여지 없이 가까운 추종자였고, 예수가 죽은 뒤 공동체로부터 존중받았다. 예수는 또 열두 명의 남성을 제자로 임명했는데, 의심의 여지 없이 이스라엘의 열두 지파를 구세주가 재구성한다는 종말사상의 상징이었다. 그는 아마도 종말 세계에서 기적이 일어나 열두 지파가 되살아나면 이 열두 남성이 각 지파의 우두머리가 되리라 기대했을 것이다.

예수 자신은 모세의 율법을 존중하고 따랐다. 나는 그가 이 율법을 비교적 느슨하게 지키자고 주장했다고 본다. 안식일에는 더 엄격한 유다인들이 바라는 것보다 더 많은 활동을 허용하고, 또 손 씻기라든가 평판이 나쁜 사람들과의 교제 등에 관한 특정 전통을 조금은 더 느슨하게 지키자는 것이었다. 예수는 유다교 율법을 배척한 적이 없었고 어떤 시점에서도 폐기하라고 가르치지 않았다. 다만 율법이나 그 밖에 유다교의 전통 중 많은 부분을 더 '진보적으로' 또는 관대하게 해석하도록 가르쳤을 것이다.

앞서 논한 대로 나는 역사적 예수는 이혼과 재혼은 어떤 상황에서도 금해야 한다고 가르쳤다고 생각한다. 이것은 사실 유다교 율법에 있는 어떤 것보다도 더 강한 명령이었으며, 또 예수가 성적 활동과 가족에 관한 한 일종의 금욕주의자였다는 뜻일 수 있다. 고대 세계의 일반적 관점은 다른 사람과 결혼하기 위해 이혼할 수 있다는 것이었다. 이혼은 성적 방종과 함께 가는 것으로 봤다. 따라서 이혼 금지는 성과 관련된 금욕주의적 관심사의 하나였을 것으로 이해될 수 있다.

그러나 나는 또 예수는 전통적 집안에 반대하고, 그 대신 전통적 집안과 가족으로부터 떨어져나온 남녀 무리가 새로운 종말론적 하느님의 집안에서 가족으로 맺어지게 했다고 생각한다. 예수의 활동 중 다가오는 하느님의 나라를 위해 가족으로부터 벗어나도록 사람들을 불러낸 것보다 역사적으로 더 확실한 부분은 별로 없다. 역사적 예수는 따라서 오늘날의 그리스도교나 고대의 집안 윤리에서 주장하는 것과는 달리 어떤 식으로도 '가정적인 남자'는 아니었다.

예수는 결혼과 가족 문제에서는 일종의 금욕주의자였지만, 먹고 마시는 문제에서는 그렇지 않았다. 실제로 예수의 활동이 초기에 그의 스승이었던 세례자 요한이라든가 여타 유다인 금욕주의자들의 활동과 다른 한 가지는 그와 추종자들은 먹고 마시는 부분에서는 금욕주의적 태도를 따르지 않았다는 것이다. 나는 그가 그렇게나 가난한 사람으로서 어쩌다 한번 기회가 생길 때 마음껏 먹고 마시는 사람이었다는 소문과 세리와 창녀를 비롯하여 평판이 나쁜 사람들과 어울렸다는 소문은 역사적 사실이라고 생각한다.

예수는 스스로 구세주라고 생각했을까? 나는 논쟁의 소지가 대단히 크다고 본다. 앞에서 논한 대로 그는 분명히 왕을 자처했다는 죄목으로 처형됐지만, 오늘날 남아 있는 증거를 아무리 살펴봐도 공개적으로 가르칠 때 그가 그렇게 주장한 경우는 그리 많지 않다. 나는 그가 만일 정말로 자신이 구세주라고 가르쳤다면 분명히 가장 가까운 제자들이 있는 자리에서 남몰래 했을 것으로 본다. 그러나 반대로 예수 자신은 그렇게 믿지 않았으나 다른 사람들이 그렇게 알렸을 수도 있다. 오늘날의 복음서에 있는 그의 말씀 중 몇 가지를 보면 예수는 사람들이 기다리는 '사람의 아들'이 자신이 아니며 누군가 다른 사람이 나타나리라 기대한 것처럼 들린다.[15] 그리고 공관복음서에서 예수는 구세주라는 인물을 철저하게 삼인칭으로 말한다.[16] 어떻든 로마인들은 그가 구세주를 자처한다고 받아들인 것이 확실하다.

역사적 관점에서 확실하게 말할 수 있는 한 가지는 역사적 예수는

'그리스도교'라는 '새로운 종교'의 '창시자'가 아니었다는 것이다. 역사적 예수는 하느님의 나라를 기대했지 로마 천주교회나 그 밖의 다른 어떤 교회가 세워질 것으로는 생각하지 않았다. 나자렛 예수는 하느님의 대리자들이 역사에 개입하여 신이 다스리는 새로운 왕국을 이 세상에 세울 날이 임박했다고 가르쳤을 뿐, 우리가 '종교'라 부르는 무엇이 세워질 것이라고는 가르치지 않았다. 이것은 어떤 역사학자든 어떤 사람에 대해서든 이 이상 확고하게 입증할 수가 없을 만큼 확실한 역사적 사실이다.

역사 속 예수와 신앙 속 그리스도

이 장의 첫 부분에서 말한 것처럼 우리는 역사적 예수와 그리스도교 신앙과 관습에서 영감의 원천이 되는 예수 그리스도교를 혼동해서는 안 된다. 역사적 예수는 오늘날 역사학들이 구성해내는 결과물이다. 그것은 언제나 잠정적이어서 언제든 새로 고치거나 재구성될 수 있다. 이 주제를 다루는 이 영세한 업계에 관심이 있는 학자 수만큼이나 많은 역사적 예수들이 존재한다. 그리스도교인들이 고백하는 그리스도는 그와는 다를 수밖에 없다. 신앙의 그리스도는 신약의 그리스도이자 그리스도교 신경과 신앙고백의 그리스도이며, 그리스도교 전례와 역사의 그리스도이고, 나아가 오늘날 다양한 모습을 띠는 '예수'라는 그리스도이다. 역사적 예수는 그리스도교 신앙을 위해서는 필요치도 않고 충분치도 않다. 그러나 이 주제는 초기 그리스도교를 다루는 역사학자에게는 중요하며, 제대로 활용하면 그리스도에 관한 그리스도교의 신학 사상에서 일정한 관심사가 될 수 있다. 그러나 그것은 이 책의 주제가 아니다.

바울로와 바울로 사상

14
선교사 바울로: 데살로니카인들에게 보낸 첫째 편지

개요: 신약과 그 밖의 글에는 사도 바울로에 관한 많은 이야기가 나오는데 그중 일부는 서로 모순적이다. 그리스도교의 역사 전체에 걸쳐 바울로는 수많은 사람에게서 여러 다른 역할을 떠안았다. 초기 그리스도교인들에게는 무엇보다도 순교자였다. 성 아우구스티누스와 또 나중에 마르틴 루터가 본 바울로는 죄책감 때문에 심리적으로 발버둥치며 복음을 해석하는 사람이었다. 역사적 바울로는 이방인들에게 묵시적 메시지를 전도하는 사람이었던 것으로 보인다.

바울로, 변화에 능한 사도

그리스도교 신앙의 예수와는 구별되는 역사적 예수를 찾으려면 성서를 비롯한 글을 비평적으로 읽어야 하듯이, 역사적 바울로를 구성하려면 우리가 가진 원천자료를 체질하여 걸러내야 한다. 바울로의 경우 들여다볼 거리가 훨씬 많이 있는 것은 사실이다. 그는 초기 그리스도교의 첫 '역사'인 사도행전에서 주역의 한 사람으로 나온다. 다만 앞서 살펴봤고 또 이제 더 자세히 살펴볼 것처럼, 사도행전에서 바울로를 다룬 부분의 이야기는 역사로서는 그다지 믿을 만하지 않다. 그렇지만 우리에게는 바울로가 직접 쓴 편지와 나중에 그의 추종자들이 그의 이름으로 쓴 편지가 여러 편 있다. 예수 본인이라든가 예수의 1세대 추종자들, 즉 그의 다른 사도들이나 첫 제자들에 관해서는 그만큼의 자료가 없다. 바울로는 결국 연구할 거리가 더 많다는 바로 그 이유 때문에 초기 그리스도교의 역사에서 핵심적 인물로 자리잡았다.

그렇지만 바울로는 오랜 세월이 지나면서 많은 사람에게 많은 인물이 되었다. 바울로 스스로 자신을 두고 변화에 능한 사람이라고 말했다. 고린토인들에게 쓴 첫째 편지에서 그는 "나는 모든 사람들에게 모든 것이 되었습니다"(고린토1서 9:22)* 하고 말했는데, 일부 사람들은 그것을 흠으로 본 것 같다. 웨인 미크스는 이제 고전이 된 바울로의 선집에서 그를 "변화무쌍한 사도"라 부름으로써, 호메로스의 작품에서 자신의 모습을 어떤 짐승으로든 어떤 사물로든 자유자재로 바꿀 수 있었던 바다의 신 프로테우스를 떠올리게 했다.[1]

역사의 많은 부분에서 또 많은 사람이 볼 때, 바울로는 단독으로는 아니더라도 '그리스도교의 창시자' 중 한 사람이었다. 그는 예컨대 복음을 유럽으로 전한 최초의 선교사로 생각된다. 고대 세계에서는 베드로와 바울로 중 누구를 로마의 첫 사도로 기려야 할지를 두고 논쟁이

* 공동번역 성서에는 이 절이 다음과 같이 나와 있다. "내가 어떤 사람을 대하든지 그들처럼 된 것은 어떻게 해서든지 그들 중에서 다만 몇 사람이라도 구원하려고 한 것입니다."

있었으나, 결국 이 경쟁에서 베드로가 서서히 승리를 거뒀다. 그러나 이제 살펴보겠지만 많은 사람들은 예수가 아니라 바울로를 그리스도교의 '진정한' 창시자로 봐야 한다고 주장한다(그들이 그 사실을 다행으로 여기는지 한스럽게 여기는지와는 별개로). 일반적으로 바울로는 이방인에게 복음을 전한 최초의 그리스도교인 선교사일 뿐 아니라 교회 최초의 신학자이자 교리와 신조를 창시해낸 사람으로도 여겨진다. 이 모든 것을 볼 때 일부에서는 예수보다는 바울로가 그리스도교의 진정한 창시자로 보이는 것이다.

앞서 사도행전에 관한 장에서 이미 살펴본 것처럼, 이것은 과장된 결론이며 어느 정도 사도행전 자체가 조장한 결과다. 팔레스타인 안팎에서 유다인과 이방인에게 복음을 전한 최초의 예수 추종자들이 누구였는지를 우리로서는 알 수 없으나, 십자가형을 당한 유다인 구세주에 대한 자신의 열의를 친구들과 가족에게 들려준 사람들임에는 의심의 여지가 없다. 그리고 바울로가 초기 그리스도교라는 커다란 그림에서 어쩌면 실제보다 더 중요하게 보이는 것은 그가 예수운동의 제1세대 중 정말로 가장 중요한 전도자였기 때문이 아니라, 단지 나머지 사람들에 비해 그에 관한 정보나 그가 쓴 정보가 더 많이 남아 있기 때문이다. 그리스도교의 창시, 성장, 성격에서 바울로가 차지하는 중요성을 과장하지 않아도 그가 핵심적이고도 흥미로운 인물이라는 점은 충분히 이해할 수 있다.

실제로 초기 교회에서는 위대한 최초의 신학자로서가 아니라 위대한 순교자로서 바울로를 존경한 것으로 보인다. 그리스도교 미술에서 그는 손에 두루마리를 들고 있는 것으로(또 일부 고대의 전승 때문에 대개는 대머리로) 묘사되는 때가 많은데, 이것은 그가 편지를 쓰는 사도임을 나타내는 것이다. 그러나 그는 또 칼과 함께 묘사되는 때도 많은데, 네로 황제 때 로마에서 참수형을 당했다는 전승을 가리킨다. 그러므로 그리스도교 전승의 많은 부분에서 바울로는 신학자보다는 순교자였다.[2]

성 아우구스티누스, 또 여러 세기가 지난 뒤 그의 뒤를 따른 마르틴 루터는 바울로를 그들 스스로 생각하는 자신의 모습과 닮은 사람으로 봤다. 즉 죄책감 때문에 근심하고 마음의 평화를 찾기 위해 발버둥치며 하느님의 용서를 구하는 번민하는 영혼으로 본 것이다. 이들은 로마서 7:19에 나오는 다음과 같은 바울로의 말을 죄책감을 경험하고 의지력으로 의로움을 추구하지만 실패하는 것을 자전적으로 묘사한다고 해석했다. "내가 해야 하겠다고 생각하는 선은 행하지 않고 해서는 안 되겠다고 생각하는 악을 행하고 있습니다."

아우구스티누스의 전통을 따르는 로마 천주교회 수사였던 루터는 자기 영혼의 상태에 관해 고민했다. 그는 교회와 자신이 속한 수도회에서 요구하는 모든 것을 지키며 살고자 노력했으나, 교리와 준수사항과 규칙 아래에서 자꾸자꾸 무너지는 자신의 모습을 발견한다. 우리는 모두 죄인이며 자신을 구원할 수 없다. 갈라디아인들과 로마인들에게 보낸 편지들을 읽으면서 루터는 죄인이 의롭다고 인정받는 것*은 믿

* '의롭다고 인정받는 것justification'을 한국 그리스도교 신학에서는 '칭의稱義' 또는 '의화義化'라고 한다.

음으로써 얻는 은총을 통한 것이지 유다교의 율법이나 천주교회의 행위를 통해서가 아니라고 올바르게 가르친 사람은 바울로라고 믿게 됐다. 바울로는 아우구스티누스도 루터도 경험했던 것처럼 의롭게 되기 위해 심리적으로 발버둥치지만 끊임없이 실패했다는 이 관념은 오늘날 전 세계에 걸쳐 바울로를 이해하는 지배적인 방식이었다. 그렇지만 이것은 단지 루터 교회의 위대한 개신교인인 바울로일 뿐이다. 우리는 이 관점에 의문을 제기할 만한 여러 타당한 이유가 바울로의 편지에 있다는 점을 살펴보기로 한다.[3]

이제까지 많은 사람들은 바울로가 '예수의 종교'를 뽑아내고 '예수에 관한 종교'를 심었다고 생각했다. 확실히 복음서에서 예수의 말을 읽어보면 대부분 바울로의 말처럼 들리지 않는다. 예수는 "들꽃이 어떻게 자라는가 살펴보아라"같이 말하면서, 하느님이 꽃이나 새를 입히고 먹이는 것과 마찬가지로 우리도 입히고 먹일 것이기 때문에 걱정하지 말라고 가르친다. 예수는 다가올 하느님의 나라를 선포하면서, 그 나라에서는 모두가 축복받으며, 평화가 다스릴 것이고, 꼴찌가 첫째가 되고 첫째가 꼴찌가 되며, 가난한 자가 부자가 되어 행복할 것이라고 말한다. 반면에 바울로는 예수에 관해 말하는데 꼭 '일반적인 사람'으로서가 아니라 우리를 위해 희생된 그리스도로, 그를 통해 우리가 하느님과 화해를 얻는 사람으로 말한다. 바울로는 꽃과 새의 평화에 관해 말하지 않고 하느님의 나라에 관해서도 그다지 말하지 않는다. 그와는 달리 그리스도에 대한 "믿음을 통한 은총으로써 의롭다고 인정받는다"는 말을 한다. 사람들이 말한 대로 바울로의 설교에서는 '선포자'

가 '선포된 자'가 된다. 다가올 하느님의 나라를 선포하는 예수가 우리가 믿어야 하는 그리스도가 되는 것이다. 그리고 지금까지 일부 사람들은 이것을 오로지 바울로 때문이라고 탓했다.

예컨대 프리드리히 니체는 예수를 썩 좋아하지도 않았지만 바울로와 또 바울로가 전도했다고 생각하는 식의 그리스도교를 정말로 싫어했다. 이것은 예수의 단순한 종교를 망쳐놓은 사람으로서 보는 바울로이다. 이에 대해 니체는 이렇게 썼다. "'희소식'에 바로 이어 절대적으로 최악인 소식이 따랐다. 그것은 성 바울로의 소식이다. 바울로는 구세주의 정반대 유형의 화신이다. 그는 증오의 천재이고, 증오의 관점에서 있으며, 증오라는 가차없는 논리에 서 있다."[4] 바울로는 십자가를 그리스도교의 중심에 세웠고 그것을 더욱 '노예 종교'로 만들었다. 십자가에 의한 구원은 바울로가 만들어냈으며, 그것이 그리스도교의 잘못된 부분이라는 것이다.

이와 비슷하게 조지 버나드 쇼는 바울로에 관해 이렇게 말했다. "예수가 미신이라는 용을 쓰러뜨리자마자 바울로가 예수의 이름으로 그것을 다시 일으켜세웠다."[5] 또다른 곳에서 이렇게 말했다. "(바울로는) 우리 개혁교회의 진정한 우두머리이자 설립자이다. 베드로가 로마 교회의 우두머리이자 설립자인 것과 마찬가지다. 바울로와 베드로의 추종자들은 그리스도교 세계를 만든 한편 나자렛 사람은 흔적없이 지워졌다."[6] 버나드 쇼에 따르면 예수의 종교는 세상에서 사라졌고 우리에게 남은 것은 그리스도교 세계라는 껍데기뿐이다.

역사적 바울로는 누구인가

이 모든 것이 극적이고 흥미진진하게 들리겠지만 꼭 사실은 아니다. 예수가 죽은 뒤 생겨난 그리스도교는 완전히 새로운 것이었고 역사적 예수가 지니고 있던 신앙이나 심지어 가르침과도 많은 부분이 달랐다. 우리는 역사적 예수와 제4복음서의 예수 사이에는 큰 거리가 있음을 이미 살펴봤다. 그러나 그런 변화는 예수의 죽음 직후 그의 제자 몇몇이 그가 다시 살아난 것을 봤다고 믿게 되고부터 생기기 시작했다. 바울로가 이 운동의 추종자가 되기도 전이었다. 그리고 바울로의 편지들이 나중의 그리스도교에서 핵심적이기는 하지만, 그 중요성을 과장하여 바라보기가 너무나 쉽다. '그리스도교 세계'는 차치하고 정통 그리스도교라고 하는 것은 여러 세기에 걸쳐 발전해나갔고 또 물론 지금도 발전해나가고 있다. 그것을 모두 바울로 때문이라고 한다면 전적으로 부정확하다. 그것은 나쁜 역사학이다.

역사학적 노력이 모두 그러하듯 불확실한 부분은 남겠지만, 그럼에도 어느 정도 확신을 가지고 역사적 바울로에 관해 몇 가지를 말할 수 있다. 그렇지만 가장 좋은 출발점은 사도행전에서 오해하기 쉽고 역사적이지 않게 그린 바울로의 초상이 아니라 그가 직접 쓴 편지들이다.

먼저, 바울로의 편지들 중 실제로 그가 쓴 것은 무엇인지에 관한 학자들의 의견을 설명하지 않을 수 없다. 신약에서 바울로의 이름으로 되어 있는 열세 편의 편지 중 일곱 편은 그가 쓴 것이 거의 확실하다. 학자들은 따라서 이들을 종종 '논란이 없는 편지들'이라 부르는데, 그 진위에 관해 학자들이 따질 필요를 거의 느끼지 못한다는 뜻이다. 로마서, 고린토1서와 고린토2서, 갈라디아서, 필립비서, 데살로니카1서, 필레몬서가 여기 해당한다. 비판적 학자들 대다수는 그 나머지 중 디모테오1, 2서와 디도서 등 세 편은 위서이며, 바울로가 죽고 나서 한참 나중에 그를 추종하는 어떤 사람이 써서 그의 이름으로 발표했다고 보고 있다.[7] 이 편지들을 '목회서신'이라 부르는데, 이 편지들에서 바울로가 디모테오와 디도를 교회의 '목회자'로 세우는 것을 보여주기 때문이다.

거의 만장일치로 바울로의 편지로 받아들여지는 부류와 대체로 위서라며 거부되는 부류 중간에 세 편의 편지가 있는데, 이 편지들에 대해서는 학자들 사이에 비교적 활발한 논쟁이 벌어지고 있다. 여기서는 학자들 사이에 더 많이 받아들여지는 것으로 보이는 순서대로 소개한다. 데살로니카2서는 많은 학자들이 진짜로 바울로가 쓴 것으로 받아들이지만 일부 학자들은 거부한다(그리고 아마도 거부하는 학자들이 점점 더 많아지는 것 같다). 골로사이서는 일부 학자들이 바울로가 쓴 것으로 받아들이지만 그 밖의 많은 학자들은 거부한다. 에페소서는 받아들이는 사람이 그보다도 더 적다. 이 편지들을 다른 학자들은 '제2바울로 서신'이라고 부르지만 나는 '논란중인 편지들'이라 부르기로 한다. 도표 8은 바울로가 쓴 것으로 되어 있는 이 열세 편의 편지를 세 가지로 구분하여 보여준다.

논란이 없는 편지들만 이용하여 바울로의 삶에 관해 무엇을 찾아낼 수 있을까? 필립비서 3:5~6에서 바울로는 베냐민 지파 출신이라고 밝힌다. 따라서 그는 자신이 유다인일 뿐 아니라 자기가 속해 있다고 하는 지파도 알고 있다. 그는 또 자신이 바리사이파 사람이라고 말한다. 이것은 흥미로운데, 바울로는 자신이 바리사이파 사람'이었다'고 절대로 말하지 않기 때문이다. 바울로는 자신이 바리사이파 사람이라고 말할 때 과거형으로 말하지 않는다. 사도행전에 나오는 바울로 또한 마찬가지다. 사도행전에서는 개종한 뒤에도 자신을 바리사이파 사람이라고 말한다(사도행전 23:6). 이것은 중요한데, 서기 70년에 예루살렘이 파괴되기 이전의 바리사이파 사람들에 관한 역사적 자료가 지금은 그다지 남아 있지 않기 때문이다. 실제로 바울로의 편지들은 70년 이전 바리사이파 사람이 직접 쓴 문서 중 오늘날까지 살아남은 희귀한 문서이다.

바울로는 또 자신이 유다인의 율법에 대해 '열성적'이었다고 말하는데, 실제로 그는 부름을 받아 사도가 되기 전에 교회를 박해한 이야기를 율법에 관한 자신의 열성을 보여주는 증거로 거론한다. 갈라디아서 5:11에서 바울로는 자신이 "아직도 할례를 전하고 있다면"이라고

정전 논란이 없는 편지	 논란중인 편지	 차명 편지	비정전 (차명)
로마서	에페소서	디모테오1서	라오디게이아서
고린토1서	골로사이서	디모테오2서	바울로와 세네카가 주고받은 편지
고린토2서	데살로니카2서	디도서	
갈라디아서			
필립비서			
데살로니카1서			
필레몬서			

도표 8. 바울로 서신

말하면서 그렇게 하고 있지 않다고 주장한다. 그 이상은 그다지 말하지 않고 또 이 이상한 구절을 설명하지도 않지만, 이 구절은 바울로가 사도가 되기 전에는(그리고 어쩌면 그뒤에도 한동안은) 할례를 전했다는 것을 암시한다. 실제로 바울로가 주는 이런 여러 실마리는 그가 초기의 예수운동을 박해한 이유가 이 운동 또는 운동의 일부에서 율법을 지킬 것을 주장하지 않는 복음을 가르쳤기 때문임을 암시한다.

사도행전은 바울로의 환상 경험을 사도가 되라는 부름이라기보다는 '도道'로 개종한 것으로 그린다. 그러나 이것은 바울로의 인식과는 다르다. 자신의 경험에 대한 바울로 본인의 설명을 들을 수 있는 유일한 구절에서 그는 그것을 한 종교에서 다른 종교로 혹은 심지어 유다교의 한 종파로부터 다른 종파로 '개종'한 것으로도 이야기하지 않는다. 그와는 달리 구약에 나오는 예언자의 부름에 관한 묘사와 비슷한 이미지와 언어를 쓴다. "그러나 하느님께서는 내가 나기 전에 이미 은총으로 나를 택하셔서 불러주셨고 당신의 아들을 이방인들에게 널리 알리게 하시려고 기꺼이 그 아들을 나에게 나타내주셨습니다. 그때 나는 어떤 사람과도 상의하지 않았고"(갈라디아서 1:15~16). 이것은 이사야 49:1과 비슷하게 들린다. "야훼께서 태중에 있는 나를 이미 부르셨고 내가 어머니의 뱃속에 있을 때에 이미 이름을 지어주셨다." 예레미야 1:5과도 비슷하다. "내가 너를 점지해주기 전에 나는 너를 뽑아 세웠다. 네가 세상에 떨어지기 전에 나는 너를 만방에 내 말을 전할 나의 예언자로 삼았다." '만방'에 해당하는 그리스어 낱말은 신약에서 '이방인'으로 번역되는 낱말과 같다는 점을 기억하기 바란다. 바울로는 만방으로 파견되는 예언자라는 예레미야의 자기묘사에서 자신의 모습을 본 것이 분명하다. 바울로는 그 경험을 한 종교에서 다른 종교로 개종한 것으로 보지 않고, 이스라엘의 하느님에 대한 진정한 형태의 숭배를 세계만방에 가져가라는 신성한 부름으로 봤다.

우리는 바울로의 편지에서 그의 삶과 정체에 관한 사실 몇 가지만을 찾아낼 수 있을 뿐이다. 다음 몇 장에서는 이 초상에다 얼마간을 덧붙일 것이다. 그러나 나는 또 바울로에 관해 사람들이 품고 있는 많은 관념들, 그의 '전기'에 관해 사람들이 믿는 많은 것들이 오로지 사도행전의 설명에서 왔다는 점을 지적할 수밖에 없는데, 사도행전을 이용하여 '역사적 바울로'를 찾으려 할 때의 위험에 대해서는 앞서 이미 언급한 바 있다. 예컨대 서점에 있는 바울로에 관한 여러 책에서 보게 되는 것들은 많은 부분 사도행전에 지나치게 의존하고 따라서 역사적으로 의심스럽다. 예컨대 사도행전은 바울로를 예루살렘에서 태어나 교육받은 것으로 그린다. 심지어 1세기의 유명한 랍비이자 바리사이파 사람인 가믈리엘 밑에서 배웠다고 묘사한다(사도행전 22:3). 이것은 가능성이 매우 낮다. 바울로는 그 사실을 한번도 언급하지 않는다. 앞서 인용한 필립비서의 구절과 같이 그 점을 언급하면 도움이 될 때조차도 그렇다. 바울로는 또 사도행전에서 히브리어를 유창하게 한다.[8] 그러나 바울로는 자신이 쓴 편지에서 히브리어를 읽는다거나 아람어를 읽거나 말한다는 암시를 한번도 주지 않는다. 그의 문체와 그가 사용한 유다교 경전이 그리스어판이라는 사실로 판단할 때, 또 그가 로마제국 동방의 도시 환경에서 성장했다는 명백한 사실로 볼 때 바울로의 모어는 아마 그리스어였을 것이다. (그가 다르소 출신이라는 말은 사도행전에서만 나오며, 실제 역사가 반영되어 있을 수도 있고 아닐 수도 있다.) 우리로서는 그가 히브리어를 말하거나 읽었다고 추측할 이유가 없다. 팔레스타인 바깥의 많은 유다인들은 그러지 않았다.

사도행전에 따르면 바울로는 '사울'로 알려져 있었다. 바울로 본인은 그것을 한번도 언급하지 않는다. 이것 역시 사도행전에서 바울로를 신앙심 깊은 유다인으로, 유명한 도시(다르소) 출신으로, 유명한 랍비(가믈리엘)에게서 교육받은 것으로, 또다른 모든 사도들이나 제자들과 마찬가지로 예루살렘과 유다 지방에서 활동을 시작한 사도로 그리려 한 계획의 일부일 수 있다. 물론 그리스어를 쓰는 유다인들은 오늘날 미국에서 사는 유다인들이 이따금씩 그러하듯 '그리스식' 이름 말고도 '유다식' 이름도 있었겠지만, 바울로가 그랬다고는 확실하게 말할 수 없다.

사도행전의 저자가 그를 로마 시민으로 만드는 것 역시 바울로의 이미지를 빛내기 위해서일까?[9] 바울로는 자신이 쓴 편지에서 그 비슷한 어떤 것도 언급하지 않는다. 라틴어로 파울루스Paulus라는 그의 이름은 괜찮은 로마식 이름이었다. 그러나 그가 로마 시민이라고 주장할 수 있었다면 그가 로마에 편지를 썼을 때 또하나의 자랑거리였을 것이다. 게다가 태어날 때부터 로마 시민이었다는 한층 더한 영예를 누리는 사람이라면(사도행전 22:28 참조), 그의 아버지 역시 꼭 태어날 때부터는 아니더라도 로마 시민이었다는 뜻일 것이다. 로마 시민권은 1세기 초 동방에서 유다인이 쉽게 얻을 수 있는 자격이 아니었을 것이다.

로마 시민의 노예로 있다가 나중에 자유를 얻을 경우 노예 해방 절차를 정해진 대로 밟는다면 시민권을 얻을 수 있었다. 그러나 나는 바울로가 로마 시민이었다고 주장할 때에는 신중해야 한다고 본다. 사도행전의 저자의 성향에 너무 잘 맞아떨어지고 또 바울로는 한번도 암시하지 않기 때문이다.

사도행전의 이야기와 바울로의 편지에서 나오는 이야기의 두드러진 또다른 차이점은 각 도시에서 그가 활동할 때의 행동방식을 묘사하는 부분이다. 사도행전에 따르면 '유다인에게 먼저, 그다음 이방인에게'라는 저자의 주제에 어울리게 바울로는 도시에 들어갈 때마다 유다인의 회당이 있으면 먼저 그곳을 찾는다. 회당이 없으면 어디든 그 도시의 유다인들이나 "하느님을 공경하는"(사도행전 13:16, 13:26, 16:14) 사람들이 있을 만한 곳으로 간다(예컨대 필립비서에서는 강가로 간다. 16:12~15). 바울로는 도시에 처음 들어갈 때 자신의 메시지가 유다인 대다수로부터 거부된 다음에야 회당을 떠나 이방인들에게 전도하는데, 이것은 도시에 들어갈 때마다 반복된다. 따라서 사도행전에 따르면 데살로니카에서 벌어지는 일이 바로 이렇다. 데살로니카에 도착하자 바울로는 "늘 하던 대로" 3주 동안 회당에 나가 유다인들에게 예수가 구세주라고 설득하려 했다(17:1~3). 몇몇은 설득할 수 있었지만, 나머지는 바울로가 성공하자 시기했다. 그들은 바울로와 실라를 공격하려 했으나 이들을 찾아내지 못하자 교인이 된 다른 사람들을 공격했다. 사실 저자는 바울로가 데살로니카의 이방인들에게 전도했다거나 개종한 이방인이 있다는 말은 하지 않는다. 바울로와 실라는 베레아로 달아날 수밖에 없었고, 그곳에 다다랐을 때 이런 양상이 다시 반복된다(17:10~15).

바울로가 데살로니카의 교회에게 쓴 편지에서는 그곳의 교회가 어떻게 시작됐는지에 관해 완전히 다른 이야기를 보게 된다. 대부분의 학자들은 이 편지가 그가 그곳에 교회를 설립하고 떠난 지 얼마 지나지 않아 쓰인 것으로 생각하고 있다. 바울로는 데살로니카1서의 인사말에서 유다인들을 언급하지 않는다. 이 편지를 받는 사람들은 이방인들임이 명백하며, 게다가 오로지 이방인뿐이다. 바울로는 그들에게 이렇게 말한다. "우리가 여러분에게 갔을 때 여러분이 우리를 어떻게 받아들였으며 또 어떻게 우상을 버리고 하느님께로 마음을 돌려서 살아계신 참 하느님을 섬기게 되었는지는 오히려 그들(즉 데살로니카가 있는 지역인 마케도니아, 그리고 그 남쪽 지역으로서 그리스 본토를 포함하는 아카이아의 교인들)이 말하고 있습니다. 또 죽은 자들 가운데서 다시 살아나신 하느님의 아들 예수께서 하늘로부터 다시 오실 날을 여러분이 고대하게 되었다는 것도 그들이 널리 전하고 있습니다. 그분은 장차 닥쳐올 하느님의 진노에서 우리를 건져내주실 분입니다"(데살로니카1서 1:9~10). 이들은 이전에 다신교를 믿던 사람들로, 이방인이지 유다인이 아니다.

또다른 암시는 2:14에서 나온다. "형제 여러분,* 여러분은 유다에 있는 그리스도 예수를 믿는 하느님의 교회를 본받는 사람들이 되었습니

* 공동번역 성서에는 "교우 여러분"이라고 되어 있다.

다. 유다의 신도들이 그들의 동족인 유다인들에게서 박해를 받은 것처럼 여러분도 동족에게서 박해를 받았습니다."[10] 이 데살로니카인 '형제'들은 바울로가 볼 때 이방인이고 예전에 우상을 섬기던 사람들이다. 바울로는 박해를 견뎌내고 있는 그들을 칭찬한다. 그들이 받은 어떠한 박해도(우리는 이 박해의 범위나 정도를 전혀 알지 못한다) 유다인의 손에 의해서가 아니라(사도행전은 그렇게 설명하지만) 다른 데살로니카인들, 다른 마케도니아인들, '형제 여러분'의 동족 손에 의한 것이라는 점을 눈여겨보기 바란다. 그러므로 이것은 사도행전의 설명과는 정반대이다. 데살로니카 교회의 유다인에 관해서는 그 어떤 기록도 남아 있지 않다.

실제로 바울로는 자신을 유다인들이 아니라 이방인들에게 복음을 전하는 선교사로 본다고 스스로 말했다(갈라디아서 2:2, 2:8~9). 그 말대로 그는 데살로니카의 이방인들만 개종시킨 것으로 보인다. 사도행전에 따르면 데살로니카에서 교인들을 박해한 사람들은 '시기한 유다인들'이었으며, 바울로와 실라는 얼른 그곳을 떠나야 했다. 데살로니카 1서로 판단할 때 바울로와 그의 동반자는 많은 이방인을 개종시키고, 교회를 세우고, 그 교회가 박해에서 살아남을 수 있을 만큼 강하게 키울 수 있을 때까지 오래 머무를 수 있었다(3주 남짓한 기간보다는 확실히 더 길다). 그리고 이 개종자들은 유다인들이 아니라 동료 이방인들로부터 박해받았다.

우리는 또 바울로가 한 도시에 처음 들어갈 때 그곳의 그리스인들에게 무엇을 전도했는지, 그리고 나중에 살펴보겠지만 무엇을 가르치지 않은 것으로 나타나는지에 대해서도 어느 정도 짐작할 수 있다. 후자는 중요할 수도 있다. 바울로는 그들에게 다음과 같이 가르쳤다. (1) 이스라엘의 하느님은 유일한 '살아계신 참 하느님'이다. 이것은 그리스와 로마 신들을 반대하는 전형적인 유다인의 주장이다. (2) 예수는 하느님의 아들이었다(다시 말해 황제는 하느님의 아들이 아니며 누구도 그런 사람은 없었다). (3) 하느님은 이 세상이 죄를 짓고 우상을 섬기기 때문에 세상에 화가 났다. (4) 예수는 십자가형을 당했으나, 하느님이 죽은 자들 가운데서 살려냈다. (5) 예수는 곧 닥칠 신성한 분노로부터 자신에게 충성스러운 사람들을 구하기 위해 돌아올 것이다. 이것이 바울로가 전한 것의 알맹이로 보인다. 이방인들에게는 아주 적절하지만 유다인들에게는 별게 아니었다. 이 주요 가르침은 기본적으로 하느님이 예수를 통해 한 일, 이방인들이 다신교와 자기 민족 집단의 전통적 신들과 종교적 관습을 거부하고 예수를 믿을 필요가 있다는 점, 그리고 예수가 이스라엘의 하느님으로부터 곧 닥칠 노여움으로부터 그들을 구조하기 위해 곧 온다는 점을 서술하고 있다.

이방인에게 파견된 사도 바울로

데살로니카1서는 때로는 암시뿐이기는 하지만 초기로 보이는 시기에 바울로가 한 활동을 보여주기 때문에 귀중하다. 예컨대 바울로는 상류층 출신일 가능성이 높은데도—로마 제국 속주의 최고위계층 출신은 아닌 것이 확실하지만—대개는 자신이 개종시킨 교인들이나 교회의 헌금을 받지 않고 노동으로 생활을 꾸려나가는 편이었다. 그는 데살로니카인들에게 이렇게 상기시킨다. "여러분은 우리의 수고와 노력을 잘 기억하실 것입니다. 우리는 여러분에게 하느님의 복음을 전하는 동안 누구에게도 폐를 끼치지 않으려고 밤낮으로 노동을 했습니다" (데살로니카1서 2:9). '밤낮으로'라는 말은 과장이 아니다. 노동자들은 숙련된 사람이라 해도 대개는 새벽부터 땅거미가 질 때까지 일을 해야 겨우 자신과 소규모 집안의 생계를 유지할 만큼 벌 수 있었다. 바울로와 디모테오와 실바누스Silvanus*(사도행전에서 실라로 불리는 사람의 라틴어식 이름)는 전도하고 가르치고 또 새 개종자들을 훈련시키는 한편으로 작업장이나 집에서 하루종일 일하면서 생활비를 벌자면 밤낮으로 일했을 것이다.

나는 바울로가 원래는 노동자 계층 출신이 아니었다고 생각한다고 말했다. 이 추측은 두 가지 관측을 바탕으로 한다. 첫째, 바울로의 문자 능력과 지식수준을 보면 최고는 아닐지라도 좋은 교육을 받았음이 드러난다. 이 시기의 로마 제국에는 문자를 아는 사람이 너무나 적었다. 글을 읽고 쓸 수 있는 사람은 인구의 10%도 되지 않았다. 약간 읽을 수 있지만 쓸 수는 없는 사람이 많았을 것이다. 이 두 기술은 매우 달랐다. 그리고 언제나 그렇듯 글을 쓰는 데에는 그저 읽는 것보다 훨씬 더 많은 교육이 필요했다.[11] 나아가 바울로의 글을 보면 수사학을 포함하는 교육을 받았음을 알 수 있는데, 수사학 교육은 대개 오늘날로 치면 고등학교나 초급 대학에 진학하려는 남자아이라야 받을 수 있는 중

---

* 공동번역 성서에는 '실바노'라 되어 있다.

등교육 단계에서 이루어졌다. 자기 아들에게 그 단계의 교육을 받게 할 만큼 여유가 있는 사람은 드물었다. 바울로의 교육에 상당히 높은 수준의 그리스어 교육이 포함됐다는 것은 그의 가족으로서는 그가 노동자가 되리라고는 예상하지 못했을 거라는 뜻이다.

둘째, 바울로는 자신의 노동에 관해 말할 때 노동자로서가 아니라 그렇게 되리라는 것을 예상하지 못한 사람으로서 말한다. 그는 노동을 겸손하게 만들고 자존심이 깎이는 것으로 말한다. 실제 노동자들은 자기 일을 그런 식으로 말하지 않는 경향이 있었다. 그들이 자신의 노동을 어떻게 생각했는지는 이따금 묘비에서 얼핏 엿볼 수 있다. 그들은 노동을 자랑스러워하는 편이다. 그렇지만 바울로는 자신이 노동을 하게 된 것을 노예가 되는 행위이자 스스로 자기를 낮추는 행위로 묘사한다. 그가 노동을 하는 데에는 몇 가지 이유가 있는데, 남에게 의지하지 않고 독립적으로 선교하기 위해, 사회적 지위가 낮은 사람들에게 자신의 메시지가 호소력을 지니게 하기 위해, 그리고 하층민 개종자들이 계속 일을 하도록 모범을 보이기 위해서이다.[12] 그래서 데살로니카1서의 뒷부분에서 바울로는 이런 노동자들에게 다음과 같이 말한다. "내가 전에 지시한 대로 조용히 살도록 힘쓰며 각각 자기의 직업을 가지고 자기 손으로 일해서 살아가십시오. 그러면 교회 밖의 사람들에게서도 존경을 받게 되고 남에게 신세를 지지 않게 될 것입니다"(4:11~12).

사도행전의 전통적 번역본에는 바울로가 '천막을 만드는 것'이 직업이었다고 되어 있다(사도행전 18:3. 바울로가 자신과 동반자들은 노동으로 스스로를 부양했다고 말한 것으로 나오는 20:34도 참조). 물론 도시에는 커다란 천막이 많지 않았고, 또 원래의 그리스어는 '가죽일 노동자'나 그와 비슷한 일을 하는 사람이라는 뜻에 더 가깝다. 만일 바울로가 그런 노동자였다면 지중해 도시의 가게나 업체 앞에 무수히 많이 달려 있던 차양 같은 것을 만들었을 거라는 의견이 있었다.[13] 그러나 그가 한 노동의 정확한 성질이 이렇게 자세하게 묘사된 곳은 사도행전뿐이기 때문에, 확신하기에 앞서 신중해질 필요가 있다. 어떻든 바울로는 분명히 자발적이고도 의도적으로 노동을 생계수단으로 삼았지만, 또 분명히 자신의 선교를 위한 전략으로서도 그렇게 했다. 사람들 사이에서 함께 일하는 것은 신뢰를 얻고 설득할 기회를 만들어낼 수 있는 한 방법이다. 그러므로 우리는 바울로와 실바누스와 디모테오가 작업장에서, 가게에서, 또 집에서 날이면 날마다 노동하면서 복음을 전파하는 광경을 상상해야 한다.

바울로와 동반자들이 강조한 것으로 보이는 메시지 한 가지는 개종자들을 위한 새로운 성윤리였다. 바울로는 자신을 따르는 사람들에게 포르네이아porneia를 피하라며 꾸준히 경고한다. 이것은 여기서도 문제점으로 등장한다. 데살로니카1서 4:1~8에서는 이 문제를 분명하게 거론한다. 다만 잘못된 행동을 사후에 바로잡기 위해서인지, 그러지 않도록 사전에 경고하기 위해서인지를 알 수 있는 암시는 조금도 없다. 포르네이아라는 낱말은 영어로 번역하기가 쉽지 않다. 물론 이것은 '포르노그래피'라는 말의 어원이 되는 그리스어 낱말이다. 대부분의 그리스인에게 이 낱말은 단순히 성교 또는 거의 모든 성적 활동을 가리켰다. '창녀'를 가리키는 가장 단순한 낱말은 포르네pornē로, '성노동자'라는 뜻이었다.

그렇지만 유다인들은 이 낱말을 올바르지 못하다고 생각되는 모든 종류의 애욕 활동을 가리키는 용도로 썼다. 그러므로 유다인들이 포르네이아를 비난했을 때 그것은 음행, 간통, 모든 형태의 구강성교, 동성애 성교, 여자가 '상위'에 올라가거나 남자에게 삽입하게 하는 성행위, 또는 남자든 여자든 남자에게 삽입하는 성행위를 가리킬 수 있었다. 대부분의 유다인들은 심지어 자위까지도 포르네이아라고 비난한 것으로 보인다. 바울로의 말에서 드러나듯 유다인들은 성적 부도덕 행위를 특히 '이방인들'과 '이방인 세계'와 결부시키는 경향이 있었다. 여기에는 오늘날 우리로서는 '음행'에 포함시키지 않을 많은 것들이 포함됐을 수 있다는 점을 기억하기 바란다.

바울로가 볼 때 '이방인들'이라면 성욕과 정욕을 경험하는 것이 당연했고, 또 그는 그것을 비롯하여 성경험 자체를 그리스도교인의 경험으로부터 배제하려고 했다.[14] 그래서 데살로니카1서에서 바울로는 예전에 우상숭배자였던 이들에게 자기 아내를 상대로도 "하느님을 알지 못하는 이교도들처럼 욕정에 빠지지 않도록" 하라고 가르친다(데살로니카1서 4:5). 이들은 윤리적으로 확실히 이방인이지만 바울로는 실제로 더이상 '이방인'이라고 생각하지 않는다. 그보다는 이스라엘의 하느님의 아들인 그리스도 집안에 속하는 사람들이다. 그래서 그들 역시 바울로가 볼 때 좋은 유다인이라면 마땅히 그래야 하듯 포르네이아를 완전히 피해야 하는 것이다.

이것이 바울로의 본문에 '자매'라는 말을 덧붙이면 오해를 자아낸다는 주장이 중요해지는 지점이다. 데살로니카1서 4:1~8은 명백하게 남자들에게 하는 말이지 여자들에게 하는 말이 아니다. 이 사실을 분명히 하자면 이 부분에서 나 자신의 번역을 내놓을 필요가 있다. 그렇지만 3~7절에만 집중하기로 한다.

> 여러분이 거룩해지는 것이 하느님의 뜻이기 때문입니다. 여러분은 포르네이아를 멀리하십시오. 여러분 각자가 자기 자신의 그릇(또는 '물건')을 거룩하고 명예롭게 다스리는 법을 알아야 합니다. 하느님을 모르는 이방인들처럼 욕정과 욕망에 빠져서는 안 됩니다. 이 일에서는 아무도 자신의 형제를 이용하거나 속이지 않도록 하십시오. 우리가 전에 여러분에게 말하고 증언한 그대로 주님께서 이런 모든 일에 대해 복수하시기 때문입니다. 하느님께서는 여러분을 불결하게 살라고 부르신 게 아니라 거룩하게 살라고 부르신 것입니다.*

바울로는 4:1을 "형제 여러분"**이라는 호칭으로 시작한다. 그리고 교회 안에 있을 어떠한 여자도 자기 남자의 성적 필요가 넘칠 때 그것

---

* 공동번역 성서에는 다음과 같이 나와 있다. "하느님께서 여러분에게 원하시는 것은 여러분이 거룩한 사람이 되는 것입니다. 여러분은 음행을 피하고 각각 존경하는 마음으로 거룩하게 자기 아내의 몸을 대하고 하느님을 알지 못하는 이교도들처럼 욕정에 빠지지 않도록 하십시오. 이런 일에 있어서 형제의 권리를 침범하거나 그를 속이거나 해서는 안 됩니다. 우리가 전에 엄숙하게 지시하고 경고한 바와 같이 주님께서는 이런 모든 범죄에 대해서 가차없이 처벌하실 것입니다. 하느님께서는 우리를 음탕하게 살라고 부르신 것이 아니라 거룩하게 살라고 부르신 것입니다."

** 공동번역 성서에는 "교우 여러분"이라고 되어 있다.

을 담는 '그릇' 이외의 다른 무엇으로도 생각하지 않는 것으로 보인다.

바울로는 남자들을 향해 말하며, 또 남자 각자에게 '자신의 물건'을 '다스리라'고 말한다. 이 부분의 그리스어는 모호하다. 남자의 성기를 가리킬 수도 있고 남자의 아내를 가리킬 수도 있다. 그렇지만 후자를 가리킨다면 바울로가 여자를 남자의 '소유'로 보고 말하고 있기 때문에 충격적이다. 그리고 남자가 저지르는 '올바르지 못한' 행위는 여자에게 올바르지 못한 것이 아니라, 욕정의 대상인 여자의 남자에게 올바르지 못한 것이라는 점을 눈여겨보기 바란다. 바울로는 공동체의 남자들이 다른 남자들을 '속이는' 일을 염려하고 있다는 말이다. 여기에 사용하는 언어는 돈과 재산에 관해 말할 때 쓰는 언어다.

어떤 학자는 데살로니카1서의 어느 부분에서도 여자를 찾아볼 수 없기 때문에 이 공동체에는 여자가 없거나 적어도 바울로의 생각 속에서는 그랬던 것이 분명하다고 주장했다.[15] 우리가 판단할 때 바울로는 이 편지에서 절대로 여자들을 상대로 말하지 않는다. 사람들 중에는 이런 주장에 반대하면서, 최근까지도 영어가 그랬듯 그리스어에서 '형제 여러분'이라는 말은 청중 속 여자를 포함하는 것으로 해석할 수 있다고 지적할 사람이 많을 것이다. 그러나 이 구절과 마찬가지로 이 편지의 다른 부분을 보면 바울로는 명백하게 오로지 남자들만을 상대로 말하고 있다. 그는 여자들을 상대로는 말하지 않는데, 그 교회 안에 여자들이 있다고 생각하지 않거나, 아니면 여자들은 그 교회의 '진짜' 구성원이 아니라고—아마도 그리스의 폴리스에서 오로지 남자만 시민이 될 수 있는 것과 같은 방식으로—보기 때문이다. 여자들은 그 자리에 있다 해도 '셈에 넣지' 않았다. 바울로가 쓴 다른 편지들에서는 남자와 여자 모두에게 기꺼이, 그것도 이름까지 부르며 말한다는 사실을 보면 이 의견은 더욱 설득력 있게 다가온다. 예컨대 고린토1서 7장에서 결혼한 그리스도교인들에게 권고할 때 그는 여자와 남자에게 차례로 말하면서 권고의 균형을 맞춘다. 이 사실에 비추면 데살로니카1서의 4:1~8에서 그가 하는 말은 남자들만 대상으로 한다는 점에서 더욱 눈에 띈다.

그러므로 바울로는 여기서 포르네이아에 대한 유다인들의 전통적 혐오를 보여주면서 그것을 우상숭배와 '바깥의' 이방인 세계와 결부시키고, 교회의 남자들에게 성적 필요를 해결할 때 자기 여자만 이용하라고 요구함으로써 그것으로부터 지켜내려 한다. 이것은 바울로가 스스로 맡은 가장 중요하고도 반복적인 임무에 속하는 것이 분명하다. 즉 이 '과거의 이방인들'이자 우상숭배자들을 이스라엘의 하느님의 거룩한 백성으로 바꿔놓는 것이다. 나아가 이것은 우상숭배와 포르네이아라는 범주에 넣은 수많은 종류의 성적 활동을 포함하여 유다인들이 전통적으로 우상숭배와 관련지었던 온갖 종류의 행동을 피하도록 그들을 가르친다는 뜻이었다.

파루시아

데살로니카1서의 이 부분에 이르기까지 바울로는 이 교회의 남자들에게 그가 이미 가르쳤던 것들을 되새겨주고 있는 것으로 보인다(그리고 나는 바울로가 이 교회를 남자들의 교회로 생각한다고 전제하고 있다는 점을 기억하기 바란다). 그러나 4:13에서 바울로는 새로운 지시와 새로운 정보가 필요한 일로 명확하게 관심을 돌린다. 바울로가 데살로니카를 떠난 뒤로 이 공동체의 구성원 중 몇몇이 죽은 것 같다. 아직 살아 있는 사람들은 이것을 뜻밖의 일로 받아들였고, 또 죽은 사랑하는 사람들이 예수가 구름을 타고 오면 열릴 것이라고 바울로가 약속한 '잔치'를 먼저 죽어서 놓치지 않을까 걱정했다. 다시 말해 바울로는 예수가 오기 전에 죽는 사람들의 사후 경험이나 장차 그들이 받을 혜택에 대해 아무것도 말하지 않은 것이 분명하다.

이제 바울로는 죽은 사람들은 장차 있을 구원을 놓치지 않을 것이라고 설명한다. 실제로 그는 살아 있는 사람들보다 그들이 먼저 예수를 만날 것이라고 말한다. "우리는 예수께서 죽으셨다가 다시 살아나신 것을 믿습니다. 그래서 우리는 예수를 믿다가 죽은 사람들을 하느님께서 예수와 함께 생명의 나라로 데려가실 것을 믿습니다. 우리는 주님의 말씀을 근거로 해서 말합니다. 주님께서 다시 오시는 날 우리가 살아남아 있다 해도 우리는 이미 죽은 사람들보다 결코 먼저 가지는 못할 것입니다"(데살로니카1서 4:14~15). 바울로는 계속하여 앞으로 일어날 여러 사건의 시간표 같은 것을 설명하는데, 이전에 이에 대해 가르친 적이 없는 것이 분명하다. "명령이 떨어지고 대천사의 부르는 소리가 들리고 하느님의 나팔 소리가 울리면, 주님께서 친히 하늘로부터 내려오실 것입니다. 그러면 그리스도를 믿다가 죽은 사람들이 먼저 살아날 것이고, 다음으로는 그때에 살아남아 있는 우리가 그들과 함께 구름을 타고 공중으로 들리어 올라가서 주님을 만나게 될 것입니다. 이렇게 해서 우리는 항상 주님과 함께 있게 될 것입니다. 그러므로 여러분은 이런 말로 위로하십시오"(4:16~18).[16]

오늘날의 관점에서 볼 때 바울로가 그들에게 이 모든 것을 이제야 말한다는 사실은 특이하다. 오늘날 사람들은 그리스도교뿐 아니라 모든 종교는 내세 같은 것을 깊은 신앙심에 대한 가장 큰 보상으로 내세운다고 보는 경향이 있다. 데살로니카인들은 분명 그리스도를 믿는 데 대한 어떤 대가를 약속받았을 것이다. 그들은 종말이 닥치면 우상숭배자와 죄인에게 내릴 하느님의 노여움으로부터 '구출'될 것이라는 말을 들었다. 그들은 아마도 '하느님의 나라'와 그 안에서 자신들이 차지하게 될 자리에 관해서도 무언가 말을 들었을 것이다. 그들은 '영광'을 약속받았을 것이다. 그러나 바울로는 그사이에 죽는 사람의 내세에 관해서는 아무 말도 하지 않았다. 그들은 죽고 나면 자신이 어떻게 될지에 관한 어떠한 약속도 없이 그리스도교인이 됐다. 따라서 바울로는 앞으로 일어날 일을 하나하나 이렇게 묘사함으로써, 먼저 죽은 사랑하는 사람들을 그들이 걱정하지 않게 하는 것이다.

편지의 그다음 부분은 바울로가 이미 그들에게 말한 내용으로 돌아간다. 여기서 바울로는 다음과 같이 말하면서 갑작스레 파루시아(예수가 옴 또는 도착함)라는 주제를 꺼낸다. "여러분에게 더 쓸 필요가 없습니다"(5:1). 바울로는 그저 그들에게 '주님의 날'이 곧 올 것이고, 갑작스러울 것이며, 세상이 전혀 예상하지 못할 때 다가올 것이라는 점을 일깨워준다. 그렇지만 그는 그들에게 놀라지 말고 대비하고 있으면서, 믿음을 유지하고 생산적이고도 도덕적인 삶을 살라고 일러준다.

만일 데살로니카1서가 정말로 오늘날 남은 바울로 최초의 편지라면, 이 편지에는 그가 활동한 방식, 최근 개종자들에게 가르친 전형적 내용, 또 그가 나중에 가끔씩 새로운 가르침이나 일깨움이나 권유를 담은 편지를 쓸 필요를 느낀 이유를 알 수 있는 흥미로운 실마리가 담겨 있다. 바울로는 새 도시에 도착하면 유다인들 또는 그들보다는 덜 공식적으로 유다교를 따르는 사람들, 즉 때때로 '하느님을 공경하는 사람들'이라 일컫는 사람들을 찾았다. 바울로는 먼저 자신이 일하며 살 수 있는 곳을 찾은 것으로 보인다. 그러고는 동반자들과 함께 그의 직업과 같거나 비슷한 일을 하는 사람들과 어울리려고 했을 것이다.

바울로는 주로 일을 하는 동안 또 알음알음으로—우리가 언뜻 상상하는 대로 공개적으로 길거리에서 전도하기보다—이런 그리스인들이나 그리스의 도시에서 살아가는 다른 민족 집단 사람들에게, 로마인들에게 처형됐으나 하느님이 죽은 자들 가운데서 다시 살려낸 어느 유다인 예언자에 대해 말했다. 하느님은 파멸이 임박했다고 약속했는데, 그때 예수 그리스도가 천사들의 군대를 데리고 돌아와 그를 믿는 모든 사람을 구출할 것이다. 그러나 만일 그리스인들이 그를 따르는 다른 사람들처럼 '민회'라는 이름의 이 새 '교회'에 들어오려면 이제까지 섬기던 전통적 신들을 거부하고, 그들에게 희생제물과 기도를 비롯하여 그 어떤 것도 바치지 않아야 하며, 성과 관련된 관습을 그만두고, 고결하게 자기 아내와만 잠자리에 들어야 하며, 이스라엘의 하느님과 그의 아들이자 대리자인 예수만 숭배해야 했다. 그렇게 하면 그들은 이제 곧 닥칠 새 나라의 영광을 함께 누릴 것이다. 그들은 가난한 노동자 신세에서 벗어나 부유해지고 유명해질(이것이 종종 '영광'이라고 번역되는 독사doxa의 주된 의미이다) 것이다. 이것이 바울로의 방법이자 메시지였던 것으로 보인다. 내가 볼 때 어떻든 바울로가 이런 식으로 성공할 수 있었다는 것 자체가 놀랍다. 분명 설득력이 좋았던 모양이다.

몇 년 만에 서부 소아시아와 마케도니아, 그리스에서 그런 교회들로 이루어진 작은 교회망을 만들 수 있을 만큼 설득력이 좋았던 것은 분명하다. 데살로니카의 이 교회, 그리스어를 쓰는 이방인 노동자들로 이루어진 남성 클럽이며 최근에 물의 예식을 통해 새로 창립된 집단으로서, 유다인의 하느님에게 충성을 요구하고 유다인의 왕을 기대하는, 다시 말해 이방인들로 이루어진 유다교의 묵시적 종파인 이 교회가 만들어지듯 다른 교회들도 그렇게 만들어졌을 것이다.

15
목회자 바울로: 필레몬과 고린토인들에게 보낸 첫째·둘째 편지

개요: 필레몬에게 보낸 편지와 고린토인들에게 보낸 첫째·둘째 편지는 바울로가 자신이 설립한 교회를 어떤 방식으로 관리하려 했는지를 알 수 있는 여러 실마리를 제공한다. 이 편지들은 그의 지도 방식과 목회 방식을 보여준다. 아주 짧은 편지인 필레몬서에서는 나중의 교회에서 갖춘 것과 같은 제도적 구조가 전혀 없는 가정교회의 비교적 비공식적인 역학이 어떤 식으로 작용했을지 알 수 있다. 고린토1서에서 바울로는 사회적 지위와 관련된 것이 거의 확실한 논란 때문에 교회가 분열되고 있다는 사실을 염려한다. 고린토2서에서는 이런 문제점 중 몇 가지가 해결된 듯하지만, 고린토2서 10~13장(아마 별도의 편지였을 것이다)에서는 바울로가 방어적 자세가 되어, 고린토 교회에 새로 침투한 '특출하다는 사도들'에 대항해 자신의 위치를 정당화하려고 애쓰는 것을 볼 수 있다.

필레몬과 바울로의 사도적 권위

필레몬서는 오늘날 남아 있는 바울로의 편지 중 가장 짧다. 바울로는 감옥에서 이 편지를 쓰고 있다. 어느 도시의 감옥인지는 알 수 없다. 그는 이 편지를 한 남자, 한 여자, 그리고 또다른 남자에게—필레몬, 압피아, 아르킵보—보내는데, 이들은 어느 집안의 구성원인 동시에 실제로는 그 집에서 모이는 교회의 지도자들일 것이다. 나중에 살펴보겠지만, 더 호기심을 끄는 부분은 비록 바울로가 필레몬에게 부탁하기 위해 편지를 쓰고 있지만(그의 이름을 가장 먼저 적었으므로 아마 그에게 쓴 편지일 것이다), 이 편지를 또 "그대의 집에 모이는 교회 여러분"(필레몬서 2)에게도 보내고 있다는 점이다. 다시 말해 이 편지에서 바울로는 실제로는 필레몬에게만 어떤 것을 부탁하면서도 이 편지가 가정교회가 모인 자리에서 낭독될 것으로 생각했다고 볼 수 있다.

이 편지에서 바울로는 모호한 어법을 쓰는데 아마 의도적일 것이다. 그러므로 바울로가 필레몬에게 정확히 무엇을 부탁하는지는 고사하고 그 상황조차 확실하게는 알 수 없다. 학자들은 대부분 오네시모가 필레몬의 노예였으나 어떤 이유에서건 도망가거나 그의 집안을 벗어나 바울로를 찾아와 보호를 요청한 것으로 본다. 그래서 바울로는 오네시모를 대신하여 필레몬에게 간청한다. 학자들이 편지에서 짐작하는 선택의 길은 크게 세 가지이다. (1) 바울로는 필레몬이 오네시모를 다시 노예로 받아들이되, 도망간 일을 비롯하여 그가 저지른 잘못이 무엇이든 처벌하지 않을 것을 부탁한다(17~18 참조). (2) 바울로는 오네시모가 무슨 잘못을 저질렀든 용서하고 자신이 감옥에 있는 동안 자신의 시중을 들도록 허락해줄 것을 필레몬에게 부탁한다(13~14 참조). (3) 바울로는 오네시모를 해방하도록 필레몬에게 부탁한다(16과 21 참조). 이중 맞는 것이 있는지, 있다면 어느 쪽인지 확실히 알기가 불가능하다. 바울로는 필레몬에게 '명령'하는 것으로 비치지 않게 하여 그가 지도자로서 자신의 지위를 유지하고 아량을 발휘하여 행동할 수 있도록 일부러 말을 모호하게 하는 것으로 보인다.

이 책 3장에서 언급한 것처럼 노예는 이따금 자기 주인을 위해 사업을 경영하거나 숙련된 회계원 역할을 했다. 그들은 주인을 위해 출장을 다닐 수도 있고 심지어 다른 도시에서 살면서 주인을 위해 일을 처리하기도 했다. 오네시모는 바로 그런 관리직 노예였을 수 있다. 어쩌면 그는 어떤 사업을 잘못 관리했거나 나아가 필레몬의 사업과 관련하여 뭔가 부정직한 일을 했을지도 모른다. 만일 그렇다면 그는 바울로가 주인의 중요한 친구라는 사실을 알고 있었으므로 바울로를 찾아가 자신과 주인 사이를 중재해달라고 부탁했을 가능성이 충분히 있다. 로마 세계에서는 이처럼 노예나 해방노예 주인의 친구가 노예를 대신하여 중재하는 일이 드물지 않았다. 이렇다면 상황은 충분히 설명될 수 있을 것이다. 그러나 이것은 추측에 지나지 않는다. 판단할 수 있는 근거가 바울로의 말뿐인데, 그는 실제 상황에 관해 전혀 분명하게 말하지 않는다.

분명한 것은 바울로가 수사법을 능숙하게 구사하여, 필레몬이 어떻게 행동하기를 바라는지를 분명히 밝히지 않으면서 필레몬을 설득하여 행동하게 하려고 한다는 점이다. 이 역시 드문 일이 아닐 것이다.

고대의 편지는 일반적으로 우체국을 통해 전해지지 않았다. 발신인이 대리인에게 들려 수신인에게 보냈다.[1] 편지를 가져가는 사람은 따라서 대개는 보내는 사람의 친구나 친지였다. 이들은 또 편지에 적힌 글에 덧붙여 말을 전해주는 역할도 맡는 때가 많았다. 편지 내용을 자세히 설명하고, 그 밖의 정보도 추가하고, 발신인에 관한 정보나 발신인이 원하는 것에 관한 정보를 수신인에게 더 자세히 알려줄 수도 있었다. 우리는 바울로가 이 편지를 누구에게 들려 필레몬에게 보냈는지는 모른다. 오네시모 본인이었을 수도 있는데, 편지가 거의 그를 위한 '추천서'처럼 이해되기 때문이다. 또 그런 편지는 추천 대상이 되는 사람이 가져가는 때가 많았다. 어떻든 우리는 필레몬과 '그의 집에 모이는 교회 여러분'은 바울로가 정말로 부탁하는 것이 무엇인지를 우리보다 훨씬 더 잘 알고 있었다는 점은 확신할 수 있다.

여기서 우리는 바울로의 수사법이 어느 정도로 세련됐는지를 볼 수 있고 나아가 실은 필레몬을 조종하고자 하는 시도를 볼 수 있다. 바울로는 먼저 필레몬과의 가까운 관계를 강조하고 그를 칭찬하면서 한껏 추어준다. "나는 친애하는 그대가 성도들에게 사랑을 베풀어 그들의 마음에 용기를 북돋아주었다는 말을 듣고 큰 기쁨과 위안을 받았습니다"(7). 그러나 그다음에는 자신의 권위를 일깨워주며, 마음만 먹으면 필레몬에게 "명령"하여 복종시킬 수도 있다고 말한다(8). 바울로는 "노인"이고 "그분을 위해서 일하다가 지금 갇혀 있는 몸"인데, 고대 세계에서는 감옥에 갇히는 것이 일반적으로는 부끄러운 일이겠지만 그리스도교라는 문화집단에서는 오히려 명예로운 일이었다. 바울로는 사도로서 그리스도의 고난을 명백하게 모방한다(9).* 바울로는 다시 자신이 원하면 필레몬이 "마지못해" 협력하도록 강요할 수도 있다는 점을 암시하지만, 그보다는 필레몬이 "자진해서" 행동하기를 바란다(14). 그는 필레몬이 오네시모를 바울로 자신을 대하는 것과 똑같이 대해야 한다고 암시한다(17). 그러나 바울로는 필레몬이 바울로에게 목숨을 빚졌다는 말을 능숙하게 끼워넣는데,** 아마 필레몬을 개종시킨 사람이 바울로 자신이라는 뜻일 것이다(19). 그런 다음 바울로는 필레몬에게 자신의 후견인으로서 아량을 발휘할 수 있는 역할을 맡긴다(20). 끝으로 바울로는 필레몬이 부탁보다 더 많은 일을 해주리라고 믿는다고 말하는데, 어쩌면 오네시모의 해방을 가리키는 또하나의 암시일 것이다(21). 편지를 끝맺기 바로 직전에 바울로는 앞으로 필레몬을 찾아갈 때 쓰도록 방을 하나 마련해두기를 바란다고 말한다(22).

여러 가지 수사법을 앞뒤로 교묘하게 사용하는 기술이 훌륭하다. 바울로는 '노인'으로서, 그리스도 예수의 고난을 증언하는 사람으로서, 또 필레몬을 개종시켰고 따라서 '그의 목숨을 구해준' 사람으로서 자신의 우위를 필레몬에게 일깨우고자 한다. 비록 이 편지에서 꼭 집어

---

* 공동번역 성서에서는 '노인'이라는 표현이 나오지 않지만 NRSV 성서에서는 다음과 같이 9절에 나온다. "I, Paul, do this as an old man, and now also as a prisoner of Christ Jesus.(나 바울로는 노인으로서, 그리고 지금은 또 그리스도 예수의 포로로서 이렇게 하고 있습니다.)" 이 내용이 공동번역 성서에서는 8절에 나오며 다음과 같다. "나 바울로는 그리스도 예수의 사신이며 그분을 위해서 일하다가 지금 갇혀 있는 몸으로서 그대가 마땅히 해야 할 일을 그리스도의 이름으로 아무 거리낌 없이 명령할 수도 있습니다."

** NRSV 성서에는 이 부분이 다음과 같이 나와 있다. "I say nothing about your owing me even your own self.(그대 자신마저도 나에게 빚졌다는 말은 하지 않겠습니다.)"

말하지는 않지만 바울로는 사도의 역할을 수행하고 있는 것이 명백하다. 그러나 그는 또한 필레몬에게 몇 가지 우위를, 즉 과거에 바울로를 친절하게 받아주었고 앞으로도 그렇게 할 집주인으로서, 교회의 핵심적 지도자이자 귀감으로서, 또 '피후견인'이라는 바울로의 지위에 대응하는 '후견인'이자 '후원자'로서의 지위를 남겨둔다. 바울로는 자신을 필레몬에게 빚진 사람으로 만드는 것과 필레몬에게 자신에게 진 빚을 일깨우는 것 사이에서 아슬아슬하게 줄타기를 한다. 이런 것들은 모두 더 높고 더 낮은 사회적 지위를 명확하게 나타내는 표시로서, 바울로는 이것들을 대가답게 주무른다.

한 걸음 더 나아가, 바울로는 이 편지를 필레몬이 혼자 읽지 않고 가정교회가 모인 자리에서 낭독되리라는 사실까지도 활용하는 것으로 보인다. 첫 부분의 이인칭 소유격 대명사("그대의 집에 모이는 교회 여러분에게", 2)는 단수형인데, 아마도 바울로가 여기서 교회의 주최자인 필레몬을 직접 지칭하고 있음을 나타내는 것일 것이다. 그러나 그다음 절의 이인칭 대명사는 복수형이어서, 이 부분에서는 전체 교회를 지칭한다. "하느님 우리 아버지와 주 예수 그리스도께서 여러분에게 은총과 평화를 내려주시기를 빕니다"(3). 그렇지만 이 부분부터 마지막 절의 마지막 말까지 나타나는 '그대'는 대명사이든 다른 문법적 형태든 모두 단수형이다. 또 수신인은 시종일관 "형제"로 불린다(7, 20).* 마지막

* NRSV 성서에는 7절이 다음과 같이 되어 있다. "I have indeed received much joy and encouragement from your love, because the hearts of the saints have been refreshed through you, my brother.(그대의 사랑에 나는 실로 큰 기쁨과 위안을 받았는데, 성도들

문장은 다시 교회 전체를 지칭하고, 또 그리스어에서 이 편지의 제일 마지막 낱말은 복수형인 '여러분'이다. "주 예수 그리스도께서 여러분의 마음에 은총을 내려주시기를 빕니다"(25).

다시 말해 바울로는 가정교회 전체를 향해 말한다는 커다란 수사적 맥락 안에다 필레몬에게 하는 모든 요구를 짜넣고 있는 것이다. 그는 이 편지가 전체 교회가 모인 자리에서 낭독될 것이며, 낭독자는 아마 자신이 보낸 대리인일 것이고, 그러면 그가 이 편지의 해설자 역할도 할 수 있음을 알고 있다. 나는 이것이 바울로가 명백하게 부탁하는 것 이상을 얻어내기 위한 전략의 한 부분이라고 믿어 의심치 않는다. 우리는 이 교회의 사회적 구성을 상상해야 한다. 실제로 거기에는 교회가 모일 만한 커다란 방이 있는 커다란 집을 소유할 능력이 있는 사람을 비롯하여 사회적으로 비교적 높은 지위를 지닌 사람이 몇 명 있었다. 이 집안에는 분명히 노예들이 있었는데, 그렇다고 그가 꼭 부자라는 뜻은 아니지만 적어도 이것으로 볼 때 최하층에 속하는 사람은 아님을 알 수 있다. 그러나 또 이 가정교회에는 비교적 하류계층에 속하는 사람들도 분명히 있었다. 이 교회에는 바울로의 다른 여러 교회에서 알 수 있듯이 다른 노예와 해방노예도 있었을 것이다. 또 생계유지 수준에서 살아가는 노동자들도 있었을 것이다. 실제로 이 교회의 대다수는 노예, 해방노예, 그리고 가난하게 살아가는 자유인 등 매우 가난한 사람들이었음이 분명하다.

의 마음이 내 형제인 그대를 통해 되살아났기 때문입니다.)"

그래서 우리는 이 교회 사람 대부분이 필레몬보다는 오네시모와 비슷하다는 사실이 바울로의 편지가 교회에서 낭독될 때 어떻게 들릴지와 관계가 있었을까 궁금해지는 것이다. 오네시모에게 자비와 나아가 어쩌면 해방까지 해주기를 바라는 바울로의 요청이 주로 하층민들이 모여 있는 곳에서 낭독되면 성사될 가능성이 더 높을까? 필레몬은 가정교회의 구성원 전부와 나란히 앉은 자리에서, 게다가 빈곤선에 머물러 있는 사람이 많은 자리에서 바울로의 편지를 들었을 때, 바울로가 명확하게 부탁하는 것보다 더 관대하게 처리해야 한다는 사회적 압력을 느꼈을까? 상상해보면 궁금해진다.

이 편지는 또 교회 즉 그리스도교 운동이 4세기나 5세기는 고사하고 2세기에 다다르게 될 제도적 발달 수준 근처에도 다가가지 못했다는 것을 뚜렷하게 보여준다. 권위적 지위가 뚜렷하게 규정된 '사제'가 없다. 주교도 없고 심지어 공식적인 부제도 없다. 바울로의 권위조차 비교적 '카리스마적'인 것이어서, 하고 싶은 일을 하기 위해 주도면밀하게 수사법을 구사해야 한다. '명령'이라는 것을 내린다 해도 그리스도로부터 개인적으로 받은 계시를 통해 권위를 부여받은 옥중의 사도로서 해야 하며, 교회라는 기관의 어떤 공식적 행동으로서가 아니다. 바울로는 필레몬에게 자기가 바라는 것을 하도록 명령할 수 있다고 말했지만, 필레몬이 거절하면 바울로의 편을 들어줄 제도적 장치가 없었다. 그래서 바울로는 나중에 발달하게 될 제도적 직위와 장치 같은 것을 통해서가 아니라, 신중하게 지도력을 발휘하면서 설득을 통해 해야 한다. 필레몬에게 보낸 편지는 바울로가 바로 이것을 최대한 열심히 하는 모습을 보여준다. 우리로서는 이 드라마가 어떻게 전개됐는지 알 수 없지만, 알 수 있다면 정말 좋을 것이다.

고린토인들에게 보낸 첫째 편지

바울로가 고린토에 세운 교회와 주고받은 편지 역시 혼란에 빠져 분열될 가능성이 있는 교회에 질서를 가져오려 하는 그의 모습을, 게다가 제도적 뒷받침이나 권위의 도움 없이 해내야 하는 상황을 보여준다.[2] 데살로니카1서가 유년기의 교회를 보여줬다면 고린토1서는 사춘기의 교회를 보여준다. 이것은 한동안 존재한 교회다. 파벌이 생겨날 만큼 오래된 교회다. 이제 살펴보겠지만, 이 교회에는 사회적으로 여러 계층의 사람들이 속해 있었을 가능성이 높다. 그중 소수의 사람들은 적어도 재정적·사회적 안정을 약간이나마 누렸고, 대다수는 확실히 하층민 출신이었다. 교회에는 자유인들뿐 아니라 노예와 해방노예들이 있었고, 어쩌면 로마 시민도 몇몇 있었을 것이다. 고린토인들의 분열을 초래한 문제점이 여러 가지가 있다는 사실에서 이 교회가 개척기를 지나 이제 이 새로운 삶을 살아갈 방법에 관한 견해 차이를 좁혀 타협하려는 단계에 있음을 알 수 있다.

고린토1서 15장을 분석하면 데살로니카에 있는 교회와 분명하게 비교가 가능하다. 여기서 바울로는 데살로니카1서에서 마주했던 것과 본질적으로 같은 문제를 마주하고 있다. 그리스도교인은 죽고 나면 어떻게 될까? 사후에 그리스도교인은 어떤 형태를 누리게 될까? 바울로는 데살로니카의 개종자들에게는 이 문제에 관해 들려준 게 그다지 많지 않았던 것으로 보이고, 그래서 그곳 교회 사람들은 파루시아 전에 갑자기 죽자 실망한다. 반면에 고린토인들에게는 육체의 부활이라는 그리스도교인의 바람(물론 많은 유다인들도 품고 있는 바람)에 관해 가르친 것이 분명하다. 그렇지만 고린토에서 생긴 문제는 그리스도교인에게 사후의 존재가 있는가 하는 차원이 아니라, 정확하게 어떤 형태인가 하는 차원이다.

이것은 일부 고린토 교인들의 질문을 반영하는 것이 분명한 바울로의 수사의문문에서 뚜렷하게 드러난다. "죽은 사람이 어떻게 다시 살아나며 어떤 몸으로 살아나느냐?"(고린토1서 15:35) 비록 바울로는 이 장의 이 부분에 이르기까지 그저 부활에 관해 논하는 데 시간을 많이 할애했지만, 이 절은 문제의 핵심은 고린토인들이 사후 자체를 부정한다는 것이 아님을 암시한다. 그들은 그리스의 철학 관념과 훨씬 더 많이 일치하는 교리인 영혼불멸을 믿었을 가능성이 매우 높다. 고린토의 이 회의파들이 의혹을 제기하는 것은 육체의 부활이었다. 이것은 그리스의 철학이나 학문이 조금이라도 바탕에 깔려 있는 그리스적 맥락에서는 전적으로 이해할 수 있는 회의론이었을 것이다.

그리스의 수많은 철학 학파들은 인간의 육체는 변하기 쉬운 무른 물질로 이루어졌다는 점을 오래전에 지적했을 것이다. 땅에 묻은 신체가 꽤 빨리 썩으며, 살뿐 아니라 심지어 뼈까지도 결국에는 다른 종류의 물질로 바뀐다는 것은 누구라도 알 수 있었다. 살과 장기가 모두 썩어 없어졌는데 부활한 육체가 어떻게 존재할 수 있을까? 게다가 바다에서 죽어 물고기가 먹어버린 육체는? 이런 육체의 물질은 물고기의 물질에 흡수됐을 것이고, 다시 다른 물고기에게 먹혔을 것이고 그다음 다시 인간에게 먹혔을지도 모른다. 물질의 여러 조각들, '원자들' 또는 무엇이든 육체를 이루는 기본적 실체는 새로운 육체와 새로운 물질 덩어리 안에 흡수, 동화됐을 것이다. 그리스인들이 육체의 부활이라는 관념을 비웃을 때—그리스인들은 서기 2세기 이후에 이것을 듣고 비웃었는데—그들은 바로 이런 의문을 제기했다. 특히 교육받은 그리스인이 볼 때 육체의 부활에 관한 어떠한 관념도 어리석고 우둔해 보였을 것이 분명하다. 조금이라도 교육을 받은 사람이라면 누구라도 믿을 가치가 없는 관념이었을 것이다.

그래서 고린토1서 15장에서 바울로는 내세에 관한 그리스도교의 가르침뿐 아니라 육체의 부활이라는 구체적 교리도 옹호한다. 그가 옹호하는 방식을 보면 만유의 물질은 우주적·물질적 위계에 따라 구성되어 있으며, 부활할 수 있는 어떤 육체도 현재 인간의 육체를 이루는 투박한 살과 피로는 구성될 수 없다는 관념을 그가 예민하게 다루고 있음을 알 수 있다. 그래서 그는 살과 피로 이루어진 육체가 '영적인 몸' 즉 살과 피가 아니라 영이라는 더 높은 물질로 이루어진 몸으로 탈바꿈한다고 주장한다. 영(프네우마pneuma)은 종종 '영혼'으로 번역되는 낱말이지만, 고대 그리스 세계에서는 공기와 숨을 이루는 정화된 '질료'를 가리켰다. 영은 인간에게 생명과 생각을 부여하는 정제된 물질적 실체였다. 바울로는 자신이 전하는 부활한 육체는 '살아나' 영원히 살 수 있을 것이며, 그것이 가능한 이유는 오로지 살과 피가 아니라 영으로 이루어져 있겠기 때문이라는 것을 증명하기 위해 정교한 논리를 구성한다.

바울로는 먼저 부활한 신체는 땅에 묻힌 육체와는 구성이 똑같지 않으리라고 논함으로써 이 논리를 구성한다. 이것은 탈바꿈한 몸일 것이며, 꽃이 씨앗으로 이어지지만 땅에 묻힌 씨앗과는 모양이 전혀 달라 보이는 것과 마찬가지다(고린토1서 15:36~37). 마찬가지로, 하느님은 각기 다른 존재에게 우주의 위계 속에서 차지하는 위치에 따라 각기 다른 종류의 '살'*을 주었다. 사람, 동물, 새, 물고기의 "살"이 다 다르다(15:39). 바울로와 그의 청중은 이 목록을 생물이 위계 속에서 차지하는 순서로 인식했을 것이다. 그런 다음 바울로는 '살'을 '몸'으로 용어를 바꾸는데, 그가 나열하는 위계의 다음 차례는 살로 이루어지지는 않았지만 그럼에도 '몸체'에 해당되는 천체들이기 때문이다. 해, 달, 별, 그리고 별 사이에서도 저마다 "영광"이 다르다(15:40~41).

마찬가지로, 인간의 몸은 땅에 묻히면("뿌려진 씨는"**) 욕되고 허약하게 썩을 것이다. 되살아날 몸은 썩지 않을 것이며, 영광스럽고 강한 몸으로 되살아날 것이다(15:42~43). 그렇지만 그다음 몇 절의 경우 나로서는 NRSV를 비롯하여 모든 영어 성서의 번역에 의문을 제기하지 않을 수 없다. NRSV 성서에는 인간의 육체는 "육체적인 몸"으로 심어졌다가 "영적인 몸"으로 다시 살아난다고 되어 있다(15:44). 그 뒷부분

* 공동번역 성서에는 '살'이 아니라 '육체'라고 나와 있다.

** NRSV 성서에는 42절의 후반부가 다음과 같이 되어 있다. "What is sown is perishable, what is raised is imperishable.(뿌려진 씨는 썩기 쉽지만, 되살아나는 것은 썩지 않습니다.)" 공동번역 성서에서는 다음과 같다. "썩을 몸으로 묻히지만 썩지 않는 몸으로 다시 살아납니다."

에서는 이렇게 말한다. "영적인 것이 먼저가 아니라 육체적인 것이 먼저이며 그다음이 영적인 것입니다"(15:46).* 이것은 부정확하고 오해하기 쉬운 번역이다. 여기서 '육체적physical'이라고 번역된 낱말은 '육체적'이나 '자연적(피시스physis, 자연)'이라는 뜻의 그리스어에서 유래된 것이 아니다. 이것은 '영혼'이나 '생명(프시케psychē, 또는 그 형용사인 프시키코스psychikos)'으로 더 흔히 번역되는 낱말이다. 바울로는 여기서 물질과 비물질을 구별하는 게 아니라, '그저 살아 있는', 즉 보통의 '자연적' 상태에 있는 육체와 기적을 통해 탈바꿈하여 순전히 영이라는 물질로 이루어진 육체를 대비시키고 있다.

대단히 과학적이고 철학적인 관념까지 포함하여 고대 그리스의 관념에 따르면, 인간의 온 육체를 따라 달리며 사지를 움직이게 하고 고통을 느끼게 하며 생명과 생각 모두에 활력을 주는 질료는 영이다. 그렇지만 이것은 오늘날의 신학에서 보는 것과 같은 '비물질적 실체'가 아니라 대단히 정제된 형태를 띠는 물질 자체다. 이것은 정제된 공기 또는 숨이다. 우리가 말하는 산소라든가 심지어 전기 같은 것이다. 그러나 이것은 '질료'다.

이것이 바울로가 말하는 탈바꿈하여 부활한 육체의 '질료'일 것이다. 그래서 그는 비교적 더 '세련된' 그의 청중이 살과 피의 부활이라는 그들 자신의 관념에 반대한 데 동의하며 다음과 같이 명확하게 말한다. "살과 피는 하느님의 나라를 이어받을 수 없고 썩어 없어질 것은

* 공동번역 성서에는 다음과 같이 나와 있다. "영적인 것이 먼저 있었던 것이 아니라 육체적인 것이 먼저 있었고 그다음에 영적인 것이 왔습니다."

불멸의 것을 이어받을 수 없습니다"(15:50). 바울로는 살과 피는 죽어 없어질 것이어서 영원까지 이어질 수 없다고 인정한다. 그러나 하느님은 살과 피로 이루어진 육체를 영으로 이루어진 육체로, 아마도 전적으로 산소나 전기로만 이루어진 '전기 육체' 같은 것으로 탈바꿈시킴으로써 이 문제를 해결해준다. 그런데 이것은 되살아나 '하느님의 나라를 이어받을' 육체로서, 교양 있는 그리스인들마저도 설득하여 받아들이게 할 수 있는 종류의 '육체'였다.[3]

이 논쟁과 바울로가 내놓은 해법을(나중에 살펴보겠지만, 우리는 바울로가 고린토의 교인들을 모두 설득할 수 있었는지 여부는 모른다) 보면 고린토 교회가 사회계층에 따라 분열되어 있었을지도 모른다는 생각이 든다. 그리스식 교육을 거의 받지 못한 사람들은 부활한 육체에 관한 믿음을 받아들일 때 거의 아무런 문제가 없었을 것이다. 따지고 보면 그리스 신화나 설화에서도 이따금 죽은 자들이 되살아나 걸어다니고, 또 유령에게 어떤 면에서는 육체가 있다고도 봤다. 그러나 교육을 받은 그리스인들은 그런 이야기를 비웃었다. 따라서 부활한 육체에 관한 가르침에 의심을 품은 사람들은 바로 이처럼 배운 것이 더 많은 개종자들이었을 가능성이 매우 높다. 바울로는 부활한 육체는 무엇으로 이루어지는가를 다시 정의했는데 이것은 철학적 반대를 가라앉히는 데 크게 효과가 있었을 것이다. 이 문제와 이 때문에 교회가 분열된 양상으로 보면, 고린토1서에서 다룬 여러 문제 때문에 교회가 사회적으로 비교적 높은 계층과 낮은 계층으로 분열됐던 것으로 보인다. 이에 관해서는 다른 여러 예를 통해 설명하기로 한다.

고린토 교회의 역사적, 사회적 맥락

1세기의 고린토는 중요한 도시로서 비교적 부유했다. 이 고대도시는 바로 북쪽의 그리스 지역인 아카이아와 그리스 남부의 커다란 반도인 펠로폰네소스를 잇는 좁고 긴 지협에 자리잡고 있었다. 육상무역은 모두 이 도시와 또 이 도시가 지배하는 주변지역을 지나가야 했다. 이 지협은 또 고린토 만과 사로니코스 만 사이에 있었다. 남부 그리스의 해안을 완전히 돌아가는 위험하고도 먼 뱃길을 피하기 위해 한쪽 만에서 반대쪽 만까지 육로를 따라 고린토 지협을 가로질러 물품을 운반했다. 고린토는 이처럼 남과 북, 동과 서로 이어지는 무역로와 여행길의 좁다란 교차로에 자리잡고 있었으므로 언제나 중요한 도시였다.

서기전 146년에 고린토는 로마인과의 전쟁을 겪은 후 약탈되고 파괴됐다. 율리우스 카이사르는 서기전 44년에 이 도시를 로마의 식민지로 다시 세우고 라틴어로 로마식 이름을 붙였다. 참전용사들과 로마의 해방노예들이 이곳에 정착한 것 같고, 또 하드리아누스 황제(서기 117~138) 때까지의 새김글에서 볼 수 있는 언어는 대부분 라틴어였다. 교회를 세울 당시의 고린토는 분주하고도 중요한 도시로서 각지로부터 갖가지 민족이 들어와 살고 있었고, 기나긴 그리스 역사에다 이제 그 위에 로마 상류층이라는 지배층이 있었다.

바울로는 에페소에서 고린토로 편지를 쓴다(고린토1서 16:8). 이것은 이 교회에 바울로가 보낸 최초의 편지가 아니다. 그는 고린토1서 5:9에서 이전의 편지를 언급하는데, 애석하게도 이 편지는 오늘날 전해지지 않는다. 어떻든 고린토1서를 쓰던 당시 이 교회는 적어도 두

곳의 가정교회로 이루어졌던 것으로 보인다. 바울로는 여러 경로를 통해 이 교회의 소식을 듣고 있었다. 그중 하나를 그는 "클로에의 사람들"(1:11)*이라고 부른다. 그리스어를 보면 이들은 클로에라는 여자의 집안에 속하는 사람들임을 알 수 있다. 이 용어에는 자유인이면서 클로에의 '피후견인'인 사람들이 포함될(로마법에 따르면 법적으로는 포함되지 않는데도 불구하고) 수도 있지만, 그보다는 노예와 해방노예를 나타낼 가능성이 더 높다. 이미 언급한 대로 노예나 해방노예는 주인을 위해 여행을 다니며 업무를 처리할 수 있었는데, 바로 여기에 해당되는 것으로 보인다. 바울로는 클로에가 그 교회의 구성원이라고 말하지 않지만, 굳이 이름을 언급하는 것을 보면 아무래도 구성원이었을 것이다. 이처럼 바울로가 정보를 접하는 경로 중 하나는 어느 여자의 집안 사람이다. 아마도 노예와 해방된 '피후견인'까지 있는 이런 집안의 주인인 것을 보면 클로에는 사회적으로 대부분의 사람들보다 지위가 높은 사람이었을 가능성이 높다. 그렇다고 해도 반드시 이 도시의 최고위계층이라거나 최고 부자라는 뜻은 아니다.

고린토1서 7:1에서 바울로는 고린토인들 또는 그중 한 파벌로부터 편지를 적어도 한 편 받았다고 언급한다. "이제 여러분이 적어보낸 여러 가지 질문에 대답해드리겠습니다." 바울로는 뒤이어 다루는 여러 주제를 '~에 관하여 말하겠습니다'라는 똑같은 말로 시작하는데, 그가 받은 편지에 적혀 있는 질문의 목록일 가능성이 있다. 고린토1서 끝부

* 공동번역 성서에는 "클로에의 집안 사람들"이라 되어 있다.

분에 이르러 바울로는 고린토에 있는 교회에서 스테파나, 포르투나투스,* 아카이고, 이 세 남자가 에페소에 있는 그를 찾아왔다며 기쁨을 표시한다(16:17). 이들의 이름은 흥미롭다. 스테파나는 일반적인 그리스식 이름인데 '왕관'이라는 뜻이다. 아카이고는 '아카이아 출신'이라는 뜻이었을 것이다(바울로는 아마 중부 그리스의 넓은 지역을 아카이아로 생각했을 것이다. 고린토1서 16:15 참조). 그렇지만 포르투나투스라는 이름은 라틴어이며, '행운'과 비슷한 뜻을 지니고 있다. 이 사람은 로마인의 해방노예였으며 그래서 노예에게 붙일 법한 이름을 얻었다고 해도 뜻밖의 일은 아닐 것이다. 만일 그가 로마 시민의 해방노예였다면 지금 로마 시민권을 가지고 있을 것이다. 이 세 남자는 고린토에서 바울로에게 편지를 가져간 사람들일지도 모른다. 실제로 그랬든 아니든, 이들은 바울로가 소식을 들은 또하나의 경로였던 것이 분명하다.

그런 다음 바울로는 "우리 형제 아폴로"(16:12)**가 당시 그와 함께 에페소에 있다고 말한다. 바울로는 심지어 아폴로에게 고린토로 가도록 부탁했지만 당분간은 갈 마음이 없다. 그렇지만 우리는 사도행전뿐 아니라 고린토1서 1:12을 비롯하여 이 편지의 여러 곳에서 아폴로가 고린토의 그리스도교인들 사이에서 핵심적인 인물로 여겨진다는 것을 알고 있고, 또 그런 만큼 그 역시 그곳 교회에 관한 소식을 때때로 바울로에게 전했을 수 있다. 그렇지만 바울로가 디모테오를 자신의 보조자로 대하는 듯 보이는 데 비해(16:10 참조), 아폴로는 보조자라기보다

* 공동번역 성서에는 '포르두나도'라 되어 있다.

** 공동번역 성서에는 "교우 아폴로"라 되어 있다.

는 보다 동등한 사람으로 대하는 것이 분명하다.

스테파나의 경우 바울로는 그의 집안 사람들이 "아카이아 지방에서는 처음으로 그리스도를 믿고 성도들을 위해서 몸바쳐 일한 사람들"(16:15)이라고도 말한다. 나는 이것이 고린토의 가정교회 중 하나가 스테파나의 집에서 모였음을 암시하는 것으로 본다. 만일 클로에도 이 교회의 구성원이라면 또 한 가정교회는 클로에의 집에서 모였을지도 모른다. 만일 가정교회가 몇 군데 있었고 그들 스스로나 바울로가 그 모두를 통틀어 '고린토의 교회'라고 생각하고 있었다면—실제로 그랬던 것으로 보이는데—그 사실 자체로 교회가 얼마나 쉽사리 그렇게나 많은 쟁점을 두고 그렇게나 분열될 수 있었는지를 설명할 수 있을 것이다.

다른 학자들의 주장을 따라 나는 이런 쟁점 대부분과 관련하여 교회가 사회계층과 지위에 따라 분열되어, 상대적으로 지위가 낮고 교육을 받지 못한 사람들은 여러 쟁점의 많은 부분에서 한쪽을 지지하고, 또 지위가 높고 어느 정도 교육을 받은 사람들과 그들에게 속한 사람들, 그들과 연관된 사람들은 반대쪽을 지지한다는 점을 논했다.[4] 고린토에 있는 교회에는 지위가 높은 사람들과 낮은 사람들이 모두 있었다는 것은 편지의 첫머리에서도 이미 명백한 것으로 나타난다. 바울로는 이렇게 말한다. "형제 여러분, 여러분이 하느님의 부르심을 받았을 때의 일을 생각해보십시오. 세속적인 견지에서 볼 때에 여러분 중에 지혜로운 사람, 유력한 사람, 또는 가문이 좋은 사람이 과연 몇이나 있었습니까?"(1:26) 이 절은 이따금 초기 그리스도교인들은 노예, 농사꾼, 가난한 사람 등 모두 낮은 계층 사람이었다는 흔하디흔한 관념을 뒷받침하는 것으로 해석됐다. 그러나 많은 학자들은 바울로가 "몇이나 있었습니까?" 하고 말한다는 점을 지적한다. '지혜로운 사람', '유력한 사람', '가문이 좋은 사람'이 적어도 얼마간은 있었음을 암시한다는 말이다.

여기서 '지혜로운'이라는 말은 그저 원래 똑똑하거나 지혜롭다는 뜻이 아니다. 이것은 교육 중에서도 아마도 수사법 교육을 가리키며, 적어도 2차 교육까지 받았다는 뜻이다. '가문이 좋은 사람'은 여기서 문자 그대로 실제 귀족을 나타내는 것으로 해석해서는 안 된다. 초기 그리스도교인 중 그리스나 로마의 옛 '귀족' 출신은 아무도 없었다는 것은 거의 확실하다. 바울로는 아마 고린토의 부유한 집안에서 태어난 사람들, 또는 어쩌면 태어날 때 아버지가 로마 시민이어서 저절로 로마 시민이 된 사람들을 가리키는 뜻으로 이 말을 썼을 것이다. 그러나 이런 구절은 고린토의 그리스도교인들 중 소수는 고린토의 최하층 출신이 아니었음을 보여준다.

우리가 신약이 오로지 신학에 관한 것만 다룬다고 생각하며 읽는 데 너무나 익숙해진 나머지, 학자들은 최근까지도 대부분 최초의 그리스도교인들이 경험한 사회적 현실을 보여주는 이런 종류의 암시를 무시했다. 그러나 고린토1서는 특히 지난 30년 남짓한 동안 최초 교회들의 사회사에 관한 정보를 담은 보물창고 역할을 했다. 그리고 대부분의 학자들은 이런 교회 중 많은 곳이 사회적 지위나 계층 면에서 반드시 균질하지는 않았을 것으로 생각하게 됐다. 나는 다른 곳에서 우리에게는 신학적으로 보이는 마찰이 사회적 마찰이자 사회적 권력이기도 하다는 것을 광범위하게 논한 바 있다.[5] 그런 해석이 고린토1서 전체에서 어떻게 적용되는지를 여기서 보여줄 수는 없지만, 몇 가지 예는 소개하기로 한다.

고린토 교회에서 논란이 된 쟁점들

바울로는 고린토에 있는 교회에게 쓴 편지에서 여러 쟁점을 다루는데 이 장에서 다루기에는 너무나 많다. 그곳의 여러 그리스도교인들은 저마다 '가장 좋아하는' 사도를 내세웠다. 어쩌면 여러 가정교회들까지 그랬을 것이다. 바울로, 아폴로, 게파를 내세우거나, 일부는 스스로 그리스도의 "특별한" 추종자라고 주장한다(고린토1서 1:11~12, 3:1~9, 4:6~7). 고린토인 중 일부는 특히 "지혜"와 "유식한 말"을 중시하는데 이것은 철학과 수사를 가리킨다(2:1~13). 어떤 사람은 양어머니와 동침하고, 또 적어도 일부 고린토 사람들은 그 일에 상관하려는 마음이 없어 보인다(5:1~2). 적어도 한 사람은 한 명 또는 여러 명의 동료 그리스도교인들을 법정에 고소한 것으로 보인다(6:1~8). 남자 중 일부는 창녀를 찾는다(6:12~20). 어떤 사람들은 결혼과 성에 관해 의문이 있다. 그리스도교인은 배우자와의 성관계를 그만두어야 하는가, 또는 나아가 그만두어도 되는가?(7장) 일부 그리스도교인들은 우상에게 바쳤던 음식을 먹는 데에 반대하지 않는 반면, 다른 사람들은 그런 관습에 대해 걱정한다(8:1~11:1). 여자가 교회 안에서 기도하고 예언하는 데에 관한 논란도 있다(11:2~16). 주의 만찬에 관해(11:17~34), 또 '이상한 언어를 말하는' 문제에 관해 큰 분란이 있다(12~14장). 그리고 우리는 바울로가 부활 문제로 분열된 교회를 어떻게 대하는지를 이미 살펴본 바 있다.

먼저, 주의 만찬과 관련된 갈등과 이 문제를 해결하려는 바울로의 시도를 분석하기로 하자. 고대의 만찬은 일반적으로 사회적 지위의 차이를 강조하는 방식으로 이루어졌다. 지위가 높은 사람들이 식탁 머리에 가까운 더 나은 자리에 앉는 것을 당연하게 여겼다. 속한 집단에 따라 음식의 종류와 포도주의 질이 달랐다. 주인의 '친구들', 주인과 '대등한 사람들'에게는 더 나은 음식과 포도주를 주고, 주인의 '피후견인들'에게는 다른 것을 주며, 사회계층 피라미드에서 더 아래에 있는 사람들은 더욱 질이 낮은 음식과 포도주를 먹었다. 이 모든 것이 그리스나 로마의 도시에서 사는 사람들에게는 별스럽다는 생각조차 들지 않았다. 당연한 일이기 때문이었다.

고린토에서 바로 이런 일이 벌어지고 있는 것으로 보인다. 첫째로 우리는 그리스도교 운동이 시작될 때 주의 만찬은 작디작은 빵조각을 나누고 포도주를 한 모금 홀짝 마시는 정도가 아니었다는 점을 이해해야 한다. 고린토1서 11:17~34에서 바울로가 말하는 내용으로 미루어 그것이 제대로 된 식사였고, 아마도 이 식사를 나누는 도중에 예수가 '성찬을 제정하는 말씀'을 인용하고 또 몇 가지 기도를 올리고, 그런 다음 빵과 포도주를 나누어주고 함께 먹고 마셨음을 알 수 있다. 그러나 이 의식은 제대로 된 식사를 중심으로 이루어졌으며, 참가자들이 음식을 가져오거나 아니면 적어도 더 부유한 그리스도교인들이 음식의 대부분을 마련한 것으로 보인다.

그래서 바울로는 교회가 주의 만찬을 위해 모였는데도 고린토의 여러 집단이 각기 자신의 음식을 먹고 마신다고 불평한다. "여러분은 모여서 음식을 먹을 때에 각각 자기가 가져온 것을 먼저 먹어치우고 따라서 굶주리는 사람이 생기는가 하면 술에 만취하는 사람도 생기니 말입니다"(11:21). 음식이 충분하지 않은 사람들은 '굶주리는' 정도에서 끝나는 게 아니라 그럼으로써 "창피"까지 당한다(11:22). 고대의 만찬회가 어떻게 경험되는지를 알면 무슨 일이 벌어지고 있는지 쉽게 이해할 수 있다.

노예 노동자와 일반 노동자, 숙련 노동자 등 고대도시의 노동자는 대부분 하루종일 고용주를 위해 일했다. 대부분의 경우 이들은 어쩌다가 공휴일에 모일 때가 아니면 해가 지기 전에는 교회 모임에 참석할 수 없었다. 바울로는 따라서 더 많은 여가와 자유를 누리는 부유한 그리스도교인들이 교회 모임에 일찍 나오는 상황을 묘사한다. 이들은 또 자신과 자기 집안, 자기 친구들을 위해 음식을 가져왔을 것이다. 가난한 사람들은 더 부자 교인의 집안에 속해 있지 않을 경우 다른 사람들이 음식을 먹기 시작한 뒤 심지어는 비틀거릴 때가 되어서야 느지막이 모임에 도착했다. 그래서 바울로가 이 문제를 해결하기 위해 내놓은 해법 한 가지는 일찍 도착할 수 있는 사람들에게 그냥 나머지 사람들을 위해 기다리라고 말하는 것이다(11:33).

나아가 바울로가 특히 나무라는 대상은 지위가 더 높은 구성원들이 분명하다. 어쨌거나 만일 바울로가 가난한 교인들에게 "각각 자기 집이 없어서 거기에서 먹고 마시는 겁니까?"(11:22, NRSV 성서에는 '가정'으로 되어 있으나, '집'이 원래 그리스어 문맥과 더 맞다) 하고 묻는다면 가난한 교인 대부분은 그렇다고 말할 수밖에 없을 것이다. 그들은 아마도 자신이 일하는 작업장의 위층 복도에서 자거나 아니면 비좁은 셋방이나 그 비슷한 곳에서 수많은 사람들과 함께 잠을 잤을 것이다. 그들은 대부분 자기 집이 없었다.

고린토인들이 주의 만찬을 지키는 방식에 바울로가 반감을 느끼는 것은 주로 그들이 계층과 특권에 따라 나뉘어 그렇게 하고 있기 때문이다. 있는 사람들이 없는 사람들을 무시하거나 멸시하고 있다. 그래서 바울로가 그들에게 먹고 마시기 전에 "주님의 몸이 의미하는 바를 깨달아야" 한다고 말할 때 그것은 일차적으로 빵에 있는 예수의 몸이라는 성체를 가리키는 게 아니다. 그보다는 이 편지의 다른 부분에서 사용하는 용어처럼 "그리스도의 몸"인 교회 전체를 가리킨다(예컨대 6:15~20, 12:12~31). 바울로는 먹고 마시고 싶은 가난한 사람들의 욕구에 아무런 관심도 보이지 않음으로써 그들을 멸시하고 모욕한 사람들은 그렇게 함으로써 그리스도의 몸 자체를 경멸한 것이라고 말한다.

있는 사람들이 상황을 이런 식으로 봤을 가능성은 거의 없다. 그들은 따지고 보면 자기 사회에서 사람들이 당연하게 행동하는 그대로 행동했을 뿐이다. 지위가 높은 사람은 높은 지위에 따르는 특권을 누렸다. 언제나 그랬다. 가난한 사람은 무엇이든 있는 것으로 만족해야 했다. 그들은 '동등'하게 되기를 기대해서는 안 됐다. 바울로는 따라서 그리스 도시의 지위에 따른 기대를—또는 적어도 상류층 사람들의 기대를—뒤집어놓는다. 그는 없는 사람들을 특별히 배려하고 존중해야 한다고 주장하는데, 바로 하느님 자신이 "유력한 자를 무력하게 하시려고 세상에서 보잘것없는 사람들과 멸시받는 사람들, 곧 아무것도 아닌 사람들을 택하셨기"(1:28) 때문이다.

바울로는 우상에게 희생제물로 바쳤던 음식을 먹는 문제를 다룰 때 이와 정확하게 똑같은 전략을 사용한다. 고대도시에서 고기는 비싸고도 귀한 물품이었다. 대부분은 시장에서 고기를 살 돈이 없었다. 고기를 먹을 수 있는 때는 주로 희생제물을 바치는 축제 때였는데, 이런 축제는 도시에서 준비하기도 했지만 그보다는 부유한 개인이 자기 호주머니에서 비용을 대는 경우가 많았다. 그 대가로 그와 가족이 존경을 얻기 위해서였다. 희생제물을 준비하고, 그 일부를 불에 태워 신에게 바치고, 일부는 제사의식을 맡은 사제나 관리에게 주고, 그러고 나면 그 나머지를 사람들에게 나누어주어 각기 가족이나 친구들과 즐기게 했다. 그러나 물론 어떤 형태로든 이런 활동에 참여하는 것은 유다인들과 초기 그리스도교인들이 볼 때 우상숭배에 해당했다.

고린토의 가난한 그리스도교인들은 고기를 먹으려면 희생제물을 바치는 축제에 나가야 했을 텐데, 이 고기는 신에게 바쳤던 고기일 것이다. 비교적 더 '미신적인' 그리스도교인들은 아마 이 고기에 '마귀'의 형태로 신이 '씌었을' 수도 있고 그래서 이 고기를 먹으면 마귀가 들릴 위험이 있다고 믿었으리라는 점에는 의심의 여지가 없다. 그들은 주의 식탁에서 그리스도의 '살과 피'를 먹을 때 그리스도 본인을 먹고 있다고 믿었다. 적어도 어떤 맥락과 어떤 의미에서는 그렇다고 믿었다. 고린토에서 가장 중요하고 강력한 두 신인 아폴로나 아프로디테에게 희생제물로 바쳤던 음식을 먹을 때 비슷한 일이 일어나지 않으리라는 보장이 없었다.

시장에서 팔리는 고기조차도 어떤 식으로든 희생제물과 관련되어 있을 가능성이 높았다. 희생제물로 바친 짐승의 일부분—주로 가장 좋은 부위—을 받은 관리나 사제는 자기가 받은 몫을 약간의 돈을 받고 푸줏간에 팔 수 있었고, 푸줏간에서는 그 고기를 가공하여 다시 사람들에게 팔았다. 다시 말해 짐승을 사서 도살하고 해체하게 할 수 있을 정도의 부자가 아니면 희생제물로 바쳤던 고기를 먹지 않을 길이 거의 없었다는 말이다. 가난한 사람들의 경우에는 아예 고기를 먹지 않는다면 몰라도 방법이 거의 없었다.

그래서 이 문제로 고린토의 교회가 분열되고 있었다. 일부 사람들은 "우리는 다 지식이 있다"는 점을 지적하고 있었다. 즉 얼마간 배운 사람들인 우리는 우상은 진짜 신이 아니고 마귀조차도 아니라는 것을 안다는 말이다. 그것들은 "아무것도" 아니다. 하느님은 한 분밖에 없고 주 예수 그리스도도 한 분밖에 없다(8:1~6). 음식은 음식일 뿐이다. 먹는다고 해서 어떤 신에게 가까워지는 것도 아니고 먹지 않는다고 해서 우리에게 도움이 되는 것도 아니다(8:8).

바울로는 어떤 것이 해롭고 어떤 것이 해롭지 않은지 '안다'는 이런 그리스도교인들의 말에 비교적 긴(8~10장) 글로써 기본적으로 동의한다. 바울로는 만일 누구에게 올바른 '지식'이 있으면 우상에게 희생제물로 바쳤던 고기를 먹어도 그 사람에게 해롭지 않다는 점에 동의한다. 그러나 그 '지식'이 없는 사람이 그런 고기를 먹으면 그 사람에게,

또는 적어도 그 사람의 "양심"에 해로울 것이라고 믿는다(10:27~33). 바울로는 고린토의 그리스도교인들은 행동을 바꿔야 하는데, 이 역시 다른 사람을 배려하는 마음에서 그렇게 해야 한다고 말한다. 내가 고기를 먹어서 내 형제자매에게 해가 된다면 적어도 그들이 있는 곳에서는 고기를 먹지 않아야 한다.

그러나 이 문제 역시 지위와 관계가 있다는 점을 주목하기 바란다. 이 점은 고기를 먹을 때의 관습이라는 고대의 사회적 현실과 신의 실체에 관한 고대의 철학적 가르침을 알고 있을 때에만 명백해진다. 고대에 지식 문화를 접한 사람이라면 신이나 마귀가 병을 일으켜 사람을 해친다는 믿음은 '미신'이라는 것을 알았을 것이다. 만일 유다인이나 그리스도교인이 아니면서 어느 정도 교육을 받은 사람이라면, 그 사람은 신이나 마귀가 존재하기는 하지만 자애로운 존재여서 절대로 사람을 해치지 않을 거라고 믿었을 것이다. 그리스도교인이 됐지만 어느 정도 교육을 받은 사람이라면 신이나 마귀라는 것은 아예 존재하지도 않고 또 '하느님 한 분만' 있을 뿐이라는 결론에 다다랐을 것이다. 어느 쪽이든, 바울로가 이 맥락에서 인용하는 구호는 흔히 견유학파나 스토아 학파와 연관되어 있던 당시의 대중 철학을 통해 우리가 익숙하게 접해온 구호같이 들린다. "우리는 다 지식이 있다", "나는 무슨 일이든지 할 자유가 있다"(8:1, 또 10:23도 참조).

이에 따라 우상에게 바쳤던 음식에 관한 논쟁은 교회를 사회적 지위에 따라 분열시킨 한 가지 쟁점이라고 지적한 학자들이 여럿 있었다. '지식'을 자랑할 법한 사람들은 비교적 잘사는 그리스도교인일 것이고, 바울로가 재인용하는 그들의 구호는 당시 철학에서 내거는 구호와 비슷하게 들리는데, 가난한 노동자계층에 속하는 사람이라면 그런 철학을 배웠을 가능성이 낮다. 나아가 자기 주위의 신이나 마귀를 가장 두려워한 사람들은 아마 고대 철학을 거의 접하지 못한 사람들일 것이다. 고대 철학에서는 여러 세기 전부터 그런 두려움은 '미신적'이라고 가르쳤기 때문이다.[6]

그러므로 이번에도 바울로는 지위가 더 높은 그리스도교인들을 어느 정도까지만 받아준다. 그는 그들의 '지식'이 옳고 그 역시 그렇게 알고 있다며 그들에게 동의한다. 그러나 그럼에도 비교적 못사는 그리스도교인들을 위해 그들이 행동을 바꾸기를 원한다. 얻을 수 있는 고기가 우상에게 희생제물로 바쳤던 고기뿐일 가능성이 높아 먹고 싶은 유혹이 더 강하게 들겠기 때문이다. 허약하여 무너지기 쉬운 양심을 보호하는 데 필요한 '지식'이 없고, 게다가 희생제물로 바쳤던 고기를 먹고 싶은 유혹은 더 강할 것이다. 바울로는 이번에도 '약자'가 처한 문제를 수용하기 위해 '강자'의 행동을 바꾸고자 한다.[7]

고린토1서 전체에 걸쳐 바울로는 분열된 교회에 일치를 가져오려고 한다. 실제로 이 편지는 호모노이아homonoia 편지라고 부를 수 있다.[8] 이 낱말은 '화합' 또는 '조화'라는 뜻인데, 이 용어는 그리스와 로마 세계에서 대중 앞에서 흔히 하던 정치적 연설 장르를 가리킨다. 고린토1서는 연설이라기보다는 편지이지만, 여기에는 일치에 관한 그런 연설에서 공통적으로 나타나는 부분이 많이 포함되어 있다. 바울로의 호모노이아 편지가 이 장르의 여느 연설과 크게 다른 부분은 일치를 장려하기 위한 전략으로 지위 역할의 역전을 내세운다는 점이다. 고대 세계에서 전해지는 그런 연설은 모두 사회적 지위가 낮은 사람들이 자기 위치에 만족해야 한다고 주장함으로써 일치를 역설한다. 부자는 가난한 자를 억압하지 않으면서 부자로 있어야 하고, 가난한 자는 부자에 대한 질투로 뒤끓지 않으면서 가난한 자로 있어야 한다는 것이다. 위계 유지는 고대 호모노이아 연설의 특징이다.

고린토1서에서 바울로가 쓰는 전략은 이 흐름을 정면으로 거스른다. 이 편지 말고도 그런 연설과 편지가 있다는 사실을 알고 나서 이 편지를 읽어보면 바울로가 통상적인 지위를 뒤집으라고 촉구함으로써 일치를 역설하는 것이 얼마나 이상하게 보였을지 알 수 있다. 바울로는 지위가 높은 사람들에게 지위가 낮은 그리스도교인들을 위해 자신의 이익과 특권을 포기하라고 말한다. 바울로의 '십자가에 매달린 구세주' 논리에 따라, 그리스도의 몸의 일치를 유지하기 위해 세상이 뒤집어진다.

고린토인들에게 보낸 둘째 편지

고린토1서가 그 목적을 얼마나 달성했는지는 알 길이 없지만, 그뒤에 보낸 편지가 오늘날 고린토2서라는 형식으로 남아 있다. 이 문서를 잠깐 훑어보면 그뒤에 어떻게 됐는지를 짐작할 수 있다.

오늘날 성서에서 고린토인들에게 보낸 둘째 편지라고 불리는 이 문서는 원래는 적어도 두 편이던 편지 조각을 나중에 편집하여 하나로 만든 것이 거의 확실하다. 일부에서는 원래 네 편이나 다섯 편이었다고까지 주장한다. 일부 학자들은 8장과 9장은 바울로가 여러 이방인 교회에서 의연금을 받아 예루살렘의 교회로 가져가기 위한 모금활동과 관련된 두 편의 편지였다고 본다. 사실일 수도 있다. 다만 둘 중 하나를 택해야 한다면 나로서는 이 편지의 1~9장을 하나의 편지로 읽을 수 있다고 주장할 것이다. 그렇지만 이 편지의 10~13장은 원래 완전히 다른 상황에서 쓴 완전히 다른 편지였던 것이 분명해 보인다.

바울로는 고린토1서에서 관심을 쏟았던 쟁점을 대부분 거론하지 않는다. 예컨대 한 가지 쟁점만 보자면 아마도 육체의 부활을 설명하는 그의 논거가 결과적으로 성공을 거두었기 때문일 것이다. 고린토2서의 여러 부분에서 주로 다루는 문제는 특정한 신학적 주제보다는 바울로와 고린토 교회 자체의 관계 문제이다. 커다란 충돌이 있었던 것이 명백하다. 바울로가 그 교회를 방문했으나 창피만 당했고 또 어쩌면 그 교회의 어떤 개인이나 일부분과의 고통스러운 결별을 경험했을 것이다(결별은 고린토2서 2:5~6, “마음을 아프게” 한 방문은 2:1, 7:2). 어느 시점에 바울로는 이 교회의 교인들에게 “눈물을 흘리며” 쓴 편지를 보냈다(2:4, 7:8). 그러나 1~7장은 바울로와 적어도 이 교회 대부분이 화해한 때를 반영하는 것으로 보인다.

일부 학자들은 고린토2서 10~13장이 바울로가 2:4과 7:8에서 언급하는 바로 그 ‘눈물을 흘리며’ 쓴 편지라고 본다. 만일 그렇다면 10~13장은 바울로가 이 교회와 화해하기 전에 쓴 편지에서 가져왔을 것이고, 그런 다음에 1~7장을 보냈을 것이다. 이 가설은 고린토2서 10~13장의 어조가 나머지 부분과는 철저하게 다르기 때문에 신빙성이 없지 않다. 사도라 자칭하지만 바울로가 "특출하다는 사도들"이라고 비꼬는(고린토2서 11:5) 유다인 무리가(11:22 참조) 고린토에 도착했던 것으로 보인다. 이들은 자신의 능력과 세련된 수사, 또 어쩌면 기적을 행하는 것까지 강조한 것이 분명하다. 이들은 "편지는 무게도 있고 단호하기도 하지만 막상 대해보면 그는 약하기 짝이 없고 말하는 것도 별것이 아니다"(10:10)라며 바울로를 헐뜯었다. 이것은 의심의 여지 없이 바울로의 어투를 비난하는 것이다. 우리는 바울로가 편지에서 그리스 수사법을 세련되게 구사하고 있음을 알아봤다. 따라서 학자들은 어쩌면 직접 대면할 때, 즉 사람들 앞에서 말할 때 바울로는 어떤 신체적 결함이나 질병, 신체적 허약함 때문에 글에서보다 훨씬 호소력이 떨어진 것이 아닐까 추측했다.

바울로가 정면으로 반박할 수 없는 것으로 보아 이런 비난에 어느 정도 진실이 담긴 것은 분명하다. 그는 자신을 방어하기 위해 복잡한 전략을 구사하며, 자신은 진정으로 사도이자 나아가 바로 고린토인들을 위한 사도라는 점을 강조한다. 그는 자신이 고린토 교회를 세운 사람이며 그 사람들은 남의 것을 가로채려는 사람들이라고 단언한다(10:14~18). 그는 자신이 견뎌낸 역경과 굴욕을 자랑하면서 이것을 진정한 사도직의 한 표시라고 말한다(11:7~33). 그는 "주님께서 보여주신" 계시와 셋째 하늘까지 올라갔던 일을 들려준다(12:1~7). 나아가 그가 겸손을 유지하도록 하기 위해 하느님이 준 "살 속의 가시"*까지 언

* 공동번역 성서에는 "몸에 가시로 찌르는 것 같은 병"이라고 나와 있다.

급한다(12:7~9, 신체적 병이나 결함을 가리키는 것일까?). 그는 고린토인들 앞에서 자신을 낮췄다고 하면서, 그렇다고 그것을 그가 약하다는 증거로 봐서는 안 되며 하느님이 약한 자를 통해 권능을 행사하는 증거로 받아들여야 한다고 말한다(12:9~10). 그는 '특출하다는 사도들'과 나아가 교회의 교인들이라 해도 조심하지 않으면 곧 그의 힘을 경험하게 될 것이라고 위협한다(13:2~3). 그러나 바울로는 또 위협하는 동안에도 고린토인들을 사랑하고 전심전력을 다한다는 점을 강조하면서, 그들이 그와 맺고 있는 특별한 관계를 끊거나 다른 사람이 그의 자리를 대신하게 하지 말라고 간청한다(11:11, 12:15).

이것은 분위기가 완전히 다른 바울로다. 고린토2서의 10~13장은 무지하고 약하고 무력하며 따라서 그다지 사도라고 할 수 없다는 공격에 맞서 자신을 방어해야 하는 바울로를 보여준다. 대부분의 학자들이 볼 때 이 몇 장은 고린토2서의 1~9장과 동일한 편지에 들어 있었을 수 없는 것이 분명하다. 1~9장도 단일한 편지인지를 두고 논쟁이 있다. 10~13장이 고린토2서의 다른 부분에서 언급된 '눈물을 흘리며' 쓴 편지인지, 아니면 더 나중에 바울로와 고린토인들의 관계가 다시 한번 악화됐을 때 쓰인 또다른 편지인지는 확실하게 알 수 없다. 만일 고린토2서 10~13장이 '눈물을 흘리며' 쓴 편지라면 편지가 효과를 본 것으로 보이며, 결국 바울로와 고린토인들은 화해했고, 또 고린토인들은 '특출하다는 사도들'보다는 바울로를 택했다. 만일 고린토2서 10~13장이 쓰인 시기가 고린토2서의 나머지 부분보다 나중이라면 충돌이 더 커졌다는 뜻이고, 바울로의 불꽃같은 방어가 결국 통했는지를 우리로서는 알지 못한다.

오늘날 우리에게는 훨씬 나중에(90년대 말 또는 그 무렵) 쓰인 편지에서 고린토 교회에 관한 언급이 남아 있다. 오늘날 『클레멘스1서』라는 이름으로 알려진 이 편지 역시 호모노이아 편지로서 이번에는 로마에 있는 교회에서 고린토 교회에게 보내는 편지라고 되어 있다. 그러나 이 편지에서 다루는 것은 일련의 새로운 충돌과 분열로 보인다. 이 편지에는 바울로와 고린토인들 사이에 편지가 오간 뒤로 어떻게 됐는지에 관한 제대로 된 증거는 나오지 않는다. 바울로의 수사법과 기술(놀라운 일을 행하는 것과 권능은 말할 것도 없고)이 성공했다고 볼 수 있겠지만 확실하게는 알지 못한다. 오늘날 바울로가 고린토인들에게 보낸 첫째·둘째 편지라는 이름으로 남아 있는 이 두 편지는 어떻든 이 강력한 사도의 모습과 그가 성공적인 목회자가 되려 하는 시도를 엿볼 수 있는 흥미로운 기회를 안겨준다.

16

유다교 신학자 바울로: 갈라디아인들과 로마인들에게 보낸 편지

개요: 사도 바울로가 갈라디아인들에게 보낸 편지에서 유다인의 율법을 묘사하는 내용은 결국 대단히 부정적인 느낌을 준다. 그렇지만 로마인들에게 보낸 편지에서는 신중한 태도를 취하며 미묘한 태도 차이를 보인다. 로마인들에게 보낸 편지에서 바울로는 율법 폐기론자라는 비난에 맞서 자신을 변호하는 것으로 보인다. 어쩌면 바울로가 이 문제를 신중하게 다루는 것은 이방인 교회들이 보내는 의연금을 그가 가져갈 때 예루살렘에서 교회의 일치라는 정신에 입각하여 받아들이도록 하기 위해서일 것이다.

갈라디아서에서 보는 유다인의 율법에 관한 바울로의 생각

바울로는 갈라디아 지역 여러 곳에 가정교회를 세웠다. 아마도 규모는 작았을 것이다. 바울로가 말하는 '갈라디아'가 정확하게 어느 지역인지는 다소 불확실하지만, 오늘날 터키 중부인 앙카라와 가빠도기아 사이에 있는 지역인 것은 분명하다. 이곳이 '갈라디아'라 불린 것은 어느 시기에 '갈리아인'이라 불리는 민족이 거기 살았기 때문이다. 바울로가 편지를 쓰던 시기에 갈리아인은 유럽 서부와 북부를 차지하고 있었다. 그전 세기에 예컨대 율리우스 카이사르는 오늘날의 프랑스 지역에서 그들과 싸웠다. 그렇지만 저 갈리아인의 조상은 동쪽으로 소아시아까지 이동해 살았고, 그래서 이 지역에 그들의 이름이 붙었다. 따라서 바울로가 '갈라디아인들에게 쓴' 편지는 하나의 교회나 도시에 보낸 게 아니라 이 지역의 여러 교회에 보낸 것으로 보인다.

바울로는 이곳에 여러 교회를 세운 뒤 다른 곳으로 떠났다. 또다른 순회 전도자 집단이 그뒤에 도착한 것이 분명한데, 이들은 그리스도교인이지만 유다인은 아닌 것이 거의 확실하며, 또 자기 나름의 복음을 가지고 와서 바울로의 복음보다 더 낫다며 전파하고자 했다. 이들은 갈라디아의 개종자들에게—모두 이방인으로서 과거에 우상을 섬기던 사람들이었는데—이제 그들이 이스라엘의 하느님을 섬기고 유다인 구세주에게 기도하며 나아가 유다인들의 아버지인 아브라함의 자식들이라고 자처하니, 유다인의 율법도 '마저' 따라야 할 것이라고 지적했음이 분명하다. 이 책 10장에서 사도행전을 다룰 때 지적했듯, 민족 집단에는 저마다의 율법이 있다는 것을 누구나 알고 있었다. 갈라디아인들이 민족 집단의 예전 신들과 풍습을 포기하고 '이스라엘'의 신과 풍습을 받아들였다면 유다인의 율법 또한 따라야 한다는 것이다.

이 설교자들은 의심할 것 없이 아브라함은 하느님에게 선택받았다는 점과 또 아브라함에게 한 약속은 그 후손에게도 해당된다는 점을 지적했을 것이다. 그렇지만 하느님이 아브라함과 맺은 계약을 보증하는 것은 할례였다. 갈라디아의 그리스도교인들은 이제 스스로 아브라함의 후손에 속한다고 봤으므로 남자들은 마땅히 할례도 받아야 했다. 진정한 '아브라함의 아들들'은 모두 할례를 받았다. 이 설교자들은 갈라디아인들에게 바울로는 그들에게 몇 가지 좋은 정보를 주었고 또 그들이 바울로나 그 동반자에게서 받은 세례는 확실히 유효하다고 말한 것으로 보인다. 그러나 아브라함과 그리스도와 하느님의 가족에 완전히 속하려면 모세의 율법을 지키는 사람이 되는 수밖에 없다고 말했다. 또는 적어도 할례는 그 가족에 완전히 속하기 위해 필요한 단계라고 말했다. 모두 전적으로 자연스러운 논리였고, 그래서 우리는 이제 갈라디아인들이 이 논리에 강한 설득력이 있다고 느꼈으리라는 것을 쉽게 상상할 수 있다.

순회하며 할례를 전하는 이 전도자들은 갈라디아인들에게 바울로는 확실히 좋은 사람이지만 실제로는 '진정한' 사도에 속하지 않는다고 말한 것으로 보인다. 예루살렘에 있는 '교회의 기둥들'은 예수의 생전에 예수의 제자였고 예수가 죽은 뒤 공동체를 계속해서 보살피고 있는 사람들이었다. 베드로, 요한, 또 주님의 동생 야고보 말고 누가 더 예수에게 가까울 수 있겠는가? 순회 전도자들은 바울로보다는 자기네가 예루살렘에 있는 지도자들을 진정으로 대표한다고 주장했고, 또 갈라디아인들이 바울로의 복음으로 출발하기는 했지만 온전히 '제 속도'를 내고 있지는 못하다면서, 자기네는 정당하게 보충할 방법을 내놓는 것이라고 말했다. 바울로는 아마도 사도 같은 사람이기는 하겠지만,

복음조차도 예루살렘의 '기둥들'에게서 받은 2차적인 사도라고 했다.

이 모든 낌새를 차리고 바울로는 불같이 화를 낸다. 바울로가 남긴 편지 중 갈라디아서만큼 달아오른 글은 없다. 그가 쓴 여타 편지와는 달리 이 편지는 감사나 칭찬이나 사랑과 단결을 다지는 말로 시작하지 않는다. 그와는 달리 노여워하는 마음과 믿기지 않는다는 말로 시작한다. "그리스도의 은총으로 하느님의 자녀가 된 여러분이 그렇게도 빨리 하느님을 외면하고 또다른 복음을 따라가고 있다니 놀라지 않을 수 없습니다." 갈라디아서 전체에 걸쳐 바울로는 마치 말을 토해내듯 글을 쓴다.

이 책 5장에서 살펴봤듯 갈라디아서의 첫 부분은 바울로가 그리스도에게 부름을 받고 사도의 임무를 받은 사연을 들려주는 내용이다. 이 내용을 서술하는 내내 바울로는 베드로나 요한이나 야고보나 다른 누구가 아니라 그리스도가 보여준 계시에서 직접 복음을 받았다고 주장한다. 그는 예루살렘에 있는 다른 사도들을 만나러 가기 오래전부터 사도로 활동하면서 그리스도의 복음을 전하고 있었다고 주장한다. 바울로는 자신이 복음을 예루살렘으로부터 받았다는 그 어떤 공격도 무력화하기 위해 자신은 베드로와 야고보를 비롯하여 예루살렘과 유다 지방에 있는 모든 '교회의 기둥'과는 별개라는 점을 매우 힘주어 강조한다. 바울로는 나중에 예루살렘에서 참석했던 회의에 관해 말하는데, 예루살렘의 저 유다인 지도자들조차 이방인들은 할례를 받을 필요도 없고 유다인의 율법을 지킬 필요도 없이 교회 안에서 완전한 교인의 지위를 얻는다는 점에 동의했다는 것을 강조하기 위해서이다. 바울로는 갈라디아서의 도입부에서 많은 부분을 할애하여 자신의 과거사를 들려줌으로써 자신과 자신이 전하는 메시지를 변호한다.

그러나 이 편지의 나머지에서는 유다인의 율법이 역사적으로 어떤 역할을 해왔는지, 그리고 그들에게 어떤 역할을 해야 하는지를 설명하는 내용이 많은 부분을 차지한다. 여기서 바울로는 대단히 과격한 투로 말하기 시작한다. 적어도 그가 여전히 유다인이고 또 일찍이 율법 준수와 할례를 열렬히 주장한 사람이라는 점을 생각할 때 그렇다. 바울로는 언젠가 베드로에게 이런 말을 했다고 한다. "우리는 본래 유다인이고 이른바 '이방 죄인'은 아닙니다"(갈라디아서 2:15). 내가 이미 지적한 대로 '이방 죄인'이라는 용어는 바울로 같은 유다인들이 볼 때는 실질적으로 같은 말의 불필요한 반복에 불과했다. 그래서 바울로는 이방인의 사도이고 이방인의 교회를 세웠지만, 그래서 마치 이방인과 죄인이 동의어라도 되는 양 여전히 '이방 죄인'이라는 용어를 쓰고 있는 것이다.

그런 다음 바울로는 다음과 같이 계속한다.

> 그러나 우리는 사람이 하느님과 올바른 관계에 놓이는 길이 율법을 지키는 데 있지 않고 예수 그리스도를 믿는 데 있다는 것을 알고 있습니다. 그래서 우리는 율법을 지킴으로써가 아니라 그리스도를 믿음으로써 하느님과 올바른 관계를 가지려고 그리스도 예수를 믿은 것입니다. 율법을 지키는 것으로는 누구를 막론하고 하느님과 올바른 관계를 가질 수가 없기 때문입니다. 그러나 만일 그리스도를 믿음으로써 하느님과 올바른 관계

를 가지려고 노력하는 우리 자신이 죄인으로 드러난다면 그리스도가 죄를 조장하시는 분이란 말입니까? 절대로 그럴 수 없습니다. 만일 내가 전에 헐어버린 것을 다시 세운다면 나는 스스로 법을 어긴 사람이 될 것입니다. 나는 이미 율법의 손에 죽어서 율법의 지배에서 벗어나 하느님을 위하여 살게 되었습니다. 나는 그리스도와 함께 십자가에 달려 죽었습니다. 이제는 내가 사는 것이 아니라 그리스도가 내 안에서 사시는 것입니다. 지금 내가 살고 있는 것은 나를 사랑하시고 또 나를 위해서 당신의 몸을 내어주신 하느님의 아들을 믿는 믿음으로 사는 것입니다. 나는 하느님의 은총을 헛되게 하지는 않습니다. 만일 사람이 율법을 통해서 하느님과 올바른 관계를 맺을 수 있다면 그리스도의 죽음은 헛일이 될 것입니다. (2:16~21)

이것은 상당히 강한 발언이다. 만일 의롭다고 인정받는 것(칭의)이 율법과 관계가 있다면 그리스도는 아무 이유 없이 죽었다는 말이다.

나중에 바울로는 율법과 믿음 사이에 다시 쐐기를 박아넣는다. "율법은 믿음에 기초를 둔 것이 아닙니다. 율법은 다만 '율법을 지키는 자는 그것을 지킴으로 산다'고 말합니다"(3:12, 레위기 18:5를 인용함). 믿음과 율법을 이렇게 나누는 것은 유다인들에게는 미친 소리로 들렸을 것이다. 오늘날에도 그렇게 받아들일 유다인이 많다. 대부분의 유다인은 유다인의 풍습과 율법은 믿음의 표시이지 그 반대가 아니라고 생각할 것이다. 이들은 하느님과 맺은 계약을 이행하고 하느님은 약속을 지킨다는 믿음을 표시하기 위해 음식과 관련된 율법을 지켰다. 오늘날 사람들이라면 믿음과 율법이 대립관계에 있다는 말이 당연하게 들릴 것이다. 그리스도교인이 아닌 사람도 대개는 개신교회에서 흔히 말하는 '믿음 대 율법'이라든가 '은총 대 행위'를 들어봤을 것이다. 그러니 우리는 믿음 또는 율법 행위 중 하나만 가질 수 있으며 둘 모두 가질 수는 없다는 말이 바울로 시대의 유다인들에게 얼마나 이상하게 들렸을지를 상기해야 할 것이다.

바울로는 계속해서 이렇게 말한다. "형제 여러분, 세상의 관례를 들어서 말해봅시다. 사람들이 맺은 계약도 한번 맺은 다음에는 아무도 그것을 무효로 만들거나 무엇을 덧붙이거나 할 수 없는 것입니다. 하느님께서는 아브라함과 그의 후손에게 약속하실 때에 많은 사람을 가리키는 '후손들에게'라는 말 대신 한 사람만을 가리키는 '네 후손에게'라는 말을 쓰셨습니다. 한 사람이란 그리스도를 가리킵니다" (3:15~16).[1] 바울로는 해석을 내놓으면서 현란한 개인기를 살짝 발휘한다. 여기서 '후손'이라고 번역된 말의 그리스어 낱말은 '씨앗'으로도 번역될 수 있다. 단수형으로 된 약속은 유다인들을 가리키고 있지 않는 것이 분명한데, 유다인들을 가리키려면 반드시 복수형인 '씨앗들'이 되어야 하기 때문이라고 바울로는 주장한다. 바울로가 그 대안으로 내놓는 것은 이 '후손'이 그리스도, 즉 아브라함의 단수형 씨앗이라는 것이다. 갈라디아의 이방인들을 포함하여 누구라도 '그리스도 안에' 있는 사람은 '아브라함의 씨앗 안에' 있는 것이다.

그런 다음 바울로는 모세의 율법은 아브라함과의 계약이 있은 뒤 430년 정도 뒤에 생겨났음을 지적한다(3:17~18). 아브라함의 '상속'을 받는 자격을 율법을 지킴으로써 얻는다면, 계약이 실제로 맺어진 뒤 오랜 시간이 지나도록 율법이 생겨나지 않은 것은 어찌 된 일일까? 그러므로 바울로의 논리에 따르면 율법은 아브라함의 계약과는 무관한 것이 분명하다. 율법은 나중에 어쩌면 추가적으로 생겨난 것이다. 또는 계약의 보증은 아브라함의 믿음으로 이미 이루어졌으므로 율법에는 그것이 아닌 다른 목적이 있었다. 여기서도 바울로는 대부분의 유다인들이라면 직관과는 반대된다고 받아들일 일을 한다. 그는 율법을 믿음으로부터 분리시켰고, 이제는 율법을 계약과 약속으로부터 분리시킨다. 바울로에 따르면 율법은 훨씬 나중에 추가로 나온 것이지 진정한 '변수'가 아니다.

그다음 몇 문장은 얼핏 어리둥절하게 만든다. 이제 바울로는 율법을 칭의와도 계약과도 약속과도 무관한 것으로 만들었는데, 그러면 하느님은 율법을 왜 추가했을까? "그러면 율법은 왜 주셨습니까? 그것이 덧붙여진 것은 위법 때문입니다"(3:19).* 이 부분의 그리스어는 불분명하며, 대부분의 그리스도교인들은 사람들이 죄를 짓지 않도록 하기 위해 하느님이 주었다는 말로 해석해왔다. 율법은 사람들이 '위법'을 피하는 데 도움이 되라는 의도에서 생겨났다는 것이다. 그러나 이 부분은 똑같이 사람들이 '위법' 즉 법을 어기게 만들기 위해 하느님이 모세의 율법을 준 것이라는 뜻으로도 해석할 수 있다. 죄와 위법이 늘어나게 하기 위해 율법을 주었다는 뜻이다.

나는 후자가 바로 바울로가 말한 뜻이라고 본다. 이제 살펴보겠지

* 공동번역 성서에는 이 절이 다음과 같이 나와 있다. "그것은 약속된 그 후손이 오실 때까지 죄가 무엇인지 알게 하시려고 덧붙여주신 것입니다."

만, 이 해석이 바울로가 설명하는 율법 신학의 전체 맥락에 더 잘 들어맞는다. 게다가 이것은 갈라디아서를 쓴 뒤에 쓴 것이 거의 확실한 로마서 구절로도 뒷받침된다. 로마서에서 바울로는 이렇게 말한다. "율법이 슬쩍 들어온 것은 위법이 늘어나게 하기 위해서입니다"(로마서 5:20, 나의 번역이다).[2*] 바울로는 여기서 모세의 율법이 지닌 목적과 결과는 세상에서 죄가 많아지는 것이라고 믿는 것이 명백하다. 정말로 희한한 관념이지만, 그럼에도 불구하고 이것이 바로 바울로가 주장하는 내용으로 보인다.

그렇지만 갈라디아서의 이 절을 마무리짓도록 하자. 계속해서 바울로는 이렇게 말한다. "그것이 덧붙여진 것은 위법 때문입니다. 약속의 상대방인 그 후손이 오실 때까지 말입니다. 그리고 이 율법은 천사들을 통하여 중재자의 손을 거쳐 제정된 것입니다. 그런데 중재자는 둘 이상의 편 사이에 관여합니다. 그렇지만 하느님은 한 분이십니다"(갈라디아서 3:19~20).[**] 이것은 헷갈리지만, 나는 해법이 있다고 본다. 우리는 이 '후손'이 그리스도라는 것을 안다. 계약을 맺은 때, 그리고 그 계약과 약속을 이루기 위한 수단이 될 그리스도가 오는 때 사이에 모세의 율법이 '슬쩍 들어와' 있었다. 그러나 지금 바울로는 출애굽기를

---

* 공동번역 성서에는 다음과 같이 나와 있다. "법이 생겨서 범죄는 늘어났지만 죄가 많은 곳에는 은총도 풍성하게 내렸습니다."

** 공동번역 성서에는 다음과 같이 나와 있다. "그것은 약속된 그 후손이 오실 때까지 죄가 무엇인지 알게 하시려고 덧붙여주신 것입니다. 그리고 이 율법은 천사들을 통하여 중재자의 손을 거쳐 제정된 것입니다. 그러나 하느님의 약속은 중재자를 내세우지 않고 하느님 한 분의 생각으로 하신 것입니다."

무심코 읽어보면 품게 될 생각과는 달리, 모세가 율법을 하느님으로부터 직접 받은 것이 아니라고 암시한다. 천사들에게서 받았다는 것이다. 이 책 10장에서 스데파노의 발언을 논하면서 이 특이한 믿음에 대해 살펴봤다. 바울로 역시 당시의 일부 유다인들과 마찬가지로 이것을 믿고 있다.

그렇지만 바울로는 모세가 율법의 '중재자' 역할을 했다고 지적하면서 이 관념을 보강하는데, 바울로의 관점에서는 모세가 율법을 하느님에게서 받았을 수는 없다는 뜻이다. 하느님은 한 인격체이며, 중재자는 두 집단 사이에 합의가 이루어질 때 말고는 필요하지 않기 때문이다. 바울로는 두 개인 사이에 계약이 체결될 때는 각자가 자신을 대표하기 때문에 중재자가 필요하지 않다는 고대의 어떤 법률 관념을 생각하고 있는 것으로 보인다. 한 집단이 한 개인과 계약을 맺고자 할 때 역시 중재자가 필요하지 않았다. 개인은 자신을 대표하고, 집단은 그중 한 명을 선택하여 협상을 마무리하면 된다. 그러나 두 집단이 서로 계약을 맺을 필요가 있을 때는 양측 모두에게 중립적인 사람을 골라 중재자를 세워야 했다. 바울로는 이런 법과 관련되어 보이는 관념을 이용하여, 모세가 율법을 하느님에게서 받았을 수 없다는 것을 '증명'하려 한다. 모세가 이스라엘 백성을 위한 중재자였음을 다들 알고 있기 때문이다. 따라서 모세의 반대편에 한 집단이 있었을 수밖에 없고, 바울로가 보기에 그 집단은 천사들이었다. 하느님이 아니라 천사들이 모세에게 율법을 준 것이다. 이것은 율법의 중요성을 명백하게 격하시키고 있고 또 적어도 하느님과의 거리를 떨어뜨리는 것으로 보인다.

그러나 바울로는 아직 율법 이야기를 끝낸 게 아니다. 그런 다음 그는 이렇게 말한다. "믿음의 시대가 오기 전에는 우리가 율법의 감시를 받았으며 믿음이 나타날 때까지 갇혀 있었습니다"(3:23). 여기서 율법은 감옥의 감시병처럼 묘사된다. 바울로는 적어도 유다인들은 그 세월 내내 율법에 '갇혀 있었다'고 말한다. 로마서에서 명확하게 알 수 있듯이, 내가 볼 때 바울로는 실제로 율법은 그리스도가 올 때까지 모든 인류를 가두는 역할을 했다고 믿었던 것 같다. 다만 그가 이것이 이방인들에게는 어떻게 작용한다고 상상했는지는 분명히 알 길이 없다. 율법을 좋게 그린 그림은 확실히 아니다.

그런 다음 바울로는 율법을 노예 교육자에 비유한다. "그러므로 율법은 그리스도께서 오실 때까지 우리의 규율 담당이었습니다. …… 이제 믿음이 왔으니 우리는 더이상 규율 담당의 지배를 받지 않습니다"(3:24~25).* 여기서 '규율 담당'으로 번역한 낱말은 파이다고고스paidagōgos이다. 이것은 현대 영어의 '교육자pedagogue'와 같은 뜻이 아니었고 주로 스승을 가리키는 말도 아니었다. 어린 남자아이들을 보살피는 남자 노예로서(문자 그대로는 '남자아이의 지도자'라는 뜻이다), 등하교를 책임지고 성적 유혹으로부터 보호하며 학용품을 운반하는 사람을 가리켰다. 이들은 나이 때문에 더 힘든 일을 할 수 없게 됐지만 아이들을 성적 대상으로 삼지 않을 것으로 여겨지는 늙은 노예일 때가

* 공동번역 성서에는 다음과 같이 나와 있다. "율법은 그리스도께서 오실 때까지 우리의 후견인 구실을 하였습니다. ……이렇게 믿음의 때가 이미 왔으니 우리에게는 이제 후견인이 필요하지 않습니다."

많았다. 당시 미술품을 보면 이들은 추한 모습으로 묘사되는 때가 많고, 때로는 불필요하게 아이들을 때리는 잔인한 모습으로 그려지기도 한다. 바울로는 여기서 율법을 좋은 것에 비유하지 않는다. 늙고 추하고 성질이 고약하며 많은 아이들이 혐오하고 두려워하는 노예로 그리는 것이다.

그러나 여전히 바울로는 율법 이야기를 끝낸 게 아니다. 그는 보살핌을 받는 아이들이라는 비유를 이어가며, 법적으로 미성년인 '상속자들'은 집안의 노예들과 다를 바가 없다는 점을 지적한다. 재산의 '소유자'이기는 하지만 성인이 될 때까지는 그 재산을 마음대로 할 수 없다. 그때까지는 보호자의 보호를 받는다. "우리도 이와 같아서, 어릴 때 우리는 세상에 있는 자연의 영들에게 얽매여 종노릇을 했습니다"(4:3).* 여기서 '자연의 영들'은 스토이케이아stoicheia를 옮긴 것이다. 이 낱말은 그리스어에서 여러 뜻이 있었다. 문자 그대로는 '행'이나 '열'을 가리켰다. 알파벳의 여러 문자나(여러 줄로 늘어선 모습을 상상해보자) 줄지어 선 군인을 가리킬 때 쓸 수 있었다. 또 '만유의 원소들'을 말할 때도 쓸 수 있었는데, 오늘날 주기율표의 화학원소를 가르칠 때 쓰는 용어와 비슷했다. 그래서 고대의 일부 과학에서는 공기, 불, 물, 땅이 기초 '원소'이며 모든 물질적인 것을 구성한다고 봤다.

그러나 고대 그리스의 사상과 문화의 많은 부분에서 이런 물질 원소는 또 신성하기도 했다. 널리 퍼져 있던 사상에서(철학자들의 사상만

* 공동번역 성서에는 다음과 같이 나와 있다. "이와 같이 우리도 어렸을 때에는 자연 숭배에 얽매여 종노릇을 하고 있었습니다."

이 아니라) '공기'는 추상적 신일 뿐 아니라 헤라 신이기도 했다. 우주 전체의 기본이 되는 근본적 구성 원소들은 인격적 특성을 띨 수도 있는 물질적 신이었다. 심지어 나중에 등장한 그리스도교 영지주의 신화에서 스토이케이아라는 낱말은 이 세상 위 대기에서 살아가는 무수한 악마신적 존재를 가리켰다. 이들은 인간을 질투하여 인간이 위로 올라오지 못하게 하려고 했다. 이런 종류의 종교에서 '구원'은 진정한 하늘과 지고의 하느님에게 다가가기 위해 이런 자연의 신적 존재를 쳐부수거나 속여 이 세상을 탈출한다는 뜻이다.

이것이 바울로가 이 낱말을 여기서 쓰는 이유이다. 앞에서 사람들이 율법에 '갇혀 있었다'고 논한 것과 마찬가지로 여기서는 모든 사람들이 스토이케이아의 노예였다고 말하고 또 스토이케이아를 악마적 초인간적 존재로 그린다. 그렇지만 예수가 오면 스토이케이아의 노예 신세를 벗어난다. 이전에 "율법의 지배를 받고" 살던 사람들은 하느님의 자녀가 되는 자격을 얻는다(4:4~5). "여러분은 이제 종이 아니라 자녀입니다. 자녀라면 하느님께서 세워주신 상속자인 것입니다"(4:7).

그러나 그다음 바울로는 놀랄 만한 주장을 또하나 내놓는다. 그는 갈라디아인들이 이전 삶에서는 이방인이었으며 따라서 '하느님을 모르고' 있었음을 지적한다. 그러면서 이제 하느님을 아는데 왜 종살이로 되돌아가려 하는지 묻는다. "왜 또다시 그 무력하고 천한 자연의 영들*〔스토이케이아〕에게 되돌아가서 그것들의 종노릇을 하려고 합니까?

* 공동번역 성서에는 이 부분도 앞부분과 마찬가지로 "자연 숭배"라 되어 있다.

여러분이 날과 달과 계절과 해를 숭상하기 시작했다고 하니 여러분을 위한 내 수고가 허사로 돌아가지나 않았나 염려됩니다"(4:9~11). 바울로가 그들의 상황을 묘사하는 것을 보고 그들은 놀랐을 것이 분명하다. 그들은 확실히 이전의 우상숭배로 돌아갈 의도가 없었다. 그저 자기네가 받은 세례를 보충하자는 뜻에서 유다인의 율법과 풍습을 어느 정도 지켰을 뿐이다.

모세의 율법을 과거에 갈라디아인들이 신이라는 형태로 섬기던 자연의 영들과 불안하게시리 연결시키는 것은 바울로이다. 바울로는 만일 그들이 율법을 받아들인다면 그리스 신들과 자기네 지역 신들에게 희생제물을 바치고 기도를 올리는 상태로 고스란히 되돌아가는 것과 완전히 똑같다고 말한다. 게다가 그런 신들은 바울로가 볼 때(다른 수많은 유다인과 같은 생각이었겠지만) 실제로 마귀와 같은 존재였다. 바울로가 볼 때 제우스는 신이 아니라 악마였다. 이것은 놀랄 부분이 아니다. 유다인들은 대부분 이렇게 믿었다. 놀라운 부분은, 게다가 그의 청중에게 거의 확실히 충격적이었을 부분은 바울로가 그들에게 유다인의 어떠한 율법이라도 받아들이면 우상숭배로, 스토이케이아의 노예 신세로 되돌아가는 것과 같다고 말한 부분이다.

바울로는 율법에 관해 몇 가지 놀라운 말을 했다. 그가 볼 때 율법은 적어도 이곳 갈라디아에서는 도덕적 행동을 위한 지침이 되지 못한다. 그것은 죄로부터 지켜주는 보호자가 아니다. 구원의 역사에서 모세의 율법은 기껏해야 나중에 등장했을 뿐이다. 그것은 믿음과 약속의 반대이다. 그것은 죄가 많아지게 하기 위해 역사 속으로 슬쩍 들어왔다. 그것은 인류를 가둔 감옥의 감시병이자, 잔인하고 추한 규율 담당이었다. 그것은 하느님이 아니라 천사들이 모세에게 준 것이다. 예나 지금이나 그것은 인류를 노예로 만들고 하느님에게 다가가지 못하게 방해하는 악마적 존재의 도구였다. 갈라디아인들은 무엇에 홀려 저 율법을 받아들이려는 걸까?

요점을 더욱 확실히 전달하기 위해 바울로는 다시금 경전으로 돌아가, 아브라함의 아내 사라와 종이자 첩이었던 하갈의 이야기를 세밀하게 우화적으로 해석한다(4:21~5:1). 바울로는 아브라함에게 아들이 둘 있었다고 말한다. 이사악은 자유인인 아내에게서 낳았고 이스마엘은 종인 하갈에게서 낳았다. 그다음 바울로는 두 여자를 두 가지 계약을 나타내는 우화적 표상으로 만든다. 우리로서는 사라가 유다인들의 어머니인 만큼 모세가 유다인의 율법을 받은 곳인 '시나이 산에서 나온' 계약이겠거니 생각할 것이다. 그리고 하갈은 아라비아인들의 어머니이니 이방 민족을 나타내겠거니 할 것이다. 그러나 바울로는 이 우화를 뜻밖의 방향으로 가지고 간다.

그는 시나이는 "아라비아에" 있다고 말하지만, 그런 다음 그것이 "지금의 예루살렘에 해당합니다. 현재 예루살렘은 그 시민들과 함께 종노릇을 하고 있으니 말입니다" 하고 말한다(4:25). 그런데 사라는 유다인이 아니라 "하늘의 예루살렘"을 가리킨다. 사실 그녀는 "자유인이며 우리 어머니"다(4:26). 바울로의 비유는 헷갈린다. 우리로서는 사라가 유다인들을 나타낸다고 생각할 것이다. 사라는 모세가 율법을 받은 곳인 시나이 산이나 예루살렘에 있는 시온 산을 상징할 것이다. 그러나 바울로는 하갈을 시나이 산, 율법, 노예, 그리고 그리스도를 믿지 않는 저 모든 유다인과 같게 놓는다. 사라는 유다인이든 이방인이든 이제 그리스도 안에서 믿음의 공동체를 이루고 있는 저 모든 사람, 아브라함의 진정한 아이들, 진정한 '이스라엘'을 나타낸다.

그다음 바울로는 경전에 나온 이야기에서 이스마엘이 이사악을 박해한 것처럼 "지금도 꼭 마찬가지입니다"(4:29) 하고 단언함으로써 자신의 우화를 보강한다. 이 시기에 이방인 그리스도교인들이 유다인의 손에 실제로 어떤 박해를 받고 있었는지를 우리는 모른다. 그러나 바울로는 박해가 진행되고 있다고 암시하고, 또 그것이 그가 볼 때 그를 비롯하여 다른 모든 교인들이 유다인이든 이방인이든 진정한 '이사악'이라는 또하나의 표시이다. 아직 그리스도를 믿지 않고 율법을 따르는 유다인들은 '이사악'이 아니다. 그러나 갈라디아인들이 그 율법의 어떤 부분이라도 스스로 받아들인다면 "다시 종의 멍에를 메는"(5:1) 셈이 된다.

바울로는 나아가 갈라디아인들에게 만일 스스로 할례를 받는다면 저주받을 것이라고까지 말한다. "그리스도가 여러분에게 아무런 이익도 되지 못할 것입니다"(5:2). 그들은 "그리스도와 관계가 끊어지고" 또 "은총에서 벗어날" 것이다(5:4). 앞서 살펴본 것처럼 적어도 초기의 일부 그리스도교인들은 이방인이 이스라엘 민족에 포함되고자 한다면 이스라엘 율법을 받아들여야 한다고 믿었다. 그 밖의 그리스도교인들은 유다인의 율법을 지킬 필요는 없지만 그쪽을 선택할 수는 있다고 믿었던 것으로 보인다. 그것이 가장 자연스러운 관점이었을 것이다.

즉 구원에는 필요하지 않지만 나쁠 것은 없지 않을까 하는 것이다. 게다가 도움이 될지도 모르니까. 바울로는 그보다 더 과격한 관점을 취한다. 우리는 그리스도를 믿는 유다인 교인들을 그가 정확히 어떻게 생각했는지는 모른다. 내 생각에는 유다인이라면 모세의 율법을 계속 지켜도 괜찮다고 생각했을 것이다. 그러나 이방인 출신 교인들의 경우 어떤 율법이라도 지키는 일은 절대적으로 금물이라고 믿었다. 율법을 지키면 그리스도와의 관계가 끊어지고 저주받을 것이다. 바울로의 생각에 그가 개종시킨 이방인들에게는 율법이 선택 사항이 아니었다. 그리고 이런 관점이 갈라디아서보다 더 명확하게 나타나 있는 곳은 없다.

우리는 바울로가 편지를 보낸 뒤 갈라디아의 교회가 어떻게 됐는지는 모른다. 그가 개종시킨 갈라디아 사람들이 그의 편지에 설득됐을까? 다른 순회 전도자들과 유다인의 율법에 심취해 있다가 돌아서서 바울로가 바로잡아주는 대로 따랐을까? 확실하게 알 수 없다. 우리에게는 '바울로가 갈라디아인들에게 보낸 둘째 편지'가 없다. 바울로가 갈라디아에 있는 교회들을 다시 언급하지 않았다면 우리는 그가 논쟁에서 지고 그곳 교회들과 연줄이 끊겼다고 생각할 것이다. 그러나 바울로는 고린토1서 16:1에서 그들을 언급하면서, 고린토의 교회는 그가 예루살렘의 교회에게 가지고 가려는 의연금 모금에 관해 이전에 그가 갈라디아의 교회들에게 일러준 그대로 따르라고 말한다. 그러므로 적어도 그가 고린토1서를 쓰던 때에는 갈라디아의 교회들과 좋은 관계를 유지하고 있었다. (이것은 갈라디아서가 고린토1서보다 먼저 쓰였다는 전제를 바탕으로 내리는 판단이다. 나는 아마 그랬을 거라고 생각한다.)[3] 이것은 그가 그들에게 보낸 과격하고도 심지어 신랄하기까지 한 편지가 소용이 있었고, 그래서 그들이 다시 '그들의' 사도로서 바울로의 권위에 복종했음을 암시한다고 생각한다.

로마인들에게 보낸 편지에서 입장을 미묘하게 바꾸는 바울로

로마의 교회에 보낸 바울로의 편지는 갈라디아서에서 다룬 것과 같은 문제를 많이 다루기는 하지만 매우 다른 상황에서 쓴 것이다. 첫째, 이것이 바울로가 자신이 세우지 않은 교회에 편지를 보내는 보기 드문 예라는 점을 눈여겨볼 필요가 있다. 그는 사도로서 하는 활동을 자신이 직접 교회를 세운 지역으로만 의도적으로 한정한 것 같다. 그러나 로마의 교회를 자신이 세우지 않았음에도 그곳에 여행하려고 하며 편지를 쓴다.

그렇지만 바울로는 로마에 있는 교회에서 자신을 어떻게 보는지를 신경쓴다. 로마서는 적어도 부분적으로는 그가 유다인의 율법을 두고 한 말에 관한 소문 때문에 평이 나빠졌을지도 모른다고 보고 그것을 수습하기 위해 쓰였다. 게다가 소문은 돌고 있었다. 본문이 시작되고 얼마 되지 않아 바울로는 한 가지 소문을 인용한다. 유다인이든 이방인이든 사람들은 예수 그리스도를 믿음으로써 받는 은총으로 의롭다고 인정받는 것이지 율법을 행함으로써가 아니라는 것을 설명한 다음, 바울로는 이것이 하느님은 정의롭지 않다는 뜻일까 하는 의문을 제기한다. 만일 하느님이 죄인을 의롭다고 인정한다면 그냥 계속 죄를 지어도 상관이 없지 않을까? "그뿐 아니라 '아예 선을 드러내기 위해서 악을 행하자' 하는 말이 나옴직도 합니다. 사실 내가 바로 그런 말을 한다고 하면서 나를 비방하는 사람들이 있습니다." 바울로가 전하는 내용에 따르면 이것은 논리적으로 정당한 한 가지 결론으로 보인다. 그러나 그는 그것을 거부한다. "그들이야말로 단죄를 받아 마땅합니다"(로마서 3:8). 바울로는 논박하기 위해 소문 이야기를 꺼내는데, 그것도 그가 직접 세우지 않은 교회에 그렇게 한다. 그는 수습에 들어간 것으로 보인다.

바울로는 자신의 '율법 없는' 복음을 설명하다가도 여러 차례 주제에서 벗어나 자신은 진짜 '율법 폐지론자'가 아니라고 분명히 밝힌다. 율법 자체에 반대하지도 않고 율법이 나쁘다고 정말로 믿지도 않는다. 바울로는 의로움, 칭의, 그리고 하느님과 인간의 화해는 '거저 주시는 선물'이라는 자신의 관점을 설명한 뒤 다음과 같이 설명한다. "율법이 슬쩍 들어온 것은 위법이 늘어나게 하기 위해서입니다(나의 번역이다). 그러나 죄가 많은 곳에는 은총도 풍성하게 내렸습니다. 그래서 죄는 세상에 군림하여 죽음을 가져다주었지만 은총은 군림하여 우리 주 예수 그리스도로 말미암아 모든 사람을 하느님과 올바른 관계에 있게 하고 영원한 생명에 이르게 합니다"(로마서 5:20~21).

바울로는 자신이 죄를 조장한다는 어떠한 관념도 떨쳐버리려고 한다. "그러면 '은총을 풍성히 받기 위하여 계속해서 죄를 짓자'고 말할 수 있겠습니까?"(6:1) 그가 여기까지 한 말로 보면 이것은 논리적인 질문이다. 그래서 바울로는 단호하게 대답한다. "절대로 그럴 수 없습니다. 우리가 이미 죽어서 죄의 권세에서 벗어난 이상 어떻게 그대로 죄를 지으며 살 수 있겠습니까? 세례를 받고 그리스도 예수와 하나가 된 우리는 이미 예수와 함께 죽었다는 것을 모르십니까? 과연 우리는 세례를 받고 죽어서 그분과 함께 묻혔습니다. 그래서 그리스도께서 아버지의 영광스러운 능력으로 죽은 자들 가운데서 다시 살아나신 것처럼 우리도 새 생명을 얻어 살아가게 된 것입니다"(6:2~4). 율법 때문에 죄가 많아지고 그로써 예수 그리스도 안의 은총으로 의롭다고 인정받는 것으로 이어진다면 그 같은 바울로의 복음은 더 많은 죄로 이끄는 것일 수밖에 없다는 논리적 비난에 그는 대답한다. 그러나 그는 대답으로 기본적으로 그리스도교인은 이제 너무나 다른 '상태'에 있는 다른 방식의 존재이므로 죄를 짓는다는 것은 상상조차 할 수 없을 것이라고 말한다. 그들은 '그리스도 안에' 있고 따라서 죄를 지어서는 안 된다는 것이다.

바울로는 이 요지로 계속 되돌아올 수밖에 없다. 같은 장의 뒷부분에서 그는 다시 이 의문을 제기한다. "그렇다면 우리가 율법의 지배를 받지 않고 은총의 지배를 받고 있다고 해서 죄를 지어도 좋다는 말이겠습니까? 절대로 그럴 수 없습니다"(6:15). 로마서에서 바울로는 갈라디아서와는 다른 수사법적·신학적 전략을 추구한다. 먼저 그는 자신의 복음이 죄를 저지르도록 조장한다는 소문을 분명하게 언급한다. 또 율법에 몇 가지 명백하게 긍정적인 기능이 있다고도 인정한다. 그는 우리는 율법을 통해 죄가 무엇인지 안다고 말한다. "율법은 단지 무엇이 죄가 되는지를 알려줄 따름입니다"(3:20). 자신의 복음이 율법을 훼손하는 게 아니라—갈라디아서에서는 그렇게 보일 수 있겠지만—실제로는 '율법을 존중'한다고 주장한다. 로마서에서 그는 구원을 계획하는 하느님의 역사에서 율법에게 마땅한 자리가 있다고 인정하며 좀더 미묘한 태도를 취하는데, 그는 이것이 '율법을 존중'하는 태도라고 믿는 것 같다. 나중에 그는 율법 자체는 "죄"가 아니라며 드러내놓고 확고하게 말한다(7:7). 다만 여전히 그 때문에 죄가 많아졌다고 주장한다. 그리고 율법에 관한 이 긴 담론의 결론에 이르러 그로서는 할 수 있는 대로 최대한 명백하게 율법을 인정한다. "그러나 율법은 어디까지나 거룩하고 계명도 거룩하고 정당하고 좋은 것입니다"(7:12).

갈라디아서에서 바울로는 유다인의 율법을 하느님의 계획에 속하는 것으로 그리기는 했지만 오로지 부정적 의미와 기능밖에 없다는 인상을 준다. 로마서에서는 시간을 들여 자신의 관점을 더 분명하게 설명한다(또는 어쩌면 달라진 관점을 진술한다). 그리고 그 과정에서 그는 갈라디아서에서 율법에 관해 말했던 더 부정적인 것들로부터 물러선다. 이제 율법은 그리스도가 올 때까지 죄를 유발하고 인간을 가두어두는 기능만 하는 게 아니라 죄에 대한 귀중한 지식도 가져다주었다. 율법은 그 자체로 좋고 거룩하다. 다만 바울로는 율법은 하느님 앞에서 절대로 의롭다고 인정받게 해주지는 못한다는 것을 여전히 강조하고 싶어한다. 그렇게 할 수 있는 것은 믿음뿐이다. 아브라함의 이야기가 증명하는 것과 같다. 그렇지만 이제 그리스도가 왔으므로 율법이 역사 속에서 가지던 제한적인 쓸모는 끝났다. 율법은 악하지도 않고 죄도 아니다. 그렇지만 그리스도가 온 뒤로는 과거의 것이다.

로마인들에게 보낸 편지의 사회적 맥락

로마서에서 바울로의 수사가 갈라디아서에서 본 것과는 다른 이유는 로마 교회의 사회적 현실과 그 교회와 바울로의 관계를 짚어보면 설명이 가능하다. 전승에 따르면 사도 베드로가 로마에 교회를 세웠지만 이것은 역사적 사실이 아니다. 로마에 도착한 최초의 예수 추종자는 거의 확실하게 예수가 십자가형을 당하고 어느 정도 시간이 지난 뒤에 도착했다. 그들은 팔레스타인 자체나 어쩌면 동방의 초기 교회에서 왔을 것이다. 그러나 로마에서 그리스도교가 뿌리를 내린 것은 우리로서는 누구인지 영영 알 수 없는 예수의 추종자들이 그곳으로 여행한 때문임이 분명하다. 이들은 예수에 관한 메시지를 동방 전역에 또 그곳 이방인들에게 처음으로 전한 사람들과 같은 부류의 익명의 그리스도교인들이다.

로마 최초의 가정교회들은 아마도 전부 또는 대부분 유다인이었을 것이다. 1세기 로마에는 커다란 유다인 공동체가 있었는데, 아마 이런 유다인들 사이에서 예수의 추종자들이 어울리면서 예수에 관한 메시지를 전파했을 것이다. 그리스도교인 공동체는 꽤 빠르게 이방인들도 끌어들였고, 그래서 바울로가 로마인들에게 편지를 쓴 무렵 로마 교회의 구성원은 거의 확실하게 대부분 이방인이었으며 일부 유다인들이 여전히 활동하고 있었다. 실제로 편지 끝부분에서 바울로는 동방에서 알고 있었으나 이제는 로마에 있는 많은 사람들에게 안부를 전하는데, 그중 많은 사람이 유다인임이 분명하다.[4] 그러나 나는 로마서는 이제 로마의 교회에서 유다인은 소수가 됐다는 증거라고 본다.

또 로마의 교회가 아마도 여러 개의 가정교회였으리라는 점도 기억해야 한다. 로마는 제국에서 가장 큰 도시였고 인구는 아마도 1백만 명을 헤아렸을 것이다. 로마에 있는 그리스도교인들이 지역에 따라 다른 가정교회로 모여들었을 것으로 상상할 수 있다. 그런 가정교회 중 일부에서는 유다인이 더 많고 다른 교회에서는 그렇지 않았을 가능성도 충분히 있다.

바울로는 이런 모든 가정교회를 하나의 교회로 보고 편지를 쓰고 있다. 그가 자신이 설립하지 않은 교회에 편지를 쓰는 데에는 여러 이유가 있다. 그 하나로, 그는 로마 서쪽으로 스페인까지 선교 여행을 계획하고 있었다. 그래서 그는 로마의 교인들로부터 뒷받침을—물심양면의—원했다. 실제로 그는 자신이 동방에서 한 선교는 성공적이었으며 더는 그곳에서 할일이 없다고 주장한다. "그러나 이제 이쪽 지방에서 제가 갈 곳이 더는 없는 만큼, 스페인에 가는 길에 여러 해를 두고 바라던 대로 여러분에게 찾아가려고 합니다"(로마서 15:23~24).* 바울로는 과장하여 말하고 있다. 인생의 이 시기에 이르러 그는 여러 가지 성취를 꼽을 수 있겠지만, 지중해 동부 전역을 복음화했다고 말하기는 거의 어렵다. 그는 소아시아, 마케도니아, 그리스의 몇몇 크고 작은 도시에서 이방인 그리스도교인들의 가정교회를 몇 개 세웠다. 그러나 동

* 공동번역 성서에는 다음과 같이 나와 있다. "그러나 여러 해를 두고 여러분을 찾아가려고 별러온 나는 이제 이 지방에서 할일을 다 끝냈기 때문에 스페인으로 가는 길에 여러분을 만나 잠시나마 함께 지내면서 즐거움을 나누다가 여러분의 후원을 얻어 그곳으로 가게 되었으면 합니다."

방에서는 할 수 있는 데까지 했다고 생각한 것 같다. 몇몇 도시에서 몇 개의 그리스도교인 '세포'를 심기만 하면 그것으로 그가 할일은 끝난다고 생각한 것 같다. 그래서 그는 제국의 서쪽 절반에서 같은 식의 일을 추구할 계획을 세운다.

그는 여기서 앞으로의 재정적 뒷받침을 요청한다. "저의 여행길에 여러분을 만나 잠시 함께 즐거움을 나누고 나서 여러분이 저를 그곳으로 보내주기를 바라기 때문입니다"(15:24).* 요한의 편지들을 논할 때 설명한 대로, 이것은 용기뿐 아니라 물질적 지원까지 가리키는 표현이다. '누군가를 보낸다'는 것은 여행하는 전도자를 물질적으로 지원하는 것을 정중하게 나타내는 한 가지 표현이었다.

그렇지만 먼저 바울로는 그다음에 설명하는 것처럼 예루살렘으로 가고 싶어하고 또 갈 필요가 있다. "그러나 지금은 예루살렘에 사는 성도들에게 구제금을 전하러 갑니다. 그것은 마케도니아와 아카이아의 성도들이 예루살렘에 있는 가난한 성도들에게 같은 교우로서 정을 나누려고 기쁜 마음으로 보낸 것입니다"(15:25~26). 이것은 바울로가 상대적으로 가난한 예루살렘의 유다인 교회에게 선물로 주기 위해 자기가 세운 이방인 교회에서 모으고 있던 의연금을 말한다. 지금 그는 그 돈을 가지고 예루살렘으로 떠날 준비를 하는 시점에 와 있다.[5]

이 의연금에는 돈보다 더 큰 의미가 있었다. 나는 후견인-피후견인 구조를 이미 여러 번 언급했는데, 바울로가 이 모금을 바라보는 관점

---

* 앞 각주 참조.

에서 이것이 다시금 표출되는 것을 보게 된다. 그리스·로마 세계에서는 주고받는 것을 언제나 상호적이라고 생각했다. 후견인은 돈이나 그 밖의 '선물'을 피후견인에게 주고 그 대신 명예와 존경을 얻었다. 또 피후견인이 이따금 후견인에게 '선물'을 주는 것까지 당연하게 여겼다. 그러나 호혜주의는 언제나 중요했다.

그래서 바울로는 이 의연금을 이방인들이 예수의 첫 제자들인 유다인에게서 받은 복음이라는 선물을 '되갚는' 것으로 묘사한다. "그들〔이방인 교회들〕은 이렇게 기쁜 마음으로 보냈지만 그들에게는 또한 그렇게 할 의무도 있습니다. 이방인들은 예루살렘에 있는 성도들의 정신적인 축복을 나누어가졌으니 이제는 물질적인 것을 가지고 그들을 도울 의무가 있지 않겠습니까? 나는 모금을 마치고 그 돈을 예루살렘에 있는 성도들에게 확실히 전해준 다음에 여러분에게 들렀다가 스페인으로 가려고 합니다. 내가 여러분을 찾아갈 때에는 그리스도의 풍성한 축복을 안고 가게 되리라고 믿습니다"(15:27~29). 이 의연금은 바울로에게 큰 의미가 있었는데 재정적으로 중요하기 때문만은 아니었다. 예루살렘의 그리스도교인들이 가난하여 도움이 필요했던 것으로 보이는 것은 사실이다. 그러나 바울로는 이 거래를—그가 볼 때는 거래였는데—그가 세운 이방인 교회들을 예루살렘에 있는 유다인들의 '모교회'에 연결시키는 것으로도 보고 있다.

바울로의 사도직은 전적으로 원래 유다인의 것이던 복음을 이방인 세계로 가져가는 데 있었지만, 교회는 하나로 머물러 있을 필요가 있었다. 이방인과 유다인이 모두 그 안에 있어야 했다. 이것은 유다인을 비롯하여 '모든 민족'이 포함되는 전 세계적 '이스라엘'이라는 바울로의 묵시적 전망에 포함되어 있었다. 이 의연금은 교회를 그렇게 일치시키려는 바울로 나름의 시도였다.

그러나 이것은 또 약간 위험하기도 했다. 만일 유다인 교인들이 이방인 교회에서 보내는 이 선물을 받아들인다면 하위에 있다는 표시로 해석될 수도 있었다. 사회계층에서 주로 명예는 아래에서 위로 전달되고 돈은 위에서 아래로 전달된다는 점을 기억하기 바란다. 바울로는 예루살렘의 유다인들이 이 선물을 받아들이면 지위가 더 낮다는 의미가 될 수 있기 때문에 선물을 거절할지도 모른다고 염려하고 있는 것이 분명하다.

선물을 받아들이는 것은 또 유다인 교인들이 바울로의 선교를 완전히 인정하고 또 나아가 그의 '율법 없는' 복음에 동의한다는 뜻으로도 받아들여질 수 있었다. 예루살렘에는 그렇지 않은 교인이 많았다는 점에는 의심의 여지가 없다. 바울로는 예루살렘 교회의 지도자들로서는 율법과 이방인에 대한 바울로의 관점을 인정한다는 신호를 보내고 싶지 않기 때문에 그가 가져가는 선물을 거부해야 한다는 압박이 어느 정도 있을 거라는 점을 알고 있다.

자신의 계획에 이런 위협이 있을 수 있음을 인식한 바울로는 점점 커져가는 그리스도교 운동에서 중요하고도 핵심적인 위치를 차지하게 된 로마 교회에 편지를 써서, 예루살렘으로 향하는 자신의 여행을 로마 교회가 뒷받침하게 하려 한다. 우리는 바울로가 로마의 교인들에게서 구체적으로 무엇을 원했는지는 모른다. 예루살렘으로 편지를 쓰는 일? 바울로를 지지하기 위한 사절을 보내는 일? 그러나 나는 바울로가 그들에게 편지를 쓰는 한 가지 이유는 그가 이방인들과 함께 보내는 선물을 예루살렘의 교회가 받아들일지 몰라 불안하기 때문이라고 생각한다. 그쪽 교회 사람들이 자신의 율법관에 관한 소문을 들은 뒤이기 때문에 특히 더 그렇다. 바울로는 예전에 율법에 관해 했던 과격한 말을 미묘하게 바꾼다. 그는 율법을 '거룩하고' '좋은' 것이라고 부른다. 율법은 하느님이 세상을 구원하려는 계획에서 좋은 역할을 수행했다. 자신이 전하는 복음에 문제가 없다는 것을 이방인과 유다인이 모두 섞여 있는 로마 교회에게 설득할 수 있다면 예루살렘 여행에서 성공할 가능성이 더 높을 것이다.

우리는 바울로의 예루살렘 여행이 어떤 결과를 낳았는지 모른다. 사도행전은 예루살렘 교회 지도자들이 바울로를 따뜻하게 맞아들였으며, 그곳에서 그가 체포된 것은 오로지 믿지 않는 유다인들의 거짓 고발 때문이라고 믿게끔 하려고 한다. 그러나 사도행전은 바울로의 의연금은 한번도 언급하지 않는다. 그가 쓴 여러 편지를 살펴볼 때 이 의연금이 그에게 어마어마하게 중요하고 심지어 그의 선교의 윤곽을 정의하는 데에도 도움이 됐다는 사실을 알 수 있는데도 그렇다. 사도행전의 저자가 이 의연금에 대해 알지만 예루살렘 교회가 거절했다는 것도 알기 때문에 언급하지 않았을 수도 있을까? 만일 그렇다면 이것은 유다인-이방인이 완전히 일치된 교회와, 바울로와 예루살렘의 유다인 교회 지도자인 야고보 사이의 완전한 일치라는 사도행전의 이야기와 맞지 않는다. 바울로의 선물이 받아들여지지 않았거나 적어도 교회 전체가 열렬히 받아들이지는 않았을 수도 있다. 그랬다면 그가 로마인들에게 해명하려고 애쓴 '율법 폐지론자'라는 평판이 그 한 이유였을 것이다.

로마인들에게 보낸 편지의 새로운 '핵심'

오랫동안 대부분의 학자들은 개신교회 신학의 영향으로 로마서의 첫 몇 장이 가장 중요하다고 생각했다. 율법을 행하는 것과는 별문제로 믿음을 통한 은총으로써 의롭다고 인정받는다는 자신의 교리를 바울로가 가장 명확하게 주장하는 곳이 이 부분이다. 이제까지 논한 대로 이 교리는 여전히 전체 그림의 한 부분이지만, 이 편지에서 그보다 더 핵심적인 내용은 초기 교회에서 이방인과 유다인의 관계이다. 실제로 이것은 로마서에 관한 학문에서 더 넓게 일어나고 있는 변화를 반영한다. 나를 포함하여 많은 학자들은 이제 로마서 9~11장을 이 편지가 다루는 관심사의 핵심으로 보는 경향이 있다.

조금 전에 말한 대로 바울로가 자신의 이방인 교회와 예루살렘의 유다인 교회 사이의 관계 때문에 노심초사하고 있다면, 또 유다인이 주류이던 로마의 교회가 이방인이 주를 이루는 교회로 바뀌었다면, 로마서 9~11장은 이 두 문제를 다루는 바울로 나름의 방식을 보여준다고 볼 수 있다. 바울로뿐 아니라 당시 많은 유다인들이 지니고 있던 묵시적 기대에 따르면 구세주가 오는 '종말의 때'에는 세상의 모든 민족 또한 하느님의 나라에 포함되게 된다. 바울로는 "내 백성이 아니었던 사람들"이 하느님의 아이들이 될 것이라는 예언자 호세아의 예언을 인용한다(로마서 9:25~26; 호세아 2:23, 1:10*). 이 종말론에 따르면 구세주가 온 뒤 세상의 모든 민족 역시 하느님의 나라 안으로 들어와 구원을 받게 된다. 바로 이것이 바울로가 이방인을 향한 자신의 선교를 바라보는 방식이었다. 구세주는 예수라는 인간으로 왔고 또 교회는 적어도 다가올 하느님의 지배에 따른 '첫 열매'에 해당되므로, 이방인의 사도로서 바울로가 할 일은 종말이 다가와 하느님의 지배를 받을 것에 대비하여 그들을 교회 안으로 불러들이는 것이다.

그 준비로, 신성한 섭리에 따라 유다인들은 대부분 예수에 관한 복음을 받아들이지 않았다. 그렇지만 바울로는 복음을 이방인에게 가져갈 수 있게 하기 위해 그들이 복음을 배척할 필요가 있었다고 주장한다. 그러나 '모든 이방인들'이 교회에 들어오고 나면 믿지 않는 유다인들에게 신성한 섭리에 따라 내렸던 '완고한 마음'이 거둬질 것이고, 그러면 그런 유다인들 역시 돌아올 것이다. "따라서 온 이스라엘도 구원받게 되리라는 것입니다"(11:25~26). 예수가 십자가형을 받고, 구세주로 부활하고, 유다인 대다수가 복음을 배척하고, 선교가 이방인에게 향하는 것이 모두 하느님이 의도한 사건이며, 그것은 예수가 승리하여 돌아올 때 이제 속량되고 재창조되어 하나가 된 세상에서 이스라엘과 모든 민족을 하나로 만드는 나라를 다스릴 수 있게 하기 위해서였다. 이스라엘의 경계는 온 세상이 될 것이며 나아가 온 우주를 아우를 것이다.

* 공동번역 성서에서는 이 내용이 호세아 2:25, 2:1에 나온다.

로마서 9~11장을 쓴 커다란 이유 하나는 따라서 로마에 있는 이방인 그리스도교인들에게 비록 지금 그들이 교회의 대다수라 해도 자신의 유다인 형제자매에게 '군림하지' 말아야 한다는 말을 하기 위해서이다. 물론 그리스도를 믿지 않는 유다인들에게 '완고한 마음'이 내렸지만 그 마음이 이내 풀릴 것이고, 유다인들 자신이 '하느님의 백성'으로 다시 들어오게 될 것이다. 바울로는 이방인 청중에게 유다인들은 '하느님의 백성' 중 첫번째였다는 것을 일깨운다. 이방인은 그들을 존경해야 하며 그들을 따돌리거나 멸시해서는 안 된다. 유다인들이 믿지 않는 것조차 하느님의 계획에 포함되어 있다. 로마서 9~11장은 바울로가 로마인들에게 편지를 쓰는 한 가지 주된 이유는 자신이 여전히 충직한 유다인으로서 같은 유다인을 존중하고 이방인 그리스도교인 역시 그렇게 하라고 주장한다는 것을 보여주기 위해서였다.

바울로는 한번도 자신을 그리스도교의 창시자로 보지 않았다. 그는 '새로운 종교'를 세우기 위해 나선 것이 아니었다. 실제로 바울로는 '그리스도교인'이라는 말을 한번도 쓰지 않는다. 이 용어를 몰랐을 수도 있다. 알았을 경우 만일 그것이 아브라함과 유다인들의 믿음과는 구별되는 '새' 종교를 가리키는 것으로 해석됐다면 나로서는 그가 거부했을 가능성이 높다고 생각한다. 바울로가 기대하는 것은 '온 이스라엘'의 최종적 구원을 포함하여 유다인과 이방인이 하나가 된 하느님의 백성이었다. 만일 바울로가 '그리스도교'라는 낱말을 알았다면 그는 그것 역시 인정하지 않았을 것이다. 나는 이런 낱말이 그의 편지에서 한번도 사용되지 않았다는 점이 중요하다고 생각한다. 사용됐다면 바울로가 새로운 종교를 창시하려고 나섰다는 의미가 될 것이다. 그렇지만 그것이 목적이 아니었음은 분명하다.

이렇게 로마서와 바울로를 새로운 시각에서 바라보면 이 편지와 바울로의 선교는 개개인의 구원이나 믿음으로써 의롭다고 인정받는다는 어떤 추상적 교리에 관한 것이 아니다. 로마서는 이스라엘 민족을 확장하여 온 세상을 아우르는 것을 말한다. 종말의 때가 오면 하느님의 이스라엘 안에서 온 세상과 온 민족이 구원받는다는 것을 말한다. 바울로가 최초의 그리스도교 신학자였다고는 말할 수 없다. 그렇지만 가장 과격한 유다교 신학자에 속한다고는 충분히 말할 수 있을 것이다.

17
골로사이인들과 에페소인들에게 보낸 편지

개요: 고대에는 다른 사람을 거짓으로 저자로 내세운 문서인 위서가 흔했다. 골로사이인들과 에페소인들에게 보낸 편지는 사도 바울로를 저자로 내세워 차명으로 쓴 것일 가능성이 매우 높다. 골로사이서의 저자는 독자들에게 그들은 구원의 모든 이점을 이미 가지고 있어서 축일, 안식일, 천사 숭배에 관한 규칙을 지킬 필요가 없다고 확언한다. 에페소서는 골로사이서를 바탕으로 하지만 신학 내지 도덕 논문에 더 가깝게 느껴진다. 두 편지 모두 실현된 종말론과 높은 그리스도론을 담고 있다는 점에서 바울로의 신학과는 다르다.

고대의 위서

동부 시리아에 있었던 에데사 왕국의 왕 아브가르가 나자렛 예수에게 편지를 썼다. 아브가르는 세계적인 명성을 지닌 예수에 대해, 특히 그의 치료 기적에 대해 소문을 들었다고 말한다. 그는 자신이 앓고 있다면서, 유다인들이 예수에게 그다지 우호적이지 않으므로 예수를 에데사에 있는 자신의 왕국으로 초청한다. 그리고 예수에게 와서 치료해주기를 청하고, 또 유다인들 사이에서 받는 대접보다 더 후하게 환대하겠다고 약속한다.

예수는 다음과 같이 답장을 쓴다.

> 나를 보지 않고도 믿는 너는 행복하다! 나를 본 사람들은 나를 믿지 않고, 나를 보지 않은 사람들은 믿고 또 살 것이라고 쓰여 있기 때문이다. 나에게 와달라는 요청이라면, 나는 이곳에서 해야 하는 일을 모두 완수해야 하며, 완수하고 나면 나를 보낸 분에게 곧장 들려 올라가야 한다. 들려 올라가고 나면 나는 너에게 내 제자 한 명을 보내 너의 병을 치료하고 너와 또 너와 함께 있는 사람들에게 생명을 가져다주겠다.[1]

알고 보니 예수는 편지에서 언변이 매우 좋았던 것 같다.

물론 이것은 전혀 실제로 있었던 일이 아니다. 두 편지 모두 위조됐는데, 그 시기는 아마도 3세기나 4세기 초였을 것이다. 이 두 편지는 4세기의 저자 에우세비우스가 쓴 『교회사』에 포함되어 있다. 오늘날 학자 중에는 이 두 편지가 진짜라고 믿는 사람이 아무도 없다. 실제로 고대의 학자들도 예수는 글로 남긴 것이 아무것도 없다는 점을 지적했다.[2]

초기의 일부 그리스도교인들이 이 편지를 위조하려 한 이유는 쉽게 상상할 수 있다. 예수는 나중에 역사상 가장 중요한 인간으로 생각됐다. 생전에 세계적으로 유명했던 것도 틀림없다. 그리고 시리아의 어느 교인이 자기 교회의 역사가 오래됐고 또 나아가 예수가 직접 보낸 제자가 세웠다는 관념을 퍼트리고 싶어했을 것이다. 그렇게 하기 위해 이 사실을 기록한 편지 두 장이 '발견'되는 것보다 더 좋은 방법이 어디 있을까? 그래서 편지가 위조됐다. 에우세비우스가 이 두 편지를 어떻게 알았는지 우리는 모르지만, 자신이 쓴 『교회사』에 인용해놓은 것은 사실이다.

초보 학자라도 이 두 편지의 신빙성을 의심할 만한 이유를 내놓을 수 있다. 예를 들면 이 두 편지가 그리스어로 쓰였는데, 예수는 그리스어를 쓰지 않았을—또는 적어도 이 편지에서 나타나는 수준 높은 문체로는 그리스어뿐 아니라 아람어나 시리아어로도 쓸 수 없었을—가능성이 높다는 점을 지적할 것이다. 영어로 번역해놓아도 이 편지의 산문체는 정교하고 뛰어난 문체로 보이는데, 고대의 기준으로 본 '뛰어난 문체'로 치자면 그렇다는 말이다. 편지에서는 또 요한의 복음서를 알고 있다는 점이 드러난다. 아브가르의 편지에는 유다인들이 예수를 배척한다는 내용이 언급되는데 이것은 제4복음서의 주요 주제이다. 그리고 이 책 11장에서 살펴본 바와 같이 보고 믿는다는 주제는 요한복음에서 직접 가져온 것으로 보인다(요한복음 20:29 참조). 아마추어 '역사학자'라도 이 두 편지가 위조임을 알아볼 수 있다. 고대 세계에서 전해 내려오는 이런 위조는 그리스도교와 비그리스도교를 통틀어 많이 있다. 이런 것을 가리키는 더 정중한 표현은 아마도 '차명작품'일 것이며, 또 성서학자들은 대개 이런 작품을 '위조'라 부르기를 꺼린다.

그러나 고대의 이런 관습을 면밀하게 연구해보면 정작 고대인들 자신은 차명작품을 저자 이름을 거짓으로 내세워 독자를 속이려는 부정직하고 부도적한 시도로 봤다는 것이 드러난다. 다만 어쩌면 차명작품을 만드는 당사자들은 생각이 달랐을지도 모른다.[3] 사람들은 거짓으로 저자를 내세운 작품을 실제 그 저자가 쓴 것으로 믿는 경향이 있었다. 사실이 아님을 알게 되면 그런 행위와 위조자를 비난했다. 그러므로 고대인들은 차명 활동을 용인할 수 있는 문화라고 여겼다는 관념은 현대에 생겨난 전설에 지나지 않는다.

차명작품을 내놓을 만한 이유는 여러 가지가 있었다. 하나는 돈이었다. 헬레니즘 제국 시대의 몇몇 왕들은 자신과 자국 학자들을 위해 거대한 도서관을 지으려고 했다. 베르가모의 도서관은 유명했고, 이집트 알렉산드리아 도서관은 더욱 유명했다. 장서를 늘리기 위해 지배자들은 큰돈을 지불하고 책을 사들이고는 했다. 예컨대 호메로스의 작품, 플라톤의 대화편, 헤로도토스의 역사서, 또는 그 밖의 갖가지 사본을 무엇이든 사들였다. 위서 작가는 그때까지 알려지지 않았던 에우리피데스의 희곡이나 플라톤의 편지를 '새로 발견했다'면서 진품이라고 팔아 매우 큰 돈을 벌 수 있었다. 2세기의 의사이자 무수한 의학서를 쓴 갈레노스는 서점에서 자신의 이름으로 위조된 책을 발견하고 푸념을 내놓았다. 의심의 여지 없이 누군가가 의학 서적을 위조하여 서점에 팔아 돈을 벌려 하고 있었던 것이다.

그리스도교 초기에 사람들이 차명작품을 내놓은 주된 이유는 자신의 신학적 관점을 전파하고 다른 관점을 방해하기 위해서였던 것으로 보인다. 이들은 그러기 위해 편지나 복음서, 행전 등을 사도라든가 과거의 유명인 이름으로 썼다. 그래서 우리에게는 아무도 베드로가 실제로 썼다고 믿지 않는 『베드로의 복음서』가 조각문서로 남아 있다. 고대 중의 고대인인 에녹이나 에즈라가 기록했다고 하는 환상이 우리에게 남아 있는데, 이 역시 아무도 실제로 그들이 썼다고는 믿지 않는다. 그리고 여기서 본 것처럼 예수가 에데사의 왕에게 직접 썼다고 하는 편지까지 있다. 바울로가 저 유명한 스토아 학파 철학자이자 네로 황제의 고문이었던 세네카와 주고받았다는 편지도 있다. 따지고 보면 바울로가 위대한 신학자였다면 1세기에 가장 유명한 철학자 한 사람과 편지를 주고받지 않았을 이유는 없으니까. 그러나 이런 어떤 것도 진짜라고 믿는 사람은 아무도 없다. 모두 위조작품이다. 그리스어, 라틴어, 유다교, 그리스도교에서 나온 그런 작품이 수백 수만이나 있다.

그중 어떤 것도 그다지 큰 논란거리가 아니다. 논란은 비판적 학자들이 신약에 실린 글 중 여러 편 역시 위조라는 의견을 내놓았을 때라야 일어난다. 실제로 신약의 문서 중 여덟 편만 확실하게 저자라고 주장하는 사람이 직접 썼다. 앞서 말한 바울로의 '논란이 없는 편지들' 일곱 편, 그리고 제베대오의 아들인 사도 요한은 아니지만 '요한'이라는 사람이 쓴 요한의 묵시록이 이에 해당한다. 네 편의 복음서는 본문 자체에 (나중에 필경사들이 붙인 '제목'은 치지 않는다) 저자가 누구라는 주장이 없기 때문에 차명작품이 아니다. 다만 제4복음서는 이름은 밝히지 않았으나 '사랑하시던 제자'가 쓴 것으로 되어 있다. 그러므로 정전 복음서는 차명작품이 아니라 그저 익명으로 쓴 작품이다.

앞으로 살펴보게 되겠지만, 히브리인들에게 쓴 편지는 익명으로 썼다. 다만 몇몇 학자는 적어도 저자가 자신이 바울로임을 암시하고 있다는 주장을 내놓았다.[4] 그렇지만 본문에서는 저자가 누구라고 명확하게 주장하지 않는다. '요한'의 편지 세 편 역시 요한이 썼다는 내용이 나오지 않는다. 그중 나중의 두 편을 쓴 저자는 앞서 살펴본 것처럼 자신을 그저 '원로'라고만 표현한다. 그러나 비판적 학자들은 야고보, 베드로, 유다가 직접 썼다고 되어 있는 편지들은 모두 차명작품이며, 그들이 죽은 지 오랜 뒤에 그런 유명한 제자들의 이름으로 쓰였다고 확신한다. 신약에 들어가 있는 스물일곱 권의 문서 중 여덟 편만 저자라고 주장하는 그 사람이 쓴 것이 확실하고, 아홉 편은 익명으로 쓰였으며, 내가 볼 때 열 편은 그리스도교인들이 전대의 유명한 교부들의 이름으로 위조한 차명작품이다.

골로사이인들에게 보낸 편지

골로사이서는 정전에서 에페소서보다 나중에 나오지만 그보다 먼저 쓰인 것이 거의 확실하다. 정전에서 바울로가 쓴 편지의 순서는 각 편지의 길이를 반영하는 것으로 보인다. 가장 긴 것부터 가장 짧은 것까지 길이순으로 배치됐고, 몇 가지는(데살로니카서 두 편, 목회서신) 같은 종류끼리 묶기 위해 예외로 취급된 것 같다. 그러나 에페소서가 골로사이서보다 나중에 쓰였다고 믿을 좋은 이유가 몇 가지 있다. 앞으로 나는 에페소서의 저자가 골로사이서를 견본 삼아 구상이나 낱말, 어구 등을 가져왔다는 점을 논할 것이다. 그러나 에페소서의 저자는 골로사이서의 저자와 같은 사람이 아니었다. 그러므로 바울로의 팬 한 사람이 그의 이름으로 편지를 위조했고, 그런 뒤 바울로의 또다른 팬이 골로사이서가 실제로 진짜라고 생각하고 그것을 견본 삼아 편지를 써서 바울로의 이름을 붙였다. 하나의 차명 편지가 다른 차명 편지의 견본이 된 것이다.

학자들이 골로사이서를 바울로가 쓰지 않았다고 보는 주요한 이유는 이 편지의 문체와 신학, 두 가지다. 문체는 바울로의 문체와 매우 다른데, 영어 번역본을 읽어봐도 꼼꼼한 독자라면 눈치챌 수 있다. 그러나 영어 번역본은 모두 문체를 '정돈'해버렸기 때문에 그리스어 구문을 더 그대로 따라 직역할 때보다 더 제대로 된 현대 영어로 느껴진다. 그리스어 구문을 반영하도록 직역하면 골로사이서 1:3~8은 다음과 같다.

> 여러분이 그리스도 예수를 믿고 또 모든 거룩한 이들(또는 '성도들')에게 사랑을 보여주고 있다는 말을 듣고 우리는 기도할 때 언제나 여러분을 위해 우리 주 예수 그리스도의 아버지 하느님에게 감사를 드리는데 그것은 여러분을 위해 하늘에 마련되어 있는 희망 때문이며, 그 희망을 여러분은 이전에 여러분에게 온 복음의 진리의 말씀에서 들었고 또 여러분이 진리 속에서 하느님의 은총을 듣고 알아차린 그날부터 온 우주 속에서와 마찬가지로 여러분 사이에서도 열매를 맺고 자라나고 있으니, 우리의 사랑하는 동료 노예이자 여러분의 믿음직한 그리스도의 종인 에바프라에게서 여러분이 들었던 그대로인바, 그는 또한 여러분이 성령 속에서 사랑을 간

직하고 있다는 것을 우리에게 분명히 알려주었습니다.

이것은 전체가 한 문장으로 되어 있다. 그리스어 문체를 흉내내기 위해 관계대명사나 분사를 비롯하여 온갖 연결어를 동원해야 했는데, 그리스어에서 그런 연결어를 많이 쓰기 때문이다. 이런 갖가지 문법 형식 덕분에 그리스어로 편지를 쓴 사람은 매우 복잡한 여러 문장을 하나로 꿰며 마침표도 없이 몇 줄이고 이어간다. 그리스어 구문에서는 그러는 게 가능하다.

비록 오늘날의 영작문에서는 받아들일 수 없는 문체겠지만, 1세기에 그리스어를 쓰는 교양 있는 사람들은 완벽하게 받아들일 수 있었다. 실제로 사람들은 적어도 어떤 때에는 이런 식으로 화려하게 만연체로 글을 쓰도록 교육받았다. 이런 종류의 문장은 도미문이라 불리는데, 여러 개의 종속절, 절 속의 절, 구 속의 구가 서로 중첩되어 들어간 다음 한 개 또는 몇 개의 독립절에 종속하게끔 만든 문장이다. 도미문은 고대 그리스어와 라틴어에서 흔했고, 또 실제로 현대의 몇몇 언어와 아울러 19세기 독일의 학문적 글쓰기에서 모방됐다. 현대 미국의 글쓰기에서는 인기가 그리 높진 않다.

그러므로 이 문체에는 아무 문제도 없다. 저자는 아마 세련되고 복잡한 그리스어로 글을 쓸 능력이 있다는 인상을 독자에게 주기 위해 편지의 바로 이 첫머리에서 약간 '과시'하고 있을 것이다. 그렇지만 중요한 것은 이것이 바울로가 글을 쓰는 방식이 아니라는 점이다. 우리가 보기에 그가 쓴 편지가 일곱 편 있는데, 그의 편지에 이것과 비슷한 문체는 어디에도 없다. 바울로는 물론 긴 문장을 쓸 능력이 있었지만 대개는 그렇게 하지 않는다. 다른 학자들은 바울로의 편지 일곱 편을 다른 측면에서도—어휘, 구문, 문법 등에서도—골로사이서의 언어와 철저하게 비교하는 논문을 내놓았는데, 더 자세히 알아보고 싶은 독자는 그런 논문을 찾아보면 된다.[5] 이 책에서는 여기서 소개하는 짤막한 예면 충분할 것이다. 낱말, 구문 등을 비롯한 문체의 모든 부분으로 보면 골로사이서의 저자는 바울로와는 매우 다른 독특한 문체를 사용했다.

에페소서의 저자는 골로사이서를 알고 또 이런 문체까지도 모방하려 한 것으로 보인다. 아래는 그가 쓴 대단히 긴 문장 중 하나만 예로 든 것이다. 인사말 바로 뒤의 문장이다.

> 우리 주 예수 그리스도교의 하느님이자 아버지를 찬양하며, 그분은 그리스도 안에서 하늘의 모든 영적 축복을 우리에게 내려주셨으니, 우주를 지어내시기 전에 그분 안에서 우리를 뽑아주시어 우리가 사랑 안에서 그분 앞에 거룩하고 흠 없이 서게 하시고, 그분 스스로 예수 그리스도를 통해 우리가 아들(즉 양자)의 자격을 얻도록 미리 정하셨으니 이것은 그분의 기쁜 뜻이었으며, 그분께서 사랑하시는 아드님 안에서 우리에게 베푸신 영광스러운 은총을 찬양하니, 아드님 안에서 우리는 그의 피를 통해 죄를 씻고 용서를 얻었으며, 그분께서 우리에게 아낌없이 내리신 풍성한 은총에 따라 우리가 온갖 지혜와 사리분별 속에서 그분의 신비한 뜻을 알게 하신바, 때가 완전히 무르익을 때까지 그분께서 일찍이 아드님 안에서 기꺼이 마련해두신 것으로서, 하늘과 땅 위에 있는 모든 것들이 그리스도에

게 다시 머리를 숙이게 하시며, 그 안에서 우리는 또한 상속자가 되었으니, 모든 것을 뜻대로 세우신 계획에 따라 이루시는 분께서 세우신 계획에 따라 미리 정해진 대로, 누구보다도 먼저 그리스도에게 희망을 둔 우리가 그분의 영광을 찬양하며 존재할 수 있게 하심이며, 여러분 또한 진리의 말씀을, 여러분의 구원이라는 복음을 듣고 그리스도를 믿었으니, 약속하신 대로 내려온 성령으로 보증되었으며, 이것은 우리가 받을 상속의 보증이고, 우리의 구속을 씻어내고 그분의 영광을 찬양하기 위함입니다. (에페소서 1:3~14)

보다시피 이것은 긴 도미문 하나로 되어 있다. 적어도 한 가지 셈에 따르면 그리스어로 이 문장은 201개 낱말로 이루어져 있다.[6] 내가 영문으로 번역하면서 하나의 도미문으로 만드는 데는 250개의 낱말이 사용됐다. 그리스어를 대조할 수 없는 오늘날의 독자에게는 애석하게도 이런 종류의 분석이 의미가 없다. 그러나 골로사이서와 에페소서를 그리스어로 읽어보면 바울로의 문체와는 너무나 달라, 둘 중 어느 것도 바울로가 쓰지 않았다는 것이 많은 학자들에게는 명백해 보인다.

바울로가 이런 문체로 글을 쓸 수 없었다는 말이 아니다. 그저 우리가 아는 한 그가 그렇게 쓰지 않았다는 말일 뿐이다. 바울로는 꽤 직선적인 문장으로 글을 쓴다. 이따금 문법적으로 잘못된 부분도 있다. 문장이 시작하자마자 끝나거나 도중에 끊기기도 한다. 이것은 어쩌면 바울로가 다른 사람에게 편지를 받아적게 했다는 표시에 지나지 않을지도 모른다(로마서 16:22 참조). 바울로는 또 긴 문장과 짧은 문장을 번

같아 사용하며, 때로는 두세 낱말로 된 강조문을 쓰기도 한다("절대로 그럴 수 없습니다." 로마서 6:2, 7:7). 우리는 골로사이서와 에페소서의 저자들이 바울로를 본보기로 생각했음을 상상할 수 있다. 따라서 이들은 각기 편지를 쓰면서 고도의 문체로 시작했는데, 분명 그래야 자신의 영웅에게 어울린다고 생각했을 것이다. 그러나 그렇게 함으로써 이들은 사실감이라는 장점을 놓쳐버렸다. 적어도 문체에서는 바울로를 잘 모방하지 못한 것이다.

골로사이서를 쓴 경위

골로사이서는 아마도 이 편지의 저자가 보기에 완전히 잘못된 신학과 관습에—그렇지만 바울로의 계보라고 주장하는 신학과 관습에—대항하기 위해 쓴 것으로 보인다. 아래의 비교적 긴 인용문을 살펴보면 그가 무엇에 반대하는지 어느 정도 알 수 있다.

> 그러므로 여러분은 먹고 마시는 문제나 명절 지키는 일이나 초승달 축제와 안식일을 지키는 문제로 아무에게도 비난을 사지 마십시오. 이런 것은 장차 올 것의 그림자에 지나지 않고 그 실체는 그리스도에게 속합니다. 여러분은 스스로 자신을 낮추어 천사 숭배를 고집하고 환상에 연연하며 인간의 사고방식 때문에 헛되이 우쭐거리는 자들 때문에 자격을 박탈당하지 않도록 하십시오. 그들은 머리에 단단히 붙어 있지 않습니다. 몸 전체는 머리로부터 각 마디와 힘줄을 통하여 영양을 받으며 서로 연결되어 하느님의 뜻대로 자라나는 것입니다. 여러분이 그리스도와 함께 죽어 세상에

> 있는 자연의 영들을 버렸다면 어찌하여 아직도 세상에 속한 사람처럼 살고 있습니까? 어찌하여 '이것은 집지 말고, 저것은 맛보지 말고, 그것은 건드리지 마라' 하는 따위의 규정에 묶여 있습니까? 이런 규정은 모두 쓰고 나면 없어져버리는 것들에 대한 것이며, 그저 인간의 명령과 가르침에 지나지 않습니다. 이런 규정은 스스로 경건한 행동과 겸손과 육체의 가혹한 취급을 조장하여 현명해 보이기는 하지만, 방종을 억제하는 데에는 아무런 가치도 없습니다. (골로사이서 2:16~23)*

이 인용문에는 흥미로운 면이 많이 있으며, 또 전문가가 보기에도 여러 부분이 불명확한 채로 남아 있다. 예를 들면 학자들은 '천사 숭배'가 무슨 뜻인지에 관해 의견의 일치를 보지 못하고 있다. 천사를 숭배하는 사람들을 가리키는 말일까? 아니면 그런 사람들은 하느님이나 그리스도를 숭배할 때 천사들이 숭배에 함께 참여한다는 뜻일까? 이

---

* 공동번역 성서에는 다음과 같이 나와 있다. "그러므로 여러분은 먹고 마시는 문제나 명절 지키는 일이나 초생달 축제와 안식일을 지키는 문제로 아무에게도 비난을 사지 마십시오. 이런 것은 장차 올 것의 상징에 지나지 않고 그 본체는 그리스도입니다. 여러분은 겸손한 체하거나 천사를 숭배하는 자들에게 속아서 여러분이 받을 상을 빼앗기지 마십시오. 그들은 보이는 것에만 정신을 팔고 세속적인 생각으로 헛된 교만에 부풀어 있습니다. 그리고 그들은 그리스도를 머리로 하는 몸의 지체가 아닙니다. 몸 전체는 각 마디와 힘줄을 통하여 영양을 받으며 서로 연결되어 하느님의 계획대로 자라나는 것입니다. 여러분이 그리스도와 함께 죽고 세속의 유치한 원리들을 버렸다면 어찌하여 아직도 이 세상에 속하여 사는 것처럼 '이것은 집지 말고, 저것은 맛보지 말고, 그것은 건드리지 마라' 하는 따위의 규정에 묶여 있습니까? 이런 것은 모두 한번 쓰고 나면 없어져버릴 것으로서 인간이 명령하고 가르치는 것입니다. 이런 규정은 제멋대로의 예배와 과장된 겸손과 부질없는 금욕주의 따위로 현명한 것처럼 보이지만 실상 육체의 욕망을 제어하는 데는 조금도 힘이 없습니다."

렇게 먼 거리에서 보면 저자가 정확히 누구를 생각하고 있었는지, 그들이 유다인 그리스도교인지 이방인 교인인지, 그들이 지키려는 규칙과 축일이 유다교의 경전에서 나왔는지 아니면 다른 데서 왔는지를 비롯하여 여러 많은 질문에 대해 확실한 답을 내놓기가 불가능하다.

어떻든 저자가 초기 그리스도교에서 육체의 욕망을 제어하는 어떤 금욕주의에 반대하는 것만큼은 분명해 보인다. 저자가 여기서 비난하는 대상은 특정 거룩한 날(명절, 초승달 축제, 안식일)을 지킨다든가 음식과 또 어쩌면 포도주를 피하는 등의 관습을 주장하는 사람들이다. 이들은 겸손과 자제를 통해 특별한 거룩함을 연출하려는 생각에서 그렇게 하는데, 이 편지의 저자는 바울로는 절대로 그렇게 가르친 적이 없다고 주장한다.

실제로 나는 '천사 숭배'는 이 사람들이 천사들을 숭배하면서 그렇게 하면 하느님도 기뻐할 거라고 생각한다는 뜻일 것으로 본다. 어떻든 저자는 '세상에 있는 자연의 영들'*을 언급한다. 이것은 갈라디아서에서 바울로가 불평하던 스토이케이아인데, 천사나 악마 같은 존재로서 일부 사람들은 이들이 우주의 대기를 차지하여 우주를 지배한다고 믿었다. 골로사이서의 저자는 청중에게 그리스도교인은 "그리스도와 함께 죽어" 이미 "그리스도 안에" 있기 때문에 "스스로 자신을 낮추어" 저런 천사들 같은 스토이케이아를 숭배할 필요가 없다고 주장한다(2:20). 따라서 저자는 초기 그리스도교에 있던 일종의 금욕주의에 반

* 공동번역 성서에는 "세속의 유치한 원리들"이라 되어 있다.

대하고 있는데, 이 금욕주의에서는 자신과 하느님 사이에 있다고 믿던 천사들 같은 스토이케이아를 달래기 위해 아마도 유다교의 경건 행동(안식일, 음식에 관한 규제) 중 몇 가지를 실행한 것으로 보인다.

저자가 그런 믿음과 관습에 반대하는 방법은 그리스도교인은 그리스도의 모든 축복을 이미 받아 가지고 있다고 주장하는 것이다. 그리스도교인은 '별도의' 금욕주의나 음식에 관한 규제나 특별히 거룩한 날을 지킬 필요가 없다. 그리스도 안에서 하느님이 약속한 것을 이미 가지고 있기 때문이다. 첫째, 저자는 그리스도를 있을 수 있는 최고의 수준으로 올려놓는다. 그리스도는 "보이지 않는 하느님의 형상"이다(1:15). 천사나 스토이케이아가 있다 한들 위협이 되지 않는데, "하늘과 땅에 있는 만물"이 그리스도 안에서 창조되었기 때문이다. "보이는 것은 물론이고 왕권과 주권과 권세와 세력의 여러 천신들과 같은 보이지 않는 것까지도 모두 그분을 통해서 창조되었기 때문입니다. 만물은 그분을 통해서 그리고 그분을 위해서 창조되었습니다"(1:16). 그리스도를 통할 때 아버지 하느님은 남김없이 내어준다. "하느님께서는 당신의 완전한 본질을 그리스도에게 기꺼이 주시고 그리스도를 내세워 하늘과 땅의 만물을 당신과 화해시켜주셨습니다. 곧 십자가에서 흘리신 예수의 피로써 평화를 이룩하셨습니다"(1:19~20. 2:10도 참조).

저자는 그리스도교인은 이미 모든 축복을 누리고 있다고 주장하는데, 그들은 그리스도와 함께 죽었다가 다시 살아났기 때문이다. 이것은 아마 세례를 가리킬 것이다(2:12 참조).

이제 여러분은 그리스도와 함께 다시 살아났으니 천상의 것들을 추구하십시오. 거기에서 그리스도는 하느님의 오른편에 앉아 계십니다. 여러분은 지상에 있는 것들에 마음을 두지 말고 천상에 있는 것들에 마음을 두십시오. 여러분이 이 세상에서는 이미 죽었기 때문입니다. 여러분의 참 생명은 그리스도와 함께 하느님 안에 있어서 보이지 않습니다. 여러분의 생명이신 그리스도가 나타나실 때에 여러분도 그분과 함께 영광 속에 나타나게 될 것입니다. (3:1~4)

저자는 골로사이인들은 이미 세례를 통해 그리스도와 함께 죽음과 부활을 경험했기 때문에 가질 수 있는 것은 모두 가지고 있다고 말한다. 그리스도가 죽음으로써 하늘에 있는 저 모든 세력의 "무장을 해제" 시켰기 때문에(2:15) 골로사이인들은 이미 그들을 이긴 승리자이고, 따라서 그런 세력을 달래기 위해 아무것도 할 필요가 없다. 그들이 기다리는 것은 오로지 본질적으로 그들이 이미 가지고 있는 '영광'이 드러나고 나타나는 것이다. 그들은 종말의 때에 그리스도가 나타나면 그것을 경험하게 될 것이다.

이것은 저자가 문제가 있다고 본 불필요한 금욕주의나 특별한 의식을 그만두도록 사람들을 설득할 수 있는 훌륭한 전략이었겠지만, 이런 신학적 제안 중 어느 쪽도 바울로의 신학과는 맞지 않는다. 바울로의 신학에는 '유보된 종말론'이라 부를 만한 것이 들어 있다. 그는 그리스도교인은 '의롭다고 인정'받았지만 '구원'을 기다려야 한다고 가르쳤다. 따라서 그는 '의롭다고 인정받는 것'을 과거에 일어난 일이라고 몇 번이고 말하지만, 그리스도교인은 '구원받았다'고는 거의 한번도 말하지 않는다.[7] 그는 그리스도교인은 "의롭다고 인정받았고" 그래서 "구원받을 것이다"* 하고 말한다(로마서 5:9). 바울로가 볼 때 '구원'은 "가까이" 다가왔지만 아직은 다다르지 않았다(13:11). '구원'은 그리스도교인이 "희망"하는 것이다(데살로니카1서 5:8). 이것은 그중 몇 가지만 인용했을 뿐이다. 바울로는 '구원'에 관해 여러 차례 말하지만 아직 일어나지 않은 미래의 일로 이해한다.

바울로는 또 그리스도교의 세례를 그리스도의 죽음을 공유하는 것으로 이해하지만, 그리스도교인이 그리스도와 함께 '다시 살아났다'고는 한번도 말하지 않는다. 그래서 로마서에서 그는 이렇게 말한다. "우리는 그리스도와 같이 죽어서 그분과 하나가 되었으니 그리스도와 같이 다시 살아나서 또한 그분과 하나가 될 것입니다"(로마서 6:5, 강조는 내가 넣었다). 실제로 바울로는 '실현된 종말론'으로 보이는 것에 대한 반론에 고린토1서의 많은 부분을 할애한다.

즉 고린토인들 중 일부는 바울로가 에스카톤eschaton 즉 세상의 '종말'이 오고 다음 세상이 시작될 때까지 유보되어 있다고 믿었던 지혜와 영적 축복과 권능을 이미 경험하고 있다고 주장했다는 말이다. 바울로라면 '하늘에서' 약속된 모든 것을 골로사이인들이 이미 가지고 있다고는 말하지 않았을 것이며, 또 그가 쓴 다른 편지로 미루어보건대 그들이 이미 그리스도와 함께 살아났다고 가르치지는 않았을 것이다.

---

* 공동번역 성서에는 이 부분이 "하느님의 진노에서 벗어나게 될 것"으로 되어 있다.

바울로의 신학에서는 그리스도교인이 그사이의 시간을 살아가고 있다는 것이 중요하다. 유다교의 전통적 묵시사상에 따르면 구세주 내지 사람의 아들 내지 하느님의 나라가 오기 전인 '이전 시간'이 있고, 예정된 사건이 오고 난 뒤인 '이후 시간'이 있다. 구세주가 오는 시점이 되면 의로운 죽은 자들이 되살아나고, 세상과 그 속에서 사는 사람들이 심판을 받을 것이며, 의로운 자들은 상을 받고 악한 자들은 벌을 받을 것이다. 그렇지만 여기서 주목할 부분은 '이전 시간'이 끝나는 시점에 구세주가 오는 사건과 죽은 사람들이 부활하는 사건이 동시에 일어난다는 점이다(도표 9 참조).

유다교의 묵시사상

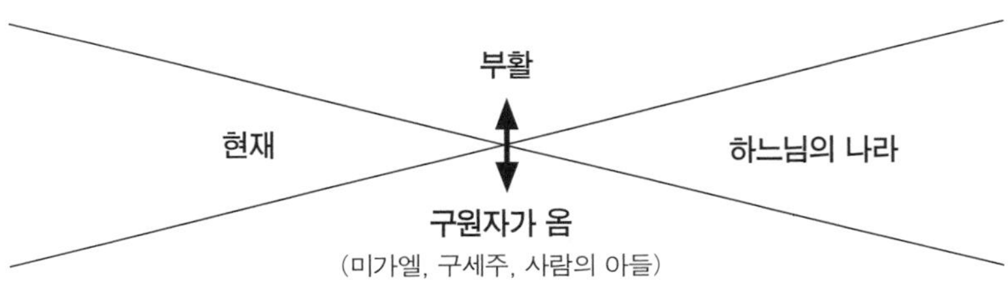

바울로

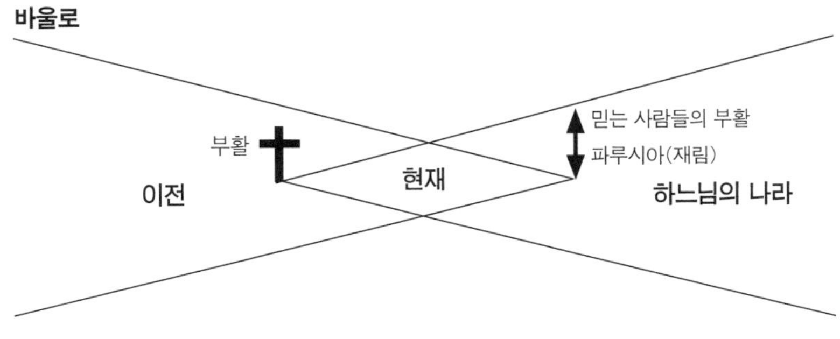

도표 9. 묵시사상의 시간표

초기 그리스도교인들은 유다교의 이런 전통적 시나리오를 조정해야 했는데, 예수가 이미 왔고 또 그가 구세주라고 믿었기 때문이다. 이들은 또 그가 죽음으로부터 되살아났다고 믿었다. 만일 그것이 모두 맞다면 하느님의 나라는 이미 여기에 와 있어야 했다. 그러나 그리스도교인들은 악이 아직 존재하고, 의롭게 살다가 죽은 사람들이 아직 되살아나지 않았으며, 구세주는 아직 '권능을 떨치며 영광에 싸여' 오지 않았다는 것을 알았다. 그래서 전통적인 시간표를 바꾸어, '첫 부활' 즉 "죽었다가 부활한 첫 사람"(고린토1서 15:20)인 예수의 부활, 그리고 모든 사람의 부활 즉 그들이 사랑한 사람들과 또 어쩌면 그들 자신까지 포함되는 부활 사이의 시간을 살고 있는 것으로 해석했다. 바울로가 볼 때 부활과 구원과 하늘나라라는 완전한 축복이 곧 다가올 것으로 기대되기는 하지만 여전히 미래의 일이었다. 바울로의 '유보된 종말론'과는 달리 골로사이서의 저자는 '실현된 종말론'을 내놓았다. 이것은 바울로의 신학과는 맞지 않을 것이다.

골로사이서의 높은 그리스도론 또한 바울로의 그리스도론과 충돌한다. 분명히 바울로는 그리스도가 신성하고 숭배할 대상이라고 믿었다. 그는 그리스도를 '주님'이라고 부르는데 그가 하느님을 '주님'이라고 부를 때와 같은 방식이다. 그러나 바울로는 한번도 예수를 '하느님'과 완전히 동등하게 놓지는 않는다.[8] 실제로 바울로가 예수는 하느님보다 지위가 낮다고 암시하는 내용이 여기저기 나오는데, 나중의 교회에서는 이단적이라고 생각할 만한 방식으로 말한다. 고린토1서 11:2~16에서 바울로는 여자들에게 기도나 예언할 때 면사포로 머리를 가리라고 설득한다. 남자는 가리지 않고 여자는 가려야 하는 이유를 설명하기 위해 바울로는 그리스도는 남자의 머리이고, 남자는 여자의 머리이며, 하느님은 그리스도의 머리라는 위계를 세운다(11:3). 바울로가 자신의 주장을 관철시키기 위해 남자와 여자 사이의 위계가 필요한 것과 마찬가지로, 또 명백하게 그리스도와 남자 사이의 위계를 받아들이는 것과 마찬가지로, 하느님과 그리스도 사이에도 위계가 있다고 전제하는 것이 분명하다. 하느님은 그리스도보다 우위에 있다.

고린토1서의 뒷부분에서 육체의 부활을 설명하고 주장하면서 바울로는 또 '종속주의' 그리스도론을 암시하는 말을 한다. 바울로는 예수가 영광에 싸여 돌아오면 먼저 모든 악과 "모든 권위와 세력"을 쳐부술 것이라고 말한다(15:24). 모든 원수를 "발 아래" 굴복시킬 것이다(15:25). 그런 다음 이렇게 말한다. "모든 것이 그분에게 굴복당할 때에는 아드님 자신도 당신에게 모든 것을 굴복시켜주신 하느님께 굴복하실 것입니다. 그때에는 하느님께서 만물을 완전히 지배하시게 될 것입니다"(15:28). 바울로의 그리스도론은 그리스도를 '하느님의 완전한 본질' 그 자체로 보는 골로사이서의 저자만큼은 '높지' 않다.

나는 이것으로 보아 바울로는 '이단'이다 하고 말하는 게 아니다. 그는 나중에 그리스도교에서 정통이 발달하게 되기 훨씬 전에 편지를 썼다. 삼위일체 교리라든가 니케아나 칼케돈 공의회에서 내놓은 신경에서 완전한 모습을 갖춘 그리스도론을 전혀 알지 못했을 뿐이다. 실제로 이런 신경은 바울로보다는 요한복음이나 골로사이서를 비롯한 다른 글의 영향을 훨씬 더 많이 받았다. 그러나 이런 차이는 바울로가 골로사이서를 쓰지 않았다는 또하나의 증거에 해당한다.

에페소인들에게 보낸 편지 논문

에페소서의 저자는 골로사이서를 한 가지 원천자료로 삼고 그것을 바탕으로 한 걸음 더 나아간다. 골로사이서에서는 그곳의 그리스도교인들이 이미 하늘에서 그리스도와 함께 살고 있다고 암시했지만, 에페소서에서는 명백하게 그렇다고 말한다. 첫째, 저자는 그리스도가 부활하여 하늘의 옥좌에 앉는 것을 이렇게 묘사한다. "하느님께서는 그 능력을 떨치시어 그리스도를 죽은 자들 가운데서 다시 살려내시고 하늘나라에 불러 올리셔서 당신의 오른편에 앉히시고 권세와 세력과 능력과 주권의 여러 천신들을 지배하게 하시고 또 현세와 내세의 모든 권력자들 위에 올려놓으셨습니다"(에페소서 1:20~21).

그러나 그는 또 그리스도교인들 역시 거기에 앉아 있으며 심지어 지금 거기에 있다고 말한다. "그러나 한없이 자비로우신 하느님께서는 그 크신 사랑으로 우리를 사랑하셔서 잘못을 저지르고 죽었던 우리를 그리스도와 함께 다시 살려주셨습니다. 여러분은 이렇듯 은총으로 구원을 받았습니다. 하느님께서는 우리를 그리스도 예수와 함께 살리셔서 하늘에서도 한자리에 앉게 하여주셨습니다"(2:4~6). 저자는 골로사이서의 저자와 마찬가지로 그리스도교인들이 '구원을 받았습니다' 하고 주장한다는 점에 주목하기 바란다. 그러나 그보다 더 나아가, 그리스도교인들은 어떤 면에서 이미 하늘로 올라가 그리스도와 '한자리에' 있으며 그곳에 '앉아' 있다. 에페소서는 따라서 골로사이서에서 여러 주제를 가져왔고 또 많은 부분에서 그것을 강화하거나 한 걸음 더 나아간다.

에페소서와 바울로 사이에는 그 밖에도 신학적으로 다른 부분이 많이 있다. 에페소서와 골로사이서 사이에는 또 작은 차이점이 여러 가지 있는데, 작아도 두 문서가 같은 사람이 쓴 것일 수 없음을 보여줄 정도는 된다. 작지만 중요한 한 가지 차이는 두 저자가 '추잡한 말' 즉 그리스도교인이 피해야 하는 종류의 언어를 바라보는 관점이 다르다는 것이다. 제러미 헐틴은 최근에 내놓은 책에서 고대 세계에서 '추잡한 말' 또는 더러운 언어로 여긴 것이 무엇인지를 탐구한다.

두 편지의 저자 모두 그리스도교인은 추잡한 말을 피해야 한다고 권고하지만, 무엇을 금지된 말로 보는지는 서로 다르다. 헐틴은 에페소서에서 금지하는 말은 골로사이서에서 금지하는 말과 비교할 때 더 극단적이라고 지적한다. 에페소서에서는 음란한 말뿐 아니라 "어리석은 이야기"도 금한다(5:4). 에페소서의 저자는 에우트라펠리아eutrapelia라는 그리스어 낱말을 사용하여 그리스도교인이 피해야 하는 종류의 말을 가리킨다. 이 낱말을 NRSV 성서에서는 '실없는 말silly talk'이라고 옮기기는 했지만, 철학자를 포함한 그리스의 저자들은 '재치 있는 말'을 가리키는 뜻으로 더 많이 사용했으며 이런 말을 칭찬했다. 골로사이서의 저자는 '재치 있는 말'을 권고한다는 점에서 훨씬 더 철학자들 같아 보이는데, 다만 그는 이것을 "소금으로 맛을 낸다"*는 말로 표현

---

* 공동번역 성서에는 이런 표현이 없다. "여러분은 언제나 친절하게 유익한 말을 하고, 묻는 사람에게는 누구에게나 적절한 대답을 할 줄 알아야 합니다." NRSV 성서에서는 이

한다(골로사이서 4:6). 헐턴이 주장하는 것처럼 에페소서의 저자는 골로사이서에서 도덕적 가르침을 베껴오는데, 골로사이서의 저자는 '재치 있는 말'을 좋다고 생각하지만 그는 나쁘다고 생각하기 때문에 말에 관한 권고를 가져올 때 그 내용을 바꾼다.[9] 에페소서의 저자가 골로사이서를 본보기이자 원천자료로 활용하기는 했지만 이 두 저자는 서로 다른 사람이다.

골로사이서와 에페소서 사이의 또 한 가지 중요한 차이점은 골로사이서에서는 저자가 반대하는 특정한 믿음과 관습을 다룰 때 논쟁적이라는 점이다. 이 편지는 다른 교인들을 비판하면서 골로사이인들이 행동을 바꾸도록 설득하고자 한다. 우리로서는 이 편지가 실제로 골로사이로 보내졌다고 볼 필요는 없다. 이것은 아마 바울로가 죽은 뒤에 쓰였겠지만, 위조 편지로서 기능을 수행하게 하려면 저자로서는 이 편지를 '발견'한 것으로 꾸며, 그가 걱정하는 어떤 다른 사회적 상황에서 내놓는 편이 더 나았을 것이다. 그렇지만 이 편지는 다른 교인들에게 반대하는 '바울로의' 논쟁으로 의도되었다.

에페소서는 편지라기보다는 신학 논문처럼 느껴진다. 실제로 이 편지는 서로 보충하는 두 부분으로 이루어진 논문으로 보인다. 첫 세 장에서는 하느님, 그리스도, 유다인, 이방인, 율법, 행위, 믿음을 통해 은총으로 주어지는 구원 등에 관한 교리를 자세히 다룬다. 이 편지의 주

절이 다음과 같다. "Let your speech always be gracious, seasoned with salt, so that you may know how you ought to answer everyone.(여러분은 언제나 친절하게 소금으로 맛을 내듯 말하십시오. 그러면 모두에게 제대로 대답하는 법을 알게 될 것입니다.)"

요 관심사 한 가지는 그리스도의 죽음으로 율법이 폐지되고 그리스도를 머리로 하는 몸인 교회 안에서 유다인과 이방인이 하나로 일치되는 것이다. 그래서 편지의 전반부에서는 주로 신학적이고 교리적인 가르침을 다룬다.

그렇지만 뒤의 세 장에서는 윤리나 도덕 내지 그리스도교인으로서 삶을 사는 방법을 다룬다. 심지어 '집안 관리'에 관한 부분도 있는데 학자들은 이것을 '집안법'이라 부른다. 저자는 집안의 남자 가장, 아내, 아이들, 노예들이 어떻게 행동해야 하는지를 가르친다. 집안 사람들은 모두 집안의 가장에게 복종해야 한다(에페소서 5:22~6:9). 이것은 골로사이서에서도 다룬 사항이지만, 에페소서의 저자는 여기서도 이것을 더 강화하며 세밀하게 다루었다. 그러므로 이 편지의 후반부는 윤리학을 다룬 부분으로 보인다. 학자들은 이를 그리스어 용어를 사용하여 파라이네시스paraenesis(권고)라 부르는데, 일상생활에 관한 도덕적 가르침 같은 것을 뜻한다. 즉 에페소서는 특정 교회에게 보내는 편지라기보다는 교리와 도덕적 가르침을 포함하는 바울로 그리스도교에 관한 일반 논문으로 보인다.

실제로 우리는 원래 편지를 쓴 사람이 이 편지를 꼭 집어 에페소의 교회에게 보내려고 썼다고는 확신하지 못한다. 그리스어 필사본 중에는 '에페소인들에게'라는 말이 없고 그 대신 수신인을 '진실하게 믿는 성도들에게' 같은 식으로 표시한 것들도 있다. 초기의 일부 그리스도교인들은 이것이 에페소인들에게 보낸 편지임을 몰랐던 것으로 보인다.[10] 실제로 일부 학자들은 에페소서는 사실 일반 청중을 대상으로 하는 편지 또는 돌려보는 편지로 쓰였다는 의견을 내놓았다. 나아가 일부에서는 바울로의 복음과 윤리학을 다루는 '총론'과 같은 역할을 하도록 쓰였을 수도 있다는 의견을 내놓았다. 바울로의 편지 선집 첫머리에 실린 개론 같은 것이었다는 말이다. 대단히 불확실한 추측이지만, 에페소서가 특정 장소로 보낸 편지라든가 특정 문제를 다루는 편지라기보다는 총론에 더 가깝게 느껴진다는 점을 잘 보여준다.

골로사이서와 에페소서에서 우리는 '바울로 사상' 또는 적어도 바울로를 따르는 것으로 보이는 한 가지 형태의 바울로 사상을 어렴풋이 살펴볼 수 있다. 이제 바울로는 존경받는 과거의 인물로, 자신의 신학적 관점을 사람들이 더 잘 받아들이게 하기 위해 위조한 편지에 그 이름을 붙이는 사람이 되었다. 이들의 신학은 이제 바울로의 신학과는 조금 다르게 진화했다. 바울로 자신이 내놓은 '유보된 종말론', 즉 그리스도교인은 미래의 구원과 거기에 따르는 완전한 축복을 기다려야 한다는 주장은 이제 '실현된 종말론'이 되어, 그리스도교인은 이미 그런 축복을 지니고 있으며, 적어도 어떤 면에서는 이미 '하늘'에 마련된 자리에 앉아 있다.

우리는 또한 예수운동에서 과거에 있었던 '위대한' 인물의 이름으로 위서를 쓰는 흥미로운 사례 두 가지를 볼 수 있다. 나중에 이것은 초기 그리스도교인들 사이에서 매우 흔한 관습이 됐다. 이 두 가지 예가 특히 흥미로운 것은 한 저자가 바울로의 이름으로 편지를 위조할 때 실제로 바울로가 썼다고 믿은 것이 분명한 다른 편지를 본보기로 삼았는데 그 역시 위조된 편지였다는 점이다. 바울로는 과거 속으로

사라졌고, 그가 쓴 편지에 감탄하는 후대 사람들이 그의 이름으로 편지를 써서, 바울로의 그리스도교와 비슷하기는 하지만 몇 가지 부분에서 크게 다른 자신의 그리스도교를 널리 알리고 있다. 이것은 나중에 그리스도교가 제1세대 교인들의 '원시' 단계로부터 공의회가 '정통'을 확립하려 하는 2, 3, 4세기의 더 성숙한 단계로 발달해나가는 방식이 된다.

18

달라지는 그리스도교: 그리스도론, 믿음, 행위

개요: 초기 그리스도교는 그리스도론(그리스도의 본성), 또 믿음과 행위의 관계 측면에서 커다란 다양성을 보여준다. 야고보의 편지에서 그 한 가지 시각을 볼 수 있다. 이 편지는 유다교의 지혜문학의 전통을 따라 말씀을 전달한다. 야고보는 또 행위와 믿음에 관한 바울로의 가르침과는 반대되어 보이는 관점을 보여준다. 그렇지만 이 두 저자에게 '믿음'과 '행위'라는 용어는 서로 의미가 달랐다.

초기 그리스도교의 그리스도론

우리는 예수에 관한 초기 그리스도교의 여러 다른 관점을 이미 살펴봤다. 그는 누구였을까? 그가 신성하다면 어느 정도일까? 인간이라면 어디까지 인간이었을까? 아버지 하느님과 동등했을까, 그 아래였을까? 초기 그리스도교의 역사, 예컨대 그리스도 교리의 신학적 설명과는 별개로 바라본 역사에서 그리스도교인들 사이에서 믿음과 교리의 핵심이 되는 부분에 관한 의견이 어떻게 달랐는지를 아는 것이 중요하다. 나자렛 예수가 살아 있을 때의 '예수운동'으로부터 훨씬 나중의 정통 그리스도교로 가기까지 수많은 논쟁과 선택이 있었다. 나중에 정통이 되기까지 교회가 각 단계에서 그런 선택을 한 이유는 무엇일까?

우리는 이미 골로사이서와 에페소서에서 높은 그리스도론을 봤다. 요한의 그리스도론은 그보다 더 높다. 요한의 글에서는 예수가 명확하게 '아버지와 동등'하다고 나오고 또 '나는 곧 나'라는 이름을 가지고 있기 때문이다. 바울로의 그리스도론은 얼마간 '더 낮은' 것으로 보이는데, 앞 장에서 살펴본 것처럼 거리낌없이 예수를 하느님보다 아래로 그리기 때문이다. 우리는 또 그리스도가 신성하다는 부분은 받아들이지만 완전히 '인간'이었다는 부분에 대해서는 의심하는 교인들을 요한의 편지들을 쓴 저자가 알고 있었다는 점을 살펴봤다. 그들은 예수의 육체가 살과 피로 되어 있었는지 아니면 그저 그렇게 '보였을' 뿐인지에 관해 의문을 제기한 것으로 보인다. 2세기에는 그런 그리스도교인들을 반대파측에서 '가현론자'라 불렀다. 가현론에서는 예수의 신성은 인정하지만 물리적으로 완전히 인간이었다는 것은 받아들이지 않았다.

나중에 이단으로 규정된 또다른 형태의 초기 그리스도교 중에는 오늘날 '양자론자'라 불리는 것이 있었다. 초기에 예수를 따르던 사람들 중 일부는 예수가 신성했지만 항상 신성하지는 않았다고 믿었다. 이들은 예수는 매우 선한 사람이었지만 그냥 사람일 뿐이라고 가르쳤다. 그러나 그가 특별하게 의로웠으므로 어느 시점에 하느님이 그를 자신의 아들로 '택했다.' 그러므로 하느님은 예수를 신성한 '양자로 받아들인' 것이다. 이렇게 믿은 그리스도교인들은 그 시점을 예수의 출생, 또는 어쩌면 세례, 또는 어쩌면 부활 등으로 다양하게 생각했다.

우리는 신약 자체에서 이런 관념을 보여주는 실마리를 찾아낼 수 있다. 예컨대 루가의 복음서에 따르면 예수는 세례를 받은 뒤 기도를 올린다. 갑자기 하늘이 열리고 성령이 비둘기 모양으로 그에게 내려오고, 그리고 하늘에서 이렇게 말하는 소리가 들린다. "너는 내가 사랑하는 아들, 내 마음에 드는 아들이다"(루가복음 3:22). 우연하게도 이것은 유다교의 경전을 대략적으로 인용한 것이다(시편 2:7과 이사야 42:1 참조). 그렇지만 영어 번역본에서는 대부분 여기에 각주를 달아, 고대의 일부 필사본에서는 이 인용문이 "너는 내 아들, 나 오늘 너를 낳았노라"라고 되어 있다고 설명한다. 실제로는 이것이 오늘날 우리 성서의 시편 2:7에 더 가깝다. 이 각주가 독자에게 알리려는 것은 번역본의 원본인 그리스어 본문의 편집자들이 본문을 저렇게 넣기로 결정하고, 일부 다른 그리스어 사본에 분명히 '나 오늘 너를 낳았노라'라고 되어 있는데도 따르지 않기로 결정했다는 사실이다. 왜 그랬을까? 이 편집자들이 본문을 저렇게 넣기로 결정한 것은 원래 저자가 저렇게 썼을 가능성이 가장 높다고 믿었기 때문이다. 그리고 나중에 어느 필경사가 사본을 만들면서 오늘날 각주로만 들어가 있는 형태대로 본문을 바꾸었다고 믿은 것이다.

그러나 그들의 결정은 잘못됐을 수도 있다. 오늘날 다른 학자들은 원래 본문이 실제로 '나 오늘 너를 낳았노라'라고 되어 있었다고 주장하는데 충분히 설득력이 있다. 그대로 두면 예수가 하느님의 아들로서 태어난 것이 아니라 세례를 받으면서 하느님의 '양자'로 받아들여졌을 뿐이라는 관념을 뒷받침할 수도 있다는 것을 알기 때문에 나중에, 아마도 2세기에 본문을 바꾸었다는 것이다.

'오늘'이라는 인용문이 있는 루가의 원래 본문은 아마도 양자론 그리스도론을 주장하기 위해 사용됐을 텐데, 나중의 필경사들은 그것이 이단적이라고 믿었다. 그래서 그들은 루가가 쓴 "나 오늘 너를 낳았노라"를 "내 마음에 드는 아들이다"로 바꾸었다. 후자에는 양자론과 관련된 암시가 전혀 없다.[1]

루가복음 9:35의 여러 그리스어 본문에서도 이와 비슷한 차이를 볼 수 있는데 아마도 비슷한 이유 때문일 것이다. 예수가 산 위에서 변모하는 이야기를 다루는 부분인데, 여기서도 구름 속에서 목소리가 들리며 이번에는 이렇게 말한다. "이는 내 아들, 내가 택한 아들이니 그의 말을 들어라!" 여기서 '택한'이라는 용어는 예수가 하느님이 '낳은' 아들이 아니라 그의 생전 어느 시점에 하느님이 '택한' 아들이라는 뜻으로 해석될 수 있다. 아니나 다를까 많은 번역본에서 각주로 설명하듯이, 고대의 일부 그리스어 사본에서는 이 부분이 '내가 택한'이 아니라 '내가 사랑하는'이라고 되어 있다. 이것은 우리가 가진 복음서의 본문이 원래의 것이지만, 나중에 사람들이 이 본문을 이용하여 양자론 그리스도론을 주장하는 일이 없도록 하기 위해 더 '정통적'인 필경사들이 '택한'을 '사랑하는'으로 고친 한 예일 것이다.[2]

사도행전에서 베드로가 처음으로 설교하며 전도하는 부분 중 설교의 정점에 다다른 2:36에서 그는 이렇게 말한다. "그러므로 이스라엘의 온 백성은 분명히 알아두시오. 여러분이 십자가에 못박아 죽인 이 예수를 하느님께서는 우리의 주님이 되게 하셨고 그리스도가 되게 하셨습니다." 여기서 '되게 하셨다'는 표현은 예수가 '영원한' 주님이자 구세주가 아니라 그저 어느 시점에서 하느님이 그렇게 '되게 하셨다'는 뜻을 암시할 수도 있다. 사도행전의 뒷부분에서 바울로가 전도하면서 이렇게 말한다. "우리도 하느님께서 우리 조상들에게 약속하신 그 기쁜 소식을 여러분에게 전하러 왔습니다. 하느님께서는 예수를 다시 살리셔서 자녀 된 우리에게 그 약속을 이루어주셨기 때문입니다. 시편 제이편에도, '너는 내 아들, 내가 오늘 너를 낳았다'라고 기록되어 있지 않습니까?"(사도행전 13:32~33) 여기서 바울로는 '오늘'이라는 표현을 포함하여 시편 2:7을 인용한다. 이것은 초기 그리스도교의 양자론을 볼 수 있는 또하나의 실마리인데, 이번에는 예수의 부활을 그 시점으로 본다.

끝으로 바울로의 말을 살펴보기로 하자. 우리는 바울로 본인은 양자론자로 보이지 않는다는 것을 알고 있다. 필립비서 2:5~11에서 볼 수 있듯 그는 예수가 선재한 때부터 신성하다고 믿은 것이 분명하다. 예수는 '하느님과 본질이 같은' 존재였지만 그 높은 지위를 버리고 자발적으로 인간의 형태를 취했다. 그러나 다른 부분에서는 그가 양자론 그리스도론을 취하는 것으로 보이기 쉬운 말을 무심코 흘린다. NRSV 번역본의 로마서 1:4에서 바울로는 이렇게 말한다. "〔예수는〕 죽은 자들 가운데서 부활하심으로써 거룩하신 영에 따르는 권능을 지닌 하느님의 아들로 선포되었습니다."* 나는 여기서 '선포'라는 번역에 오해의 소지가 있다고 본다. 이 부분의 그리스어 낱말은 '지명'과 같은 말로 옮겨야 한다. 그리스어 본문을 보면 바울로는 예수가 부활할 때 하느님이 그를 자신의 아들로 '지명' 또는 '임명'한 것처럼 말한다. 바울로 본인은 양자론자가 아니었다고 했으므로 이 부분의 그리스어 본문을 양자론적 의미가 있다고 받아들인다면 지나치게 넘겨짚는 것으로 생각될 것이다. 또는 바울로가 다른 곳에서 들은 말을 여기서 인용한다고 상상할 수도 있다. 어떻든 나는 이 본문이 초기 그리스도교에서 양자론 그리스도론 즉 예수가 원래부터 신성하지는 않았으며 역사의 어느 시점에 신성하게 되었다는 믿음이 있었다는 또하나의 증거라고 본다.

이런 갖가지 그리스도론을 염두에 두고(도표 10 참조), 초기 그리스도교인들이 무엇을 믿을지 또 예수와 그의 본성에 관해 무엇을 가르쳐야 할지 선택해야 하는 상황을 상상해보자. 신학적 갈림길로 생각하면 도움이 될 것이다. 먼저 예수의 추종자들이 믿은 대로 그가 예언자였고 또 어쩌면 유다인의 구세주인 '왕'이었다는 믿음을 생각해보자. 예수를 구세주 또는 그리스어로 번역한 말인 그리스도라고 불렀다고 해도, 그것은 그가 그냥 인간이었다 또는 어떤 면에서 신이었다 하는 식의 어떠한 진술도 되지 않았다. 유다교의 경전과 전승에서 말하는 '기름 부은 자'들은 '하느님의 아들'이라 불릴 때조차 대개는 신으로 생각되지 않았다. 오늘날 당연하다고 받아들이는 생각과는 달리, 예수는 '그리스도'였기 때문에 신이 아니었다(다만 나중에 생겨난 그리스도교

* 공동번역 성서에는 이 부분이 다음과 같이 나와 있다. "〔예수는〕 죽은 자들 가운데서 부활하심으로써 하느님의 권능을 나타내어 하느님의 아들로 확인되신 분입니다."

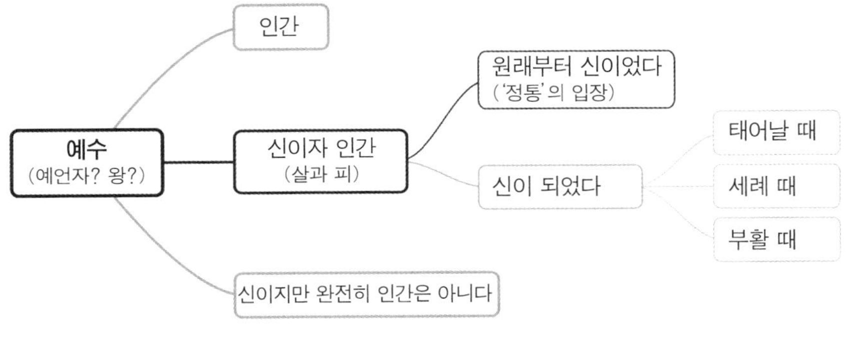

도표 10. 고대 그리스도론의 발달

의 신학적 사고에서는 예외이다). 유다인의 구세주는 대개 인간으로 생각됐다.

그렇지만 그가 죽은 뒤 추종자들은 예수가 그냥 인간이었는지 아니면 어떤 면에서 신이었는지 하는 결정을 내려야 했다. 나중에 '정통'이 된 사람들이 이 갈림길에서 내린 결정은 그가 어떤 면에서 신이었다는 것이다. 그러나 일단 이렇게 결정을 내리자 그리스도교인들은 언제부터 예수가 신이었는지를 두고 논쟁을 벌였다. 일부는 그가 어느 시점에 신이 됐다고 주장했다(양자론). 이렇게 믿는다면 그다음에는 신이 된 시점이 그가 태어난 때인지, 세례를 받은 때인지, 아니면 부활한 때인지 결정을 내려야 했다. 이 선택은 예수는 언제나 신이었다고 믿기를 선택한 다른 교인들이 볼 때 이단적이었다. 그러나 그러고 나서도 교인들은 예수의 신성이 어떤 성격이고 또 그 신성이 예수가 인간인지 아닌지에 어떤 영향을 주는지를 놓고 논쟁을 벌였다. 여기서 '이단적'

인 선택은 가현론 즉 예수는 신이었지만 완전히 인간은 아니었으며 살과 피로 보였을 뿐이라고 믿은 사람들이 한 선택이었다. 이 갈림길에서 '정통'의 선택은 예수는 하느님인 동시에 인간이라고 주장하는 것이었다. 그리스도는 완전한 신이자 완전한 인간이라는 것이다.

이것은 물론 도식화하여 짤막하게 묘사한 것이며, 실제로는 기나긴 시간에 걸쳐 복잡다단한 역사적 과정을 거쳤다. 그렇지만 이것은 초기 교회가 예수의 본성에 관해 내려야 했던 여러 결정과 그리스도론적 선택의 기로에서 갈라지는 여러 길을 보여준다. 각 갈림길에서 오로지 하나의 길만 그리스도교의 '정통'으로 이어진다는 사실을 아는 것이 중요하다. 신학적 길의 여러 분기점에서 매번 '올바른' 결정을 내려야만 나중의 정통 그리스도론으로 이어질 수 있었다. 잘못된 결정을 내리면 결국 여러 이단 그리스도교 중 하나로 이어질 것이다.

물론 그리스도교인들은 이 모두를 그저 하느님의 섭리라고 치부할 수 있을 것이다. 성령을 통해 교회를 인도하는 하느님이 매 분기점에서 교회가 섭리에 따라 올바른 선택을 하게 하여, 결국에는 니케아나 칼케돈의 정통 그리스도론이 다른 그리스도론을 누르고 이기게 했다는 것이다. 그렇지만 역사학자는 그런 서술을 내놓을 수 없다. 역사학자로서 우리는 그리스도교가 나아갈 수도 있었던 여러 방향을 지적해야 한다. 그리스도교가 오늘날과 같은 모습이 된 것은 사회·문화적 영향력, 정치적 투쟁, 그리고 하나의 '올바른' 대답을 위해 수많은 선택 가능성을 일치단결하여 제거해낸 결과다. 초기 그리스도론이 다양했다는 것은 역사적 사실이다. 그중 하나가 다른 모두를 누르고 이겼다는 것이 놀라울 따름이며, 우리로서는 사회적 세력이라든가 정치 같은 역사적 요인만 사용하여 그 과정을 설명하기 위해 최선을 다해야 한다.

유다교의 지혜문학으로 보는 야고보서

초기 그리스도교가 다양했다는 것은 나머지 신학적 문제에서도 설명될 수 있다. 이 장에서 나는 이제까지 그리스도론에 초점을 맞췄다. 그러나 구원에 관한 신학인 구원론도 생각해볼 수 있다. 사람들은 어떻게 구원되는가? 우리는 바울로가 이 질문에 어떻게 대답하는지를 생각하면서 이미 많은 수고를 들였다. 인간은 율법을 행하는 것과는 무관하게 믿음을 통한 은총으로써 의롭다고 인정받는다. 그리고 장차 예수가 나타날 때 그 믿음을 바탕으로 예수에게 구원받게 되는 것이다. 그렇지만 야고보서에서는 다른 대답을 볼 수 있다.

야고보서는 학자들이 말하는 '지혜문학'의 한 예로서, 지혜문학은 역사서, 시서, 오경, 예언서와 아울러 히브리어 성서에서 볼 수 있는 한 장르이다. 이 용어는 '조언' 문학처럼 보이는 글을 가리킨다. 즉 삶과 어떻게 살 것인가 하는 문제에 관한 의견을 다룬 글을 말한다. (사실 학자들이 말하는 '지혜문학'은 히브리어 성서에서 유다인들이 히브리어로 케투빔이라 부르는 부분에 포함되어 있다. 다만 여기에는 시편, 아가, 에즈라, 느헤미야를 비롯한 여러 책도 포함된다.) 이런 종류의 문헌은 서술보다는 직접적인 가르침으로 느껴진다.

잠언은 다음과 같이 시작한다.

이것은 사람을 교육하여 지혜를 깨치게 하고 슬기로운 가르침을 깨닫게 하려는 것이요, 교육으로 사람을 깨우쳐 무엇이 옳고 바르며 떳떳한지 헤아리게 하려는 것이다. 어리석은 자를 슬기롭게 하고 철부지를 깨우쳐 뜻을 세우게 하려는 것이다. 지혜로운 사람은 이 가르침을 들어 학식이 더해지고 슬기로운 사람은 남을 이끌 힘을 얻어 잠언의 깊은 뜻을 풀이해주고 현자의 말이 품은 뜻을 깨우쳐준다. 야훼를 두려워하여 섬기는 것이 지식의 근본이다. 어리석은 자는 교육을 받아 지혜로워지는 것을 멸시한다. (잠언 1:2~7)

지혜문학에서 볼 수 있는 이런 종류의 충고는 좋은 신붓감을 찾는 방법에서부터 집안을 관리하는 방법, 몸가짐이 단정하지 못한 여자라든가 심지어 제대로 먹는 방법에 이르기까지 다양하다. 이런 문학은 젊은 상류층 남자들을 위한—시의 형태를 띠기는 하지만—전반적인 삶의 가르침을 담은 교과서처럼 느껴진다.

이따금 단순한 금언 같은 말씀이나 경구도 볼 수 있다. 사람은 죽을 운명이라는 것을 강조하는 욥기의 다음과 같은 구절도 그 한 예다. "사람이란 결국 여인에게서 태어나는 것, 그의 수명은 하루살이와 같은데도 괴로움으로만 가득차 있습니다"(욥기 14:1). 지혜문학의 많은 부분이 사실 삶의 어려움과 그것을 헤쳐나가는 방법을 다루고 있다.

물론 이 문학에는 지혜를 찬양하는 내용이 많고, 나아가 지혜(그리스어로 소피아)를 하느님의 신성한 동료로 실체화하기까지 한다. 그리스도교의 외경에 포함되어 있지만 히브리어 성서에는 들어가 있지 않은 책인 솔로몬의 지혜서의 다음 구절이 그 한 예다.

> 가르침을 구하려는 갈망이 지혜의 시작이요
> 가르침에 대한 관심은 곧 그녀를 사랑하는 것이며
> 그녀를 사랑하는 것은 곧 그녀의 율법을 지키는 것이고
> 그녀의 율법에 유념하는 것은 곧 불멸의 보증이며
> 불멸은 곧 하느님 가까이로 나가게 하니
> 지혜를 바라는 마음은 하느님의 나라로 이어진다. (지혜서 6:17~20)*

이런 종류의 문학은 대체로 상류층 남자가 다른 상류층 남자들을 위해 쓴 것처럼 보이지만, 그중 일부는 정의를 옹호하고 가난한 사람들을 도우라고 한다. 집회서의 저자는 그런 관심을 강조한다.[3] "곤궁한 사람에게 먹을 것을 거절하지 말고 가난한 사람에게 피눈물을 흘리게 하지 말아라"(집회서 4:1). "가난한 사람이 하는 말에 귀를 기울이고 그들이 인사하거든 공손히 답례하여라"(4:8). 야고보서에서도 이런 관심사가 크게 강조되는 것을 볼 수 있다.

젊은 남자들의 훈련을 위해, 나아가 어쩌면 지배자의 '어전'에서 지배자를 섬길 수 있게 하기 위해 쓰인 조언 문학이라는 점에서 예상할

---

* 공동번역 성서에는 다음과 같이 나와 있다. "지혜를 배우려고 하는 마음이 지혜를 얻는 진정한 시작이다. 지혜를 배우려는 갈망이 곧 지혜를 사랑하는 것이며 지혜를 사랑하는 것은 곧 지혜의 법을 지키는 것이고 지혜의 법을 지키는 것은 불멸의 보증을 얻는 것이며, 불멸은 하느님 곁에서 살게 한다. 그러므로 지혜를 원하는 사람은 하느님 나라로 인도된다."

수 있듯 적절한 말과 말 자체의 위험을 많이 강조한다. 집회서는 이렇게 충고한다. "부드러운 말은 친구를 많이 만들고 상냥한 말은 친구들을 정답게 한다"(집회서 6:5). 그러나 말은 해를 입힐 수도 있다. "욕설은 수치심과 불명예를 초래한다. 그러므로 그것은 일구이언하는 죄인의 것이다"(6:1).*

이런 문학에 익숙하다면 야고보서에서도 알아볼 수 있다. 야고보는 혀를 키에, 사람을 배에 비유하며 말에 관해 이렇게 말한다. "또 배를 보십시오. 거센 바람의 힘으로 움직이는 크디 큰 배라도 아주 작은 키 하나로 조종됩니다. 그래서 키잡이는 자기가 원하는 방향으로 그 배를 마음대로 몰고 갈 수 있습니다. 이와 같이 혀도 인체에서 아주 작은 부분에 지나지 않지만 엄청나게 허풍을 떱니다"(야고보서 3:4~5). 저자는 스승이 되는 데에 따르는 부담과 위험을 알고 있다. "내 형제 여러분, 여러분은 저마다 선생이 되려고 하지 마십시오. 여러분도 알다시피 우리 가르치는 사람들은 더 엄한 심판을 받게 됩니다. 우리는 모두 실수하는 일이 많습니다"(3:1~2). 야고보서는 따라서 여러 면에서 전형적인 유다교 지혜문학에 속한다. 이 책은 그리스도라는 이름을 두 번밖에 언급하지 않지만(1:1, 2:1) 그리스도교의 책인 것은 확실하다. 이렇게 몇몇 언급하는 부분을 빼고 나면 유다교의 지혜와 가르침 문학의 전형적인 예로 읽을 수 있다.

---

* 공동번역 성서에는 다음과 같이 나와 있다. "친구를 저버리는 것은 겉과 속이 다른 죄인이나 할 짓이고 그런 짓을 하면 평판이 나빠져서 비난과 망신을 살 뿐이다."

그렇지만 야고보가 초기 그리스도교를 배경으로 한다는 것을 가장 잘 보여주는 유일한 측면은 일종의 바울로 사상임이 확실해 보이는 부분을 맹렬하게 공격한다는 점이다. 저자는 행위와는 별개로 믿음으로써 의롭다고 인정받는다는 그 어떤 교리에도 반대한다. 우리는 바울로가 이 주제에 관해 어떻게 말했는지 기억한다. 바울로는 율법을 행하는 것과는 무관하게 믿음으로써 의롭다고 인정받는다는 것을 보여주는 가장 중요한 예로 명확하게 아브라함을 언급했다. "우리 민족의 조상 아브라함의 경우는 어떠했습니까? 만일 아브라함이 자기 공로로 하느님과 올바른 관계를 얻었다면 과연 자랑할 만도 합니다. 그러나 그는 하느님 앞에서 자랑할 것이 없었습니다. 성서에 '아브라함은 하느님을 믿었고 하느님께서는 그의 믿음을 보시고 그를 올바른 사람으로 인정해주셨다' 하지 않았습니까?"(로마서 4:1~3) 바울로는 창세기 15:6을 행위가 아니라 믿음으로써 의롭다고 인정받는다는 증거로 인용한다. "공로가 있는 사람이 받는 보수는 자기가 마땅히 받을 품삯을 받는 것이지 결코 선물로 받는 것은 아닙니다. 그러나 아무 공로가 없는 사람이라도 하느님을 믿으면 믿음을 통해서 하느님과 올바른 관계를 얻게 됩니다. 하느님께서는 비록 죄인일지라도 올바른 사람으로 인정하실 수 있는 분이십니다"(로마서 4:4~5).

앞에서 살펴본 대로 바울로는 이미 갈라디아서에서 심지어 같은 구절을 인용하면서 같은 내용을 더욱 강력하게 주장했다. "성서에도 기록되어 있듯이 아브라함은 하느님을 믿었고 하느님께서는 그의 믿음을 보시고 그를 올바른 사람으로 인정해주셨습니다. 그러므로 여러분은 믿음으로 사는 사람〔이방인을 포함하여〕만이 아브라함의 참 자손이 된다는 것을 알아야 합니다"(갈라디아서 3:6~7). 바울로는 아브라함은 믿음으로써 의롭다고 인정받은 뒤에 할례를 받았다면서, 그는 이 사실이 아브라함이 의롭다고 인정받은 것은 할례라는 행위가 아니라 바로 믿음 때문이라는 것을 증명한다고 봤다.

야고보는 완전히 반대한다. 그는 이렇게 말한다. "그저 듣기만 하여 자기 자신을 속이는 사람이 되지 말고 말씀대로 실천하는 사람이 되십시오"(야고보서 1:22). 야고보는 바울로가 쓴 바로 그 말을 이용하여 자신의 주장을 내세우지만, 구원을 위해서는 행위 또한 있어야 한다고 주장한다.

> 나의 형제 여러분, 어떤 사람이 믿음이 있다고 말하면서 그것을 행동으로 나타내지 못한다면 무슨 소용이 있겠습니까? 그런 믿음이 그 사람을 구원할 수 있겠습니까? 어떤 형제나 자매가 헐벗고 그날 먹을 양식조차 떨어졌는데 여러분 가운데 누가 그들의 몸에 필요한 것은 아무것도 주지 않으면서 "평안히 가서 몸을 따뜻하게 녹이고 배부르게 먹어라" 하고 말만 한다면 무슨 소용이 있겠습니까? 믿음도 이와 같습니다. 믿음에 행동이 따르지 않으면 그런 믿음은 죽은 것입니다. (2:14~17)

더욱 인상적인 부분은 야고보서의 저자 역시 자신의 주장을 증명하기 위해 아브라함을 예로 든다는 점이다.

우리 조상 아브라함은 자기 아들 이사악을 제단에 바친 행동으로 말미암아 하느님과 올바른 관계를 가지게 된 것이 아닙니까? 당신도 알다시피 그의 믿음은 행동과 일치했고 그 행동으로 말미암아 그의 믿음은 완전하게 된 것입니다. 이렇게 해서 '아브라함은 하느님을 믿었고 하느님께서는 그의 믿음을 보시고 그를 올바른 사람으로 인정해주셨다'라는 성서 말씀이 이루어졌으며 아브라함은 하느님의 친구라고 불리었던 것입니다. 그러므로 여러분은 사람이 믿음만으로 하느님과 올바른 관계를 가지게 되는 것이 아니라 행동이 뒤따라야 한다는 것을 알아두십시오. ……영혼이 없는 몸이 죽은 것과 마찬가지로 행동이 없는 믿음도 죽은 믿음입니다. (2:21~24, 2:26)

야고보는 바울로가 사용한 바로 그 창세기 부분을 인용하면서 반대의 주장을 내놓는다. 즉 아브라함은 믿음만이 아니라 행위와 믿음으로써 의롭다고 인정받았다는 것이다.

많은 학자들은 야고보서의 저자는 자신이 바울로의 신학이라고 생각한 어떤 것에 맞서싸우지만, 바울로가 실제로 가르친 내용에는 조금도 반대하지 않는다고 지적한다. 이것은 야고보가 말하는 '믿음'과 '행동'이 무슨 뜻인지, 또 이 두 가지가 모두 바울로가 같은 용어로 말한 뜻과는 어떻게 다른지 인식하면 분명해진다.

'믿음'에 관해 야고보는 이렇게 말한다. "당신은 한 분이신 하느님을 믿고 있습니까? 그것은 좋은 일입니다. 그러나 마귀들도 그렇게 믿고 무서워 떱니다"(2:19). 바울로라면 의로움을 인정받는 데 충분하다고 보는 종류의 '믿음'이 마귀들에게 있다고는 절대로 말하지 않을 것이다. 바울로에게 '믿음'은 '사실'이라고 제시된 명제를 그저 받아들이는 것이 아니다. 그보다는 그리스도교인의 삶에서 하느님을 완전히 신뢰하는 것이다. 자신을 완전히 그리스도에게, 그리스도 안으로 던져넣어, 그리스도를 통해 하느님의 사랑과 은총에 의지하는 것이다. 어떤 '사실'이나 명제에 단지 동의하는 것이 아닌, 하나의 관계이자 삶의 방식이다. 이것은 바울로가 편지에서 '믿음'에 관해 말하는 모든 부분에서 명백하며, 갈라디아서와 로마서에서 특히 더 잘 알 수 있다. 실제로 로마서의 많은 부분, 특히 6장은 그리스도에 대한 '진정한' 믿음이 있다면 그 사람은 죄 속에서 살지 않을 것이라는 점을 보여주기 위해 쓰였다. 야고보가 말하는 '믿음'은 이것이 아니다. 단순히 신은 하나뿐이라는 믿음, 하느님이 존재한다는 입장을 말한다. 그리고 그것이 '믿음'이라는 말의 뜻이라면 물론 바울로가 볼 때에도 '구원'에 이르는 믿음이 아니다.

'행동'도 마찬가지다. 바울로가 의로움을 인정받을 수 없는 '행동'에 대해 말할 때 그것은 토라 즉 모세의 율법이라는 행위를 말한다(학자들 사이에 약간의 논쟁은 있지만, 언제나 그렇지는 않고 거의 언제나 그렇다). 바울로가 '믿음'과 '행동'에 관해 논할 때 '행동'은 그저 어떤 친절 내지 자비 행위라는 뜻이 아니다. 실제로 그는 그런 종류의 '선행' 그 자체로는 의롭다고 인정받거나 구원받을 수 없다고 믿었을지도 모른다. 그러나 갈라디아서와 로마서에서 이 문제를 다룰 때 그는 전적으로는 아니더라도 주로 할례를 비롯하여 모세의 율법에서 요구하는 여러 사항을 생각하고 있었다.

반면에 야고보는 모세의 율법 자체는 한번도 명확하게 언급하지 않는다. 고대 세계에서 유다인들이 지키는 것으로 알려진 세 가지 주요 사항인 할례도 안식일도 음식에 관한 규정도 언급하지 않는다. 야고보는 그와는 달리 "자유를 주는 완전한 법"(야고보서 1:25, 2:12)을 말하는데, 이것은 물론 하느님을 믿는 것과 아울러 주로 '도덕'이라든가 일반적인 윤리를 가리키는 것으로 보인다. 의로움을 인정받을 수 있었던 아브라함의 '행동'이라고 야고보가 인용하는 것은 할례가 아니라 이사악을 기꺼이 희생하겠다는 태도였다(2:21). 그리고 야고보가 편지를 받는 사람들의 '행동'에 관해 말할 때 그것은 그저 "착한 생활"(3:13)이라는 뜻이다.

그러므로 "계명을 어긴" 사람들을 비난할 때도 할례나 음식 규정을 가리키는 게 아니라(다만 이 역시 포함되어 있었을 가능성을 완전히 배제할 수는 없다) "살인"(2:11)이나 남을 '헐뜯는 것'을 가리킨다. 그중에서도 특히 그는 가난한 사람에 대한 대우와 정의에 관심이 있었다. 저자는 자신의 관점을 이렇게 요약한다. "하느님 아버지 앞에 떳떳하고 순수한 신앙 생활을 하는 사람은 어려움을 당하고 있는 고아들과 과부들을 돌보아주며 자기 자신을 지켜 세속에 물들지 않게 하는 사람입니다"(1:27). 여기에는 모세의 율법에 관한 관심이 전혀 나타나지 않는다. 토라에서 특히 관심을 기울이는 어떤 부분과도 무관하며, 고대 유다인 사이에서 일반적으로 볼 수 있던 일반적인 도덕과 윤리에 관한 관심사일 뿐이다.

그러므로 야고보서의 저자는 자신이 어떤 형태의 바울로 사상에 맞서고 있다고 생각했을 수 있다. 실제로 이 문제를 가리킬 때 바울로가 쓰는 것과 같은 용어를 쓰고('믿음'과 '행위') 또 논리를 뒷받침하기 위해 똑같이 창세기 15:6의 구절을 인용하고 있으므로, 그는 갈라디아서나 로마서를 본 적이 있고 그래서 바울로의 관점 또는 그뒤 골로사이서나 에페소서에 나타난 형태의 '바울로 사상'을 '바로잡기' 위해 똑같은 경전 구절을 이용하고 싶어했을 가능성이 충분히 있다. 따지고 보면 에페소서에서 '행동'은 전체적으로 "선한 생활"로 표출되고(에페소서 2:9~10 참조), 또 '위법'과 죄는 구체적으로 모세의 율법을 어기는 것이 아니라 무엇이든 죄를 저지르는 것을 말하며, 여기에는 이방인이 예전에 저지른 것까지도 포함된다(2:1~9). 에페소서에서는 "여러분이 구원을 받은 것은 믿음을 통해 은총으로 된 것이지 여러분 자신의 힘으로 된 것이 아닙니다. 이것은 하느님께서 주신 선물이며, 행위의 결과가 아닙니다"(2:8~9, 또한 2:5도 참조)*라고 명확하게 가르치는데, 실제로 우리는 야고보서가 에페소서에 나오는 종류의 바울로 사상을 공격하기 위해 쓰였다고 쉽게 상상할 수 있다. 야고보는 창세기 15:6도 논리의 기반으로 삼기 때문에 나는 그가 바울로와 또 바울로가 갈라디아서와 로마서에서 펼친 논리를 염두에 두었을 가능성이 크다고 보

* 공동번역 성서에는 다음과 같이 나와 있다. "여러분이 구원을 받은 것은 하느님의 은총을 입고 그리스도를 믿어서 된 것이지 여러분 자신의 힘으로 된 것이 아닙니다. 이 구원이야말로 하느님께서 주신 선물입니다. 이렇게 구원은 사람의 공로로 이루어지는 것이 아니기 때문에 아무도 자기 자랑을 할 수 없을 것입니다."

지만, 바울로의 입장 자체가 아니라 더 정확하게는 에페소서에 나오는 것과 같은 종류의 바울로 사상을 공격하고 있다.

야고보서의 사회적 상황

나는 이 편지의 저자를 가리킬 때 편의상 '야고보'라는 단순한 이름도 썼지만 이따금 '야고보서의 저자'라는 표현을 썼다. 그렇지만 앞 장에서 언급했듯 실제로 어떤 '야고보'라는 사람이 이 편지를 썼다고는 믿지 않는다. 저자는 자신이 '야고보'라고 주장함으로써 자신을 예수의 동생이자 예루살렘에 있는 교회의 초기 지도자인 야고보로 그린다. 야고보는 경건하고 율법을 잘 지키는 것으로 유명했고 또 여기저기 여행하는 사람들이 그가 보낸 사람이라 주장하며 이방인에게 율법을 지킬 것을 촉구하고 있었던 것이 분명한 만큼, 이 저자는 자신을 유다교 신앙의 전통이라는 틀 안에 놓고 있는 것이다. 우리는 바울로가 갈라디아인들에게 쓴 편지에서 '야고보'가 바울로와 대립관계에 있었음을 봤다(갈라디아서 2:12). 그러므로 이 저자는 바울로의 글을 '바로잡는' 글을 쓰기 위해 신분을 숨기고 야고보라는 이름을 사용한다.

그러나 역사적 야고보가 이 편지의 저자가 아닌 것은 거의 확실하다. 예수의 동생인 역사적 야고보는 예수에 비해 글을 더 많이 아는 사람이 아니었다. 글을 읽을 수 있었다 해도 히브리어나 아람어였을 것이며, 그리스어는 거의 확실히 아니다. 그리스어를 약간 이해하거나 읽을 수 있었다 해도, 글을 쓰려면 그가 받을 수 있었을 교육보다 훨씬 더 많은 교육과 기술이 필요했다. 그리고 혹시라도 그가 그리스어로 약간의 글을 쓸 수 있었다 하더라도 이 편지에서 볼 수 있는 수준의 문체에 다다랐을 가능성은 확실히 없다. 이 저자가 모세의 율법에는 전혀 관심을 보이지 않고 그저 일정 형태의 도덕성만 주장한다는 사실과 이 편지의 문체가 높은 교육수준을 보여준다는 사실을 보면, 나자렛 출신의 문맹자 시골뜨기거나 장색이었을 야고보가 이 편지를 썼을 가능성은 없다.

그렇지만 우리는 저자의 사회적 상황에 관해 뭔가를 말할 수 있으며, 그렇게 하면 '믿음'에 '행위'가 추가되어야 한다고 강조할 필요를 느낀 까닭을 설명하는 데 도움이 될 것이다. 그는 자신이 편지를 보내는 교회의 교인은 대부분 가난한 사람이고, 그중에는 절망적일 정도로 곤궁한 사람도 있지만 또 부유한 사람도 극소수 있다고 가정한다. 그는 가난한 사람은 부자에게 굽실거리지 말고 부자는 가난한 사람을 냉대하지 말라고 권고한다.

> 나의 형제 여러분, 여러분은 우리 주님이신 영광의 예수 그리스도를 믿고 있으니 사람들을 차별해서 대우하지 마십시오. 가령 여러분의 회당에 금가락지를 끼고 화려한 옷을 입은 사람과 남루한 옷을 입은 사람이 들어왔다고 합시다. 그때 여러분이 화려한 옷차림을 한 사람에게는 특별한 호의를 보이며 '여기 윗자리에 앉으십시오' 하고 가난한 사람에게는 '거기 서 있든지 밑바닥에 앉든지 하시오' 하고 말한다면 여러분은 불순한 생각으로 사람들을 판단하여 차별 대우를 하는 것이 아니고 무엇이겠습니까? 내 사랑하는 형제 여러분, 잘 들으십시오. 하느님께서는 이 세상의 가난한 사

람을 택하셔서 믿음을 부요하게 하시고 당신을 사랑하는 사람들에게 약속 해주신 그 나라를 차지하게 하지 않으셨습니까? 그런데 여러분은 가난한 사람들을 업신여겼습니다. 여러분을 압박하는 자들은 바로 부자가 아닙니까? 또 여러분을 법정으로 끌고 가는 자들도 그들이 아닙니까? 하느님께서 여러분에게 주신 그 존귀한 이름을 모독하는 자들도 바로 그들이 아닙니까? (야고보서 2:1~7)

이 인용문에서 우리는 저자가 존중을 기반으로 하는 평등주의처럼 단순히 부자와 가난한 사람이 서로 존중할 것을 역설한다는 인상을 받을지도 모른다.

그러나 실제로 그는 '부자'는 부자라는 그 사실만으로도 악하다고 믿는 것으로 보인다. 이 편지에서 '선한' 부자는 없다. 그는 실제로 부유한 사람들은 소유한 재산 때문에 자동적으로 부도덕하다고 믿는 듯하다. 이것은 편지 뒷부분에서 그가 다음과 같이 더욱 격앙되어 비난조의 설교처럼 쓴 구절에서 드러난다.

이번에는 부자들에게도 한마디 하겠습니다. 당신들에게 닥쳐올 비참한 일들을 생각하고 울며 통곡하십시오. 당신들의 재물은 썩었고 그 많은 옷가지들은 좀먹어버렸습니다. 당신들의 금과 은은 녹이 슬었고 그 녹은 장차 당신들을 고발할 증거가 되며 불과 같이 당신들의 살을 삼켜버릴 것입니다. 당신들은 이와 같은 말세에도 재물을 쌓았습니다. 잘 들으시오. 당신들은 당신들의 밭에서 곡식을 거두어들인 일꾼들에게 품삯을 주지 않고

> 가로챘습니다. 그 품삯이 소리를 지르고 있습니다. 또 추수한 일꾼들의 아우성이 만군의 주님의 귀에 들렸습니다. 당신들은 이 세상에서 사치와 쾌락을 누리며 지냈고 도살당할 날을 눈앞에 두고도 마음은 욕심으로 가득 채웠습니다. 당신들은 죄없는 사람을 단죄하고 죽였습니다. 그러나 그는 당신들을 대항하지 않습니다. (5:1~6)

이것은 부자들에게 부리는 노동자들을 더 잘 대하라는 단순한 호소 정도가 아니다. 부자 전체에 대한 비난이며, 그들이 부자인 유일한 원인은 가난한 자를 억압하기 때문이라고 전제하는 것으로 보인다.

야고보서의 저자는 교육수준이 높은 유다인으로, 유다교의 역사 오랜 지혜문학의 전통을 익히 안다. 그는 이 장르를 이용하여 주로 가난한 노동자들로 이루어진 교회들에게 격려의 편지를 쓰고 있다. 그가 '믿음'에는 '행동'이 수반되어야 한다고 말할 때는 대부분 동료인 인간, 특히 가난한 사람들을 고용한 부자들이 가난한 사람들을 제대로 대우해야 한다는 기본 정의를 말한다. 부자는 심판의 날에 자신에게는 '믿음'이 있다는 경건한 주장으로 빠져나가지 못한다. 그가 하려는 말은 흔히 볼 수 있는 "평화를 바라거든 정의를 위해 일하라"라고 적힌 좌익 성향 차량 범퍼 스티커와 매우 비슷하다. 그런 충돌에 대해 불평하면서 그 충돌의 뿌리에 놓인 사회적 불의를 줄이기 위해 아무것도 하지 않는다면 부당하다. 저자는 할례라든가 안식일이라든가 음식에 관한 율법 같은 것을 특별히 걱정하는 것 같지는 않다. 그의 관심사는 같은 인간을 제대로 대우하자는 것이다. 그리고 부자가 가난한 사람에게 끼치는 불의에 대해 더없이 신경을 쓴다.

전통적인 '바울로 사상'이나 개신교회의 사상이 아니라 야고보의 관점에서 세상을 바라본다면, 그에게는 믿음만으로 구원을 받는다고 가르칠 마음의 여유는 없었던 듯하다. 마치 저자가 행위와는 별개로 믿음만으로 구원을 얻는다고 가르치는 어떤 그리스도교의 글을 보고 "이야, 정의를 위해 일하고 싶어하지 않는 저런 사람들에게는 정말 편리하겠네" 하고 말하는 것 같다. 어쩌면 그는 바울로 본인의 글에 반대할 생각이었을 것이다. 어쩌면 그가 공격하는 대상은 에페소서에서 볼 수 있는 수정된 형태의 바울로 사상 또는 우리가 전혀 알지 못하는 어떤 형태의 사상일 것이다. 그러나 그는 사람들이 구원과 평화를 바란다면 정의를 위해 일해야 하며, 그것은 대체로 가난한 사람의 고난을 덜어주는 것이라는 메시지를 분명하게 전달한다. 그가 바울로에게 직접 반대하며 글을 쓰지는 않더라도 어떤 종류의 초기 그리스도교에 반대하고 있는데, 이 역시 그리스도교 운동이 초기에는 대단히 다양했음을 증명한다.

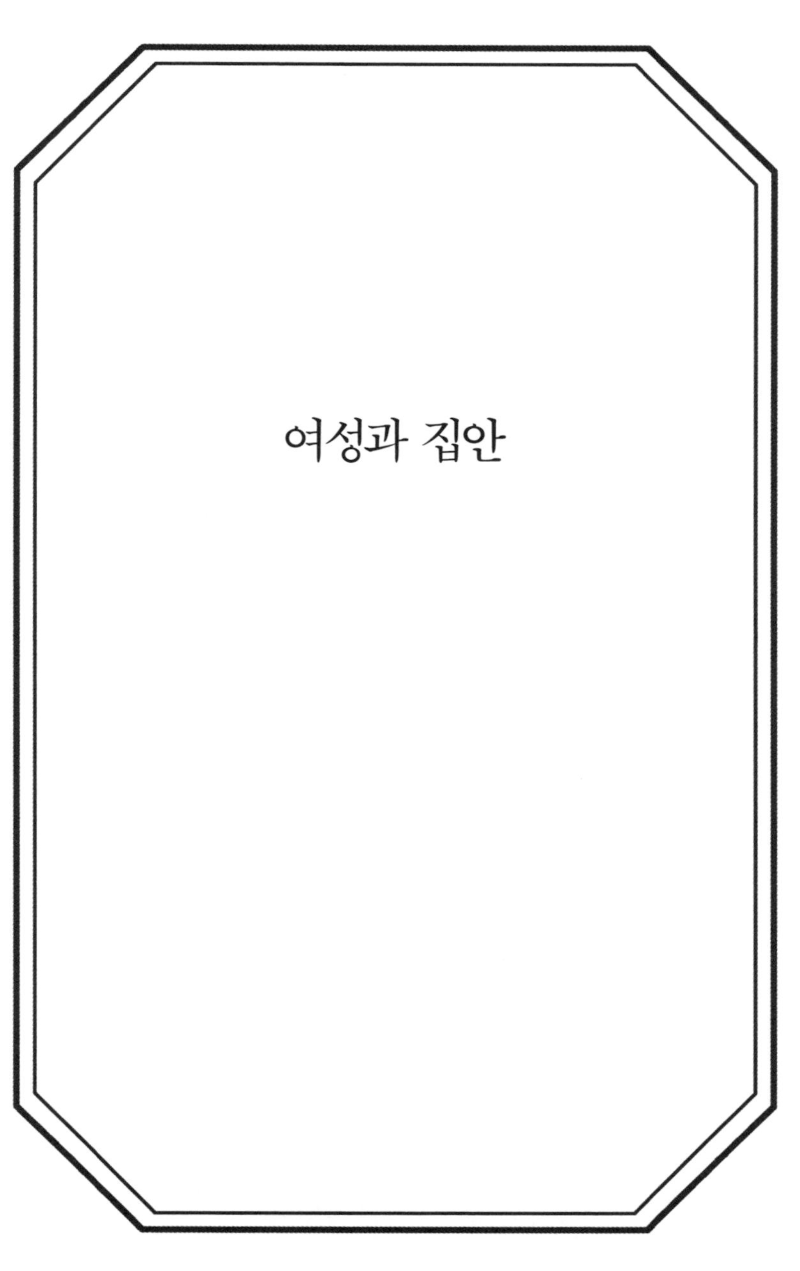

여성과 집안

19

친집안적 바울로: 목회서신

개요: 논란이 없는 바울로의 편지들에서는 결혼을 성욕을 근절하는 한 방법으로 본다. 바울로는 결혼을 자식을 낳는다는 목적을 위한 '선'으로 보지 않았으며, 그리스도교인이 모두 자기처럼 독신을 유지하는 것을 더 좋게 봤다. 교회 조직과 관리에 관한 지시 사항을 알려주기 위해 쓰인 목회서신에서는 사뭇 다른 태도를 볼 수 있다. 목회서신에서 교회는 하나의 집안이 된다. 남성이 직책을 맡고 여성은 남성에게 권위를 지닐 수 없는 가부장적 구조를 띠는 것이다. 이것은 바울로가 직접 쓴 편지에 있던 에클레시아 즉 '민회'와는 대비된다. 바울로의 편지와는 대조적으로 목회서신은 친가족적인 동시에 금욕주의에 반대하는 메시지를 전한다.

앞 장에서 언급한 것처럼 목회서신은 자신을 따르는 디모테오와 디도에게 교회의 '목회자' 일을 하는 방법, 또다른 사람들을 교회의 목회자로 임명하는 방법을 일러주는 바울로의 모습을 보여주기 때문에 '목회'서신이라 불린다. 이 편지들을 바울로가 썼다고 생각하는 학자는 거의 없다. 이들 편지에서 쓰는 어휘는 바울로의 논란이 없는 편지들에서 볼 수 있는 어휘와는 매우 다르다. 신학이 다르고, 또 이 장에서 살펴보겠지만 결혼, 성, 집안, 여성에 관한 바울로의 접근방식은 이 편지들이 권장하는 것과 매우 다르다. 대부분의 학자들은 목회서신은 바울로가 쓰지 않았다고 확신한다. 이 같은 의견은 문체, 신학, 그리고 바울로의 편지에서 볼 수 있는 교회(와 그 권위 구조)와 비교할 때 이 편지들에서 볼 수 있는 교회의 상태가 더 발전했다는 점 등을 바탕으로 한다. 대부분의 학자들은 이 편지들이 2세기 전반기에 쓰였다고 본다. 순전히 추측일 뿐이지만 125년 정도로 상상해볼 수 있을 것이다. 어떻든 이 편지들은 교회의 '성직'이—'감독' 또는 주교, 장로('원로') 또는 사제, 부제—바울로가 살아 있던 때나 죽은 직후에 비해 훨씬 더 확고하게 자리잡았을 때 쓰인 것이 분명하다.

이 편지들은 내가 이 책의 앞부분에서 전통적인 로마의 집안을 설명하느라고 왜 그렇게 많은 노력을 기울일 필요가 있었는지를 보여준다. 목회서신은 그리스의 민주정치체인 폴리스polis의 에클레시아 즉 '민회'의 사회상을 반영하던 교회의 형태를 뜯어고쳐, 꼭대기에 파테르파밀리아스가 있고 위계에 따라 여성, 아이, 노예가 종속적 역할을 하는 로마식 집안의 사회상을 반영하도록 바꿔놓으려 한다. 바울로가 쓴 것으로 위조된 이 편지들의 저자는 위계구조를 띠는 로마식 집안의 가치를 옹호할 뿐 아니라, 실제로 디모테오1서 3:15에서 "하느님의 집안"*이라고 말하면서 교회를 하나의 집안으로 바꿔놓으려 한다. 그렇게 함으로써 그는 교회 안에서 여성의 위치라든가 가정, 성, 가족에 관해 바울로가 지니고 있던 관념으로부터 떨어져나갈 수밖에 없다.

바울로와 집안

바울로와 목회서신의 저자가 얼마나 첨예하게 다른지를 보려면 바울로가 직접 쓴 글을 어느 정도 깊이 들여다볼 필요가 있다. 고린토1서에서 바울로는 성과 결혼 문제를 다룬다. "이제 여러분이 적어보낸 여러 가지 질문에 대답해드리겠습니다. 남자는 여자와 관계를 맺지 않는 것이 좋습니다. 그러나 음행이 성행하고 있으니 남자는 각각 자기 아내를 가지고 여자는 각각 자기 남편을 가지도록 하십시오. 남편은 아내에게 남편으로서 할일을 다하고 아내도 그와 같이 남편에게 아내로서 할일을 다하십시오"(고린토1서 7:1~3). 여기서 '남자는 여자와 관계를 맺지 않는 것이 좋습니다'라는 말은 적어도 일부 고린토인들이 아마도 그리스도교 초기의 어떤 금욕주의를 내세우며 사용한 구호로 보인다. 바울로는 아마도 그들에게서 받은 편지에 있었을 이 구절을 인용하는데 그 내용을 전적으로 부정하지는 않는다. 이 장의 나머지

---

* 공동번역 성서에는 "하느님의 집"이라고 나와 있다.

부분에서 드러나듯 바울로 자신은 성교를 완전히 피하는 쪽이 더 낫다고 믿지만, 모든 교인이 그것을 감당할 수 있다고는 믿지 않는다. 그래서 그는 이 부분에서 '약한' 사람들에게 어느 정도 관대한 금욕주의에 해당하는 조언을 내놓는다.

여기서 내가 강조하는 부분은 바울로가 여자에게 하는 조언과 남자에게 하는 조언 사이에 균형을 잡는 방식이다. 고대 세계에서 그리스인, 로마인, 유다인, 그리고 주로 초기 그리스도교인들이 젠더 위계를 당연하게 받아들였다는 점을 생각할 때, 그가 결혼에는 남자 구성원과 여자 구성원 사이에 호혜주의가 있다고 봤다는 점은 인상적이다. 꽤 뜻밖으로 바울로는 이렇게 말한다. "아내는 자기 몸을 자기 마음대로 할 수 없고 오직 남편에게 맡겨야 하며 남편 또한 자기 몸을 자기 마음대로 할 수 없고 오직 아내에게 맡겨야 합니다"(7:4). 여기서 '아내'와 '남편'으로 번역된 그리스어는 그냥 '여자'와 '남자'라는 뜻도 될 수 있다. 신약의 그리스어에는 '여자'와 '남자'라는 일반적인 용어 말고는 '아내'나 '남편'을 따로 가리키는 용어가 없다. 여기서는 바울로의 말이 무슨 뜻인지 확실하지만, 다른 맥락이라면 논쟁의 여지가 있다. 어떻든 대부분의 사람들은 아내를 남편의 지배하에 두는 것을 당연하게 여겼겠지만, 바울로는 적어도 성교에 관한 한 아내에게도 남편의 몸에 대해 똑같은 권리를 부여한다.

그런 다음 바울로는 성 문제를 다룬다.

> 서로 상대방의 요구를 거절하지 마십시오. 다만 기도에 전념하기 위해

서 서로 합의하여 얼마 동안 떨어져 있는 것은 무방합니다. 그러나 자제하는 힘이 없어서 사탄의 유혹에 빠질지도 모르니 그 기간이 끝나면 다시 정상적인 관계로 돌아가야 합니다. 이 말은 명령이 아니라 충고입니다. 나는 모든 사람이 다 나처럼 살기를 바랍니다. 그러나 사람마다 하느님께로부터 받는 은총의 선물이 각각 다르므로 이 사람은 이렇게 살고 저 사람은 저렇게 삽니다. (7:5~7)

우리가 알기로(나는 확실하다고 생각하는데) 바울로 자신은 적어도 사도로 활동하던 때에는 혼인하지 않았고, 모든 그리스도교인 또한 그러기를 바랐을 것이다. 그러나 그는 사람들이 정욕에 사로잡히는 것을 바라지 않았고, 그래서 결혼한 사람들은 정욕을 다스리지 못할 때 성관계를 통해 갈증을 풀어야 한다고 주장한다. 그는 사람들에게 성관계를 하라고 '명령'하지는 않고 그냥 '충고'만 한다. 그로서는 정욕을 경험하지 않고 견뎌낼 수 있는 사람이면 모두 독신으로 살기를 선호했을 것이다.

그뒤 바울로가 당시 미혼인 고린토인들에게 말할 때 성과 정욕을 경계하는 이유를 짐작할 수 있는 실마리를 보게 된다. "결혼하지 않은 사람들과 과부들에게는 나처럼 그대로 독신으로 지내는 것이 좋겠다고 말하고 싶습니다. 그러나 자제할 수 없거든 결혼하십시오. 불타는 것보다는 결혼하는 편이 낫습니다"(7:8~9). 여기서 마지막 문장은 그리스어를 내가 직역한 것인데, NRSV 성서("욕정에 불타는 것보다는 결혼하는 편이 낫습니다")*와는 다르다. 그러면 바울로가 말하는 '불타는'은 무슨 뜻일까? 어떤 사람들은 '지옥에서 불타는' 것으로, 즉 독신인 그리스도교인이 성관계를 피할 수 없어 혼인하지 않은 상태로 성관계를 가지면 지옥에서 불에 타게 된다는 뜻일 거라는 의견을 내놓았다. 나는 바울로가 말하는 '불타는'은 정욕의 경험 자체를 가리킬 가능성이 훨씬 더 높다는 점을 다른 글에서 논한 적이 있다.[1]

고대 그리스와 로마 문화에서 정욕은 질병으로, 실제로 불에 타는 것으로 묘사됐다. 그리스와 로마의 의사들은 정욕이라는 질병에 불타는 사람들의 고통을 덜어주기 위해 온갖 치료법을 처방했다. 이들은 제한된 조건의 성교를 주장했지만(이들 역시 사람들이 성교를 덜 할수록 더 건강해진다고 믿는 편이었으므로), 또 욕망의 열기를 '식혀주는' 특정 식이요법이나 약물을 추천하기도 했다. 고대 지중해 문화에서 대부분의 사람들은 욕망은 건강하지 못하고 성은 위험하다고 생각했다. 바울로는 이렇게 일반적으로 퍼져 있던 문화적 전제를 공유한 것으로 보이며, 따라서 정욕에 타오르는 문제를 가장 염려했다.

바울로의 해법은 사람들이 정욕을 억누를 수 있다면 성관계를 완전히 피해야 한다는 것이다. 그러지 못할 경우, 그래서 정욕을 경험할 경우에는 결혼하여 성관계를 가져야 한다. 흥미롭게도 바울로는 정욕을 '다스리기' 위해서라든가 정욕의 적절한 표현으로서 성관계를 추천하지는 않는다. 그는 욕망 즉 '불타는' 정욕을 전혀 경험하지 않기 위해 어쩔 수 없다면 성관계를 가져야 한다고 말한다. 오늘날 그리스도

* 공동번역 성서에도 NRSV 성서와 똑같이 나와 있다.

교인들이 거의 언제나 이 구절을 해석하는 방향과는 달리, 바울로는 아주 조금만 불타도록 하기 위해 성관계를 가져야 한다고 말하고 있지 않다. 그는 약간의 '끓어오름'을 권하지 않는다. 그는 '양자택일'이라는 과격한 선택을 내놓는다. 정욕을 전혀 경험하지 않기 위해 어쩔 수 없다면 성관계를 가지라고 말하는 것이다.

바울로가 정욕이라는 감정을 미리 배제하는 방편으로서 결혼이라는 틀 안의 성관계를 권장할 수 있다는 것이 오늘날 우리의 직관과는 완전히 다르다고 느껴지지만, 그의 말을 문자 그대로 해석하면 알 수 있듯이 그는 어떻게 봐도 그렇게 권장하고 있다. 그리고 우리로서는 이런 관념이 완전히 낯설지만—어쩌면 불가해하기까지 하겠지만—고대 세계에는 이것을 하나의 방편으로 생각한 사람들이 있었다. 스토아 학파 사람들은 진정한 현자는 욕망과 열정을 완전히 소멸시킬 수 있다고 믿는 철학자들로 유명했다. 이들은 그런 일은 매우 드물다고 생각하기는 했지만 그럼에도 목표에 포함되어 있었다. 심지어 결혼한 남자들은 정욕이라는 열정을 경험하지 않으면서, 즉 정욕이 없는 상태에서 아내와 성관계를 경험할 수 있다고도 믿었다. 바울로는 그러므로 고대 세계에서 욕망 없이 성관계를 가질 수 있다고 믿은 유일한 사람이 아니었다.

그러나 이것은 결혼과 성에 관한 바울로의 믿음이 오늘날의 거의 모든 사람, 특히 그리스도교인들의 믿음과는 매우 다르다는 뜻이다. 첫째, 바울로는 모든 그리스도교인이 결혼하지 않고 독신으로 사는 쪽을 선호한다. 둘째, 바울로는 주된 문제는 성관계 자체가 아니라 그것을 하지 않을 수 없게 만드는 정욕이라고 믿는다. 셋째, 바울로는 결혼과 결혼이라는 틀 안의 성관계를 정욕의 '적절한 표현'으로서 권장하는 게 아니라, 욕망을 사전에 완전히 배제하기 위한 도구로서 권장한다. 그리고 넷째, 바울로가 볼 때 결혼이라는 틀 안에서 이루어지는 성교의 목적은 그저 욕망을 경험하지 않기 위한 것이며, 자식을 낳는 것과는 아무 관계가 없다. 바울로가 자식을 낳는 일에 관해 아무런 관심도 보이지 않는다는 점은 중요하다. 그것은 그가 이 세상의 종말이 임박했으며 따라서 죽는 사람들을 대신할 사람들을 새로 이 세상에 들여올 필요는 없다고 믿었기 때문일 가능성이 매우 높다. 오늘날 그리스도교인들의 관점에서는 특이하게 보이겠지만, 바울로는 결혼을 통해 자식을 낳는 일에는 아무 관심이 없었고, 될 수 있으면 독신으로 살라고 권했으며, 정욕을 사전에 배제한다는 목적에서만 결혼이라는 틀 안의 성관계를 허용했다.

이것이 바울로가 심사숙고한 끝에 내놓은 의견이며 그저 고린토1서 7장에서만 나타나는 특이한 의견이 아니라는 점은 앞에서 살펴본 대로 데살로니카1서 4:5에서도 드러난다. 거기서 바울로는 데살로니카 교회의 남자들에게, 성관계를 할 수 있으나 자신의 아내와만, 그리고 "하느님을 알지 못하는 이방인들처럼 욕정에 빠지지" 않은 상태에서 해야 한다며 허용한다(나의 번역이며, 대부분의 영어판 성서보다 더 직역한 것이다).* 데살로니카1서의 저 맥락에서 바울로가 교회의 남자들에게만 말하고 있다는 점은 눈여겨볼 만하다. 고린토1서에서는 교

* 공동번역 성서에는 이 절이 다음과 같이 나와 있다. "하느님을 알지 못하는 이교도들처럼 욕정에 빠지지 않도록 하십시오."

회 내의 남자와 여자, 기혼자와 미혼자, 과부와 처녀총각 모두에게 말한다. 모든 상황에서 바울로가 권장하는 쪽은 사람들이 결혼하지 않는 것이다. 그렇지만 정욕에 빠져드는 일을 피할 수 없다면 결혼을 허용하며, 그러나 결혼이라는 틀 안에서만 성관계를 가져야 한다고 주장한다. 그리고 욕망의 '적절한 표현'을 위해서도 아니고 자식을 낳는다는 목적에서도 아니라, 욕망을 사전에 완전히 차단한다는 목적을 위해서이다.

나는 고린토1서 7장에서 바울로가 여자와 남자에게 똑같이 말한다는 점을 지적했다. 그리고 고린토1서를—데살로니카1서에서 제기되는 젠더 문제를 어떻게 해석하든 간에—쓴 시기에 이르러 바울로는 자신의 교회 안에 여자들을 포함시켰고 나아가 지도자의 위치까지 부여해놓았다. 그는 브리스카와 그 남편 아퀼라를 협력자로 언급한다(16:19). 이들은 에페소에 있는 가정교회의 주인으로서 언급된다. 로마서 16장에서 그는 여러 명의 여자를 언급한다. 페베는 겐크레아에 있는 교회의 부제인 것 같다(로마서 16:1). 이 맥락에서 바울로는 심지어 브리스카의 이름을 남편보다 먼저 언급하는데, 브리스카가 남편보다 지위가 높다는 암시일 수도 있다(16:3).[2] 바울로는 로마의 교회에서 수고한 '마리아'라는 사람에게 안부를 전한다(16:6).

전체적으로 보면 바울로는 로마서 16장에서 교회 지도자거나 아니면 적어도 존경받는 협력자임을 암시하면서 열 명의 여자를 언급한다. 안드로니고와 유니아라는 두 사람에 대해 바울로는 자기보다 먼저 그리스도를 따른 사람들이며 한때 그와 함께 감옥에 있었다고 말하고,

나아가 "사도들"이라고까지 부른다(16:7). 후자의 이름은 오랫동안 남자 이름인 '유니아스Junias'로 번역됐는데, 단지 학자들이 바울로가 여자를 사도라고 부르리라고는 상상할 수 없었기 때문이다. 그러나 최근 연구에서 '유니아스'는 남자 이름으로는 매우 드문 반면 '유니아Junia'라는 여자 이름은 흔했다는 것이 입증됐다. 오늘날 학자들은 이 이름이 여자 이름으로 번역되지 않았던 것은 순전히 편견 때문이었다고 인정한다. 오늘날 우리는 바울로가 어느 여성을 '사도들'의 한 사람으로 인정했다는 것을 받아들이고 있다.[3]

이제까지 학자들은 바울로의 편지에서 이렇게 여성이 언급되는 것을 바울로의 교회에서는 여자가 남자와 완전히 동등한 대우를 받았음을 암시하는 것으로 받아들였다. 사람들은 이 관념을 뒷받침하기 위해 일반적으로 갈라디아서 3:28을 인용한다. "유다인이나 그리스인이나 종이나 자유인이나 남자나 여자나 아무런 차별이 없습니다." 그러나 바울로를 오늘날과 같은 페미니스트 내지 성평등주의자로 내세우는 것은 지나치다. 바울로가 하느님의 계획에서 여자는 남자보다 낮은 위치에 있다고 믿었음을 나는 이미 지적한 바 있다. 이 위계는 바울로가 그리스도가 남자의 "머리"인 것처럼 남자는 여자의 "머리"이며 하느님은 그리스도의 "머리"라고 말할 때 이미 전제되어 있다(고린토1서 11:3). 바울로가 젠더 위계도 전제하고 있다는 것을 받아들이지 않으면 예언할 때 여자는 머리를 가리고 남자는 가려서는 안 된다는 그의 주장은 말이 되지 않는다.

나는 갈라디아서 3:28은 부활하여 "그리스도 예수 안에서" 만들어지는 양성구유의 신체를 뒷받침하는 세례 구호를 가리키는 말일 것이라고 다른 곳에서 논한 적이 있다. 초기 그리스도교에서는 종말이 오면 구원받은 모든 인간의 신체를 하느님이 양성구유로 만들어, 고대 역사에서 있었던 모종의 '타락' 이전과 같은 상태로 되돌림으로써 인간이 남성과 여성으로 분리됐던 비극이 치유될 것이라는 믿음이 널리 퍼져 있었다. 그러나 그 양성구유의 신체에 혹시라도 '여성'이 포함된다면 여전히 남성인 부분이 여성인 부분보다 더 우위에 있을 것이라고 생각했다. 이런 생각의 한 가지는 신체 내에서 남성적 '존재'가 여성적 '부재'를 삼켜버린다는 것이었다.* 갈라디아서 3:28은 두 가지 성으로 이루어진 인류가 이제 동등하다는 주장을 가르치지 않는다. 그보다는 두 가지 젠더로 이루어진 인류가 하나의 양성구유 안으로 삼켜진다고 가르친다. 이 구절은 하나의 젠더로 이루어지는 신체의 일치를 가르치며, 분리되어 있지만 동등한 두 개의 젠더를 가르치지 않는다.[4]

바울로가 남성과 여성을 완전히 동등하게 두었다고 보지 않아도, 그가 자신의 교회에서 여성에게 핵심적 역할뿐 아니라 지도자 역할까지 맡겼다는 사실을 제대로 이해할 수 있다. 그는 여성을 가정교회의 주인으로, 부제로(그의 시대에 부제가 무엇을 가리켰는지는 전혀 명확하지 않지만), 또 사도로 인정하고 또 예언자로 존중했지만, 교회에서 기

* 다른 글에서 저자는 이것이 고대에 압도적으로 우세한 양성구유 관념이었다고 설명한다. 이 관념에서는 실제로 양쪽의 성이 대등한 관계가 아니라 상대적으로 강한 남성 안으로 약한 여성이 흡수 통합된다. 즉 여성 신체의 남성화를 의미하며, 여성이 이전까지 경험한 '부재'(예컨대 냉기 즉 열기가 없는 상태)에다 남성의 '존재'(열기)를 부여한다는 것이다(Martin, Sex and the Single Savior, p. 84).

도하거나 예언할 때 머리에 천을 써야 한다고 주장한 것은 사실이다.

고린토1서 14:34~35이 실제로 바울로가 쓴 편지에 포함됐다면 이 모든 것과 모순될 것이다. 이 부분에서 편지의 저자는 이렇게 말한다. "여자들은 교회 집회에서 말할 권리가 없으니 말을 하지 마십시오. 율법에도 있듯이 여자들은 남자에게 복종해야 합니다. 알고 싶은 것이 있으면 집에 돌아가서 남편들에게 물어보도록 하십시오. 여자가 교회 집회에서 말하는 것은 자기에게 수치가 됩니다." 그렇지만 학자들 중에는 이것이 바울로가 쓴 것이 아니라고 믿는 사람이 많다. 바울로는 여성이 자신의 교회에서 발언하거나 권위를 지니도록 허용하지 않았을 것이라고 믿은 후대의 어느 필경사가(아마도 바울로가 쓰지 않은 위서의 영향을 받아) 이 부분을 편지에 끼워넣었다는 것이다. 이 가설에는 좋은 근거가 몇 가지 있다. 첫째, 어휘가 진짜 바울로보다는 목회서신에 더 가깝게 보인다. 둘째, 이 구절 때문에 그 앞뒤 산문의 흐름이 끊어진다. 셋째, 이 구절은 그 몇 장 앞에서 바울로가 여성이 기도하고 예언하는 것을 허용한다고 말한 내용과 완전히 어긋나 보인다. 그렇지만 후대 필경사의 '가필'이라는 가장 강력한 논거는 고대의 필사본 또는 그 본문을 증언하는 글(예컨대 다른 언어로 된 판본이나 교부들의 인용문에서) 모두에서 이 두 절이 이 자리에 나오지는 않는다는 점이다. 일부 필사본에서는 34~35절이 40절 뒤에 나온다.

이 두 절이 아예 빠진 필사본이 없다는 사실은 원래 있었다는 논리를 뒷받침하는 근거가 될 수 있다. 현재 남아 있는 그리스어 필사본이 위치는 달라도 모두 이 두 절을 포함하고 있으므로 원래 편지에 있던 부분이 틀림없다는 주장이 있다. 그러나 필경사들이 사본을 만들 때 원본의 본문에 들어 있지 않고 여백에 적힌 내용을 베껴썼기 때문이라고 간주하지 않는다면 이 두 절이 필사본에 따라 두 가지 다른 위치에 들어가 있는 이유를 설명하기가 어렵다. 그리고 누군가가 이 부분을 거기에 적어넣었을 이유를 상상하는 것도 어렵지 않다. 바울로가 여성에게 교회에서 전도자와 예언자로 활동하는 것을 실제로 허용했으리라고 상상할 수 없었던 필경사라면, 어쩌면 목회서신 같은 다른 형태의 '바울로 사상'에 영향을 받은 필경사라면 자신이 읽고 있던 필사본의 여백에 이 두 절을 적어넣었을 수 있다. 그뒤에 필경사들이 사본을 베껴쓸 때 자신이 사용하는 원본의 여백에 달린 주석을 보고 필사본에 써넣었다. 그러나 필경사에 따라 자신이 만드는 필사본에서 이 두 절을 끼워넣는 위치가 달랐고, 그래서 34~35절을 고린토1서 14장에 넣기는 했지만 그 위치가 달라졌다. 이것으로 바울로가 다른 곳에서 한 말과 행동과는 모순되어 보이는 내용이 고린토1서에 포함된 경위를 설명할 수 있을 것이다.

어떻든 이 모든 것은 바울로가 여성을 협력자로, 그가 세운 교회의 지도자로, 또 전도자와 예언자로 인정했음을 보여준다. 비록 바울로가 여전히 '여성'이 어떤 면에서 '남성'보다 하위에 있다는 관념을 어느 정도 가지고 있기는 했지만, 여성은 그가 세운 교회에서 놀라울 정도로 자유로운 역할을 누렸다. 바울로는 또 남편에게 아내의 몸에 대한 '소유권'을 준 만큼 아내에게도 똑같은 종류의 소유권을 주었다. 결혼에 관한 바울로의 가르침은 상호적이었으며, 여성은 그의 교회에서 중요했다. 그렇지만 이 장과 다음 장에서 살펴보겠지만, 그후의 교회에서는 여성, 결혼, 성에 관해 매우 다른 입장을 취하면서도 바울로의 적통을 이어받았다고 주장했다.

목회서신의 친집안적이고도 반금욕주의적 태도

나는 목회서신 세 편이 모두 같은 사람이 쓴 것이라 본다. 바울로와는 매우 다른 어휘와 문체를 세 편의 편지가 모두 공유한다. 바울로의 이름으로 쓴 편지에서 저자는 자신이 반대하는 형태의 초기 그리스도교에 대한 반론을 편다. "내가 마케도니아로 떠날 때에 간곡히 부탁한 대로 그대는 에페소에 머물러 있으시오. 거기에는 그릇된 교리를 가르치거나 꾸며낸 이야기나 끝없는 족보 이야기에 정신이 팔린 사람들이 더러 있으니 그런 일을 못하게 하시오. 그런 것들은 쓸데없는 논쟁이나 일으킬 뿐이고 믿음을 통해서 구원을 얻게 해주시는 하느님의 계획에는 아무런 도움도 되지 못합니다"(디모테오1서 1:3~4, 또 4:7도 참조). 우리는 이런 '꾸며낸 이야기나 끝없는 족보 이야기'가 구체적으로 어떤 것인지 모른다. 영지주의라는 추측이 있지만, 확실하게 그렇다고 말할 수 있는 충분한 증거는 없다.

저자는 이런 스승들이 "율법"을 가르친다고 말하고(1:6~7), 또 디도서에서는 "할례를 받은 사람들"(디도서 1:10)*과 "유다인이 꾸며낸 이야기"와 "명령"(1:14)을 언급한다. 저자가 염두에 둔 사람 중 적어도 일부

* 공동번역 성서에는 "유다교에서 넘어온 신자들"이라 되어 있다.

는 유다인이 분명하다. 우리는 세 편의 편지가 모두 같은 무리를 비난한다고 간주해서는 안 된다. 디모테오1서와 디도서의 비난은 상당히 비슷하게 들리며, 따라서 이 두 편지는 어쩌면 똑같은 종류의 그리스도교에 대항하기 위해 쓰였을 것이다. 그러나 디모테오2서는 맥락이 다르다는 느낌을 준다(물론 허구다). 이 편지는 바울로가 감옥에서 죽음을 기다리면서 쓴 '유언장'처럼 보이게 쓴 듯하다. 그러나 이 편지는 또 "부활이 이미 지나갔다"는 주장을 내놓는 사람들을 언급한다(디모테오2서 2:18). 저자의 시각에서 이단으로 보이는 주장이다.

그렇지만 여기서 더 흥미로운 부분은 저자가 금욕주의를 가르치는 종류의 그리스도교에 반대한다고 암시하는 내용이다.

> 훗날에 사람들이 거짓된 영들의 말을 듣고 악마의 교설에 미혹되어 믿음을 버릴 때가 올 것이라고 성령께서 분명히 말씀하십니다. 이런 교설은 거짓말쟁이들의 위선에서 오는 것이고 이런 자들의 양심에는 사탄의 노예라는 낙인이 찍혀 있습니다. 이런 자들은 결혼을 금하고 어떤 음식을 못 먹게 합니다. 그러나 음식은 하느님께서 만들어주신 것으로서 진리를 깨닫고 신도가 된 사람들이 하느님께 감사하는 마음으로 먹으라는 것입니다. 하느님께서 만드신 것은 모두 다 좋은 것이고 감사하는 마음으로 받으면 하나도 버릴 것이 없습니다. (디모테오1서 4:1~4)

이 저자는 초기 그리스도교 중에서도 성과 음식을 엄격히 통제하려 한 금욕주의에 맞서서 음식과 결혼을 옹호한다. 나중에 그는 디모테오에게 다음처럼 명확하게 말한다. "이제는 물만 마시지 말고 위장을 위해서나 자주 앓는 그대의 병을 위해서 포도주를 좀 마시도록 하시오"(5:23). 저자는 포도주를 비롯하여 일정한 종류의 음식을 금하는 종류의 그리스도교에—우리는 이런 그리스도교가 존재했음을 알고 있는데—반대하며, 결혼과 전통적 집안을 장려한다.

집안으로 보는 교회

저자는 결혼과 집안과 전통적 도덕성을 옹호하려다 집안을 본떠 교회를 구성하게 된다. 교회 안의 모든 사람에게 집안에서 맡는 역할을 부여한다. "노인에게는 나무라지 말고 오히려 아버지를 대하듯이 좋은 말로 충고해드리시오. 젊은이들에게는 형제에게 하듯이, 나이 많은 여자들에게는 어머니에게 하듯이, 젊은 여자들에게는 자매에게 하듯이, 오로지 순결한 마음을 가지고 충고하시오"(디모테오1서 5:1~2). 디도에게도 비슷한 가르침을 주고 또 교회 구성원들에게 각기 올바른 역할을 가르치는 방법도 알려준다. 예를 들면 나이 많은 여자들이 젊은 여자들을 가르치면 그들은 "자기 남편과 자식들을 사랑하게 되고 신중하고 순결하고 착한 여자가 되어 집안 살림을 잘하고 남편에게 복종하는 아내가 될 것"이다(디도서 2:4~5).

남성에게는 나름의 특유한 역할이 있다. "어느 예배소에서나 남자들이 성을 내거나 다투거나 하는 일이 없이 깨끗한 손을 쳐들어 기도하기를 바랍니다"(디모테오1서 2:8). 여성은 역할이 매우 다른데, 가정에서 순종하는 것과 같은 역할을 교회 내에서 맡는다.

그리고 여자들은 정숙하고 단정한 옷차림을 해야 합니다. 머리를 지나치게 꾸미거나 금이나 진주로 치장을 하거나 비싼 옷을 입지 말고 오직 착한 행실로써 단장해야 합니다. 그래야 하느님을 공경한다는 여자에게 어울립니다. 여자는 조용히 복종하는 가운데 배워야 합니다. 나는 여자가 남을 가르치거나 남자를 지배하는 것을 허락하지 않습니다. 여자는 침묵을 지켜야 합니다. 먼저 아담이 창조되었고 하와는 그다음에 창조된 것입니다. 아담이 속은 것이 아니라 하와가 속아서 죄에 빠진 것입니다. 그러나 여자가 자녀를 낳아 기르면서 믿음과 사랑과 순결로써 단정한 생활을 계속하면 구원을 받을 것입니다. (2:9~15)

이 구절에서 '자녀를 낳아 기르는' 것이 어떤 기능인지는 분명하지 않다. 저자의 말은 여성은 아이를 낳는 대가로 구원을 '획득한다'는 뜻일까? 다시 말해 여성은 아이를 낳으면 하와가 가져온 저주로부터 풀려날 수 있다는 말일까? 아니면 여성은 복종하고 단정한 생활을 계속하면 출산의 위험으로부터 구원받을 수 있다는 말을 하는 걸까? 그리스어 원문은 어느 쪽으로도 해석될 수 있다. 나아가 원문이 동시에 두 가지 뜻을 띤다고도 상상할 수 있다. 어느 경우든 저자는 자기 교회의 여성이 아이들을 낳고 주부의 일을 하기를 바란다. 이것이 그들이 자기 가정뿐 아니라 '하느님의 집안'인 교회에서 맡는 역할이다.

교회의 직책

저자가 디모테오와 디도에게 교회의 지도자를 임명하는 방법을 가르치는 방식 역시 전통적 집안을 바탕으로 삼는다. 지도자의 위치 중 하나는 '주교' 또는 '감독'이다. 이에 해당하는 그리스어는 어느 쪽으로도 옮길 수 있다. 그리스어 낱말 에피스코포스episkopos는 어떤 '감독'이나 관리자에게도 쓸 수 있다. 영어 낱말 '주교bishop'가 여기서 왔는데, 두 낱말의 발음을 비교해봐도 알 수 있다. 여기서 말하는 주교가 꼭 로마 천주교회, 동방정교회, 성공회의(또는 루터교회, 감리교회 등을 비롯하여 주교나 감독이라는 직책이 있는 교회의) 주교와 직책을 가리킨다고 볼 필요는 없다. 이런 교파에서 주교는 대개 하나의 교회가 아니라 넓은 지역에서 여러 교회를 관장한다. 목회서신에서는 한 명의 '주교' 또는 한 무리의 주교가 하나의 교회, 심지어 하나의 가정교회, 또는 하나의 도시에 있는 여러 가정교회를 관장하는 것을 생각하는 것으로 보인다. 저자는 그들의 자격도 설명한다.

그런데 감독은 탓할 데가 없는 사람이어야 하고 한 여자만을 아내로 가져야 하고 자제력이 있고 신중하고 품위가 있어야 하고 남을 후하게 대접할 줄 알며 남을 가르치는 능력이 있어야 합니다. 그리고 술을 즐기지 않으며 난폭하지 않고 온순하며 남과 다투지 않고 돈에 욕심이 없어야 합니다. 또한 자기 가정을 잘 다스릴 줄 알고 큰 위엄을 가지고 자기 자녀들을 복종시킬 줄 아는 사람이어야 합니다. (자기 가정도 다스릴 줄 모르는 사람이 어떻게 하느님의 교회를 돌볼 수 있겠습니까?) (디모테오1서 3:2~5)

저자는 주교는 갓 개종한 사람이어서는 안 되며, 교회뿐 아니라 도시 내의 더 큰 공동체에서도 평이 좋은 사람이어야 한다고 덧붙인다.

이것은 모두 전통적, 가부장적 집안을 강조하는 그리스와 로마 문화에서 매우 전통적인 도덕성에 해당된다. 나중의 교회에서 주교는 결혼하지 않은 사람이어야 한다고 요구했다는 사실에 비추어볼 때 이 구절에서 저자는 자기 교회의 지도자가 가정적인 남자여야 한다고 주장하고 있음을 알 수 있다. 주교는 보수적 로마 가족 내에서 파테르파밀리아스가 하는 역할을 교회에서 맡는다. 그리고 여기서 언급하는 모든 특성은 도덕성과 집안 관리를 다룬 거의 모든 온건한 철학 논문에서도 볼 수 있을 것이다. 이 구절의 사회적 모형은 전적으로 완전히 보수적이고 전통적이다.

이어 저자는 "부제"*에 관한 지침을 전달하는데, 이 낱말은 '하인'이라고도 옮길 수 있지만 여기서는 교회의 직책을 가리키는 것이 분명하다. 부제 역시 집안의 우두머리여야 하며, 결혼은 한 번만 한 사람이어야 하고, 자녀가 온순하고 순종적이어야 한다(3:12). 이 부분의 문맥에서 언급된 "여자들"에 관해 약간의 혼란이 있다(3:11).** 이 구절은 여자가 여성 부제로 임명됐다는 뜻일까? 아니면 남성 부제의 아내를 가리키는 것일까? 그리스어 원문도 문맥도 명확하지 않다. 앞서 살펴본 것처럼 바울로의 교회에는 여성 부제가 있었고, 따라서 어쩌면 현재 저자의 교회에도 아직 이 직책이 있었을 것이다.

---

* 공동번역 성서에는 "보조자"라 되어 있다.

** 공동번역 성서에는 구체적으로 "보조자의 아내들"이라 되어 있다.

저자의 교회에서 남성 지도자를 위한 또다른 직책이 있었을 수도 있다. 디모테오1서 4:14에서 저자는 디모테오를 "안수按手"*하여 임명한 "원로들"을 언급한다. 저자는 뒤에 "남을 잘 지도하는" 원로들, 특히 전도하고 가르치는 원로들을 재정적으로 뒷받침해야 한다고 말한다(5:17~18). '원로'를 가리키는 그리스어 낱말은 프레스비테로스presbyteros인데, 대개는 나이 많은 남자를 가리키며 여기서 '장로회presbyterian'라는 영어 낱말이 나왔다. 장로교회에서는 대개 회중이 선출하는 사람들 집단이 지도를 맡는데, 이 역할을 가리키는 이름을 고대 그리스도교에서 가져온 것이다. '사제priest'라는 뜻의 영어 낱말 역시 고대의 '프레스비테로스'에서 왔을 가능성이 있다. 디도서를 보면 프레스비테로스는 그저 '감독(에피스코포스)'을 가리키는 또하나의 호칭이거나 아니면 두 가지 직책의 역할이 겹칠 수도 있는 것으로 보인다(디도서 1:5~9 참조). 그래서 이것이 목회서신에서 묘사된 교회에서 남성이 맡는 또다른 직책인지는 명확하지 않다.

이 모든 경우에서 교회의 남성 지도자는 결혼하여 집안을 이끄는 우두머리일 것으로 간주된다. 그리스도교의 초기에는 독신 사제직을 당연하게 여기지 않았다. 바울로의 경우에서 보았듯 결혼하지 않은 그리스도교 지도자들의 예가 있지만, 예외일 뿐 일반적이지는 않았던 것으로 보인다. 목회서신의 저자는 교회 즉 에클레시아를 '집안'의 형태

* 한 사람의 머리 위에 다른 사람(들)이 손을 얹고 기도하는 예식을 말하며, 상징적인 의미와 함께 공식적인 의미도 있다. 구약에서는 권위를 부여하거나 축복할 때 안수했다. 신약에서는 성령을 받는 것과 관련되며, 권위와 책임을 부여할 때에도 안수 예식을 행했다.

로 만들기 위해 이 사실을 이용한다.

목회서신의 교회에는 또 적어도 일부 여성을 위한 역할과 직책이 있었다. 우리는 여성 부제가 있었을 수도 있다는 것을 알아봤다. 그러나 디모테오1서에서 나중에 고대 후기 그리스도교에서 매우 중요해지는 새로운 직책을 볼 수 있다. 바로 과부이다. 저자는 교회의 나이 많은 과부와 젊은 과부를 대하는 방법을 자세하게 설명한다.

> 의지할 데 없는 과부들을 돌보아주시오. 어떤 과부에게 자녀나 손자녀가 있다면 그들로 하여금 먼저 자기 가족에게 종교적 의무를 다하는 일과 어버이의 은혜에 보답하는 길을 배우게 하시오. 이것이 하느님을 기쁘게 해드리는 일입니다. 아무도 돌보는 이 없는 외로운 과부는 오로지 하느님께 희망을 두고 밤이고 낮이고 끊임없이 간구하며 기도합니다. 그러나 향락에 빠진 과부는 살아 있다 해도 죽은 것이나 다름없습니다. 그러므로 이런 일들을 과부들에게 잘 타일러서 아무에게도 비난을 받지 않는 사람이 되게 하시오. 만일 어떤 사람이 자기 친척, 특히 자기 가족을 돌보지 않는다면 그는 벌써 믿음을 버린 사람이고 비신자보다도 못한 사람입니다. (디모테오1서 5:3~8)

다만 저자는 뒤이어 과부를 "명단에 따로 올리도록" 하라고 말한다. '진짜 과부'를 수록하는 일종의 공식 목록이 있는 것이다. 진짜 과부는 60세 이상이며, 결혼은 한 번밖에 하지 않았고, 주교나 부제와 마찬가지로 여러 특성을 보여주는 사람들이다.

우리는 목회서신의 저자가 결혼을 한 번밖에 하지 않은 사람들을 추천하는 경우를 여러 번 봤다. 그는 교회 사람들이 결혼하는 것을 열렬히 환영하지만 한 번만 결혼하는 것을 더 선호한다. 그래서 남자의 경우와 마찬가지로 '공식적' 과부가 되는 여자는 결혼한 사람이어야 하지만 한 번만 한 사람이어야 한다.

저자가 과부에게 교회의 공식 역할을 맡기고 싶어한 이유는 명확하다. 과부들이 정말로 다른 가족이 없다면, 특히 아들딸이나 손자녀가 없다면 생활을 꾸려나갈 방법이 전혀 없을 가능성이 높다. 그러므로 교회가 그들의 '가족'이 되는 것이다. 나중의 그리스도교 즉 고대 후기의 교회에서는 '과부'의 역할이 실제로 공식적인 것이 됐다. 과부들은 명단에 올라 인정받았고 교회가 재정적으로 뒷받침해주었다. 재정적 뒷받침이 필요하지 않은 부유한 과부들은 교회의 중요한 후견인이 됐고, 이따금 자신의 재산으로 수도원을 만들거나 특히 여성을 위한 수녀원을 세우기도 했다.

그렇지만 저자는 신중하게도 과부 명단에서 젊은 과부는 빼게 한다. 그들을 믿지 않는 것이다. 정욕 때문에 올바른 길에서 벗어날 것이라고 생각하며, 또 재정적 뒷받침을 받으면 그저 수다쟁이와 참견꾼이 될 것이라고 믿는다. 그래서 그는 한 번만 결혼한 사람들을 특히 귀하게 여기는데도 불구하고, 젊은 과부는 재혼하여 아이를 낳고 집안을 잘 다스리는 여성이 되게 하라고 교회에게 가르친다(5:11~15). 저자는 이 주제를 마무리하면서 나머지 모든 여성은 자기 가족과 집안의 뒷받침을 받아야 한다고 말한다(5:16).

목회서신의 저자는 자기 교회의 지도자들을 위해 이런 여러 역할을 만들어내고 있는 것이 아니다. 쓰는 언어를 보면 그가 주교나 부제라는 성직을 제정하고 있는 것이 아님이 분명하다. 다만 과부 역할은 그가 제정한 것일 가능성이 있다. 그는 이런 성직이 이미 존재한다는 사실을 바탕으로 더욱 강화하여, 교회라는 조직을 이용하여 다른 형태의 그리스도교나 금욕주의 등 그가 거부하는 교리에 대항하고자 한다. 그는 주교 또는 감독, 부제, 장로(이것이 감독을 가리키는 또다른 호칭이 아니라 별개의 직책일 경우)라는 직책을 강조하며, 이로써 그가 바라보는 교회 본연의 모습과 교회가 가르쳐야 하는 내용을 단단하게 굳히려고 한다.

그러나 그는 자신의 수사를 동원하여 그 이전의 그리스도교와는 많은 부분에서 사뭇 다른 것을 한다. 에클레시아를 모형으로 삼았던 교회를 가져와, 로마의 전통적 집안을 모형으로 하는 조직으로 바꾸고 있는 것이다. 바울로의 교회는 고대 지중해에 있던 적어도 세 가지 조직으로부터 조직과 정체성의 영감을 얻었다.[5] 바울로의 교회는 아마도 부분적으로는 유다교 회당을 모형으로 삼았을 것이다. 다만 그들이 스스로 '회당'이라 부르지 않았다는 점은 흥미롭다. 초기 그리스도교의 가정교회는 또 클럽 같은 고대 그리스의 '임의 단체'를 닮았다.[6] 이런 임의 단체처럼 그리스도교회는 정기적으로 모였으며, 어떤 종교적 제사의식을 행했고, 또 함께 술을 마시고 음식을 먹었다. 그렇지만 초기 그리스도교인들이 모형으로 활용한 고대의 세번째 사회조직은 그리스 도시의 정치 단위인 민회였다.

그리스도교인들이 자신들을 가리켜 에클레시아라는 용어를 사용한 것은 그리스어로 번역된 유다교 경전에서 이 낱말을 발견했기 때문일 가능성이 높다. 그러나 그리스어에서 이 용어의 용법에 담긴 '민회'라는 함축을 피할 수는 없었다. 바울로의 교회는 집에서 모임을 가졌지만, 전통적 가족 내지 집안이라는 모형보다는 그 반대편에 있는 더 정치적 모형을 바탕으로 삼았다.

목회서신의 저자는 이 모든 것을 바꾸기 위해 최대한 노력을 기울인다. 그는 자신의 '민회'를 전통의 가부장적 집안으로 바꾸려고 한다. 구성원 한 사람 한 사람이 파테르파밀리아스로서, 어머니로서, 형제로서, 자매로서, 아이로서, 노예로서 맡는 역할이 있다. 집안에 속하지 않은 여성은 젊은 여성이라면 재혼을 통해, 또는 하느님의 집안에서 '과부'라는 직책에 등록됨으로써 강제로 다른 집안으로 들어가게 해야 했다. 모두가 어떤 식으로든 강제로 이 집안에 들어가게 되는데, 이 집안은 위계를 갖추고 있고 남성이 지배하며 여성은 집안을 꾸리고 아이를 낳으면서 섬긴다. 이것은 바울로가 알던 그 가정교회가 아니다. 이것은 보수적인 그리스·로마의 이념에 따라 위계가 지배하는 전통적, 가부장적 집안이다.

집안법

우리는 골로사이서와 에페소서에서 이 방향을 향해 나아가는 움직임을 봤다. 앞서 이 책 17장에서 살펴본 대로 이들은 신학적으로 여러 면에서 바울로로부터 멀어졌다. 바울로는 자신의 교회에서 젠더 위계를 강조하지 않는 경향이 있었다. 앞서 살펴본 것처럼 그는 얼마간 젠더 위계를 전제로 삼기는 했지만 그것을 따지는 데에는 그다지 관심이 없었다. 바울로는 전통적 가족이나 그 안의 역할을 강화할 만한 말을 거의 하지 않았다. 다만 예컨대 여성은 면사포로 머리를 가리라는 등 몇 가지 언급이 있는 것은 사실이다. 그렇지만 골로사이서는 전통적 그리스·로마의 '집안법'을 가져와 가르친다. 이것은 대중적으로 널리 퍼져 있던 철학적 도덕률로서, 집안의 우두머리에게 자기 집의 여러 사람들을 다스리고 관리하는 방법을 가르쳤다. 따라서 골로사이서는 아내는 남편에게 순종하고 남편은 아내를 사랑하고 보살피라고 가르친다. 아이들은 부모에게 복종해야 하고, 아버지는 아이들을 괴롭혀서는 안 된다. 노예는 주인에게 복종해야 하고, 주인은 노예를 학대해서는 안 된다(골로사이서 3:18~4:1).

이처럼 비교적 뼈대만 갖춘 집안법이 에페소서에서는 살이 많이 붙는다(에페소서 5:22~6:9). 에페소서의 저자는 아내와 아이와 노예는 주인 남성에게 순종해야 한다는 골로사이서의 가르침을 가져와, 남편과 아내의 관계를 그리스도와 교회의 관계에 비유함으로써 더 강화한다. 또 노예에게 주는 가르침을 자세히 설명하는데, 주인에게 순종하는 것을 그리스도를 섬기는 것에 비유하면서 순종적일 뿐 아니라 열정적인 노예가 되어야 한다고 말한다. 이 관점은 명백하게 파테르파밀리아스의 관점이다. 집안의 우두머리 남성에게 주는 가르침은 간단하다. 아마도 저자는 이들이 어떻게 행동해야 할지 이미 안다고 보기 때문일 것이다.

목회서신에는 '집안법'을 다루는 부분이 따로 없다. 그보다는 마치 편지 하나하나가 그 자체로 집안법이 된 것과 같다. 디모테오1서와 디도서는 모두 그리스도교인 모두가 맡아야 하는 가족 내 역할에 관한 훈계로 가득하다. 나이 많은 남자, 젊은 남자, 나이 많은 여자, 젊은 여자, 남편, 아내, 나아가 과부까지 어떤 방식으로든 다시 집안으로 들어온다. 노예는 관심을 덜 받기는 하지만 그럼에도 불구하고 언급된다(디모테오1서 6:1~2, 디도서 2:9~10). 디모테오2서는 집안법이라기보다는 바울로의 마지막 증언처럼 느껴지지만, 그럼에도 바울로의 말을 임종 직전의 아버지가 아들 디모테오에게 하는 말처럼 들리도록 함으로써 나머지 두 편지의 어조를 유지한다(디모테오2서 1:2, 2:1, 2:22, 3:14~15). 목회서신의 저자는 마치 편지 한 편 한 편이 집안법 그 자체이기 때문에 따로 다룰 필요가 없었던 것 같다.

결혼과 또 결혼의 틀 안에서 자식을 낳기 위한 성관계를 권장하는 태도는 목회서신에 나타난 종류의 그리스도교가 바울로의 그리스도교로부터—또 아마 제자들이 가족을 떠나게 한 것으로 잘 알려진 예수의 활동으로부터도—벗어났음을 의미한다.[7] 에클레시아인 교회를 하나의 집안 즉 오이코스oikos로 바꿔놓은 것은 바울로가 한 일이 아니다. 이것은 그가 죽고 오랜 세월이 지난 뒤 그의 일부 '추종자'들이 한 일이다. 먼저 골로사이서와 에페소서에서 어느 정도 변화가 있었고, 그 다음 목회서신에서 극단적으로 바뀌었다.

결혼과 가족을 지지하고 지키는 것은 오늘날 대부분의 그리스도교인들이 교회로부터 기대하는 역할이겠지만, 이것은 사실 예수와 바울로의 가르침에 어긋나는 형태의 그리스도교이다. 실제로 이런 형태의 그리스도교는 나중에 더 금욕적 형태의 그리스도교가 주류를 이루면서 사라졌고 그대로 르네상스와 종교개혁 때까지 이어졌다. 다음 장에서 살펴보겠지만, 바울로의 이름과 명성을 이용하여 전통적 집안을 비판하고 가족과 성관계에 반대하는 형태의 금욕적 그리스도교를 부르짖는 저자들이 있었다. 이들은 목회서신의 저자 같은 사람들에게 맞서 싸우고 있었다.

20
반집안적 바울로: 『바울로와 데클라 행전』

개요: 『바울로와 데클라 행전』의 서사는 고대 그리스·로마 소설과 매우 비슷하다. 데클라가 바울로에게 매료되고, 두 사람은 함께 수많은 모험에 나선다. 그렇지만 이 『행전』에서는 성애의 방향을 바꾸어 순결과 금욕이라는 복음을 믿는 쪽으로 나아간다. 이 『행전』은 고대 세계에서는 너무나 명확하던 순환의 고리, 즉 성관계에 이어 태어나고 죽고 썩는 고리를 끊을 금욕적, 반결혼적, 반가족적 메시지를 전한다. 이 이야기에서 데클라가(바울로가 아니라) 진정한 영웅으로 등장한다는 점에서 이것이 페미니스트 이야기일 가능성은 없을까?

문학적 맥락 속 『바울로와 데클라 행전』

종교학이라는 학문 분야는 세속적 관점에서 여러 종교의 믿음, 문헌, 관습에 초점을 맞춘다. 종교학은 주로 20세기에 그리스도교와 유다교에 관한 신학적 연구에서 파생됐다. 이전 세대에서는 심지어

1960년대까지만 해도 일반적으로 신앙고백적 관점에서 종교적 전통을 연구했다. 대학교에 있는 사람들조차도 자신의 종교적 믿음과 전통을 연구했다. 그러나 오늘날 종교학과에서는 그런 자료를 연구할 때 의도적으로 세속적, 비교학적 방식으로 대하며, 믿음을 전제조건으로 삼지 않고 또 종교에서 주장하는 '진리'에 관여하지 않는다. 이것은 오늘날 미국의 대학교에서 종교학과의 과정을 공부하는 사람은 자신의 종교까지 포함하여 여러 종교를 새롭고 이질적이며 나아가 낯선 것으로 대하도록 훈련을 받는다는 뜻이다. 종교학에서는 종종 학생들에게 처음에는 불합리하고 잘못된데다 심지어 이치에 닿지도 않아 보이는 것이라도 그 현상을—글이나 의례, 성사 등을—계속 연구하여 실제로 적어도 그 종교를 신봉하는 사람들에게는 이치에 닿아 보일 수 있다는 점을 이해하도록 가르치고자 한다. 종교학 분야에서 종교를 대할 때 대개 적용하는 접근방법의 한 가지 부산물이자 중요한 덕목의 하나는 처음에는 불합리하거나 낯설어 보이는 것을 합리적인 무언가로서 바라보는 법을 익힌다는 것이다.

초기 그리스도교의 문헌과 역사라는 주제에서는 성서 밖으로 나가, 익숙하지 않은 종류의 그리스도교를 묘사하는 문서이자 이제껏 들어보지 못한 문서를 분석할 때 이것이 더 쉬워진다. 우리는 이미 『토마의 복음서』를 가지고 그렇게 하면서, 정전 복음서와 비교할 때 형식과 가르침 모두에서 색다르다는 것을 살펴봤다. 그 밖에 최초기 그리스도교로부터 전해내려오는 많은 문헌이 오늘날의 그리스도교인들에게는 대부분 전혀 알려져 있지 않다. 우리에게는 그리스도교의 첫 몇 세기로부터 전해내려오는 그런 문서가—복음서, 여러 사도들의 행전, 묵시록, 편지, 그 밖의 글 등—많이 있다. 비록 모두 허구의 작품이지만 작품 자체는 그렇지 않다고 주장하는 때도 많다. 이들은 주로 '진짜' 사도들이 쓴 실제 역사 내지 실제 '복음서'라는 형식을 취한다. 대부분은 차명으로 쓰였지만, 익명으로 쓰인 것들조차 '실제로 일어난 일'에 관한 '역사적 사실'은 거의 알려주지 않는다. 이것들은 종교적 전설이다. 그럼에도 불구하고 이야기 자체는 흥미진진한 때가 많다.

이따금 학자들은 이런 문헌들을 하나로 뭉뚱그려 '신약 외경'이라는 꼬리표로 묶는다. 그러나 이 용어에는 오해의 소지가 있다. 그 하나로, '외경apocrypha'은 '감춰진 것들'이라는 뜻인데 이런 문헌 대다수는 감춰졌던 적이 없다(나그함마디 문서라든가 『유다의 복음서』 같은 문서는 뒤늦게 발견됐을 뿐이다). 또 '신약 외경'이라는 용어는 로마 천주교회, 동방정교회, 성공회에서 펴낸 외경이나 구약과 신약 사이의 외경을 수록한 연구용 성서와 같은 선상에 놓여 있다는 인상을 준다(이 책의 2장 참조). 이 외경은 여러 세기 동안 하나의 묶음으로 전해내려온 유다교의 글을 그리스어로 옮긴 글 모음이다. 사람들이 '신약 외경'이라 부르는 것들은 그와 같은 역사를 경험하지 않았다. 이 용어는 단지 공식적 교회 문서에도, 교부 문헌에도, 정전 신약이라는 범주에도 들어가지 않는 온갖 종류의 초기 그리스도교 글을 가리킬 뿐이다. 따라서 '신약 외경'이라는 용어가 천주교회나 성공회 성서의 외경처럼 인정된 글 모음을 가리키는 것이 아님을 알아야 한다.[1]

『바울로와 데클라 행전』은 오늘날 독자에게는 색다르게 보이는데,

앞으로 살펴보겠지만 일반적으로 오늘날에는 익숙하지 않은 고대 그리스의 로망스 소설과 같은 방식의 서사를 구사하기 때문이기도 하다. 그러나 이 문서가 오늘날 독자에게 거부감을 줄 가능성이 있는 또다른 이유는 이것이 전달하는 메시지에 있다. 극단적으로 금욕적이며, 진정한 형태의 그리스도교는 결혼이라는 틀 안에서조차도 성을 완전히 회피하도록 가르치고 또 가족과 전통적 집안을 거부한다고 주장하기 때문이다. 이것은 일종의 '반집안적'인 바울로 사상이다.

나의 학생 중에는 초기 일부 그리스도교의 극단적 금욕주의를 처음 대할 때 거의 불가해하다는 인상을 받는 사람이 많다. 대부분의 미국인들이 볼 때 그리스도교는 다른 무엇보다도 가족과 애국심을 뜻한다(유럽이라든가 다른 문화권의 그리스도교인들에게는 그보다 덜해 보인다). 그리스도교인 중에는 삼위일체를 사실상 믿지 않는다든가 성찬례에서 무엇을 믿는지, 또는 그리스도의 신성과 인간성 내지 성령의 본질에 관한 교리가 정확하게 무엇인지 모르는 그리스도교인들과 마주쳐도 전혀 놀라지 않는 사람이 많을 것이다. 미국의 그리스도교인 중에는 오랜 세월 그리스도교에서 가장 핵심적이라고 여겨졌을 믿음과 교리가 거의 중요하지 않은 사람이 많다. 그러나 그런 사람이라도 그리스도교가 오늘날의 가족 관념과는 반대되는 내용을 가르친다거나 국가주의나 애국심은 죄라고 가르친다고 보는 사람을 만나면 극도로 충격받을 것이다. 내가 다른 곳에서 논한 적이 있지만, 실제로 미국의 그리스도교인들은 대부분 오직 애국심과 가족이라는 두 가지만을 그리스도교의 필수불가결한 가치로 본다.[2] 나는 미국 그리스도교의 우상숭배에서 가장 중심이 되는 두 가지 신은 가족과 국가라고 주장한 바 있다. 그래서 내 학생들이 『바울로와 데클라 행전』에 나타난 종류의 그리스도교를 처음 대할 때 놀라는 까닭은 이 문서가 복음은 전통적 가족과 국가를 배척하도록 요구한다고 가르치기 때문이다.

『바울로와 데클라 행전』은 앞서 언급한 것처럼 고대 그리스의 로망스 소설을 모방함으로써 주장을 내세운다.[3] 고대 그리스의 로망스 소설은 전형적으로 헬레니즘시대(즉 알렉산드로스 대왕 때부터 로마가 지중해 최강의 제국으로 등극할 때까지의 시기)를 배경으로 하지만, 쓰인 시기는 그보다 나중인 1세기와 고대 후기 사이이다. 이야기는 종종 지중해 동부에 있는 그리스 도시에서 펼쳐진다. 대부분의 경우 주인공은 상류층 출신이다. 대개는 사랑에 빠진 젊은 남자와 여자가 주인공으로 등장한다. 때로는 결혼까지 성공하지만 이내 비극적으로 헤어진다. 거의 언제나 결혼이나 사랑의 완성에 다다르기 전에 갈라진다.

나는 이런 종류의 문학을 이미 이 책 1장에서 설명했다. 간단하게 요점을 되짚어보자면, 서로 떨어져 있는 불운한 남녀가 서로를 찾아나선다는 것이 이야기를 이끌어나가는 한 가지 원동력이다. 또하나의 원동력은 이야기 속의 다른 등장인물들이 주인공 남녀의 아름다움에 성적으로 이끌린다는 점이다. 예를 들면 사람들은 주인공 여자를 처음 볼 때 언제나 여신을 만났다고 생각한다. 남녀 가릴 것 없이 모두 멋진 젊은 남자 주인공을 유혹하려고 한다. 그러나 두 사람은 다시 만날 때를 위해 여자는 대체로, 남자는 때때로 성적 순결을 지킨다. 이야기의 초점은 언제나 성적 욕구, 두 연인의 이루 말할 수 없는 아름다움, 그리고 두 사람이 서로를 찾으려는 노력, 그리고 마침내 재회하여 사랑을 나누고 집안을 이루며 오래오래 행복하게 산다는 것이다. 이런 소설에는 성애적 묘사, 특히 외적 아름다움에서 오는 시각적 매력에 관한 성애적 묘사가 가득하다. 『바울로와 데클라 행전』은 이런 종류의 성애적 문학 세계로 들어가 극단적으로 금욕적인 메시지를 전한다.

『바울로와 데클라 행전』 속 금욕주의 복음

이야기는 바울로가 박해를 피해 안티오키아를 떠나 이고니온에 도착하는 것으로 시작한다. 바울로가 자신이 머무르는 집에서 모이는 교회에서 복음을 전하는데, 근처 창가에 앉아 있던 데클라가 우연히 듣는다. 그녀는 바울로의 가르침에 도취된다. 그것은 복음에서는 아직 결혼하지 않은 사람은 순결을 지키고 결혼한 사람은 정욕을 끊을 것을 요구한다는 내용이다. 문제는 데클라가 상류층 여성이며, 이고니온에서 가장 중요한 인물에 속하는 남자와 약혼한 사이라는 점이다.

데클라가 결혼이 내키지 않는다는 뜻을 내비치자 약혼자는 문제를 일으킨 당사자라는 죄목으로 바울로를 체포하게 한다. 결국에는 데클라도 총독 앞으로 끌려나간다. 총독은 바울로를 매질하여 도시 밖으로 추방하는 한편, 데클라는 제 어머니까지 나서서 화형을 주장했으므로 화형을 명령한다. 데클라는 기적적으로 하느님에게 구원받는다. 하느님이 비와 우박을 보내 불을 끈 것이다. 이것은 데클라가 이 이야기에서 기적적으로 살아나는 수많은 사건의 하나에 지나지 않는다. 이제 데클라는 이고니온을 떠나 바울로를 찾아다닌다.

간단하게 요약하면, 서사는 계속 이어져 데클라는 한동안 바울로를 따라다닐 수 있게 되지만, 그러다가 안티오키아의 부유하고 힘있는 사람의 사랑을 거절하는 장면이 나온다. 또 한번 재판과 처벌을 겪는데, 이번에는 짐승에게 잡아먹힐 뻔한 위험에 처한다. 여러 차례 기적적으로 구원받은 뒤 데클라는 자신의 모습을 얼추 사도처럼 바꾸는데 그것도 남자 모습의 사도가 된다. 세례는 이미 받은 상태였고, 이제는 남자처럼 옷을 입는다(앞서 데클라는 바울로에게 머리를 짧게 자르겠다고 말했는데, 데클라의 남성화를 가리키는 또하나의 묘사에 해당된다. §25). 그녀는 독신 남자들과 처녀들을 주위에 불러모으고 다시 바울로를 찾아낸다. 데클라는 복음을 직접 전하겠다고 말하고, 바울로는 이 계획을 축복한다. 이야기는 데클라가 선교사가 되어 금욕적 복음을 전하러 떠나는 것으로 끝을 맺는다.

이것이 이 이야기를 줄이고 줄인 줄거리이다. 그러나 그 수사를, 특히 성애적 표현을 사용하여 성을 피하도록 가르치는 방식을 분석하면 훨씬 더 흥미로워진다. 저자가 사용하는 한 가지 도구는 데클라의 아름다움이다. 그녀는 결국 '남성'이 되지만 이야기의 시작 부분에서는 대단히 여성적이다. 처음부터 순결한 처녀임이 강조된다(§§7, 9). 데클라는 감옥에 갇혀 있는 바울로를 만나러 갈 때(밤에 찾아가는데 아마 또다른 성애적 암시일 것이다) 문지기에게는 자신의 팔찌를, 간수에게는 은거울을 뇌물로 준다(§18). 고대문화에서 장신구는 여성성의 상징이며 거울은 특히 더 그렇다. 예컨대 젊은 여성의 묘비에는 거울을 장식으로 새겨넣은 것이 많다. 데클라가 소녀처럼 바울로에게 매달리다시피 의지하는 것 역시 여성성을 강조한다.

그렇지만 저자는 거기서 나아가, 몇 번이고 데클라를 사람들의—그리고 독자의—눈에 성적으로 자극적이게 묘사한다. 어느 장면에서 데클라는 화형을 선고받은 뒤 알몸으로 형장으로 끌려온다(§22). 거기 있는 모든 사람이 감탄하면서 슬픈 마음으로 쳐다본다. 방금 화형을 명한 총독조차도 "울면서 그녀 안에 있는 힘에 감탄했다." 여기서 '힘'이라는 말은 모든 사람의 눈앞에 드러난 그녀의 아름다운 나신을 암시한다고 읽지 않을 수가 없다. 나중에 데클라를 짐승의 먹이로 주라는 판결이 날 때 우리는 그녀의 아름다움을 다시 되새기게 된다. 어느 부유한 여자가 울면서 "저런 미인을 사나운 짐승들에게 던져주어야 하다니" 하고 말한다(§29). 나중에 데클라가 실제로 짐승들 앞에 나서야 할 때 독자의 눈길은 다시금 그녀의 몸에 떨어지는데, 저자는 이번에도 그녀가 알몸이라고 말한다(§33). 짐승들로부터 기적적으로 구원받은 뒤 그녀는 사람을 잡아먹는 물범이 득실득실한 수조가 근처에 있는 것을 본다. 그녀는 이것을 세례를 받을 기회로 보고 그 안으로 뛰어들기로 마음먹는다. 이번에는 총독이 울면서 "저런 미인이 물범에게 삼켜지다니" 하고 말한다(§34). 우리는 이 시기의 그리스도교인들은 알몸으로 세례를 받았을 가능성이 높다는 점을 기억해야 한다. 그래서 이 이야기를 읽을 때 아름다운 처녀가 겁에 질린 채 온 도시 사람들 앞에 실오라기 하나 걸치지 않은 알몸으로 서서 연설하는 장면을 떠올려야 한다. 여기서 성애적 장면은 우연히 나온 것이 아니다. 이야기의 성애적 측면을 고조시켜 서사와 독자를 끌고 가기 위해 저자가 치밀하게 각색한 것이다.

이 이야기의 성애적 측면에 관해 내가 지적하려는 마지막 부분은 데클라가 바울로를 사모하는 마음을 묘사하는 방식이다. 여기서도 의심의 여지 없이 욕망을 나타내는 암시가 나온다. 그리스의 로망스 소설 중에는 두 사람의 연인이 시가행진에서라든가 상대방이 친구들과 말하는 것을 우연히 듣게 된다든가 하는 식으로, 보는 순간 서로를 향한 욕망을 처음으로 맛본다는 내용이 많다. 데클라도 이와 비슷한 장면으로 등장하는데, 그녀는 창을 통해 바울로의 목소리를 듣는 것만으로 사랑에 빠진다. 감옥에 갇힌 그를 찾아갈 때 그녀는 바울로의 차꼬에 입맞춘다(§18). 그녀는 바울로를 갈망하는 눈길로 자꾸자꾸 쳐다본다(§§20~21). 데클라는 "바울로를 그리워하는" 것으로 묘사되고(§40), 마치 양처럼 그를 찾아다닌다(§21). 그녀는 "애정의 사슬로 그에게 매여 있다"(§19). 데클라의 약혼자는 그녀가 자기가 아니라 바울로를 "사랑한다"고 불평한다(§13).

이처럼 성애적 욕망과 육체적 아름다움을 강조하는 동시에 이야기의 '눈길'이 그토록 강렬하게 이 젊은 처녀에게 닿아 있을 때, 이 모든 것이 성적 활동을 완전히 금지하는 복음을 위한 것임을 깨닫고 나면 놀라움을 금치 못할 것이다. 바울로는 마태오복음이나 루가복음의 예수와 같은 목소리로 자신의 '참된 행복' 설교를 들려준다.

> 마음이 순수한 사람은 행복하다. 그들은 하느님을 볼 것이다. 육신을 순결하게 지킨 사람은 행복하다. 그들은 하느님의 성전이 될 것이다. 절제하

는 사람은 행복하다. 하느님이 그들에게 말씀하실 것이다. 이 세상으로부터 초연한 사람은 행복하다. 그들은 하느님을 기쁘게 한다. 아내가 있으나 없는 것 같은 사람은 행복하다. 그들은 하느님을 경험할 것이다. 하느님을 두려워하는 사람은 행복하다. 하느님의 천사가 될 것이다. (§5)

저자가 말하는 '순결'과 '절제'라는 낱말은 어떤 형태의 성적 접촉이든 모두 거부하는 것을 의미한다. 아내가 있으나 '없는 것 같은' 사람이라는 구절은 바울로 사상(고린토1서 7:29 참조)을 떠올리게 하는데, 이것은 결혼한 사람조차 성적 접촉을 피하라는 뜻이다. 이 문서에서 바울로가 전하는 복음은 모든 성적 접촉을 철저히 거부하는 것이며, 심지어 결혼한 사람조차 그래야 한다는 것이다. 이것은 나중에 르네상스와 종교개혁 때까지 '정통'으로 인정받게 된 로마 천주교회의 사상을 반영한다. 즉 하늘과 땅에는 덕행과 보상의 위계가 존재하며, 성적 활동을 한번도 경험하지 않은 사람들(동정을 지킨 남녀)이 그 위계에서 가장 높은 영예를 누린다는 것이다.[4]

그러나 『바울로와 데클라 행전』은 거기서 더 나아가, 세례의 순결을 유지하고 장차 부활을 보장받는 유일한 길은 성적 활동을 피하는 것이라고 주장한다. 바울로는 또 한 차례의 '참된 행복' 설교에서 "자신의 세례를 지킨 사람은 행복하다"(§6) 하고 말하는데, 세례를 받은 뒤 성관계를 피했다는 뜻이다. 데클라는 자신이 너무나 아름답기 때문에 장차 성관계를 피할 수 없을지도 모른다고 설명하면서 세례를 미뤄야 한다고 말한다(§25). 이것은 고대 후기에 그리스도교인들 사이에 흔하던 믿음을 반영하는데, 세례는 이미 저지른 죄를 용서받게 해주지만 그뒤에 저지르는 큰 죄는 용서받지 못할지도 모른다는 것이었다.[5] 따라서 그리스도교인 황제들은 임종 때까지 세례를 미룬 경우가 많았는데, 황제의 자리에 있으면서 사람을 죽인다거나 성관계를 갖는다거나 하는 행위를 할 수밖에 없을 수도 있다는 것을 알았기 때문이었다. 『바울로와 데클라 행전』은 "순결"하게 삶으로써만 "세례를 지킬" 수 있다고 주장하면서 이런 가설을 반영한다(§§6, 9, 31 참조).

이 『행전』은 또 여러 시기 여러 곳에서 유다인과 그리스도교인이 모두 믿던 고대의 관점을 반영한다. 천사는 성별이 없는 양성구유이며 또 부활하는 그리스도교인의 육체 역시 천사와 마찬가지로 양성구유여서 성의 구별이 없을 것이라는 관점이었다. 마르코복음 12:25에서(그리고 같은 내용인 마태오복음 22:30과 루가복음 20:35에서도) 예수가 하는 말이 바로 이 뜻임이 분명하다. 이것은 아마도 바울로가 갈라디아서 3:28에서 "그리스도 안에서"는 "남성도 여성도 없습니다"*라고 말할 때 생각한 시나리오일 것이다.[6] 따라서 『바울로와 데클라 행전』에서 바울로는 성관계를 피하는 사람은 "하느님의 성전이 될 것"이며 "하느님이 그들에게 말씀하실 것"이라고 말한다(§5).

『바울로와 데클라 행전』은 바울로와 데클라의 입을 통해 극단적 메시지를 전할 뿐 아니라, 이들의 반대쪽에서 비금욕적 태도를 대표하는

* 공동번역 성서에는 이 절이 다음과 같이 나와 있다. "유다인이나 그리스인이나 종이나 자유인이나 남자나 여자나 아무런 차별이 없습니다. 그리스도 예수 안에서 여러분은 모두 한몸을 이루었기 때문입니다."

'악당들'도 보여준다. 데클라의 어머니가 그런 면모를 보여준다. 그녀는 고대뿐 아니라 오늘날의 수많은 어머니들과 마찬가지로 데클라가 유리한 결혼을 하게 하기 위해 열심이다. 부유하고 힘있는 시민을 데클라가 거절하자 필사적이 되고, 처음에는 자기 딸을 화형에 처할 것을 주장하기까지 한다(§20). 바울로에게 거짓으로 아첨하는 동반자 데마스와 헤르모게네스도 바울로의 메시지를 돋보이게 만드는 역할을 한다. 음식에서도 금욕하면서 완전히 단식하다가 간단하게 만든 빵과 채소와 물만 먹기를 반복하는 바울로와는 달리(§§5, 23, 25), 바울로의 두 '가짜' 제자는 데클라에게 퇴짜를 맞은 약혼자의 초청을 받아들여 그의 집에 가서 "호화로운 만찬과 많은 양의 포도주와 풍성한 음식과 화려한 식탁"(§13)에서 마음껏 먹고 마신다. 우리가 바울로의 메시지를 명확하게 요약하는 내용을 접하는 것은 바로 이들로부터이다. 이들은 바울로를 비난하면서 이렇게 말한다. "그자는 '순결한 상태를 유지하면서 육체를 더럽히지 않는 한 너희에게 부활은 없을 것이다'라는 말로 남편으로부터 아내를 빼앗고 처녀로부터 남편을 빼앗습니다"(§12). 사실 데마스와 헤르모게네스는 포도주를 마시라고 권하고 음식 제한과 음식에 관한 율법을 비난하며 결혼과 출산을 권장하고 결혼을 금하는 사람들을 비난하는 목회서신의 저자와 다르지 않은 입장에 선다. 『바울로와 데클라 행전』은 목회서신에 묘사된 바로 그 종류의 그리스도교를 공격하기 위해 쓰인 것이다.

고대에 성이 지니는 문화적 맥락

나는 『바울로와 데클라 행전』을 비롯하여 고대 그리스도교에서 전해지는 극단적 금욕주의 문헌을 학생들에게 가르칠 때 이런 종류의 그리스도교가 초기 그리스도교인 사이에 왜 그렇게 인기가 있었는지를 설명해야 하는 때가 많다. 실제로 인기가 있었다. 고대 그리스도교의 금욕 운동에는 많은 사람이 이끌렸는데, 특히 여성이 많았고 또 어쩌면 젊은 사람들도 이끌렸을 것이다. 이런 종류의 극단적 금욕주의가 고대인에게 그렇게 매력적으로 보인 이유는 무엇일까?

많은 사람이 지난 수십 년 동안 성의 의미가 어떻게 달라졌는지를 알아차리지 못한다. 실제로 성이라는 것이 사람들에게, 특히 젊은 사람들에게 지니는 의미가 1970년대 이전과 지금은 판이하게 다르다고도 주장할 수 있다. 1970년대 무렵 현대사회에 변화를 가져오기 시작하면서 성의 의미를 어쩌면 영영 바꿔놓은 것이 적어도 두 가지 있다. 페미니즘 운동과 피임약이다. 젊은 학생은 이성애적 성관계가 젠더 위계와 임신과 얼마나 밀접하게 연결되어 있었는지를 깨닫지 못한다. 남자와 여자가 성관계를 가질 때마다 두 사람은 여자가 임신할 수도 있다는 가능성과 마주쳤다. 그리고 1960년대와 1970년대에 여성운동이 대두되기 전, 또는 여성운동이 다시 떠오르기 전이라고 해야 하겠지만, 그때는 모든 성관계는 남성은 위, 여성은 아래라는 젠더 위계를 반영하는 각본에 따르는 경향이 있었다. 페미니즘을 비웃으면서 자신을 절대로 페미니스트라고 보지 않는 사람들까지도 현대의 페미니즘 때문에 젠더 관계를—따라서 성을—고대 세계에서 가능했던 것보다 더 평등주의적 방식으로 생각하지 않을 수 없게 됐다. 그리고 믿을 만한 피임 방법이 생겨나면서 성관계와 임신이 실제로 별개 문제로 분리되면서 사람들의 마음속에서도 분리됐다. 최근 성의 개념화가 다시 이루어진 데에는 그 밖에도 여러 문화적, 사회적 요인이 있지만, 적어도 1970년대 무렵에 문화적으로 중요해진 두 가지 요인, 즉 페미니즘과 안전한 피임법이 그 핵심적 위치를 차지한다.

고대 세계에서는 성과 젠더 위계와 자식의 출산 사이의 연결고리가 그보다 훨씬 더 두드러졌다. 고대의 모든 사회는 엄격한 젠더 위계라는 전제 위에 세워졌다. '정상'이 아니라고 간주되는 성관계에 반대하는 데에는 거의 언제나 삽입하는 쪽은 '남성'이고 삽입되는 쪽은 '여성'이라는 전제가 바탕에 깔려 있었다. 따라서 남자든 여자든 다른 사람이 구강이나 항문 등 어떤 식으로든 남자에게 삽입하는 것은 비정상이라고 간주됐다. 여자가 다른 여자나 남자에게 삽입하는 것은 '소름끼치는' 일로 간주되었다. 동성애 행위가 '비정상'으로 생각된 것은 자신과 같은 성의 사람에게 품는 성욕이 잘못이라거나 터무니없다는 식의 관념 때문이 아니었다. 실제로 대부분의 사람들은 여자는 성적으로 탐욕스러우며 남자는 대부분 여자뿐 아니라 아름다운 젊은 남자에게도 저절로 이끌린다고 생각했다. 동성애 행위를 '부자연스러운'—잘못된, 심지어 역겨운—것으로 만드는 것은 남자 중 한 명이 삽입되거나(사람들은 그렇게 상상했다) 여자 중 한 명이 삽입해야 한다는 관념이었다. 고대인은 어떠한 성행위든 남성이 여성 위에 있다는 자연의 위계를 재현하는—또는 자연의 위계를 뒤흔드는—것을 상상하지 않고

서는 개념화할 수 없었다.

이와 마찬가지로, 고대인의 경우 이성애적 성교는 언제나 임신 가능성과 연결되어 있었는데, 1970년대 이전의 현대인보다도 더욱 그랬다. 고대의 여자는 오늘날의 여자보다 임신을 훨씬 더 많이 경험했다. 이것은 인구 통계에서도 드러난다. 로마 제국의 인구가 그대로 유지되려면—증가하는 것이 아니라 그대로 안정되려면—여자 1인당 평균 여섯 명이나 일곱 명의 아이를 출산해야 했다.[7] 출산의 위험과 유아 사망률, 수명 등을 볼 때 인구 수준을 유지하려면 그 시대에는 지금보다 훨씬 더 많이 낳아야 할 것이다. 이 사실은 고대인은 이성과 성관계를 할 때 거의 언제나 임신에 관해 생각해야 했다는 뜻이다.

또 이 모든 것 때문에 고대인은 현대인으로서는 거의 상상할 수 없는 방식으로 성을 죽음과 연결시키게 됐다. 우리는 아기가 태어날 때 생명을 생각하는 경향이 있다. 고대인 역시 물론 그랬지만 죽음에 관한 생각을 피하기는 거의 불가능했다. 아이는 도대체 무엇 때문에 낳을까? 우리는 누구나 죽음이 얼마나 필연적인지 알고 있기 때문이다. 우리는 고대 문화에서 순환이라는 전제를 늘 보게 된다. 태어남에는 생명이 따른다. 그러나 살아 있는 육체는 늙거나 병들거나 손상될 수밖에 없고, 그리고 그 결과는 죽음이다. 죽음에는 타락 즉 부패가 따른다. 그리고 인류가 살아남으려면 다른 태어남이 이어져야 한다. 이 순환 즉 성관계, 태어남, 죽음, 부패, 다시 성관계, 태어남, 죽음, 부패로 이어지는 순환이 고대인의 생명 관념에서 중심을 차지했다. 철학자들과 시인들은 이것 즉 성관계, 태어남, 죽음, 부패를 모든 인간 존재의 시시포스적 상황이라며 한탄했다.

태어남과 죽음에 관한 초기 그리스도교의 답변

초기 그리스도교인 중에는 태어남, 죽음, 부패라는 절망적 순환에서 벗어날 해답을 찾았다고 믿은 사람이 많았다. 이들은 바로 그 시초에서 순환을 끊을 수 있다고 믿었다. 즉 성관계를 갖지 않는 것이다. 이것은 우리 현대인에게는 전혀 직관적이지 않아 보이는데, 우리는 성관계로 시작되어 죽음과 부패로 끝나는 순환에 갇혀 있다고 느끼지 않기 때문이다. 그러나 이것이 초기 그리스도교에서 금욕주의가 생겨난 명확한 한 이유로 본다. 그것은 성관계에서 시작하여 부패와 타락으로 끝나는 자연의 덫에서 벗어나려는 욕망이다. 죽음과 절망의 순환에서 빠져나오고 싶은가? 그 싹을 잘라라. 성관계 말이다. 성관계를 갖지 마라. 그러면 그 순환이 끊어진다. 성관계를 갖지 말고, 아이를 낳지 말고, 죽지 마라.

물론 이 그리스도교인들은 죽음이라는 궁극적 상태에 대한 해법이 있다는 것을 이미 믿고 있었다. 그것은 부활이다. 그러나 그리스도교 금욕주의자들은 더 나아가 독신으로서 순결한 삶을 살아감으로써 죽음의 순환을 더 확실하게 끊을 수 있다고 생각했다. 이것이 글에서 나타난다. 예컨대 『바울로와 데클라 행전』에서 바울로는 "부패와 부정과 모든 쾌락, 그리고 죽음으로부터" 사람들을 "구출"하는 것이 자신의 목표라고 말한다(§17). 바울로는 먼저 성관계를 거절하는 사람들은 죽음으로부터 구출된다고 약속한다. 바울로의 복음은 절제를 부활과 명확하게 연결시킨다(§5). 그는 죽는 사람은 성관계를 피함으로써 세례를 '순수'하게 유지하면 부활할 것이라고 가르친다. 그러나 금욕주의자는 천사와 같은 순수성을 지니고 있기 때문에 그렇게 부활한 상태에 이미 어느 정도 들어가 있다. 오늘날 우리의 눈에는 직관에 반대되는 것으로 보이겠지만, 고대인은 금욕주의를 성관계, 태어남, 죽음, 부패라는 피할 길 없는 순환을 부수는 첫 타격으로 봤기 때문에 일부 형태의 그리스도교에서 내세우는 금욕주의에 많이 이끌렸다.

여자가 금욕주의를 여성이라는 열등한 지위를 벗어나는 수단으로 봤던 것도 분명하다. 데클라는 바울로에게 세례를 원하고 함께 활동하도록 허락해주기를 청하면서 머리칼을 자를 생각이라고 말한다(§25). 이 이야기의 끝머리에 이르러 데클라는 독자적 선교를 시작하기 전에 남자처럼 옷을 입기 시작한다(§40). 금욕주의자로서, 성관계를 거부함으로써 데클라는 아기 공장이라는 여자의 전형적 역할에서 벗어나, 자유롭고 독립적인 남자라는 더 높고 더 강력한 역할을 얻는다. 그러나 여자라는 역할에서 벗어나려면 성관계와 그에 따르는 출산을 거부해야 한다. 고대의 여자 그리스도교인 중 적지 않은 수가 여기에 매력을 느꼈다. 그들이 볼 때 성은 속박이고 금욕주의는 해방이었다.

물론 이것은 사회를 지배하는 적어도 한 가지 요소에는 금욕주의가 위협적이라는 뜻이었다. 그것은 집안의 남자 우두머리이다. 우리는 『바울로와 데클라 행전』에서 갈등의 양측이 어떻게 결속하는지를 눈여겨봐야 한다. 한쪽에서는 데클라가 다른 여자들과 함께 집안에서 주어지는 일반적인 운명으로부터 벗어나려고 한다. 여기에는 젊은 여자뿐 아니라 젊은 남자도 많이 포함된다. 데클라는 "많은 여자들과 처녀들이 바울로에게 가는" 것을 보고 처음으로 바울로에게 관심을 갖는다(§7). 데클라의 어머니는 이 사실에 불평하면서 "모든 여자들과 젊은 남자들"이 바울로를 따른다고 말한다(§9). 나중에는 특히 여자들이 바울로 때문에 나쁜 물이 들었다고 불평한다(§20). 뒤에 데클라가 짐승의 먹이로 던져지는 형을 선고받을 때 가장 큰 목소리로 반대하는 사람들은 여자들이다(§§27, 32, 38). 또는 다른 부분에서는 "여자들과 아이들"(§28)이라는 내용이 나온다. 투기장에서 데클라를 죽여야 할 암사자까지도 그녀의 편을 든다. 이 암사자는 먼저 데클라의 발을 핥아 군중을 놀라게 한다(§28). 그러다가 나중에 곰과 사자가 데클라를 노릴 때 이 암사자는 그녀를 구원하러 나선다. 먼저 곰을 죽이고, 다음에는 동족인 사자와 싸워 결국 둘 모두 쓰러져 죽는다(§33). 사자 종족의 여성까지도 데클라의 편에 서는 것이다.

따라서 이 이야기에서 대다수의 여자가 다수의 '젊은 남자'와 어린이들과 함께 한편을 이룬다. 그 반대편에는 전통적 가족이 무너질까 두려워하는 집안의 남자 우두머리들과 동료들이 있다. 데클라의 약혼자는 이것이 기로임을 정확하게 알아본다. 바울로가 이기면 그는 결혼을 하지 못하게 될 것이라고 말한다(§13). 도시의 남자들은 바울로를 공격하며 소리친다. "저놈은 우리 모든 아내들을 현혹했다!"(§15) 부유하고 힘있는 알렉산드로스는 데클라에게서 공개적으로 퇴짜를 맞은 뒤, 상류층 남자인 자신이 심지어 여자로부터 치욕적으로 창피를 당했기 때문에 그녀를 죽일 음모를 꾸민다(§§26~27). 데클라 자신의 집안 사람인 어머니와 자신의 노예들까지 데클라의 선택을 아쉬워하는데, 집안을 위한 각자 나름의 관심사 때문에 그러는 것으로 보인다. 이 글에서 해방되어 남성화된 금욕적 여자는 남자들로서는 상상할 수 있는 최고의 위협이며, 남자들은 그 때문에 자신의 집안이 파괴될 수도 있다고 정확하게 내다본다. 자발적으로 성관계를 하려는 여자가 없으면 아기도 없을 것이고, 아이들이 없으면 집안의 미래도 없을 것이다. 고대의 많은 남자들은 금욕주의를 파테르파밀리아스라는 자신의 위치를, 또 자신의 가족과 집안의 존재 자체를 명백하게 위협하는 것으로 인식했다.

실제로 이들은 만일 집안이 위협받는다면 사회 전체 역시 마찬가지임을 알아차린다. 고대의 이념과 마찬가지로 사회현실에서 사회의 근간이 되는 제도는 집안이었다. 핵가족이 아니라 더 넓은 범위의 집안이 경제의 기본단위였다. 그래서 총독을 비롯하여 데클라와 바울로를 비난하는 지배자들은 금욕주의적 여성의 신체라는 모습을 띤 사회적 위협을 정확하게 알아차린다. 남자들은 바울로의 가르침을 그들 자신의 집안만이 아니라 도시 전체를 위협하는 것으로 인식하며(§15), 데클라의 어머니도 이 점을 지적한다(§9). 고대의 금욕주의 선교사들은 여자와 젊은이에게 성관계를 멀리하라고 가르침으로써 고대도시와 사회의 근간 그 자체인 가부장적 집안을 위협했다.

주인공인 데클라

『바울로와 데클라 행전』에서 바울로는 비교적 모호하게 조명된다. 적어도 표면적으로는 확실히 위대한 사도이다. 물론 그는 하느님의 사람으로 묘사되면서 칭송받는다. 그러나 전적으로 긍정적이지는 않은 모습으로 비치는 말이나 행동도 한다. 예컨대 순교를 기리는 하위문화는 고대 그리스도교의 많은 부분에서 나타나는 특징인데, 이 이야기에서 바울로가 데클라보다 고난을 훨씬 덜 받는다는 점은 흥미로워 보인다. 여기서 데클라는 위대한 '신앙고백자'이다. 신앙고백자는 사형을 판결받았으나 나중에 어떤 식으로 구출된 사람을 가리킨 용어다(이 역할에 관한 더 자세한 내용은 이 책의 25장 참조). 그녀는 한 번도 아니고 두 번이나 고문과 죽음 앞에 선다. 이와는 대조적으로 바울로는 그저 매질을 당하거나 도시 밖으로 쫓겨나기만 한다(§21). 바울로는 데클라에게 세례를 주지 않겠다며 거절하는데, 그녀가 유혹에 저항할 수 있을 만큼 강하지 않아 결국에는 동정을 유지할 수 없을지도 모른다는 염려 때문으로 보인다(§25). 이것은 데클라가 스스로 '사도'가 되어 자신에게 세례를 주어야 한다는 뜻이며, 그래서 그녀는 사람을 죽이는 물범들이 있는 수조에서 자신에게 세례를 준다(§34). 두 사람이 함께 안티오키아에 도착한 뒤 부자인 알렉산드로스가 바울로에게 데클라에 관해 묻자 바울로는 데클라를 안다는 사실조차 부정한다. "나는 그대가 말하는 그 여자를 모릅니다. 그녀는 내 여자도 아닙니다"(§26). 이것이 베드로가 예수를 부정한 일을 의도적으로 떠올리게 만드는 장면이라는 생각을 않기가 어렵다. 이 바로 직후 데클라는 체포되지만 바울로는 장면에서 완전히 사라진다. 주위를 기웃거리며 데클라를 구한다거나 변호하려는 노력을 하지 않는 것이 확실하다. 이야기의 많은 부분에 걸쳐 데클라가 시련에 시련을 겪고 위기에 위기를 맞이하는 동안 바울로는 시골의 어느 빈 무덤에 숨어 있다(§§23~25). 저자가 일부러 바울로를 부정적으로 그리려 했다고는 생각되지 않지만, 이야기에서 바울로의 행동과 말이 모호하게 묘사된 것만은 분명하다.

진정한 주인공은 데클라이다. 그녀는 끔찍한 시련을 용감하게 견뎌낸다. 그녀는 동정을 잃느니 차라리 죽여달라고 빈다(§27). 그녀는 자신에게 세례를 준다. 온갖 시련을 이겨내고 동정을 지킨 채 승리자가 된 뒤에는 자신을 남성으로 바꾸고, 금욕하는 여자들과 젊은 남자들 무리를 모아들여 성애적 금욕주의를 전파하는 길에 나선다. 이 복음은 금욕주의를 명하지만 그러기 위해 고도로 성애적인 이야기를 이용한다. 데클라는 금욕주의적이고 반가족적이며 반집안적인 이 복음을 사도 바울로로부터 직접 받아들여 전파한다.

이것은 가족과 애국심이라는 오늘날의 우상과는 판이하게 다른 형태의 그리스도교이자 바울로 사상이다. 친가족적이 아니며 국가주의는 더더욱 아니다. 하느님의 나라를 위한 국가주의가 아니라면 말이다. 실제로 이 종류의 그리스도교에서 사람들은 하느님의 나라라는 하나의 바구니에 달걀을 모조리 담은 셈이다.

전하는 내용은 성애라는 틀 안에 담겼다. 『바울로와 데클라 행전』은 성애나 성적 욕구를 실제로 창밖으로 내던져버리지는 않는다. 오히려 데클라의 육체적 아름다움과 함께 최대한 활용한다. 저자는 사람들, 아마도 특히 성애와 아름다움의 매력에 가장 영향을 잘 받는 젊은 사람들을 설득하여, 죽음의 순환이 시작되는 첫 단계인 성관계 자체에 타격을 가함으로써 죽음에 대한 두려움에 대처하게 하려 한다. 집안을 선택하면 필연적으로 성관계, 태어남, 죽음, 부패라는 순환에 갇힐 것이다. 그러나 성애적 금욕주의 생활을 받아들이면 타락과 부패에서 벗어나 생명과 부활로 다가갈 수 있다.

이것은 페미니즘 문서일까? 어쩌면 고대의 가부장적 문화라는 맥락에서 보면 적어도 일부 여자에게 해방을 가져오는 기능을 하고 있는 것으로 상상할 수 있을 것이다. 그러나 오늘날의 페미니즘이라는 관점에서 볼 때 남성이 여성의 우위에 있는 기본 위계를 조금도 비판하지 않는다는 것을 알 수 있다. 많은 고대 그리스도교 문서와 마찬가지로 이 이야기 역시 남성이 지배하는 집안이라는 덫으로부터 개개인의 여자들을 해방시키지만, 그들의 '여성적' 특징을 벗겨내고 '남성적'이라 인식되는 특징을 입힘으로써만 그렇게 한다. 오늘날 남아 있는 고대 그리스도교 문서 중 남성과 여성의 진정한 평등을 가르치는 것은 하나도 없다. 여자에게 어떤 식으로든 사회적 향상을 제시한다 해도 남성화라는 형태로 그렇게 한다. 심지어 양성구유인 신체에서조차 그렇다. 예컨대 고대 세계에서 천사는 남성이거나 양성구유였다. 나는 고대 그리스도교의 글에서 여성 천사를 한번도 본 적이 없다. 그리고 바울로나 그 밖의 고대 그리스도교 저자들이 생각한 양성구유의 신체는 여전히 압도적으로 '남성'적이다. 『바울로와 데클라 행전』은 남성이 지배하는 고대의 집안과 도시를 뒤흔드는 작용을 했겠지만, 오늘날 기준의 페미니즘 작품은 아니다.

그렇지만 목회서신이나 적어도 거기 나타나 있는 종류의 바울로 사상을 직접 공격하기 위해 쓰였을 가능성은 충분히 있다.[8] 이 글들은 서로 정반대에—한쪽은 디모테오1, 2서와 디도서, 반대쪽은 『바울로와 데클라 행전』—있는 바울로 및 그리스도교의 시각에 해당된다. 둘 모두 바울로의 권위로 말한다고 주장한다. 둘 모두 바울로의 진정한 가르침을 표현한다고 주장한다. 그러나 그중 하나는 철저하게 집안과 결혼, 성관계, 자식의 출산을 지지하고, 다른 하나는 이 모든 것에 반대한다.

사실은 어느 쪽도 바울로를 제대로 표현하고 있지 않다. 바울로는 자신은 금욕주의적이었지만—오늘날의 어떤 교회에서 인정하는 것보다도 훨씬 더 금욕주의적이었지만—금욕주의를 받아들일 수 있을 만큼 강하지 않은 그리스도교인에게는 결혼과 또 결혼이라는 틀 안의 성관계를 허용했다. 그렇지만 바울로는 목회서신만큼 친집안적이지는 않았다. 바울로는 여성을 억압하려 하지 않았고 아이를 계속 낳게 하려 하지도 않았다. 바울로의 교회는 목회서신의 저자가 바라는 방식의 가부장적 집안을 모형으로 삼지 않았다. 그러므로 우리는 여기서 성관계와 결혼과 가족에 관해 그리스도교에서 가르치는 세 가지 견해를 볼 수 있는 것이다. 이것은 초기 그리스도교가 다양했다는 또하나의 증거다.

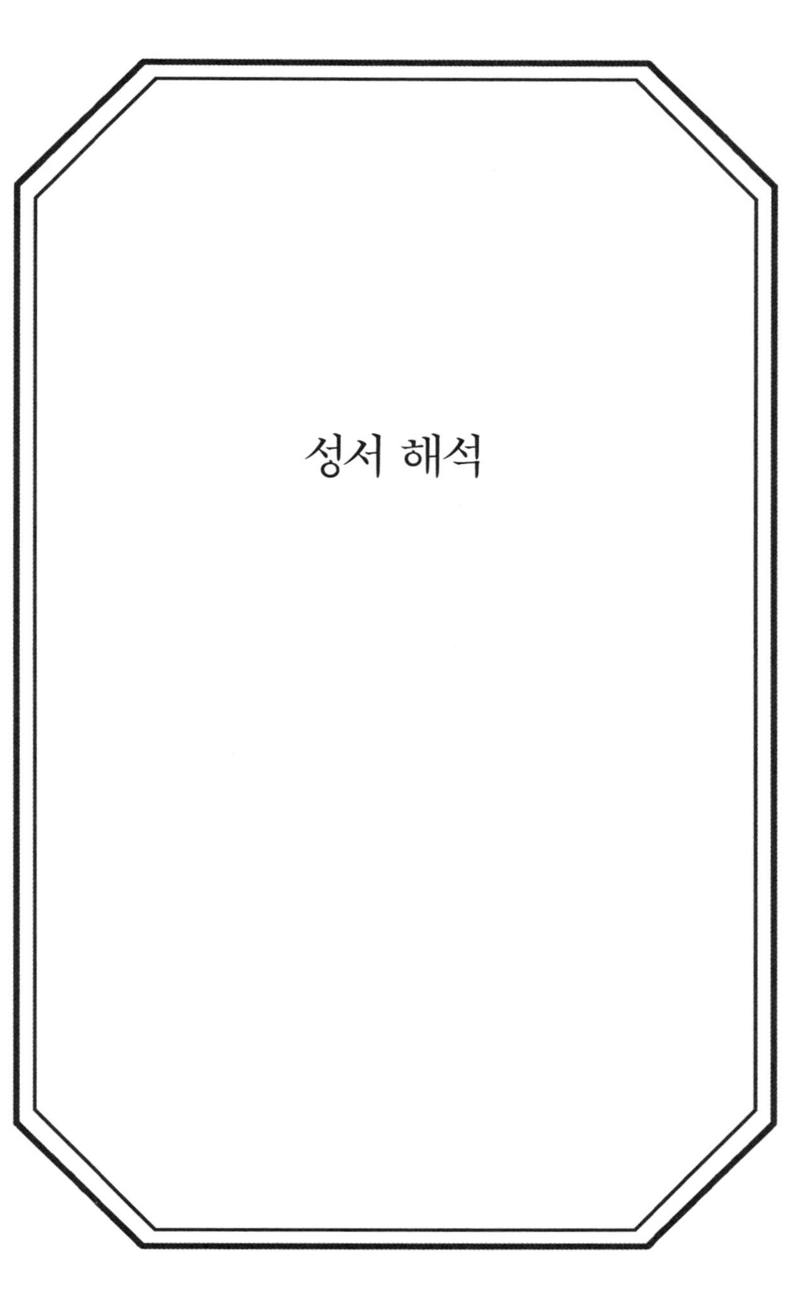

성서 해석

21
히브리인들에게 보낸 편지와 성서 해석

개요: 글을 해석하는 방식에는 여러 가지가 있지만, 고대의 해석 방법은 오늘날의 감수성으로 볼 때 이상하게 보일 수도 있다. 신약에는 그리스어로 번역된 히브리어 성서이자 그리스도교 경전이기도 한 유다교 경전을 초기 그리스도교들인이 어떻게 해석했는지를 보여주는 예가 많이 있다. 히브리서는 실제 편지라기보다는 격려사에 더 가까우며, 예수의 전례와 사제직이 유다교 경전에 묘사된 것보다 더 우위에 있다는 논제를 중심으로 논거의 틀을 잡는다. 히브리서의 저자는 경전 구절을 여러 흥미로운 방식으로 해석하면서 이 논제를 증명하고자 한다.

고대 그리스도교의 경전 해석

내가 이 책 전체에 걸쳐 사용하는 해석 방법은 현대의 역사비평이며, 이것을 통해 고대의 저자와 고대의 독자들을 상상하여 그들이 이런 글을 어떻게 읽었을지 알아내고자 한다. 우리는 이런 글을 시라든가 우화로 읽지 않는다. 우리는 그것을 원래 맥락 속에서 상상하면서 그런 맥락에서 무슨 뜻을 지녔을까 짐작한다. 다음 장에서 나는 하나의 방법으로서 역사비평이 지니는 여러 전제를 더 자세히 설명하고 역사비평이 현대 세계에서 어떻게 발전했는지에 관해 약간 살펴보고자 한다.

그렇지만 이것이 고대 그리스도교인들이 경전이라고 생각하는 글을 읽을 때의 방식이 아님은 이미 명백하다. 앞서 우리는 바울로가 창세기의 글, 또 사라와 하갈에 관한 창세기의 이야기를 해석하는 방식을 살펴봤다. 그는 그것을 우화로 읽으면서 사라는 그리스도를 믿는 사람들을 가리키고 하갈은 그리스도를 믿지 않는 유다인을 가리킨다고 설명한다. 오늘날의 사람이라면 거의 누구도 하지 않을 해석이자 해석 방법이다. 만일 바울로가 우리에게 창세기를 그런 식으로 해석한다면 우리는 그가 거기서 읽고 싶어하는 것을 '읽어들일' 뿐이며, 원래 저자는—저자가 누구라고 상상하든 간에—확실히 그런 뜻으로 쓰지 않았다고 반박할 것이다.

복음서에 묘사된 예수도 마찬가지로 글을 해석할 때 마음대로(오늘날의 관점에서 볼 때) 해석한다. 바리사이파 사람 몇 명이 예수에게 남자가 아내와 이혼하는 것이 율법에 맞는지 물었을 때 예수는 먼저 그들에게 (마르코의 복음서에 따르면) 모세가 명한 것이 무엇인지 묻는데, 이것은 그가 이 질문에 대답하기 위해 먼저 경전을 살펴본다는 뜻이다(마르코복음 10:2~9). 이 바리사이파 사람들은 모세의 율법에는 남자가 아내에게 이혼장을 주면 된다고 정확하게 지적한다(추측컨대 필요한 경우 다른 남자와 결혼할 수 있게 하기 위해서일 것이다). 이것은 이혼과 재혼 문제를 명시적으로 다루는 신명기 24:1~4을 해석하는 가장 명확한 방법이다.

그렇지만 예수는 그들의 대답이 마음에 들지 않는다. 그래서 그들에게 창세기 1:27("남자와 여자로 지어내셨다")과 창세기 2:24("이리하여 남자는 어버이를 떠나 아내와 어울려 한몸이 되게 되었다")을 인용하여 들려준다. 이어 예수는 이 두 구절을 직접 해석한다. "그러므로 하느님께서 짝지어주신 것을 사람이 갈라놓아서는 안 된다"(마르코복음 10:9). 예수가 인용하는 구절은 실제로 이혼에 관해 아무것도 말하지 않는다는 사실이 지적되는 경우는 그리 많지 않다. 자구 자체에서 이혼을 금하지 않는 것은 확실하다. 예수는 이혼을 명시적으로 허용하는 경전 구절을 무시하고, 이혼을 금하기 위해 이혼에 관해서는 아무것도 말하지 않는 다른 구절을 해석하는 쪽을 택한다.

여기서 예수는 본문 해석의 근본 규칙을 어긴다. 오늘날과 마찬가지로 고대 세계에서도 널리 알려져 있던 규칙으로, 모호한 것은 명확한 것을 참조하여 해석하며, 명확한 것을 모호한 것을 참조하여 해석하지 말라는 규칙이다.[1] 한 구절의 의미를 잘 알 수 없을 때 같은 주제를 더 명백한 의미로 다루는 구절을 찾아내어 그것을 이용하여 해석한다. 예수는 그 반대로 한다. 그는 평이한 본문을 거부하고 해당 주제를 전혀 다루고 있지 않아 보이는 다른 본문의 해석을 내놓는다.

오늘날의 관점에서 보면(고대에도 '규칙'을 알고 있었으므로 고대의 관점에서도 마찬가지) 바리사이파 사람들의 해석이 더 낫고 예수의 해석은 무리한 것이다. 그러나 예수는 역사비평가가 아니었다. 고대 독자들은 우리를 구속하고 있는 해석 규칙에 매여 있다고 느끼지 않았다. 그러나 이 예가 증명하는 한 가지는 본문은 스스로를 해석할 수 없다는 것이다. 본문은 예수에게 "잠깐, 창세기 1장과 2장의 뜻은 그게 아니야!" 하고 말할 수 없다. 본문은 자신이 해석되는 방법을 통제하지 못한다. 실제로 본문은 어떤 인간이 해석할 때까지 의미가 없기 때문에, 인간의 해석과 분리된 그 자체로는 의미가 없다.[2]

현대와 고대의 역사 해석 차이를 보여주는 또다른 예는 예수가 세례를 받을 때 내려온 '비둘기'에 관해 고대 그리스도교인들이 내놓은 한 가지 해석이다. 우리는 앞에서 '양자론' 그리스도론이 무엇인지 살펴봤다. 예수가 세례를 받을 때 하느님에게 '양자로 받아들여졌다'고 믿은 일부 교인들은 이 비둘기를 증거로 사용했다. 널리 알려진 대로 고대 그리스어 문자에는 저마다 나타내는 숫자가 있었다(히브리어도 그렇다). 알파는 1, 베타는 2 등이다. 이런 그리스도교인 중 일부는 '비둘기'라는 그리스어 낱말인 페리스테라peristera가 나타내는 수를 합하면 801이 된다는 점을 지적한 것으로 보인다.[3] 이 숫자는 또 우연하게도 알파(1)와 오메가(800)를 합한 것과 같다. 요한의 묵시록에서 볼 수 있듯 하느님은(또 신성에 해당하는 그리스도는) "알파와 오메가"(요한묵시록 21:6, 22:13)이다. 이 801이 예수가 세례를 받을 때 '신성'이 내려왔다는 경전 속 증거이다.

이것은 우리 현대인으로서는 설득력을 느낄 가능성이 높지 않은 형태의 본문 해석이다. 그러나 우리는 이런 그리스도교인들에게 해석이 틀렸다고 어떻게 설득할 수 있을까? 우리는 루가가 비둘기를 '숫자로' 해석해야 한다는 실마리를 본문에 남겨주지 않기 때문에 그런 의도가 없었던 것이 분명하다고 주장할 수 있을 것이다. 그러나 그들은 그런 해석에 필요한 실마리는 비둘기와 하늘에서 들리는 음성이면(루가복음 3:22 참조) 충분하다고 말할 것이다. 우리는 루가가 70년 무렵에 복음서를 썼고 묵시록은 1세기의 훨씬 나중에 이르기까지 쓰이지 않았기 때문에 루가는 요한묵시록을 알지 못했을 가능성이 크다는 점을 지적할 수 있다. 그러나 그들은 그 점은 문제가 되지 않으며, 루가는 묵시록의 저자와 마찬가지로 하느님과 그리스도는 알파와 오메가임을 확실하게 알았다고 말할 것이다. 우리는 여러 예와 논거와 본문을 동원하여, 그들이 해당 본문에 부여하는 그들의 '의미'를 놓아두고 우리의 것을 받아들이도록 설득할 수 있다고 상상할 것이다. 그러나 그러자면 수사와 설득을 통해야 하며, 올바른 해석 방법과 잘못된 해석 방법에 관한 일반적 전제에서 출발해야 할 것이다. 본문을 가리키며 그것이 '말해주기'를 기대하는 것은 이 문제를 해결하는 데 조금도 도움이 되지 않는다. 본문은 어떤 것도 '말해주지' 않는다. 사실 본문은 '의미'를 지니지 않는다. 사람들이 본문에 '의미'를 두는 것이다.

그래서 우리는 신약을 비롯하여 이 책에서 내놓은 여러 본문 해석은 현대의 역사 해석 방법을 바탕으로 한다는 점을 분명히 해야 한다. 그렇지만 히브리서는 고대의 해석 방법을 보여주는 훌륭한 예가 된다. 따라서 히브리서를 읽는 이유 한 가지는—초기 그리스도교의 신학에 관해 알아낼 수 있다는 것 말고도—고대의 해석 방법을 보려는 것이다. 히브리서는 유다교 경전을 해석함으로써 대부분의 논거를 구성해 나가는 설교이다.

히브리인들에게 보낸 편지: 격려사

이 책의 1장에서도 말했지만, 히브리서는 '히브리인들에게 보낸 편지'라는 이름이 붙어 있기는 하지만 사실은 편지가 아니다. 실제로 히브리서는 13:22에서 이 글이 무엇인지를 알려준다. "권고한 말"이라고 되어 있는데, 다른 말로 번역하면 '격려사'이다(사도행전 13:15에서 바울로가 회당에서 하는 연설을 가리켜 같은 용어를 사용한다). 저자는 약간 바울로의 편지 같은 느낌을 주는 아주 짤막한 결론을 덧붙이지만, 첫머리에는 인사말이라든가 편지를 받을 사람 등 편지 첫머리에 전형적으로 들어가는 요소가 전혀 없다. 그냥 자신이 다루는 주제로 곧장 들어간다. "하느님께서 예전에는 예언자들을 시켜 여러 번 여러 가지 모양으로 우리 조상들에게 말씀하셨습니다. 그러나 이 마지막 시대에 와서는 당신의 아들을 시켜 우리에게 말씀하셨습니다. 하느님께서는 당신의 아들을 통해서 온 세상을 창조하셨으며 그 아들에게 만물을 물려주시기로 하셨습니다"(히브리서 1:1~2).

저자가 '우리 조상들'이라는 말로 시작하기는 하지만, 나로서는 히브리서가 유다인 청중에게 보낸 것이라고 상상할 필요가 있다고는 보지 않는다. 적어도 나로서는 이 편지 내용에서 이 편지가 유다인에게 보낸 것이라는 확고한 증거를 찾을 수 없다. 또 유다인에게만 보낸 것이라는 증거는 확실히 없다. 그러므로 내가 볼 때 여러 이유에서 이 문서는 제목이 잘못 붙었다. 이것은 편지가 아니며, 또 유다인에게만 보낸 것도 아마 아닐 것이다.

또 누가 썼는지도 모른다. 이 편지는 정전에 포함됐는데, 사람들이 바울로가 썼다고 생각했기 때문임이 분명하다. 일부 고대의 선집에서는 이 편지가 바울로의 편지 사이에 들어가 있으며, 로마서 뒤, 고린토 1서 앞에 있다. 어쩌면 우리의 정전에서 이 문서가 수록된 위치를 보면—바울로의 마지막 편지인 필레몬서 바로 뒤에 수록되어 있는데—타협 같은 것이 아닐까 하는 생각이 든다. 사람들이 이 편지를 바울로와 연관시키고 또 바울로의 권위 때문에 더 존중받지만, 그 신빙성이 의심스럽다는 점을 알고 있었을 거라는 말이다. 실제로 오리게네스를 비롯한 고대 그리스도교 학자들은 문체가 바울로와 다르다는 점을 알았다. 이들은 루가나 아폴로, 또는 바울로의 추종자 중 어떤 사람이 썼을지도 모른다고 생각했다. 성서에서 여자가 쓴 것으로 알려진 책은 하나도 없기 때문에 일부 사람들은 히브리서를 브리스카가 썼지만 여자이기 때문에 의도적으로 익명으로 두었다고 상상하기도 했다. 그러나 결론적으로 우리는 저자가 누구인지 알지 못한다.[4] 또 이 편지가 언제 발표됐는지도 알지 못한다. 60년부터 100년 사이일 것으로 짐작하고 있다.

그렇지만 저자가 교육을 많이 받은 사람인 것은 분명하다. 실제로 히브리서의 그리스어는 신약의 그리스어 중 가장 수준이 높을 것이다. 이 설교 편지는 헬레니즘화한 유다인의 연설투와 수사, 해석 기법을 사용한다. 나아가 '실체'와 '외견'을, 영원한 것과 일시적인 것을 대비시킨다는 점에서 특정 종류의 유다교적 플라톤주의 내지 '대중적' 플라톤주의를 보여준다고도 생각할 수 있다. 정신적인 것은 육체적인 것보다 우위에 있으며, 빛이 그림자보다 우위에 있는 것과 마찬가지이다. 이 편지의 수사는 대중 철학에서 흔히 그랬을 법한 대로 온갖 종류의 이원론을 이용한다. 그렇다고 저자가 어떤 특정한 철학 '유파'에 흠뻑 빠졌다는 말은 아니다. 그보다는 철학 훈련 자체가 아니라 수사학을 통해 일반 철학에서 흔히 쓰는 여러 표현을 접했을 가능성이 높다. 이것은 저자가 유다인이라는 말 또한 아니다. 이방인일 수도 있다. 그러나 저자가 이방인이라면 유다교 경전과 그것을 '상징적'으로, 또는 나아가 우화적으로 해석하는 방식에 오래전부터 익숙해져 있었을 것이다.

그리스인과 로마인 역시 이런 종류의 '영적' 해석 방법을 사용했다. 예컨대 그리스 철학자들은 오래전부터 호메로스의 『일리아스』나 『오디세이아』를 우화적으로 해석하여 자연과학이라든가 윤리학, 철학 관념을 설명했다. 철학자들과 문법 교사들은 오래전부터 대중이 섬기는 여러 신이 예컨대 공기나 불 같은 자연의 여러 원소를 가리키는 것으로 받아들였다. 1세기에 이르러 히브리서가 쓰였을 때 권위적인 글을 유형학적으로나 우화적으로 해석하는 일이 그리스인뿐 아니라 유다인 사이에서도 널리 퍼져 있었다. 1세기에 가장 유명한 유다인 철학자는 필론이었다. 우리는 히브리서의 저자가 교육을 많이 받은 훌륭한 저자이자 수사학자였을 것으로 상상해야 한다. 필론의 수준에는 절대로 미치지 못하지만—재산에서나 교육에서나 철학적 세련됨에서나—세련된 수준이었던 것은 분명하다.

히브리서의 개관

저자가 얼마만큼 세련됐는지 볼 수 있는 한 방법은 히브리서의 복잡한 구조를 살펴보는 것이다(도표 11 참조). 편지의 구성을 개략적으로만 보아도 드러난다. 이 문서는 편지의 인사말 대신 설교 전체를 위한 논제를 진술하는 것으로 시작한다. "하느님께서 예전에는 예언자들을 시켜 여러 번 여러 가지 모양으로 우리 조상들에게 말씀하셨습니다"(히브리서 1:1). 따라서 우리는 이것이 '옛것'에 관한 내용이리라는 사실을 알 수 있다. 또 그다음 절을 읽으면 이 편지에서 유다교 경전의 해석을 내놓을 것이라는 사실도 짐작할 수 있다. "그러나 이 마지막 시대에 와서는 당신의 아들을 시켜 우리에게 말씀하셨습니다"(1:2). 따라서 우리는 저자가 '옛것'과 그리스도 안에 있는 '새것'을 대비시키리라는 사실을 알 수 있다. 글 전체의 논제는 옛것과 새것의 비교와 대비, 그리고 새것이 옛것보다 우위에 있다는 것이다.

첫 주요부에서는 예수가 우위에 있다는 점을 논하는데, 먼저 천사와 비교하고(1:3~2:18), 다음에는 모세와 여호수아와 비교하며(3:1~4:13), 끝으로는 옛 대사제와 비교한다(4:15~5:10). 이 부분의 끝에서 멜기세덱이 처음으로 언급되는데, 7장에서 그에 관해 집중적으로 다룰 내용을 내비치는 기능을 한다. 그런 다음 저자는 논제에서 벗어나, "그리스도에 관한 초보적 가르침"으로부터 더 나아가 복음의

I. 논제의 도입: 옛것과 새것(1:1~2)
II. 예수가 우위에 있다는 내용의 도입(1:3~5:10)
  A. 천사보다 우위(1:3~2:18)
  B. 모세(와 여호수아)보다 우위(3:1~4:13)
  C. 옛 대사제보다 우위(4:15~5:10)

〔여기서 멜기세덱을 언급하여 다음 V의 내용을 미리 비춘다〕

III. 여담: 더 높은 가르침을 권유(5:11~6:12)

〔여기서 믿음의 예를 언급하여(6:12) 다음 VII.C의 내용을 미리 비춘다〕

IV. 설교 후반부의 도입: 우리를 위한 보장(6:13~20)
V. 예수와 멜기세덱의 비교(7:1~28)
  A. 아브라함과 레위 지파보다 우위에 있는 멜기세덱의 사제직(7:1~14)
  B. 예수는 새로운 멜기세덱(7:15~28)
VI. '실체'와 '그림자'의 비교(8:1~10:18)
  세상과 하늘의 '전례' 비교
VII. 권고("그러므로……", 10:19~13:21)
  A. 도입(10:19~25, 이 모든 것이 사실이므로 우리는 새로운 계약을 "확고하게 붙잡고" 있도록 하자……)
  B. 고난에도 불구하고(10:26~39)
  C. 믿음의 예(11:1~40)
  D. 격려(12:1~29)
  E. 실질적, 세부적 권고(13:1~7)
  F. "영문 밖으로" 나가자(13:8~16)
VIII. 마지막 충고와 축복(13:17~25)

도표 11. 히브리서의 개요(신크리시스 즉 대조를 통한 설교)

더 높은 지식을 "완성하는 방향으로" 다가갈 것을 독자들에게 권한다(5:11~6:12). "믿음과 인내로써 하느님께서 약속해주신 것을 상속받는 사람들"을 강조하는 이 부분의 마지막 줄(6:12) 역시 나중에 다룰 내용을 내비치는 기능을 하는데, 이번에는 그 대상이 11장에서 다룰 '믿음의 예'이다.

설교의 후반부는 별도의 도입부를 갖추고 있고(6:13~20), 이어 5:6과 5:10에서 내비친 대로 창세기에 있는 멜기세덱의 이야기를 자세히 '해석'한다. 저자는 경전의 본문을 정확하게(즉 그가 해석하는 대로) 읽으면 멜기세덱이 모든 유다인의 아버지인 아브라함보다 우위에 있음을 알 수 있다고 설명한다(7:1~14). 이어 예수가 새로운 멜기세덱임을 증명한다(7:15~28).

이어지는 기다란 주요부에서는 '실체'와 '그림자'를 비교하며, 출애굽기와 레위기에서 묘사하는 '현세의 전례' 즉 하느님을 섬기는 예식은 이제 그리스도가 대제사장으로서 세운 '하늘의 전례'보다 못하다는 점을 증명한다(8:1~10:18). 이것은 이 설교에서 가장 플라톤적으로 들리는 부분으로, 더 우위에 있는 '실체'와 그보다 하위에 있는 '그림자'를 상세하게 비교한다.

설교는 성서학자들이 '권고paraenesis'라고 이름붙인 긴 부분으로 끝을 맺는다. 그리스어에서 온 이 전문용어는 '도덕적 권유'라는 뜻으로, 야고보서에서 본 것처럼 대개는 잘 알려진 교훈을 내용으로 하는 윤리적 충고를 가리킨다. 이것은 청중이 이미 아는 상투적인 윤리를 '일깨워'준다. 대개 그러하듯 이 부분은 '그러므로'라는 말로 시작한다. 마치 저자가 "지금까지 내가 말한 모든 것이 사실인 만큼, 우리는 마땅히 다음과 같은 방식으로 살아가야 합니다" 하고 말하는 것 같다. 개요에서 말한 것처럼 이 부분을 주제나 사례에 따라 더 세분할 수 있지만, 전부다 연설 마지막에서 권고라는 형식으로 일관성을 띤다. 본문의 제일 마지막 부분은 마지막 충고와 축복이다(13:17~25).

신크리시스 설교인 히브리서: 우위에 있는 것과 하위에 있는 것의 대비

히브리서는 이처럼 구조적으로 잘 짜인 설교이다. 저자는 때때로 나중에 다룰 내용을 암시하고 또 청중이 잘 아는 예를 언급함으로써—예로 드는 글과 인물을 아마 새롭게 해석했겠지만—청중을 끌고 간다. 그렇지만 기본 요지는 예수의 레이투르기아leitourgia가 모세보다 우위에 있다는 것이다. 영어의 '전례liturgy'라는 낱말은 이 그리스어 용어에서 왔으며, 그리스어에서도 전례 또는 예식이라는 의미를 지닐 수 있다. 그렇지만 그리스어에서 이 낱말은 넓고 다양한 의미를 내포한다. 예컨대 어느 도시에서 사람들이 모여 행진하고 희생제물을 바치며 사람들에게 음식을 나누어주는 등을 내용으로 하는 축제를 거행하고 싶어할 때 부유한 시민이 대는 자금에 의지하는 때가 많다. 이런 모든 활동을 신에게 바치는 예배로 봤는데 그것이 레이투르기아였다. 나아가 레이투르기아는 신에게 바치는 예배이기는 하지만 또한 전체 도시에게 바치는 것이기도 했다. 후원자를 레이투르고스leitourgos라 부를 수도 있고, 신을 위해 희생제물을 바치고 축제를 벌이는 과정에 관여하는 사람들도 그렇게 부를 수 있었다. 실제로 저자는 히브리서 1:7과 1:14에서 천사들을 가리켜 말할 때 바로 이 용어를 쓴다. 천사는 하느님의 종이자 '전례를 집전하는 자'인 것이다.

이 설교는 그러므로 두 가지 레이투르기아, 두 가지 전례 즉 하느님을 섬기고 예배를 바치는 두 가지 방법을 비교한다. 하나는 출애굽기와 레위기에 나오는 명령에 따른 모세와 성막의 전례이고, 다른 하나는 예수가 창시한 전례이다. 여기서 또하나의 그리스어 낱말을 설명하지 않을 수 없다. 고대 그리스의 수사에서 대조법은 흔했다. 남자아이들에게는 예컨대 알렉산드로스와 율리우스 카이사르의 용맹함이라든가 호메로스와 헤시오도스의 시, 또는 그 밖에 어떤 것이든 짝을 이루는 주제를 가지고 비교하는 연설을 지어 외운 다음 자기 반 학생들 앞에서 연설하도록 가르치기도 했다. 대조법을 가리키는 용어는 신크리시스synkrisis였는데, 둘 이상의 것을 서로 '함께 판단하기'라는 뜻이다. 대조와 대비라는 뜻이다. 히브리서는 신크리시스 설교이다.

저자가 예수의 전례가 모세의 전례보다 우위에 있다는 것을 증명하기 위해 동원하는 여러 논거는 흥미롭다. 우리는 그가 교회에 모인 사람들에게 전도한다는 점에는 의심의 여지가 없다는 것을 염두에 두어야 한다. 이 문서를 듣거나 읽는 사람은 모두 거의 확실하게 이미 그리스도교인이 된 사람일 것이다. 그래서 우리가 볼 때 논거가 허약하다는 생각이 들 만한 부분이라도 사람들이 잘 받아들였을 것으로 생각해야 할 것이다. 그리고 오늘날의 사람에게는 수사나 논거가 억지스러워 보이는 부분도 분명히 있을 텐데, 그런 부분조차도 실제로는 고대 수사법의 좋은 예이다.

예를 들면 히브리서 8:6~7에서 그는 이렇게 말한다. "그러나 이제 그리스도께서는 훨씬 더 훌륭한 사제직〔레이투르기아〕을 맡으셨습니다. 그분은 더 좋은 약속을 바탕으로 하고 세운 더 좋은 계약의 중재자가 되셨으니 말입니다. 만일 사람들이 먼젓번 계약을 흠없이 이행하였더라면 또다른 계약이 필요하지 않았을 것입니다." 그의 논거는 지금 하느님에게 바치는 그리스도교 예배가 존재한다는 바로 그 사실이 모세의 계약과 예배가 합당하지 않았다는 증거라는 것이다. 모세의 계약이 충분했다면 그리스도교는 존재하지 않을 것이다. 따라서 그리스도교의 존재 자체가 그것이 유다교보다 우위에 있다는 것을 증명한다(오늘날의 용어로 바꿔 말하면 그렇다. 그가 이 두 용어를 실제로 쓰지는 않는다). 앞에서 말한 대로 이것은 교인이 되지 않은 사람을 상대로는 설득에 성공할 가능성이 낮은 논거이다.

그렇지만 그가 주장을 증명하기 위해 가장 흔히 쓰는 수단 한 가지는 그런 (모호한?) 논리보다는 경전을 인용하고 해석하는 것이다. 그렇지만 저자는 히브리어 성서를 사용하지는 않는다. 우리는 그가 히브리어 성서의 그리스어 번역본에 의지했다는 점에는 의심의 여지가 없다는 것을 기억해야 한다. 그리고 출애굽기와 레위기에 설명된 희생제물을 바치는 제사의식에 관해 말할 때 그가 말하는 것은 예루살렘 성전이 아니다. 내 생각대로 그가 서기 70년 이후에 이 글을 쓰고 있었다면 예루살렘 성전과 거기서 희생제물을 바치는 풍습은 더이상 존재하지 않는다. 그러나 그의 논거에서 이 점은 중요하지 않은데, 그는 그리스도교의 '희생'과 '사제직'과 예배를 성막, 즉 이스라엘 사람들이 사막에서 지내던 때, 또 솔로몬의 성전을 짓기 전의 이스라엘에서 사용한 하느님의 '천막'에 관한 묘사와 비교하기 때문이다. 그는 출애굽기와 레위기에 나온 성막에 관한 묘사를 읽어주지만, 그 모두를 이제 그리스도라는 안경을 통해 읽는다. 그리스도는 유다교 경전에 나오는 모든 것을 해석하는 열쇠가 된다.

또 저자는 모세가 경전을 쓰고 다윗이 시편을 썼다고 믿는 것이 거의 확실하기는 하지만, '진정한' 저자는 하느님이라고 받아들인다는 점을 눈여겨보기 바란다. 히브리서의 저자는 모세나 다윗이나 그 밖의 저자가 하느님의 말에 어떤 의미를 부여했는지는 상관하지 않는다. 경전의 궁극적 저자는 하느님이고, 그래서 우리는 경전을 읽을 때 모세나 다윗이나 개개인 예언자뿐 아니라 하느님이 하는 말을 듣는 것이다. 저자는 또 때때로 경전을 말하는 사람을 성령(히브리서 3:7, 10:15 참조) 또는 심지어 예수라고(2:11~12, 10:5) 상상한다. 하느님, 성령, 그리스도가 "다윗을 시켜" 또는 다른 저자를 통해 말하기는 하지만 저 셋을 모두 경전의 저자로 생각할 수 있다(4:7 참조). 히브리서의 저자는 유다교 경전을 매우 많이 인용하면서 예수의 활동과 예배가—그가 그렇게 불렀는지는 몰라도 오늘날 그리스도교라고 불리는 것이—유다교보다 더 우위에 있음을 증명한다.[5]

가장 흥미로운 해석으로 꼽을 수 있는 한 가지가 7장에서 나오는데, 창세기 14:17~24에서, 또 시편 110:4에서 잠깐 언급되는 멜기세덱의 의미를 저자가 해석하는 부분이다(5:6, 5:10, 6:20에서 인용). 창세기의 이야기에 따르면 아브라함이 동맹들과 함께 소돔을 비롯한 여러 도시를 함락시킨 여러 '왕'과 전투를 벌인 끝에 그들을 쳐부수고 돌아오는 길이었다. 아브라함의 조카 롯은 소돔에서 살고 있었는데, 소돔이 함락되면서 그의 온 집안 사람과 재물을 그들에게 빼앗겼다. 아브라함과 동맹들은 사람들을 구출하고 롯과 그의 집안과 함께 전리품을 가지고 돌아오는 길이었다. 이들은 도중에 살렘 왕 멜기세덱이라는 사람을 만났고, 멜기세덱은 빵과 포도주를 내주며 아브라함을 축복했다. 아브라함은 자신이 빼앗은 모든 것의 10분의 1을 멜기세덱에게 주었다. 이것이 멜기세덱에 관해 우리가 아는 창세기 내용의 전부다.

그러나 히브리서의 저자는 본문에서 그보다 훨씬 많은 것을 끌어낸다. 첫째, 그는 멜기세덱이라는 이름과 호칭을 해석한다. 나로서는 저자가 히브리어를 실제로 알았을까 의심스럽지만, 그는 그리스어를 쓰는 유다인들이 활용할 수 있던 여러 '연구 교재'를 보다보면 접하는 몇 가지 낱말의 의미는 알고 있었다. 그래서 그는 멜기세덱의 이름 자체가 '정의(세덱zedek)'의 '왕(멜레크melech)'이라는 뜻이라고 설명한다. 그는 또 멜기세덱의 도시 살렘은 히브리어 샬롬shalom 즉 '평화'라는 말에서 왔다고 지적한다(7:2). 따라서 이것은 이미 멜기세덱을 나중에 올 그리스도를 위한 하나의 '전형'으로 만들어나가는 것이다.

그다음에는 멜기세덱에게는 아버지도 어머니도 족보도 전혀 없다고 말한다. 그리고 멜기세덱은 '생애의 시작도 끝도 없이' 영원히 존재하고 있었다고 덧붙인다. 그런데 성서에는 멜기세덱에 관해 아무런 내용도 나오지 않는다. 이 저자는 멜기세덱이 창세기에서 뜬금없이 서사에 등장하는 것으로 보인다는 점에 주목한다. 아브라함이 그에게 십일조를 바치고 축복을 받는다는 사실에서 드러나듯 어마어마하게 중요한 인물임이 명백하다. 이처럼 중요하면서도 어둠에 싸여 있는 인물에 관해 우리는 왜 그 이상 아무것도 모르는 것일까? 히브리서의 저자는 멜기세덱에게는 실제로 족보가 없기 때문이라고 해석한다. 그는 영원부터 존재했고, 절대 죽지 않으며, 따라서 '영원히 사제직을 맡아보는 분'이다. 영원부터 존재하고 영원히 존재하는 분이 또 누가 있을까? 물론 예수다. 그러므로 멜기세덱은 "하느님의 아들을 닮아" 있다(7:3). 그는 장차 올 그리스도의 한 '전형'이다.

저자가 이렇게 하는 이유 한 가지는 그가 예수를 새 계약의 대제사장으로 만들고자 하기 때문이지만, 그는 유다인의 사제는 누구나 아론과 레위 지파의 혈통이어야 하지만 예수는 그 혈통이 아니라는 점을 알고 있다. 예수가 사제 지파 출신이 아니라면 어떻게 대사제가 될 수 있을까? 예수가 레위 지파 "계통"의 사제가 아니라 멜기세덱 "계통"의 사제이기 때문이다(7:15~17).

그러나 이 해석을 통해 저자가 얻는 또다른 이점은 이것이 예수가 아브라함보다 우위에 있다는 또하나의 증거라는 점이다.

> 그가 얼마나 위대한 분인지를 생각해보십시오. 대선조인 아브라함까지도 전리품의 십분의 일을 그에게 바쳤습니다. 레위 자손들도 같은 아브라함의 후손들이지만 사제직을 맡았기 때문에 동족인 이스라엘 백성들에게서 수입의 십분의 일을 거둘 수 있는 권한을 율법으로 보장받았습니다. 그러나 멜기세덱은 레위 가문에 속하지 않았는데도 아브라함에게서 수입의 십분의 일을 받았고 하느님의 약속을 받은 아브라함을 축복해주었습니다. 다시 말할 것 없이 축복이란 것은 윗사람이 아랫사람에게 해주는 것입니다. 사제들도 십분의 일을 받고 멜기세덱도 십분의 일을 받았지만 사제들

은 언젠가는 죽을 사람들이고 멜기세덱은 성서가 증언하는 바와 같이 영원히 살아 있습니다. 말하자면 십분의 일을 받는 레위까지도 아브라함의 손을 거쳐서 멜기세덱에게 십분의 일을 바친 셈입니다. 멜기세덱이 아브라함을 맞았을 때에 레위가 조상 아브라함의 몸 속에 있었기 때문입니다. (7:4~10)

이 논거를 이해하기 위해서는 고대의 유전이론을 약간 알면 도움이 된다. 고대의 많은 문화에서는 작디작은 인간이 조상의(적어도 남성 조상의) 몸안에 물리적으로 존재했다고 믿었다. 그들은 아브라함의 몸안에서 정자가 헤엄치고 다닌 게 아니라, 너무나 작아 눈에 보이지 않지만 실제로 물리적으로 존재하는 인간이 있었다고 믿었다. 그러므로 아브라함의 몸통 안에는 모세의 율법과 레위의 사제직이 세워진 출애굽기 시대에 존재한 사람들을 비롯하여 이제까지 존재한 모든 유다인이 들어 있었다. 그러므로 그들은 아브라함이 멜기세덱에게 십일조를 바칠 때에도 아브라함의 몸안에 있었다.

그러므로 레위와 그의 모든 후손뿐 아니라 아론과 그의 후손—즉 그후 내내 유다교 사제직을 맡았던 모든 남자들—역시 멜기세덱에게 십일조를 바친 것이다. 거기에다 십일조를 바치는 쪽이 십일조를 받는 쪽보다 하위에 있다는 '움직일 수 없는' 사실, 그리고 예수는 멜기세덱이자 그의 사제직 '계통'을 잇는 대사제라는 사실까지 더하면, 예수와 그의 사제직과 계약이 모두 현재 유다교의 사제직과 계약보다 우위에 있다는 증명이 완성된다. 멜기세덱에게 십일조를 바침으로써 유다교의 사제직 스스로(사제들 당사자는 깨닫고 있지 못하다 해도) 그리스도교의 계약과 전례가 더 우위에 있음을 인정한다. 아브라함과 맺은 계약이 멜기세덱의 축복을 받음으로써 그리스도의 계약이 더 우위에 있음을 인정한다. "다시 말할 것 없이 축복이란 것은 윗사람이 아랫사람에게 해주는 것입니다"(7:7).

본문을 읽는 방법, 설득력이 있다고 생각되는 종류의 논거, '움직일 수 없는' 종류의 '사실' 등 모든 것이 놀라울 따름이다. 그러나 저자의 목표를 생각할 때 이런 것들은 완벽하게 이치가 닿는다. 그리고 이 논거는 모두 설교의 마지막에 이르러 더욱 인상적인 절정으로 이어진다. 적극적으로 '유다교화'하고 있는 이방인들, 즉 유다교의 음식에 관한 규정을 받아들이고 안식일을 지키며 할례를 받고자 하는 이방인들을 대상으로 저자가 이 글을 쓰고 있다는 직접적 증거는 없다. 그러나 저자는 그런 행위를 더 우위에 있는 그리스도의 계약으로 대치된 하위의 계약으로 '돌아가는' 것으로 묘사하면서 그런 유혹을 경고한다. 그는 "음식에 관한 규정"에 대해 경고하면서, 그것을 "지키는 사람들이 그것 때문에 이득을 본 일은 없습니다"라고 말한다(13:9).

그런 다음 저자는 유다교에서 희생제물을 바치는 제사의식과 그리스도교인의 제사의식을 대비한다. "유다교의 천막 성소에서 제사를 드리는 사제들은 우리 제단의 제물을 먹을 권리가 없습니다"(13:10). 그러고는 성막에서 희생제물을 어떻게 바쳤는지를 설명한다. 그는 희생제물로 바치는 짐승을 실제로 죽이고 그 몸을 처분하는 일은 성막이나 성전 자체 안에서 이루어지지 않고 '영문 밖에서' 했다는 점을 지적한다. "유다인의 대사제는 짐승의 피를 지성소에 가지고 들어가서 속죄의 제물로 바칩니다. 그러나 짐승의 몸은 영문 밖에서 불살라버립니다. 이와 같이 예수께서도 당신의 피로 백성을 거룩하게 만드시려고 〔예루살렘〕 성문 밖에서 고난을 당하셨습니다"(13:11~12). 그러나 그는 이것으로 대비를 마무리짓지 않고, 이어 그리스도교인들에게 아예 '성'밖으로 나갈 것을 촉구한다. "그러므로 우리도 영문 밖에 계신 그분께 나아가서 그분이 겪으신 치욕을 함께 겪읍시다"(13:13). 이것은 단순히 청중에게 예루살렘이라는 실제 도시를 떠나라고 호소하는 것이 아니다. 이것은 유다교 자체를 거기에 딸린 모든 겉치레와 함께 버리라는 호소이다. 그리스도교는 하느님과 그의 백성 사이의 새 계약으로서, 그보다 하위에 있는 모세의 계약을 대치하는 것으로 묘사된다.

그리스도교인들 중에는 유다교와 비교하여 그리스도교를 생각할 때 편협한 '대치론자'인 사람이 많다. 이들은 하느님이 유다인과 '구약' 내지 '계약'을 맺었다는 역사관을 지니고 있다. 그러나 그리스도가 오면서 그리스도교인들은 '옛 계약'과 다를 뿐 아니라 옛것을 대치하는 '신약' 내지 '계약'을 하느님과 맺었다. '행위'와 '심판'이라는 '구약'은 은총과 사랑의 '신약'으로 대치됐다. 이것은 완전히 반유다교적이며 어쩌면 반유다인적이기까지 하지만, 그럼에도 불구하고 흔한 관점이다.

오랜 세월에 걸쳐 수많은 사람들이 바울로를 읽은 방식과는 달리, 나는 그가 하느님이 아브라함과 맺은 계약을 대치론적 관점으로 보지 않았다고 본다. 그는 이방인 개종자들이 모세의 율법에 복종하지 않도록 하기 위해 열심히 싸웠지만, 자신은 그렇게 하는 것이 합당할 경우 기꺼이 "율법의 지배를 받는" 사람이 됐다고 주장한다. 나는 이것이 그가 "유다인들을 대할 때"라고 한 말의 뜻이라고 생각한다(고린토1서 9:20). 바울로는 이방인이 모세의 율법을 지키는 일에 반대했지만, 모든 인간의 구원의 역사에서 율법이 여전히 중요한 역할을 맡고 있다고 생각했다. 그는 로마인들에게 보낸 편지에서 모세의 율법과 그리스도 안의 새 계약의 관계에 관한 이렇게 복잡한 관념을 설명하려고 한다. 그러나 바울로는 모세의 율법과 유다교가 이제 그리스도교로 대치됐고 따라서 그저 과거의 유물이라는 식으로는 절대로 행동하지 않는다.

그렇지만 히브리서의 저자는 우리가 신약에서 찾아볼 수 있는 관점을 대치론자로서 주장한다. '하위'와 '우위', '그림자'와 '실체', '영문 밖'과 또 그의 시대의 유다교를 가리키는 것이 확실한 '도성' 등에 관해 쓰는 언어는 모두 그리스도의 계약 안에서 유다교의 대치가 완료됐음을 주장한다는 점에서 인상적이다. 살펴본 바와 같이, 유다교는 쓸모가 없어졌다는 것을 유다교 자체의 경전을 이용하여 주장하기 위해 그는 상당히 화려한 해석 방법을 동원해야 했다. 이것은 모두 현대 이전의 성서 해석을 잘 보여주는 훌륭한 예로서, 다음 장에서 더 자세히 살펴보기로 한다.

22

현대 이전의 성서 해석

개요: 이 책에서는 신약을 해석하는 원칙에서 역사비평이라는 관점을 취한다. 본문을 해석하는 역사비평적 방법에서는 고대의 저자가 의도한 의미, 본문의 원래 대상이 되는 청중의 해석, 그 본문이 쓰인 원래 언어를 찾아내는 한편 시대착오를 피하고자 한다. 그렇지만 지난 2000년이라는 시간의 대부분 동안 성서를 해석할 때 사용한 방법은 이것이 아니었다. 오리게네스라든가 아우구스티누스, 클레르보의 베르나르 등을 비롯한 현대 이전의 해석자들은 역사보다는 신학적 질문을 최우선으로 삼으면서 본문을 마음대로 우화로 풀어 해석했다. 종교개혁을 비롯한 현대사의 여러 사건을 거친 뒤에야 역사비평적 방법이 서구사회에서 주로 사용하는 해석 방법이 되었다.

역사비평의 원칙

이 책 전체에 걸쳐 내가 사용하는 본문 해석 방법은 현대 역사비평의 한 형태에 해당한다. 이 장에서는 주로 본문을 읽는, 따라서 성서를 읽는 다른 방법들도 있었다는—지금도 있다는—것을 보여주기로 하는데, 나로서는 그 모든 방법이 전적으로 적절하다고 볼 수 있다고 생각한다. 실제로 나는 역사비평은 성서를 그리스도교 신학적으로 해석할 때는 부적합하다는 점을 다른 글에서 논한 적이 있다. 나는 그 글에서 장차 목회자가 될 사람을 가르치는 학교에서는 학생들에게 성서의 본문을 신학적, 윤리적으로 해석하기 위해 '신학적으로 생각'하는 방법과 성서 본문을 역사적으로 해석하는 태도를 벗어나는 방법을 가르치는 데 훨씬 더 많은 시간과 노력을 기울여야 한다고 말했다.[1] 종교가 있든 없든 현대인은 사람에 따라 성서를 해석하는 방법이 다르다는 점을 인식할 수 있는 것이 중요하다. 따라서 비록 나는 대학교라는 세속적 맥락에서 성서를 공부하는 사람들을 가르칠 때는 주로 현대의 역사비평이라는 관점에서 가르치지만, 이 방법은 성서 본문을 읽는 여러 가치 있는 방법 중 하나에 지나지 않는다는 점을 강조해두고 싶다.

많은 사람들은 현대의 역사비평적 관점을 '자연스럽다'고 여길 것이다. 즉 거의 자동적으로 본문의 '의미'는 원래의 역사적 인간, 저자가 말하고자 '의도한' 것이어야 한다고 생각한다는 말이다. 예컨대 바울로의 편지 중 "통치자들과 권력자들"*이라는 부분의 뜻이 무엇일까를

* 공동번역 성서에는 "권세와 세력의 천신들"이라고 나와 있다.

두고 부심할 때 사람들은 자연스럽게 이렇게 물을 것이다. "이 말에서 바울로가 말하고자 한 뜻은 무엇일까?" 이것은 역사비평적 질문이다. 나는 이 책 전체에 걸쳐 이 방법을 사용하지만, 역사비평적 방법이 작용하는 방식을 설명하고 또 이 방법에서 종종 묵시적으로 전제하는 몇 가지 점을 명확하게 짚어두는 것이 중요하다고 생각한다. 성서 해석에 관한 교재 중에는 현대의 해석에서 사용되는 무언의 '규칙'을 설명하지 않는 것이 많다. 그러나 이런 전제는 신학적 맥락에서든 세속적 맥락에서든 성서 해석을 다루는 현대의 학문 속에 대체로 자리잡고 있다. 성서를 오늘날 역사적으로 해석할 때 적용되는 '규칙'은 다음과 같다.

1. 역사비평에 따르면 본문의 의미는 고대의 인간 저자가 의도한 뜻이다. 예레미야서 3:6은 이렇다. "요시야 왕 시절에 야훼께서 나에게 이렇게 이르셨다." 만일 내가 창의적으로 해석하고 싶다면 여기서 '나'는 바로 '나' 즉 데일 B. 마틴을 가리킨다고 말할 수도 있을 것이다. 이것은 이 본문을 해석하는 '허구적' 내지 '시적' 방법이 되겠지만, 역사비평에서는 정당하다고 인정받지 못할 것이다. 역사비평에서는 보통 저자가 자기 시대의 다른 사람을 가리킨다는 다른 암시가 없을 경우 '나'를 예언자 예레미야 자신을 가리킨다고 받아들일 것이다. 그리고 '요시야 왕'은 역사적으로 예언자 예레미야가 이 글을 썼다고 판단되는 시기에 유다의 왕이었던 사람을 가리킨다고 받아들일 것이다. 우리는 이것이 역사적 저자가 의미한 것이라고 간주할 것이다.

2. 학자들은 어떤 저자, 특히 수천 년 전에 살았고 우리에게 알려진 것이 거의 없는 저자의 의도를 판단하기가 얼마나 어려운지를 점점 더

깊이 인식해왔다. 우리는 고대의 언어와 풍습에 관해 훨씬 더 많이 알고 있다. 그래서 학자 중에는 단일 저자의 의도 차원을 넘어서서, 해당 문서가 쓰인 그 무렵 그 고대어를 잘 구사하는 사람들이 그 본문을 이해한 범위를 찾아내는 것을 해석의 목표로 삼는 사람이 많이 있다. 고린토에서 살고 있는 어떤 사람이—또는 다른 사람들이—자기 교회에서 낭독되는 바울로의 글을 듣고 어떻게 이해했을까? 이것은 바울로가 쓴 글의 '의미'가 한 가지가 아니라 있을 수 있는 의미의 범위라는 뜻으로서, 바울로의 사회에서 살던 사람들이 그를 어떻게 이해할지를 판단하기 위해 역사적 연구를 통해 찾아내는 것이다. 이 '상상'은—이것은 역사 연구를 바탕으로 적용하는 현대인의 상상인데—해석의 목표가 되는 '저자의 의도'에 관한 규칙을 확장한 것이다. 그럼에도 이것은 바울로에 관한 환상소설에서 기대할 수 있는 것과 같은 완전히 자유분방하고 창의적인 상상이 아니라 역사적 시도에 해당한다.

3. '현대적'이라는 것에는 우리 시대와는 동떨어진 역사적 시대를 살았던 사람들은 그만큼 우리 시대의 '세계'와는 크게 다른 세계에서 살았다는 전제도 포함된다. '고대 세계'는 '우리 세계'와는 달랐다. 예컨대 고대 지중해 문화 속 사람들은 우주는 건물처럼 위계를 가진 여러 층으로 이루어졌다고 생각하는 경향이 있었다. 우리는 우주를 무한한 공간 같은 것 속의 수많은 권역으로 이루어져 있다고 생각하는 경향이 있다.[2] 고대인은 지구가 평평하며 그 아래에는 물이 있고 그 위에는 고정된 천장(창세기의 '창공')이 있다고 생각하는 경향이 있었다. 창공 위에는 다시 물이 있거나 세계의 다른 층이 있었다.

성서 해석을 위한 역사비평을 배우는 학생들은 따라서 그리스, 로마, 유다교의 '세계'에 관한 내용을 배우는 때가 많다. 이들은 고대 근동에 관한 내용을 배우기도 하는데, 히브리어 성서에서 바알이라든가 그 밖의 여러 신에 관해 읽을 때 고대인이 그런 존재를 어떻게 생각했을지에 관한 약간의 관념을 가질 수 있게 하기 위해서이다. 이런 여러 전제의 당연한 귀결 하나는 히브리어 성서는 될 수 있으면 히브리어로 읽고 신약은 그리스어로 읽어야 한다는 것이다. 과거에는 목회자가 되기 위해 훈련을 받는 학생들에게 신학 교육과정에서 어릴 때부터 배운 라틴어와 함께 그리스어와 히브리어를 가르쳤다. 오늘날에는 대부분 교파에서 목회자는 그리스어와 히브리어를 배워야 한다는 조건을 포기했지만, 그럼에도 불구하고 거의 모든 신학교에서는 두 과목을 모두 가르친다. 이것은 이런 본문을 낳은 세계가 우리가 살고 있는 세계와는 크게 달랐다는 오늘날의 전제를 반영하며, 이런 본문에 관해 가르치는 우리의 지도자들은 저런 고대 세계의 언어와 문화에 관한 교육을 받아야 한다.

현대 세계의 '역사의식', 즉 우리가 선조들과는 '다른 세계'에서 살고 있다는 깨달음에는 풍습과 가치에서도 그들과 우리 세계 사이에 '거리'가 있다는 전제도 포함된다. 예를 들면 해석에서 보수적인 사람조차도 바울로가 고린토1서 11장에서 여자들에게 가르침을 주었는데도 불구하고, 우리의 문화가 그의 문화와 다르기 때문에 자기 교회의 여자들이 교회에서 면사포를 쓸 필요가 없다고 주장하는 때가 많다. 그들은 바울로와 그의 청중은 머리를 가리지 않은 여자는 '수치'스러우며, 면사포를 쓰지 않은 채 사람들 앞에 모습을 드러내면 '헤픈 여자'라거나 '손댈 수 있는' 상대로 보일 것으로 생각했다고 말할 것이다. 그러나 우리 사회에서는 이런 전제나 가치가 존재하지 않기 때문에 교회에서 여자들이 면사포를 쓸 필요는 없다는 논리이다. 문화가 다르면 가치와 풍습도 다를 수밖에 없다. 그들과 우리의 세계 사이에는 세계관과 가치에서도 '거리'가 있다는 인식은 현대적 역사의식에 속한다.

4. 역사비평에서는 본문을 해석할 때 주로 본문이 정전 전체 안에서 띠는 의미를 가지고 해석해서는 안 된다고 가르친다. 요한복음에서 찾을 수 있는 교리나 주제를 가지고 바울로를 해석하거나 요한을 바울로로 해석해서는 안 된다는 것을 늘 학생들에게 일깨워준다. 마태오는 모세의 율법을 나름의 특유한 방식으로 이해하고 있을 것이므로, 마태오복음을 해석할 때 마르코복음에서 읽은 율법에 관한 내용을 가져와서는 안 된다고 가르친다. 교회가 역사를 통틀어 해온 성서 해석과는 달리 역사비평에서는 정전을 각기 구분하여 개개 문서를 그 자체로 연구하고 또 그 자체의 내용을 가지고 연구해야 한다는 점을 강조한다. 앞 장에서 보여준 것처럼 로마서를 연구할 때조차도 비교 목적으로 갈라디아서 같은 바울로의 다른 편지를 참조할 수는 있지만, 율법에 관해 바울로가 로마서에서 쓴 내용이 갈라디아서에서 쓴 내용과 같은 뜻일 것으로 간주해서는 안 된다. 역사비평에서는 학생들에게 성서의 여러 문서를 조화시켜 모두가 같은 목소리로 말하게 만드는 일을 피하라고 가르친다. 그리스도교 정전이 본문의 역사적 해석에 영향을 주어서는 안 된다는 점을 강조한다.

5. 역사비평에서는 성서를 정전으로 연구하지 않지만, 그럼에도 불구하고 성서의 여러 문서와 그 저자들을 서로 비교한다. 실제로 우리는 '원천자료 분석'을 통해 저자들이 어떤 종류의 원천자료를 어떻게 사용했는지를 추정한다. 예컨대 나는 마태오와 루가는 모두 마르코를 원천자료의 하나로 사용했다고 말했는데, 어떤 방법을 썼는지를—그들이 각자 나름의 목적에 맞게 마르코를 '편집'한 방법을—분석하면 마르코가 자신의 복음서를 가지고 '하고 있던' 것과는 달리 마태오와 루가 각자의 목표가 무엇인지, 각기 자신의 복음서를 가지고 '하고' 싶어한 것이 무엇인지를 알아낼 수 있다. 이 책 24장에서는 베드로2서가 유다서를 원천자료로 활용했음을 보여줄 것이다. 데살로니카2서의 저자는 데살로니카1서를 원천자료로 활용했다.

학생들은 늘 성서의 첫 다섯 권, 즉 창세기, 출애굽기, 레위기, 민수기, 신명기는 전승에서 알려주는 것과는 달리 모세가 쓰지 않았다는 것을 배운다. 여러 저자 또는 심지어 여러 저자 집단이 쓴 것이다. 유다교에서 토라라 부르고 때로는 모세오경이라고도 부르는 이 다섯 권에는 J, E, P, D라는 네 가지 '원천자료'가 있는 것으로 분석됐다. 예컨대 창세기에는 하느님을 가리켜 '야훼Yahweh'라는 이름을 쓰는 부분이 있는데, 이 이름을 독일어로 표기할 때 쓰는 머리글자가 J이다. 이 이론을 내놓은 사람들이 주로 독일 학자들이기 때문에 지금도 우리는 이 원천자료를 J 자료라 부른다. 창세기에는 또 하느님을 가리켜 '엘로힘Elohim'이라는 이름을 쓰는 부분도 있는데, 이에 따라 학자들은 또다른 원천자료가 있었다는 가설을 세우고 그것을 E 자료라 부른다. P는 '사제priestly'의 머리글자인데, 학자들이 사제들이 이런 문서의 한 판본을 썼을 것이라는 의견을 내놓았기 때문이다. 끝으로 D라는 이름이 붙은 저자는 이 다섯 권의 책에 순서를 잡아줬으며, 이 저자가(또는 저자들이) 주로 신명기Deuteronomy를 썼다. 오늘날 히브리어 성서 또는 구약 과정을 수강하는 학생들에게는 거의 언제나 어떤 형태로든 이 이론을 가르친다. 심지어 이 이론이 틀렸다고 결론을 내리는 측조차도 학생들에게 가르친다. 이것이 현대의 '원천자료 비평'이며, 현대의 모든 역사비평에서는 어떤 형태로든 이것을 적용한다.

6. 앞서 모세오경에 저렇듯 여러 저자가 있다고 말했는데, 현대의 비평에서 공통적으로 적용하는 한 가지 방식은—현대 이전에 사용된 대부분의 비평과 명확하게 구별되게 만드는 방식으로서—저자의 신빙성에 의문을 제기하는 것이다. 앞에서 지적했듯 네 권의 정전 복음서는 실제로 마태오, 마르코, 루가, 요한이 쓴 것이 아니라 익명으로 발표됐다. 다른 문서의 경우 차명으로 발표됐다. 예컨대 바울로가 썼다고 되어 있지만 우리는 실제로 그렇다고 믿지 않는다. 디모테오1서와 2서, 디도서를 실제로 바울로가 썼다고 가르치는 보수적인 신학교에서도 그 본문의 신빙성을 옹호하는 때가 많은데, 그들이 바로 현대라는 상황에서 활동하고 있기 때문이다. 현대 이전 상황에서는 성서에 포함된 문서의 신빙성은 당연하게 받아들여졌으며 옹호할 필요가 없었다. 성서 문서의 저자에 의문을 제기하는 것은 현대의 비평에서 생겨났다.

7. 더 넓게는 현대 역사학에서도 적용되지만, 역사비평에서 '시대착

오'를 저지르는 것은 크나큰 죄다. 어떤 관념이나 관습을 그것이 존재하지 않던 시대의 본문이나 맥락 속으로 거슬러 투사해서는 안 된다는 말이다. 예컨대 대부분의 역사비평학자들은 신약의 저자들이 아버지, 아들 예수, 그리고 성령(마지막 용어가 정확히 무엇을 의미하는지, '사물'인지 '인격체'인지 분명한 경우가 거의 없지만)을 언급하기는 하지만, 나중에 특히 4세기의 교회 공의회에서 생겨난 삼위일체라는 완전한 교리를 신약이 가르치고 있다고 해석한다면 시대착오에 해당한다는 데 동의할 것이다. 창세기가 삼위일체를 언급하고 있다고 해석한다면 더욱 부당할 것이다. 현대 이전 사람의 해석에서라면 창세기 1:2에서 "깊은 허공 위에서 휘도는" "영"(또는 비교적 최근의 번역에서는 "바람")*이 성령이라고 아무 문제 없이 말할 것이다. 그러나 현대의 비평가라면 그런 해석은 시대착오이며, 저자로서는 알 길이 없었던 나중의 그리스도 교리를 본문에 거슬러 투사하는 행위라며 이의를 제기할 것이다.

8. 방금 지적한 내용은 역사비평의 커다란 금기를 나타내는 용어로 이어진다. 바로 '해석해 넣기'이다. 20세기에 신학교에서 훈련받은 거의 모든 학생은 해석할 때 '해석해 내기exegesis'를 하되 '해석해 넣기eisegesis'를 해서는 안 된다고 배웠다. 이 그리스어 낱말에서 암시하듯, 학생들은 해석이란 '실제로 본문에 있는' 것을 본문'으로부터ek' 해석해내는 것이라고 배울 것이다. 해석해 넣는다는 것은 '실제로 본문에 있지 않은' 의미를 그 본문 안으로 '해석해 들이는eis' 것이다. 전자는

* 공동번역 성서의 창세기 1:2은 다음과 같다. "어둠이 깊은 물 위에 뒤덮여 있었고 그 물 위에 하느님의 기운이 휘돌고 있었다."

단순하게 본문에 객관적으로 '귀를 기울이는' 방법인 반면 후자는 본문과 관계가 없는 의미를 부적절하고 편향적으로 '읽어 넣는' 방법이라는 이런 관념은 인간이 본문을 해석할 때 실제로 일어나는 일을 지나치게 단순화하여 설명할 뿐 아니라 대체로 잘못 설명하는 것이다. 그러나 현대의 성서 교육에서 이런 복잡한 이론적 소양은 생략되는 때가 많다. '해석해 내기'와 '해석해 넣기'의 차이는 현대 신학 교육에서 빠지지 않는 주된 주제이며, 현대의 역사비평을 하나의 방법으로서 특징짓는 또다른 요인이다.

학생들이 현대 비평의 이런 규칙을 이렇게 명확하게 배우는 일은 매우 드물지만, 이런 규칙은 이 책 전체에 걸쳐 내가 한 말에서도 알 수 있듯이 현대 세계에서 발달하고 행해지는 역사비평에서 핵심적인 몇 가지 전제이다. 이것은 성서를 해석하는 한 방법이며, 유일한 방법도 아니고 모든 목적에 맞는 가장 좋은 방법도 아니라는 점을 깨닫는 것은 중요하다. 역사비평의 발달에도 그 나름의 역사가 있다.

역사비평의 역사

그리스도교 역사의 많은 부분에서 일반 교인은 성서에 관한 지식을 대부분 성직자에게 의존했다. 현대 이전의 그리스도교 학자들은 사람들이 경전으로부터 자신이 원하는 그 어떤 '의미'든 읽어낼 수 있음을 깨달았고, 그래서 주교나 사제들은 언제나 경전 해석은 교회의 성직 체제에 속하는 사람이 인도하고 인정하는 상태에서 이루어져야 한다고 주장했다. 교리와 경전의 의미를 결정하는 궁극의 조정자는 바티칸이며, 교도권magisterium이라는 직무를 통해 또 최종적으로 교황 자신을 통해 이루어졌다. 해석이 여러 가지 있을 때 결단을 내리지 않으면 정통성에 위협이 된다고 믿었기 때문에, 교회라는 기관 자체가 해석의 통제수단으로 내세워졌다. 교회가 그 성직자 지도자들을 내세워 말하는 의미가 본문의 의미였다.

종교개혁 이전부터 이런 식의 하향통제로부터 벗어나려는 움직임이 있었다. 르네상스라는 인문주의운동에서 그리스도교의 기원이 된 '원천으로 돌아가자'는 취지의 새로운 해석 방식을 주장하기 시작했다. 학자들은 그리스어와 히브리어를 배우기 시작했고, 경전을 연구할 때 더이상 라틴어로 된 불가타 성서에만 의존하지 않았다. 종교개혁으로 이 운동에 속도가 붙었지만, 로마 천주교회 학자들 중에서도 개신교인이 되지는 않았지만 더 현대적인 새로운 성서 해석 방식을 지지하는 사람들이 있었다. 그중 가장 유명한 사람은 아마도 에라스뮈스일 것이다.

그렇지만 종교개혁 때 교회라는 기관에 의존하는 본문 의미 해석으로부터 벗어나 개인의 해석으로 옮겨가려는 움직임이 뿌리를 내렸다. 마르틴 루터, 장 칼뱅, 필리프 멜란히톤 같은 종교개혁자들은 모두 성서학자로서 고대 언어 교육을 잘 받은 사람들이다. 이들은 전통과 교회라는 제약으로부터 벗어나 자유로운 해석으로 나아가는 움직임에 앞장섰다. 종교개혁에서는 교황이나 주교의 권위를 거부하고, 교리나 도덕 같은 문제의 권위를 오로지 경전에서만 찾는다는 솔라 스크립투라sola scriptura 원칙에 호소했다.[3]

물론 이것은 필연적으로 경전 자체는 그것의 해석을 실질적으로 통제할 수 없다는 깨달음으로 이어졌다. 경전 해석에 쓰이는 알려진 방법에는 여러 가지가 있었다. 중세의 해석학자들은 '문자 그대로의' 의미가 있지만 또 '영적' 의미도 있다고 배웠다. 그 밖에도 우화적 방법이라든가 비유적 방법 등도 구분하여 배웠다. 종교개혁자들은 본문의 의미를 해석할 때 '문자 그대로의 의미(센수스 리테랄리스sensus literalis)'가 유일한 해석은 아니더라도 주된 해석이 되어야 한다고 주장함으로써 다양한 해석에 어느 정도 안정과 질서를 가져오려고 했다.

사실 이런 저자들이 말한 '문자 그대로의 의미'가 무슨 뜻인지 늘 분명하지는 않다. 이들은 문자 그대로의 의미에도 '예언자적' 의미가 포함되어 있을 수 있다고 믿었던 것으로 보인다. 그러므로 "주께서 내 주께 '내 오른편에 앉아라' 하고 말씀하신다"(시편 110:1)*라는 시편 구절은 다윗 혈통의 이스라엘 왕을 가리키는 것이 확실하지만, 그리스도에 관한 예언으로 받아들이는 것 또한 정당하다. 따라서 히브리서의 저자는 그럼에도 불구하고 여전히 이 구절의 '문자 그대로의' 의미를 부각시키고 있는 것이다(히브리서 1:13 참조). 현대의 학자들 중에는 아마도 이것이 시편 110:1의 '문자 그대로의' 의미라고 생각할 사람이 많지 않겠지만, 종교개혁자 같은 사람들은 그 범주에 들어간다고 생각한 것으로 보인다. 종교개혁자들이 말한 '문자 그대로의 의미'는 우리가 현대의 역사비평을 통해 찾아냈다고 받아들일 만한 의미와 정확하게

* 공동번역 성서에는 다음과 같이 나와 있다. "야훼께서 내 주께 선언하셨다. '내 오른편에 앉아 있어라.'"

일치하지는 않았다.

개신교회가 여러 교파로 갈라지고 같은 본문을 가지고 저마다 '문자 그대로' 해석하여 자기 교파의 교리와 관습의 근거를 마련할 필요가 생겨나면서, 19세기에 주로 독일 학계에서 발달하고 있던 역사학이라는 학문을 해석의 길잡이로 삼자고 주장하는 그리스도교 학자들이 점점 많아졌다. 따지고 보면 학자들은 새로 발달하고 있던 역사학과 문헌학이라는 분야를 오래전부터 적용하면서, 그리스어와 라틴어 고전에 나오는 이야기들의 이면에서 '실제로 일어난 일'을 재구성하는 작업을 하고 있었다. 현대 역사학에서 쓰는 방법은 갈수록 비평적으로 바뀌고 있었는데, 이런 방법을 사용하여 근동의 여러 문화에서 전해지는 다양한 신화들이 분석되고 있었다. 논란이 없지는 않았지만, 결국에는 현대 역사학의 비판적 시각을 성서에도 적용하는 것이 당연해 보였다.

이런 변화가 독일로부터 미국의 신학교로 파급되기까지는 어느 정도 시간이 걸렸지만, 20세기 중반에 이르자 미국에 있는 모든 신학교에서 성서 연구를 위한 주된 방법으로서 어떤 형태로든 현대의 역사비평을 가르쳤다.[4] 원래 개신교회에서 생겨난 운동이 성서 연구를 가르치기 위한 '현대적' 방법으로 이어진 것이다.

우리는 역사비평이 성서를 읽는 '자연스러운' 방법이 아니라는 점을 기억해야 한다. 이것이 유일한 방법은 아니다. 성서를 그리스도교 경전으로 활용하려는 사람에게는 최선의 방법조차 아니다. 경전으로 활용하려면 '신학적' 해석이 필요할 것이다. 이 장의 나머지 부분에서는 현대 이전의 그리스도교 해석자들이 얼마나 다른 방법을 사용했는지를 설명하기 위해 오리게네스, 아우구스티누스, 클레르보의 베르나르 등 세 가지 예를 살펴보기로 한다.

오리게네스

오리게네스는 후일 충분히 '정통적'이지 않다고 평가한 그리스도교 집단이 많았기 때문에 흠이 생기기는 했지만 고대 그리스도교에서 가장 뛰어난 학자의 한 사람으로 꼽힌다. 그는 또 성서의 우화적 해석으로도 유명했다. 즉 성서의 본문에는 대개 두 가지 이상의 의미가 있다고 가르쳤다는 말이다. 하나는 '문자 그대로의' 의미(여기서 종종 사용되는 그리스어 낱말은 히스토리아historia이지만, 우리가 말하는 '역사적'이라는 뜻은 아니다)이고, 또하나는 '영적' 의미로서 '더 높은' 의미 내지 우화라고 할 수 있었다. 실제로 오리게네스는 하느님이나 성령은 이따금 성서에다 역사적 실수라든가 자연이나 논리에 반하기 때문에 사실일 수가 없는 내용 등과 같은 명확한 '오류'를 심어두었으며, 하느님이 그렇게 한 것은 독자를 본문의 '더 높은', 더 '그리스도교적인' 의미로 이끌어가기 위해서라고 가르쳤다. 오리게네스는 역사를 알았지만—그의 시대에 그가 살던 곳의 학자가 '역사'를 알 수 있는 범위 내에서—성서의 본문에서 문자 그대로의 의미를 부정하지 않으면서 다른 의미를 찾아내려고 했다.

그렇지만 오리게네스의 해석을 보여주는 한 가지 흥미로운 예를 살펴보면, 그가 생각하는 본문의 문자 그대로의 의미는 현대의 학자들이 역사비평을 통해 읽어내는 문자 그대로의 의미라고 받아들일 내용과는 사실 다르다는 것을 알게 된다. 오리게네스는 사무엘상(그리스어 성서에는 '열국기1'이라고 되어 있다) 28장의 한 부분을 해석하는데, 사울왕이 중요한 전투를 앞두고 무당을 찾아가 죽은 예언자 사무엘에게 전투 동안 무슨 일이 벌어질지 묻는 대목이다. '사울과 엔도르의 무당'이라 불리는 이야기다. 그렇지만 '무당'이라는 용어는 이 여자를 가리키는 그리스어 용어를 직역하여 '신화 복화술사'라고 해석하는 것이 더 나을 것이다.[5] 이 그리스어 낱말에는 이런 영매들은 자신의 뱃속 깊은 곳에서 울리는 목소리를 통해 '전설'(여기서 말하는 '신화'의 의미)을 들려줄 수 있다고 믿게끔 만들었다는 암시가 들어 있다. 이들은 자신의 뱃속에서 다른 세계의 유령이나 초자연적인 목소리가 말을 하여 감춰져 있거나 영적인 메시지를 전해주는 것처럼 보이게 하는 복화술사 같은 사람들이었을 것이다. 적어도 이것은 원래 히브리어 성서를 그리스어로 번역한 내용을 가장 잘 풀이한 것으로 보인다.

사울 왕은 일찍이 자기 왕국에서 그런 종류의 마술이나 요술을 법으로 금했기 때문에 변장한 채 이 사람을 찾아가야 했다. 전투 전날 밤의 초조함 때문에 그는 자신이 법으로 금한 바로 그런 사람을 찾아가, 죽은 자들의 영역인 지옥으로부터 사무엘을 불러내도록 청한다. 고대인들은 죽은 사람은 우리가 경험하는 것과 같은 제약을 받지 않는 영역에서 살고 있기 때문에 미래를 내다볼 수 있다고 생각하는 때가 많았다. 이야기에 따르면 이 영매는 정말로 사무엘을 불러내고, 사무엘은 자신을 불러냈다며 사울을 나무라는 것으로 나타난다. 그러면서 하느님이 사울에게 등을 돌리고 그 대신 다윗을 왕으로 택했으며, 사울은 아들들과 함께 불레셋군과의 전투에서 죽을 것이라고 말한다.

이 이야기는 경건한 그리스도교인 해석자들에게 문제가 됐던 것으로 보인다. 이들은 먼저 이 영매에게 점을 칠 능력이 정말로 있었다면 그녀 자신이 마귀이거나 마귀를 이용하고 있기 때문이며, 그래서 그런 대단찮은 마귀가 사무엘 같은 대예언자를 불러낼 힘이 있었던 까닭이 무엇일까 생각했다. 또다른 해석자들은 이 영매가 실제로는 사무엘을 본 것이 아니라 그저 거짓말을 한 것이라고 했다. 또다른 사람들은 하느님의 대예언자라면 애초에 지옥에 있지 않을 것이라며 반론했다. 이 해석자들은 이야기 전체가 마귀에 들린 여자가 지어낸 것에 지나지 않는다고 했다. 즉 이 이야기는 얼핏 '말하고 있는' 것으로 보이는 그대로의 '뜻을 지니지' 않는다는 말이다.

오리게네스는 우화적 해석으로 크나큰 명성을 누리고 있음에도 불구하고 이 이야기는 문자 그대로의 의미로 읽어야 한다고 주장한다. 본문에는 이 영매가 사무엘을 봤다고 '생각한다'거나 사무엘을 본 것처럼 '가장한다'는 말이 없다. 본문에는 사무엘을 봤다고 되어 있다. 영매가 본 사람이 사무엘이 아니라 사무엘인 체하는 마귀라는 반론에 대해 오리게네스는 본문에는 그런 말도 없다고 지적한다. 본문에는 영매가 사무엘을 봤다고 되어 있다. 그다음 오리게네스는 사무엘이 본문에서 말하는 예언, 즉 사울과 아들들은 불레셋 사람들에게 죽을 것이고 왕국은 다윗에게 넘어갈 것이라는 예언이 실제로 이루어졌다는 점을 지적한다. 오리게네스는 마귀는 거짓 예언을 할 수 있겠지만 믿을 만한 진정한 예언을 할 능력은 없다고 말한다. 그러므로 이것은 사무엘이 지옥에서 올라와 사울의 파멸을 예언한 것이다.

사무엘같이 거룩한 사람은 지옥에 있지 않을 것이라는 반론에 대해 오리게네스는 그리스도조차도 그리스도가 오기 전에 죽은 의로운 사람들에게 복음을 전하기 위해 지옥으로 내려갔다고 지적한다(베드로1서 3:19 참조). 오리게네스는 다른 예언자들도 하느님의 뜻을 전하기 위해 지옥에 갔으며, 게다가 천사들이 동행하기까지 했다고 말한다. 여기서 오리게네스는 시간에 관해 그리스도교인들이 지니고 있던 통념을 반영하는데, 그리스도가 오기 전에는 산 사람이든 죽은 사람이든 어떤 인간도 '낙원'에 들어갈 수 없었다. 따라서 의로운 사람도 죽으면 지옥에서 지내면서 그리스도가 오기를 기다려야 했다. 그러나 '지옥의 정복' 즉 그리스도가 지옥으로 들어가면서 지옥의 권세가 깨어지고 의로운 사람들이 풀려났다.

여기서 오리게네스는 본문을 반론자들보다 더 문자 그대로 해석한다. 그는 이 본문의 의미는 정확하게 있는 그대로의 의미가 분명하다고 주장한다. 즉 영매가 사무엘을 지옥에서 불러냈고, 사무엘은 지옥에서 올라와 사울에게 운명의 말을 전했다. 그러나 본문의 문자 그대로의 의미라는 것은 실제로 있었던 일에 관한 실제적, 역사적 이야기를 서술한다는 뜻은 아니다. 오리게네스는 또 이 본문의 또다른 문자 그대로의 의미는 "모든 곳에서 예수 그리스도를 필요로 한다"는 사실을 가르쳐주는 것이라고 말한다.(「열왕기상 28장에 관한 설교」 7.4) 그는 예수에 관한 그리스도교의 신학적 가르침 또한 이 본문의 문자 그대로의 의미에 포함된다고 받아들인다.

오리게네스는 이 본문의 또다른 의미를 탐구하면서 설교를 끝내는데, 이제 이것이 이 구절의 '숭고한 의미', 즉 문자 그대로의 의미보다 '더 나아간' 의미로 보인다(「열왕기상 28장에 관한 설교」 2.1~2 참조). 그는 이 본문이 그리스도교인들에게 "더욱 많은 것을" 준다고 말한다. 그리스도가 "지옥의 정복"을 완수함으로써 고결한 그리스도교인은 아무런 해도 입지 않고 "타오르는 검을 통과하여" 곧장 낙원으로 나아갈 수 있게 됐다는 것을 그리스도교인들에게 가르치고 있다는 것이다. 교인들은 대예언자들이나 이스라엘 민족의 조상들조차 받을 수 없었던 축복을 받는다. 즉 "죽은 자들의 장소"에서 머무르는 일 없이 곧장 낙원으로 들어가는 것이다.

오리게네스가 이 본문의 '서사적' 내지 '문자 그대로의' 의미에 도달했다고 주장하고 있다는 점에 주목하기 바란다. 실제로 우리의 관점에서 보면 그에게는 문자 그대로의 의미가 하나만 있는 게 아니다. 첫째는 단순한 '역사적' 설명인데, 한 영매가 사울의 요구에 따라 사무엘을 지옥에서 불러냈고, 사무엘은 사울의 파멸을 예언했다. 그러나 오리게네스가 본 또다른 문자 그대로의 의미는 '모든 곳에서 예수 그리스도를 필요로 한다'는 가르침이다. 만유에 그리스도가 가져다주는 구원이 닿지 않는 곳은 없다. 그리고 오리게네스가 밝히는 '숭고한' 의미는 옛 시대의 의로운 예언자들조차 그러지 못했는데도 불구하고 그리스도교인은 곧장 낙원으로 나아가게 된다는 것이다. 이 '숭고한' 의미는 현대의 역사비평자라면 누구도 이 본문의 의미라고 받아들이지 않을 것이다. 우화적 해석을 통해 끌어낼 수 있는 의미로도 보이지 않는다. 오리게네스의 해석은 현대 이전의 해석자가 하나의 본문에서 문자 그대로의 의미 차원에서까지 역사비평에서는 허용되지 않는 방식으로 여러 의미를 끌어낼 수 있다는 것을 보여주는 좋은 예이다.

아우구스티누스

아우구스티누스는 명확하게 설교집도 아니고 성서 해석집도 아닌 『고백록』에서조차 현대 이전의 해석을 알 수 있는 훌륭한 예를 보여준다. 나는 이 작품을 이용하여 현대적 방법과는 다르게 아우구스티누스가 사용한 단 두 가지 해석 방식을 설명하고자 한다.

첫째, 아우구스티누스의 『고백록』은 '경전을 통한 기도'를 실천하는 훌륭한 예이다. 예를 들면 아우구스티누스는 시편이 여러 목소리로 말하는 것으로 받아들인다. 어떤 때는 하느님이 다윗이나 고대의 다른 인물에게 들려주는 말씀이다. 그렇지만 또 어떤 때는 하느님이 아우구스티누스에게 직접 개인적으로 들려주는 말씀이다. 때로는 아우구스티누스가 하느님에게 들려주는 말씀이다. 한 가지 예에서 아우구스티누스는 다음 인용문을 피정을 위해 모인 자신과 친구들에게 성령이 하느님과 예수에 관해 들려주는 말로 받아들인다. "마음 무거운 너희 인간들은 언제까지 그러고 있을 것인가? 헛것을 사랑하고 거짓을 쫓아다니려는가? 분명히 알아두어라. 주께서는 당신의 거룩한 분을 영광스럽게 하셨다"(『고백록』 9.4.9, 시편 4:2~3*을 인용한 부분).[6] 경전은 여러 목소리로 말하며, 그리스도교인 독자는 여러 방향에서 여러 의미로 다가오는 내용을 열린 자세로 대해야 한다.

'경전을 통해 기도하기'는 경전이 여러 목소리를 지닐 수 있기 때문에 가능하다. 이것은 현대 이전 그리스도교 전반에 걸쳐 흔히 있었던 관습이며, 지난 수십 년 동안 수많은 교회나 학교, 그리스도교인들이 이 관습을 되살렸다. 이것은 렉티오 디비나lectio divina 즉 '거룩한 독서법'이라 불리는데, 경전의 말씀을 하느님과 자신의 대화거리로 받아들이는 방법이다. 예컨대 아우구스티누스는 시편 4:4을 하느님이 직접 자기에게 말하는 것으로 받아들인다. "그런 다음 '너의 노여움이 너를 죄로부터 가로막게 하여라'** 하는 구절을 읽었는데, 아 하느님, 이 말씀이 나에게 얼마나 감동을 주었는지! 일찍이 나는 과거에 지은 죄 때문에 나 자신에게 노여움을 느끼고 그래서 다시 죄를 짓지 않도록 억누르는 법을 배웠다"(『고백록』 9.4.10). 이 독서법에서 그리스도교인은 경전의 본문 한 부분을 하느님에게 말하는 자신의 목소리로 삼고 다른 부분을 하느님의 대답으로 읽는다.

아우구스티누스의 『고백록』에서 내가 조명하고자 하는 또다른 독서법은 경전에는 동시에 여러 의미가 있다는 주장이다. 그는 창세기에 나오는 "엿새 동안의 창조"가 이 원칙을 가르치는 것으로 받아들인다. 하느님이 "수를 늘리고 번식하여라"(창세기 1:22, 1:28)***라고 명령할 때

---

* 공동번역 성서에는 다음과 같이 나와 있다. "너희, 사람들아! 언제까지 나의 영광을 짓밟으려는가? 언제까지 헛일을 좇고 언제까지 거짓 찾아 헤매려는가? (셀라) 알아두어라, 야훼께서는 경건한 자를 각별히 사랑하시니, 내가 부르짖으면 언제나 들어주신다."

** 공동번역 성서에는 이 부분이 다음과 같다. "무서워하여라, 다시는 죄짓지 마라."

*** 공동번역 성서에는 이 부분이 다음과 같이 나와 있다. "자식을 낳고 번성하여라."

이것은 곧 우리가 경전에서 얻는 여러 "의미"를 "늘리라"는 뜻이다(『고백록』 13.24.36). 바다 생물과 인간의 '다산多産'은 우리에게 경전에 있는 의미의 다산을 존중하라는 가르침을 준다.

아우구스티누스는 이 다산을 여러 가지로 해석하며 설명한다. 예를 들어 우리라면 '하늘'이라고 부를 창세기의 '창공'을 그는 경전의 본성 이해와 그 해석에도 의미가 있는 것으로 해석한다. 앞서 신약의 다른 구절을 살펴보면서 알아본 것처럼, 고대에서는 오늘날 우리가 하늘이라고 생각하는 것을 질료로 이루어진 반구로 생각했으며, 우리 위로 높다랗게 천막처럼 펼쳐져 있고 그 가장자리는 땅에 매여 있다고 여겼다. 옛 번역본에서 이것을 '창공firmament'이라 부른 것은 바로 이 때문이다. '단단한firm' 것이라는 말이다.* 하늘이 파란 것은 창공 너머에 물이 있고 그것을 창공이 받치고 있기 때문이라고 믿었다. 나아가 아우구스티누스는 창공을 두루마리의 가죽 내지 양피지에 비유한다. 창공은 우리 위로 펼쳐져 있다. 아우구스티누스는 천상에 창공을 만든 이야기는 태초에 실제로 하늘이 창조된 과정을 묘사한다고 믿는다. 그러나 이 이야기는 또 하느님이 경전을 만들어 인간에게 선물했다는 것도 가르쳐준다.

아우구스티누스는 저 양피지에는 글이 한쪽 면에만, 그 아래에 있는 우리 인간이 볼 수 있는 면에만 적혀 있다고 지적한다. 창공 즉 양피지 너머에서 살고 있는 천사들에게는 무엇을 믿을지 어떻게 살아야

---

* '창공蒼空'은 '푸르른 하늘'이라는 뜻이며 단단하다는 의미가 포함되어 있지 않으므로 정확하게 뜻이 대응되는 번역어는 아니다.

하는지를 알려주는 경전이 필요하지 않기 때문이다. 그들은 하느님과 함께 살고 있다(『고백록』 13.15.18). 그러나 우리 인간은 경전의 글귀를 읽을 수 있어야 한다. 우리가 하느님을 제대로 알려면 경전이 필요하다. '창공'의 창조는 또한 우리가 경전에 의존하고 있음을 가르쳐주는 것이다.

창세기에서 마른땅과 바다의 물을 분리하는 것을 묘사하는 부분은 한편으로는 실제 창조를 가리키기도 한다(창세기 1:9~10). 그러나 아우구스티누스는 더 나아가 인간성이 두 부분으로 갈라져 있음을 나타낸다고 해석한다. 바다는 우리 개개인이 지닌 인간성의 "쓰라린" 부분, "우리 영혼이 지니고 있는 제멋대로인 충동"을 나타내는 반면, 마른땅은 하느님을 "갈망하는 영혼"을 나타낸다. 인간의 착한 행실은 땅의 풍작으로 표현된다(『고백록』 13.17.20~21). 이 밖에도 수많은 예를 들 수 있는데, 아우구스티누스가 여러 쪽에 걸쳐 엿새 동안의 창조 이야기 하나하나가 하느님과 만유와 우리 자신에 관한 '더 높은 진리'를 나타내고 있다고 해석하기 때문이다. 그는 독자들에게 성서를 해석할 때 자기처럼 창의적이고 '다산'적인 방법을 모방하라고 역설한다. 경전의 의미를 구속할 수는 없다는 것이다.

클레르보의 베르나르

이 장에서 현대 이전의 해석을 보여주기 위해 소개하는 마지막 예는 클레르보의 베르나르이다. 그는 앞의 두 사람보다 훨씬 뒤인 1090년부터 1153년까지 살면서 가르친 사람이다. 이 시기에 이르렀을 때 성서에서 주석자들에게 가장 인기가 있는 책은 성서에서 가장 성애적인 책이기도 한 아가였다. 오늘날 우리 현대인은 대개 이 책을 남녀 사이의 사랑과 욕망을 직설적으로 노래하는 시로 읽지만, 그리스도교의 시작부터 중세에 이르는 내내 대부분 우화로 해석됐다. 유다인은 아가를 이스라엘과 하느님 사이의 사랑을 나타내는 우화로 읽었다. 오리게네스 같은 교부 주석자는 교회와 그리스도 사이의 사랑을 나타내는 우화로 읽었다. 두 경우 모두 남자는 하느님이나 그리스도를 나타내는 것으로 봤다. 그리고 두 경우 모두 대개는 이 시의 성적이고 성애적인 표현을 대수롭지 않은 것으로 처리하거나 우화적으로 '해석하고 넘어갔다.'

중세에는 아름다움은 욕망을 낳는데 이것이 더 높은 '선' 특히 하느님에 대한 사랑으로 이어진다는 일종의 플라톤적 의미를 되찾기 위해 이 시의 성애적 측면과 아름다움을 강조하는 측면을 이용하는 주석자들이 많아지면서 이 경향이 뒤집어졌다. 베르나르는 이 전통의 대표적인 인물이다. 그러나 그는 오늘날의 그리스도교인 대부분이 예상하지 못할 방법으로 이 시의 성애적 표현을 다룬다. 베르나르는 이 시에서 육체적 아름다움, 육체적 감정, 성애적 욕망의 힘을 오히려 과장한다.

우리는 아가의 이런 해석이 모두 남성만 있는 수도원에서 동료 수도사들에게 베르나르가 들려준 설교에서 나왔다는 점을 기억해야 한다. 남성만 있는 중세의 폐쇄적 수도원이라는 이런 사회적 배경을 염두에 두고 보면 베르나르가 아가를 활용한 방식은 놀랄 만하다.

한 가지 긴 인용문을 들여다보자. 베르나르는 벌써 몇 번의 설교를 했는데도 아가의 첫 문장인 "그이가 그 입술로 나에게 입맞추게 해주어요"*라는 구절 이상으로 진도를 그다지 내지 못했다. 여기서 그는 자기 신랑에 관해 말하는 어린 소녀의 목소리로 말한다(『설교집』 9.2.2).

나는 그이가 그 입술로 나에게 입맞출 때까지 견딜 수가 없어요. 발에다 입맞추어주어 고맙고, 손에다 입맞추어준 것도 고마워요. 그렇지만 그이가 진정으로 나를 생각해준다면 그 입술로 나에게 입맞추게 해주어요. 내가 고마움을 모르는 게 아니에요. 나는 그냥 사랑에 빠진걸요…… 나를 이끌고 있는 것은 욕망이지 이성이 아니에요. 내가 이 사랑의 충동에 넘어간다 해도 억측으로 나를 욕하지는 마세요. 부끄러움 때문에 마음이 걸리는 건 사실이지만, 사랑은 그 무엇보다도 강하죠…… 부탁해요. 간청해요. 탄원해요. 그이가 그 입술로 나에게 입맞추게 해주어요.[7]

여기까지 읽으면 우리는 당연히 어린 소녀가 말하고 있다고 상상하게 된다. 그러나 말하는 사람이 차츰 바뀌는 듯 보인다. 베르나르는 계속한다.

아시겠습니까? 그분의 은총으로 나는 이제까지 오랫동안 순결하고 착실한 생활을 조심조심 이어왔고, 영적 연구에 집중하고, 부도덕한 것을 멀리하고 자주 기도합니다. 유혹을 경계하고 쓰라린 영혼으로 내 모든 지난

* 공동번역 성서에는 이 부분이 다음과 같이 나와 있다. "그리워라, 뜨거운 임의 입술."

세월을 되짚습니다. 내가 판단하는 한 나는 형제들 사이에서 다툼 없이 살아왔습니다. 권위에 복종하고 윗사람이 시키는 대로 해왔습니다.

우리는 소녀의 말을 듣고 있다가 갑자기 수도사의 말을 듣고 있다는 사실을 깨닫는다. 이 수도사는 수도원의 엄혹한 규율을 기꺼이 따르지만 아직 그리스도의 존재를 직접 느끼는 완전한 축복을 경험하지 못했다고 불평한다. "나는 능력이 닿는 데까지 계명에 최대한 복종하고 있다고 생각하지만, 그러면서 '내 영혼은 메마른 땅처럼 목마릅니다.'*〔시편 143:6을 인용함〕 그래서 그분이 나의 번제를 받아들일 만하다고 생각하신다면, 바라건대 그이가 그 입술로 나에게 입맞추게 해주어요." 이 사람은 남성 수도사이지만 열망하는 어린 소녀의 목소리로 남성인 연인 그리스도를 향한 그리움을 말한다.

베르나르는 아가의 성애적 표현을 없애버리지 않는다. 거기에 편승한다. 그는 매일같이 반복되는 성무일과와 수도원 생활의 따분한 일상에 지쳤을 젊은 수도사들에게, 기도하고 묵상하는 동안 그리스도의 존재를 느껴보려고 했으나 그런 느낌을 받지 못해 실망하는 사람들에게 용기를 주려고 한다. 베르나르는 참고 힘을 내도록 용기를 주기 위해, 어린 소녀를 젊은 수도사로 탈바꿈시킨 다음 그 수도사의 마음속에 그리스도를 향한 성애적 욕망을 불러일으킨다. 베르나르는 아가의 성애적 표현을 이용하여 자기 수도원에 있는 수도사들의 성무일과에 활기

---

* 공동번역 성서에는 다음과 같이 나와 있다. "내 영혼, 마른 땅처럼 당신 그려 목말라 두 손 들어 당신께 비옵니다."

를 불어넣는다.[8]

나중에 베르나르는 해석의 자극을 더욱 높인다. 그는 자기 수도원의 수사들에게 신랑이 실제로 도착하여 입맞출 때 소녀가 느낄 것 같은 느낌을 상상하게 한다. 그는 소녀의 가슴처럼 그들의 가슴이 "수태라는 열매를 맺으면서 봉긋하게 부풀어, 그 증거로써 이처럼 가슴에 젖이 가득해진다"고 말한다(9.5.7). 그러고는 성애적 긴장이 이처럼 고조된 그 순간 베르나르는 이 소녀를 다시 수도사로 탈바꿈시킨다.

> 기도하고 싶은 충동을 자주 느끼는 남자들은 내가 말하는 이런 경험을 했을 것입니다. 기도하기 위해 제단에 다가갈 때 우리는 가슴이 메마르고 미지근할 때가 많습니다. 그러나 참고 견디면 예기치 않게 은총이 찾아와, 우리의 가슴이 말하자면 부풀어오르고 우리 몸속에는 사랑이 가득차 흘러넘칩니다. 그리고 만일 그때 누가 우리를 누른다면 달콤한 다산의 젖이 콸콸 뿜어나올 것입니다. (9.5.7)

베르나르는 오르가슴, 적어도 그가 여자의 오르가슴으로 상상한 듯한 것에 관해 말한다. 그러나 그는 남성뿐인 환경에서 젊은 수도사들에게 이런 말을 하면서, 그들에게 성애적 욕망뿐 아니라 동성애적 욕망을 자극한다. 다만 베르나르 본인은 그것을 동성애적 욕망이라 표현하지 않을 것이다. 베르나르는 아무런 거리낌 없이 수도사들의 상상을 자극하는 방식으로 아가를 해석하여, 아름다운 남성 연인을 향하는 어린 소녀의 아름다움과 욕망에 공감하도록 그들을 인도한다. 물론 목적은 모두 수도원의 성무를 수행할 때 약간의 열정을 더하여 열심히 수행하도록 수도사들을 격려하는 것이다.

상상을 연다

앞선 예들 말고도 이와 비슷한 현대 이전의 해석자들의 예는 쉽게 많이 찾아볼 수 있다.[9] 나는 현대 이전의 성서 해석에 관해 오늘날 교육이나 교회에서 일반적으로 접할 수 있는 것보다 더 많은 관심을 기울여야 한다고 본다. 그런 해석을 보면 현대의 역사비평이 얼마나 근래에 생겨났으며 얼마나 한정적인지를 알 수 있다. 성서를—그리고 나아가 그 밖의 본문을—얼마나 여러 가지로 해석할 수 있는지 상상력에 불을 당겨줄지도 모른다.

역사비평을 내버리지 않으면서 그 밖에도 성서를 해석하는 완벽하게 좋은 방법이 존재한다는 점을 늘 기억해야 한다. 나는 여기서 주로 신학적 해석 즉 그리스도교 신학을 목표로 그리스도교의 신학적 기준을 사용하여 '좋은' 해석과 '나쁜' 해석을 구별하는 해석에 관해 설명했다. 그러나 다른 방법들, 예컨대 문학비평 같은 방법도 상상할 수 있다. 문학비평가와 나아가 성서학자는 오래전부터 특히 성서의 몇몇 책에 대해 상대적으로 더 문학비평적인 접근법을 선보였다. 예컨대 마르코의 복음서는 신학적 의미나 역사적 가치가 아니라 수사나 인물, 줄거리, 나아가 종교적이지 않은 독자에게 주는 효과 등의 문제를 중심으로도 해석됐다.[10]

이 책에서 나는 역사비평이라는 방법을 통해 초기 그리스도교 문헌, 특히 신약의 해석에 집중했다. 나는 이것이 적절하다고 보는데, 그 한 이유는 북아메리카 지역의(또 유럽의) 세속적 및 신학적 학문 모두의 맥락에서 이 분야를 연구하고 가르치는 주된 방법이기 때문이다. 그러나 이 앞 장과 이 장은 그 밖에도 그리스도교 문헌의 본문을 해석하는 흥미롭고도 유익한 방법이 있다는 사실을 알려주기 위해 썼다. 스스로 한 가지 방법이나 한 가지 '의미'에 한정지을 필요는 없다.

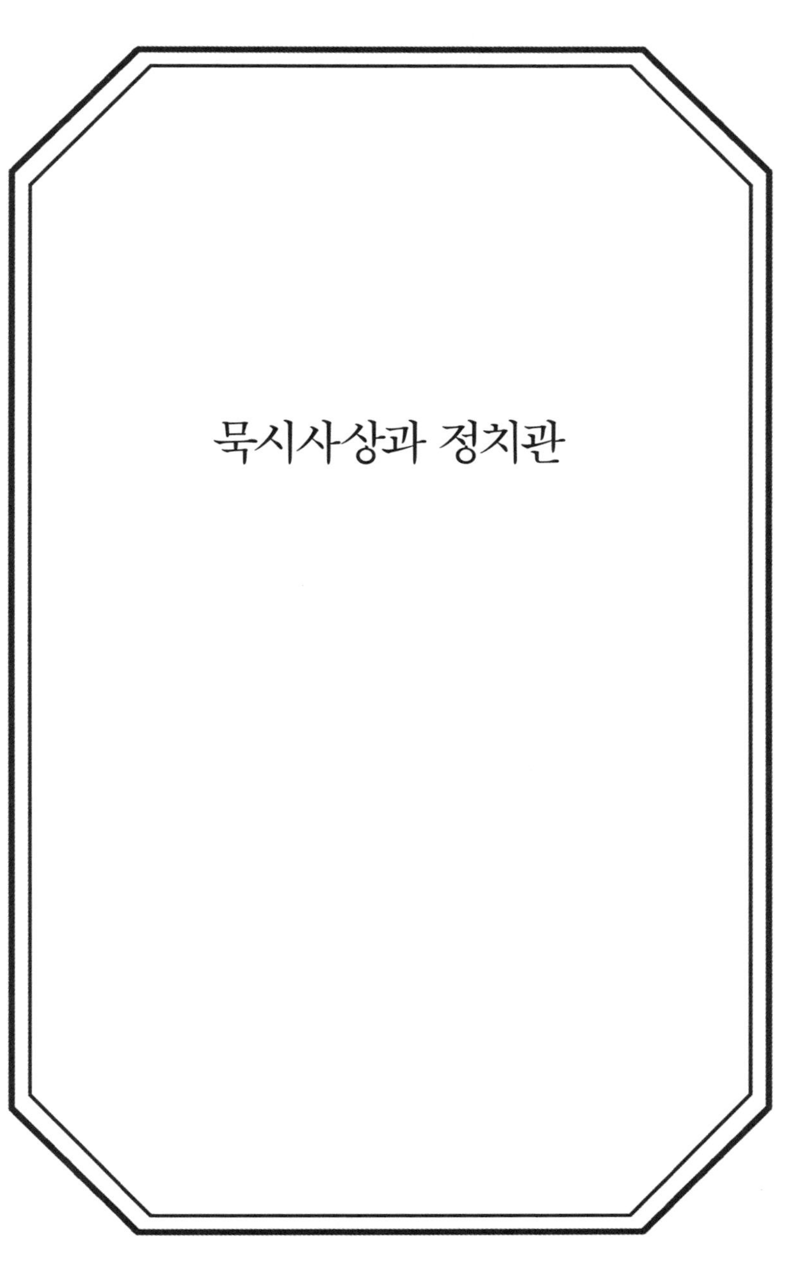

묵시사상과 정치관

23
묵시사상과 저항

개요: 요한의 묵시록 또는 계시록은 묵시문학에서 발견되는 여러 특징을 보여준다. 이 책은 이원론을 바탕으로 삼는다. 지상의 사건을 하늘의 사건과 대비시키고, 현재를 곧 다가올 미래와 대비시킨다. 묵시문학은 이따금 문화적, 정치적 저항을 요구한다. 계시록은 나선과 같은 구조를 띠면서 긴장을 고조시켰다가 일시적으로 해소하기를 반복하여, 그 본문을 듣는 독자 역시 위기에 이어 카타르시스를 경험하게 한다. 계시록에서는 정치적으로 로마와 바빌론을, 또 로마 제국과 사탄의 영역을 동일시한다.

요한의 묵시록과 묵시문학 장르

'묵시apocalypse'라는 낱말은 그리스어 낱말 아포칼립시스apokalypsis에서 왔는데 대개는 '계시'로 번역된다. 이 낱말은 무엇이든 가린 것을 치우거나 벗기는 것을 가리킨다. 요한의 계시록은 따라서 요한의 묵시록이라고도 불린다. '계시Revelations'록이라는 복수형 이름으로 부르는 때가 많지만, 올바른 제목은 단수형 Revelation이다. 책은 여러 계시가 아니라 하나의 커다란 계시를 기록한다. 요한묵시록은 이 장르의 최초 사례가 아니다. 실제로는 구약에 포함된 다니엘서가 이 장르 최초의 작품 중 하나이며, 의심의 여지 없이 요한묵시록의 저자에게 영향을 주었다. 그러나 이 장르 전체를 가리키는 이름은 요한의 묵시록이라는 제목에서 왔다.

우선 첫째로, 오늘날의 학자는 '묵시적'이라는 말을 고대 유다교와 그리스도교 문학의 한 장르를 가리키는 말로 쓴다. 고대의 독자들은 분명히 여러 문서가 묵시적 문체나 성향에서 서로 비슷해 보인다는 점을 알아차렸겠지만, 이런 문서를 '예언서'라 불렀을 뿐 오늘날처럼 이 장르를 가리키는 용어는 없었다. 오늘날 학자들은 예언문학이라는 넓은 장르(구약의 예언서 대부분을 포함)와 '묵시록'이라 부르는 더 좁은 범위의 예언서를 구분한다.

그렇지만 '묵시적'은 글 자체가 '묵시록'이 아닌 다양한 문서에서 볼 수 있는 문체나 내용의 여러 성격을 묘사하는 용어로도 쓸 수 있다. 예컨대 바울로의 편지들은 묵시적 주제의 영향을 많이 받았다는 점에 다들 동의한다. 하느님의 분노가 심판을 위해 다가오고 있다거나, 메시아가 곧 '온다'(파루시아)거나, 하느님의 나라가 세워진다거나 하는 등의 주제가 거기 해당하며, 이들을 비롯하여 여러 주제를 이 장에서 논하게 될 것이다. 그러므로 '묵시적'이라는 형용사는 고대의 묵시록에서 유래된 이런 갖가지 요소가 묵시록이 아닌 원천자료에 포함되어 있을 때도 그것을 가리키는 용어로 쓰인다. 끝으로, 학자들은 이따금 '묵시사상'이라는 용어를 쓰는데, 본문 자체가 아니라 우주와 시간을 바라보는 특정한 방식을 가리킨다. 고대의 묵시록, 또 거기에 영향을 받은 인물이나 글과 연관시키는 세계관을 말한다.

묵시록에서 전형적으로 나타나는 특징에는 여러 가지가 있다. 거의 언제나 차명작품이며, 먼 과거를 배경으로 하고, 유명한 성인이 쓴 것으로 되어 있다. 다니엘서는 서기전 6세기에 바빌론에서 살던 다니엘이라는 현자가 쓴 것이라고 주장한다. 앞에서 살펴본 대로 실제로는 서기전 168년과 서기전 164년 사이에 쓰였다. 또 에녹, 에즈라, 아브라함, 심지어 아담이 썼다고 주장하는 묵시문학도 있다.[1] 중요한 것은 우리로서는 요한묵시록의 저자가 실제로 요한이라는 사람이 아닌 다른 사람이 썼다고 믿을 이유가 없다는 사실이다. 다만 이 요한은 사도 요한과 같은 사람은 아니다. 그러므로 묵시문학이라는 이름이 유래된 이 책은 차명으로 쓰이지 않은 유일한 묵시문학인지도 모른다.

이런 책은 대개 시간을 연대순으로 서술한다. 그리고 온갖 종류의 이미지, 천사, 마귀, 때로는 짐승이 나오는데, 요한묵시록에서 보는 것처럼 괴물의 모습을 띠기도 한다. 또 서사로 쓰인 때가 많다. 때로는 저자가 어떤 여행을 서술한다. 저자가 특정 장소에 있다든가 기도 같은 것을 하는 마음 상태에 있을 때 천사라든가 아니면 '천상의 안내자' 같은 존재가 저자를 들어올려 우주를 다니거나 하늘에 올라갔다고 주장한다. 따라서 이런 책은 고대의 우주론을 통해 표현한다. 그들의 우주에는 네 모서리가 있고, 여러 겹의 '하늘'이 있어서 우주가 여러 층으로 이루어져 있으며, 땅 아래에도 여러 층이 있고 여러 '지옥'이 있다. 즉 이런 책은 미래에 일어날 일에 관한, 또 우주의 형태와 상태에 관한 '특별한' 정보를 전달한다.

묵시사상이라는 세계관에는 되풀이 나타나는 특징이 있다. 이 세계관에는 종종 윤리적, 공간적, 시간적이라는 세 종류의 이원론이 있다. 윤리적 이원론은 세상의 모든 등장인물은 선하거나 악하며 심지어는 지독하게 사악하다는 사실로 드러난다. 세상에는 천사와 악마, 좋은 사람과 나쁜 사람이 있으며 그 중간에는 거의 아무도 없다. 우주는 공간적 이원론에 따라 구성되는데, 이곳 땅 위에서 일어나는 일은 저 위 하늘에서 벌어지는 일의 그림자이자 결과에 지나지 않는다고 본다. 나라마다 제각기 수호(또는 수호한다기보다 억압하는)천사가 있다. 이 땅 위의 나라들이 서로 전투를 벌일 때 그것은 하늘에서 천사라든가 초인적 존재들 사이에서 벌어지는 영적 전투를 반영하고 있을 뿐이다. 우리 땅 위 세계에서 벌어지는 모든 것은 우리 위에서 벌어지는 '더 진정한' 사건을 거울처럼 비춰줄 뿐이다.

그다음에는 지극히 중요한 시간적 이원론이 있다. 우리 인간은 '지금' 시간에서 살고 있는데, 이것은 장차 '하느님의 지배' 속으로 우리를 이끌고 들어갈 대사건이 일어나기 이전의 시간이다. 다니엘서에서 본 것처럼 이 예언자는 역사를 묘사한다. 물론 그는 미래를 예언하는 척하지만 사실은 그가 알고 있는 이미 일어난 여러 정치적 사건과 전쟁을 서술한다. 그는 미래에 어떤 대사건이 일어나면서 시간이 둘로 나뉘며, 하늘에서 사람의 아들이 천사들과 사람들을 데리고 내려와 개입할 것이라고 말한다. 하느님은 '사람의 아들'인 구세주나 천사 같은 대리자를 통해 악을 무너뜨리고 세상을 심판하며, 도덕적이고 축복받은 사회를 세우고, 마찬가지로 선택된 대리자를 통해 지배할 것이다. 우리는 신약에서 이와 같은 시간의 이원론을 이미 많은 곳에서 봤는데, 묵시적 세계관의 핵심적 측면 하나는 모든 시간을 '전'과 '후'로 나누는 것이다.

앞서 살펴본 것처럼 예수 자신이 유다교의 묵시적 예언자였다. 그가 하느님의 묵시적 개입을 기대했음은 거의 확실하다. 어쩌면 그 자신이 아니라 '사람의 아들'을 통하거나, 또는 어쩌면 그 자신이 저 종말의 역할을 맡는 것으로 봤다. 그는 하느님의 나라가 어떤 성격을 띨지, 또 그 나라가 현재 세계나 사회와 어떻게 다를지 가르쳤다. 그가 죽은 뒤 그의 추종자들은 말할 것도 없이 충격을 받았다. 그들이 예수를 구세주라고 생각했다면 로마를 비롯하여 악의 권세를 누르고 승리를 거두리라 기대했을 것이다. 이전에는 아무도 '죽은 구세주'에 대해 생각해본 적이 없었다. 따라서 예수의 추종자들은 자신의 묵시적 기대를 바꾸었다. 이제 그들은 예수가 그들이 알던 그 사람으로서 온 것은 장차 그가 가난한 농부가 아니라 권세를 쥐고 올 때에 대한 경고이자 맛보기에 지나지 않았던 것이 분명하다고 판단했다. 예수가 죽은 뒤 부활하여 사람들 앞에 나타났다고 믿게 됐을 때, 바울로에게서 봤듯 그들은 예수의 부활을 장차 종말에 일어날 부활의 "첫 열매"*에 지나지

* 고린토1서 15:20에 나오는 표현이다. 공동번역 성서에는 "죽었다가 부활한 첫 사람"이라 되어 있다.

않는 것으로 해석했다. 그 밖에도 초대 그리스도교인들은 '예수는 구세주'라는 믿음을 유지하기 위해 많은 부분을 조정할 수밖에 없었다. 하느님의 나라가 영광스러운 승리를 거두기 이전인 '지금' 시간과 예수가 마침내 진정으로 승리하는 '다가올 시간'이라는 일종의 이원론을 유지하기 위해 묵시적 기대를 조정할 수밖에 없었다. 그들은 유다교에서 전해내려오는 묵시적 이원론을 조정하여, 예수의 부활과 장차 그가 영광에 싸여 '돌아올' 것이라는 기대를 고려한 새로운 이원론으로 바꾸어야 했다.

이미 명백하게 나타난 것처럼 묵시록은 문화적, 정치적 형태의 저항 역할을 할 수 있었다. 다니엘서의 저자는 안티오쿠스 4세 에피파네스의 지배에 분노한 것이 분명하다. 그는 유다인들에게 다가올 일에 대해 경고할 뿐 아니라 '헬레니즘화'를 강요하는 사람들에게 굴복하지 말라고 격려하고 촉구하기 위해서도 다니엘서를 썼다. 묵시사상은 따라서 문화적으로 더 강한 세력에게 억압당하고 있다고 생각하는 사람들에게 특별한 의미를 주는 때가 많다. 약해진 이스라엘 민족은 그리스인이나 그뒤에 로마인이 씌워놓은 멍에를 언제라도 스스로 내던져버릴 수 있다고 생각할 수 없었다. 소수에 해당했던 그리스도교인들은 우상을 섬기는 로마인을 타도하고 그들이 생각하는 더 정의로운 세상을 세울 수 없었다. 묵시 관념은 억압받는 자들이 한동안 인내하며 자신의 하느님과 자신의 세계관에 충실하게 살아가면서 당분간 견디다 보면 이내 하느님이 천사의 군대를 데리고 역사에 개입하리라는 것이었다. 천사의 군대는 억압자들에 맞서싸워 그들을 쳐부수고 정의와 자비와 평화의 세계를 세울 것이다.

묵시적 믿음을 고수하는 사람들이 언제나 '억압받는 사람들'이라는 것은 확실히 사실이 아니다. 미국에는 대단히 잘살고 자본주의의 불공평이 가져오는 온갖 이득을 누리면서도 하느님이 곧 개입하여 현재의 정부들을 무너뜨리고 그들이 지닌 전망대로 세상을 세울 것이라고 믿는 사람이 많이 있다. 로널드 레이건 대통령은 세상에서 가장 강한 권력을 쥐고 있던 때조차 예수가 오기 전에—그는 그날이 임박했다고 믿었는데—대규모의 묵시적 전쟁이 일어나 악한 나라들이 이스라엘을 공격하여 파괴하려 할 것이라고 성서에 예언되어 있다는 말을 그대로 믿었다. 실제로 부유하며 권력을 누리고 있는데도 묵시적 세계관을 지니는 사람들이 있는 것은 왜일까? 내가 볼 때 단지 이런 관점은 '성서적'이며 따라서 좋은 유다인 내지 그리스도교인이라면 당연히 믿어야 한다고 믿기 때문일 때가 많다. 그 밖의 경우에는 자신을 '억압받는' 소수로 인식하는 것이 분명해 보이는데, 그들이 지적할 수 있는 유일한 '억압자들'은 '동부지역 지도자들'이라든가 '언론', 또는 '전통적 가치'를 엉망으로 만들어놓는 '자유주의자들'밖에 없는데도 그렇다. 앞으로 살펴보겠지만, 초기 그리스도교의 묵시문학이 모두 실제로 억압으로 고통받는 사람들에게 '저항문학' 역할을 하는 것은 아니지만 그런 역할을 하는 때가 많다. 그것은 더 강하지만 정의롭지 못하다고 추정되는 적 앞에서 느끼는 무력한 감각을—또는 무력한 현실을—다스리는 한 수단이다. 바로 이것이 요한묵시록이 하는 역할이다.

앞서 말한 대로 요한묵시록이 위서가 아니라는 점은 주목할 만하다. 만일 저자가 야고보의 형제이자 제베대오의 아들인 사도 요한이라고 주장했다면 학자들에게는 그것을 의심할 이유가 있었을 것이다. 이 저자가 신약의 제4복음서나 요한의 세 편지를 쓴 사람과 동일 인물이 아니라는 것도 명백하다(그가 누구든 원래 제4복음서는 익명으로 쓰였으며 나중에 와서야 요한이라는 이름이 붙었다는 점을 기억해야 한다). 요한복음과 묵시록의 문체는 서로 그 이상 다르기가 어려울 정도이다. 복음서의 그리스어는 더없이 훌륭한 그리스어인 반면(비교적 단순하고 기묘한 점이 있기는 하지만) 묵시록의 그리스어는 형편없는데다 때로는 거의 무식해 보이기까지 한다. 복음서와 요한의 편지에서 묵시사상의 영향이 강하게 나타나기는 하지만, 이들에 나타나 있는 신학과 묵시록의 신학 또한 매우 다르다. 그러나 묵시록의 저자는 널리 알려진 어느 '요한'이라고도 자처하지 않고, 또 당시 유다인 사이에 흔한 이름이었기 때문에 학자들은 그냥 저자의 이름이 요한이라고 받아들이고 있으며, 이 '요한'을 종종 '선견자 요한'이라고 불러 다른 사람들과 구별한다.

요한은 또 자신이 아득한 과거에 존재하고 있다고 주장한다거나 자신이 쓴 묵시록을 감춰두었다가 나중에 세상의 종말이 더 가까워졌을 때 발견되게 한다거나 할 필요를 느끼지 않는다. 그는 작품을 자신의 시대에 둔다. 하느님이 개입하기까지 시간이 많이 남아 있다고 믿지 않는다. 그는 자신을 다니엘이라든가 그 밖의 예언자들과 마찬가지로 중요한 예언자라고 믿지만, 지금부터 언제라도 일어날 일에 관해 예언하고 있다. 그는 스스로 과거라는 틀 안에 둔다거나 자신의 책이 먼 미래를 내다보게 한다거나 할 필요를 느끼지 않는다.

요한묵시록의 구조

고대의 수많은 묵시록과 비교할 때 요한의 묵시록은 비교적 특이한 구조를 띠고 있다. 그 하나는 거기 묘사된 환상의 내용 자체가 소아시아의 일곱 교회에게 보내는 편지 다음에 나온다는 것이다. 이 일곱 편지는 나중에 다시 더 자세히 살펴보겠지만, 이 편지들이 이 책의 첫머리에 나온다는 점은 눈여겨볼 만하다. 그렇지만 나는 그 나머지 부분의 구조—말하자면 이 책의 '윤곽'—역시 의미와 기능 면에서 깊은 의미를 함축한다고 본다. 히브리서에 관한 장에서 나는 그 편지가 정교한 구조를 갖춘 설교라는 점을 논했다. 히브리서는 훌륭한 그리스어로 쓰였으며 신약의 그리스어 중 가장 훌륭한 축에 속한다. 그러나 그리스어 문체를 생각하지 않더라도 그 윤곽이 인상적이다. 요한묵시록은 그리스어가 형편없다는 사실에도 불구하고, 그 구조 내지 윤곽이 정교하며 목적 달성을 위해 중요하게 작용한다는 점을 논하고자 한다.

요한의 묵시록은 순환이 반복되는 구조로 이루어져 있다. 사실 나는 이것을 나선구조로 떠올린다. 계속하여 원을 그리지만, 그러면서 절정을 향해 점점 더 높이 올라가다가 반反절정 같은 결말에 이른다. 앞서 나는 수많은 묵시록들이 서사를 들려주는데 그런 서사 중 일부는 상당히 직설적이라는 점을 언급한 적이 있다. 먼저 이 일이 일어났고, 다음에는 이것, 그다음에는 이것이 일어날 것이고, 다음에는 이것, 그리고 종말은 이처럼 될 것이라는 식이다. 실제로 수세기에 걸쳐 수많은 그리스도교인들이 요한묵시록을 단일한 시간선상에서 일어날 여러 사건에 관한 예언으로 해석하려 했다. 1970년대에 많이 팔린 책 중에 핼 린지의 『작고한 대행성 지구』라는 것이 있었는데, 다니엘서와 요한묵시록을 해석하여 장차 미국과 소비에트연방 사이에 전쟁이 일어나고 유럽연합의 10개국과 이스라엘 사이에 전쟁이 일어난다는 예언을 비롯하여 수많은 공상적 관념을 담았다. 물론 실제로는 린지가 단언한 대로 전개되지 않았기 때문에—소련은 해체되고 유럽연합은 그가 내다본 것보다 훨씬 더 커졌으며 모든 곳에서 '땅 위의 지정학적 사정'이 달라졌으므로—나중에 나온 판본은 몇 번이고 내용을 갱신할(즉 바꿀) 수밖에 없었다. 린지의 책은 요한묵시록이 미래에 여러 사건이 단일 시간선상에서 일어난다고 예언하는 것으로 해석하려 했으나 실패한 수많은 사례 중 하나에 지나지 않는다.

나는 요한묵시록은 단일 시간선상이 아니라 여러 차례 순환하는 구조를 띤다고 본다(도표 12 참조). 땅과 하늘에서 벌어질 여러 사건에 관해 말하는 것은 사실이지만 순환하면서 말하고 있다. 일곱 교회에게 보내는 편지와 하느님의 옥좌가 있는 대전에 관한 환상을 비롯하여 환상을 소개하는 부분이 지나고 나면 일곱 개의 봉인이라는 순환이 나오는데, 사물 또는 사건을 다루는 세 개의 커다란 순환 중 첫째이다. 먼저 두루마리와 일곱 봉인이라는 화제 전체를 소개한다. 여기에는 하느님과 또 봉인을 뗄 능력과 자격이 있는 어린 양을 찬송하는 내용도 포함된다. 요한은 그 바로 다음 첫번째 순환을 시작한다. "나는 어린 양이 그 일곱 봉인 중의 하나를 떼시는 것을 보았습니다. 그리고 네 생물

첫번째 순환

일곱 봉인의 개봉

6:1 첫째 봉인(제국의 흰 말)
6:3 둘째 봉인(전쟁의 붉은 말)
6:5 셋째 봉인(기근의 검은 말)
6:7 넷째 봉인(죽음의 푸른 말)

6:9 다섯째 봉인(제단 아래의 영혼들)

6:12 여섯째 봉인
(우주 전체에서 일어나는 재앙)

막간: 7장, 성인에게 도장을 찍음, 찬송의 노래

8:1 일곱째 봉인(하늘의 침묵)

두번째 순환

일곱 나팔

8:7 첫째 나팔
8:8 둘째 나팔
8:10 셋째 나팔
8:12 넷째 나팔

막간: 독수리가 '화'를 알림

9:1 다섯째 나팔
9:13 여섯째 나팔
(인류의 3분의 2가 죽음을 당함)

막간: 10장, 예언의 두루마리

11장, 성전과 증인들

11:15 일곱째 나팔(하늘의 찬송)

긴 막간

12장, 여자와 용
13장, 용과 짐승
14장, 어린 양과 속량된 사람들

세번째 순환

일곱 천사와 일곱 재앙

15장 일곱 천사의 소개
16:2 첫째 천사
16:3 둘째 천사
16:4 셋째 천사
16:8 넷째 천사
16:10 다섯째 천사
16:12 여섯째 천사
16:17 일곱째 천사

대단원

로마의 파괴, 통곡, 찬송
19:11~21, 최후의 전투
20장, 가둠, 그리고 결국 적들이 멸망함
21~22장, 새 예루살렘이 세워짐

도표 12. 요한묵시록의 나선구조

중의 하나가 우뢰 같은 소리로 '나오너라' 하고 외치는 음성을 들었습니다. 그리고 보니 흰 말 한 필이 있고 그 위에 탄 사람은 활을 들고 있었습니다. 그는 승리자로서 월계관을 받아 썼고, 또 더 큰 승리를 거두기 위해서 나아갔습니다"(요한묵시록 6:1~2).

우리 현대인은 이 책과 봉인이 작용하는 방식을 상상하는 데 약간 어려움을 느낄 것이다. 첫째, 우리는 책의 쪽 크기로 재단하여 제본한 오늘날과 같은 책이 아니라 당시의 거의 모든 책이 만들어진 방식대로 거대한 두루마리를 상상해야 한다는 점을 기억해야 한다. 책이나 편지를 비롯하여 문서는 밀랍으로 봉인해두는 때가 많았다. 두루마리를 만 다음 풀리지 않도록 밀랍 덩어리를 붙여두는 것이다. 일곱 개의 봉인이 붙은 이 특별한 두루마리는 두루마리의 가장자리를 따라 봉인이 한 줄로 붙어 있으며, 그래서 봉인을 하나씩 뗄 때마다 '쪽'이 약간씩 펼쳐지는 것으로 보인다. 그러나 나는 이 두루마리가 말려 있는 안쪽 부분에 일곱 개의 봉인이 붙어 있는 것으로 상상한다. 어린 양이 첫번째 봉인을 떼자 두루마리가 약간 풀리면서 어떤 사람이 흰말을 타고 나와 달려간다. 그렇지만 두루마리를 더 풀려면 어린 양은 두루마리가 완전히 풀리지 않도록 붙인 봉인을 또하나 떼어야 한다. 이런 식으로 봉인 일곱 개를 떼어낸다. 이 책을 읽는 사람과 듣는 사람이 기대감을 유지하게 만드는 것은 바로 이렇게 봉인이 또 있다는 것을 알면서 하나씩 떼는 과정이다. 여러 개의 봉인이 있는 두루마리를 풀어나간다는 장치가 본문에 긴장감을 더해준다.

첫 네 개의 봉인을 떼는 동안 네 마리의 말과 말 탄 사람이 나오는

데 각기 어떤 전쟁이나 재앙을 상징한다(6:1~8). 네 말은 각기 정복 내지 어쩌면 '제국'(흰 말), 전쟁의 살육(붉은 말), 기근(검은 말), 그리고 죽음과 하데스(푸르스름한 말)를 나타낸다. 그러나 다섯째 봉인에서는 예상과는 달리 이런 양상이 깨진다. 다섯째 봉인은 말과도, 말을 탄 사람과도, 나아가 재앙과도 아무런 관계가 없다. "어린 양이 다섯째 봉인을 떼셨을 때에 나는 하느님의 말씀 때문에 그리고 그 말씀을 증언했기 때문에 죽임을 당한 사람들의 영혼이 제단 아래 자리잡고 있는 것을 보았습니다"(6:9). 다섯째 봉인을 떼자 그리스도교 순교자들의 영혼이 드러난다. 이들은 주에게 위안과 복수를 원한다고 부르짖는다. 그리고 이들은 최종적인 위안은 아니지만 어느 정도 위안을 얻는다. 이들은 흰옷을 한 벌씩 받은 다음, 시간이 완전히 무르익어 여러 사건이 일어나 풀려날 때까지 '잠시' 더 쉬고 있으라는 분부를 받는다. 첫 네 개의 봉인이 가져오는 일련의 재앙 뒤에 또하나의 재앙이 아니라 안도감이, 연이은 재앙으로부터 약간의 위안이 이어진다는 점에 주목하기 바란다. 이런 '막간'과 같은 유형의 단절이 요한묵시록 전체에 걸쳐 여러 방식으로 등장한다.

다섯째 봉인으로 묘사되는 안도감의 단절이 있은 뒤, 여섯째 봉인을 떼자 이제까지의 것보다 더한 재앙이 연속적으로 나타난다. 지진이 일어나고 해가 검게 변하며 달이 핏빛이 되고 별이 땅에 떨어지며 하늘 자체가 "두루마리가 말리듯이" 사라져버린다(6:14). 여기서도 우리 현대인은 고대의 우주론으로 거슬러올라가 생각해야 한다. 앞의 여러 장에서 설명한 것처럼, 고대의 관념에서 하늘은 실제로 단단한 것으로서 우리 위로 마치 가죽 두루마리처럼 펼쳐져 있었다. 우리는 하늘을 올려다보고 하늘이라는 물리적인 두루마리가 말려 없어지는 광경과 우주 전체가 찢어지며 땅으로 떨어지는 광경을 상상해야 한다. 이것이 "큰 진노의 날"(6:17)이며, 너무나도 무서운 나머지 세상에서 가장 큰 권세를 지니고 있는 사람들조차 도망가 숨고, 하느님의 노여움 앞에서 더 끔찍한 운명을 겪지 않아도 되도록 바위와 산이 그들 위로 무너져 그 밑에 깔리기를 빌 정도이다(6:15~16).

이 시점에서 우리는 여섯째 봉인이 그렇게 무서운 재앙이라면 분명 일곱째는 더할 것이라고 생각할 것이다. 그러나 바로 그렇게 기대하고 있을 때, 여섯째의 참화가 있은 바로 다음에 우리는 일곱째 봉인과 마주치지 않는다. 우리의 모든 기대(또는 두려움?)는 또하나의 단절, 또하나의 막간에 의해 뒤흔들린다. 성서의 7:1에서, 일곱째 봉인을 마주 대할 것으로 기대하는 바로 그 지점에서 우리는 전혀 다른 뭔가를 발견한다.[2] 네 명의 천사가 땅의 네 모퉁이에(고대인들이 완벽하게 실제로 그렇다고 생각했던 우주론의 또 한 측면) 한 명씩 서서 적어도 당분간 평안하고 무사하게끔 보호하면서 파괴는 실제로 중단된다.

7장에서는 먼저 144,000명의 충실한 사람들에게 '도장'을 찍는다. 이들은 이스라엘의 열두 지파에서 각기 12,000명씩 남아 있는 충실한 사람들로서, 모든 재앙으로부터 보호받도록 도장을 받는다. 그다음에는 더욱 많은 충실한 사람들이, "아무도 그 수효를 셀 수 없을 만큼 많은 사람이 모인 군중"이 나타난다(7:9). 모든 나라와 민족과 백성과 언어에서 나온 자들로서, 흰 두루마기를 입고 손에 종려나무 가지를 들고 있다. 다시 말해, 먼저 유다인 중 남아 있는 충실한 사람들에게 도장을 찍어 보호하고, 그다음에는 온 세상의 충실한 이방인들이 합류하는 것이다. 이들은 첫 찬송가를 부르고(7:10), 뒤이어 하느님의 옥좌를 둘러서 있는 천사들과 원로들과 살아 있는 짐승 넷이 두번째 찬송가를 부르며(7:11), 끝으로 "하느님께서는 그들의 눈에서 눈물을 말끔히 씻어주실 것"이라는 위안과 함께 세번째 찬송이 이어지면서 이 장이 끝난다(7:17).

우리는 여기서 정교한 구조와 낱말의 유희에 주목해야 한다. 먼저 네 가지 재앙에서 '봉인seal'이라는 낱말을 쓴 다음 여섯째 봉인의 대재앙이 나오고 뒤이어 충실한 사람들 즉 충실한 유다인들과 이방인들의 보호를 위한 활동을 가리켜 '도장을 찍는다sealing'라는 말을 쓴다. 처음에 독자들을 두려움에 떨게 만든 그 사물이 무시무시한 여섯째 봉인 뒤의 막간에서는 보호와 약속과 평화를 가져다준다. 충실한 사람들에게는 보호를 위한 도장을 찍고 나머지 세상에게는 재앙을 가져오는 도장을 찍는 것이다.

그러나 우리는 봉인이 일곱 개라는 사실을 잊지 않았고 또 아직 일곱째 봉인이 등장하지 않았다. 실제로 저자는 '봉인'과 노래가 되풀이되는 내내 우리를 재앙에서 위안으로, 다시 재앙에서 위안으로 끌고 다닌다. 그러나 마침내 "어린 양이 일곱째 봉인을 떼셨을 때"라는 말로 관심을 다시 일곱째 봉인으로 끌고 간다(8:1). 이 시점에서 듣는 사람들은 분명 숨을 죽일 것이다. 서사가 진행되는 동안 긴장이 고조됐고, 우리는 두려움과 희망이 뒤섞인 감정으로 일곱째 봉인을 기다린다. 일곱째 봉인을 뗄 때는 무슨 일이 벌어질까? "어린 양이 일곱째 봉인을 떼셨을 때에…… 약 반 시간 동안 하늘에는 침묵이 흘렀습니다." 말줄임표(내가 넣은 것이다) 부분에서 잠깐 뜸을 들였다가 나머지를 사실만을 전하듯 말하면 마지막 구절은 긴장이 크게 늦춰지는 것처럼 들린다. 영어에서는 '약 반 시간about half an hour'이라는 말조차 뜬금없는 구어체에다 반절정 같은 느낌을 준다. 그러나 긴장이 이어진 끝에 이 이상한 결말이 온 데 대한 설명은 전혀 없다. '약 반 시간 동안 하늘에는 침묵이 흘렀습니다'라는 이상한 말 직후에 저자는 우리를 다시 '일곱'으로 몰고 가는데, 이번에는 일곱 천사와 일곱 나팔이다. 환상 전체가 또다른 순환으로 들어가는 것이다.

두번째 순환은 일곱 나팔이며, 8:2에서 시작하여 11:19까지 이어진다. 여러 다른 일이 일어나기는 하지만, 일곱이라는 순환 안에 짜여 들어가 있다. 이번에도 우리는 재앙과 위안, 비난과 찬송이 나란히 등장하는 것을 보게 된다. 첫 네 번의 나팔은 네 가지 우주적 재앙을 알린다(8:1~12). 그다음은 이 순환의 첫 단절로서, 독수리 한 마리가 장면 위로 날면서 "땅 위에 사는 자들"에게 화가 닥친다는 것과 세 번의 나팔이 남아 있음을 알린다(8:13).

다섯째 나팔이 '첫째 화'를 불러온다. 이번에도 저자는 긴장과 고통을 한 단계씩 끌어올린다. 나팔을 불자 사람이 아니라 당할 적수가 없어 보이는 짐승들이 나와 사람들을 괴롭힌다(9:1~11). 여섯째 나팔에서는 천사 넷이 풀려나와 인류의 3분의 1을 도륙한다. 사자 머리에다 꼬리에는 가시가 있고 입으로는 불을 내뿜는 말을 탄 흉포한 기병 2억명으로 이루어진 군대가 다시 인류의 3분의 1을 죽인다(9:13~19).

그러나 이번에도 우리는 일곱째 천사와 일곱째 나팔을 기다리게 된다. 일곱째 천사 대신 다른 천사가 예언의 두루마리를 가지고 하늘에서 내려와 요한에게 그것을 먹으라고 하면서 예언해야 한다고 알린다(10:1~11). 이 단절에는 또다른 단절이 이어진다. 여기서 요한은 성전을 측량하라는 지시를 받는다. 신비한 두 예언자의 활동이 묘사되는데, 이들은 순교하고 "사흘 반" 뒤에 부활한다(11:1~13). 이 두 막간 뒤에야 마침내 일곱째 나팔에 다다른다. 앞서의 일곱째 봉인처럼 이 나팔은 재앙을 가져오지 않고 오히려 위안과 찬송을 가져온다. 또 한 차례 노래를 부르고, 하늘에 있는 하느님의 성전이 열리고 천상의 불꽃놀이가 펼쳐진다(11:15~19). 이렇게 두번째 일곱의 순환이 끝난다.

일곱의 순환이 15:1에서 또 한 차례 선언되는데 이번에는 일곱 천사와 일곱 가지 역병이다. 그러나 앞서 있은 일곱의 순환 속에 다른 장면들이 있었던 것처럼, 그사이의 장에서 우리는 막간 내지 단절 역할을 하는 여러 장면을 보게 된다. 다시 말해 요한묵시록은 재앙의 순환과 그것이 단절되면서 막간에 여러 장면과 정보를 보여주는 구조를 띠며, 책 전체가 재앙을 보여주는 부분과 그것이 더 큰 막간 부분으로 단절되는 구조로 이루어져 있다. 이처럼 11장 끝부분에서 두번째 일곱의 순환이 끝나고 이어지는 12장에서는 여자와 아들의 이야기를 들려준다. 두 사람은 커다란 붉은 용의 공격을 받고, 이에 천사 미가엘이 천사들의 군대를 거느리고 용에 맞서싸운다. 이 이야기는 여자를 구하는 것으로 끝난다. 여자는 교회나 이스라엘을 나타낼 것이다(또는 다른 여러 의미를 지닌 것일 수도 있다). 여자가 낳은 사내아이는 구세주를 나타내는 것이 확실해 보인다(12:5). 어떤 경우든 이 이야기 전체의 주된 '의미'는 위험과 재앙에 이어 구조와 구원이 다가온다는 것이다. 이 장면에 이어 용과 그 용을 섬기는 짐승, 그리고 그들이 가져오는 파괴를 생생하게 묘사하는 부분이 나오는데, 로마와 네로를 묘사하는 것이 확실하다(13장). 14장은 뿔 달린 상처 입은 어린 양 즉 예수에 관한 내용이다. 그다음 15:1에서 천사와 역병과 대접에 관한 마지막 일곱의 순환이 시작된다(15장과 16장).

일곱의 순환이 세 번 나오는 것은 우연이 아니다. 고대에는 7과 3 모두 중요한 상징으로서 여러 의미를 지닐 수 있었다. 어떤 경우든 세번째 일곱의 순환이 마무리되면서 이 책 전체의 절정에 이르는데, 로마가 파멸하고(17~19장), 선과 악의 마지막 전투가 벌어지며(19:11~21), 하느님의 적들이 갇히고 결국 파멸하며(20장), 평화와 새 예루살렘이 세워진다는(21장과 22장) 것이다.

여기서 내가 설명한 것은 물론 요한묵시록을 짤막하게 줄인 윤곽과 스케치이지만, 그 목적은 이 책은 처음에 헛갈리고 혼란스러운데도 불구하고 실제로는 정교하고 복잡한 반복 구조를 띠고 있다는 것을 보여주기 위해서이다. 일련의 재앙이 반복되며, 그 사이사이에 구원과 격려를 위한 사건과 장면이 들어간다. 반복되면서 한 단계씩 정도를 높여가다가 파괴와 재앙의 절정에 다다르며, 그뒤에 반드시 위안과 구원과 평화가 이어진다. 절정에 반절정이 이어진다.

이 구조를—또는 상자 속에 또 상자가 들어 있는 것과 같은 반복을—통해 우리는 요한묵시록이 지니는 의미와 목적에 관해 무엇을 알 수 있을까? 아델라 야브로 콜린스는 저서 『위기와 카타르시스: 묵시록의 힘』에서 요한묵시록의 목적은 예수의 초기 추종자 사이에서 위기감을 고조시키는 것이라고 주장한다. 뛰어난 설교에 관한 유명한 말이 하나 있는데, 좋은 설교란 "괴로운 자들에게 평안을, 평안한 자들에게 괴로움을" 주어야 한다는 것이다. 야브로 콜린스에 따르면 바로 이것이 묵시록의 저자가 이 책을 쓴 목표이다. 그의 독자가 로마인에게 억압당하고 느끼고 있다면, 로마인이나 아니면 그저 소아시아의 이웃들로부터 박해를 경험했다면, 자신의 믿음 때문에 고난을 겪었다면, 그들은 본문에서 이어지는 서사의 흐름을 따라 고난에서 위안으로, 고통에서 평화로, 위기에서 카타르시스로 옮겨가는 것을 경험할 것이다.

그러나 이 책 첫머리에 있는 일곱 편지를 분석하면서 살펴보겠지만, 저자는 또 로마인이 지배하는 소아시아에서 너무 평안하게 지낸다고 보이는 사람들에게도 하고 싶은 말이 있다. 그들이 소위 로마의 평화 속에서 부유하게 잘살고 있다면 그 '평화'가 세워진 기반에는 살인과 불의가 있다는 것을 인식해야 한다. 우상을 섬기는 이웃들과 아무런 문제 없이 잘 지내고 있다면 그들은 그 이웃들을 피에 굶주린 용 또는 핏방울을 뚝뚝 떨어뜨리는 탕녀를 섬기는 종들로 봐야 한다. 그의 목표는 고난을 겪는 그리스도교인들에게 희망을 주기만 하는 것이 아니라, 로마의 불의를 무시하는 교인들의 전망도 바꿔놓는 것이다. 독자들이 구원이라는 카타르시스를 경험할 수 있게끔 하기 위해 서사를 통해 위기가 만들어진다. 이 책의 되풀이되는 구조는 본문을 듣는 사람들에게 심리적으로 작용하도록 고안된 것이다.

앞 문장에서 내가 '듣는 사람들'이라고 한 것은 의도적이다. 이 책에서 다룬 다른 여러 상황에서 살펴본 것처럼, 고대의 문서는 거의 언제나 소리내어 낭독됐다. 독자가 혼자 있을 때에도 그랬다. 고대의 문서를 '읽는다' 또는 대부분의 사람이 그랬듯 '듣는다'는 것을 떠올릴 때 우리는 바로 이 사실을 염두에 두어야 할 것이다. 나아가 문서를 여러 사람 앞에서 읽을 때는 공개적으로 읽을 때의 '집단역동' 때문에 본문을 경험하는 양상이 바뀌었을 것이다. 요한묵시록처럼 '시각적'이고 극적이며 심리적인 문서라면 이 모든 역동성이 더욱 고조됐을 것이다. 고대 그리스도교인들이 이 묵시록이 전하는 내용을 경험하는 방식은 본문의 '내용' 자체만큼이나 본문을 접하는 방식에—아마 저녁때 촛불이나 등불 몇 개만 밝혀놓은 어두운 방에 다른 교인들과 함께 모인 자리에서 낭독하는 방식이었을 것이다—의해서도 영향을 받았을 것이다.

즉 요한묵시록은 그저 '읽기'보다는 '공연'됐을 것이고, 본문의 구조와 요소 때문에 공연 분위기가 더 고조됐을 것이다. 예컨대 묵시록에서는 환상이나 사건에 관한 서사와 '노래'가 번갈아 나온다. 여섯째와 일곱째 봉인 사이에는 영창과 노래로 이루어지는 장면 세 가지가 나온다(7:10, 7:12, 7:15~17). 일곱째 나팔 다음에는 한 차례의 영창(11:15)과 더 긴 노래 하나가(11:16~18) 나온다. 이 경우 우리 현대인은 낭독되는 본문을 들을 때를 헨델의 〈메시아〉에 나오는 '할렐루야 합창' 같은 오늘날의 유명한 음악을 들을 때의 환경으로 떠올려보면 고대에 어떤 효과를 주었을지 상상하는 데 도움이 된다. "세상 나라는 우리 주님과 그분이 세우신 그리스도의 나라가 되었고, 그리스도께서 영원무궁토록 군림하실 것이다!" 이처럼 서사와 영창과 음악이 번갈아 나오는 양상은 책 전체에 걸쳐 나타난다. 이것은 브로드웨이 뮤지컬과 거의 비슷하다. 연기와 대사가 나오고, 이어 무대 위에서 합창으로 노래를 한 편 부르고, 이어 또다른 장면에서 연기와 대사가 나온다.

고대 그리스도교인이 사람들 사이에 앉아 낭독되는 글을 들을 때 무엇을 경험했을지 조금이나마 짐작하려면 상상을 동원해야 한다. 소아시아에서 한 그리스도교인 집단이 모여 있는 것을 상상한다. 대개는 어둠이 내린 뒤 어떤 사람 집의 식당에 모여 있는데 누군가가 예언자가 쓴 새로운 문서를 선보인다. 환상, 짐승, 생물, 천사, 사람들이 부르는 노래, 천사들이 부르는 노래, 원로들이 부르는 영창을 듣는다. 하느님의 옥좌가 있는 대전에 요한이 처음으로 들어선다는 서사가 시작될 때 무서운 마음이 들기 시작한다.

그뒤에 나는 하늘에 문이 하나 열려 있는 것을 보았습니다. 그리고 처음에 내가 들었던 음성, 곧 나에게 말씀하시던 나팔 소리 같은 그 음성이 나에게 "이리로 올라오너라. 이후에 반드시 일어날 일들을 보여주겠다" 하고 말씀하셨습니다. 그러자 곧 나는 성령의 감동을 받았습니다. 그리고 보니 하늘에는 한 옥좌가 있고 그 옥좌에는 어떤 분이 한 분 앉아 계셨습니다. 그분의 모습은 벽옥과 홍옥 같았으며 그 옥좌 둘레에는 비취와 같은 무지

개가 걸려 있었습니다. 옥좌 둘레에는 또 높은 좌석이 스물네 개 있었으며, 거기에는 흰 옷을 입고 머리에 금관을 쓴 원로 스물네 명이 앉아 있었습니다. 그 옥좌에서는 번개가 번쩍였고 요란한 소리와 천둥 소리가 터져 나왔습니다. 그리고 옥좌 앞에서는 일곱 횃불이 훨훨 타고 있었습니다. 그 일곱 횃불은 하느님의 일곱 영신이십니다. (요한묵시록 4:1~5)

우리는 어둑한 방에 앉아, 신체 각부가 괴물같이 이루어진 생물 네 마리가 밤낮으로 영창을 읊는 광경을 마음의 눈으로 바라본다.

거룩하시다. 거룩하시다. 거룩하시다.
전능하신 주 하느님
전에 계셨고 지금도 계시고 장차 오실 분이시로다! (4:8)

스물네 명의 원로들이 이들에게 질세라 이렇게 외친다. "죽임을 당하신 어린 양은 권능과 부귀와 지혜와 힘과 영예와 영광과 찬양을 받으실 자격이 있으십니다"(5:12). 그러고는 이 모든 영창과 소리에 "하늘과 땅과 땅 아래와 바다에 있는 모든 피조물 곧 온 우주 안에 있는 만물이"(5:13) 다음과 같이 노래하는 소리가 어우러진다.

옥좌에 앉으신 분과 어린 양께서
찬양과 영예와 영광과 권능을 영원무궁토록 받으소서! (5:13)

우리는 이런 갖가지 시끌벅적한 소리 가운데 짐승들이 날개를 펄럭이고 연기와 번개가 옥좌를 에워싸고 있는 광경을 보면서, 이제까지 느껴본 적 없을 정도로 두려움과 찬양과 경외가 뒤섞인 마음이 된다.

수세기 동안 요한묵시록이 흔히 해석되던 방식과는 달리, 그 목적은 그저 정보를 전달하는 것이 아니라 어떤 감정과 심리 상태를 만들어내는 데 있다. 묵시록은 로마의 지배하에서 고통받는 사람들을—그런 사람이 많았다—위로하려 하지만 또 묵시록을 듣는 모든 사람에게 로마에 대한 두려움과 혐오를 불러일으키려고도 한다. 게다가 그러기 위해 극적 서술과 이미지와 음악과 영창을 동원한다. 로마에 대한 묘사에는 다음처럼 두려움과 혐오감을 불러일으키려는 의도가 담겨 있다.

> 이런 일이 있은 뒤에 내가 보니 다른 천사가 큰 권세를 가지고 하늘로부터 내려오고 있었고 그의 영광스러운 광채 때문에 땅이 환해졌습니다.
>
> 그는 힘찬 소리로 이렇게 외쳤습니다.
>
> "무너졌다! 대바빌론이 무너졌다!
> 바빌론은 악마들의 거처가 되고
> 더러운 악령들의 소굴이 되었으며
> 더럽고 미움받는 온갖 새들의 집이 되었다.
> 모든 백성이 그 여자의 음행으로 말미암은 분노의 포도주를 마셨고
> 세상의 왕들이 그 여자와 놀아났으며
> 세상의 상인들이 그 여자의 사치 바람에 부자가 되었기 때문이다."
> (18:1~3)

'바빌론'이 로마를 가리키는 암호라는 것은 분명하다. 저자가 이미 17:9과 18장에서 로마의 유명한 일곱 언덕을 가리키면서 일곱 언덕이 있는 도시라고 묘사했기 때문이다.

로마는 또 "그 짐승을 가리키는" 666이라는 불가사의한 숫자로도 구별된다(13:18). 수많은 해석자들이 이 숫자를 상상할 수 있는 모든 '짐승'의 이름과 맞춰 풀어보려고 했다. 일부 개신교인들이 교황을 지목한 것에서부터 1980년대에 좌파들이 농담조로 여섯, 여섯, 여섯 자로 된 이름을 가진 로널드 윌슨 레이건Ronald Wilson Reagan을 지목한 것에 이르기까지 다양했다. 그렇지만 오늘날 학자들은 이 숫자가 네로를 가리킨다는 이론이 가장 설득력이 강하다고 생각한다. 앞서 이 책의 21장에서 이미 살펴봤듯 고대어 중에는 알파벳 문자가 숫자를 나타내는 것이 많았다. 네론 카이사르Neron Caesar라는 이름(히브리어로 표기할 때는 이름 뒤에 'n'을 붙였다)의 문자가 나타내는 수를 모두 합하면 666이 된다. 또 고대의 특정 필사본에서 이 부분의 본문이 변형되어 있는 것도 이치에 닿는다. 일부 필경사들이 이 이름이 히브리어가 아니라 그리스어로 나오겠거니 생각하고(따라서 저 'n'이 없을 것으로 생각하고) 숫자를 616으로 바꾸었는데, 그리스어로 잘못 쓴 이름의 문자를 합하면 정확하게 이 숫자가 된다. 따라서 우리는 적어도 고대의 이런 필경사들 역시 이 숫자가 네로를 가리키는 것으로 받아들였음을 알 수 있다.

그렇지만 대부분의 학자들은 요한의 묵시록이 네로가 황제였던 60년대에 쓰인 것이 아니라 1세기 말, 아마도 서기 100년에 가까운 때에 쓰였다고 생각한다. 네로는 서기 68년에 자살했지만, 인구의 일부, 특히 그리스도교인들이 그를 너무나도 두려워한 나머지, 그가 죽지 않았으며 동방 어딘가에 숨어 있을 뿐이라거나 죽었지만 다시 살아나 새로운 군대를 모아 옥좌를 차지하기 위해 다시 전쟁을 일으킬 거라는 소문이 생겨났다. 그래서 짐승이 "치명상"을 입었지만 상처가 나았다는(13:3, 진정한 '치명상'을 입으면 '낫지' 않는다) 부분과 또 짐승이 파괴를 가져오기 위해 "끝없이 깊은 구렁에서" 올라온다는 이야기(17:8)가 나온다. 이것은 로마의 황제 중 그리스도교인을 표적으로 삼아 박해하고 고문하고 죽인 최초의 황제로 네로를 기억하는 교인들에게 특히 무서웠을 것이다.[3]

요한묵시록의 사회적 맥락

요한의 묵시록을 소리내어 읽는 것을 들을 때의 심리적 효과를 상상해봤으므로 우리는 또 이 문서에 어떤 종류의 사회적 맥락이 반영되어 있는지도 상상해봐야 한다. 그러자면 이 문서의 첫머리에 있는 편지에 집중할 필요가 있다. 먼저 이 일곱 교회가 있는 곳을 눈여겨보자. 그 일곱 곳은 에페소, 스미르나, 베르가모, 티아디라, 사르디스, 필라델피아, 라오디게이아이다. 이들 교회 중 몇 곳이 바울로의 활동에서 중요했다는 사실은 우연이 아닐 것이다. 바울로는 묵시록이 쓰일 무렵에는 죽은 지 오래됐을 것이다(60년대가 아니라 더 나중인 100년 무렵에 쓰였다고 보는 나의 추측을 근거로 볼 때). 그렇지만 바울로의 교회는 여전히 거기 있었을 것이다. 예컨대 우리는 바울로가 에페소에 있는 교회에서 시간을 많이 보냈음을 알고 있다. 골로사이에 있는 교회는 그가 세우지 않았지만, 그가 보냈다고 위조된 편지인 골로사이서가 남아 있을 정도로 그는 그곳의 교회와 연관되어 있었다. 골로사이와 가까운 도시인 라오디게이아는 골로사이서 2:1과 4:13~16에서 "바울로의 영향권"에 들어가는 것으로 암시되고 또 라오디게이아로 보내는 위조 편지도 한 편이 오늘날 전해진다. 사도행전에 따르면 바울로가 가장 먼저 개종시킨 사람 중에 티아디라 출신으로서 자색 옷감을 취급하는 여자 상인이 있었다(사도행전 16:14~15). 요한은 따라서 문서 안에 이런 '문학적' 편지를 포함시킴으로써, 소아시아에서도 오래전부터 바울로의 활동과 연관되어 있던 지역에 몰려 있는 교회 무리에게 자신이 쓴 문서를 보내고 있는 것이다.

그다음에는, 이런 교회에서 요한이 어떤 행동을 칭찬하는지 알 수 있는 실마리를 얼마간 찾아낼 수 있을 것이다. 그는 박해를 받았거나 받고 있는 사람들을 따로 언급한다(2:3). 가난을 칭찬하며(2:9), 묵시록의 나머지 부분에서는 부자를 비난한다는 것을 알 수 있다. 그는 "유다인으로 자칭"하지만 "유다인이 아니라 사탄의 무리"인 사람들을 가까이 하지 않으면서 그들로부터 배척당하는 사람들을 칭찬한다(2:9, 또 3:9도 참조). 그리고 우리는 요한이 적대시하는 것들을 나열해볼 수 있다. 그는 믿음에 관해 완전한 열정을 보이지 않는다고 판단되는 모든 교회를 강하게 비난하면서 "미지근"하다고 표현하고(2:4, 3:15~16), 또 교회들에게 예전의 열렬함을 되찾으라고 촉구한다(3:2~3).

그렇지만 요한은 우상숭배와 음행에 저항하는 정도가 자신이 생각하는 기준보다 엄격하지 않다고 판단되는 사람들에게 말할 때 가장 분노한다. 그는 베르가모의 일부 그리스도교인들을 칭찬하지만, 그들 중에 "우상에게 바쳤던 제물"을 먹고 "음란한 짓"을 하는 사람들이 있는데도 그대로 두고 있다면서 비난한다(2:14). 이것은 그로서는 특히 화나는 일로 보이는데 그들이 "사탄이 살고 있는" 도시에서 살고 있기 때문이다. 과거에(학자들에게는 지금도) 베르가모는 도시의 성채 역할을 하는 산 위에 세워진 거대한 제우스의 제단으로 유명했다. 신들과 그들이 전투하는 상상의 장면이 묘사되어 있는 이 제단은 헬레니즘시대에 세워졌고 로마시대에도 여전히 널리 알려져 있었다. 그것을 재건한 것이 지금 베를린의 베르가모 박물관에 있다. 또 베르가모에는 황제에게 바치는 제사의식을 위한 대규모 신전과 제단이 여러 곳에 있었다. 요한은 따라서 베르가모의 교회에게 말할 때 구체적으로 우상숭배, 심지어 특히 황제와 여신 로마에게 바치는 제사의식을 염두에 두었을 것이다.

요한은 '이세벨'이라는 여자 설교자를 용납하고 있다면서 티아디라의 교회를 꾸짖으며, 다른 사람들을 미혹하여 "음란한 짓을 하게 했으며 우상에게 바쳤던 제물을 먹게" 한 것으로도 그녀를 비난한다(2:20). 이세벨은 교회에 있는 어떤 실제 인물을 가리키겠지만, 그녀의 진짜 이름은 물론 이세벨이 아닐 것이다. 요한은 이세벨이라는 이름이 여성일 뿐 아니라 이 이름에 아합 왕의 페니키아인 왕비와 관련된 우상숭배도 함축되어 있기 때문에 이 이름을 골랐다(열왕기상 16장, 19장 참조).

이런 실마리로 무엇을 알 수 있을까? 첫째, 나는 요한이 '간음'이라고 말할 때 실제로 이런 교회에서 교인들 사이에 진짜 '간음', 즉 결혼이라는 테두리 밖에서 난잡한 성관계를 행한다거나 조장한다는 뜻이 아닐 것이라는 점을 지적하는 것이 중요하다고 본다. 묵시록에서 요한이 그리스도의 충실한 추종자들을 가리켜 말할 때—그는 '종'이라고 부르는데 문자 그대로의 종은 아니다—모두 남성을 가리키고 있다는 사실은 이따금 제대로 지적되지 않는다. 하느님과 그리스도도 남성이고 또 천사들도 모두 남성으로 보인다. 요한이 말하는 '종'은 모두 독신자로 묘사된다. "여자들에 의해 몸이 더럽혀지지 않은"* 남성 사제와 예언자라는 종들로 이루어진 나라이다(14:4). 따라서 요한이 이상적으로 생각한 교회는 아마 전적으로 성적 금욕주의자 남성만으로 이루어진(또는 여자들이 눈에 띄지 않는) 공동체였을 것이다.[4] 여기서 '간음'으로 번역된 그리스어 낱말 포르네이아porneia는 당시 그리스어를 쓰는 유다인들이 부도덕하다고 생각한 모든 성적 활동(자위, 구강성교, 그 밖에 무엇이든)을 가리킬 때 쓴 말이며 오늘날 말하는 '간음'만을 지칭하는 말이 아니므로, 묵시록에서는 '성적으로 부적절한 행동'이나 '성적 부도덕' 같은 말로 번역하면 아마 본래 의미에 더 가까울 것이다.

이 점을 염두에 두면 여기서 요한이 비난하는 초기 그리스도교가 어떤 종류인지를 좀더 온전하게 파악할 수 있는데, 그렇게 보면 바울로의 여러 교회에서 볼 수 있는 그리스도교보다 약간 더 '관대한' 내지 '융통성이 있는' 정도에 지나지 않을지도 모른다. 어떻든 바울로의 교

* 공동번역 성서에는 "여자들과 더불어 몸을 더럽힌 일이 없는"이라 나와 있다.

회에는 이따금 여성 지도자와 선생이 있었다. 바울로는 우상에게 희생제물로 바쳐진 고기를 먹는다고 해서 그리스도교인들을 비난해서는 안 된다고 가르쳤다. 그리고 결혼한 사람조차 성관계를 완전히 금할 것을 주장한 수많은 초기 교인들과는 달리 바울로는 자기 교회 교인들에게 배우자와는 계속 성관계를 가지는 것을 허용했다. 배우자가 교인이 아니라 해도 마찬가지였다.[5] 나아가 특히 고린토1서를 보면 바울로의 교회에 속한 사람들 중에는 자신의 사회, 문화적 환경을 비교적 평안하게 받아들인 사람이 많았던 것으로 보인다. 다음 장에서 살펴보겠지만 심지어 로마의 지배까지 그렇게 받아들인 것 같다. 현대의 그리스도교인으로서는 놀랍겠지만, 요한묵시록이 쓰인 목적은 적어도 부분적으로는 1세기 말에 서부 소아시아에서 존재했던 바울로의 그리스도교 중 한 형태를 비난하기 위함이었다는 것도 전적으로 가능하다. 이들이 요한이 괴롭히려 하는 부류의 평안한 그리스도교인들이다.

이 요한이라는 사람은 누구인가

현대 학자들은 묵시록을 쓴 요한은 사도 요한도 요한복음을 쓴 익명의 요한도 세 편의 편지를 쓴 요한도 아니라고 확신한다. 우리는 그것 말고는 이 요한에 관해 확실히 또는 자세히 아는 게 거의 없지만, 나는 이번에도 우리의 상상력을 동원하여 요한이라는 인물상을 그려보는 것이 좋겠다고 생각한다. 첫째, 로마에 대한 적개심 가득한 태도를 눈여겨보자. 그의 적개심은 본문이 적힌 지면에서 독액처럼 배어나온다. 그는 로마를 타락하고 불의할 뿐 아니라 철저하게 피에 젖어 있는 것으로 본다. 부유한 사람들을 비난하고 가난한 사람들을 칭찬한다. 믿음을 위해 고난당한 사람들, 일부 순교까지 당한 사람들을 칭찬한다. 그리고 우상숭배, 특히 황제에게 바치는 제사의식을 철저하게 반대하는데, 바울로 교회의 일부 교인들처럼 우상에게 바쳤던 음식을 먹는 행위는 제사의식 자체에 관여하지 않는 한 허용할 수 있다고 믿는 그리스도교인들에 대해 대단히 강경한 노선을 취할 정도까지 우상숭배에 반대한다. 요한은 또 결혼이라는 테두리 안의 성관계는 타당하다고 보는 것이 아니라 철저한 성적 금욕주의를 주장한 종류의 그리스도교에 속한다고 볼 수 있다. 진정한 '그리스도의 종'이나 사제, 예언자는 '여자들에 의해 몸이 더럽혀지지' 않아야 한다.

요한은 또 '유다인'이라는 이름에 신경을 많이 쓰는 것으로 보인다. 그는 회당에 나가지만 예수를 구세주로 인정하지 않는 유다인들은 이름뿐인 유다인이라고 믿는다. 그러나 그 자신은 유다인의 회당으로부터 이탈한 것으로 보이며, 예수를 따르는 사람이라면 누구나 그렇게 해야 한다고 믿는다. 끝으로, 그의 그리스어는 그다지 좋지 않다는 점 역시 중요하다. 그는 그리스어로 쓰고 있지만, 아마 날 때부터 그리스어를 쓰지는 않았거나 교육을 많이 받지는 않았던 것으로 보인다.

이것은 순전히 추측에 지나지 않지만, 요한이 로마 최악의 지배를 경험하는 상황에 있던 유다인으로서 예수의 추종자였을 것으로 상상해보면 흥미롭다. 우리는 그가 팔레스타인 출신의 유다인으로서 어쩌면 유다 전쟁을 겪었고, 또 팔레스타인의 많은 부분이 파괴되고 성전이 파괴되며 유다인 수천 명이 노예가 되고 그중 많은 사람이 로마로 끌려가는 것을 경험한 시대를 살았던 사람으로 상상할 수 있다. 유다 지방이나 심지어 로마에서 드문드문 그리스도교인을 학대하는 광경을 목격한다. 지중해 주위 여기저기의 교회에서 예언하며 여행하는 동안 반로마 사상 때문에 문제가 생기고, 그래서 소아시아 연안에 있는 파트모스라는 섬에서 감옥에 갇힌다. 이곳은 이 지역의 커다란 항구도시인 에페소로부터 그다지 멀지 않은 곳이다.

여행하는 동안 그는 자신이 있던 교회, 아마도 팔레스타인이나 그 밖의 곳에 있는 교회와는 다른 그리스도교회들을 보게 된다. 이들은 어느 정도 건강하며 성장하고 있다. 로마의 지배와 그리스 문화 속에서 평안하게 지내는 것으로 보인다. 이들은 그리스풍의 세련된 도시에서 안락하게 살아간다. 이들 중에는 그와는 달리 꽤 교육을 많이 받은 사람들도 있다. 이들은 자신의 사업을 가지고 있기도 하다. 즉 이들 자신이 로마가 폭력으로 만들어낸 '평화'로부터 이익을 얻는 상인일 것이다. 이들은 노예를 거느리고 있다. 이들의 교회에는 여자 지도자들이 있다. 일부는 우상에게 희생제물로 바쳤을 것이 거의 확실한 고기를 시장에서 사서 먹기까지 한다. 게다가 자신의 배우자나 심지어 노예들과 상당히 정상적인 성관계를 즐긴다.[6]

요한은 바로 로마와 또 로마의 지배에 익숙해진 예수의 저런 '추종자들'에게 너무나 반감을 느낀 나머지, 무시무시한 환상을 내용으로 하지만 자신과 같은 종류의 믿음을 지니는 사람들에게는 행복한 결말을 가져다주는 걸작을 쓴다. 가난으로 고난을 당하면서 인내하며 로마와 그 안에서 우상을 섬기는 부유한 이웃들에게 완강히 저항하는 그리스도의 종들에게 뿔 달린 피투성이의 어린 양이 마침내 구원과 행복과 평화를, 나아가 로마보다 더 나은 도시인 새 예루살렘을 가져다줄 것이다.

24
묵시사상과 순응

개요: 요한의 묵시록은 로마를 적대시하며 혁명적인 정치관을 보여준다. 이것은 바울로가 로마서 13장에서 정부의 권위에 복종하라고 쓴 내용과는 대조적이며, 다만 고린토1서의 여러 구절은 이와 반대되는 내용을 담고 있다고 할 수 있다. 차명으로 쓴 편지인 데살로니카2서 역시 정치적으로 보수적이면서 순응적인 내용을 담고 있고, 베드로1서도 마찬가지이다. 흥미롭게도 이 편지들은 묵시사상을 폐기하거나 무시하지 않고, 자신이 전하려는 정치적 보수주의를 더 확실히 전달하기 위해 요한묵시록의 저자와는 전혀 다른 방법으로 이용한다. 베드로2서는 사도 이후 시대인 2세기에 쓰인 편지로 보인다. 베드로2서에서 종말은 더이상 임박해 있지 않으며, 충고의 뜻을 더 확실히 전하기 위해 종말을 이용하지도 않는다. 이제 그냥 그리스도교의 교리의 한 부분이 된 것이다.

초기 그리스도교들이 지닌 정견

앞 장에서 우리는 그리스도교의 묵시사상 중에서도 로마의 지배와 권력에 격렬하게 맞서는 종류를 살펴봤다. 비록 최초기 그리스도교는 거의 모두 어떤 면에서는 묵시적이었지만—즉 '종말'이 곧 올 것이고 예수가 승리자이자 정복자가 되어 하늘로부터 돌아와 하느님의 나라를 세우리라 기대했지만—초기 그리스도교인 모두가 그러한 묵시사상을 이용하여 적어도 공개적이고 강경하게 로마에 맞선 것은 아니다. 초기에 일부 그리스도교인들은 로마의 지배를 묵인했고, 또 일부 초기 그리스도교 원천자료에서는 나중에 교회 대부분의 전형적인 입장으로 자리잡는 내용을 가르친다. 지배자와 정부의 권위에 복종하라는 것이다. 이것은 초기에 예수를 따르던 모든 사람의 입장은 아니었지만—로마인은 예수를 반역도이자 유다의 왕위를 요구한 사람으로서 처형했으며, 또 일부 초기 그리스도교인들은 이것을 기억하고 있었던 것으로 보인다—로마의 권위와 인간 지배자를 비교적 '순응주의적'으로 대하는 태도 또한 초기 그리스도교인 집단 사이에 자리를 잡았다.

로마서 13장에서 바울로는 지배 권위에 복종하라는 저 유명한(또는 악명 높은) 문장을 썼다. "누구나 자기를 지배하는 권위에 복종해야 합니다. 하느님께서 주시지 않은 권위는 하나도 없고 세상의 모든 권위는 다 하느님께서 세워주신 것이기 때문입니다. 그러므로 권위를 거역하면 하느님께서 세워주신 것을 거스르는 자가 되고 거스르는 사람들은 심판을 받게 됩니다"(로마서 13:1~2). 여기서 바울로에 따르면 로마 총독은 하느님이 직접 세웠다. "통치자들은 악을 행하는 자에게나 두려운 존재이지 선을 행하는 사람들에게는 두려울 것이 없습니다"(13:3a). 악을 행하는 자만 로마인을 두려워해야 한다? 이 말을 예수가 들었다면 놀랐을 것이다. 요한묵시록의 저자는 확실히 의견이 전적으로 달랐다. 바울로는 계속한다. "통치자를 두려워하지 않으려거든 선을 행하십시오. 그러면 그에게서 칭찬을 받을 것입니다. 통치자는 결국 여러분의 이익을 위해서 일하는 하느님의 심부름꾼입니다. 그러나 여러분이 잘못을 저지를 때에는 두려워해야 합니다. 그는 공연히 칼을 차고 있는 것이 아닙니다. 그는 하느님의 심부름꾼으로서 악을 행하는 자들에게 하느님의 벌을 대신 주는 사람입니다"(13:3b~4). 바울로의 관점에서 볼 때—적어도 이 부분으로 판단하자면—로마 총독은 실제로 악행을 벌하는 하느님의 종이다.

여기서 바울로는 몇몇 다른 편지와는 약간 다르게 들리기는 한다. 예컨대 고린토1서 2:6~8에서는 이렇게 말한다. "그러나 우리는 신앙생활이 성숙한 사람들에게는 지혜를 말합니다. 다만 그 지혜는 이 세상의 지혜나 이 세상에서 곧 멸망해버릴 통치자들의 지혜와는 다릅니다. 여기에서 말하는 지혜는 하느님의 심오한 지혜입니다. 그것은 하느님께서 우리의 영광을 위하여 천지 창조 이전부터 미리 마련하여 감추어두셨던 지혜입니다. 이 세상 통치자들은 아무도 이 지혜를 깨닫지 못했습니다. 만일 그들이 깨달았더라면 영광의 주님을 십자가에 못 박지는 않았을 것입니다." 바울로는 물론 로마인이 예수를 십자가형에 처했음을 알고 있다. 그리스도를 죽인 탓을 유다인에게, 그것도 종종 오로지 유다인에게만 돌린 그리스도교의 반유다인 정서의 역사에도 불구하고, 고대 세계에서는 십자가형은 로마인이 무엇보다도 선호하는 처형 방법임을 누구나 알고 있었다.[1] 이것은 유다인의 처벌이 아니었다. 돌로 쳐죽이는 것이 유다인 당국이나 군중이 주로 쓰는 처형 방법이었던 반면, 십자가형은 로마 시민이라든가 로마 속주에 포함된 다른 민족 집단의 지배층이 되는 행운을 누리지 못한 사람에게 로마인이 주로 내리는 처형 방법이었다. 바울로는 이것을 알고 있다.

따라서 바울로가 '영광의 주님'을 알아보지 못하고 십자가형에 처한 '이 세상 통치자들'에 관해 말할 때 그가 생각하는 대상은 로마인일까? 빌라도는 예수가 죽을 당시 유다 지방의 통치자였지만, 그는 그저 원로원과 황제의 대리자일 뿐이었다. 그러므로 바울로는 예수를 십자가형에 처한 탓을 원로원과 티베리우스 황제에게 돌리고 있는 것일까? 로마서 13장에서 하는 말에도 불구하고, 바울로에게는 로마인 지배자들에 대한 호감이 거의 없었을 가능성이 매우 높다. 그리고 이 구절에서 그가 말하는 '이 세상 통치자들'이 그들이라면 그는 그들이 결국 파멸할 것임을 내다보고 있는 것이다. 그는 로마인 통치자들은 지금 이 순간에도 멸망의 길로 나아가고 있고, 또 예수가 거룩한 천사의 군대를 끌고 구름을 타고 돌아오면 완전히 멸망할 것이라고 말한다. 이것은 요한묵시록에 나오는 예언과 그다지 다르지 않을 것이다.

그러나 여기서 '통치자'로 번역된 그리스어 낱말(아르콘archōn)은 또 천사의 힘을 지닌 초인을 가리킬 수도 있다. 바울로는 악의 천사들이 존재하며 최후의 심판 때 심판을 받을 것이라고 믿는다. 실제로 그는 악의 천사들을 심판하는 쪽은 그리스도교인들일 것이라고 믿는다

(고린토1서 6:3에서 말하는 '우리'의 뜻이 그리스도교인이라면 그런데, 나는 틀림없이 그렇다고 생각한다).[2] 따라서 바울로는 여기서 우주를 통치하는 악마적 천사의 힘을 지닌 어떤 존재에 관해 말하는 것일까? 묵시적 세계관의 한 측면은 앞에서 살펴본 것처럼 나라마다 천사를 지배자로 둔다는 것이다. 다니엘서에서는 이들을 '호국신'이라 부른다. "페르시아 호국신"은 페르시아를 통치하는 천사이다(다니엘 10:13, 또 신명기 32:8과 집회서 17:17도 참조). 이 신화에 따르면 나라마다 그 나라를 맡는 천사 또는 악마의 권능을 지닌 존재(대개 악의 천사 즉 '사탄의 천사' 또는 악마와 같은 일을 하는 천사로 이해된다)가 있다. 이 관점에서 악마는 한 명뿐으로, '이 우주'의 지배자인 수많은 권력자를 거느린 가장 높은 존재이자 우두머리일 것이다. 만일 바울로가 말하는 내용이 이것이라면, 그는 예수가 십자가형을 당한 탓을 악한 천사들에게 돌리고 있는 것이다.

학자들은 바울로가 말하는 '통치자들과 권력자들'과 같은 용어는 인간 지배자를 가리킨다는 의견과 천사적·악마적 힘을 지닌 '초인'을 가리킨다는 의견 중 하나를 지지하는 경향이 있었다. 나는 바울로가 둘 모두를 말한다고 보는 쪽이다. 앞서 다니엘이라는 묵시적 예언자는 페르시아를 비롯한 여러 나라에는 인간인 왕과 총독이 있지만, 이 인간 통치자들은 악한 세력의 통제와 지배를 받고 있다고 믿었다는 것을 살펴봤다. 일부 형태의 묵시사상에서는 악하고 억압적인 인간 통치자들은 초인적이고 영적인 악한 세력의 손아귀에 놓인 꼭두각시에 지나지 않으며, 이 세상에서 벌어지는 전쟁과 싸움은 하늘에서 선한 세력과 악한 세력 사이에서 벌어지는 더 큰 전쟁과 싸움의 그림자에 지나지 않는다고 본다. 그러므로 나는 바울로가 '통치자들'과 '권력자들'과 악한 '세력'을 비난할 때 인간과 초인간 종족 모두를 말하고 있을 가능성이 대단히 높다고 생각한다. 그렇지만 이것이 사실이라면, 로마서 13장에서 바울로가 인간 통치자에 관해 덜 부정적으로 말하는 부분은 다소 다른 시각에서 봐야 한다. 어쨌든 여기서 그는 로마의 그리스도교인들에게 편지를 쓰고 있다. 그는 로마가 악한 지배자로서 파멸을 겪으리라는 것을 알지만, 예수의 손에 궁극적으로 파멸되는 그때까지 교인들은 거기에 복종하며 반역하지 않아야 한다.

따라서 초기 그리스도교는 정치적으로 혁명적이며 반로마적이었는가, 아니면 정치적으로 순응적이었는가 하는 질문에 답하기는 쉽지 않다. 일부 학자들은 몇몇 혁명적 문서나 글에도 불구하고 초기 그리스도교는 통치중인 정치권력에게 기본적으로 평온주의적이고 순응적이었다고 답할 것이다. 다른 학자들은 로마서 13장을 비롯하여 이 장에서 분석할 몇몇 본문에도 불구하고 초기 그리스도교는 억압적 통치자에 대항하는 저항운동이었으며, 다만 대개는 저항을 공개적으로 또는 실제 반란으로 표현하지 않았을 뿐이라고 말할 것이다. 이 문제에 관해 학자들의 의견이 두 가지로 갈리는 이유는 양쪽 모두 자신의 입장을 지지할 만한 근거를 신약에서 어느 정도 찾을 수 있기 때문이다.

루가복음과 사도행전을 두 권으로 된 하나의 작품으로 볼 때 여기에서도 로마인에 대한 태도가 이상하게 모호한 부분을 찾을 수 있다. 로마 총독이 예수나 바울로나 그리스도교의 '방식'에는 정치적으로 문제가 없음을 선언한 뒤 저자는 특별히 신경을 써서 로마 총독을 묘사한다.[3] 바울로는 결국 죄수가 되어 로마로 호송되지만, 서사가 이 시점에 이르렀을 때 우리는 어느 총독이 바울로에게는 아무런 죄가 없다며 석방할 수도 있었다고 말하는 장면을 이미 봤다. 그러나 바울로는 황제에게 상소했고, 그래서 황제를 만나러 가야 한다(사도행전 26:32). 바울로나 다른 그리스도교인들이나 유다인들 사이의 어떠한 갈등도 종교적 믿음에 관한 다툼 내지 가족 내부의 어떤 실랑이일 뿐이라고 선언된다. 사도행전에서 지배자에 속하는 사람은 모두 그리스도교는 정치적 반역자가 아니라는 것을 보여주기 위해 등장한다.

루가복음과 사도행전의 저자가 이 부분에서 로마인을 옹호하거나 변명하는 듯 보일 것이다. 다만 이 로마인 지배자들은 모두 비교적 무능하고 무책임한 인상을 준다. 이들은 그리스도교인을 공격하는 군중을 거의 통제하지 못한다. 바울로를 죽이려 하는 유다인 지도자들에게 결정적으로 적대적인 행동은 하지 못하는 것으로 보인다. 루가복음과 사도행전에서는 로마와 다양한 지위의 로마 지도자들이 모호한 모습으로 등장한다. 이들은 그리스도교인들을 억압하는 악당도 아니고 적으로부터 보호하는 이 땅의 고결한 통치자도 아니다.

데살로니카2서, 악한 자, 정치관

데살로니카2서는 저자가 누구인지를 두고 논란이 있는 편지의 하나다. 학자 중에는 정말로 바울로가 이 편지를 썼다고 믿는 사람이 많다. 나는 이 편지가 그의 이름으로 위조됐다고 보는 나머지 다수 학자에 속한다. 그렇지만 골로사이서나 에페소서와는 달리 문체를 가지고 증명할 수는 없다. 논란중인 나머지 편지인 골로사이서와 에페소서, 그리고 목회서신의 문체는 논란이 없는 일곱 편의 편지 문체와 너무나 달라서 문체만으로도 차명임을 입증할 수 있다. 데살로니카2서의 그리스어는 바울로의 그리스어와 매우 비슷해 보인다. 실제로 나는 데살로니카2서의 저자는 데살로니카1서를 이용할 수 있었으며, 그래서 그 편지를 견본으로 삼아 차명으로 썼다고 믿는다. 두 편지의 첫 부분을 나란히 놓고 보면(도표 13 참조), 첫머리(데살로니카1서 1:1~2과 데살로니카2서 1:2~3)를 비롯하여 여러 부분(한 군데만 예를 들자면 데살로니카1서 3:11~13과 데살로니카2서 2:16~17)에서 비슷한 점뿐 아니라 고른 어휘까지 거의 정확하게 일치한다는 사실이 드러난다.

1서 1:1	나 바울로와 실바노와 디모테오는 아버지 하느님과 주 예수 그리스도를 믿는 데살로니카 교회 여러분에게 이 편지를 씁니다. 주님의 은총과 평화가 여러분에게 깃들기를 빕니다.	2서 1:1~2a
1서 1:2	우리는 언제나 여러분 모두를 생각하면서 하느님께 감사를 드립니다.	2서 1:3
1서 1:4	하느님/주님의 사랑을 받고 있는 교우 여러분	2서 2:13
1서 2:9	수고와 노력…… 우리는…… 누구에게도 폐를 끼치지 않으려고 밤낮으로 노동을 했습니다.	2서 3:8
1서 3:11~13	하느님 우리 아버지와 우리 주 예수께서…… 여러분의 마음이 굳건해져서	2서 2:16~17

도표 13. 데살로니카1서와 2서의 비교

다른 한편으로, 두 편지는 핵심적으로 다루는 문제 즉 예수가 오는 시기에 관한 시각이 매우 다르다. 바울로는 데살로니카1서에서는 예수가 오는 때가 정말로 매우 임박했다고 보는 것처럼 쓴다. 현재 살아 있는 사람들 중에 예수가 하늘에서 오는 파루시아(예수의 등장 또는 재림) 때에도 살아 있는 사람들이 분명히 있을 것이라고 보는 것 같다. 어쩌면 그 자신도 살아 있을지 모른다고 생각한다(데살로니카1서 4:15~18). 그는 지금부터 언제라도 일어날 수 있는 일이기 때문에 데살로니카인들에게 정신을 똑바로 차리고 깨어 있으라고 촉구한다(5:1~6).

반면에 데살로니카2서의 저자는 바로 파루시아가 임박했다는 기대감을 진정시키기 위해 편지를 쓰는 것으로 보인다. 그는 그날이 아직 '여기' 오지 않았다고 말할 뿐 아니라, 나중에 다시 살펴보겠지만 예수가 돌아오기 전에 일어나야 하는 여러 사건의 시간표를 상당히 세밀하게 보여준다. 그는 독자들에게 하던 일을 계속해야 하며, 생계를 위한 일을 계속하고 싶어하지 않는 사람들을 다른 사람들이 보살펴줘서는 안 된다고 말한다. "일하기 싫어하는 사람은 먹지도 마라"(데살로니카2서 3:10). 그는 예수의 재림은 그들이 기대하는 것보다 더 나중이 될 것임을 주장한다는 분명한 목표로 글을 쓴다. 지금부터 언제라도 일어날 것으로 기대해서는 안 된다는 것이다.

따라서 데살로니카2서의 저자에 관한 이론이라면 적어도 두 가지 사실을 설명할 수 있어야 한다. 하나는 데살로니카2서는 문체와 어휘까지도 데살로니카1서와 매우 비슷해 보이는데, 마치 2서의 저자가 편지를 쓸 때 1서를 앞에 놓고 보면서 쓴 것 같은 정도라는 점이다. 두번째는 그럼에도 불구하고 데살로니카2서의 요지는—즉 예수의 재림이 매우 가깝지는 않으며 따라서 사람들은 지금부터 언제라도 일어날 것으로 기대해서는 안 된다는—예수의 재림에 관해 바울로가 데살로니카1서에서 한 말과는 정반대로 보인다는 점이다. 데살로니카2서를 바울로가 쓴 것이 맞는다고 주장하는 학자들은 바울로가 1서를 보낸 뒤 너무나도 금방 2서를 쓴 나머지, 습관 때문이거나 아니면 1서를 쓴 지 정말로 얼마 지나지 않았기 때문에 우연하게도 곳곳에서 똑같은 어휘를 썼을 뿐이라고 말한다. 이들은 또 그가 데살로니카2서를 쓴 것은 바로 데살로니카 사람들 중 일부가 먼저 보낸 편지를 너무나 마음에 깊이 새긴 나머지 예수가 곧 돌아올 것으로 기대하면서 일을 그만두었다는 소식을 들었기 때문이라고 주장한다. 그는 예수가 곧 오지만 그렇게 빨리는 오지 않는다는 말을 하기 위해 두번째 편지를 썼다는 것이다.

나는 이런 논거는 설득력이 약하다고 본다. 대체로 나는 자리에 앉아 누군가에게 편지를 쓸 때 내가 그 사람에게 전에 보냈던 편지를 베껴 넣지 않는다. 나는 데살로니카2서의 저자가 바울로의 문체를 정확하게 모방하기 위해 1서를 견본으로 삼았을 가능성이 훨씬 더 높다고 생각한다. 고대에 차명작품을 쓴 사람들은 자신이 이름을 빌리는 그 사람의 문체를 모방하기 위해 최선을 다할 필요가 있었다. 바울로가 데살로니카인들에게 직접 쓴 편지를 곁에 두면 그 작업이 쉬워질 것이다. 데살로니카2서에서는 또 저자가 특별히 자신의 위조 편지에 사실성을 주기 위해 고대의 차명 작가들이 흔히 쓰던 수법을 사용한 흔적이 있다. 그는 바울로가 썼다는 위조 편지가 돌아다니고 있는데 그 편지에 관심을 보이면 위험하다는 점을 언급한다(2:2). 그리고 데살로니카2서 말미에 넣은 서명은 그가 즉 바울로가 직접 쓴 것이라고 주장한다. "바울로로부터. 이렇게 친필로 서명을 하며 여러분에게 문안합니다. 이 서명은 내 모든 편지를 가려내는 표입니다. 이것이 내 글씨입니다"(3:17). 일부 학자들은 이런 개인적 언급으로 볼 때 이 편지를 정말로 바울로가 썼을 가능성이 그만큼 더 높다고 생각한 반면, 다른 학자들은 저자가 우리가 아는 차명 작가의 수법을 쓰고 있다고 생각한다. 즉 자신이 쓴 편지의 신빙성이 의심받는 데 대한 강한 항의와 자신의 이름으로 쓰인 위조 편지에 대한 경고를 덧붙이는 수법이다.[4] 데살로니카2서의 신빙성을 의심하는 학자들은 저자가 너무 강하게 항의하기 때문에 거기서 수법이 드러난다고 생각한다.

데살로니카2서가 데살로니카1서와 매우 달라 보이는 유일한 부분은 바로 저자가 데살로니카1서를 '바로잡으려' 시도하는 부분, 즉 예수의 파루시아가 늦어지는 시간표이다(2:1~12). 이 부분은 이렇게 시작한다. "교우 여러분, 우리 주 예수 그리스도께서 다시 오시는 일과 그분 앞에 우리가 모이게 될 일에 관해서 부탁할 말씀이 있습니다. 주님의 날이 벌써 왔다고 어떤 사람들이 말하더라도 여러분은 지성을 잃고 쉽사리 흔들리거나 당황해서는 안 됩니다. 아마 성령의 감동을 받았다는 사람이나 혹은 말씀을 전한다는 사람이 이런 말을 할지도 모릅니다. 또 우리가 이런 말을 편지에 써 보냈다고 떠들어대는 사람이 있을지도 모릅니다"(2:1~2).[5] 만일 이 편지가 나의 주장대로 차명으로 쓴 것이라면, 차명으로 쓴 편지 안에 차명으로 쓴 편지를 가리키는 내용이 이 구절에 포함되어 있는 것이다. 앞에서 논한 대로 이것은 우리에게는 이상해 보이겠지만 고대의 차명작품에서는 전혀 드문 일이 아니었다.

그는 이렇게 계속한다. "여러분은 아무에게도 절대로 속아넘어가지 마십시오. 그날이 오기 전에 먼저 사람들이 하느님을 배반하게 될 것이며, 또 멸망할 운명을 지닌 악한 자가 나타날 것입니다. 그자는 사람들이 신으로 여기는 것이나 예배의 대상으로 삼는 모든 것에 대항하고 자기 자신을 그보다도 더 높이 올려놓을 것입니다. 그뿐만 아니라 하느님의 성전에 자리잡고 앉아서 자기 자신을 하느님이라고 주장할 것입니다"(2:3~4). 다니엘서와 공관복음서에서 본 것처럼 거짓 구세주나 심지어 신으로 자처하는 사람들에 관한 언급은 초기 그리스도교의 글과 그 견본이 된 유다교의 글에 나타난다. 거짓 신 또는 '예배의 대상'은 다른 글에서는 "파괴자의 우상"(또는 "황폐하게 하는 가증스러운 것")이라 불린다(마르코복음 13:14에서는 "황폐의 상징인 흉측한 우상"이라 번역되어 있다. 다니엘 9:27, 11:31, 12:11 참조). 저자는 여기서 또 거짓 그리스도에 관해서도 예언하고 있다. 다른 글에서 "그리스도의 적"(요한1서 2:18)이라 불리는 인물과 같은 종류의 인물이다.

그런 다음 저자는 이런 여러 사건에 관해 바울로가 직접 경고한 적이 있다고 주장한다. "내가 여러분과 함께 있을 때에 이런 일에 관해서 누차 일러둔 일이 있는데 여러분은 그것을 기억하지 못합니까? 아시

다시피 그자(악한 자)는 지금 어떤 힘에 붙들려 있습니다. 그러나 제때가 되면 나타나게 될 것입니다"(데살로니카2서 2:5~6). '붙들려 있다'는 말은 그리스어 카테코katechō를 번역한 것인데, 어떤 것이 다른 어떤 것을 '억누르고 있다'는 뜻이다. 이 시점에서 우리는 악한 자를 붙들고 있는 것이 사물인지, 세력이나 제도인지, 아니면 사람인지 구분할 수 없다. 다만 여기서 사용되는 분사가 중성형이므로 '억누르고 있는 것'이 사물을 가리키는 것으로 보인다.* "사실 그 악의 세력은 벌써 은연중에 활동하고 있습니다. 그러나 그 악한 자를 붙들고 있는 자가 없어지면……"(2:7). 여기서 사용되는 분사는 남성형이다. 따라서 현재 이 악한 자를 억누르는 역할을 하는 존재가 사람일 것으로 생각해야 한다는 뜻일 수 있다. 그러나 꼭 그렇다고는 할 수 없는데, 남성형 낱말은 예컨대 제도나 세력 등 그리스어에서 남성형 명사로 나타나는 어떤 사물을 가리킬 수도 있기 때문이다.

어떻든, 악한 자를 억누르고 있는 것이 무엇이든 미래의 어느 시점이 되면 없어지면서 악한 자가 자신을 내세우는 악한 행위를 할 수 있게 될 것이다.

> 그때에는 그 악한 자가 완연히 나타날 것입니다. 그리고 주 예수께서는 다시 오실 때에 당신의 입김과 그 광채로 그자를 죽여 없애버리실 것입니다. 그 악한 자는 나타나서 사탄의 힘을 빌려 온갖 종류의 거짓된 기적

* 인용된 부분에서 보듯 공동번역 성서에서는 구체적으로 '어떤 힘'이라고 풀었다.

과 표징과 놀라운 일들을 행할 것입니다. 그리고 온갖 악랄한 속임수를 다 써서 사람들을 멸망시킬 것입니다. 그 사람들은 진리를 받아들이지도 않고 사랑하지도 않기 때문에 구원을 얻지 못할 것입니다. 하느님께서는 그런 자들에게 혼미한 마음을 주시어 거짓된 것을 믿도록 하셨습니다. 결국 진리를 믿지 않고 악을 좋아하는 사람은 모두 단죄를 받게 될 것입니다. (2:8~12)

악한 자를 '붙들고 있는 것'이 무엇인지 또 악한 자를 어떤 방식으로 억누르고 있는지에 관해서는 학자들 사이에 일치된 의견이 없다. 나는 이 저자가 꼭 집어 말하고 있지는 않지만, 그가 말하는 '악한 자'는 예루살렘 성전을 차지하고 스스로 신으로 자처할 어떤 그리스도의 적을 가리킨다고 본다. 즉 마침내 예수가 영광에 싸여 돌아오기 전에 나타날 거짓 구세주를 가리킨다고 본다. 저자는 유다인 거짓 구세주가 지금은 감춰져 있지만, 아마도 팔레스타인 안에 이미 존재하고 있으면서 내로라하고 나타날 순간을 기다리는 것으로 상상한다.

그렇지만 여기서 말하는 '붙들고 있는' 힘은 무엇일까? 하느님일 수도 있다. 또는 대단히 강력한 천사같이 초인적인 세력일 수도 있다. 그러나 나는 저자가 로마와 그 황제를 염두에 두고 있었을 수도 있다고 생각한다. 그러면 그가 로마와 황제를 가리킬 때 중성형 용어와 남성형 용어를 모두 쓴다는 점도 설명된다. 있을 수 있는 유다인 경쟁자를 지금 '억누르고 있는' 황제는 어떤 다른 세력, 하느님이나 또는 적어도 하느님의 뜻에 따라 제거될 것이다. 로마의 세력과 군대가 없어지면 거짓 유다인 구세주가 나타나 예루살렘과 성전을 차지할 수 있을 것이다. 따지고 보면 고대 지중해에서 사람들이 스스로 왕이라고 선언하지 못하도록 막고 있는 유일한 것은 바로 로마라는 세력이었다. 예수는 불법적으로 왕을 자처했다는 죄목으로 처형됐다(원로원에서 임명하지 않으면 누구도 왕이 될 수 없었다). 그렇지만 로마인은 여러 형태의 왕을 자처한 다른 사람들도 처형했다. 합법적이든 불법적이든 왕이 나타나지 않도록 막고 있는 유일한 가시적 세력은 로마 황제였다. 로마 황제와 그 세력은 언젠가는 제거될 것이다. 악한 자는 이때를 틈타 예루살렘에서 구세주라는 호칭과 권력을 스스로 차지할 것이다. 바로 이것이 예수가 군대를 끌고 와 악한 자를 파멸시키고 진정한 하느님의 나라를 세우리라는 징조가 될 것이다.

물론 모두 나의 추측이다. 우리에게 있는 증거가 충분하지 않아 이 수수께끼를 풀 수 없다. 그러나 나는 이것이 좋은 가설이라고 본다. 이것이 사실이라면 저자는 로마를 세상에서 완전히 부정적인 세력으로만 보는 것이 아니다. 로마에는 실제로 하느님의 계획 안에서 부여된 목적이 있는 것이다. 물론 이 목적이 달성되면, 그리고 하느님이 종말의 여러 사건을 시작할 준비가 되면 로마와 황제는 파멸할 것이고 따라서 로마 역시 빠져나가지 못한다.

그러므로 우리는 여기서 누군가가 예수가 정말로 곧 돌아온다는 바로 그 관념에 대항하기 위해 바울로의 이름으로 편지를 쓰는 상황을 보고 있다. 그럼에도 예수의 재림은 꽤 가까운 장래의 일이다. 저자가 천 년 정도의 시간을 생각하고 있지 않는 것은 분명하다. 그렇지만 그는 예수의 재림 전에 일어날 일련의 지정학적 사건들, 종말에 다가올 하느님의 지배에 환호하기 전에 바울로의 교회들이 견뎌내야 하는 사건들을 설명하고 있다.

베드로의 첫째 편지와 정치관

베드로1서는 신약에 포함된 위서 편지의 또다른 예이다. 이것이 위조이며 실제 사도 베드로가 쓰지 않았다고 믿을 이유가 여러 가지 있다. 그중 가장 두드러진 이유는 우리에게 있는 모든 증거로 볼 때 베드로는 갈릴래아 출신의 시골뜨기 어부로서 문맹이었다는 것이다. 사도행전 4:13에서는 그를 "배운 것이 없는 천한 사람"이라고 표현한다. 편지를 쓴 것으로 되어 있는 다른 사람들, 예컨대 야고보나 유다 같은 초기의 인물들에 관해 앞서 논했던 것과 마찬가지로, 설사 베드로가 글을 읽거나 쓸 줄 알았다 해도 베드로1서에 나타나는 수준의 그리스어로는 쓸 수 없었을 것이라는 점은 거의 확실하다. 더욱이 오랜 세월에 걸친 그리스도교 발달사를 개관하는 역사학자가 볼 때 이 편지는 1세기 말에 이르러서야 발달한 종류의 그리스도교에 해당하는 것으로 보이며, 베드로가 활동했던 그리스도교 운동의 첫 30년 동안에 해당될 가능성은 낮다. 그렇지만 베드로1서가 차명이라는 논거와 증거는 그 밖에서도 쉽게 발견되며, 따라서 나는 여기서 이에 관해서는 더 다루지 않기로 한다.

편지는 이렇게 시작한다. "예수 그리스도의 사도인 나 베드로는 본도와 갈라디아와 가빠도기아와 아시아와 비티니아에 흩어져서 나그네

생활을 하고 있는 여러분에게 이 편지를 씁니다"(베드로1서 1:1). 얼핏 보면 그는 지금 팔레스타인이 아니라 오늘날 중부 및 서부 터키에 해당되는 넓은 지역에 흩어져 살고 있는 유다인 전체를 대상으로 돌려보는 편지를 쓰는 것으로 보일 것이다. 그러나 그는 명확하게 "가증한 우상숭배를 일삼아온" 이방인들을 대상으로 한다(1:14, 1:18, 4:3). 그는 그들이 최근에 와서야 하느님의 백성이 됐다고 믿는다(2:9~10). 저자는 '이방인'이라는 용어를 그가 편지를 쓰는 대상이 아니라 '외부인'에게만 적용하지만(2:12, 4:3), 바울로도 대개는 유다인이 아니면서 교회의 교인도 아닌 사람들만 가리켜 '이방인'이라는 낱말을 쓴다.

저자는 이들을 나그네라고 부르지만, 이 용어를 비유적으로 또 '영적'인 뜻으로 쓰고 있는 것이 거의 확실하다. 예수를 따르는 사람의 '진정한 집'은 하느님과 함께하는 것이기 때문에 낯선 땅의 나그네로서 행동해야 한다는 점을 암시하는 것이다(1:17, 2:11). 그는 이들이 자신을 '불법체류자'로 보거나, 또는 합법적이라면 사실은 세상이라는 낯설고도 적대적인 나라에 속하지 않는 사람으로 보게 하고자 한다.

그의 정치관은 어떨까? "여러분은 인간이 세운 모든 제도에 복종하십시오. 그것이 주님을 위하는 것입니다"(2:13). 이것은 천사의 권력이 아니라 인간의 권위를 가리키는 것이 분명하다. "황제는 주권자이니 그에게 복종하고 총독은 황제의 임명을 받은 사람으로서 악인을 처벌하고 선인을 표창하는 사람이니 그에게도 복종해야 합니다"(2:13~14). 로마 제국 곳곳의 총독은 원로원이나 황제 본인이 임명했다. 저자는 로마의 총독은 모두 황제가 임명했다고 믿는 것으로 보이는데, 이것은 실제로 사실이 아니다. 그러나 내가 보기에는 그가 로마 총독의 임명에 관한 세세한 부분에 신경을 쓸 것 같지는 않다.

그가 독자들에게 권위에 복종하고 문제를 일으키지 말라고 촉구하는 주된 이유는 그리스도교인이 아닌 이웃들이 교회나 교인을 바라보는 인식과 관계가 있다. "선한 일을 하여 어리석은 자들의 무지한 입을 막는 것이 하느님의 뜻입니다. 여러분은 자유인답게 사십시오. 그러나 악을 행하는 구실로 자유를 남용해서는 안 됩니다. 여러분은 하느님을 섬기는 종입니다. 모든 사람을 존경하고 형제들을 사랑하며 하느님을 두려워하고 황제를 존경하십시오"(2:15~17). 이 감정이 당시 다른 그리스도교인들의 감정과 얼마나 다른지 제대로 알아보려면 요한묵시록의 저자가 이런 말을 한다고 상상해봐야 한다. 그로서는 사람들에게 "황제를 존경하십시오" 하고 촉구하기가 불가능할 것이다. 묵시록의 저자는 다른 그리스도교인들을 대할 때는 염려하는 마음으로 충실하게 대하지만, 외부인을 대할 때는 전혀 그렇지 않아 보인다. 따라서 묵시록과 비교하면 베드로1서의 그리스도교는 정치적으로 눈에 띄게 보수적이다.

이 편지의 정치관은 그 밖에 몇 가지 사회적 측면에서도 저절로 드러난다. 그는 황제와 총독을 존경하라고 촉구한 바로 직후 노예는 자신이 노예라는 사실을 전적으로 받아들이고 자기 주인에게 복종하라고 주장한다. "하인으로서 일하고 있는 사람은, 주인에게 진정 두려운 마음으로 복종하십시오. 착하고 너그러운 주인에게뿐만 아니라 고약한 주인에게도 그렇게 하십시오. 억울하게 고통을 당하더라도 하느님이 계신 것을 생각하며 괴로움을 참으면 그것은 아름다운 일입니다. 죄를 짓고 매를 맞으면서 참으면 영예스러운 것이 무엇입니까? 그러나 선을 행하다가 고통을 당하면서도 참으면 하느님의 축복을 받습니다"(2:18~20). 이것은 마르크스와 레닌이 비난한("민중의 아편") 바로 그런 종류의 종교다. 노예는 노예로, 가난한 자는 가난한 그대로, 억압된 자는 억압된 그대로 유지하기 위해 존재하는 종교다.

그러므로 저자가 여자들에게 다음처럼 가르쳐도 놀랍지 않다. "아내 된 사람들도 마찬가지로 남편에게 복종해야 합니다. 하느님의 말씀을 믿지 않는 남편들도 자기 아내의 행동을 보고 믿게 될 것입니다"(3:1). 이들 교회에는 부부 중 아내는 예수를 따르지만 남편은 그렇지 않은 사람들도 있다. 그들은 그래도 남편에게 복종해야 한다. 저자는 여자가 그리스도교인으로서 지니는 충성심과 그리스도를 주인으로 받드는 태도를 이용하여 자기 남편을 주인으로 받드는 상황으로부터 벗어나는 것을 허용하지 않는다. "여러분은 머리를 땋거나 금으로 장식하거나 옷을 차려입거나 하는 겉치장을 하지 말고 썩지 않는 장식, 곧 온유하고 정숙한 정신으로 속마음을 치장하십시오. 이것이야말로 하느님께서 가장 귀하게 여기시는 것입니다. 전에 하느님께 희망을 두고 살던 거룩한 부인들도 이와 같이 자신을 가다듬고 자기 남편에게 복종했습니다"(3:3~5).

저자는 교회라는 집안에 사회적 위계가 있는 것으로 전제하고, 이 전제를 확장하여 젊은이는 노인 또는 적어도 연장자에게 복종할 필요가 있다고 말한다. "이번에는 젊은이들에게 말합니다. 여러분은 원로들에게 복종하십시오"(5:5). 오랜 세월 그리스도교의 많은 부분에서 그랬듯 이 저자는 베드로의 이름으로 편지를 쓰면서 사람들에게 자신의 본분을 지키라고 명령한다. 혁명도 반란도 없어야 하고, 사회의 전통적 위계에 저항하는 일도 있어서는 안 된다. 이것은 명백하게 정치적 평온주의이자 순응이며, 이웃의 기분을 상하게 하여 말썽꾼이라는 비난이 그리스도교인에게 돌아오는 일이 생기지 않게 하기 위해 이를 조장한다. "이방인들 사이에서 행실을 단정하게 하십시오. 그러면 여러분더러 악을 행하는 자라고 욕하던 그들도 여러분의 아름다운 행위를 보고 하느님께서 찾아오시는 그날에 그분을 찬양하게 될 것입니다"(2:12).

저자가 묵시사상을 버리지 않았다는 점에 주목하기 바란다. 그는 이렇게 말한다. "세상의 종말이 가까이 왔으니 정신을 차려 마음을 가다듬고 기도하십시오"(4:7). 그러고 불길이라는 묵시사상의 전형적인 이미지를 환기시킨다. "사랑하는 여러분, 시련의 불길이 여러분 가운데 일어나더라도 그것은 여러분을 시험하려는 것이니 무슨 큰일이나 생긴 것처럼 놀라지 마십시오"(4:12). 그는 심판이 다가온다며 경고한다. "심판의 때는 왔습니다. 하느님의 백성이 먼저 심판을 받을 것입니다. 하느님께서 당신의 백성인 우리를 먼저 심판하신다면 하느님의 복음을 믿지 않는 자들의 말로가 어떠하겠습니까?"(4:17) 그러나 여기서는 이 묵시적 내용이 요한묵시록의 내용과는 전혀 다른 기능을 한다. 여기서 묵시사상은 고난의 이유를 알려주기 위한 것도 아니고("지금 우리가 고통받는 것은 세상이 일시적으로 악의 손아귀에 놓여 있기 때문이지만, 아주 잠깐 동안만 그럴 것이다" 하는 식으로), 복수를 약속함으로써 불의를 당하고 있다는 감정을 바로잡기 위해서도("물론 로마인은 악한 통치자지만, 결국에는 응분의 대가를 치를 것이다") 아니다. 베드로1서의 묵시사상은 불의에 맞서싸우는 사람을 도와주는 역할은 거의 또는 전혀 하지 않는다. 그보다는 그저 초기 그리스도교가 갖추고 있던 내용의 한 부분으로서 이 편지에 들어가 있는 것으로 보인다. 이것은 순응적 묵시사상이다.

베드로의 둘째 편지: 사도 이후 시대에 보낸 편지

베드로2서 역시 차명으로 쓰였다. 그러나 베드로1서의 저자와 같은 사람이 쓴 것은 아니다. 나아가 아마도 바울로의 편지들이 쓰인 수십 년 뒤에 쓰였는데, 어쩌면 더욱 나중인 2세기 전반기에 쓰였을 것이다. 베드로2서는 실제로 1세기보다 훨씬 더 발달한 형태의 그리스도교를 보여준다. 3장의 시작 부분을 눈여겨보기 바란다. "사랑하는 여러분, 나는 지금 여러분에게 두번째 편지를 쓰고 있습니다. 나는 먼젓번과 마찬가지로 이번에도 여러분의 기억을 새롭게 하여 여러분의 순수한 마음을 불러일으키려고 한 것입니다. 그래서 거룩한 예언자들이 이미 예언한 말씀과 주님이신 구세주께서 여러분의 사도들에게 주신 계명을 되새기게 하려는 것입니다"(베드로2서 3:1~2). 물론 베드로는 '사도들'에 포함되지만, 여기서 그는 자신을 삼인칭처럼 말한다. 마치 이제 먼 과거가 된 '사도시대'에 귀를 기울이고 있는 것처럼 느껴진다. 그들은 예언자들과 사도들의 목소리가 살아 있던 때를 '기억'해야 한다.

그는 또 베드로의 이름으로 쓰인 또 한 편의 편지에 대해 알고 있는데, 이것은 우리가 가지고 있는 베드로1서일 가능성이 매우 높다. 그는 오래전으로 거슬러올라가는 전통에 따라 자신이 편지를 쓰고 있음을 알고 있다.

저자는 또 복음서들 중 적어도 일부에 대해서도 알고 있다. "우리가 여러분에게 알려준 우리 주 예수 그리스도의 권능과 강림의 이야기는 사람들이 꾸며낸 신화에서 나온 것이 아닙니다. 우리는 그분이 얼마나 위대한 분이신지를 우리의 눈으로 보았습니다. 그분은 분명히 하느님 아버지로부터 영예와 영광을 받으셨습니다. 그것은 최고의 영광을 지니신 하느님께서 그분을 가리켜 '이는 내 사랑하는 아들, 내 마음에 드는 아들이다' 하고 말씀하시는 음성이 들려왔을 때의 일입니다. 우리는 그 거룩한 산에서 그분과 함께 있었으므로 하늘에서 들려오는 그 음성을 직접 들었습니다"(1:16~18). 이것은 물론 예수가 산 위에서 모세와 엘리야를 만날 때 변모한 일을 가리키는데, 그때 베드로와 야고보와 요한이 그 자리에 있었다(마르코복음 9:2~8이나 다른 복음서의 같은 이야기 참조). 저자는 이 이야기를 알고 또 예수의 변모를 목격한 세 사람의 제자에 베드로가 포함되어 있었다는 것도 안다.

앞서 이 책의 2장에서 이미 살펴본 대로 그는 바울로의 편지를 언급하는데, 이 부분이 가장 흥미롭다.

> 사랑하는 여러분, 여러분은 그날을 기다리고 있으니만큼 티와 흠이 없이 살면서 하느님과 화목하는 사람이 되도록 노력하십시오. 그리고 우리

주님께서 오래 참으시는 것도 모든 사람에게 구원받을 기회를 주시려는 것이라고 생각하십시오. 이것은 우리의 사랑하는 형제 바울로가 하느님께로부터 지혜를 받아 여러분에게 써 보낸 바와 같습니다. 바울로는 어느 편지에서나 이런 말을 하고 있습니다. 그러나 그중에는 이해하기 어려운 대목이 더러 있어서 무식하고 마음이 들떠 있는 사람들이 성서의 다른 부분들을 곡해하듯이 그것을 곡해함으로써 스스로 파멸을 불러들이고 있습니다. (3:14~16)

이 인용문이 중요한 것은—게다가 이 편지가 비교적 나중 시기에 쓰였음을 증명해주는 중요한 단서인 것은—바울로의 편지집이 오랫동안 배포되어왔다는 점을 저자가 알고 있다는 사실과 또 일부 그리스도교인들이 그것을 이용하여 이 저자의 관점에서는 충분히 정통적이지 않은 교리를 전개했다는 사실 때문이다. 그렇지만 가장 중요한 것은 그가 바울로의 편지들을 '경전' 수준으로 놓는다는 점이다.

바울로는 편지를 쓸 때 자신이 '경전'을 쓰고 있다는 사실을 전혀 알지 못했다. 바울로의 경우, 또 신약에서 이 편지를 제외한 나머지 문서를 쓴 저자들의 경우 '경전'이라는 것은 유다교의 경전을 가리켰으며 대개는 그리스어 번역본으로 읽었다. 바울로는 아마 자신이 쓴 편지에 권위가 있다고 생각했겠지만 그 자신의 교회에서만 권위가 있었다. 교회들이 바울로의 편지를 경전으로 보기까지, 심지어 이 인용문의 어조에서 알 수 있듯이 오늘날 구약에 들어가 있는 옛 경전과 같은 수준으로 보기 시작할 때까지는 분명 그가 죽고 나서도 수십 년이 걸렸을 것이다. 이 저자는 복음서와 바울로의 편지집이 교회망을 통해 배포되고 '경전'으로 추앙받는 시대에 살고 있다.

베드로2서의 저자가 이 편지를 쓰는 시기가 나중임을 나타내는 또다른 실마리는 그가 유다의 편지를 활용하는 방식에 있다. 그는 비록 이름을 언급하지는 않지만 유다서를 원천자료로 활용한다. 베드로2서 2:1~22은 비록 줄이고 재구성하기는 했지만 많은 부분을 유다서 4~18에서 볼 수 있는 자료에서 가져오고 있다. 제2성전 시대에 유다교에서 쓰인 방대한 양의 저작물 중 에녹이라는 이름으로 출간된 문서가 여러 편 있다. 창세기 5:21~24에 따르면 에녹은 아담의 7대손이었고, "하느님과 동행"*하다가, 하느님이 "데려"갔다. 고대 유다교와 그리스도교에서는 이 구절을 에녹이 너무나 의로웠기 때문에 죽은 게 아니라 살아 있는 그대로 하늘로 들려 올라간 것으로 해석했다. 그래서 에녹은 아직 살아 있는 것이고, 따라서 위서 예언서를 쓰기에 좋은 재료가 됐다. 내내 하느님과 함께 살고 있으니만큼 잘 알고 말할 것이라는 생각이다. 유다는 여러 부분에서 에녹과 관련된 자료를 언급하고 한 부분에서는 명확하게 인용한다.

유다는 주가 천사의 군대를 데리고 와 심판과 처벌을 내릴 것이라고 경고하면서, 자신의 경고를 뒷받침하기 위해 『에녹1서』 9장의 한 구절을 인용한다. "이런 자들에게 아담의 칠대손 에녹은 이렇게 예언했습니다. '주님께서 거룩한 천사들을 무수히 거느리고 오셔서 모든

---

* 공동번역 성서에는 "하느님과 함께 살다가"라 되어 있다(5:24).

사람을 심판하실 때에 모든 불경건한 자들이 저지른 불경건한 행위와 불경건한 죄인들이 하느님을 거슬러 지껄인 무례한 말을 남김없이 다스려 그들을 단죄하실 것입니다'"(유다서 14~15). 유다서의 저자는 따라서 에녹과 관련된 자료를 성서의 나머지 예언서와 같은 수준의 진정한 예언서로 받아들이고 있는 것이다.

흥미로운 점은 베드로2서의 저자가 유다서의 자료를 가져오면서 이 인용문을 빼놓았다는 부분이다. 이것은 그가 『에녹서』를 성서의 예언서와 동급의 경전으로 보지 않는다는 뜻일 수 있다. 만일 그렇다면 이것은 그가 편지를 쓴 때는 그리스도교의 발달사 중 더 나중 시기, 즉 구약의 정전이 좀더 정착되면서 에녹과 관련된 자료가 주변으로 밀려나던 시기였다는 뜻이 될 수 있다.

유다는 그 밖에도 정전에 포함되지 않는 유다교의 여러 다른 글을 언급하지만 베드로2서에서는 그런 부분이 빠져 있다. 유다는 천사 미가엘이 모세가 죽은 뒤 모세의 시신을 놓고 악마와 논쟁을 벌인 이야기를 언급한다(유다서 9). 이것은 오늘날 성서에는 나오지 않지만 제2성전 시대의 다른 여러 문서에는 나오는 이야기이다.[6] 베드로2서의 저자가 이런 세밀한 부분 역시 빼놓은 것은 우연이 아닐지도 모른다. 그는 정전으로 인정된 유다교 경전 중 유다가 생각했던 것보다 어느 정도 더 보수적으로 구성된 정전의 증거를 보여주는지도 모른다. 한편으로 바울로의 여러 편지와 유다의 편지, 다른 한편으로 베드로의 둘째 편지에서 나타나는 이 모든 차이점을 두고 볼 때 우리는 훨씬 나중인 사도 이후 시기, 어쩌면 2세기에 베드로의 이름으로 쓰인 차명작품을 대하고 있는 것이라고 짐작할 수 있다.

그리스도교 최초기의 묵시사상 이후 수십 년이 지난 뒤에 쓰였지만, 그럼에도 불구하고 베드로2서의 저자는 묵시사상의 여러 요소를 유지한다. 그는 예수의 재림을 언급하면서, 그런 기대를 비웃는 사람들을 배척한다. "무엇보다도 먼저 여러분이 알아두어야 할 것은 이것입니다. 곧 마지막 시대에 자기들의 욕정을 따라 사는 자들이 나타나서 여러분을 조롱하며 '그리스도가 다시 온다는 약속은 어떻게 되었는가? 그 약속을 기다리던 선배들도 죽었고 모든 것이 창조 이래 조금도 달라진 것이 없지 않으냐?' 하고 말할 것입니다"(베드로2서 3:3~4). '선배들'? 저자는 베드로의 이름으로 편지를 쓰고 있으면서도 예수가 죽은 뒤 첫 세대에 속하는 사람들을 '선배들'이라고 표현한다.

그리고 그는 예수가 처음 '왔던' 뒤로 시간이 많이 흘렀음을 지적하며 재림을 의심하는 사람들에게 대답을 들려주어야 한다. 그래서 이런 의심에 대답하기 위해 자신의 묵시적 시나리오를 다시 들려준다.

> 그들은 아득한 옛날에 하느님의 말씀으로 하늘과 땅이 창조되었다는 사실을 일부러 외면하고 있습니다. 하느님의 말씀에 의해서 땅이 물에서 나왔고 또 물에 의해서 이루어졌습니다. 그리고 물에 잠겨서 옛날의 세계는 멸망해버렸습니다. 사실 하늘과 땅은 지금도 하느님의 같은 말씀에 의해서 그대로 남아 있습니다. 그러나 하늘과 땅은 하느님을 배반하는 자들이 멸망당할 심판의 날까지만 보존되었다가 불에 타버리고 말 것입니다. 사랑하는 여러분, 이 한 가지를 잊지 마십시오. 주님께는 하루가 천 년 같

고 천 년이 하루 같습니다. 어떤 이들은 주님께서 약속하신 것을 미루신다고 생각하고 있지만 사실은 여러분을 위해서 참고 기다리시는 것입니다. 아무도 멸망하지 않고 모두 회개하게 되기를 바라시기 때문입니다. 그러나 주님의 날은 도둑처럼 갑자기 올 것입니다. 그날에 하늘은 요란한 소리를 내면서 사라지고 천체는 타서 녹아버리고 땅과 그 위에 있는 모든 것은 없어지고 말 것입니다. (3:5~10)

그러나 우리는 설령 저자에게 묵시적 시나리오가 있다 하더라도 그것이 그에게 무슨 '역할'을 하는지를 질문해야 한다. 거기에는 임박한다는 느낌이 없다. 지금으로부터 수천 년 뒤에 일어날 수도 있다. 불의하다는 감각과 위기감이 고조되어 있지도 않다. 이 묵시사상은 요한의 묵시록이나 바울로의 여러 편지에서 하는 것과 같은 역할을 하지 않는다.

베드로2서에서는 더이상 종말론적 열기에 사로잡혀 있는 종류의 그리스도교를 볼 수 없다. 이 편지의 그리스도교는 나름의 경전이 있고, 사도시대를 먼 과거로 바라보며, 정치적으로 비교적 보수적이다. 로마를 저주하지도 않고 로마가 '악의 세력'이라는 암시조차 없다. 베드로2서의 묵시적 요소는 교인이 받아들여야 하는 교리 이상의 역할을 하지 않는 것으로 보인다. '올바른' 그리스도교인을 '잘못된' 그리스도교인으로부터 구분해주는 '올바른 믿음'의 요소이다. 즉 '정통성'이라는 것이 명확하게 정의된 시대로 들어가지는 않았지만, 묵시적 요소들은 '정통'을 '이단'으로부터 구별해주는 교리 역할을 하고 있다는 말이다. 그 점을 제외하면 묵시사상 자체는 동력을 잃어버렸다.

묵시사상은 정치적 이념이지만, 이것이 불러일으키고 뒷받침하는 정치관은 상당히 달라질 수 있다. 실제로 초기 그리스도교의 여러 지류에서 지니고 있던 묵시사상은 여러 다른 정치적 목적을 지지했다. 묵시사상은 절박한 상황에서 희망을 줄 수 있었다. 로마의 지배자를 악으로 규정하고 로마를 엄청난 탕녀라든가 괴물로 묘사할 수 있었다. 저항뿐 아니라 나아가 노골적으로 반기를 들도록 부추길 수 있었는데, 그리스도교인 사이에서는 그러지 않았던 것으로 보이지만 1세기의 유다인 사이에서는 확실히 그랬다. 그러나 또 초기 그리스도교 안에서 평온주의를 가르치면서 교인들에게 그저 자신의 일을 하면서 기다릴 것을 주장한 특정 묵시사상의 표현도 볼 수 있다. 묵시사상이 이념적, 정치적 원동력 역할을 한 다양한 방식에서 초기 그리스도교의 다양성이 나타난다.

발달

25
교회 기관의 발달: 이그나티오스와 『디다케』

개요: 안티오키아의 이그나티오스가 쓴 편지에는 초기 그리스도교가 제도화하기 시작한 증거가 담겨 있다. 예컨대 이그나티오스는 주교, 장로, 부제라는 세 가지 성직을 언급한다. 또 이런 직책을 맡은 사람들의 권위를 강조한다. 『디다케』에는 세례, 주의 기도, 성찬례 등과 같은 예식의 전례와 예식과 관련된 지침이 담겨 있다. 이런 문서는 모두 초기 그리스도교가 더 커다란 교회 구조와 제도를 향해 변화해나아간 양상을 보여준다.

'카리스마적' 기관에서 '공식적' 기관으로

바울로는 자신이 설립한 가정교회에 영향력이나 통제력을 행사하려 할 때 자신의 말을 뒷받침해줄 공식적 교회 기구나 지도자를 동원할 수 없었다. 그가 가진 것이라고는 설득력과 개인적 권위뿐이었다. 자신이 사도라는 주장조차도 '성직'에 호소하는 것이 아니었다. 그는 인간이 만든 제도를 통해 사도로 임명되지 않았다. 그에게만 나타난 예수의 계시를 근거로 사도가 됐다고 주장했다. 그리고 그의 교회에 있던 주교나 사제, 나아가 부제까지도 공식적인 의미는 아니었다. 바울로가 그런 용어(공식적인 느낌이 덜한 용어로 옮기자면 '감독', '원로', '종')를 쓸 때 그것은 자기 교회에서 사람들이 맡은 역할을 가리켰지 제도적으로 확립된 '성직'을 가리킨 것이 아니다.

초기 종교사회학자 막스 베버 덕분에 유명해진 낱말로 표현하자면, 이런 지도자는 '카리스마'적 조직에 바탕을 둔 사회집단 속의 '카리스마'적 지도자였다. 이 맥락에서 이 낱말을 쓸 때는 누구든 영향력이 있는 지도자는 자신의 설득력과 인격의 힘으로 그 영향력을 행사해야 한다는 뜻이다. 이들은 제도적으로 정해진 '성직'을 차지하는 '공식적' 지도자가 아니다. 이들은 인격의 힘과 비공식적 권위로 지휘한다. 그리스도교는 결국 정규적인 성직을 확립하여 지도자를 세웠는데, 이 장에서는 그 과정의 제일 첫 단계에서 일어난 일을 오로지 두 가지 예를 통해 살펴본다. 그것은 이그나티오스의 편지와 『디다케』인데, 후자는 『열두 사도들의 가르침』이라는 제목으로 풀어쓰기도 한다.

이그나티오스와 순교자 숭배

그리스도교의 최초기에는 고난을 존경과 나아가 영광을 가져다주는 것으로 생각했다. 그리스도교에서 고난을 귀중하게 여기는 중심에는 물론 예수의 고난이라는 모범이 자리잡고 있다. 우리는 바울로가 감옥에 갇히고 매를 맞는 등 복음을 위해 여러 가지로 고난을 겪은 것을 자신이 수행하는 사도직의 표상으로서 내세우는 모습을 종종 봤다. 따라서 대의를 위해 겪는 고난은 처음부터 그리스도교의 한 부분이었다. 여기서 순교를 둘러싼 모든 신학이 생겨났다. 실제로 우리는 이것을 '이념'이라고도 부를 수 있는데, 바로 권력과 권위를 향한 투쟁에 사용한 언어이기 때문이다.

순교자는 몇 가지 혜택을 즉시 누렸다. 초기 그리스도교에서 일반 교인은 죽을 때 어떤 축복받은 상태로 들어갈 수 있다는 믿음이 생겨났기는 하지만, 시간의 종말이 되어 부활할 때까지 기다려야 실제로 그곳에 들어갈 수 있었다.[1] 그러나 순교자는 죽는 그때 지고한 희생의 대가로 하늘나라로 들어갈 수 있었다. 따라서 순교자는 이미 하느님과 그리스도 앞에 있었다.[2] 이로써 이들에게는 또 영광과 권위가 부여됐다.

순교자는 물론 영광을 누릴 수 있었지만—나아가 꿈이나 환상 속에 나타나거나 예언을 통해 '하늘에서 다스릴' 수도 있었지만—교회의 일상에는 더이상 관여할 수 없었다. 순교자는 기도뿐 아니라 '봉납'(무덤이나 사당에 두는 선물이나 제물)도 받을 수 있었지만, 자신의 순교를 '이용'하여 교회에서 살아 있는 사람이 하는 것과 똑같은 방식으로 권위를 휘두를 수는 없었다. 그렇지만 초기 그리스도교인들은 '신앙고백자'도 우러러보았다. 신앙고백자는 체포되어 순교될 처지에 놓였으나 어떤 이유 때문에 아직 처형되지 않았거나 풀려난 사람을 가리킨다. 고백자는 실제로 죽지 않았을 뿐이지 순교자나 다름이 없었다. 그리스도교인 중에는 고백자는 하느님과 그리스도와 특히 가깝고 또 다른 교인들보다, 어쩌면 교회의 '공식적' 지도자인 주교나 사제보다도 더 '주께서 귀담아들어주신다'고 생각하는 사람이 많았다. 이들은 거의 죽을 뻔하고 따라서 하늘나라에 들어갈 뻔했기 때문에 사람들은 이들에게 조언이나 기적, 중재 기도 등을 청했다. 실제로 어떤 시대에 어떤 곳에서는 주교가 고백자들의 권력에 맞서야 했고, 이 때문에 공식적 지도자인 주교와 비공식적 지도자인 순교자나 고백자 사이에서 교회 내의 지위와 권위를 두고 경쟁이 벌어지기도 했다.[3]

이그나티오스의 편지에서 우리는 주교와 순교자라는 두 형태의 권위와 권력을 하나로 아우르려는 흥미로운 시도를 볼 수 있다. 이그나티오스는 2세기 초 시리아 안티오키아의 주교였다. 그는 아마 110년 무렵에 안티오키아에서 체포되어 사형을 선고받았으나, 처형을 위해 로마로 호송됐다. 기나긴 여정 동안 가는 길에 있는 교회에 들러 얼마간 지내는 것이 허용됐다. 적어도 소아시아의 스미르나와 트로아스, 그리고 마케도니아의 필립비에 머물렀던 것으로 보인다. 그렇지만 그는 또 그 지역에서 머무르는 동안 다른 도시나 소도시의 교회에서 찾아온 지도자들도 알게 됐다. 그는 에페소, 메안데르 강변의 마그네시아, 트랄레스, 필라델피아, 스미르나에 있는 교회들에게 편지를 썼다. 또 로마에 있는 그리스도교인들에게도 미리 편지를 썼다. 스미르나를 떠난 뒤에는 그곳의 주교 폴리카르포스에게 편지를 썼다. 따라서 이 여행 동안 그가 쓴 편지 일곱 편이 오늘날 남아 있다.

모든 편지에는 그가 곧 겪을 순교가 언급되어 있다. 예컨대 에페소인들에게 보낸 편지에서 이그나티오스는 자신이 두른 쇠사슬을 "영적 진주"라고 표현한다(「에페소」 11). 이렇게 강조하는 모습은 로마인들에게 보낸 편지에서 가장 단호하게 나타나는데, 자신은 죽을 생각이며 자신을 구하기 위해 어떠한 시도도 하지 말라고 주문하는 것도 편지의 목적이기 때문이다.

> 저는 모든 교회에게 편지를 보내, 여러분이 방해하지만 않는다면 하느님을 위해 기꺼이 죽을 것임을 모두에게 알리고 있습니다. 여러분에게 권고합니다. 때아니게 저에게 친절을 베풀지 마십시오. 제가 사나운 짐승들의 빵이 되게 해주십시오. 짐승들을 통해 저는 하느님에게 다다를 수 있습니다. 저는 하느님의 밀이며, 사나운 짐승들의 이빨에 가루가 됩니다. 제가 그리스도의 순결한 빵임이 드러나기 위해서입니다. 오히려 사나운 짐승들을 구슬려 저의 무덤이 되게 함으로써 제 몸의 어느 부분도 남지 않게, 제가 죽고 나서 어느 누구의 짐도 되지 않게 할 것입니다. 그러면 세상에서 저의 몸조차 보이지 않을 때 저는 예수 그리스도의 진정한 제자가 될 것입니다.[4] (「로마」 4.1~2)

오늘날의 시각으로 보면 죽음과 고통과 고난을 잔혹하고 끔찍하게 찬양하는 것으로밖에 보일 수 없는 내용의 시작 부분이다. 그러나 여기에는 다른 종교와 마찬가지로 그리스도교에도 길고도 광범위한 역사가 있었다.

이 구절 직후 이그나티오스는 짐승들이 자신을 열심히 찢어주기를 기도한다. 그러지 않으면 짐승들을 붙잡아 억지로 먹게 하겠다고 말한다. "불길과 십자가와 사나운 짐승떼가 저를 덮치고, 끊어지고 찢어지며, 뼈가 흩어지고, 사지가 토막 나며, 온몸이 가루가 되고, 악마의 사악한 고문에 처하고—이런 것들이 저에게 닥치게 하십시오. 예수 그리스도에게 다가갈 수 있기를 바랄 뿐입니다"(「로마」 5.3).

이그나티오스는 자기희생으로써 얻는 '이익'을 강조하기는 하지만, 또 초기 교회에서 귀중하게 생각한 순교라는 것을 명백하게 이용하기도 한다. 그는 이미 안티오키아의 주교라는 권위를 주장한 바 있다. 이 권위는 물론 안티오키아라는 지역 밖으로는 확장되지 않았을 것이다. 이그나티오스는 다른 어떤 지역의 주교도 아니었다. 그러나 사형선고를 받고 곧 순교할 사람이라는 조건 덕분에 그는 모든 교회에서 보편적으로 인정받는 지위를 얻는다. 그의 편지에서 나타나는 어조를 보면 그가 그 지위를 인식하고 활용하려 한다는 것을 알 수 있다.

이그나티오스와 교회의 성직

이그나티오스는 다가오는 순교 말고도 몇 가지 교리와 논란 문제를 다룬다. 그렇지만 여기서는 이런 논쟁에 관해 구체적으로 다루기보다, 자신이 생각하는 정통성과 일치를 보장하기 위한 수단으로서 그가 어떤 식으로 교회의 성직에—오늘날에는 확실하게 자리잡은 성직에—호소하는지를 살펴보고자 한다. 이그나티오스는 그리스도교 전체에 걸쳐 주교, 장로(사제), 부제라는 세 가지 성직이 존재하고 있다고 생각하면서 그 세 가지 성직을 거듭 언급한다. 실제로 이것은 이 세 가지 역할을 명확하게 언급하면서 거기에 그처럼 높은 지위를 부여하는 그리스도교 최초의 글이다.

그렇지만 그보다 더 놀라운 것은 이그나티오스가 주교의 역할을 묘사하는—또는 규정한다고 표현하는 쪽이 더 정확할 것이다—방식이다. 목회서신에서 살펴봤던 것처럼 여러 교회에서 '감독들(에피스코포이episkopoi)'이 임명 또는 선출된 것으로 보이며, 각 소도시나 도시의 교회에 여러 명이 있었던 것 같다. 이그나티오스의 편지에서 '군주적 주교'를 확립하려고 적어도 시도하는 예를 처음으로 볼 수 있다. 이것은 한 도시를 중심으로 하는 지역마다 한 명의 주교가 있어서 그 지역 최고의 유일한 권위로서 '다스리는' 방식을 말한다. 내가 '시도'라고 말한 것은 이그나티오스가 처음에 얼마나 성공을 거뒀는지를 우리가 모르기 때문이다. 이 시기(서기 110년 무렵)에는 지역에 따라 교회가 제각기 다른 관습을 지니고 있었음이 거의 확실하다. 나는 이런 성직에 관해 이그나티오스가 묘사하는 내용이—도시마다 무조건적 권위를 지니는 주교가 한 명 있다는 설명과 아울러—이처럼 이른 시기의 그리스도교 전체에 해당된다고 보기는 불가능하다고 생각한다. 사실 나는 이그나티오스의 편지를 교회가 이 방향으로 나아가게 하려는 강력한 수사적 권고로 해석한다.

이그나티오스는 주교에게 실제로 대단히 높은 지위를 부여한다. 그는 트랄레스인들에게 쓴 편지에서 주교의 권위를 예수 그리스도의 권위에 견준다. "여러분이 예수 그리스도를 대하듯 주교에게 복종하면 여러분은 사람의 방식이 아니라 예수 그리스도에 따라 살고 있는 것으로 보이기 때문입니다. 그분은 우리를 위해 돌아가셨으며, 여러분은 그의 죽음을 믿음으로써 죽음을 피할 수 있습니다. 그래서—이미 그러고 있는 것처럼—여러분은 주교가 인정하지 않는 활동을 해서는 안 됩니다"(「트랄레스」 2.1~2). 교회는 전적으로 주교가 다스려야 하며, 주교가 승인하지 않는 어떠한 활동도 금지된다. 다른 편지에서 이그나티오스는 주교의 권위를 하느님의 권위에 견준다(「마그네시아」 6). 주교를 '주님 자신'으로 생각해야 하며, 주 예수가 아버지가 인정하지 않는 "어떠한 일도 하지 않았던" 것처럼 교회는 주교와 장로들이 인정하지 않는 "어떠한 일도 하지 말아야" 한다(7).

이그나티오스는 또 나머지 두 성직인 장로와 부제의 권위와 중요성을 강조한다. 마그네시아인들에게 보낸 편지의 한 구절에서는 주교를 하느님이 차지하는 지위에 두고, 장로들을 '사도회의'로 두며, 부제들을 예수 그리스도의 "섬김"과 나란히 둔다(6, 그리스어 디아코니아diakonia는 '섬김'이라는 뜻이다). 그렇지만 같은 편지의 뒷부분에서는 이 세 가지 교회의 성직을 더욱 명백하게 삼위일체의 세 위격에 견준다. "아버지, 아들, 성령"이 주교, 장로, 부제에 대응하는 것으로 보인다(13).

이그나티오스가 볼 때 이처럼 권위에 따라 세 등급으로 나뉜 위계구조는 교회가 한 교회 안에서 또 여러 교회들 사이에서 교리뿐 아니라 전례와 성서 해석까지 일치되게끔 보장하는 수단이다. 그는 "자주" 모여 "성찬"을 받으라고 말한다(「에페소」 13). 그런 뒤 이런 모임 역시 주교와 장로들의 감독을 받아야 한다고 말한다. "주교와 장로들에게 복종하고…… 하나의 빵을 나누는 행위는 불멸을 가져오는 약이며, 우리가 죽지 않고 예수 그리스도 안에서 언제나 살아가게 하는 해약입니다”(20). 성찬례를 이처럼 강조하고 주교와 사제가 주관해야 한다고 주장하며 성찬례의 빵을 ‘불멸의 약’이라 부르는 것은 모두 그리스도교가 더 발달한 단계에 있음을 보여준다. 주의 만찬은 이제 더이상 누구나 와서 음식을 나누어먹는 식사도 아니고 ‘사랑의 잔치’도 아니다. 이제는 권위를 지닌 본격적인 성직자의 주관에 따라 교회의 일치를 보장하기 위해 신중하게 통제된 상태에서 집행되는 행위가 된 것이다.

이그나티오스는 또 경전의 엉뚱한 해석에도 통제를 가하려고 시도한다. 그는 교회 안에서 권위를 경전으로부터 직접 받는다고 말하는 사람들(‘유다교화주의자들’, 「필라델피아」 6 참조)의 태도를 다음처럼 언급한다. “나는 고대의 기록에서 찾을 수 없다면 복음을 믿지 않습니다.” 이그나티오스가 “이렇게 적혀 있습니다” 하는 말로 그들에게 글을 해석하려고 하면 그들은 “바로 그게 문제입니다” 하고 이의를 제기한다(「필라델피아」 8). 그래서 이그나티오스는 그저 경전(그는 아마 구약을 생각했을 것이다)에 호소하기보다는 예수 그리스도가 전한 기본적인 내용, 그의 죽음과 부활, ‘그를 통해 오는 믿음’에 의존한다. 이 맥락에서조차 이그나티오스는 주교로서 자신이 지니는 권위에 호소하여 경전의 개인적 해석을 누른다. ‘주교가 인정하지 않는 어떠한 일도 하지 말아야’ 한다고 말한 그대로이다. 경전 해석조차도 예외가 아니다.

이그나티오스의 편지에서 우리는 초기 그리스도교의 두드러진 발달상을 볼 수 있다. 교회의 성직, 전례, 교리, 관습을 견고히 하려는 시도가 일어난다. 한 지역에 있는 교회 모두에 해당하는 제도적 위계를 도구로 사용하여 전체 교회에 최대한 일치와 통일성을 가져오고

자 한다.[5]

『디다케』와 전례의 발달

1873년에 어느 학자가 콘스탄티노폴리스(오늘날의 이스탄불)에 있는 성묘聖墓교회 수도원의 도서관에서 어느 필사본에 포함된 고대 그리스도교 문서 하나를 발견했다. 대체로 학자들은 그리스어로 된 이 문서의 본문에 나오는 첫 낱말을 따서 이 문서를 『디다케Didache』('가르침'이라는 뜻)라고 부른다. 고대의 교부라든가 몇몇 조각 문서에 수록된 인용문을 통해 이 문서에 관해 알고 있었지만, 그 전체 본문이(또는 끝부분이 없는 것일 수도 있기 때문에 본문의 대부분이) 발견되면서 우리는 고대 교회의 관습, 특히 그리스도교 역사 최초기의 전례를 들여다볼 수 있는 훌륭한 기회를 얻었다.[6]

학자들은 대체로 이 문서가 아마도 이전의 원천자료를 바탕으로 작성됐으며, 서기 100년을 중심으로 전후 10년 사이에 편집, 출간된 것으로 본다. 즉 『디다케』가 신약의 책 몇 가지보다 더 앞서며, 어쩌면 요한복음이나 신약에 포함된 그 밖의 책보다 겨우 몇 년 뒤 또는 심지어 같은 시기에 쓰였을 수도 있다는 뜻이다. 따라서 이것은 정전에 들어가지 않은 그리스도교 최초의 문서에 속하며, 일부 교회에서 세례와 성찬례를 어떻게 거행했는지에 관해 이전에는 전혀 알지 못했던 정보를 전해주기 때문에 특별하다. 또 주교, 장로, 부제라는 체제가 널리 퍼지기 전에 교회에서 순회를 다니는 지도자와 정착한 지도자가 했던 역할을 어느 정도 알 수 있게 해준다.

이 책은 실제로 이그나티오스의 편지보다 겨우 몇 년 정도 앞서 쓰였겠지만, 그럼에도 불구하고 그의 편지에서 묘사된 것보다 더 '원시적' 형태의 그리스도교를 묘사하는 것으로 보인다. 이로써 또 이그나티오스의 편지들을—또는 이런 이른 시기에 쓰인 다른 그리스도교 글을—'그리스도교'를 대표하는 것으로 받아들일 수는 없다는 사실을 알 수 있다. 당시 그리스도교 운동은 너무나 다양하여, 어떤 하나의 문서나 심지어 몇몇 문서 목록으로도 대표하기가 불가능하다. 『디다케』는 이그나티오스의 편지처럼 확실히 '정통적'으로 보이지만(앞에서도 설명했지만 이처럼 이른 시기에 대해서는 쓸 수 없는 용어를 쓰자면), 이 문서에서 나타나는 교회 조직은 이그나티오스의 편지를 통해 짐작할 수 있을 정도로는 정착되어 있지 않다. 부수적인 이야기지만, 이것은 이그나티오스의 편지가 현실을 '묘사'하는 것이 아니라 현실을 만들어 내려 시도하고 있다는 또다른 증거에 해당된다.

『디다케』는 차명작품이 아니다. 실제로 열두 사도들이 썼다고 주장하고 있지 않기 때문이다. 그저 그들의 가르침을 적었다고 주장하고 있을 뿐이다. 『디다케』는 유다교에서 가져온 윤리적 주제에 크게 의존하는 것으로 보인다. 마태오의 복음서에서 받은 영향 또한 뚜렷하다. 첫 여섯 장은 윤리적 가르침을 다루고 있는데, '생명의 길'과 '죽음의 길'이라는 '두 가지 길' 형태로 정리되어 있다. 이것은 당시 유다교에서 흔하던 개념이다. 비슷한 예를 다른 그리스도교 문서에서도 볼 수 있고 사해문서에 포함된 『규율 안내서』(또는 『공동체 규정』)에서도 볼 수 있다. 따라서 이 여섯 장에는 유다교나 초기 그리스도교에서 늘 접하는 상당히 전형적인 '파라이네시스', 즉 도덕적 권고가 담겨 있다.

그리스도교 전례에 관한 더 흥미로운 자료를 볼 수 있는 곳은 이 문서의 그다음 큰 덩어리이다. 저자는 세례를 베풀 때는 아버지와 아들과 성령의 이름으로(마태오복음 28:19 참조) 흐르는 물(그리스어로는 '살아 있는 물'이어서 중의적일 가능성이 있지만, 이것이 '흐르는 물'을 가리키는 일반적인 방식이었다)에서 해야 한다고 말한다. 불가능할 때는 흐르지 않고 고여 있는 물에서 하는 것이 허용된다. 가능하면 물이 차야 하지만, 곤란할 때는 더 따뜻한 물에서도 가능하다. 그리고 물웅덩이가 없으면 머리에 물을 세 차례 부을 수 있다. 저자는 세례를 베푸는 사람과 세례를 받는 사람 모두 그전에 단식해야 하며, 가능하면 다른 사람들도 함께 참여하는 것이 좋다고 말한다. 그러나 어떻든 세례를 받는 사람은 사전에 하루나 이틀 동안 단식해야 한다(『디다케』 7장).

그다음 문단은 단식과 기도에 관한 지침이다. 독자에게 월요일과 목요일에는 단식하지 말라고 하는데, 바로 '위선자들'이 단식하는 날이기 때문이다. 내 생각에 저자는 그리스도를 믿지 않는 유다인들을 염두에 두는 것이 분명하다. 그는 그리스도교인 독자에게 수요일과 금요일에 단식하라고 말한다. 그다음에는 하루 세 번씩 주의 기도를 올려야 한다고 말한다. 흥미로운 것은 그가 읊는 주의 기도는 마태오나 루가의 복음서에 나오는 형태보다는 오늘날 대부분의 그리스도교회에서 읊는 것에 훨씬 더 가깝다는 점이다(『디다케』 8장, 마태오복음 6:9~13 및 루가복음 11:2~4과 비교). 그리고 끝부분에 영광송*이 붙어 있다. 오늘날 교회에서 읊는 일반적인 주의 기도는 킹 제임스 성경처럼 더 긴 형식의 주의 기도가 들어 있는 옛 판본의 성서에서 가져왔기 때문이다. 더 현대적 판본의 성서는 나중에 학자들이 더 낫고 더 오래된 그리스어 필사본을 사용하여 교정한 것이다. 그렇지만 『디다케』에 있는 더 긴 주의 기도는 1세기 말 무렵에 적어도 일부 교회에서 사용된 것이 틀림없다. 실제로 그리스도교 필경사들이 『디다케』에 있는 긴 기도의 영향을 받아 원래 마태오복음에 수록되어 있던 짧은 기도를 길게 고쳤을 수도 있다.

이어 저자는 성찬례와 관련된 문제를 다룬다. 이 부분에서는 두 가지 점이 흥미롭다. 첫째, 저자는 자신이 지정하는 기도와 함께 포도주 한 잔을 먼저 마신 다음 빵을 먹으라고 말한다. 이 순서는 마태오나 마르코, 바울로의 글에서 보는 것과는 반대다.[7] (루가는 먼저 포도주 한 잔을, 다음에는 빵을, 식사를 나눈 뒤 다시 포도주 한 잔을 마신다. 루가복음 22:14~20.) 그는 또 세례를 받은 사람만 성찬례에 참여할 수 있다고 말한다. 이것은 나중의 그리스도교에서 일반적인 관습이 되지만, 우리에게 남아 있는 문서 중 명확하게 규정으로 설명되어 있는 것은 이것이 처음이다. 덧붙여 그다음 부분에서는 "충분히 먹었으면"이라는 말과 함께 기도를 권장한다(『디다케』 10장, 그리스어 원문을 좀더 직역하면 "배가 부르면"이다).[8] 이것은 이 시기의 성찬례에는 제대로 된 식사

* 영광송doxology은 그리스도교에서 기도문 등의 끝에 덧붙이는 짤막한 찬송을 말한다. 『성공회기도서』에 실린 주의 기도 끝에 붙은 영광송은 다음과 같다. "나라와 권세와 영광이 영원토록 아버지의 것이옵니다."

가 동반됐거나, 또는 적어도 '배가 부를' 정도로 빵과 포도주가 충분히 있었음을 암시한다.

성찬례 뒤에 올리는 긴 기도를 지정한 뒤 저자는 순회하는 설교자 문제를 다룬다. 그는 이렇게 여행을 다니는 인물 중 적어도 몇 명을 가리켜 '사도'라는 낱말을 사용하는데, 이 낱말은 그저 '보내진 사람'이라는 뜻이라는 점을 기억하기 바란다. 이 낱말이 모든 그리스도교인 집단에서 (사도행전에서와는 달리) 오로지 예수운동의 최초 설립자들과 바울로만 가리키는 용어로 자리를 잡지는 않았다는 것이 분명하다. 여전히 더 넓은 뜻으로 사용할 수 있었다. 그는 또 '예언자들'을 언급한다. '사도'와 '예언자'라는 호칭이 서로 다른 역할을 가리키는지, 순회 예언자와 설교자를 가리키는 용어로서 서로 바꿔쓸 수 있는지는 분명하지 않다.

그는 순회 설교자가 일반적으로 올바른 교리를 가르치는 한 그들을 환영해야 하며, 다만 하루나 최대 이틀만 머물러야 한다고 말한다(11장). 사흘 동안 머무른다면 거짓 예언자이다. 떠날 때는 빵을 얼마간 가져갈 수 있지만, 누구든 돈을 요구하면 거짓 예언자이다. 예언자들은 가난한 사람들에게 식사를 제공해주도록 요구할 수 있지만, 그럴 경우 그들 자신은 그 식사를 조금도 먹어서는 안 된다(11:9). 저자는 또 "성령의 감화를 받아" 말하는 예언자들에 관해 말하는데, 그럴 때 그들에게 반박해서는 안 된다. 이것은 바울로가 말하는 "이상한 언어를 말하는" 것(고린토1서 12~14장)과 비슷하게 무아경에 빠진 예언 활동을 말하는 것으로 보인다. 그러나 예언자가 "성령의 감화를 받아 말할" 때도 자신을 위해 돈을 요구하면 그 예언자를 무시해야 한다(『디다케』 11:12).

앞서 살펴본 것처럼 일반 그리스도교인 역시 여행할 때에는 교회를 이용하여 임시 거처를 얻었는데(『디다케』 12장),[9] 저자는 이에 관해서도 지침을 들려준다. 이들이 '그저 지나가는 길'이라면 환영해야 하지만, 이틀이나 사흘만 지낼 수 있다. 더 오래 머무르고 싶다면 정착하여 일을 하거나 다른 수단을 마련하여 스스로 생계를 꾸려야 한다. 그는 공짜를 노리는 사람들에 관해 크게 신경을 쓰는 것으로 보이며, 심지어 그런 사람들을 "그리스도팔이"라고까지 부른다(12:5, 크리스템포로이Christemporoi).

그는 예언자들과 교사들이 정착하여 그들과 함께 지내기로 할 가능성을 열어둔다. 그는 이런 사람들을 "여러분의 대사제"라 부르면서, 그들의 행동에서 진정한 예언자이자 교사임이 드러난다면 그들은 교회의 뒷받침을 받을 자격이 있다고 말한다. 포도주, 곡물, 고기, 기름, 나아가 가능하면 돈과 옷까지 제공한다. 교회에서 뒷받침하는 현지의 예언자가 없을 경우에는 같은 양을 가난한 사람들에게 주어야 한다(13장).

"주일" 즉 서로 화해하고 또 함께 모여 성찬을—그는 성찬을 그들의 "희생제물"이라 부르는데—나누는 날에 해야 하는 적절한 행동을 지정한 뒤 그는 주교와 부제라는 주제로 관심을 돌린다(14~15장). 흥미롭게도 그는 이런 역할을 교사나 예언자의 역할과 구분한다. 또 이 부분을 보면 각 지역에 주교가 두 명 이상 있는 것으로 보인다. 이들은 사람들이 선출해야 한다(권위가 더 높은 사람이 임명하는 게 아니라). 『디다케』의 '성직'이 이그나티오스의 성직과 일치하지 않는다는 점에 주목해야 한다. 예컨대 장로는 전혀 언급하지 않는다. 주교는 아마 군주적 주교가 아닐 것이다. 따라서 세 단계라는 성직 체제가 아직 모든 곳에서 확립되어 있지는 않은 것이다.

『디다케』는 죽은 자가 부활하고 주가 "하늘에서 구름을 타고" 오는 "종말"의 사건에 관한 경고로 끝을 맺는다(16장). 이 문서는 너무 갑작스럽게 끝나기 때문에 대부분의 학자들은 결말 부분이 소실됐다고 간주한다.

진화하는 '그리스도교'

나중에 '그리스도교'가 될 운동 안에 아직 다양성이 매우 많이 남아 있지만, 이 시기 즉 1세기 말과 2세기 초에서 나중 형태의 그리스도교를 향해 진화하는 모습을 볼 수 있다. 그러나 나자렛 예수라는 묵시적 유다인 예언자를 따르는 극소수의 무리와는 많이 달라졌다. 또 사도 바울로가 세운 때의 교회처럼 비교적 형식이 갖춰지지 않은 '카리스마'적 가정교회로부터도 상당히 멀어졌다. 앞으로 그리스도교인들은 무엇이 '진정한' 교리이고 무엇이 '거짓'인지, 전례에서는 무엇이 올바른 방식이고 무엇이 잘못된 것인지, 나아가 부활절의 시기와 기념하는 올바른 방법을 두고서도 자기네끼리 수많은 싸움을 벌이게 된다. 지중해 주위의 교회들은 결국 고대 후기의 교회 체계를 발전시킬 것이다. 교회의 완전한 제도화, 신경, 사회조직, 수도원, 정전 등도 이런 교회 체계에 포함된다. 그렇지만 이그나티오스의 편지와 『디다케』에서 우리는 그리스도교가 나중에 갖출 이와 같은 제도를 향하는 초기의 발걸음을 볼 수 있다.

후기: 신약시대 이후의 그리스도교

개요: 이 책에서 나는 예수에서부터 바울로의 가정교회에 이르는 그리스도교 역사의 최초기, 최초로 쓰인 복음서들, 1세기 말과 2세기 초에 있었던 그리스도교 운동의 전개 등에 초점을 맞췄다. 커다란 주제는 초기 그리스도교 집단의 다양성이다. 나중에 신경, 공의회, 대부분의 교파에서 확립된 교리 등에서 표현되는 '정통' 그리스도교로 발달하기까지는 여러 세기가 걸렸다. 예수나 그 제자들의 가르침에서 그냥 튀어나온 것이 아니다.

초기 그리스도교 내의 다양성

나는 예수의 추종자들이 예수가 죽은 다음 '그는 누구인가'에 대해 각기 다른 관념을 갖게 됐다는 점을 조명했다. 일부는 그를 그저 이스라엘의 대예언자로서 곧 다가올 '하느님의 나라'에 관한 묵시적 메시지를 전했다고 봤던 것이 분명하다. 일부는 그가 어떤 면에서 신성하다고 믿었는데, 아마도 두드러지게 의로운 사람이어서 하느님이 반쯤 신성한 지위로 격상시켰다고 봤을 것이다. 다른 사람들은 그가 너무 신성한 나머지, 아마도 '사람' 예수와는 구별되는 '진짜' 그리스도는 순수하게 영혼만 있으며 '피와 살'이 아니었다고 믿게 됐다. 또다른 사람들은 그가 완전히 신성한 존재이지만, 그럼에도 불구하고 더없이 높은 하느님에게 종속된다고 믿게 됐다. 또 일부는 그가 아버지 하느님과 동등한 신성한 지위를 지니고 있다고 믿게 됐다. 예수는 바로 불꽃이 이는 떨기 속에서 모세에게 나타난 '나는 곧 나'이기도 했다. 그리스도교의 첫 1백 년 동안 온갖 곳에서 갖가지 그리스도론이 발달했다.

똑같은 방식으로, 우리에게 남아 있는 최초기의 여러 그리스도교 글을 보면 유다교의 율법 즉 모세의 율법을 바라본 관점이 눈에 띄게 다양했음을 알 수 있다. 마태오는 예수를 따르는 사람은 유다인이든 이방인이든 율법을 지키고 또 바리사이파 사람들보다도 더욱 꼼꼼하고 경건하게 율법의 규정을 따라야 한다고 생각한 것으로 보인다. 그 대척점에 있는 바울로는 유다인은 모세의 율법을 계속 따를 수 있겠지만, 이방인은 율법을 따르려고 시도하는 것만으로도 '그리스도와 관계가 끊어질' 것이며 은총에서 벗어날 것이라고 가르쳤다. 바울로의 생각에 이방인에게 율법은 지켜도 되고 말고 하는 문제가 아니었다. 루가는 그 중간 입장으로 상상할 수 있을 것이다. 그는 모세의 율법을 단순히 유다인의 민족법으로 봤다. 그리스인, 로마인, 이집트인 등 고유의 풍습과 전통과 율법을 지닌 여느 민족과 마찬가지였다. 루가는 바울로가 율법과 관련하여 생각하던 원대한 신학적 문제를 전혀 생각하지 않았을 가능성이 높지만, 한편으로는 마태오가 그런 것처럼 이방인 개종자들이 율법을 지켜야 한다고 보지도 않았다. 히브리서의 저자는 율법을 '해독'이 가능한 암호로 보았다. 이제까지 감춰져 있었으나 지금은 드러난 그리스도의 '전례'에 관한 진리를 분별하기 위한 암호였다. 그것은 하나의 실마리이지 문제가 아니었다. 그리스도교인이 실제로 그에 따라 살고자 하지 않는 한 그랬다.

우리는 초기 그리스도교인들은 여성이 교회 안에서 지니는 역할과 전통적 가부장적 집안 내에서 차지하는 위치에 관해 정반대 입장을 지니고 있었음을 살펴봤다. 예수 자신은 여자들이 가장 가까이에서 그를 따르는 것을 허용했다. 그는 전통적 집안이나 가족을 지지하는 데에는 전혀 관심이 없었던 것으로 보이며, 오히려 제자들에게 자기 집안을 떠나 하느님의 나라를 기다리는 새로운 종말론적 순회 공동체의 구성원이 되게 했다. 마찬가지로 바울로는 여자들에게 자기 교회 안에서 주도적 역할을 하게 했다. 다만 젠더에 있어 오늘날 말하는 진정한 '평등주의자'는 아니었다. 그리고 바울로에게는 전통적 집안을 지지할 생각이 없었다. 바울로의 관점에서 결혼은 오로지 성욕을 풀기 위해 존재했다. 『바울로와 데클라 행전』은 바울로 사상 중 나중 세대에 쓰인 문서로서, 반집안적 성격이 더욱 강화된 종류의 그리스도교를 표방한다. 목회서신은 그 반대였다. 이 편지들에서는 교회를 집안으로 바꾸어놓았고, 가부장적 집안의 전통과 마찬가지로 여성이 교회 안에서 침묵과 복종과 출산이라는 역할을 맡게 했다.

실제로 우리가 가지고 있는 원천자료에 나타난 다양한 종류의 고대 그리스도교를 비교해보면 하나의 양상이 드러난다. 작가가 전통적 가족구조를 뒷받침하고 싶을 때면 여성을 종속시킨다. 여성에게 사회나 교회 안에서 더 크고 더 높은 역할을 부여하고 싶을 때면 집안을 공격한다. 최초기의 그리스도교 안에서 이 두 가지 태도는 정확하게 이런 방식으로 나란히 움직인다. 일종의 금욕주의와 전통적 가부장적 집안이 대등한 구조로 자리를 잡은 것은 훨씬 나중에 가서의 일이다. 이때부터 교인들은 수도사나 수녀가 되거나 아니면 '정상적인' 집안 내에서 존재할 수 있었다. 그러나 금욕주의 측에서 집안이라는 전통적 가부장제에 이의를 제기하는 것은 허용되지 않았다. 그리스도교의 최초기에는 그렇지 않았다. 금욕주의는 여성에게 더 강력한 역할을 맡기는 태도와 언제나 나란히 움직였고, 여성을 종속시키는 태도는 전통적 가족을 지지하는 태도와 나란히 움직인 것으로 보인다.

끝으로 종말이다. 초기 그리스도교는 대부분 어느 정도 종말적 관점을 지니고 있었다. 나중에 영지주의라 불린 관점으로 기울어지는 문서들, 예컨대 『토마의 복음서』 같은 문서는 더 이전에 그리스도교에서 지니고 있던 묵시적 기대를 철저히 깎아내렸겠지만, 거기에조차 종말론의 흔적이 남아 있다. 앞서 논한 것처럼 역사적 예수 본인이 묵시적 유다인 예언자였는데, 이것은 즉 그가 하느님과 천사들이 현재의 세상사에 개입하여 유다인을 억압하는 세력을 타도하고 땅 위에 하느님의 나라를 세울 거라고 기대했다는 말이다. 예수는 그 자신이 구세주가 되어 하느님의 뜻에 따라 그런 일을 할 거라는 생각을 했을지도 모른다. 아니면 자신을 세례자 요한과 마찬가지로 장차 구세주가 온다고 미리 알리는 예언자로 봤을 것이다. 어떤 경우든 예수는 유다 지방의 왕이라고 주장했다는 죄목으로 로마인에게 처형당했는데, 이것은 예수 본인이나 다른 사람들이 그를 구세주라고 주장했다는 뜻이다. 많은 학자들과 마찬가지로 나는 그가 그들에게 그런 방법으로 살해당한 까닭을 이해할 수 있는 유일한 설명은 이것뿐이라고 생각한다.

바울로 역시 유다인의 묵시 관념을 가지고 있었지만 그의 묵시사상에서는 사정이 달라질 수밖에 없었다. 구세주가 비록 '낮은' 신분이라는 형태이기는 하지만 이미 왔다는 '사실'을 반영하기 위해서였다. 바울로를 비롯하여 예수 추종자들은 유다교의 묵시사상을 고쳐야 했는데, 예수의 부활을 통해 종말이 이미 진행중에 있다고 믿었기 때문이다. 예수의 부활은 종말의 때에 있을 의로운 사람들의 부활에서 '첫번째'에 해당됐다. 마찬가지로 그 밖의 여러 초기 그리스도교 문서에서도 묵시적 관점과 기대가 강하게 나타난다. 세 권의 공관복음서가 그렇고(루가복음보다 마르코복음이 더 그렇다), 특히 요한의 묵시록이 그렇다. 그뒤에 여러 갈래의 그리스도교에서 묵시적 기대가 쇠퇴했는데, 제2바울로 서신(골로사이서와 에페소서)에서조차 묵시적 기대가 사그라졌다. 종말 관념은 그리스도교인 사이에서 완전히 없어지지 않았다. 우리 사회 안에서도 '종말'과 '휴거'*에 관한 예언은 꾸준히 되살아난

---

* 휴거携擧는 종말이 올 때 그리스도교인들이 모두 하늘나라로 들려 올라가 그리스도를 만나는 사건을 가리키는 묵시사상적 용어이다. 이 믿음의 근거로 데살로니카1서 4:17을 인용하기도 한다. "다음으로는 그때에 살아남아 있는 우리가 그들과 함께 구름을 타고 공중으로 들리어 올라가서 주님을 만나게 될 것입니다. 이렇게 해서 우리는 항상 주님과 함께 있게 될 것입니다." 또 이 책 14장의 후주 16도 참조.

다. 대부분의 그리스도교에서 묵시사상은 신학의 가장 중요한 원동력이라고는 할 수 없어도 하나의 이론적 틀 역할을 해왔다.

그리고 비록 오늘날에는 그렇지 않지만 고대 세계에서 유다교의 묵시적 믿음은 거의 언제나 현재의 지배세력에 대한 반항과 나란히 움직였다. 다니엘서에 나타난 유다교의 묵시사상에서는 헬레니즘적 지배자의 패권에 맞섰다. 초기 그리스도교의 묵시사상에는 대개 로마인, 그리고 속주의 상류층 중에서도 로마를 섬기는 현지의 '종복'에 대한 의심과 적개심이 따랐다. 로마의 지배자들에게 맞설 것을 절대 공개적으로 주장하지 않는 바울로조차도 우주를 다스리는 "이 세상 통치자들"이 자기도 모르게 "영광의 주님"을 죽였다고 말하는 부분에서(고린토1서 2:8) 그들에게 적개심을 내비치고 있는 것으로 보인다. 이런 반항은 요한의 묵시록 같은 문서에서 명명백백하게 드러난다. 그리스도교의 다양성에는 요한묵시록이라는 철저히 혁명적인 수사에서부터 "황제를 존경"하라는 다른 문서들(베드로1서 2:13~17 참조)의 평온주의적 보수주의에 이르기까지 다양한 정치적 성향과 함께 다양한 정도의 묵시적 세계관이 포함되어 있다.

이런 것들은 이 책의 구성을 따라 내가 강조한 주제에 지나지 않는다. 나는 그리스도교 운동 첫 백 년 동안의 차이점과 다양성을 볼 수 있는 여러 다른 주제도 다룰 수 있다. 물론 그리스도교에 관한 일반적 관념에서는 엄격한 '정통성'과 일치성이 강조되는 경향이 있지만, 그 안의 여러 갈래 사이에는 언제나 훨씬 더 많은 차이가 나타났고 지금도 나타난다. 그러나 특히 첫 몇 세기 동안 그리스도교인들은 자기네

안에서 수많은 차이를 경험했는데, 그중에는 오늘날 우리가 경험하는 것보다 더 근본적으로 다른 부분도 많았다. 그리스도교가 하나의 형태나 모양을 갖춘 채 땅에서 솟아오르거나 하늘에서 떨어진 것이 아니라는 점을 깨닫는 것이 중요하다. 발달하기까지 오랜 세월이 걸렸으며, 때로는 이 교리냐 저 교리냐를 두고 벌어지는 싸움이 격렬하기도 했다. 이것은 진행형 역사였다.

신약 이후

어떤 면에서 그리스도교가 나중과 같은 모습을 갖추게 된 과정에서 더 중요한 이야기는 신약 이후 2세기부터 몇백 년 동안 벌어진 이야기이다.[1] 2세기에는 진정으로 상류층이면서 잘 교육받은 사람들이 교회에 합류하기 시작한다. 그러는 사이에 그들 중 일부는 처음으로 그리스도교라는 종교운동을 '철학'으로 바꾸는 방향으로 나아간다. 2세기와 3세기에는 그리스도교의 금욕주의가 지지자의 수뿐 아니라 교회 전체에 미치는 영향력에서도 눈에 띄게 성장한다. 고대 후기에 수도원 제도는 남녀를 불문하고 가장 강력하고 눈에 띄는 사회세력의 하나가 된다.[2]

이그나티오스의 편지와 『디다케』에서 대략 살펴본 것처럼 각처 각지의 교회들은 결국 제도적 구조를 갖췄다. 오늘날 알려진 로마 정부의 제도와 대체로 비슷하게 만들어졌으며, 군주적 주교와 사제 및 부제로 이루어진 성직자 체제로 이어졌다. 물론 일찍이 아우구스투스가 동등한 의원들이 모인 로마의 원로원에서 첫째라는 자리를 굳힌 것과 마찬가지로 로마의 주교가 스스로 '동등한 주교들 중 첫째'의 자리를 굳힐 수 있었던 것은 훨씬 나중의 일이다. 실제로 교황과 바티칸이 황제의 지위를 행사할 수 있게 되는 것은 중세에 들어서고도 한참 뒤였으며, '교황의 무오'*는 19세기 이전에는 교조로 선언되지 않았다. 그러나 고대 후기인 2세기부터 6세기 사이에 이런 중앙집권화와 제도화가 이미 시작됐음을 알 수 있다.

그리스도교가 역사적으로 성립되고 마침내 고대 로마 세계를 '정복'하는 동안 일어난 가장 중요한 사건은 어쩌면 콘스탄티누스 1세의 승리와 개종일 것이다. 콘스탄티누스가 강력하면서도 장수한 황제였던데다 그의 뒤를 이은 왕조가 대부분 그의 전례를 따라 그리스도교회를 후원했는데, 그 덕분에 그리스도교는 다사다난했던 4세기 동안 결국 강한 소수와 황제의 집안뿐 아니라 제국 전체의 종교가 될 수 있었다. '이교 사상'이 사회 전반에서 무시할 수 있을 정도의 요소로 쪼그러들기까지는 오랜 기간이 걸렸다.[3] 그리고 물론 그뒤로도 진정으로 사라지지는 않았는데, 대중적 형태의 그리스도교 안에서조차 '신들'을 숭배하는 흔적이 살아남았기 때문이다. 그러나 콘스탄티누스 1세와 그 후손들이 교회를 후원한 것이 고대의 경쟁자들을 물리치고 '그리스도교의 승리'로 나아가는 전환점이었다. 갈릴래아 출신의 가난하고 무식한 유다인 시골뜨기들의 초라한 무리로 시작한 것이 결국에는 로마 제

* 교황의 무오無誤 또는 무류無謬는 로마 천주교회에서 내놓은 교조로서, 교황이 모든 그리스도교인의 목자이자 스승의 자격으로 신앙이나 도덕에 관해 내린 결정에는 잘못이 있을 수 없음을 말한다.

국의 국교가 됐다. 이 이야기, 즉 신약 이후의 이야기가 이 책에서 연구한 여러 문서에서 묘사된 첫 백 년 동안보다 역사적으로 더 중요한 이야기라는 주장도 충분히 설득력이 있다.

'세계종교'로 본 그리스도교

나의 학생들은 나자렛의 예수가 생전에 얼마나 미미한 존재였는지 또 그뒤로 두 세기 동안 그의 이름으로 벌어진 운동이 얼마나 보잘것없었는지를 깨닫고 놀라는 때가 많다. 대부분의 사람들과 마찬가지로 이들은 예수가 매우 중요한 인물이었으며 그의 추종자들은 그가 죽은 뒤 세상을 일거에 휘어잡았음이 확실하다고 생각한다. 이들은 초기의 예수운동이 얼마나 다양했는지, 오랫동안 얼마나 미약했는지, 또 신봉자들이 고대 지중해 지역에서 겨우 강력한 소수가 되는 데에도 얼마나 여러 세기가 걸렸는지 이야기를 듣고 나면 이렇게 묻는다. '그러면 묵시적 유다인 예언자를 따르는 이 무식한 시골뜨기 추종자들의 작디작은 무리가 어떻게 세계종교가 됐는가? 언제, 어떻게, 왜 그렇게 됐는가?'

이것은 어느 정도 함정이 있는 질문이다. 그리스도교는 19세기 말이나 20세기 초가 되기 전에는 '세계종교'가 되지 않았다. 그것은 '세계종교'라는 범주가 그전에는 만들어지지 않았기 때문이라고도 말할 수 있다.[4] 종교를 연구하는 학자들은 지난 몇십 년 동안 현대인이 사용하는 방식의 '종교'라는 범주마저 고대 세계에는 존재하지 않았음을 점점 더 깊이 깨달아가고 있다. 일반적으로 우리는 하나의 믿음(교리),

관습(의식), 윤리(도덕) 체계로서, 초자연적 존재(하느님, 신, 천사 및 기타)와 인간이 일정한 방식과 구조를 통해 관계를 맺는다고 생각하는 것을 '종교'라고 한다. 우리는 '종교'를 일반적이고 나아가 보편적인 범주라고 생각하며, '종교'라는 커다랗고 보편적인 범주 안에 여러 '종교들'이 포함된다고 생각한다. 종교를 연구하는 비판적 이론가와 사학자들은 '종교'를 생각하는 이런 사고방식 전체가 현대에 생겨났으며, 주로 유럽이 세계를 탐험하고 식민지화한 시기가 그 시초라는 점을 지적해왔다.[5]

'세계종교'는 더욱 근래의 범주로, 19세기 말과 20세기 초에 여러 학자들이 만들어냈다. 그리스도교는 여러 세계종교 중 하나의 커다란 세계종교라는 생각은 명백해 보이지만, 사실은 그리스도교의 역사 전체라는 커다란 시야에서 보면 상당히 근래에 생겨난 관념이다. 따라서 어느 면에서 그리스도교는 세계종교라는 범주를 생각할 수 있게 된 19세기 말과 20세기가 되어서야 세계종교가 됐다고 말할 수 있다.

그러나 이런 이론적이고 비판적인 논의는 접어두고 더 구체적인 질문, 즉 지구의 모든 주요 지역에 어떤 형태든 그리스도교회가 들어선 때는 언제였는가 하는 질문을 생각해보자. 애석하게도 이것 역시 매우 어려운 질문인데, 수많은 지역과 시기에 관한 역사적 정보가 부족하기 때문이기도 하지만, '비그리스도교' 지역에 있는 소수의 '그리스도교인'의 중요성을 어떻게 계량할 것인가 하는 문제 때문이기도 하다.[6]

물론 초기에 그리스도교는 지중해 지역으로 국한되어 있었다. 첫 몇 세기 동안 그 일부가 유럽 북부로 더 퍼져나간 것이 확실하지만, 유럽 전체가 '그리스도교화'했다고 볼 수 있게 된 것은 중세에 들어서이다. 그리스도교의 일부는 동쪽으로 퍼져나간 것이 확실하며, 심지어 인도에도 인구의 작은 일부분에 지나지 않지만 고대부터 어떤 형태의 그리스도교가 존재했다. 고대 근동(시리아, 페르시아, 메소포타미아, 또 나중에 '아랍'이라 불리게 되는 지역)에서는 초기에 그리스도교화가 활발하게 진행됐지만, 이슬람교가 어마어마하게 성공을 거두면서 오늘날에는 거의 '그리스도교' 지역이라 부를 수 없게 됐다. 고대 세계에서 이집트는 최초기부터 가장 많이 '그리스도교화'한 곳에 속했다. 그러나 이곳 역시 이슬람이 전래된 뒤 여러 세기가 지나고 특히 오늘날에 이르러서는 확실히 '그리스도교 국가'라고는 부르지 않는다. 중국과 극동도 마찬가지라고 해야 할 것이다. 여러 세기 동안 특정 종류의 그리스도교인 소수집단이 있었을 가능성은 충분히 있지만, 사회적 내지 정치적 관점에서 보면 그다지 중요한 수준이 아니다.

지난 2천 년이라는 역사의 대부분 동안 '그리스도교 세계'라는 말은 유럽을 가리켰다. 유럽의 패권이 '신세계'로 확장되면서 서반구 역시 주로 '그리스도교' 지역이 됐는데, 그 과정에서 강압에 의한 개종이나 원주민을 절멸로 내모는 일이 너무도 많았다. 그러나 그리스도교를 '온 세상에 널리', 즉 아프리카와 아시아 전역을 포함하여 전파하기 위한 노력이 집중된 것은 주로 19세기이다. 따라서 이번에도 그리스도교가 세계종교, 즉 유럽과 그 지배를 받는 지역만의 종교가 아니라 전 세계의 종교가 된 것은 19세기에 와서라고 말할 수 있다.

이 모든 것은 '그리스도교가 최종적으로 세계종교가 된 것은 언제인가?' 하는 질문은 사람들의 생각보다 훨씬 복잡하고 논쟁의 여지가 있다는 뜻이다. 이 질문의 답은 용어를 어떻게 정의하는가, 무엇을 그리스도교라고 볼 것인가, 또 지리적 지역 내지 주어진 사회 안에서 그리스도교가 지니는 중요성이 어느 정도라고 판단할 것인가에 따라 달라진다. 또 '세계종교'의 뜻이 무엇인가에 따라서도 달라진다. 앞서 말한 대로 그리스도교가 유럽의 종교일 뿐 아니라 세계종교가 된 것은 19세기에 와서였다는 논제는 확실히 논쟁의 여지가 있기는 하지만 쉽게 방어할 수 있다. 그리고 그런 변화의 많은 부분은 현대의 기술, 통신, 여행, 그리고 그에 못지않게 이념에 기인한다고 치부해야 할 것이다.

이 책의 요지 한 가지는 어떻든 신약과 초기 그리스도교에 관한 책 한 권으로는 이 질문에 답할 수 없다는 것이다. 나는 그리스도교가 역사적으로 그렇게 성장하도록 '유발한' 인자 내지 측면을 고대 그리스도교 안에서 집어낼 수 있는 역사학자가 있다고는 생각지 않는다. 그리스도교가 마침내 보편적 영향력을 지니는 종교가 되도록 유발한 '보편주의'가 예수에 관한 그리스도교의 이야기나 초기 그리스도교의 가르침에는 내재해 있지 않다. 그렇게 된 것은 부분적으로 얼키설키한 역사 때문이지 예수나 초기 그리스도교 운동에 내재한 어떤 특질 때문이 아니다. 다시 말해 역사학자의 관점에서 보면 그리스도교가 나중과 같이 성장한 데에는 필연적인 부분이 전혀 없다는 말이다. 그리스도교인은 실제로 골고타에 심어진 씨앗이 교회라는 '그리스도의 보편적 몸' 안에서 결실을 맺었다고 믿을 것이고 또 그렇게 된 것은 거룩한 섭리와 성령의 작용 덕분이라고 믿을 것이다. 그러나 이것은 그리스도교의 믿음 문제이며, 적절한 역사학자라면 증명하려고도 반증하려고도 하지 않을 것이다.

물론 나는 그리스도교의 시작에 관해서는 나중의 그리스도교 역사와는 무관하게 연구할 가치가 있고 그 자체로도 흥미롭다고 믿는다. 예수와 그의 추종자들이 있는 세계 안으로, 때로는 기괴한 저 세계 안으로 들어가는 일은 재미있다. 바울로의 교회나 데클라의 추종자들이 하는 말을 엿듣다보면 시간 가는 줄 모른다. 그러다보면 또 우리의 경험 세계도 넓어진다. 우리는 상상 속에서 시간과 공간을 거슬러올라가 인간의 다양한 믿음과 경험에 감탄한다. 그리스도교 안에서도 그렇다. 이것은 재미만 있는 게 아니다. 좋은 일이기도 하다.

주

1장

1. Pius IX, *Ineffabilis deus* (1854).

2. Marx, "Critique of the Gotha Program," 531 참조.

3. 요한복음 21:18~19에서 예수는 베드로의 죽음을 예언한다. "팔을 벌리고 남이 와서 허리를 묶어 네가 원하지 않는 곳으로 끌고 갈 것이다." 이것으로는 풀어낼 만한 내용이 별로 없다. 십자가형을 가리킨다고 해도 명확하지는 않다.

4. Martin, "When Did Angels Become Demons?" 참조.

5. 마태오복음(19:3~9)은 마르코의 이야기를 가져와 어느 정도 수정하여 들려준다. 역사적 예수가 이혼을 완전히 금했다는 분석과 주장을 보려면 Martin, *Sex and the Single Savior*, 125-147 참조.

6. 어떤 경우에는 신약의 '신학적' 의미가 '역사적' 의미보다 더 중요하다는 주장을 보려면 Martin, *Pedagogy of the Bible* 참조.

7. 예컨대 Plato, *Phaedo* 80b 참조.

8. 그리스 소설 모음과 영어 번역본을 보려면 Reardon, *Collected Ancient Greek Novels* 참조.

9. Pliny, *Epistles* 10.96. 그리고 Minucius Felix, *Octavius* 8도 참조.

10. 그리스도교의 신에게 이름이 없다는 말에 대해서는 Eusebius, *Ecclesiastical History* 5.1.52에 있는 *Martyrs of Lyon* 52 참조.

11. 예컨대 *Martyrdom of Polycarp* 3이나 Athenagoras, *Embassy for the Christians* 3 참조.

12. Minucius Felix, *Octavius* 9.

13. Pliny, *Epistles* 10.96, 또 고린토1서 10:28 참조.

14. 『사도 전승』 21. 전통적으로 이 작품은 3세기 초 로마의 주교 히폴리토스의 것으로 보고 있지만, 실제 언제 누가 썼는지에 대해서는 논의중에 있다. 그렇지만 2세기 초까지 거슬러 올라가는 자료가 얼마간 포함된 것은 분명해 보인다. 그 역사적 배경에 관해서는 Bradshaw,

Johnson, and Phillips, *Apostolic Tradition* 참조.

15. Minucius Felix, *Octavius* 9, 또 Athenagoras, *Embassy for the Christians* 3, 31.

2장

1. 바울로의 편지들이 유포된 방식에 대해, 또 초기 그리스도교 문헌 전반에 대해서는 Gamble, *Books and Readers in the Early Church*, 88-143 참조.

2. 파피루스 46(3세기 초)과 교정을 거치지 않은 시나이 사본과 바티칸 사본에는 "에페소 성도들에게"(에페소서 1:1)라는 구절이 없다. Tertullian, *Against Marcion* 5.11에는 "이단자들"은 에페소인들에게 보낸 편지를 라오디게이아인들에게 보낸 편지로 알고 있었다고 적혀 있다. 필사본 연구 개론을 보려면 Metzger and Ehrman, *The Text of the New Testament* 참조.

3. "그러나 나는 이렇게 말한다. 원수를 사랑하고 너희를 박해하는 사람들을 위하여 기도하여라."

4. "주인이 주는 음식을 먹고 마시면서 그 집에 머물러 있어라. 일꾼이 품삯을 받는 것은 당연한 일이다. 이 집 저 집으로 옮겨다니지 마라."

5. 고린토1서 9:15~18: "그러나 나는 이런 권리를 조금도 써본 일이 없습니다. 또 내 권리를 주장하고 싶어서 이런 말을 하는 것도 아닙니다. 그러느니 차라리 죽는 것이 낫겠습니다. 내가 보수를 받지 않고 일한다는 이 긍지만은 아무도 빼앗지 못할 것입니다. 내가 복음을 전한다 해서 그것이 나에게 자랑거리가 될 수는 없습니다. 그것은 내가 마땅히 해야 할 일이기 때문입니다. 만일 내가 복음을 전하지 않는다면 나에게 화가 미칠 것입니다. 만일 내가 내 자유로 이 일을 택해서 하고 있다면 응당 보수를 바랄 수 있을 것입니다. 그러나 사실은 내 자유로 택한 것이 아니라 하느님께서 그 일을 내 직무로 맡겨주신 것입니다. 그러니 나에게 무슨 보수가 있겠습니까? 보수가 있다면 그것은 내가 복음을 전하는 사람으로서 응당 받을 수 있는 것을 요구하지 않고 복음을 거저 전할 수 있다는 사실입니다."

6. 그중 가장 유명한 주장은 플라톤의 『파이드로스』에 있으며, 그에 관한 현대적 주석으로 가장 유명한 것은 Derrida, *Dissemination*에 수록되어 있다.

7. 파피아스가 쓴 이 조각글은 Eusebius, *Ecclesiastical History* 3.39.3-4에서 전해진다. 그리스어 본문과 영어 번역문을 보려면 Ehrman, *Apostolic Fathers*, 2:99 참조.

8. Justin Martyr, *First Apology* 67.

9. Ehrman and Pleša, *The Apocryphal Gospels* 참조.

10. 마르키온에 관한 권위 있는 연구는 Harnack, *Marcion: Das Evangelium vom fremden Gott*로서, 사실상 그후의 모든 연구가 여기에 기대고 있다. 독일어 원문에서 부록을 뺀 영어 번역본은 Harnack, *Marcion: The Gospel of the Alien God* 참조. Foster, "Marcion"은 마르키온에 관한 최근의 연구를 압축적으로 개관한다.

11. Tertullian, *Against Marcion* 1.18, 3.6, 5.1; *Prescription against Heretics* 30 (위작); Eusebius, *Ecclesiastical History* 5.13.3에서 전해지는 Rhodo. 기부에 관해서는 Tertullian, *Against Marcion* 4.4; *Prescription against Heretics* 30 (위작) 참조.

12. 이에 관한 설명과 반응을 보려면 Irenaeus, *Against Heresies* 3.3.4; Tertullian, *Against Marcion* 4.4; Epiphanius, *Panarion* I.42.2.1-42.2.8; Justin Martyr, *First Apology* 58 참조.

13. Justin Martyr, *First Apology* 26; Tertullian, *Against Marcion* 1.19; Irenaeus, *Against Heresies* 1.27.2, 3.12.12.

14. Irenaeus, *Against Heresies* 1.27.2; Epiphanius, *Panarion* I.42.9.1.

15. Tertullian, *Against Marcion* 1.19-21.

16. Foster, "Marcion," 274에서 Tertullian (*Against Marcion* 5)과 Epiphanius (*Panarion* I.42.9.3-42.9.4, I.42.11.9)를 근거로 만든 편지 목록표 참조. 여기에는 갈라디아서, 고린토1, 2서, 로마서, 데살로니카1, 2서, 라오디게이아서/에페소서(Epiphanius는 이 둘이 서로 다른 편지라고 본다), 골로사이서, 필립비서, 필레몬서가 포함된다.

17. 이 책의 14장 참조.

18. Tertullian, *Against Marcion* 4.3-5; Irenaeus, *Against Heresies* 3.2.2; Epiphanius, *Panarion* I.42.11.3-42.11.12.

19. 이에 반대하는 관점은 Barton, "Marcion Revisited," 341-354 참조.

20. Tertullian, *Against Marcion* 4.4.

21. Ehrman, *New Testament*, 6-7 참조.

22. 고전적 주장은 Harnack, *Marcion*에서 볼 수 있으며, Campenhausen, *Formation of the Christian Bible*이 그뒤를 잇고 있다.

23. 예컨대 McDonald and Sanders, *Canon Debate*에 수록된 에세이들과 거기 인용된 에세이들 참조.

24. Petersen, *Tatian's Diatessaron* 참조. 영어 번역본은 Hogg, "Diatessaron of Tatian" 참조.

25. Eusebius, *Ecclesiastical History* 3.39.15에서 전해진다.

26. Tertullian, *Against Marcion* 4.5. 오리게네스 역시 자신이 쓴 *First Book on Matthew's Gospel*(Eusebius, *Ecclesiastical History* 6.25.4-6에서 전해짐)에서 같은 의견이다.

27. Papias, 조각글(Eusebius, *Ecclesiastical History* 3.39.16에서 전해짐); Origen, *First Book on Matthew's Gospel*(Eusebius, *Ecclesiastical History* 6.25.4에서 전해짐).

28. 가장 명확한 한 가지 예로 마태오는 '위선자'라는 뜻의 그리스어 낱말 히포크리테스hypocritēs를 되풀이하여 사용하는데(예컨대 마태오복음 15:7, 23:13, 23:23, 23:25, 23:27, 23:29), 이것은 배우가 사용하는 고전적 용어였다(심지어 전문용어라고도 할 수 있다). 또 그는 '처녀' 탄생의 예언으로서 이사야 7:14을 인용하는데, 이것은 그가 히브리어 성서의 그리스어 번역본에 의존한다는 것이 전제되어야 한다. 원래의 히브리어 성서에 나오는 낱말은 오늘날 영역본에서 볼 수 있듯 그저 '젊은 여자'라는 뜻이기 때문이다. 이 밖에도 이런 증거는 많이 있다.

29. Metzger, *Canon of the New Testament*, 191-201; Hahneman, "Muratorian Fragment," 405-415 참조. Metzger는 2세기 말의 것이라고 주장했다. 또 E. Ferguson, "Canon Muratori" 도 참조. 4세기의 것이라는 주장으로는 Sundberg, "Canon Muratori"; Hahneman, *Muratorian Fragment* 참조.

30. Ehrman, *Apostolic Fathers*; Holmes, *Apostolic Fathers*.

31. *Festal Letter* 39; 영역본은 Schaff and Wace, *Nicene and Post-Nicene Fathers*, 4:552에 수록되어 있다.

32. Metzger, *Canon of the New Testament*; Gamble, *Books and Readers in the Early Church*; McDonald and Sanders, *Canon Debate*.

33. Kraft, "Codex and Canon Consciousness." Metzger 역시 이것이 충분히 설득력이 있는 설명으로 본다. Metzger, *Canon of the New Testament*, 108-109 참조.

34. 이 관념에 이견을 제기하는 학자로는 Roberts and Skeat, *Birth of the Codex*, 45-61과 Gamble, *Books and Readers in the Early Church* 등이 있다.

35. Metzger, *Canon of the New Testament*, 109 참조.

36. Metzger, *Canon of the New Testament*, 311. 이 정전 목록은 독일의 고전학자 테오도어 몸젠이 1886년에 발견했으며, 그 때문에 이따금 몸젠 정전 목록이라고도 불린다.

37. Brakke, "Scriptural Practices in Early Christianity."

38. 교회에 따른 정전 목록을 비교해 보여주는 도표는 *New Oxford Annotated Bible*, 2187에서 찾아볼 수 있다.

39. Francis, "'Blessed is the One Who Reads Aloud'" 참조.

40. 로마 천주교회에서 정전으로 보는 책의 목록을 보려면 Tanner, *Decrees of the Ecumenical Councils*, 2:663에서 트리엔트 공의회의 '제4회기' 부분 참조. '마소라'는 유다교에서 공식적으로 인정하는 히브리어 성서를 가리킨다.

41. Lightstone, "Rabbis' Bible"; J. Sanders, "Canonical Process."

42. 미국 성공회를 비롯하여 영국 성공회와 연관된 교회에서는 외경 또한 성서의 일부로 받아들이는 경향이 있지만, 구약의 나머지 책들에 비해 '부가적인' 지위를 부여한다. 성공회에서 외경의 지위에 관해서는 『성공회기도서』의 '신앙의 개요' 중 '성서' 부분 참조. 『성공회기도서』(2018 수정판), 777.

43. Dungan, *Constantine's Bible* 참조.

44. E. Ferguson, "Factors Leading to the Selection and Closure of the New Testament Canon"의 결론이 이와 같다.

45. Metzger, *Canon of the New Testament*, 254-257 참조.

46. 이 기준은 Metzger, *Canon of the New Testament*, 251-254에서 가져온 것이다.

47. 초기 그리스도교 안에 있던 다양성에 관한 간략한 소개를 보려면 King, "Which Early Christianity?" 참조.

3장

1. 고대의 제도, 관습, 믿음을 가리키는 용도로 '종교'라는 용어를 사용할 때의 문제점에 관한 연구는 Nongbri, "Paul without Religion"; Nongbri, *Before Religion* 참조.

2. 헬레니즘시대에 대하여는 Green, *Alexander to Actium*; Koester, *Introduction to the New Testament* 참조.

3. 알렉산드로스의 삶과 정복에 관하여는 Green, *Alexander to Actium*; Bosworth, *Conquest and Empire*; Bosworth, "Alexander III," 57-59; Ehrman, *New Testament*, 31 참조.

4. Wycherley, *How the Greeks Built Cities*. 헬레니즘 도시의 전반적 특징과 구조에 관하여는 Koester, *Introduction to the New Testament*, 1:41~96에 수록된 "Society and Economics"와 Meeks, *First Urban Christians* 참조.

5. Clarke, *Higher Education in the Ancient World*.

6. S. Miller, *Ancient Greek Athletics*; Newby, *Athletics in the Ancient World*. 스파르타에 관

하여는 Kennell, *Gymnasium of Virtue* 참조.

7. 아테네에 민주주의가 등장한 것과 그것이 고대문화의 다른 측면에 끼친 영향에 관한 한 가지 설명으로는 Martin, *Inventing Superstition*, 229-237 참조.

8. McDonald and Walton, *Cambridge Companion to Greek and Roman Theatre.*

9. 주 6에서 언급한 출처 참조.

10. Yegül, *Baths and Bathing in Classical Antiquity*; Yegül, *Bathing in the Roman World.*

11. 그리스의 종교 전반에 관하여는 Ehrman, *New Testament*, 34-48; Buxton, *Oxford Readings in Greek Religion*; Zaidman and Schmitt Pantel, *Religion in the Ancient Greek City*; Koester, *Introduction to the New Testament*, vol. 1, 137-196; Garland, *Religion and the Greeks*; Klauck, *Religious Context of Early Christianity* 참조.

12. 고대 세계의 보편주의적 수사에 관하여는 Schott, *Christianity, Empire, and the Making of Religion in Late Antiquity* 참조.

13. Price, *Rituals and Power*; Koester, *Introduction to the New Testament*, vol. 1, 34-39와 347-356.

14. Bosworth, *Conquest and Empire.*

15. Schwartz, *Imperialism and Jewish Society.*

16. Saller, *Personal Patronage.* 또 MacMullen, *Corruption and the Decline of Rome*, 제2장도 참조.

17. 특히 Meeks, *Origins of Christian Morality*, 제3장과 Meeks, *First Urban Christians*, 제3장 참조.

18. Martin, "Construction of the Ancient Family," 40-46.

19. 고대의 여성에 관한 짤막한 개관을 보려면 G. Clark, *Women in the Ancient World*; 또 Just, *Women in Athenian Law and Life*; Gardner, *Women in Roman Law and Society* 참조.

20. Martin, *Slavery as Salvation*, 1-49 참조.

21. 로마의 법률에 관한 개관을 보려면 Johnston, *Roman Law in Context* 참조.

22. 율리우스 카이사르에 관하여는 Gelzer, *Caesar*; Wistrand, *Caesar and Contemporary Roman Society* 참조.

23. 옥타비아누스에 관하여는 Green, *Alexander to Actium* 참조.

24. Velleius Paterculus, *Res gestae* 2.89. 영역본을 보려면 Shipley, *Velleius Paterculus: Res Gestae* 참조.

25. Velleius Paterculus, *Res gestae* 4.34.

26. Wells, *Roman Empire*; Garnsey and Saller, *Early Principate.*

27. Finley, *Ancient Economy*; Jones, "Taxation in Antiquity."

28. Casson, *Travel in the Ancient World.*

29. Plutarch, *Life of Pompey.*

30. Ehrman, *New Testament*, 455-459.

31. Rabello, "Legal Condition of the Jews in the Roman Empire"; Schäfer, *History of the Jews in the Greco-Roman World.*

32. Beard, North, and Price, *Religions of Rome*, vol.1, 제5장; Rüpke, *Religion of the Romans* 참조.

4장

1. 히브리어 성서 각 책의 역사적 배경을 다룬 개관을 보려면 Collins, *Introduction to the Hebrew Bible* 참조.

2. 알렉산드로스와 헬레니즘화에 관하여는 Green, *Alexander to Actium* 참조.

3. 셀레우코스와 프톨레마이오스 왕국의 연표를 보려면 Koester, *Introduction to the New Testament*, 1:24과 28; E. Ferguson, *Backgrounds of Early Christianity*, 16-17 참조.

4. 마카베오하 4:9.

5. 마카베오하 4:24과 4:32 참조: "그러나 메넬라오스는 왕을 만나서 자기가 가장 큰 권위를 가진 것처럼 꾸며 야손보다 은 삼백 달란트를 더 바쳐 대사제직을 차지하였다. ……그러자 메넬라오스는 좋은 기회를 얻었다고 생각하여 성전에서 쓰는 금그릇들을 훔쳐내다가 안드로니쿠스에게 바쳤다. 그는 이미 띠로와 그 부근 여러 도시에 성전 기물을 팔아먹은 적이 있었다." 또 Mørkholm, "Antiochus IV," 281-282도 참조.

6. 특히 헬레니즘화가 유다교에 끼친 영향에 관하여는 Cohen, *From the Maccabees to the Mishnah*, 26-37 참조. 또 Koester, *Introduction to the New Testament*, 1:197-271도 참조.

7. 마카베오하 4:8~10에 이 사건이 묘사되어 있다. "야손은 왕을 알현하고 은 삼백육십 달란트와 또다른 수입원에서 팔십 달란트를 바치겠다고 약속했다. 그리고 왕이 자기에게 경기장을 건축할 권한과 청년 훈련소〔김나시온〕를 세울 권한과 예루살렘에 안티오쿠스 청년단〔ephēbeion〕을 결성할 권한을 준다면 백오십 달란트를 더 바치겠다고 약속하였다. 왕은 이것을 승낙하였다. 야손은 왕의 승낙을 받아 직권을 쥐자마자 자기 동족들의 생활을 그리스식으로 바꾸어놓았다." 또 Mørkholm, "Antiochus IV"도 참조.

8. Gruen, "Hellenism and Persecution"과 Mørkholm, "Antiochus IV," 286 참조.

9. 마카베오하 6:1~2: "그후 얼마 안 되어 안티오쿠스 왕은 아테네의 원로 한 사람을 유다인에게 보내어 그들에게 조상 때부터 내려오는 율법을 버리고 하느님의 율법을 따르는 생활 규범을 버리라고 강요하였다. 그리고 예루살렘의 성전을 더럽히고 그 성전을 올림피아의 제우스 신에게 봉헌하게 하고 그리짐 산의 성소는 그 지방 사람의 소원대로 나그네의 수호신인 제우스에게 봉헌하게 하였다."

10. 예컨대 마카베오상 1:11의 구절을 생각해보자. "그 무렵, 이스라엘에서는 반역자들이 생겨 많은 사람들을 선동하면서 '주위의 이방인들과 맹약을 맺읍시다. 그들을 멀리하고 지내는 동안 얼마나 많은 재난을 당하였습니까?' 하고 꾀었다."

11. 쿰란 공동체와 사해문서에 관하여는 VanderKam, *Dead Sea Scrolls Today*; Lim and Collins, *Oxford Handbook of the Dead Sea Scrolls* 참조.

12. 마카베오상 2:42과 마카베오하 14:6~13 참조.

13. Goldstein, "Hasmonean Revolt and the Hasmonean Dynasty." 유다 지방의 전투는 마카베오하 5:27과 8:1~15:39에 묘사되어 있다.

14. 하스모네아 왕조에 관하여는 Goldstein, "Hasmonean Revolt and the Hasmonean Dynasty" 참조.

15. 이 장르와 이런 측면에 관해 더 자세한 내용을 보려면 이 책의 23장 참조.

16. 묵시문학에 관한 개론은 Collins, *Apocalyptic Imagination* 참조.

17. 로마가 지배한 시기의 팔레스타인의 역사에 관하여는 Gabba, "Social, Economic, and Political History of Palestine," 96-160과 Koester, *Introduction to the New Testament*, 1:371-391 참조.

18. 예컨대 Josephus, *Antiquities* 20.169-170 참조.

19. 구세주를 기대하는 사상에 관하여는 Yarbro Collins and Collins, *King and Messiah as Son of God*; Ehrman, *New Testament*, 63-64, 90 참조.

20. 유다 전쟁에 관하여는 Goodman, *Ruling Class of Judaea*; Gabba, "Social, Economic,

and Political History of Palestine," 156-167 참조.

21. 예루살렘이 파괴된 이후의 일과 랍비 유다교의 발달에 관하여는 Cohen, *From the Maccabees to the Mishnah*; Schwartz, *Imperialism and Jewish Society*; Boyarin, "Tale of Two Synods" 참조.

5장

1. 바울로가 다마스쿠스에서 머무른 기간을 나타내는 그리스어('얼마간')는 '며칠 뒤' 또는 '여러 날' 등과 같은 불분명한 표현이다.

2. 내 생각에는 이것이 이 절의 의미임이 분명하다. 다수의 그리스어판과 영역본에서 이들이 '예루살렘으로 돌아왔다'고 한다. 일부 그리스어 필사본에 '예루살렘으로부터'라는 형태가 나타나는데, 다만 '으로부터'를 다른 그리스어 낱말을 사용해 표현한다. 저자가 실제로는 '으로'라고 썼는데 나중에 필사자들이 문맥상 말이 되지 않는다는 것을(문맥에서는 바르나바와 바울로가 예루살렘으로부터 안티오키아로 돌아오고 있는 것을 묘사하고 있다) 알고 이것을 '으로부터'의 형태로 바꾸었을 수도 있다. 어떤 경우든 '으로'는 원래 저자가 실수로 잘못 쓴 것이거나, 아니면 나중의 어떤 필사자로 인해 본문이 변형됐거나 둘 중 하나일 수밖에 없다고 본다. 문맥으로 보면 화자는 이들이 예루살렘으로부터 안티오키아로 돌아오고 있다고 묘사하려는 것으로 보인다.

3. 성서를 역사비평적으로 접근하는 방식과 신학적으로 접근하는 방식의 차이에 관하여는 Martin, *Pedagogy of the Bible*, 특히 제1장 "The Bible in Theological Education" 참조.

6장

1. Kähler, *So-Called Historical Jesus*.

2. Wrede, *Messianic Secret* 참조.

3. 그 밖의 '오해' 구절과 예수가 꾸짖는 내용을 보려면 마르코복음 4:41, 7:18 참조.

4. 고난받는 종에 관하여는 이사야 50:4~9, 52:13~53:12 참조. 구세주 구절에 관하여는 예컨대 이사야 9:2~7, 11:1~5; 미가 5:2~4; 예레미야 23:5~6; 에제키엘 34:23~24; 시편 89, 110, 132편 참조.

5. 이 가설은 20세기 중반에 Marxsen, *Mark the Evangelist*를 통해 제시되면서 유명해졌다.

7장

1. 내가 알기로 이 의견을 가장 먼저 언급한 것은 Bacon, "'Five Books' of Matthew against the Jews"이다. 또 Bacon, *Studies in Matthew*; Kingsbury, *Matthew*도 참조.

2. 마태오복음 23:2~3도 참조. 여기서 예수는 율법학자와 바리사이파 사람들은 "모세의 자리를 이어" 율법을 가르치고 있다고 인정한다. 그리고 사람들에게 그들이 말하는 것은 다 지키되 그들의 위선적 행실만은 본받지 말라고 한다.

3. 물론 요한은 서기전 4년에 죽은 헤로데 대왕에게 체포된 것이 아니라, 그의 아들로서 로마로부터 갈릴래아와 페레아의 지배권을 받은 헤로데 안티파스에게 체포되었다.

4. 독일어 원본 "Die Sturmstillung im Matthäusevangelium"의 영역본은 Bornkamm, "Stilling of the Storm in Matthew"이다.

5. 마태오복음 6:30, 8:26, 14:31, 16:8, 17:20 참조.

8장

1. 본격적인 개론과 아울러 이런 문서 다수의 번역본을 보려면 Layton, *Gnostic Scriptures* 참조.

2. 『유년기 복음서』의 영역본은 Elliott, *Apocryphal New Testament* 또는 그리스어 원문도 함께 수록한 Erhman and Pleša, *Apocryphal Gospels* 참조.

3. 고대에 '영지주의자들'이라는 집단이 존재했다고 할 수 있는지에 관한 문제를 훌륭히 다룬 연구로는 Brakke, *Gnostics*가 있다. Brakke는 일부 학자들에게 반론을 제기하며, 고대 후기에 있었던 특정 종류의 그리스도교를 고수한 사람들에게 '영지주의자'라는 용어를 적용하는 데에는 아무런 문제가 없다고 주장한다. 나와는 달리 Brakke는 '영지주의'라는 용어를 사용하는 데에는 반대한다. 나는 이 용어가 고대의 '신플라톤주의'에 관해 말하는 것보다 더 문제되지는 않는다고 본다. '영지주의자'와 '영지주의'에 관한 나의 입장은 이 장의 뒷부분에서 더 자세히 다룬다.

4. 내가 사용한 번역본은 Layton, *Gnostic Scriptures*이다. 번호는 그 책에 적힌 말씀 번호이다. 다른 방식으로 된 참조번호도 있을 것이다. Layton의 책에서는 『토마의 복음서』에서 굵은 글꼴로 쓰인 숫자는 원래의 콥트어 필사본의 쪽 번호를 가리키고, 여백에 있는 작은 숫자는 해당 쪽의 줄 번호를 가리킨다. 따라서 서언의 첫줄은 32.10으로도 표시된다(콥트어 필사본의 32쪽 10줄). 나는 단순히 Layton의 책에서 표시된 말씀 번호를 인용한다.

5. '휴식'이나 '평안'이라는 낱말이 영지주의적인 특별한 의미로 들리는 용법 두 가지에 관한 설명을 보려면 Brakke, *Gnostics*, 56 참조.

6. 괄호 속 낱말은 편집자(Layton)가 넣은 것이다. 콥트어 필사본에서는 아마도 실수로 빠진 것 같다.

7. 예컨대 Williams, *Rethinking "Gnosticism"*; King, *What Is Gnosticism?* 참조.

8. 이에 관한 두 가지 이론을 모두 다룬 한 가지 논의를 보려면 Martin, "Contradictions of Masculinity" 참조.

9. 여기 요약된 이 '영지주의적 신화'에 관한 더 자세한 내용은 Layton, *Gnostic Scriptures*, 12-17에서 찾아볼 수 있다.

10. 이 호칭과 이에 관한 논의를 보려면 Layton, *Gnostic Scriptures*, 267-275 참조.

11. 여기 쓰인 영역문은 Duling and Perrin, *New Testament*, 73에서 가져온 것이다. *Excerpta ex Theodoto*의 본문 전체는 Casey, *Excerpta ex Theodoto* 참조.

12. 이 본문의 번역본은 Layton, *Gnostic Scriptures*에서 볼 수 있다. 또 최근에 주석을 달아 나온 번역본 Attridge, *Acts of Thomas*도 참조.

13. 예컨대 마태오복음 21:33~43, 마르코복음 12:1~12, 루가복음 20:9~19 참조.

14. Layton, *Gnostic Scriptures*, xxxii: "괄호 속의 말은 오늘날 번역하면서 보충으로 덧붙인 것이며, 본문에서 암시되어 있지만 명확하게 들어가 있지는 않다. 이 번역문이 인용될 때는 언제나 같이 인용해도 좋다."

9장

1. 사도행전의 일부에 관해서는 논의의 여지가 있는데, 저자가 바울로의 여행 이야기를 전하면서 이따금 일인칭 '우리'로 표현하기 때문이다(16:10~17, 20:5~15, 21:1~18, 27:1~28:16). 그러나 사도행전에서 그리는 바울로가 바울로의 편지들과 달라, 대부분의 비판적 학자들은 이 '우리' 구절이 저자가 사용한 원천자료에서 왔거나 그저 사실성을 강조하기 위한 시도라고 믿는다. 바울로의 편지에 관한 언급이 없으며, 또 사도행전의 저자는 바울로를 '사도'로 간주하지 않는다(사도는 예수의 생전에 예수의 제자였어야 한다. 사도행전 1:21~22 참조). 바울로와 가까웠던 동반자가 이 부분에서 바울로와 의견이 갈릴 것으로는 상상하기 어렵다(갈라디아서 1장과 비교). 이 책의 5장에서 봤듯, 바울로가 오고간 데 대한 사도행전의 설명은 바울로 자신의 설명과 맞지 않는다. 따라서 사도행전의 저자는 예수의 활동도 바울로도 직접 목격했을 가능성이 낮다.

2. 이 사람이 실제로 유다교에서 어떤 위치에 있었는지에 관해서는 얼마간 의문이 있을 수밖에 없다. 신명기 23:1에 따르면 "불알이 터진 사람이나 자지가 잘린 사람"은 "대회"에 참석하지 못한다. 이것은 내시는 공식적으로 유다교로 개종을 금한다는 뜻으로 받아들여졌다. 그러나 이 에티오피아 내시는 유다인으로 태어나 에티오피아에서 노예가 됐거나, 아니면 공식적으로 전향하여 개종하지 않고 유다교를 '따르는' 사람이었을 수 있다. 어느 경우든 고대 세계에서 '내시'로 판단하는 조건은 다양했으므로, 저자가 모세의 율법에 비추어 이 '내시'의 위치를 어떻게 생각했을지는 알 수 없다. 또 여기서 말하는 인물은 이야기 속의 한 인물일 뿐으로, 우리가 독자적으로 연구할 수 있는 역사적 인물은 아닐 수도 있다는 점을 기억해야 한다. 초기 그리스도교 속 내시에 관하여는 Kuefler, *Manly Eunuchs*; Brower, "Ambivalent Bodies" 참조.

3. 나는 9:32~43 또한 그뒤에 이어지는 부분을 위한 전환부 내지 준비부로 해석한다. 바울로의 개종을 다룬 부분 뒤에 오는 이 절에서 베드로는 예루살렘 바깥으로 나가 처음에는 리따에서, 다음에는 요빠에서 활동하지만 여전히 유다인 사이에서만 활동하는 것으로 그려진다. 팔레스타인 해안에 있는 이 지역에는 이방인 주민이 많았을 뿐 아니라 나아가 대다수가 이방인이었을 수도 있다. 그러나 이 시기 베드로의 활동은 여전히 그곳에서 사는 유다인들로 한정되어 있었다. 이 부분은 베드로가 요빠에서 어느 유다인의 집에서 지내는 것으로 끝나는데, 그가 처음으로 이방인 청중 앞에서 설교하도록(어떻든 사도행전에 따르면) 초청받을 때 그가 있게 될 곳도 요빠다(9:43).

4. 파피루스 74(7세기)와 알렉산드리아 사본(5세기)도 여기 포함된다. 차이는 크지 않다. '헬레니스트들'은 hellēnistas, '그리스인들'은 hellēnas이다.

10장

1. Josephus, *Jewish War* 6.5.3, §§300-309 참조.

2. 사무엘하 7:5, 역대기상 17:4, 열왕기상 8:27 참조.

3. 갈라디아서 3:19, Martyn, *Galatians*, 356-357, Callan, "Pauline Midrash" 참조.

4. 히브리서 2:2, *Jubilees* 1:27-2:1, Josephus, *Antiquities* 15.5.3, §136.

5. 영문으로 된 좋은 대조본이 여러 가지 있다. NRSV 성서의 공관복음서만 수록한 것으로는 Throckmorton, *Gospel Parallels* 참조. 요한복음도 같이 수록한 또다른 대조본은 표준개역판(RSV), 영어-그리스어 대역판, 그리스어 단독판이 있다: Aland, *Synopsis of the Four Gospels*.

11장

1. 요한복음 연구에 관한 몇 가지 주요한 논의를 개괄적으로 보려면 Sloyan, *What Are They Saying about John?* 참조.

2. 요한복음의 서사에 관해 고전이 된 한 가지 연구로는 Culpepper, *Anatomy of the Fourth Gospel* 이 있다.

3. 요한복음을 독특하게 만드는 주제 몇 가지에 관한 개관을 보려면 Smith, *Theology of John* 참조. 또 Kysar, *John the Maverick Gospel*도 참조.

4. 요한 공동체에 관해 고전이 된 연구는 R. Brown, *Community of the Beloved Disciple* 이다.

12장

1. 첫 네 차례의 '공의회', 즉 니케아, 콘스탄티노플, 에페소, 칼케돈 공의회에서 제정된 교리에 관해서는 Young, *From Nicaea to Chalcedon*과 Hanson, *Search for the Christian Doctrine of God* 참조.

2. 이 신경은 1979년에 출간된 『성공회기도서』의 성찬례 제1양식에 나오는 것을 인용한 것이다. 〔옮긴이: 한글로 옮긴 것은 대한성공회에서 펴낸 2018년 수정판 『성공회기도서』의 감사성찬례 1형식에서 가져왔다.〕

3. 칼케돈 신경은 예수가 인간과 신이라는 두 가지 '본성'을 하나의 '본질적'(실체적) 결합 속에 가지고 있다고 확언한다.

4. NRSV 성서에는 이 절의 '형제를' 부분이 '형제와 자매를'이라고 되어 있으나, 그리스어 성서에는 '와 자매' 부분이 없다. 필시 주로 전례적 목적을 위해 포괄적 용어를 쓴다는 차원에서 '자매'를 넣었겠지만, 여기서 나의 관심사는 전례가 아니라 역사이므로 원래의 배타적 본문을 그대로 두었다. 본문의 모든 곳에 '자매'를 넣으면 고대의 교회와 본문이 실제보다 더 '평등주의적'이 되는데, 역사적 관점에서는 사회와 교회의 가부장적 현실이 본문에 반영되게 하는 것이 중요하다.

5. 『베드로의 복음서』에 관하여는 Elliott, *Apocryphal New Testament*, 150-158 참조.

13장

1. 이 주제에 관해 몇 가지 추천할 만한 책은 Ehrman, *Jesus*와 Allison, *Historical Christ* 등이 있다.

2. 우리는 과거의 역사적 사건들로부터 나온 빛이 어떤 방식으로든 여전히 우주를 따라 움직이고 있다고 상상할 수 있다. 알베르트 아인슈타인은 아직 어렸을 때 광선을 타고 간다는 것은 어떤 걸까 궁금해했다. 만일 우리가 빛보다 빠른 속도로 갈 수 있다면, 이론적으로 우리는 과거 지구상에서 일어난 사건으로부터 나온 빛보다 더 빨리 가서 무슨 일이 '정말로 있었는지'를 볼 수 있지 않을까? 이것은 머나먼 별에서 오는 빛을 볼 때 사실은 '지금 이 순간'의 그 별을 보고 있는 게 아니라 그 별이 먼 과거일 때의 모양을 보고 있다는 것을 아는 것과 비슷하다. '현재의' 별을 보는 게 아니라 그 별의 '역사'를 보고 있는 것이다. 그러나 이런 생각 실험은 우리 세계의 과거를 어떤 식으로도 우리에게 보여주지 못한다. 아인슈타인은 그 어떤 것도 빛의 속보다 빨리 움직일 수는 없다는 것을 대부분의 과학자에게 확신시켰다. 그러므로 과거는 우리와 관계가 있는 어떤 방식으로도 더이상 존재하지 않는다. 우리는 과거에 다가갈 수 없다(아인슈타인의 이야기에 관하여는 Isaacson, *Einstein*, 3 참조).

3. Martin, *Pedagogy of the Bible*, 40-42; 그리고 Martin, *Sex and the Single Savior*, 1-16 참조. 또 E. Clark, *History, Theory, Text*도 참조.

4. 더 자세한 논의는 Meeks, *Christ Is the Question* 참조.

5. 이 이야기의 출처는 1800년에 처음 발행된 Weems, *Life of Washington*이다.

6. Dahl, "Crucified Messiah"; Ehrman, *Jesus*, 217-218 참조.

7. 고대 유다교의 결혼, 이혼, 금욕주의에 관한 더 자세한 논의는 Martin, *Sex and the Single Savior*, 91-102와 125-147 참조.

8. 일부 저자들이 '경전 말씀을 이루기' 위해 이 사건을 만들어냈다는 의견은 설득력이 전혀 없다. 루가만 이렇게 주장하는데, 그가 인용하는 구절에서는 칼이나 폭력에 관해 전혀 말하지 않는다. 이렇게만 나와 있을 뿐이다. "그는 악인들 중의 하나로 몰렸다"(이사야 53:12). 루가는 예수의 제자들이 무장하고 있었다는 사실을 변명하기 위해 이 구절을 꺼낸 것이다.

9. Allison, *Constructing Jesus*, 31-164 참조.

10. E. Sanders, *Jesus and Judaism*, 326-327에서 설명하는 내용이 크게 보아 바로 이것이다.

11. 역사적 예수에 관한 몇 가지 주요 구성을 다룬 개관을 보려면 Powell, *Jesus as a Figure in History* 참조.

12. Funk, Hoover, and the Jesus Seminar, *Five Gospels* 참조. 예수를 묵시적 예언자로 불러

야 하는가를 두고 벌어진 논쟁을 이해하기 쉽게 다룬 개관을 보려면 R. Miller, *Apocalyptic Jesus* 참조.

13. 몇 가지 예를 보려면 Ehrman, *Jesus*; Allison, *Jesus of Nazareth*; Allison, *Constructing Jesus*, 31-164; E. Sanders, *Jesus and Judaism*; 그리고 거기서 인용된 참고자료 참조.

14. E. Sanders, *Jesus and Judaism*, 69.

15. 예컨대 마태오복음 24:27~44 참조.

16. 예컨대 마태오복음 24:27~44, 26:64, 마르코복음 2:10, 8:38, 14:21, 14:41, 루가복음 6:5, 9:58, 12:10, 17:22 참조.

14장

1. Meeks and Fitzgerald, *Writings of St. Paul*, 689-694. Homer, *Odyssey* 4.456-458와 비교.

2. Eastman, *Paul the Martyr*의 새로운 연구 참조.

3. 오늘날의 바울로 연구에서 이 관점이 끈질기게 이어져오고 있다는 점에 관하여는 Stendahl, "Apostle Paul and the Introspective Conscience of the West" 참조.

4. Meeks and Fitzgerald, *Writings of St. Paul*, 413. 강조는 원문 그대로이다.

5. Meeks and Fitzgerald, *Writings of St. Paul*, 417.

6. Meeks and Fitzgerald, *Writings of St. Paul*, 419.

7. 내가 이 책에서 '비판적 학자'라고 말할 때는 성서의 역사적 신뢰성에 관한 신앙이나 교리 차원에서 바울로를 저자로 받아들여야 한다는 강박을 느끼지 않는 학자들을 말한다. 많은 학자들은 성서에는 커다란 오류가 있을 수 없다고—또는 일부 사람들은 어떤 오류도 있을 수 없다고—믿는다. 심지어 '역사'나 '과학'에 관한 부분조차 그렇다고 믿는다. 따라서 그들은 신약에서 바울로가 썼다고 되어 있는 편지는 모두 내지 대부분 실제로 그가 썼다고 믿는 경향이 있다. 내가 쓰는 '비판적 학자'라는 용어는 그런 신학적 내지 방법론적 성향이 없이 연구하는 학자들을 가리킨다.

8. 가장 일반적으로 사용된 언어는 오늘날의 기준으로 볼 때 아람어였을 것이다. 그러나 성서를 쓴 사람들은 우리가 고전 히브리어라고 생각할 언어와 1세기에 널리 쓰인 아람어를 서로 구별하지 않는다.

9. 이것은 사도행전에서 두 번 이상 언급된다. 21:39, 22:25~29, 23:27 참조.

10. NRSV 성서에는 포괄적 표현을 위해 '형제' 뒤에 '자매'를 덧붙이고 있다. 나는 앞에서와 마찬가지로 번역을 약간 바꾸어 그리스어를 올바로 반영하게 했다. 나중에 명확해지겠지만, 이 경우 언어가 남성이라는 점은 역사적으로 중요하다.

11. 고대 로마 세계의 문자 읽기에 관한 연구는 Johnson, *Readers and Reading Culture* 참조.

12. Martin, *Slavery as Salvation* 참조. 바울로가 이런 식으로 자신을 낮추는 데 대해 주로 말하는 부분은 고린토1서 9장인데, 여기서 그는 자신이 고린토인들로부터 재정적 뒷받침을 받아들이지 않은 이유를 설명한다. 바울로가 스스로 벌어서 생활하는 것을 "참고" 지내야 하는 일로 말하고(9:12), 종이 되는 것과 비교하며(9:19, 9:27), 그리고 "약한 사람"(9:22)이 되고 또 그것을 "단련"(9:27)이라고 묘사하고 있다는 점을 눈여겨보기 바란다.

13. Hock, *Social Context of Paul's Ministry* 참조.

14. 바울로의 윤리학을 이처럼 직관과는 다르게 해석하는 논의 전체를 보려면 Martin, *Sex and the Single Savior*, 65-76 참조.

15. Fatum, "Brotherhood in Christ."

16. 덧붙이자면, 천년왕국 종류의 그리스도교에서 볼 수 있는 영어 용어 'rapture(휴거)'는 여기서 'caught up(들리어 올라가)'으로 번역된 그리스어 낱말에 해당하는 라틴어에서 왔는데, 문자 그대로 '채여 올라간다'는 뜻이다. 예수가 올 때 살아 있는 그리스도교인들이 휩쓸려 올라가는 것을 가리킨다.

15장

1. 고대에 편지를 쓰고 보낼 때의 기술적인 부분에 관한 내용은 Richards, *Paul and First-Century Letter Writing*; Epp, "New Testament Papyrus Manuscripts" 참조.

2. 나는 여기서 고린토1서에 관해 다룬 내용 전부를 Martin, *Corinthian Body*에서 훨씬 더 자세히 논증했다.

3. Martin, *Corinthian Body* 외에 Engberg-Pedersen, *Cosmology and Self in the Apostle Paul*도 참조.

4. Meeks, *First Urban Christians*; Theissen, *Social Setting*; Martin, *Slavery as Salvation* 참조.

5. Martin, *Slavery as Salvation*; Martin, *Corinthian Body*.

6. 이에 관하여는 Martin, *Inventing Superstition* 참조.

7. 나는 Martin, *Corinthian Body*에서 바울로의 이런 전략을 분석하고 고린토1서에서 다룬 그 밖의 문제점 역시 지위에 따른 마찰을 반영하는 것으로 볼 수 있다는 점을 논한다.

8. 나는 이 사실을 1988년 예일대 학위논문에서 처음 언급했는데, 이 논문은 나중에 Martin, *Slavery as Salvation*으로 출간됐다(이 편지의 성격을 이렇게 규정짓는 부분을 보려면 143-145 참조). 현재 이 논제에 관한 결정판으로는 Mitchell, *Paul and the Rhetoric of Reconciliation*이 있다.

16장

1. 창세기에는 이와 같은 말이 여러 번 나온다. 창세기 12:7, 15:5, 17:8, 22:17 참조.

2. 나는 그리스어 낱말을 NRSV 성서처럼 단순하게 '들어온'으로 번역하지 않고 '슬쩍 들어온'으로 했는데, 여기서는 몰래 슬쩍 그렇게 한다는 뜻이 함축되어 있다고 생각되기 때문이다. 어쨌든 이것은 바울로가 갈라디아서 2:4에서 '가짜 신도들'이 예루살렘 회의에 '몰래 들어온' 일을 묘사할 때 쓴 것과 같은 낱말이다. 그들이 그 자리에 있는 것이 실은 정당하지 않았다는 암시를 주기 위해 쓴 단어이다. 나는 NRSV 성서의 번역 "with the result that the trespass multiplied(그 결과 위법이 늘어났지만)" 역시 그에 해당하는 그리스어 낱말이 '결과'가 그저 '생겨났다'는 의미가 아니라는 점에서 오해를 불러일으키고 있다고 본다. 바울로가 쓴 그리스어는 율법이 '슬쩍 들어온' 것은 바로 위법이 늘어나게 하려는 것이 목적이었다는 의미일 가능성이 가장 높다.

3. 두 편지 모두 쓰인 시기는 물론 불확실하지만, 바울로는 그리스에 도착하기 전에 갈라디아에서 교회를 세운 것이 분명해 보인다. 우리가 바울로의 여행에 관한 역사적 지식 면에서는 사도행전을 믿지 않지만, 그가 선교활동을 할 때 동에서 서로 점차 이동하면서 마케도니아와 그리스에 도착하기 훨씬 전에 갈라디아에 도착한 것은 틀림없어 보인다. 그리고 앞 장에서 봤던 것처럼 고린토에 교회를 설립한 시기, 그 교회가 내가 말한 '사춘기'로 자라난 시기, 그리고 고린토인들과 바울로 사이에 적어도 두 편의 편지가 오고간 시기 사이에는 얼마간 시간 차이가 있었을 것이므로, 나는 갈라디아인들에게 보낸 편지는 고린토인들과 주고받은 편지보다 먼저 쓰였다고 생각한다. 실제로 바울로는 갈라디아서에서는 의연금을 전혀 언급하지 않기 때문에 일부에서는 이 편지가 의연금에 관한 합의가 있었던 '예루살렘 공의회' 이전에 쓰였을 것이라는 의견을 내놓았다. 그렇지만 나로서는 이 논리를 받아들일 수 없는데, 바울로가 갈라디아인들에게 보낸 편지에서 노여움을 담은 비난을 쏟아내다가 의연금을 위해 모금을 부탁한다는 말을 꺼낼 것으로 본다면 이치에 맞지 않기 때문이다. 바울로는 그보다는 수준이 높은 수사학의 달인이었다.

4. 로마서 16장은 바울로가 로마로 보낸 원래 편지에 있던 부분이 아니라 다른 편지 또는

다른 편지의 한 조각이며 나중에 로마서 끝부분에 추가됐다는 의견이 있었다. 이 문제에 관한 개관을 보려면 Myers, "Romans" 참조. 나는 그런 논리가 설득력이 있다고 생각한 적이 없었고 따라서 로마서 16장을 원래 편지의 한 부분이라고 생각한다.

5. 바울로가 갈라디아인들이 이 모금에 참여한 부분에 관하여는 아무 말도 하지 않는다는 점을 눈여겨보기 바란다. 그러면 결국 이것은 그가 그곳 교회와 연을 끊었다는 뜻일까? 그가 갈라디아에 보낸 편지가 소용이 없었고 그래서 우리가 고린토1서 16:1에서 생각한 것과는 달리 갈라디아인들이 모금에 참여하고 있지 않다는 뜻일까?

17장

1. Eusebius, *Ecclesiastical History* 1.13.10에 인용되어 있고, Williamson, *Eusebius*에 번역되어 있다.

2. Schaff, *Nicene and Post-Nicene Fathers*, vol. 4에 수록된 Augustine, *Against Faustus* 28.4 참조.

3. 고대의 차명 활동, 특히 그리스도교의 차명 활동을 가장 잘 다룬 영어 연구서는 현재 Ehrman, *Forgery and Counter-forgery*이다.

4. Rothschild, *Hebrews as Pseudepigraphon* 참조.

5. 이 논쟁을 낱말의 개수 등을 망라한 목록과 함께 가장 자세히 가장 잘 설명하고 있는 것은 Ehrman, *Forgery and Counter-forgery*이다.

6. 내가 '한 가지 셈에 따르면'이라고 단서를 붙이는 것은 본문이 조금씩 다른 것이 여러 가지가 있기 때문이다. 즉 고대 그리스어 필사본끼리 몇 개의 낱말이 들어가고 들어가지 않고의 차이가 있다는 말이다.

7. 한 가지 예로 볼 수 있는 부분은 유다인들이 "걸려 넘어지는" 덕분에 "이방인들은 구원을 받게 되었다"고 말하는 구절이다(로마서 11:11). 로마서 8:24에서 바울로는 "우리는 이 희망으로 구원을 받았습니다" 하며 과거시제를 쓰기는 하지만, 문맥으로 볼 때 그는 이것을 여전히 '희망' 속에서만 경험하는 것으로 생각한다.

8. 학자들은 통상적으로 나중의 정통 그리스도론을 그리스도교 운동의 최초 시기에 적용하여 해석하는데, 역사적으로 입증하기가 어려운 때가 많다. 그런 한 가지 예를 보려면 Hurtado, *Lord Jesus Christ* 참조. 나는 Fredriksen이 *Journal of Early Christian Studies*에서 이 책에 대해 한 비평에 더 동의한다.

9. Hultin, *Ethics of Obscene Speech*, xix-xx에 더 자세하게 논한 내용이 요약되어 있다.

10. 여러 다른 판본과 또 수취인이 '에페소인들에게'라고 되어 있다는 것을 가이사리아의 바실리오와 오리게네스가 몰랐다는 점에 관해 보려면 Metzger, *Textual Commentary*, 532 참조.

18장

1. 이 주장과 아울러 여기서 논한 몇 가지 예를 자세히 다룬 내용을 보려면 Ehrman, *Orthodox Corruption of Scripture* 참조.

2. 필경사는 같은 내용을 다루는 부분인 마태오복음 17:5과 마르코복음 9:7에는 "사랑하는"이라고 되어 있기 때문에 바꾸려는 쪽으로 더욱 기울어졌을지도 모른다.

3. 집회서 역시 히브리어 성서에는 들어가 있지 않지만 그리스도교의 외경에는 포함되어 있다. 이 책은 저자의 히브리어식 이름인 벤 시라라는 이름으로도 불린다. 집회서Ecclesiasticus라는 이름은 라틴어로 된 불가타 성서에서 온 것이다. (성서에 포함된 전도서Ecclesiastes와 혼동해서는 안 된다.)

19장

1. Martin, *Corinthian Body*, 198-228; Martin, *Sex and the Single Savior*, 65-76 참조.

2. 당시 묘비명에서 여자가 남편보다 사회적 지위가 더 높으면 여자의 이름이 남편보다 먼저 나오는 경우가 많았던 것으로 보인다. 여자는 자유인인 반면 남편은 노예나 해방노예였을 것이다. Flory, "Where Women Precede Men"; Martin, *Slavery As Salvation*, 182n2; 그리고 Martin, "Slave Families and Slaves in Families," 221-222 참조.

3. Epp, *Junia* 참조. 우리는 또 바울로는 '사도'라는 용어를 복음서, 사도행전, 고린토1서 15:5에서 언급된 예수의 '열두' 제자보다 더 넓은 의미로 사용했다는 점을 기억해야 한다. 바울로는 이 용어를 복음을 전하도록 하느님이 특별히 선택한 사람들을 가리키는 뜻으로 쓴 것으로 보이는데, 이것은 '열두' 제자보다는 뜻이 더 넓다.

4. 이 논거에 관한 훨씬 더 자세한 논증은 Martin, *Corinthian Body*, 229-233; 그리고 Martin, *Sex and the Single Savior*, 77-90 참조.

5. Meeks, *First Urban Christians*, 74-84 참조.

6. 임의 단체에 관해서는 Gillihan, *Civic Ideology* 참조.

7. 이에 관하여는 Martin, *Sex and the Single Savior*, 103-124 참조.

20장

1. 최근 이런 문헌을 많이 모아 번역한 훌륭한 선집은 Elliott, *Apocryphal New Testament*이다. 나는 이 책에 수록된 『바울로와 데클라 행전』을 인용할 때 다른 판본과도 비교할 수 있도록 하기 위해 쪽 번호가 아니라 문단 번호로 인용한다.

2. Martin, *Sex and the Single Savior*, 103-124 참조.

3. 고대 로망스 소설에 관한 개론과 오늘날 온전하게 또는 조각으로 전해지는 몇 안 되는 작품들의 번역문을 보려면 Reardon, *Collected Ancient Greek Novels* 참조.

4. Martin, *Sex and the Single Savior*, 114-118 참조.

5. 세례 이후의 죄를 용서받을 수 있는지에 관한 초기 그리스도교의 논쟁은 Le Saint, *Tertullian* 참조, 그리고 E. Ferguson, *Baptism in the Early Church*에 있는 해설도 참조.

6. Martin, *Sex and the Single Savior*, 82-87.

7. Scheidel, "Demography," 특히 41 참조. 또 Frier, "Roman Life Expectancy"도 참조. 연구에 따라 수치를 비롯하여 여러 차이가 있다는 점에서 알 수 있듯이 이것은 대략적인 추정에 지나지 않는다.

8. 『바울로와 데클라 행전』의 이 논거에 관하여는 MacDonald, *Legend and the Apostle* 참조.

21장

1. Augustine, *De doctrina christiana* 3.83 (26.37); D. Ferguson, *Biblical Hermeneutics*, 161 참조.

2. 나는 Martin, *Sex and the Single Savior*, 1-35와 Martin, *Pedagogy of the Bible*, 29-45에서 이에 관해 훨씬 더 자세한 설명과 논리를 내놓았다.

3. 이 해석은 이것을 거부하는 교부를 통해 전해진 것이다. Irenaeus, *Against Heresies* 1.14.6 참조. 또 1.15.1, 1.26.1도 참조.

4. Rothschild, *Hebrews as Pseudepigraphon*은 히브리서의 저자가 이 편지를 쓸 때 독자들이

바울로가 썼다고 받아들이도록 의도했다고 강하게 주장한다. 다시 말해 이 편지는 익명이기는 하지만 그럼에도 위서라는 뜻이다.

5. 저자는 '그리스도교'라는 용어를 아직 모를 가능성이 매우 높다. 그가 히브리서를 쓸 때 이 용어는 아직 '만들어지지' 않았을 것이다. 어떻든 그는 이 용어를 쓰지 않는다.

22장

1. Martin, *Pedogogy of the Bible* 참조. 이 장의 자료는 대부분 이 책, 특히 제1장부터 제3장까지의 내용을 가져온 것이다.

2. 우리는 오늘날 물리학자와 우주학자가 우주는 결국 유한하다고 말하고 있다는 것을 알지만, 대부분의 사람으로서는 우주는 유한하고 그 '바깥'에는 아무것도 없다는 것을 이해하기가 정말 어렵다.

3. 종교개혁과 계몽운동 동안의 성서 연구를 다룬 개관을 보려면 Sheehan, *Enlightenment Bible* 참조.

4. 독일의 영향이 이처럼 미국의 신학 교육에 전해진 역사를 가장 철저하게 다룬 것은 E. Clark, *Founding the Fathers*이다. 제목에서 알 수 있듯 이 책은 교부들의 학문과 가르침의 변화를 주로 다루지만, 같은 시기에 성서 연구 또한 어떻게 바뀌었는지도 보여준다.

5. Greer and Mitchell, *"Belly-Myther"* 참조. 이 책에는 오리게네스의 「열왕기상 28장에 관한 설교」 본문과 그것을 분석한 내용이 포함되어 있다. 그리스어 본문과 번역문, 그리고 개관과 주석도 수록되어 있다.

6. 여기서는 아우구스티누스의 『고백록』을 Maria Boulding이 번역한 것을 인용했다. 책에 따라 본문을 가리키는 번호를 붙이는 방식이 다르다. 나는 Boulding의 번역본에서 사용한 방식대로 책 번호, 장 번호, 문단 번호로 표시했다.

7. Kilian Walsh가 번역한 Clairvaux, *On the Song of Songs*를 인용했다.

8. 아가의 성애적 해석을 더 자세히 다룬 글을 보려면 Moore, *God's Beauty Parlor*, 21-89 참조.

9. 이 예는 Martin, *Pedagogy of the Bible*의 제3장에서 가져온 것이다. 이 책에는 두 가지 예가—성 비드와 토마스 아퀴나스—더 소개되어 있다.

10. 이런 종류의 해석 중 가장 유명한 것 하나는 문학비평가 Frank Kermode가 쓴 *The Genesis of Secrecy*이다.

23장

1. Charlesworth, *Old Testament Pseudepigrapha*, vol. 1 참조.

2. 성서의 장과 절 번호는 모두 수 세기 뒤에 붙여진 것이다. 고대의 독자는 장과 절 번호로 구분된 본문이 아니라 대체로 쭉 이어지는 본문을 읽었을 것이다. 신약의 장 번호는 필시 고대 후기에 붙여졌을 것이며, 다만 오늘날의 장 번호와 꼭 일치하지는 않았다. 오늘날의 성서와 일치하는 절 번호는 16세기가 되기 전에는 성서에 등장하지 않았다. Specht, "Chapter and Verse Divisions" 참조.

3. Tacitus, *Annals* 15.44 참조. 또 Suetonius, *Nero* 16.2도 참조.

4. 더 자세한 논의는 Martin, *Sex and the Single Savior*, 109-111 참조.

5. 여기서도 더 자세한 논의는 Martin, *Sex and the Single Savior*, 111-118 참조.

6. 그리스도교인 집안의 노예들이 주인 또는 집안의 다른 사람의 성적 동반자였을 가능성에 관해서는 Glancy, *Slavery in Early Christianity* 참조.

24장

1. 이에 관한 고전적 연구는 Hengel, *Crucifixion in the Ancient World*이다.

2. 고린토1서 6:3: "우리가 천사들까지도 심판하게 되리라는 것을 모르십니까? 그런 우리가 이 세상에 속한 사소한 사건을 심판할 수 없겠습니까?"

3. 예컨대 사도행전 18:12~17, 19:35~41, 23:26~30, 25:18~20, 25:24~27, 26:31~32 참조.

4. 고대의 위서가 지니고 있는 이런 모든 측면을 보여주는 예는 Ehrman, *Forgery* 참조.

5. 이 책에서 내가 종종 하는 대로, NRSV 성서의 편집자들이 포괄적 표현을 위해 '형제' 뒤에 덧붙여 넣은 '자매'를 뺐다. 〔옮긴이: 공동번역 성서에는 '교우 여러분'이라 되어 있다.〕

6. 이 이야기의 원천자료에 관한 내용은 Bauckham, *Jude, 2 Peter*, 65-76 참조.

25장

1. 이 부분에 관한 논의는 이 책 22장에서 다룬 오리게네스의 성서 해석 참조.

2. 예컨대 하늘에서 제단 아래의 영혼들에 관한 요한의 환상 참조(요한묵시록 6:9).

3. Burns, *Cyprian the Bishop*에서 다루는 3세기 북아프리카의 키프리아누스 주교의 교회에서 있었던 갈등 참조.

4. Ehrman, *Apostolic Fathers*에 나와 있는 그리스어 본문과 영역문을 사용했다.

5. 자세한 내용은 Schoedel, *Ignatius of Antioch* 참조.

6. 자세한 내용은 Niederwimmer, *Didache* 참조.

7. 마태오복음 26:26~29, 마르코복음 14:22~25, 고린토1서 11:23~26.

8. 이그나티오스의 경우와 마찬가지로 나는 『디다케』도 Ehrman, *Apostolic Fathers*에 수록된 그리스어 및 영역문을 사용하고 있다.

9. 예컨대 필레몬서 22절에서 바울로는 필레몬에게 자신이 묵을 방을 마련해달라고 부탁한다.

후기

1. 고대 후기 동안 그리스도교의 발달에 관한 연구로는 White, *From Jesus to Christianity*와 MacMullen, *Second Church* 참조. 이 주제에 관해 철저히 다룬 연구를 보려면 Harvey and Hunter, *Oxford Handbook of Early Christian Studies*와 거기 수록된 방대한 참고문헌 참조. 또 Ehrman, *After the New Testament*와 Ehrman and Jacobs, *Christianity in Late Antiquity*에 수집되어 있는 원천자료들도 참조. 비교적 오래전 연구이지만 여전히 고전으로 꼽는 Chadwick, *Early Church*도 참조.

2. P. Brown, *Body and Society*는 고대 후기 금욕주의의 발달에 관한 연구의 고전으로 꼽는다. 또 Harmless, *Desert Christians*도 참조.

3. 고대 후기의 '이교도'에 관한 새로운 이야기를 보려면 Cameron, *Last Pagans of Rome* 참조.

4. 현재 이 역사에 관한 가장 훌륭한 연구는 Masuzawa, *Invention of World Religions*이다.

5. Nongbri, "Paul without Religion"과 Nongbri, *Before Religion* 참조.

6. 지역별로 그리스도교가 전파된 연대기로는 Harnack, *Expansion of Christianity*가 있는데, 매우 오래되기는 했지만 많은 부분에서 타의 추종을 불허한다.

참고문헌

Aland, Kurt. *Synopsis of the Four Gospels*. New York: American Bible Society, 1985.

Allison, Dale C. *Constructing Jesus: Memory, Imagination, and History*. Grand Rapids, MI: Baker Academic, 2010.

Allison, Dale C. *The Historical Christ and the Theological Jesus*. Grand Rapids, MI: Eerdmans, 2009.

Allison, Dale C. *Jesus of Nazareth: Millenarian Prophet*. Philadelphia: Fortress Press, 1998.

Attridge, Harold W. *Acts of Thomas*. Salem, OR: Polebridge, 2010.

Augustine, *The Confessions*. Trans. Maria Boulding. Vintage Spiritual Classics. New York: Vintage, 1998.

Bacon, B. W. "The 'Five Books' of Matthew against the Jews." *Expositor* 15 (1918): 56-66.

Bacon, B. W. *Studies in Matthew*. London: Constable, 1930.

Barton, John. "Marcion Revisited." In *The Canon Debate*, ed. Lee Martin McDonald and James A. Sanders, 341-354. Peabody, MA: Hendrickson, 2002.

Bauckham, Richard. *Jude, 2 Peter*. Word Biblical Commentary. Waco, TX: Word Publishing, 1983.

Beard, Mary, John North, and Simon Price. *Religions of Rome*. Vol. 1, *A History*. Cambridge: Cambridge University Press, 1998.

Bernard of Clairvaux. *On the Song of Songs: Sermones super Cantica Canticorum*. 4 vols. Trans. Kilian Walsh. Introduction by Corneille Halfants. Spencer, MA: Cistercian, 1971-1980.

Bornkamm, Günther. "The Stilling of the Storm in Matthew." In G. Bornkamm, G. Barth, and H. J. Held, *Tradition and Interpretation in Matthew*, 52-57. Trans. Percy Scott. Philadelphia: Westminster Press, 1963.

Bosworth, A. B. "Alexander III." In *The Oxford Classical Dictionary*, 3rd ed., ed. Simon Hornblower and Anthony Spawforth, 57-59. New York: Oxford University Press, 2003.

Bosworth, A. B. *Conquest and Empire: The Reign of Alexander the Great.* New York: Cambridge University Press, 1993.

Boyarin, Daniel. "A Tale of Two Synods: Nicaea, Yavneh, and Rabbinic Ecclesiology." *Exemplaria* 12 (2002): 21-62.

Bradshaw, Paul, Maxwell E. Johnson, and Edward L. Phillips. *The Apostolic Tradition: A Commentary.* Hermeneia. Minneapolis: Fortress Press, 2002.

Brakke, David. *The Gnostics: Myth, Ritual, and Diversity in Early Christianity.* Cambridge, MA: Harvard University Press, 2010.

Brakke, David. "Scriptural Practices in Early Christianity: Towards a New History of the New Testament Canon." In *Invention, Rewriting, Usurpation: Discursive Fights over Religious Traditions in Antiquity*, ed. David Brakke, Anders-Christian Jacobsen, and Jörg Ulrich. Early Christianity in the Context of Antiquity 11. Frankfurt: Peter Lang, 2011.

Brower, Gary. "Ambivalent Bodies: Making Christian Eunuchs." Ph.D. diss., Duke University, 1996.

Brown, Peter. *The Body and Society: Men, Women, and Sexual Renunciation in Early Christianity.* New York: Columbia University Press, 1988.

Brown, Raymond. *The Community of the Beloved Disciple.* New York: Paulist Press, 1979.

Burns, J. Patout. *Cyprian the Bishop.* New York: Routledge, 2002.

Buxton, R. G. A., ed. *Oxford Readings in Greek Religion.* Oxford: Oxford University Press, 2000.

Callan, T. "Pauline Midrash: The Exegetical Background of Gal. 3:19b." *Journal of Biblical Literature* 99 (1980): 549-567.

Cameron, Alan. *The Last Pagans of Rome.* New York: Oxford University Press, 2011.

Campenhausen, Hans von. *The Formation of the Christian Bible.* Philadelphia: Fortress Press, 1972.

Casey, Robert Pierce, ed. and trans. *The Excerpta ex Theodoto of Clement of Alexandria.* London: Christophers, 1934.

Casson, Lionel. *Travel in the Ancient World.* Baltimore: Johns Hopkins University Press, 1994.

Chadwick, Henry. *The Early Church.* London: Hodder and Stoughton, 1968.

Charlesworth, James H., ed. *Old Testament Pseudepigrapha*. 2 vols. New York: Doubleday, 1983.

Clark, Elizabeth A. *Founding the Fathers: Early Church History and Protestant Professors in Nineteenth-Century America*. Philadelphia: University of Pennsylvania Press, 2011.

Clark, Elizabeth A. *History, Theory, Text: Historians and the Linguistic Turn*. Cambridge, MA: Harvard University Press, 2004.

Clark, Gillian. *Women in the Ancient World*. New York: Oxford University Press, 1989.

Clarke, M. L. *Higher Education in the Ancient World*. London: Routledge, 1971.

Cohen, Shaye D. *From the Maccabees to the Mishnah*. 2nd ed. Louisville, KY: Westminster John Knox Press, 2006.

Collins, John J. *The Apocalyptic Imagination: An Introduction to Jewish Apocalyptic Literature*. Rev. ed. Grand Rapids, MI: Eerdmans, 1998.

Collins, John J. *Introduction to the Hebrew Bible*. Minneapolis: Fortress Press, 2004.

Culpepper, Alan. *The Anatomy of the Fourth Gospel: A Study in Literary Design*. Philadelphia: Fortress Press, 1983.

Dahl, Nils A. "The Crucified Messiah." In Dahl, *The Crucified Messiah and Other Essays*, 10-36. Minneapolis: Augsburg, 1974.

Derrida, Jacques. *Dissemination*. Trans. with introduction and additional notes by Barbara Johnson. Chicago: University of Chicago Press, 1981.

Duling, Dennis C., and Norman Perrin. *The New Testament: Proclamation and Parenesis, Myth and History*. 3rd ed. Fort Worth, TX: Harcourt Brace, 1994.

Dungan, David L. *Constantine's Bible: Politics and the Making of the New Testament*. Minneapolis: Fortress Press, 2007.

Eastman, David L. *Paul the Martyr: The Cult of the Apostle in the Latin West*. Atlanta, GA: Society of Biblical Literature, 2011.

Ehrman, Bart D. *After the New Testament: A Reader in Early Christianity*. New York: Oxford University Press, 2004.

Ehrman, Bart D., ed. and trans. *The Apostolic Fathers*. 2 vols. Loeb Classical Library. Cambridge, MA: Harvard University Press, 2003.

Ehrman, Bart D. *Forgery and Counter-forgery in Early Christian Polemics*. Oxford: Oxford University Press, 2012.

Ehrman, Bart D. *Jesus: Apocalyptic Prophet of the New Millennium*. New York: Oxford University Press, 1999.

Ehrman, Bart D. *The New Testament: A Historical Introduction to the Early Christian Writings*. 5th ed. New York: Oxford University Press, 2012.

Ehrman, Bart D. *The Orthodox Corruption of Scripture: The Effect of Early Christological Controversies on the Text of the New Testament*. New York: Oxford University Press, 1993.

Ehrman, Bart D., and Andrew S. Jacobs. *Christianity in Late Antiquity, 300-450 C.E.: A Reader*. New York: Oxford University Press, 2004.

Ehrman, Bart D., and Zlatko Pleše. *The Apocryphal Gospels*. New York: Oxford University Press, 2011.

Elliott, J. K. *The Apocryphal New Testament: A Collection of Apocryphal Christian Literature in an English Translation*. Oxford: Clarendon Press, 2nd ed. 2005.

Engberg-Pedersen, Troels. *Cosmology and Self in the Apostle Paul: The Material Spirit*. New York: Oxford University Press, 2010.

Epp, Eldon J. *Junia: The First Woman Apostle*. Minneapolis: Fortress Press, 2005.

Epp, Eldon J. "New Testament Papyrus Manuscripts and Letter Carrying in Greco-Roman Times." In *The Future of Early Christianity: Essays in Honor of Helmut Koester*, ed. Birger A. Pearson, 35-56. Minneapolis: Fortress Press, 1991.

Fatum, Lone. "Brotherhood in Christ: A Gender Hermeneutical Reading of 1 Thessalonians." In *Constructing Early Christian Families: Family as Social Reality and Metaphor*, ed. Halvor Moxnes, 183-197. London: Routledge, 1997.

Ferguson, Duncan S. *Biblical Hermeneutics: An Introduction*. Atlanta: John Knox Press, 1986.

Ferguson, Everett. *Backgrounds of Early Christianity*. 2nd ed. Grand Rapids, MI: Eerdmans, 1993.

Ferguson, Everett. *Baptism in the Early Church: History, Theology, and Liturgy in the First Five Centuries*. Grand Rapids, MI: Eerdmans, 2009.

Ferguson, Everett. "Canon Muratori: Date and Provenance." *Studia Patristica* 18 (1982):

677-683.

Ferguson, Everett. "Factors Leading to the Selection and Closure of the New Testament Canon." In *The Canon Debate*, ed. Lee Martin McDonald and James A. Sanders, 295-320. Peabody, MA: Hendrickson, 2002.

Finley, Moses I. *The Ancient Economy*. Updated ed. Berkeley: University of California Press, 1999.

Flory, Marlene Boudreau. "Where Women Precede Men: Factors Influencing the Order of Names in Roman Epitaphs." *Classical Journal* 79 (1983): 216-224.

Foster, Paul. "Marcion: His Life, Works, Beliefs, and Impact." *Expository Times* 121, no. 6 (2010): 269-280.

Francis, Matthew W. G. "'Blessed is the One Who Reads Aloud . . .': The Book of Revelation in Orthodox Lectionary Traditions." In *Exegesis and Hermeneutics in the Churches of the East: Select Papers from the SBL Meeting in San Diego, 2007*, ed. Vahan S. Hovhanessian, 67-78. New York: Peter Lang, 2009.

Fredriksen, Paula. Review of *Lord Jesus Christ*, by Larry W. Hurtado. *Journal of Early Christian Studies* 12 (2004): 537-541.

Frier, Bruce. "Roman Life Expectancy." *Harvard Studies in Classical Philology* 86 (1982): 213-251.

Funk, Robert W., Roy W. Hoover, and the Jesus Seminar. *The Five Gospels: The Search for the Authentic Words of Jesus; New Translation and Commentary*. New York: Macmillan, 1993.

Gabba, Emilio. "The Social, Economic, and Political History of Palestine: 63 BCE-CE 70." In *The Cambridge History of Judaism*, vol. 3, *The Early Roman Period*, ed. William Horbury, W. D. Davies, and John Sturdy, 94-167. New York: Cambridge University Press, 2008.

Gamble, Harry Y. *Books and Readers in the Early Church: A History of Early Christian Texts*. New Haven, CT: Yale University Press, 1995.

Gardner, Jane F. *Women in Roman Law and Society*. Bloomington: Indiana University Press, 1991.

Garland, Robert. *Religion and the Greeks*. London: Bristol Classical Press, 2000.

Garnsey, Peter, and Richard Saller. *The Early Principate: Augustus to Trajan*. New Surveys in the Classics 15. Oxford: Clarendon Press, 1982.

Gelzer, Matthias. *Caesar: Politician and Statesman*. Trans. Peter Needham. Cambridge, MA: Harvard University Press, 1968.

Gillihan, Yonder. *Civic Ideology, Organization, and Law in the Rule Scrolls: A Comparative Study of the Covenanters' Sect and Contemporary Voluntary Associations in Political Context*. Leiden: Brill, 2011.

Glancy, Jennifer. *Slavery in Early Christianity*. New York: Oxford University Press, 2002.

Goldstein, Jonathan A. "The Hasmonean Revolt and the Hasmonean Dynasty." In *The Cambridge History of Judaism*, vol. 2, *Hellenistic Age*, ed. W. D. Davies and Louis Finkelstein, 292-351. New York: Cambridge University Press, 2008.

Goodman, Martin. *The Ruling Class of Judaea: The Origins of the Jewish Revolt against Rome, A.D. 66-70*. New York: Cambridge University Press, 1993.

Green, Peter. *Alexander to Actium: The Historical Evolution of the Hellenistic Age*. Berkeley: University of California Press, 1990.

Greer, Rowan A., and Margaret M. Mitchell. *The "Belly-Myther" of Endor: Interpretations of 1 Kingdoms 28 in the Early Church*. Atlanta, GA: Society of Biblical Literature, 2007.

Gruen, Erich S. "Hellenism and Persecution." In *Hellenistic History and Culture*, ed. Peter Green, 238-264. Berkeley: University of California Press, 1993.

Hahneman, Geoffrey Mark. *The Muratorian Fragment and the Development of the Canon*. Oxford: Clarendon Press, 1992.

Hahneman, Geoffrey Mark. "The Muratorian Fragment and the Origins of the New Testament Canon." In *The Canon Debate*, ed. Lee Martin McDonald and James A. Sanders, 405-415. Peabody, MA: Hendrickson, 2002.

Hanson, R. P. C. *The Search for the Christian Doctrine of God: The Arian Controversy, 318-381*. Edinburgh: T&T Clark, 1988.

Harmless, William. *Desert Christians: An Introduction to the Literature of Early Christian Monasticism*. New York: Oxford University Press, 2004.

Harnack, Adolf von. *The Expansion of Christianity in the First Three Centuries*. Vol. 2. Trans. and ed. James Moffatt. Repr. Eugene, OR: Wipf and Stock Publishers, 1996.

Harnack, Adolf von. *Marcion: Das Evangelium vom fremden Gott; Eine Monographie zur Geschichte der Grundlegung der katholischen Kirche*. Berlin: Akademie-Verlag, 1960.

Harnack, Adolf von. *Marcion: The Gospel of the Alien God.* Trans. John E. Steely and Lyle D. Bierma. Durham, NC: Labyrinth Press, 1990.

Harvey, Susan Ashbrook, and David G. Hunter, eds. *The Oxford Handbook of Early Christian Studies.* New York: Oxford University Press, 2008.

Hengel, Martin. *Crucifixion in the Ancient World and the Folly of the Message of the Cross.* Philadelphia: Fortress Press, 1997.

Hock, Ronald F. *The Social Context of Paul's Ministry: Tentmaking and Apostleship.* Philadelphia: Fortress Press, 1980.

Hogg, H. W., trans. "The Diatessaron of Tatian." In *Ante-Nicene Fathers*, ed. Allan Menzies, 9.33–129. Peabody, MA: Hendrickson, 1995.

Holmes, Michael W. *The Apostolic Fathers: Greek Texts and English Translations.* 3rd ed. Grand Rapids, MI: Baker Academic, 2007.

Hultin, Jeremy F. *The Ethics of Obscene Speech in Early Christianity and Its Environment.* Supplements to Novum Testamentum, vol. 128. Boston: Brill, 2008.

Hurtado, Larry W. *Lord Jesus Christ: Devotion to Jesus in Earliest Christianity.* Grand Rapids, MI: Eerdmans, 2003.

Isaacson, Walter. *Einstein: His Life and Universe.* New York: Simon & Schuster, 2007.

Johnson, William A. *Readers and Reading Culture in the High Roman Empire: A Study of Elite Communities.* New York: Oxford University Press, 2010.

Johnston, David. *Roman Law in Context.* Key Themes in Ancient History. New York: Cambridge University Press, 1999.

Jones, A. H. M. "Taxation in Antiquity." In *The Roman Economy: Studies in Ancient Economic and Administrative History*, ed. P. A. Brunt, 151–185. Oxford: Blackwell, 1974.

Just, Roger. *Women in Athenian Law and Life.* New York: Routledge, 1989.

Kähler, Martin. *The So-Called Historical Jesus and the Historic Biblical Christ.* Trans. C. Braaten. Philadelphia: Fortress Press, 1964.

Kennell, Nigel M. *The Gymnasium of Virtue: Education and Culture in Ancient Sparta.* Chapel Hill: University of North Carolina Press, 1995.

Kermode, Frank. *The Genesis of Secrecy: On the Interpretation of Narrative.* Cambridge, MA: Harvard University Press, 1979.

King, Karen L. *What Is Gnosticism?* Cambridge, MA: Harvard University Press, 2005.

King, Karen L. "Which Early Christianity?" In *The Oxford Handbook of Early Christian Studies*, ed. Susan Ashbrook Harvey and David G. Hunter, 66–84. New York: Oxford University Press, 2008.

Kingsbury, Jack Dean. *Matthew: Structure, Christology, Kingdom*. Philadelphia: Fortress Press, 1991.

Klauck, Hans-Josef. *The Religious Context of Early Christianity: A Guide to Graeco-Roman Religions*. Minneapolis: Fortress Press, 2003.

Koester, Helmut. *Introduction to the New Testament*. Vol. 1, *History, Culture, and Religion of the Hellenistic Age*. 2nd ed. New York: Walter de Gruyter, 1995.

Kraft, Robert A. "The Codex and Canon Consciousness." In *The Canon Debate*, ed. Lee Martin McDonald and James A. Sanders, 229–233. Peabody, MA: Hendrickson, 2002.

Kuefler, Mathew. *Manly Eunuchs: Masculinity, Gender Ambiguity, and Christian Ideology in Late Antiquity*. Chicago: University of Chicago Press, 2001.

Kysar, Robert. *John the Maverick Gospel*. Atlanta, GA: John Knox Press, 1976.

Layton, Bentley. *The Gnostic Scriptures: A New Translation with Annotations and Introductions*. Anchor Bible Reference Library. New Haven, CT: Yale University Press, 1995.

Le Saint, William P. *Tertullian: Treatises on Penance*. Ancient Christian Writers. Westminster, MD: Paulist Press, 1959.

Lightstone, Jack N. "The Rabbis' Bible: The Canon of the Hebrew Bible and the Early Rabbinic Guild." In *The Canon Debate*, ed. Lee Martin McDonald and James A. Sanders, 163–184. Peabody, MA: Hendrickson, 2002.

Lim, Timothy H., and John J. Collins. *The Oxford Handbook of the Dead Sea Scrolls*. New York: Oxford University Press, 2010.

MacDonald, Dennis R. *The Legend and the Apostle: The Battle for Paul in Story and Canon*. Philadelphia: Westminster Press, 1983.

MacMullen, Ramsay. *Corruption and the Decline of Rome*. New Haven, CT: Yale University Press, 1988.

MacMullen, Ramsay. *The Second Church: Popular Christianity, A.D. 200-400*. Atlanta, GA: Society of Biblical Literature, 2009.

Martin, Dale B. "The Construction of the Ancient Family: Methodological Considerations." *Journal of Roman Studies* 86 (1996): 40-46.

Martin, Dale B. "Contradictions of Masculinity: Ascetic Inseminators and Menstruating Men in Greco-Roman Culture." In *Generation and Degeneration: Tropes of Reproduction in Literature and History from Antiquity through Early Modern Europe*, ed. Valeria Finucci and Kevin Brownlee, 81-108. Durham, NC: Duke University Press, 2001.

Martin, Dale B. *The Corinthian Body*. New Haven, CT: Yale University Press, 1995.

Martin, Dale B. *Inventing Superstition: From the Hippocratics to the Christians*. Cambridge, MA: Harvard University Press, 2004.

Martin, Dale B. *Pedagogy of the Bible: Analysis and Proposal*. Louisville, KY: Westminster John Knox Press, 2008.

Martin, Dale B. *Sex and the Single Savior: Gender and Sexuality in Biblical Interpretation*. Louisville, KY: Westminster John Knox Press, 2006.

Martin, Dale B. "Slave Families and Slaves in Families." In *Early Christian Families in Context*, ed. David L. Balch and Carolyn Osiek, 207-230. Grand Rapids, MI: Eerdmans, 2003.

Martin, Dale B. *Slavery as Salvation: The Metaphor of Slavery in Pauline Christianity*. New Haven, CT: Yale University Press, 1990.

Martin, Dale B. "When Did Angels Become Demons?" *Journal of Biblical Literature* 129 (2010): 657-677.

Martyn, J. Louis. *Galatians*. The Anchor Bible. New York: Doubleday, 1997.

Marx, Karl. "Critique of the Gotha Program." In *The Marx-Engels Reader*, ed. Robert C. Tucker, 525-541. New York: W. W. Norton, 1978.

Marxsen, Willi. *Mark the Evangelist: Studies on the Redaction History of the Gospel*, trans. James Boyce et al. Nashville, TN: Abingdon Press, 1969.

Masuzawa, Tomoko. *The Invention of World Religions; or, How European Universalism Was Preserved in the Language of Pluralism*. Chicago: University of Chicago Press, 2005.

McDonald, Lee Martin, and James A. Sanders, eds. *The Canon Debate*. Peabody, MA: Hendrickson, 2002.

McDonald, Marianne, and J. Michael Walton. *The Cambridge Companion to Greek and Roman Theatre*. New York: Cambridge University Press, 2011.

Meeks, Wayne A. *Christ Is the Question*. Louisville, KY: Westminster John Knox Press, 2006.

Meeks, Wayne A. *The First Urban Christians: The Social World of the Apostle Paul*. 2nd ed. New Haven, CT: Yale University Press, 2003.

Meeks, Wayne A. *The Origins of Christian Morality: The First Two Centuries*. New Haven, CT: Yale University Press, 1993.

Meeks, Wayne A., and John T. Fitzgerald, eds. *The Writings of St. Paul*. 2nd ed. New York: W. W. Norton, 2007.

Metzger, Bruce M. *The Canon of the New Testament: Its Origin, Development, and Significance*. Oxford: Clarendon Press, 1987.

Metzger, Bruce M. *A Textual Commentary on the Greek New Testament*. 2nd ed. Stuttgart: Deutsche Bibelgesellschaft, 1994.

Metzger, Bruce M., and Bart D. Ehrman. *The Text of the New Testament: Its Transmission, Corruption, and Restoration*. 4th ed. New York: Oxford University Press, 2005.

Miller, Robert J., ed. *The Apocalyptic Jesus: A Debate*. Santa Rosa, CA: Polebridge Press, 2001.

Miller, Stephen G. *Ancient Greek Athletics*. New Haven, CT: Yale University Press, 2006.

Mitchell, Margaret M. *Paul and the Rhetoric of Reconciliation: An Exegetical Investigation of the Language and Composition of 1 Corinthians*. Tübingen: Mohr Siebeck, 1991.

Moore, Stephen D. *God's Beauty Parlor and Other Queer Spaces in and around the Bible*. Stanford, CA: Stanford University Press, 2002.

Mørkholm, Otto. "Antiochus IV." In *The Cambridge History of Judaism*, vol. 2, *Hellenistic Age*, ed. W. D. Davies and Louis Finkelstein, 278–291. New York: Cambridge University Press, 2008.

Murray, Oswyn, and Simon Price, eds. *The Greek City from Homer to Alexander*. Oxford: Clarendon Press, 1990.

Myers, Charles D. "Romans." In *The Anchor Bible Dictionary*, ed. David Noel Freedman. New York: Doubleday, 1992.

Newby, Zahra. *Athletics in the Ancient World*. London: Bristol Classical Press, 2006.

The New Oxford Annotated Bible: New Revised Edition with the Apocrypha. 3rd ed. Oxford: Oxford University Press, 2001.

Niederwimmer, Kurt. *The Didache: A Commentary*. Hermeneia. Philadelphia: Fortress Press, 1998.

Nongbri, Brent. *Before Religion: A History of a Modern Concept*. New Haven, CT: Yale University Press, 2012.

Nongbri, Brent. "Paul without Religion: The Creation of a Category and the Search for an Apostle beyond the New Perspective." Ph.D. diss., Yale University, 2008.

Petersen, William L. *Tatian's Diatessaron: Its Creation, Dissemination, Significance, and History in Scholarship*. Supplements to Vigiliae Christianae, vol. 25. Leiden: Brill, 1997.

Pius IX. *Ineffabilis deus*. 1854. www.vatican.va.

Powell, Mark Alan. *Jesus as a Figure in History: How Modern Historians View the Man from Galilee*. Louisville, KY: Westminster John Knox Press, 1998.

Price, Simon R. *Rituals and Power: The Roman Imperial Cult in Asia Minor*. New York: Cambridge University Press, 1984.

Rabello, A. M. "The Legal Condition of the Jews in the Roman Empire." In *Aufstieg und Niedergang der Römischen Welt II*. 13, 662-762. New York: Walter de Gruyter, 1980.

Reardon, B. P., ed. *Collected Ancient Greek Novels*. Berkeley: University of California Press, 2008.

Richards, Randolph E. *Paul and First-Century Letter Writing: Secretaries, Composition, and Collection*. Downers Grove, IL: InterVarsity, 2004.

Roberts, Colin H., and T. C. Skeat. *The Birth of the Codex*. New York: Oxford University Press, 1983.

Rothschild, Clare K. *Hebrews as Pseudepigraphon: The History and Significance of the Pauline Attribution of Hebrews*. Tübingen: Mohr Siebeck, 2009.

Rüpke, Jörg. *Religion of the Romans*. Malden, MA: Polity, 2007.

Saller, R. P. *Personal Patronage under the Early Empire*. New York: Cambridge University Press, 1982.

Sanders, E. P. *Jesus and Judaism*. Philadelphia: Fortress Press, 1985.

Sanders, James A. "The Canonical Process." In *The Cambridge History of Judaism*, vol. 4, *The Late Roman-Rabbinic Period*, ed. Steven T. Katz, 230-243. Cambridge: Cambridge University Press, 2008.

Schäfer, Peter. *The History of the Jews in the Greco-Roman World: The Jews of Palestine from Alexander the Great to the Arab Conquest.* New York: Routledge, 2003.

Schaff, Philip, and Henry Wace, eds. *Nicene and Post-Nicene Fathers.* Second Series. Vol. 4. Peabody, MA: Hendrickson, 1994.

Scheidel, Walter. "Demography." In *The Cambridge Economic History of the Greco-Roman World*, ed. W. Scheidel, I. Morris, and R. Saller, 38-86. Cambridge: Cambridge University Press, 2007.

Schoedel, William. *Ignatius of Antioch: A Commentary.* Hermeneia. Philadelphia: Fortress Press, 1998.

Schott, Jeremy M. *Christianity, Empire, and the Making of Religion in Late Antiquity.* Philadelphia: University of Pennsylvania Press, 2008.

Schwartz, Seth. *Imperialism and Jewish Society: 200 BCE to 640 CE.* Princeton, NJ: Princeton University Press, 2004.

Sheehan, Jonathan. *The Enlightenment Bible: Translation, Scholarship, Culture.* Princeton, NJ: Princeton University Press, 2005.

Shipley, Frederick W., trans. *Velleius Paterculus: Res Gestae Divi Augusti.* Loeb Classical Library. Cambridge, MA: Harvard University Press, 1961.

Sloyan, Garard S. *What Are They Saying about John?* New York: Paulist Press, 1991.

Smith, D. Moody. *The Theology of John.* Cambridge: Cambridge University Press, 1994.

Specht, Walter. "Chapter and Verse Divisions." In *The Oxford Companion to the Bible*, ed. Bruce M. Metzger and Michael D. Coogan, 105-107. New York: Oxford University Press, 1993.

Stendahl, Krister. "The Apostle Paul and the Introspective Conscience of the West." *Harvard Theological Review* 56 (1963): 199-215.

Sundberg, A. C., Jr. "Canon Muratori: A Fourth-Century List." *Harvard Theological Review* 66 (1973): 1-41.

Tanner, Norman P., ed. *Decrees of the Ecumenical Councils.* Vol. 2. Washington, DC: Georgetown University Press, 1990.

Theissen, Gerd. *The Social Setting of Pauline Christianity: Essays on Corinth.* Philadelphia: Fortress Press, 1982.

Throckmorton, Burton H. *Gospel Parallels: A Comparison of the Synoptic Gospels.* 5th ed.

Nashville, TN: Thomas Nelson, 1992.

VanderKam, James C. *The Dead Sea Scrolls Today.* 2nd ed. Grand Rapids, MI: Eerdmans, 2010.

Weems, Mason Locke. *The Life of Washington.* Ed. Marcus Cunliffe. Cambridge, MA: Belknap Press of Harvard University Press, 1962.

Wells, Colin. *The Roman Empire.* 2nd ed. Cambridge, MA: Harvard University Press, 1995.

White, L. Michael. *From Jesus to Christianity: How Four Generations of Visionaries and Storytellers Created the New Testament and Christian Faith.* San Francisco: Harper-SanFrancisco, 2004.

Williams, Michael L. *Rethinking "Gnosticism": An Argument for Dismantling a Dubious Category.* Princeton, NJ: Princeton University Press, 1999.

Williamson, G. A., trans. *Eusebius: The History of the Church from Christ to Constantine.* Rev. and ed. Andrew Louth. New York: Penguin, 1989.

Wistrand, Erik. *Caesar and Contemporary Roman Society.* Göteborg: Kungl. Vetenskaps-och Vitterhets-Samhället, 1978.

Wrede, William. *The Messianic Secret.* Trans. J. C. G. Greig. Cambridge: James Clarke, 1971.

Wycherley, R. E. *How the Greeks Built Cities.* 2nd ed. New York: W. W. Norton, 1976.

Yarbro Collins, Adela. *Crisis and Catharsis: The Power of the Apocalypse.* Philadelphia: Westminster John Knox Press, 1984.

Yarbro Collins, Adela, and John J. Collins. *King and Messiah as Son of God: Divine, Human, and Angelic Messianic Figures in Biblical and Related Literature.* Grand Rapids, MI: Eerdmans, 2008.

Yegül, Fikret K. *Bathing in the Roman World.* New York: Cambridge University Press, 2010.

Yegül, Fikret K. *Baths and Bathing in Classical Antiquity.* Cambridge, MA: MIT Press, 1992.

Young, Frances M. *From Nicaea to Chalcedon: A Guide to the Literature and Its Background.* Philadelphia: Fortress Press, 1983.

Zaidman, Louise Bruit, and Pauline Schmitt Pantel. *Religion in the Ancient Greek City.* Trans. Paul Cartledge. New York: Cambridge University Press, 1992.

신약성서와 그리스도교, 교회

오래전에 본 만화 중에 이런 것이 있었다. (두 컷짜리 만화였던 것으로 기억한다.) 그리스도교가 박해받던 시대에 로마 병사들이 길거리에서 그리스도교인으로 의심되는 사람을 멈춰 세우고 검문한다. "당신은 그리스도교인이오?" 이에 그 사람이 대답한다. "진실로, 진실로 이르노니, 나는 그리스도교인이 아니오." 그러자 병사들은 그 자리에서 그 사람을 체포한다. 병사 한 명이 그에게 체포 사유를 이렇게 들려준다. "체포되는 건 언제나 말투 때문이지."

사람의 집단에는 저마다 특별한 언어와 어법이 있다. 오늘날에는 사회가 세분화된데다 실생활에서 속하는 집단과 인터넷이라는 가상 세계에서 속하는 집단이 다를 때가 많기 때문에 이런 언어가 더욱 많아지고 있고 더욱 복잡해지고 있다. 전문가 집단에는 전문가들이 쓰는 언어가 있고, 함께 어울려 다니는 친구들은 경험을 함께 나누면서 자기네만의 은어를 만들어내며, 이들이 가정으로 돌아가면 또 가족끼리 쓰는 언어가 있다. 이런 언어는 집단의 소속감을 만들어내고 강화해주는 한편 내부자와 외부자를 구분하는 경계선 역할도 한다. 집단에 새로 가입하는 사람은 그 집단의 언어를 익혀야 동화될 수 있다.

그리스도교 역시 하나의 집단으로서 나름의 언어와 어법이 있다. 위에서 언급한 만화는 그리스도교에서 쓰는 언어가 일반적으로 쓰이는 언어와는 매우 다르다는 점을 풍자하고 있지만, 오늘날에는 그런 언어가 그리스도교 밖 사람들의 일상 속으로도 넘쳐흘러 들어와 익숙하게 들릴 정도로 그리스도교 집단의 규모가 커졌고, 그래서 '은혜롭다'든가 '성령' 등 주로 그리스도교 집단에서 쓰이는 언어를 흔히 들을 수 있을 뿐 아니라 그런 언어의 정확한 뜻은 몰라도 느낌은 얼추 알아차리는 정도가 되었다. 통계청 자료를 보면, 2015년 현재 우리나라에서 스스로 그리스도교를 믿는다고 생각하는 사람은 1,360만 명으로서 총인구 4,900만 명 중 28%를 차지한다. 서너 사람 중 한 명이 그리스도교인이라는 뜻이다.

오늘날에는 그리스도교를 불교나 이슬람교 등 여러 종교의 하나로 받아들이고 있는데, 이때의 '종교'라는 말에는 사람마다 다를 수 있다는 전제가 포함되어 있다. 표준국어대사전에서는 종교를 '신이나 초자연적인 절대자 또는 힘에 대한 믿음을 통하여 인간 생활의 고뇌를 해결하고 삶의 궁극적인 의미를 추구하는 문화 체계'로 정의한다. 한자로 풀어보면 '으뜸宗이 되는 가르침敎' 즉 사람이 자기 삶의 대원칙으로 삼는 가르침이라는 뜻이 되는데, 이것은 '도道'와도 상통한다. 옥스퍼드 영어사전에서는 '지배력이 있는 초인적 힘, 특히 신을 믿고 섬기는 것'이라 설명한다.

어떻게 풀든, 아주 먼 옛 시대 사람들은 '종교'를 오늘날 우리가 이 낱말에 결부시키는 것과는 다른 관념으로 받아들였을 것이다. 사람은 자신의 힘으로 해결할 수 없는 어려움에 부딪칠 때 어떤 초인적 힘에 기댐으로써 그것을 없애거나 누그러뜨리려 하는데, 이런 태도가 일정한 제의를 통해 표현되면서 오늘날 우리 눈에 '종교적'으로 보이는 성격을 띠게 되었을 것이다. 그러나 그들에게는 종교라기보다 생활이고 삶의 방식이었을 것이다. 그들이 이런 '삶의 방식'을 오늘날과 같은 관념의 '종교'로 인식하기 시작한 것은 아마도 '삶의 방식'이 다른 집단(크게는 '민족')과 접촉한 다음이었을 것이다. 즉 '저들은 저렇게 믿는구나' 하는 인식이 '종교'라는 관념으로 이어졌을 거라는 말이다. '제祭'와 '정政'이 분리 가능한 별개의 항목이라는 전제를 깔고 있는 '제정일치' 관념도 오늘날 우리의 눈으로 바라본 것일 뿐, 실제로 그 시대를 사는 사람이라면 오늘날과 같은 제정분리 세계는 칼날의 양면을 따로 떼어낸 것처럼 애초에 성립 불가능하다고 판단할지도 모른다.

예수가 활동한 시대에는 이미 '종교'라는 관념이 있었지만, 예수는 어떤 새로운 종교를 창시하려 하지는 않았다. 당시 예수와 추종자의 활동은 '예수운동'이라고 부를 수 있을 것이다. 그러나 예수가 죽고 몇십 년 뒤인 서기 80년 무렵에 쓰였다고 추정되는 사도행전에서 예수운동을 '도道'라고 표현하는 구절이 나오는 것을 보면, 예수운동은 사도행전이 쓰인 시기에 이미 앞서 한자의 뜻으로 풀었던 의미의 '종교' 형태를 띠고 있었다고 보아야 할 것이다.

그리스도교의 교리를 줄이고 또 줄이면 '예수 그리스도'가 되는데, '예수는 구세주'라는 뜻이다. 여기서 '예수'와 '그리스도'는 똑같이 중요한 낱말이다. 따라서 예수운동의 이름이 '예수 그리스도교'도 그 주인공을 내세우는 '예수교'도 아닌 '그리스도교'가 된 것만 보아도 이들이 스스로 지은 이름은 아니겠구나 하는 짐작이 간다. 신약을 보면 이들이 자신을 가리켜 주로 사용하는 용어는 '성도聖徒'이다. 또 사도행전에 "이때부터 안티오키아에 있는 신도들이 처음으로 그리스도인이라고 불리게 되었다"(11:26)는 내용이 나오는데, 아마도 이들 집단의 규모가 어느 정도 커지면서 주위에서 이 집단의 언어를 따 그렇게 부르게 되었을 것이며, 안티오키아에만 국한된 이야기는 아닐 것이다.

그리스도교라는 종교는 예수의 부활을 바탕으로 하고 있다고 해도 과언이 아니다. 예수가 실제로 있었던 인물인가를 가지고도 여러 가지 설이 있을 정도니, 예수의 부활이라는 사건이 실제로 일어났는가 하는 문제를 가지고는 더욱 논란이 많을 수밖에 없다. 루가복음·사도행전의 저자는 예수가 부활하고 40일이 지나 승천했다면서 이렇게 말한다. "먼젓번 책에서 예수의 모든 행적과 가르치심을 다 기록하였다. 곧 예수께서 당신이 뽑으신 사도들에게 성령의 힘으로 여러 가지 지시를 내리신 다음 승천하신 그날까지의 일을 시초에서부터 낱낱이 기록하였다"(사도행전 1:1~2). 그러나 우리는 예수가 부활한 다음 승천하기까지의 행적을 자세히 알지 못한다.

사도행전에서 언급한 '먼젓번 책'인 루가의 복음서에서는 죽은 예수가 안식일이 시작될 때 무덤에 안장되었으며, 안식일 다음날 동이

트기 전에 무덤에 갔더니 이미 무덤이 비어 있었다고 말한다. "바로 그 날"(루가복음 24:13) 예수는 예루살렘으로부터 십여 킬로미터 떨어진 엠마오로 가는 두 사람에게 나타나, 저녁 식사 때 성찬례를 행하고 홀연히 사라진다. 두 사람이 곧장 예루살렘으로 돌아가 예수의 제자들을 찾아갔을 때 그들은 부활한 예수가 "시몬에게 나타나셨다"(24:34)는 이야기를 하고 있었는데, 두 사람이 그들에게 예수를 만난 일을 들려주고 있을 때 예수가 이들 앞에 나타난다(24:36). 예수는 이들과 몇 마디 대화를 나눈 뒤 베다니아 근처로 이들을 데리고 나가서 축복한 다음 승천한다(24:51). 이 이야기만 가지고 보면 부활한 예수가 사도들과 함께 지낸 시간은 기껏해야 하루나 이틀 정도일 것으로 생각된다.

사도행전에서는 예수가 부활한 뒤 승천하기까지의 기간을 40일이라고 명확히 밝힌다. 그러나 그 기간에 있었던 사연은 몇 절에 걸쳐 짤막하게 요약한다(사도행전 1:3~9). 예수의 죽음에 낙담해 있던 열한 명의 사도들이 부활한 예수를 만나는, 또는 부활한 예수가 40일 동안 "사도들에게 자주 나타나시어"(1:3) 이야기를 나누는 어마어마한 일이 일어났는데, 그 기간에 있었던 일이나 오고간 말이 과연 몇 줄로 요약할 정도밖에 되지 않을까? 예수를 만난 사도들의 입을 통해 다른 사람들에게 전해진 소문이나 이야기가 그보다는 훨씬 많지 않을까 하는 생각이 들지만, 루가복음·사도행전의 저자는 더이상 자세한 이야기는 들려주지 않는다. 신약성서를 통틀어 찾아보아도 마찬가지다.

예수의 부활이 역사적으로 있었던 사건인지 검증할 수 있는 길은 아마 없을 것이다. 부활 후의 이야기가 몇 가지 전승만 있을 뿐 자세히 전해지지 않는 데에는 여러 가지 이유가 있을 것이다. 실제로 이렇다 할 이야깃거리가 별로 없었기 때문일 수도 있고, 당시 사람들이 우리로서는 짐작할 수 없는 이유로 그런 이야기는 중요하지 않다고 판단했을 수도 있다. 죽은 사람의 부활은 과학의 눈으로 보면 불가능한 이야기지만, 창조주가 전제될 때 만유를 움직이는 법칙은 얼마든지 '기적'으로 대치될 수 있다. 그래서 논리적으로는 어느 쪽으로도 결론을 내릴 수 없으며, 결국 믿느냐 안 믿느냐 하는 차원의 문제로 귀결된다. 성서에서는 "나를 보지 않고도 믿는 사람은 행복하다"(요한복음 20:29)고 가르친다. 그렇지만 성서는 수많은 사람에게 수많은 다른 해석의 여지를 남겨둔다.

이 책은 성서를 믿음이라는 틀에서 바라보지 않고 역사가 담겨 있는 문서로 바라본다. 그리고 성서를 하나의 전체로 해석하지 않고, 거기 포함된 책 하나하나를 완전히 별개의 문서로 취급한다. 이 책의 저자가 적용하고 있는 역사비평에서는 성서를 비롯하여 고대의 여러 문헌을 체로 걸러 거기서 역사라는 알갱이를 찾아낸다. 그러나 저자는 그렇게 찾아낸 역사의 알갱이를 '실제로 일어난 일'로 해석하는 데에는 경계한다. 실제로 일어난 일을 '재구성'한 것이 아니라, 그 일에 관한 역사학적 설명을 '구성'한 것으로 바라보아야 한다고 충고한다.

우리는 성서를 접하면서, 또 그리스도교인을 대하면서 수많은 의문을 가지게 된다. 그리스도교 집단 즉 교회에서 내놓는 해석은 그런 의문을 해소하는 데에 도움이 되지 않을 때가 많다. 게다가 교회는 스스로 진리를 점유하고 있다고 생각하기 때문에 다른 해석을 용납하지 않는 때도 많다. 이 책을 읽으면 그런 의문 중 많은 부분이 어느 정도 해소될 것이다. 현대인의 어투로 된 편안하게 읽을 수 있는 한글판 성서를 옆에 두고 함께 읽어보면 더욱 도움이 되리라 믿는다. 물론 이 책은 당시 지중해 주변 세계의 사회상을 들려주는 이야기책으로도 매우 재미있다.

2019년 1월

권루시안

찾아보기

지은이 **데일 마틴 Dale B. Martin**

미국 예일 대학 종교학과의 울시 명예교수이다. 애빌린 기독교대학, 프린스턴 신학대학, 예일 대학에서 수학했다. 성서의 역사적, 사회적 배경을 연구하는 역사비평에 정통한 학자이다. 특히 그리스도교의 기원, 고대 세계의 성性과 가족, 초기 교회에서 여성의 역할과 지위 등의 주제에 관심을 기울여왔다. 이 책『신약 읽기』는 예일 대학의 명강의로 손꼽혀온 '신약 개론' 강좌를 책으로 정리한 것이며, 그 밖의 주요 저서로는『성서의 진실: 21세기에 경전이 지니는 의미』(2017),『성性과 독신자 구원자: 성서 해석에서 젠더와 섹슈얼리티』(2006),『고린토서에서 말하는 신체』(1999),『구원으로 보는 노예: 바울로 그리스도교 속의 노예 은유』(1990) 등이 있다.

옮긴이 **권루시안**

번역가로서 다양한 분야의 다양한 책을 독자에게 아름답고 정확한 번역으로 소개하려 노력하고 있다. 옮긴 책으로는 이반 일리치 · 배리 샌더스의『ABC, 민중의 마음이 문자가 되다』, 이반 일리치의『과거의 거울에 비추어』, 앨런 라이트맨의『아인슈타인의 꿈』, 잭 웨더포드의『야만과 문명』, 데이비드 크리스털의『언어의 죽음』등이 있다. 홈페이지 www.ultrakasa.com

오픈예일코스
신약 읽기

1판 1쇄 2019년 1월 31일
1판 4쇄 2022년 9월 12일

지은이 데일 마틴 | 옮긴이 권루시안
책임편집 김영옥 | 편집 권은경 허정은 송지선 고원효
디자인 김현우 유현아 | 저작권 박지영 형소진 이영은 김하림
마케팅 정민호 이숙재 박치우 한민아 이민경 박지영 안남영 김수현 정경주
브랜딩 함유지 함근아 김희숙 박민재 박진희 정승민
제작 강신은 김동욱 임현식 | 제작처 영신사

펴낸곳 (주)문학동네 | 펴낸이 김소영
출판등록 1993년 10월 22일 제2003-000045호
주소 10881 경기도 파주시 회동길 210
전자우편 editor@munhak.com | 대표전화 031) 955-8888 | 팩스 031) 955-8855
문의전화 031) 955-3578(마케팅) 031) 955-3572(편집)
문학동네카페 http://cafe.naver.com/mhdn
인스타그램 @munhakdongne | 트위터 @munhakdongne
북클럽문학동네 http://bookclubmunhak.com

ISBN 978-89-546-5490-6 04230
978-89-546-4397-9 (세트)

잘못된 책은 구입하신 서점에서 교환해드립니다.
기타 교환 문의 031) 955-2661, 3580

www.munhak.com